E. Ramann

Forstliche Bodenkunde und Standortslehre

E. Ramann

Forstliche Bodenkunde und Standortslehre

ISBN/EAN: 9783743315662

Hergestellt in Europa, USA, Kanada, Australien, Japan

Cover: Foto ©berggeist007 / pixelio.de

E. Ramann

Forstliche Bodenkunde und Standortslehre

Forstliche

Bodenkunde und Standortslehre

von

Dr. E. Ramann.

Docent an der Forstakademie Eberswalde und Dirigent der chemisch-physikalischen Abtheilung des forstlichen Versuchswesens.

Mit 33 in den Text gedruckten Abbildungen.

Berlin.

Verlag von Julius Springer

1893.

Vorwort.

Das vorliegende Buch ist die Arbeit mancher Jahre; immer wieder zurückgelegt und anderseits aufs Neue umgearbeitet, wollte sich nach vielen Richtungen doch kein Abschluß ergeben. Sollte die Arbeit endlich hervortreten, so war es nothwendig, sich mit dem zu bescheiden, was wir zur Zeit wissen, und von der Zukunft besseres zu erwarten. Bei der Mannigfaltigkeit der Grundlagen, der Zerstreuung des Materials in zahllosen Zeitschriften der verschiedensten Gebiete und nicht am wenigsten bei der Unfertigkeit des ganzen Gegenstandes sind Irrthümer und Fehler wohl kaum ganz zu vermeiden. Der Verfasser wird für deren Nachweis jedem dankbar sein. Ist das vorliegende Buch daher auch nur als ein erster Versuch zu betrachten, so steht doch zu hoffen, daß es anspornend wirken möge, die forstliche Standortslehre auf die Höhe zu bringen, welche sie erreichen muß, um für die Forstwissenschaft zu sein, wozu sie berufen ist, die naturwissenschaftliche Begründung des Waldbaues.

Der Verfasser hat den ehrlichen Willen gehabt, gerecht zu sein, und alle Arbeiten nach ihrem Werthe zu berücksichtigen. Es ist dies sehr schwer für Jemand, der selbst inmitten des Kampfes der Meinungen steht. In den wenigen Fällen, wo kritisirend vorgegangen ist, oder Anschauungen vertreten sind, welche von den herrschenden abweichen, ist dies durch Bemerkungen, wie „nach Meinung des Verfassers", „es scheint" u. s. w. zum Ausdruck gebracht.

Ueberall hat jedoch das Bestreben vorgeherrscht, bei voller Wahrung der wissenschaftlichen Auffassung die für die Praxis des Waldbaues nothwendigen Grundlagen zu geben, selbst einzelne Wiederholungen sind hierbei zugelassen, andere Theile weniger berücksichtigt worden. Es lag überhaupt mehr der Wunsch vor, ein brauchbares Buch zu liefern, als ein vorher genau festgestelltes Schema zu erfüllen.

Auch bei diesem Ziele stand man nur zu oft davor, „mit saurem Schweiß zu sagen das, was man nicht weiß", und nirgends mehr als beim letzten Kapitel des Buches, bei der Theorie der Kulturmethoden. Vergeblich wird man hier nach den wichtigsten forstlichen Fragen, wie Durchforstung, Wirkung der Beschirmung und dergleichen suchen. Für diese Theile der Forstwissenschaft giebt es noch keine

Theorie, alle exakten Grundlagen fehlen, und es konnte nicht im Sinne des Verfassers liegen, den zahlreichen vorhandenen Raisonnements ein neues hinzuzufügen. Hier findet sich ein starkes Zurückbleiben der Theorie hinter den Leistungen und den berechtigten Forderungen der Praxis. Die Ursache ist eine doppelte: sie liegt einmal in dem gegenwärtigen Ueberwiegen der statistischen Methode bei forstwissenschaftlichen Arbeiten, und anderseits in dem vielfach herrschenden Autoritätsglauben.

Die statistische Methode, so wenig sie entbehrt werden kann und so gute Erfolge sie auch aufzuweisen hat, lehrt immer nur die End- wirkung kennen, zur Ermittelung der wirkenden Ursachen ist sie wenig oder nicht geeignet. Auch in der Landwirthschaft benutzt man die Statistik in großer Ausdehnung, aber man begnügt sich nicht mit den gewonnenen Zahlen, sondern fordert von der Agrikulturchemie deren Begründung. Schon jetzt kann man mit gutem Rechte · die Agrikulturchemie als die wissenschaftliche Begründung des Feld- baues bezeichnen. Die forstliche Schwester derselben, die Stand- ortslehre, hat noch einen weiten Weg vor sich, um annähernd das- selbe für den Waldbau zu leisten. Aber auch diese Zeit wird kommen, und dann werden nicht mehr der größeren Hälfte der forstlichen Hoch- schulen Einrichtungen und Institute fehlen, die man auch nicht der kleinsten landwirthschaftliche Anstalt versagt.

In ähnlicher, aber kaum weniger bedenklicher Weise, wie das Zurückbleiben der Standortslehre, wirkt für die Entwickelung der Forst- wissenschaft die vielfach herrschende Verehrung der Autoritäten, d. h. von Männern, welche gesunder Verstand und vielfache Erfahrungen befähigten, einigermaßen den Mangel grundlegender Untersuchungen auszugleichen. In anderen Wissenschaften sind solche Autoritäten etwas obsolet geworden; man kann hundert Bücher über Chemie, Physik, Botanik, Geologie u. s. w. lesen, ohne nur einmal auf jenen Ausdruck zu stoßen. Hier gilt es, Erkenntniß der Naturgesetze zu erwerben, Generalregeln sind unbekannt. Jede dieser Wissenschaften sieht mit Stolz auf ihre großen Männer, aber diese hinterließen nicht nur Methoden, sondern sie zeigten die Grundlagen, auf denen sich diese aufbauen. Nichts kann dem Verfasser ferner liegen, als mit diesen Bemerkungen Männer angreifen zu wollen, die zum großen Theile die Schöpfer der heutigen Forstwissenschaft sind, aber andere Zeiten stellen andere Aufgaben. Wenn früher mit klarem Blick und in großen Zügen das „wie" gezeigt worden ist, so verlangt die Gegen- wart schärfere Zusammenfassung der Begriffe und Antwort auf das „warum". Diese Antwort vermag nur in gemeinsamer Arbeit von der Forstwissenschaft und den Naturwissenschaften, vor anderen von den beiden hier wichtigsten, der Standortslehre und der Botanik, ge- geben werden.

Leider, und es ist dies in den ganzen Verhältnissen begründet, wird zur Zeit herzlich wenig auf dem Gebiete der Standortslehre gearbeitet. Will sich Jemand diesem Fache widmen, so muß er entweder Forstmann sein, oder es so weit werden, daß er die Voraussetzung und Nothwendigkeit forstlicher Betriebsarbeiten, sowie deren Wirkungen beurtheilen kann. Es ist dies nicht so schwierig, daß es nicht möglich wäre, sich soweit einzuarbeiten.

Wer es aber auch immer sei der Standortslehre treiben will, er darf nie vergessen, daß sein Hauptarbeitsplatz im Walde liegt. Allein vom Laboratorium aus in Standortslehre arbeiten zu wollen, hat genau so viel Sinn, wie wenn ein Forstmann sein Revier vom Bureau aus verwalten will. Den Wald lieben, ihn unter mannigfachen Verhältnissen und in zahlreichen Gebieten kennen lernen, ihm die Bedingungen des Werdens und Gedeihens ablauschen, das sind Voraussetzungen aller Studien in der Standortslehre; wer diese nicht erfüllt oder nicht zu erfüllen vermag, kann vielleicht einzelne brauchbare Arbeiten liefern, eine wirklich fruchtbringende Thätigkeit wird ihm immer versagt bleiben.

Zu besonderem Danke bin ich noch Herrn Forstassessor Dr. May und Herrn Dr. G. C. Schmidt verpflichtet, welche nicht nur die Korrektur, also den formalen Theil des Buches, in liebenswürdigster Weise besorgten, sondern auch durch Besprechung der verschiedenen Abschnitte an dem Inhalt wesentlich Antheil genommen haben.

Eberswalde, Januar 1893.

Dr. E. Ramann.

Inhalts-Uebersicht.

Einleitung.

Literatur:

Schübler, Grundsätze der Agrikulturchemie. 1838.

Mulder, Chemie der Ackerkrume. Berlin 1863.

Fallou, Pedologie od. allgem. u. bes. Bodenkunde. Dresden 1862.

Heyer, Forstl. Bodenkunde und Klimatologie. Erlangen 1856.

Senft, Gesteins- und Bodenkunde. Berlin 1877.

Detmer, Die naturwissenschaftliche Grundlage der Bodenkunde. Leipzig und Heidelberg 1876.

Grebe, Gebirgskunde, Bodenkunde und Klimalehre. 4. Auflage. Berlin 1886.

Adolf Mayer, Lehrbuch der Agrikulturchemie. 3. Aufl. Heidelberg 1886.

R. Sachße, Lehrbuch der Agrikulturchemie. 1888.

Appelt, Pflanze und Boden. Breslau 1889.

Außer diesen mehr oder weniger umfassenden Werten ist ein großer Theil der Einzelarbeiten in Zeitschriften niedergelegt. Als wichtigste derselben sind anzuführen:

Landwirthschaftliche Versuchs-Stationen: herausgegeben von Nobbe.

Landwirthschaftliche Jahrbücher: herausg. von Thiel.

Jahresbericht der Agrikulturchemie. Berlin.

Centralblatt der Agrikulturchemie. Berlin.

Forschungen der Agrikulturphysik: herausg. von E. Wollny. Heidelberg.

Sämmtliche forstliche Zeitschriften.

Die forstlich-chemischen und bodenkundlichen Arbeiten sind, außer in den „Forschungen der Agrikulturphysik", in den referirenden Zusammenstellungen meist wenig berücksichtigt.

Die Standortslehre beschäftigt sich mit der Abhängigkeit der Vegetation vom Klima und Boden sowie mit den Eigenschaften der

Ramann.   1

Pflanzen, welche deren Verbreitung beeinflussen. Die forstliche Standortslehre berücksichtigt dabei wesentlich das Verhalten der Waldbäume.

Die Standortslehre verlangt eine ganze Reihe von Hülfswissenschaften; insbesondere Kenntniß des Bodens und der auf die Ernährung und Entwickelung der Pflanzen bezüglichen Theile der Pflanzenphysiologie. Beide verlangen stetige Rücksichtnahme auf Chemie und Physik; hierzu treten noch Klimatologie und für die Bodenkunde Abtheilungen der Mineralogie und Geologie. In dieser Mannigfaltigkeit der Grundlagen beruht mit die größte Schwierigkeit einer gleichmäßigen Darstellung der Standortslehre. Immer wird der eine oder andere Theil zu wünschen übrig lassen, zumal naturgemäß nicht nur eine rein theoretische Behandlung befriedigen kann, sondern die Nutzanwendung für die Praxis jederzeit voll berücksichtigt werden muß.

Eine Darstellung der geschichtlichen Entwickelung der Standortslehre ist schwierig und ohne eingehende Darlegung des Entwickelungsganges der einzelnen Disciplinen nicht zu geben. Mit der Erforschung des Bodens und der Lebensbedingungen der Pflanze ist auch die Standortslehre schrittweise gewachsen. Besonderes Verdienst hat sich, außer einer großen Anzahl von Agrikulturchemikern, unter den Forstleuten Grebe erworben, dessen Werk noch heute für einen Theil der Standortslehre unveränderte Bedeutung beanspruchen kann. Die Bearbeiter einzelner Abtheilungen sind bei diesen namhaft gemacht; wenn es auch nicht immer möglich war, hierbei die gesammte Wirksamkeit der einzelnen Forscher, man denke unter den Deutschen an Liebig, Schübler, Mulder, Wolff, Knop und andere, in ihrer vollen Bedeutung hervorzuheben.

I. Die Atmosphäre.

Die Gasschicht, welche die Erde umgiebt, bezeichnet man als die Atmosphäre. Sie setzt sich ganz überwiegend aus Sauerstoff und Stickstoff zusammen. Andere Bestandtheile machen nur einen geringen Bruchtheil der Atmosphäre aus, sind aber zum Theil von hoher Be=deutung für das Leben der Pflanzen.

§ 1. A. 1. Die Masse der Atmosphäre.

Die Masse der Atmosphäre läßt sich aus dem Druck, welchen sie ausübt, berechnen. Sie setzt sich, wenn man von dem schwankenden Gehalt an Wasserdampf absieht, zusammen aus annähernd:

1 213 500 Billionen kg	Sauerstoff	=	848 580 000 cbkm
4 008 000 "	" Stickstoff	=	3 191 000 000 "
2 530 "	" Kohlensäure	=	1 230 000 "

Bei gleichmäßiger, der Luft an der Erdoberfläche entsprechender Dichtigkeit würde die Atmosphäre eine Höhe von 8000 m haben. Da jedoch die Dichtigkeit mit der Höhe rasch abnimmt, ist die Erde von einer Lufthülle umgeben, die in ca. 300 km Höhe noch einen bemerk=baren Druck ausübt.

§ 2. 2. Sauerstoff und Stickstoff.

Die atmosphärische Luft besteht aus einer Mischung von

$$20{,}93 \text{ Vol. } {}^{0}/_{0} = 23{,}28 \text{ Gew. } {}^{0}/_{0} \text{ Sauerstoff}$$
$$79{,}04 \text{ Vol. } {}^{0}/_{0} = 76{,}67 \text{ Gew. } {}^{0}/_{0} \text{ Stickstoff.}$$

Größere Abweichungen von diesem Verhältniß sind nicht beobachtet. Genaue Untersuchungen haben zwar ergeben, daß der Sauerstoffgehalt nicht völlig konstant ist, sondern nach Jahreszeit und Oertlichkeit sehr kleinen Schwankungen unterliegt, die jedoch nur selten ein hundertstel Procent erreichen und nur durch sehr genaue Untersuchungsmethoden festgestellt werden können.

1*

§ 3. 3. Die Kohlensäure in der Atmosphäre.

Der Gehalt der Kohlensäure beträgt im Durchschnitt 0,03 Vol. $^0/_0$: entsprechend 0,05 Gew. $^0/_0$. Vielfache Untersuchungen lassen es wahrscheinlich erscheinen, daß größere Abweichungen im Kohlensäuregehalt der Atmosphäre nicht vorkommen; kleine Schwankungen lassen sich dagegen häufig nachweisen.

Für diese können folgende Regeln gelten:

a) Große Wasserflächen vermindern (in Folge der Löslichkeit der Kohlensäure in Wasser) den Kohlensäuregehalt gegenüber ausgedehnten Landflächen um etwas (0,03 Vol. $^0/_0$ für erstere, 0,032—0,034 Vol. $^0/_0$ für letztere).

b) Die Luft an der Bodenoberfläche ist etwas reicher an Kohlensäure als dem durchschnittlichen Gehalte entspricht. (Die im Boden vorhandene Luft ist immer reicher an Kohlensäure als die der Atmosphäre, da fortgesetzt ein Ausgleich zwischen beiden erfolgt, erklärt sich jene Regel sehr einfach.)

c) Mäßige Niederschläge steigern den Gehalt der Luft an Kohlensäure erheblich, lang andauernde setzen ihn herab. (Der Hauptgrund für dies Verhalten liegt wohl in dem gesteigerten Austritt von Bodenluft und dem Freiwerden vorher absorbirter Kohlensäure aus den Bodenbestandtheilen; anderseits bei langdauernden Regen in der Löslichkeit der Kohlensäure in Wasser.)

d) Die Luft in unmittelbarer Umgebung kräftig vegetirender Pflanzen ist um etwas ärmer an Kohlensäure als solche über brachem Felde (Assimilation der Pflanzen). Die Schwankungen sind sehr geringe. Reiset*) fand bei seinen sehr genauen Arbeiten, über einem Rothkleefelde im Juni 2,898 Vol. $^0/_0$, auf freiem Felde 2,915 Vol. $^0/_0$: über Gerste (im Juli) 2,829 Vol. $^0/_0$, über freiem Felde 2,933 Vol. $^0/_0$. Wollny giebt etwas größere Abweichungen an, jedenfalls bewegen sie sich jedoch in engen Grenzen.

e) Während der Nachtzeit ist die Luft etwas reicher an Kohlensäure, als während des Tages.

§ 4. 4. Bildung und Bindung von freiem Stickstoff, Sauerstoff und von Kohlensäure.

Der unveränderlichste Bestandtheil der Atmosphäre ist der Stickstoff. Kleine Mengen desselben werden, zumal durch die Pflanzenwelt, gebunden und anderseits bei Fäulnißvorgängen frei gemacht, gegenüber der ungeheuren Masse der Atmosphäre handelt es sich jedoch um verschwindende Mengen.

---

*) Compt. rend. 88. S. 1007. 1879.

Größer ist der Verbrauch an Sauerstoff bei der Verwesung organischer Stoffe und allen übrigen Oxydationsprocessen, denen in der Assimilation der Pflanzen eine Quelle für Bildung freien Sauerstoffs gegenüber steht.

Beide Vorgänge stehen in einem gewissen Gleichgewicht. Die im Boden vorhandenen Kohlengesteine, welche doch alle durch die Assimila= tion der Pflanzen gebildet sind, deuten sogar darauf hin, daß im Ent= wickelungsgange der Erde die Vorgänge, welche freien Sauerstoff an die Atmosphäre abgeben, denen überlegen sind, welche ihn binden.

Ganz ähnlich verhält es sich mit den Oxydationsprocessen, welche die Verwitterung einzelner Gesteine (Schwefelverbindungen begleiten. Auch diese sind in den weitaus meisten Fällen aus der Reduktion sauerstoffhaltiger Verbindungen hervorgegangen. Eine dauernde Fest= legung von Sauerstoff findet wohl nur bei der Verwitterung eisen= oxydulhaltiger Urgesteine statt. Aber dieser Vorgang übt auf die Gesammtmasse des Sauerstoffs keinen merkbaren Einfluß: selbst nicht bei Annahme sehr großer Zeiträume.

Bedeutsamer sind die Vorgänge in Bezug auf Bildung und Bindung der Kohlensäure.

Die Verwitterung der Silikatgesteine besteht im Wesentlichen aus einer Zerlegung durch kohlensäurehaltiges Wasser, Entstehung von löslichen Carbonaten der Alkalien und alkalischen Erden, während ein wasserhaltiges Silikat zurückbleibt. Die mächtigen Ablagerungen von Kalken und Dolomiten sind ursprünglich wahrscheinlich bei der Ver= witterung von Silikatgesteinen gebildet worden. Erhebliche Mengen von Kohlensäure werden so der Atmosphäre entzogen.

Ein zweiter Proceß, durch welchen Kohlensäure dauernd festgelegt wird, ist die Bildung fossiler Kohlegesteine, die in früheren Perioden viel größeren Umfang erreichte und noch jetzt (in der Torfbildung) fortschreitet. Welche Kohlemassen das Erdinnere enthält, zeigt z. B. schon die Thatsache, daß, trotzdem wir nur einen kleinen Theil der Vorräthe kennen und noch weniger zu nutzen vermögen, die Bildung von Kohlensäure bei der Verbrennung der jetzt geförderten Mineral= kohlen jährlich etwa $\frac{1}{2000}$ der gesammten in der Atmosphäre enthaltenen Kohlensäuremenge entspricht.

Den Vorgängen, welche Kohlensäure binden, stehen andere gegen= über, welche große Mengen dieses Stoffes frei machen. Es sind chemische Processe, die in tieferen Schichten des Erdkörpers vor sich gehen. Alle Quellen, welche aus tieferen Schichten hervortreten, sind reich an Kohlensäure, oft so reich, daß diese an der Luft unter Auf= brausen entweicht (Säuerlinge).

Große Kohlensäuremengen werden von Vulkanen ausgehaucht, oder treten in Gebieten früherer vulkanischer Thätigkeit hervor. Bemerkbar werden sie zumeist erst dann, wenn der Austritt in Räumen mit sehr geringem Luftwechsel (namentlich Höhlen) erfolgt. Es ist kein Grund zu bezweifeln, daß zahllose Felsspalten in ähnlicher Weise den Kohlen= säureaustritt vermitteln, wenn sich dieser auch natürlich der Wahr= nehmung entzieht. Die Gesammtmenge der Kohlensäure welche auf diesem Wege der Atmosphäre zugeführt wird, läßt sich nicht schätzen; ist aber wohl die bedeutendste Quelle dieses für die Pflanzenwelt un= entbehrlichen Nährstoffes.

Als ein wichtiger Regulator der atmosphärischen Kohlensäure wirkt (nach Schlösing) der Ocean. Der Gehalt des Meerwassers an Kohlensäure ist ein sehr viel höherer als der einfachen Abjorption des Wassers entspricht und wird durch einen reichlichen Gehalt an Bicarbo= naten bedingt. Diese Verbindungen können jedoch nur bei einem be= stimmten Luftdruck unverändert bestehen; und entspricht ihre Menge im Meerwasser dem herrschenden Luftdrucke. Jedes Steigen desselben wird daher Abjorption, jedes Fallen ein Freiwerden von Kohlensäure aus dem Meerwasser bewirken.

Ein fernerer Vorgang, welcher Kohlensäure bindet, ist die Assimi= lation der Pflanzen, dieser stehen Verwesungsvorgänge, durch die wieder Kohlensäure gebildet wird, in ungefähr gleicher Größe gegenüber. Die Assimilation der chlorophyllführenden Pflanzen bindet Kohlen= säure und macht Sauerstoff frei; die absterbenden Pflanzenreste liefern bei der Verwesung wieder Kohlensäure und binden natürlich eine entsprechende Menge von Sauerstoff. Im gleichen Sinne thätig, aber von viel geringerer Bedeutung, ist die höhere Thierwelt. Da die Verwesung überwiegend auf der Lebensthätigkeit niederer Organismen beruht, kann man daher sagen, daß zwischen der Assimilation der Chlorophyllpflanzen und der Thätigkeit der chlorophyllosen Lebewesen ein Gleichgewicht in der Natur vorhanden ist.*)

§ 5. 5. Die Stickstoffverbindungen der Atmosphäre.

Die Luft enthält kleine Mengen von salpetriger und Salpetersäure, die zuweilen im freien Zustande auftreten können, zumeist aber an Ammoniak gebunden sind. Das erstere hat man aus dem Vorkommen von sauer reagirendem Schnee auf hohen Bergen geschlossen. Die Haupt= menge der Stickstoffverbindungen besteht jedoch aus kohlensaurem Ammon.

---

*) Es ist dies der einzige Kern der in populären Vorträgen so viel ge= brauchten Phrase von „der wunderbaren Harmonie der Natur", in der die Pflanzen den für Menschen und Thiere nothwendigen Sauerstoff liefern, während diese sich durch Ausathmen von Kohlensäure revanchiren. Thatsächlich ist der durch die Pflanzen gebildete Sauerstoff gegenüber dem Vorrath der Atmosphäre ohne jede Bedeutung und die Pflanzen würden bald verhungern, wenn sie auf die von den Thieren gelieferte Kohlensäure angewiesen wären.

Direkte Bestimmungen der Stickstoffsäuren in der Atmosphäre sind bei den äußerst geringen Mengen derselben kaum ausführbar. Da aber die betreffenden Körper leicht löslich sind, so hat man im Gehalte der atmosphärischen Niederschläge ein Mittel des Nachweises. Ammoniak ist zu 2—5 mg in 100 Liter Luft aufgefunden worden.

Der Ursprung der Stickstoffsäuren ist wahrscheinlich auf direkte Bindung von Sauerstoff und Stickstoff zurückzuführen, welche bei elektrischen Entladungen zu Untersalpetersäure $N_2 O_4$ zusammentreten. Diese bildet mit Wasser Salpetersäure und salpetrige Säure.

Dieser Vorgang war früher der einzige bekannte, in der Natur vorkommende Weg, den atmosphärischen Stickstoff zu binden. Man hat dadurch seine Bedeutung weit überschätzt.

Das Ammoniak der Atmosphäre stammt aus dem Boden. Alle gut durchlüfteten, besseren Böden enthalten kohlensaures Ammon. Dieses Salz ist leicht flüchtig, es verhält sich bei niederen Drucken (nach Schlösing) ähnlich wie eine gasförmige oder flüssige Substanz und verdunstet wie eine solche in die Atmosphäre. Nach demselben Forscher übt der Ocean auf den Ammoniakgehalt der Luft eine ähnliche regulirende Wirkung aus, wie dies für die Kohlensäure anzunehmen ist.

Das kohlensaure Ammon ist gasförmig in der Atmosphäre vertheilt; die salpetersauren Salze sind dagegen feste, nicht flüchtige Körper. Nach ihren Eigenschaften ist anzunehmen, daß sie bei trockner Luft in Form feiner Staubtheile, bei feuchter dagegen in Wasser gelöst in kleinen Nebelkügelchen vorhanden sind.

§ 6. 6. Ozon und Wasserstoffsuperoxyd in der Atmosphäre.

Die Luft enthält kleine Mengen stark oxydirender Stoffe. Nach Lage der Sache kann es sich hierbei nur um Ozon oder um Wasserstoffsuperoxyd handeln. Nach Schöne, der den Gegenstand sehr eingehend bearbeitet hat, kommt nur das letzte in Frage. Da die oxydirenden Wirkungen die einzigen sind, an denen man die Gegenwart dieser Stoffe erkennen kann und hierin beide einander sehr nahe stehen, so ist eine Entscheidung schwierig. Es ist aber einmal gebräuchlich, von dem Ozongehalt der Luft, den Ozonmessungen und dergleichen zu sprechen und so mag dies auch hier geschehen.

Nach Levy beträgt die Menge der genannten Oxydationsmittel in 100 Liter Luft 0,3—2 mg. Im Winter ist der Gehalt am höchsten, im Sommer am geringsten, Frühling und Herbst stehen in der Mitte.

Die Bedeutung dieser starken Oxydationsmittel für Thier- und Pflanzenleben ist sehr schwer abzuschätzen. Während einzelne Forscher jede Bedeutung derselben leugnen, glauben andere ihnen große Wichtigkeit beilegen zu müssen. Es ist immerhin anzunehmen, daß so stark

wirkende, regelmäßig vorkommende Stoffe nicht bedeutungslos sind,
wenn auch eine Einwirkung auf Miasmen, also nach dem jetzigen
Stande der Wissenschaft eine abtödtende oder schädigende Wirkung auf
Bakterien, wohl sicher ausgeschlossen erscheint.

§ 7. 7. Andere Gase in der Atmosphäre.

Außer den bisher genannten Gasen finden sich noch kleine Mengen
von Sumpfgas und ähnlichen Kohlenwasserstoffen in der Atmosphäre.
Das Sumpfgas bildet sich bei der Fäulniß organischer Stoffe unter
Wasser. Es ist ohne jede bemerkbare Einwirkung.

Schädlich auf die Vegetation wirken dagegen die immer nur ört-
lich in bemerkenswerther Masse auftretenden sauren Gase, zumeist
schweflige Säure, seltener Chlorwasserstoff, und in ganz seltenen Fällen
Fluorwasserstoff. Diese Gase entstammen entweder vulkanischen Ausbrüchen, ferner technischen Großbetrieben oder ausgedehnten Feuer-
anlagen, in welchen eisenkieshaltige Mineralkohlen verbrennen (vergleiche § 83).

§ 8. 8. Staubtheilchen in der Atmosphäre.

Die Luft enthält reichliche Mengen schwebender Staubtheilchen.
Die größeren derselben kann man sichtbar machen, wenn ein Sonnen-
strahl in einen verdunkelten Raum fällt. Ein Bild der Zusammensetzung
des Staubes bieten die Niederschläge desselben auf festen Körpern. Es
finden sich die mannigfachsten Stoffe organischer wie anorganischer Natur.

Die Bedingungen, welche feste Bestandtheile der Erdoberfläche in
die Luft führen, sind:

a) Winde, zumal Wirbelwinde;

b) die Brandung an den Küsten und auch schon das Brechen der
Wellen führen Salze des Meerwassers in die Luft;

c) vulkanische Ausbrüche;

d) der Rauch der Feuerungen aller Art, der in stark bevölkerten
Gegenden, zumal großen Städten, zu einer bedeutenden Staubquelle
werden kann.

Von den anorganischen Bestandtheilen sind die meisten ohne merk-
bare Bedeutung für die Vegetation. Nur die Salztheile des Meeres
können an den Küsten zuweilen in größerer Menge auftreten. Nach
Böhm*) sind nach Stürmen die Bäume und Sträucher, sowie alle
Pflanzen der Küste des Adriatischen Meeres oft millimeterdick mit
Salzkrystallen überzogen. Aber schon in mäßiger Entfernung von der

---

*) Centralblatt für die gesammte Forstwissenschaft 15, S. 416.

Küste nimmt der Salzgehalt der Luft wesentlich ab. Er ist z. B. nach den vorliegenden Untersuchungen in der Mitte Englands ein sehr geringer (Einwirkung auf Pflanzen vergl. § 83).

Wichtiger und namentlich von allgemeinerer Bedeutung sind die organischen und insbesondere die organisirten Staubtheile der Luft. Es finden sich zahlreiche Keime von niederen Organismen und Bakterien.*) Epidemien aller Art können hierdurch verbreitet werden. In der Regel steigt der Gehalt an solchen Keimen in der Nähe größerer Städte, nimmt im Walde, auf der See und in Hochgebirgen ab. (In der Gletscherregion hat man keine oder nur verschwindende Mengen von Bakterien gefunden, ebenso ist die Luft auf hoher See nahezu frei davon.)

Neben diesen gröberen Bestandtheilen der atmosphärischen Luft macht Aitken**) die Gegenwart noch anderer viel kleinerer schwebender Partikel, welche sich der gewöhnlichen Wahrnehmung entziehen, wahrscheinlich. Nach diesem Forscher ist die Ausscheidung von Flüssigkeit aus der mit Wasserdampf übersättigten Luft an die Gegenwart fester Theile gebunden. Jedes dieser Theilchen dient als Ausgangspunkt eines Nebelkügelchens. Indem die Zahl dieser Kügelchen festgestellt wird, erlangt man zugleich ein Bild der Menge der festen Bestandtheile. Fehlen solche festen Krystallisations- oder Ausscheidungspunkte, so tritt für die Luft ein Zustand der Uebersättigung mit Wasserdampf ein. Die Zahl der von Aitken festgestellten Partikel geht im ebem auch bei sehr reiner Luft nicht unter 200 herab, kann aber oft viele zehntausende betragen.

§ 9. 9. Höhenrauch.

Auf der Vertheilung von nicht völlig verbrannten organischen Theilchen in der Luft beruht eine Erscheinung, welche als Höhenrauch bezeichnet wird.

Ueberall, wo Verbrennungen stattfinden, werden feste Bestandtheile in die Luft geführt. Je nach Güte der Feuerungseinrichtungen ist die Menge der unverbrannten Stoffe (Ruß, Destillationsprodukte der Brennstoffe) eine wechselnde. Die allgemeine Verwendung der Mineralkohlen,

---

*) Man hat vielfach darüber verhandelt, auf welchem Wege Bakterien in die Luft gelangen. Das Platzen von Gasblasen in faulenden Flüssigkeiten, sowie der Lufteintritt beim Eindringen von Wasser in poröse Böden, haben sich als geeignet erwiesen, Organismen zu verbreiten. In beiden Fällen gelangen Flüssigkeitstheile und damit zugleich Keime von Organismen in die Luft. Im Uebrigen liegt kein Grund vor, anzunehmen, daß Organismen nicht genau so wie alle anderen festen Bestandtheile durch Windbewegung emporgehoben und weitergeführt werden können.

**) Zeitschrift der österr. Gesellschaft für Meteorologie 16, S. 205. Naturwissenschaftliche Rundschau 17, S. 211.

ihre schwere Brennbarkeit und die dadurch bedingte Steigerung des Luftzugs in den Feuerungsanlagen, hat diesen Uebelstand wesentlich gesteigert. Der schwarze Ueberzug, der alle der Luft ausgesetzten Körper in den Städten bedeckt, giebt ein Bild der Menge der unverbrannten Theile, welche der Luft zugeführt werden. Diese sind auch die Ursache der Dunstschicht, welche über allen größeren Städten lagert und selbst bei ganz klarer Luft nicht völlig verschwindet.

Nahe verwandt mit dem Rauch der Städte und in den wesentlichsten Eigenschaften mit diesem übereinstimmend, ist der Höhenrauch. Er hat seinen Ursprung in der Brandkultur auf Moorflächen. Im Frühlinge, sobald trockenes Wetter eintritt, beginnt diese. Das schwelende Verbrennen des Torfes erzeugt ungeheure Mengen von Rauch, die sich in der Luft verbreiten und weithin, natürlich mit der Entfernung vom Ursprungsort in schwächerem Maße, das Firmament in einen Nebelschleier hüllen. Nicht selten sind die Rauchmassen so gewaltige, daß das Licht der Sonne abgeschwächt wird, und diese selbst wie eine tiefrothe Scheibe erscheint. Der zugleich auftretende unangenehme, brenzliche Geruch charakterisirt den Höhenrauch noch weiter. Die Ursprungsgebiete sind zumeist die weiten Moorflächen der nordwestdeutschen Ebene.*)

Die Unbequemlichkeiten des Höhenrauchs werden gleichmäßig empfunden, über die Wirkungen auf Temperatur und Luftfeuchtigkeit sind die Meinungen getheilt. In den an die Moore angrenzenden Gebieten glaubt man eine ungünstige Einwirkung auf den Fruchtansatz der Obstbäume, theilweise auch des Getreides beobachtet zu haben. Ziemlich allgemein wird ferner behauptet, daß der Höhenrauch Trockenheit erzeuge, bezw. Niederschläge verhindere. Für beide Behauptungen fehlt jeder sichere Nachweis. Man könnte annehmen, daß blühende Pflanzen, von alkalisch reagirenden Aschentheilen getroffen, in ihrer Fruchtbarkeit leiden, es würde sich dann aber nur um die unmittelbare Nachbarschaft der Moorflächen handeln. Gegen die Einwirkung auf die Luftfeuchtigkeit spricht das Beispiel der großen Städte, die dauernd von einem dem Höhenrauch ähnlichen Dunste überlagert sind und trotzdem keine geringeren Niederschläge zeigen als das umgebende Land.

§ 10. 10. Der Wasserdampf in der Atmosphäre.

Der in der Atmosphäre in größter Menge neben Sauerstoff und Stickstoff enthaltene Körper ist der Wasserdampf. Kein Bestandtheil der Luft unterliegt in Bezug auf seine Menge so großen Schwankungen

---

*) Eine Zusammenstellung aller auf Höhenrauch bezüglichen Angaben von Müttrich, Archiv des deutschen Landwirthschaftsraths 1882.

wie der Wafferdampf. Die hier geltenden Gejeße laffen jich wie folgt zujammenfaffen: Waffer in flüffigem oder feftem Zuftande verdampft jchon bei ge= wöhnlicher Temperatur. Die Menge des Wafferdampfes, welcher in die Luft übertreten kann, ift von der Temperatur abhängig, fteigt und fällt mit diefer.

Die folgende Tabelle giebt die Spannkraft des Wafferdampfes in mm Queckfilberdruck, jowie die Menge des in 1 cbm gejättigter Luft enthaltenen Wafferdampfes in g.

Tempe= ratur C.	Spannkraft des Waffer= dampfes mm	Gewicht des Waffers in 1 cbm g	Tempe= ratur C.	Spannkraft des Waffer= dampfes mm	Gewicht des Waffers in 1 cbm g
— 20⁰	0,9	1,5	19⁰	16,12	16,2
— 15⁰	1,44	2,1	20⁰	17,36	17,3
— 10⁰	2,15	2,9	21⁰	18,47	18,1
— 5⁰	3,16	4,0	22⁰	19,63	19,1
0⁰	4,57	5,4	23⁰	20,86	20,2
1⁰	4,91	5,7	24⁰	22,15	21,3
2⁰	5,27	6,1	25⁰	23,52	22,5
3⁰	5,66	6,5	26⁰	24,96	23,8
4⁰	6,07	6,9	27⁰	26,47	25,1
5⁰	6,51	7,3	28⁰	28,07	26,4
6⁰	6,97	7,7	29⁰	29,74	27,9
7⁰	7,47	8,2	30⁰	31,51	29,4
8⁰	7,99	8,7	31⁰	33,37	31,0
9⁰	8,55	9,2	32⁰	35,32	32,6
10⁰	9,14	9,7	33⁰	37,37	34,3
11⁰	9,77	10,3	34⁰	39,52	36,2
12⁰	10,43	10,9	35⁰	41,78	38,1
13⁰	11,14	11,6	36⁰	44,16	40,2
14⁰	11,88	12,2	37⁰	46,65	42,2
15⁰	12,67	13,0	38⁰	49,26	44,4
16⁰	13,51	13,7	39⁰	51,99	46,7
17⁰	14,39	14,5	40⁰	54,87	49,2
18⁰	15,33	15,3			

Aus der Tabelle geht ohne weiteres hervor, daß mit Waffer ge= jättigte Luft bei jeder Abkühlung Waffer ausjcheiden, bei jeder Er= wärmung in den Zuftand relativer Trockenheit oder theilweiser Sättigung übergehen muß. In unjeren Breiten befindet jich die Luft während des größten Theiles des Jahres in einem jolchen Zuftande theilweiser Sättigung. Die Beobachtungen über den Waffergehalt gehören daher zu den wichtigften meteorologijchen Daten.

Man unterscheidet:

a) **absolute Feuchtigkeit.** Die in der Luft enthaltene Feuchtigkeit, ohne Berücksichtigung der Temperatur in mm Dampfdruck ausgedrückt:

b) **relative Feuchtigkeit.** Der in der Luft enthaltene Wasser-dampf ausgedrückt in Procenten der Menge, welche die Luft bei völliger Sättigung aufzunehmen vermag, also die procentische Sättigung der Luft mit Wasserdampf ohne Berücksichtigung der Temperatur:

c) **Feuchtigkeitsdeficit** (Sättigungsdeficit). Die Wassermenge, welche die Luft noch aufzunehmen vermag, ausgedrückt in mm Dampf-spannung.

Der Begriff des Sättigungsdeficits ist erst in neuerer Zeit einge-führt worden und wird voraussichtlich für physiologische Arbeiten größere Wichtigkeit gewinnen. Namentlich das Maß der Verdunstung findet einen viel besseren Ausdruck als durch die relative Feuchtigkeit. Man nehme z. B. an bei 10^0, 20^0 und 30^0 sei die relative Feuchtigkeit über-einstimmend $50^0{}_{/0}$; also die Luft sei zur Hälfte mit Wasser gesättigt.

Diese vermag aber noch aufzunehmen bei

10^0	20^0	30^0
4,6 mm	8,7 mm	15,6 mm.

Die Verdunstung wird also, gleiche Windbewegung vorausgesetzt, bei 20^0 die doppelte, bei 30^0 die vierfache Höhe der bei 10^0 erreichen. Es ist demnach leicht ersichtlich, daß die für das Pflanzenleben be-deutungsvollen Vorgänge durch Angabe des Sättigungsdeficits viel schärfer zum Ausdruck kommen, als durch die der relativen Feuchtigkeit.

§ 11. B. Die Bodenluft

Einen Theil der Atmosphäre bildet die Luft, welche sich in den nicht von festen Bestandtheilen oder von Wasser erfüllten Räumen des Bodens vorfindet. In der Zusammensetzung weicht die Bodenluft oft erheblich von der übrigen Atmosphäre ab.

Reichthum an Kohlensäure, oft verbunden mit geringerem Sauerstoffgehalt und in tieferen Schichten stets, in den oberen zumeist vorhandene Sättigung mit Wasserdampf sind die bezeichnenden Eigenschaften der Bodenluft.

Natürlich schwankt die Menge der einzelnen Bestandtheile in weiten Grenzen. Je nach Lagerung, Korngröße, Temperatur und Wassergehalt ist der Austausch zwischen der Luft des Bodens und der überliegenden Schichten ein leichterer oder schwierigerer. Hierzu kommt noch der Einfluß der Bodenbedeckung, mag diese nun aus lebenden Pflanzen oder wie im Walde, zumeist aus leblosen Streuschichten bestehen.

Für den Kohlensäuregehalt der Bodenluft lassen sich aus den grundlegenden Forschungen Pettenkofer's, die später von Fleck, Möller,

Ebermayer u. A.*) erweitert und bestätigt worden sind, gleichartige sonstige Verhältnisse des Bodens vorausgesetzt, folgende Regeln ableiten:

a) Der Kohlensäuregehalt steigt mit größerer Tiefe.

b) Im Allgemeinen steigt und fällt der Kohlensäuregehalt entsprechend der Temperatur. Er ist in der warmen Jahreszeit am höchsten und übertrifft den der kalten Monate oft um das mehrfache.

c) Aenderungen von Temperatur und Luftdruck verändern den Kohlensäuregehalt.

d) Der Kohlensäuregehalt unterliegt in verschiedenen Jahren in demselben Boden großen Schwankungen.

e) Durchfeuchtung des Bodens steigert den Kohlensäuregehalt vorübergehend erheblich.

f) Der Kohlensäuregehalt schwankt an verschiedenen Stellen desselben Bodens erheblich.

g) Mit Pflanzen bestandener Boden ist ärmer an Kohlensäure als brachtes Feld.

Der Ursprung der Kohlensäure in der Bodenluft ist noch nicht genügend aufgeklärt.**) Eine der Quellen der Kohlensäure ist die Zersetzung der organischen Stoffe im Boden. Beziehungen zwischen Humusgehalt des Bodens und Kohlensäuregehalt der Bodenluft bestehen jedoch nur in weiten Grenzen. Die Anreicherung der Luft tieferer Schichten an Kohlensäure läßt sich auf Verwesungsvorgänge nicht zurückführen.

Fleck wie Möller glauben allerdings den Kohlensäuregehalt auf Verwesungsvorgänge zurückführen zu können, der letztere sucht dies durch besondere Versuche zu begründen, die aber nach Meinung des Verfassers nicht beweiskräftig sind; ersterer stützt sich wesentlich auf die Abnahme an Sauerstoff bei steigendem Kohlensäuregehalt. Bestimmte Verhältnisse ergeben jedoch beide Größen nicht, und andererseits erstreckt sich die gleiche Erscheinung auf sehr tiefe Erdschichten: Quellen aus großen Tiefen sind fast sauerstofffrei.

In neuester Zeit hat Ebermayer eine größere Zahl bezüglicher Beobachtungen veröffentlicht,***) er glaubt in dem Kohlensäuregehalt der Grundluft einen Maßstab für die Fruchtbarkeit der Böden gefunden zu haben.

*) Literatur:
Pettenkofer, Zeitschrift für Biologie, I. VII. IX.
P. u. Fleck, a. a. O.
Möller, Mittheilungen der österreichischen forstlichen Versuchsanstalten.
Wollny, Forschungen der Agrikulturphysik, III. S. 1.
Ebermayer, desgl. XIV.
   Die Zusammenstellung bringt nur die wichtigsten Arbeiten.
**) Vergl. hierüber auch Ebermayer, Beschaffenheit der Waldluft. Stuttgart 1885.
***) Allgemeine Forst= und Jagdzeitung. 1890. S. 161.

Die meisten der Zahlen sind jedoch in Kästen gewonnen worden, welche nach der Tiefe luftdicht abgeschlossen und die bis in größere Tiefe mit gleichartigem Boden erfüllt waren. Die gewonnenen Resultate sind nach der ganzen Anlage der Versuche nur bedingt auf „gewachsene" Waldböden übertragbar.

Schon dies muß Veranlassung geben, der Möglichkeit einer auf solchem Wege erlangbaren Bodenbonitirung mit großer Vorsicht gegenüber zu treten. Die Ebermayer'schen Zahlen zeigen kaum mehr, als daß alle Bedingungen, welche die Durchlüftung der Böden fördern, den Kohlensäuregehalt herabsetzen und daß andererseits Verwesungsvorgänge denselben erhöhen. Am schwerwiegendsten ist dabei, daß der Kohlensäuregehalt nur dann einen Maßstab für die Bodenthätigkeit abgeben kann, wenn alle anderen Umstände gleichartige sind. In allen schlecht durchlüfteten Böden wird der Gehalt ebenfalls steigen, ist aber dann eher als ein Beweis für Rückgang des Bodens als für Besserung zu erachten. So erwünscht eine einfache Methode der wissenschaftlichen Bonitirung der Böden auch sein mag, es ist wenig Aussicht, sie auf dem angegebenen Wege zu erlangen. (Vergl. auch §§ 45 und 69.)

§ 12. C. Die Waldluft.

Die Zusammensetzung der Waldluft unterscheidet sich von der der übrigen Atmosphäre nur durch höhere relative Feuchtigkeit, welche durch die im Waldinnern herrschende niederere Temperatur hervorgebracht wird.

Die Bestimmungen der einzelnen Bestandtheile der Luft zeigen keine merkbaren Abweichungen gegenüber nicht bewaldeten Gegenden.

Der Sauerstoffgehalt hat sich als völlig übereinstimmend mit dem der übrigen Atmosphäre ergeben.[*] Ein Resultat, welches bei der Geringfügigkeit des bei der Assimilation der Pflanzen abgeschiedenen Sauerstoffs im Vergleich mit den gewaltigen Massen der Atmosphäre zu erwarten war.

Der Kohlensäuregehalt der Waldluft ist ebenfalls von dem der übrigen Luft nicht merklich verschieden. Wohl können lokal kleine Abweichungen vorkommen, sie sind aber ohne Bedeutung für Thier- und Pflanzenwelt. Die sorgfältigen Untersuchungen Reiset's[**] zeigten die völlige Uebereinstimmung des Kohlensäuregehaltes der Luft in geschlossenen Schonungen (= 2,917 Vol. $^0/_{00}$) und auf freiem Felde

---

[*] Schon die Gesetze der Gasdiffusion machen es von vornherein unwahrscheinlich, daß überhaupt merkbare Abweichungen in der Zusammensetzung der Waldluft vorkommen können. Ebermayer, Beschaffenheit der Waldluft. Forstwissenschaftliches Centralblatt 8, S. 265.

[**] Compt. rend. 88, S. 1007. 1879.

(= 2,902 Vol. $^0{}_{00}$). (Reißet absorbirte die Kohlensäure von je 600 Liter Luft: die angegebenen Zahlen sind das Mittel aus je 27 Bestimmungen. Die angewendete Methode verbürgt die hohe Genauig= keit der Angaben.)

Die zahlreichen Bestimmungen des Kohlensäuregehaltes der Wald luft, welche Ebermayer (a. a. O. S. 14 u. 15) mittheilt, zeigen auch sonst beobachtete Schwankungen.

Vielfach hat man den hohen Gehalt der Waldluft an Ozon her= vorgehoben. Die Bestimmungsmethoden sind jedoch wenig genau und die Beobachtungen geben keinen Beweis, daß im Walde irgend mehr Ozon vorhanden ist, als auf freiem Felde. Die Gesetze der Gasdiffusion und die diesen entsprechenden, sicher gestellten Erfahrungen über den Kohlensäuregehalt der Waldluft lassen es von vorn herein unwahrscheinlich erscheinen, daß im Walde mehr Ozon vorhanden ist, als in der Um= gebung desselben.

Die stärkende Wirkung der Waldluft auf das Empfinden der Menschen, insbesondere auf das von Kranken, läßt sich daher aus der Zusammensetzung der Waldluft nicht erklären. Ausgeschlossen ist es nicht, daß eine Einwirkung durch die im Walde, zumal im Nadelwalde, verbreiteten Riechstoffe herbeigeführt wird. Es sind dies aber Verhält nisse, welche einer zahlenmäßigen Darlegung nicht zugänglich sind.

Größere Bedeutung scheint die Armuth der Waldluft an Organis= menkeimen zu haben. Die Untersuchungen von Serafini und Arata zeigen, daß der Wald eine filtrirende Wirkung auf die Luft ausübt und dieselbe staubfreier und ärmer an Bakterien macht. Diese Forscher fanden je nach der Entfernung vom Waldrande und den herrschenden Winden eine Abnahme der Bakterienkeime im Innern des Waldes.

Aehnliche Arbeiten hat Ebermayer *) begonnen, der namentlich darauf aufmerksam macht, daß die vielfach sauer reagirenden Wald= böden die üppige Entwickelung der Bodenbakterien verhindern; wie ja die ausgesprochenen Torfböden fast frei von denselben sind. Die Wald= luft ist daher, zumal auch die Staubtheilchen gleichfalls vermindert sind, reiner als die Luft der Städte. Hierin kann eine Einwirkung der Waldluft bei Krankheiten der Athmungsorgane begründet sein.

---

*) Forschungen der Agrikulturphysik 13, S. 424, auch in der Allgemeinen Forst= und Jagdzeitung.

II. Das Wasser.

§ 13. A. Eigenschaften des Wassers.

Wasser ist eine Verbindung von einem Atom Sauerstoff und zwei Atomen Wasserstoff.

Wasser ist in dünnen Schichten farblos, in dickeren schwach bläulich gefärbt. Der Erstarrungspunkt des Wassers bildet den Nullpunkt, der Siedepunkt des Wassers bei einem Drucke gleich einer Quecksilbersäule von 760 mm, den Hundertpunkt $= 100°$ des hunderttheiligen Thermometers. (Ueber Dampfspannung des Wassers vergl. S. 11.)

Wichtige Eigenschaften des Wassers sind das große Lösungsvermögen für viele Salze und andere Körper; die Volumveränderungen bei Temperaturen, welche dem Nullpunkt nahe liegen und die hohe Wärmekapacität.

1. Die Wärmekapacität des Wassers

ist die höchste aller bekannten Körper: man setzt die des Wassers gleich 1 und drückt die Wärmekapacität anderer Stoffe durch einen Decimalbruch aus.

§ 14. 2. Volumveränderungen des Wassers.

Das Gesetz, daß sich die Körper bei höheren Temperaturen ausdehnen, bei niederen zusammenziehen, erleidet für manche Flüssigkeiten in der Nähe des Erstarrungspunktes Ausnahmen. Das Wasser bildet die wichtigste derselben. Die größte Dichtigkeit liegt hier bei $+ 4°$ C., unterhalb dieser Temperatur bis zu 0° erfolgt eine merkbare Ausdehnung. Eis bei 0° hat ein ziemlich genau $\frac{1}{11}$ größeres Volumen als dasselbe Gewicht Wasser bei 4° C.

Die folgenden Zahlen geben Volumen und Dichte des Wassers bei 0—10°:

		Volumen	Dichte (spec. Gew.
Eis bei	0°		0,91674
Wasser „	0°	1,00012	0,99988
„ „	1°	1,00007	0,99993
„ „	2°	1,00003	0,99997
„ „	3°	1,00001	0,99999
„ „	4°	1,00000	1,00000
„ „	5°	1,00001	0,99999
„ „	10°	1,00025	0,99975.

§ 15. 3. Jn Wasser gelöste Gase.

Das Wasser enthält immer Gase in wechselnder Menge gelöst: von diesen sind Sauerstoff und Kohlensäure wichtig; die Bedeutung des im Wasser enthaltenen Stickstoffs ist gering.

Der Gehalt an gelöstem Sauerstoff beträgt im Liter Wasser durchschnittlich 3,5—3,7 ccm: steigt aber unter Umständen*) bis zur Sättigung.

Nach Bunsen nimmt ein Liter Wasser von 10⁰ aus der Luft 6,8 ccm Sauerstoff auf (von Stickstoff 12,7 ccm).

Kommt Wasser mit organischen, namentlich humosen Stoffen in Berührung, so wird der gelöste Sauerstoff zur Oxydation verbraucht. Es tritt dies bei dem Durchsinken vieler Bodenarten, und namentlich in Torfmooren, ein. Solche Wässer enthalten dann oft nur noch Spuren von Sauerstoff: oder dieser fehlt völlig.

Reichard versetzte Regenwasser mit Torf: nach 5 Stunden waren ⁴/₅ des gelösten Sauerstoffs verbraucht, nach 48 Stunden fanden sich nur noch Spuren gelöst. Auf Mangel an Sauerstoff lassen sich viele ungünstige Wirkungen der Moorwässer und verunreinigten Flußwässer zurückführen.

Nach Lepsius nimmt der Sauerstoffgehalt des Wassers in tieferen Bodenschichten ab. Er fand im Liter gelöst (bei 10—11⁰C. 760 mm Druck):

in 12 m Tiefe 4,7—5,5 ccm
„ 18 „   „ 3,4—3,5 „
„ 25 „   „ 1,5—1,9 „

Wasser aus sehr tiefen Bohrlöchern enthält oft gar keinen Sauerstoff gelöst, wohl aber reichliche Mengen von Stickstoff und Kohlensäure.

Wichtig wird das Fehlen des Sauerstoffs, zumal bei Gegenwart reducirend wirkender organischer Stoffe, durch die lösende Wirkung des (kohlensäurehaltigen) Wassers auf Eisenoxydulverbindungen. Das verbreitete Vorkommen von eisenhaltigen Gewässern und deren Abscheidungen in der Nähe von Mooren findet hierdurch seine Erklärung.

Der Gehalt der Gewässer an Kohlensäure.

Die Menge der im Wasser gelösten Kohlensäure ist abhängig von dem Kohlensäuregehalt der umgebenden Luft und der Temperatur. Der Absorptionskoefficient sinkt und steigt im Gegensatz zu den Wärmegraden.**)

*) Die Angabe nach König und Mutschler. Jahresbericht der Agrikulturchemie 1875/77, S. 84; ferner Finkner und Lepsius a. a. O. 1885, S. 46. Ref. nach Journal für Gasbeleuchtung und Wasserversorgung 1885, S. 898.
**) Die Menge eines von einer Flüssigkeit aufgenommenen gelösten Gases ist dem Drucke des Gases proportional. Als Absorptionskoefficient

Der Absorptionskoefficient der Kohlensäure für Wasser ist bei:

$$0^0 = 1,7967$$
$$5^0 = 1,4497$$
$$10^0 = 1,1847$$
$$15^0 = 1,0020$$

Ein Liter Wasser würde also bei Temperaturen zwischen 0^0 und 15^0 aus einer Atmosphäre von reiner Kohlensäure 1—1,8 Liter Kohlensäure aufzunehmen vermögen.

In der atmosphärischen Luft sind im Durchschnitt jedoch nur 0,0003 Volumtheile Kohlensäure enthalten, der Theildruck derselben ist also nur 0,0003. Will man daher die Menge der in der Volumeinheit Wasser aus der atmosphärischen Luft löslichen Kohlensäure finden, so sind die Absorptionskoefficienten mit 0,0003 zu multipliciren. In der Bodenluft ist jedoch mindestens die zehnfache und sehr häufig eine noch bedeutend höhere Menge an Kohlensäure enthalten als in der äußeren Luft. Die im Boden umlaufenden Gewässer sind daher sehr viel reicher an gelöster Kohlensäure, als die oberflächlich fließenden und dies um so mehr, aus je tieferen und kohlensäurereicheren Schichten sie stammen.

Der Gehalt der Gewässer an Kohlensäure ist dem entsprechend ein äußerst schwankender. Den geringsten Gehalt an diesem Gase haben die Regen= und Flußwässer, den höchsten die Quellwässer; das Meerwasser enthält größere Mengen Kohlensäure als der Löslichkeit derselben in Wasser entspricht.

B. Das Vorkommen von Wasser und Eis auf und in der Erde.

Das Vorkommen des flüssigen Wassers auf der Erdoberfläche ist bekannt. Quellen, Bäche und Flüsse führen einen großen Theil der Niederschläge in die Meere.

Außerdem enthalten Boden und Gesteine in ihren Hohlräumen flüssiges Wasser (Bodenwasser) und ein fernerer Theil des Wassers bewegt sich als Grundwasser in den Erdschichten.

bezeichnet man, nach Bunsen, das (auf 0^0 und 760 mm Quecksilberdruck berechnete) Gasvolumen, welches bei 760 mm Druck von 1 ccm Flüssigkeit aufgenommen wird.

Aus Gasgemischen nehmen Flüssigkeiten nur soviel von jeder Gasart auf, wie dem Druck entspricht, welchen diese allein, ohne Gegenwart von anderen Gasarten, ausüben würde. Da dieser Druck in Gasgemischen immer nur einen Theil des Gesammtdruckes der Gase ausmacht, bezeichnet man ihn als Theildruck (Partialdruck) jeder Gasart.

Verändert sich die Zusammensetzung der umgebenden Luft, so werden je nach den Verhältnissen neue Mengen von Gas aufgenommen oder abgegeben. Es erfolgt namentlich das letztere ziemlich langsam, die Gaslösungen gehen sehr leicht in einen Zustand der Uebersättigung über.

Das Eis bedeckt in den Polargegenden einen großen Theil der Meere und bildet als Gletscher ein wichtiges Glied der festen Erdmasse.

§ 16. 1. Bodenwasser.

Der in den Boden eindringende Theil der atmosphärischen Nieder= schläge wird theilweise durch Adhäsion oder kapillar in den Boden= schichten festgehalten und dann als „Bodenwasser" oder „Boden= feuchtigkeit" bezeichnet. Ein anderer Theil des Wassers sickert in die Tiefe ab bis er auf undurchlässige Schichten stößt und sich auf diesen als „Grundwasser" ansammelt.

Im Boden kommt das Wasser in Berührung mit verschiedenen löslichen oder zersetzbaren Verbindungen und löst je nach Menge und Bodenart einen Theil derselben (vergl. § 51, Absorption). Das Boden= wasser ist daher eine schwache Lösung verschiedener Salze. Namentlich werden Kalksalze aufgenommen; daneben finden sich aber wechselnde Mengen der meisten anderen im Boden enthaltenen Stoffe.

Um ein Bild von der Zusammensetzung der Bodenwässer zu er= halten, hat man die durchsickernden Gewässer vielfach analysirt (Train= und Lysimeterwässer). Man muß sich aber hierbei immer bewußt bleiben, daß die Zusammensetzung nach Menge des zugeführten Wassers, Tem= peratur und auch nach dem Gehalt des Bodens an löslichen Mineral= stoffen eine verschiedene ist, daß daher die Zusammensetzung des ab= fließenden Wassers für denselben Boden in verschiedenen Jahreszeiten erheblich wechseln kann. Starke Aenderungen können namentlich durch Düngung herbeigeführt werden. (Man vergleiche Analyse I und II der Tabelle.)

Im allgemeinen ist der Gehalt der Bodenwässer an festen Stoffen ein geringer und übersteigt nur in seltenen Fällen ein Tausendtheil der abfließenden Wassermenge, bleibt aber sehr vielfach hinter dieser Größe zurück.

Die folgenden Analysen von Train= und Lysimeterwässern mögen ein Bild von der Zusammensetzung der Bodenfeuchtigkeit geben; zugleich geben sie ein Maß für die Wegführung löslicher Salze, welche in einem Boden durch Auswaschung stattfinden kann.*)

I. Strenger Lehmboden (Untergrund) von Schlau in Böhmen.
II. Derselbe Boden, gedüngt.
III. Thoniger Boden mit Kalkuntergrund bei Proskau.

*) I und II nach Zöllner; III nach Kroter (Jahresbericht der Chemie 1853, S. 745); IV—VI nach Audoynaud und Chauzit. Ref. in der Forschung der Agri= kulturphysik 4, S. 129.
Fernere Analysen von Bräunlin, Landwirthschaftliche Versuchs=Stationen 1, S. 257; Lawes, Gilbert und Warington, Centralblatt für Agrikulturchemie 1882; Way in Knop, Kreislauf des Stoffes, S. 136.

2*

IV. Sickerwasser einer lehmigen Weinbergserde am 27. Februar.
V. „   derselben Erde am 6. März.
VI. „   „   „   am 12. März.

Ein Liter abfließendes Wasser enthielt (mg):

	I	II	III	IV	V	VI
Kali .	3	6	2	109	122	114
Natron	6	23	14	243	250	219
Kalkerde .	53	68	134	61	64	86
Magnesia .	9	3	32	8	—	8
Eisenoxydul .	6	6	2	—	—	- -
Phosphorsäure	Spur	Spur	—	—	—	—
Schwefelsäure	27	29	122	138	121	150
Chlor . . .	9	39	5	231	236	208
Kieselsäure .	11	9	7	32	48	46
Gesammtgehalt	124	183	318	822	841	831

Es zeigt sich demnach, daß Kalk, Natron und Schwefelsäure stark ausgewaschen werden, aber auch der Verlust an Kali eine bedeutende Höhe erreichen kann.

§ 17. 2. Die Menge des Bodenwassers und die Winterfeuchtigkeit.

Untersucht man die Böden auf ihren Wassergehalt, so ergiebt sich ein außerordentlich großer Unterschied, je nachdem man es mit über= wiegenden Sand=, Lehm, Thon= oder Humusböden zu thun hat.

Als Regel kann bei bedeckten, gleichartig zusammengesetzten Böden gelten, daß die oberste humose Bodenschicht am feuchtesten ist, hierauf folgen die wasserärmsten Schichten des Bodens: in größerer Tiefe findet sich dann wieder ein etwas höherer, ziemlich gleichbleibender Wassergehalt (entsprechend der geringsten Wasserkapacität der Böden).

Diese Vertheilung des Wassers im Boden ist eine Folge der Struktur und des Humusgehaltes der oberen Bodenschichten, sowie des Wasserverbrauches der auf dem Boden wachsenden Pflanzen.

Nackter Boden ist in der Regel an der Oberfläche am trockensten (eine Folge der Verdunstung) und enthält in der Tiefe die der kleinsten Wasserkapacität entsprechenden Wassermengen.

Die Menge des gesammten in den festen Erdschichten enthaltenen Wassers ist eine sehr bedeutende. Delesse*) findet durch Rechnung, daß flüssiges Wasser bis zu 18000 m in den Boden einzudringen vermag. Er nimmt einen durchschnittlichen Gehalt von $5^0/_0$ an und findet so eine gewaltige Wassermenge im Boden vertheilt. Ist auch seine An= nahme viel zu hoch, so würde doch $^1/_{100}$ derselben immer noch in der

---

*) Bulletin de la Société géologique de France 1861 62.

festen Erdrinde fast 13 Millionen Kubikkilometer Wasser ergeben. Be= schränkt man sich auf Betrachtung der obersten Bodenschichten, so kann als Regel gelten, daß die Sandböden etwa 2—4 Gew. $^0/_0$, entsprechend 3—5 Vol. $^0/_0$ Wasser enthalten.*) Die Lehmböden dagegen 10—20 Gew. $^0/_0$, entsprechend etwa 15—25 Vol. $^0/_0$.**)

Natürlich ist der durchschnittliche Gehalt nach Bodenart und nament= lich nach den klimatischen Verhältnissen in den verschiedenen Gegenden ein sehr wechselnder.

Verfasser fand so für die diluvialen Lehmböden der Umgegend von Eberswalde einen Wassergehalt von 10—12 Gew. $^0/_0$, (etwa 15 Vol. $^0/_0$): Ebermayer für die Waldböden Oberbayerns 18—20 Gew. $^0/_0$: Havenstein für die rheinischen (Lehm=)Feldböden etwa 16—18 Gew. $^0/_0$.

Berechnet man das Verhältniß des im Boden dauernd festgehaltenen Wassers zur Menge der jährlichen Niederschläge, so kommt man zu dem überraschenden Resultate, daß z. B. in der Eberswalder Gegend (600 mm Niederschlag) schon eine Schicht Sandboden von 7—8 m Mächtigkeit, eine solche Lehmboden von 3—4 m Mächtigkeit ebensoviel Wasser enthält wie der gesammten durchschnittlichen jährlichen Nieder= schlagmenge entspricht.

Der Gehalt der Böden an Wasser wechselt während der ver= schiedenen Jahreszeiten. Trotzdem für unsere Gebiete der Sommer die an Niederschlägen weitaus reichere Jahreszeit ist, überwiegt doch die Verdunstung, namentlich dann, wenn der Boden mit Pflanzen bestanden ist, welche für ihren Lebensproceß große Mengen von Wasser ver= brauchen.

Verfolgt man die Wasservertheilung im Boden während der Vege= tationszeit, so ergiebt sich beim Erwachen der Vegetation eine rasche Abnahme des Wassergehaltes. Diese schreitet, wenn auch gemäßigt durch die reichlichen sömmerlichen Niederschläge, fortwährend vor, und im Herbste, in Mitteleuropa wohl übereinstimmend im September und Anfang Oktober, zeigen die Böden den geringsten Wassergehalt. Eber= mayer fand für Lehmböden des bayrischen Oberlandes eine Abnahme von etwa 2—3 $^0/_0$ zur Sommer= und Herbstzeit. Also selbst in diesen Gegenden, welche eine ausgesprochene sömmerliche Regenperiode haben, mit ihrer hohen Niederschlagsziffer, überwiegt noch die Verdunstung.

In viel höherem Grade macht sich die Abnahme der Feuchtigkeit im nordischen Flachlande geltend. Nach einigen Bestimmungen des

---

*) Grebe, Zeitschrift für Forst= und Jagdwissenschaft. 1885. S. 387. — Ramann, Zeitschrift für Forst= und Jagdwissenschaft 1883, Decemberheft. — Ferner in Forschungen der Agrikulturphysik 1888, Bd. 9, S. 300.

**) Havenstein, Landwirthschaftliche Jahrbücher 1878. — Ebermayer, All= gemeine Forst= und Jagdzeitung 1889.

Verfassers enthalten die dortigen Lehmböden im Spätsommer und Herbst oft 5—7 und mehr Procent Wasser weniger als im Frühlinge. Die mittleren von Pflanzenwurzeln durchzogenen Schichten sind dann hart und trocken und bieten dem Eindringen der Werkzeuge großen Widerstand. Selbst im December und Anfang Januar findet man diese Bodenschichten oft noch nicht wieder mit Wasser gesättigt. In der kühleren Jahreszeit ist die Verdunstung wesentlich herabgesetzt. Die Abnahme der Temperatur, die hohe relative Feuchtigkeit der Luft und nicht am wenigsten das Erlöschen der Vegetation veranlassen ein Ueberwiegen der zugeführten Feuchtigkeit über die durch Verdunstung verbrauchte. Der Boden sättigt sich allmählich mit Wasser und erreicht in der Zeit von Februar bis April den höchsten Gehalt. Diese im Boden aufgespeicherten und für die Vegetation bereit gestellten Wassermengen bezeichnet man als die „Winterfeuchtigkeit der Böden".

Die Bedeutung der Winterfeuchtigkeit ist für die verschiedenen Bodenarten eine ganz verschiedene. Für Lehmböden mit ihrer hohen Wasserkapacität kann man sie, wenigstens in den niederschlagärmeren Gebieten, kaum überschätzen. Ohne die Winterfeuchtigkeit würden die Lehmböden großer Flächen des nordischen Flachlandes wahrscheinlich eine ausgesprochene Steppenflora tragen. Unterscheiden sich ja doch die Steppengebiete Osteuropas viel weniger durch geringere Niederschläge im Sommer, als durch den Mangel an solchen in der kalten Jahreszeit, beziehungsweise durch ihre Bodenstruktur, von den benachbarten Waldgebieten.

Für die Humusböden gilt ähnliches wie für die Lehmbodenarten. Direkte Bestimmungen fehlen hier noch recht sehr und sind die Verhältnisse der einzelnen Moorgebiete auch wohl sehr viel wechselndere als die jeder anderen Bodenart. Die Höhe des Grundwasserstandes, wechselnde Zufuhr von Wasser durch Gräben und Bäche können hier sehr abweichende Verhältnisse schaffen. Viele Grünlandsmoore leiden an einem Ueberfluß von Wasser in der feuchten Jahreszeit, an Trockenheit im Sommer und Herbst.

Für Sandböden ist die Bedeutung der Winterfeuchtigkeit sehr viel geringer. Die Leichtigkeit, mit der die Niederschläge eindringen, die geringe Wasserkapacität, bewirken, daß die meisten Sandböden bei stärkeren Regen sich sättigen und noch Wasser in die Tiefe absickern lassen. Macht sich auch in Sandböden eine durchschnittliche Abnahme der Feuchtigkeit im Spätsommer und Herbst geltend, so findet man doch schon im Mai die obersten Bodenschichten recht wasserarm. Die Bestimmungen in einem fein- bis mittelkörnigem Diluvialsande der Umgebung von Eberswalde zeigten für die obersten 30 cm übereinstimmend keine allzu erheblichen Abweichungen von Mitte Mai bis

Ende August im Wassergehalte; wohl aber schreitet das Austrocknen in den tieferen Schichten im Spätsommer wesentlich fort.*) So enthielt z. B. der Boden Wasserschichten welche entsprachen:

	27. April	14. Mai	24. Mai	24. Juni	24. August
in 0—50 cm Tiefe	33,1 mm	38,0 mm	25,0 mm	29,0 mm	23,8 mm
in 50—100 cm Tiefe	20,7 „	22,3 „	20,8 „	27,8 „	15,9 „
in 1—2 m Tiefe	58,2 „	56,8 „	57,1 „	38,1 „	17,1 „

Sickerwassermengen.

Literatur:

Wollny, Forschungen der Agrikulturphysik, XI, S. 1. Hier auch die ältere Literatur.

Ebermayer, Allgemeine Forst= und Jagdzeitung 1890, S. 125.

Die Menge des aus einem Boden abfließenden Wassers ist von sehr zahlreichen Bedingungen abhängig. (Mächtigkeit der Bodenschicht, Korngröße, Lagerungsweise, chemische Zusammensetzung, Pflanzenbe-deckung u. s. w.), so daß es ganz ausgeschlossen ist, mehr als eine An-zahl Regeln über diesen Gegenstand aufzustellen.

1. Dicht gelagerte, nicht krümliche Thon= und Humusböden sind für Wasser nahezu undurchdringbar; sie sättigen sich selbst mit Feuchtigkeit und nehmen in Folge ihrer sehr hohen Wasserkapacität große Massen von Wasser in sich auf, lassen aber in den Untergrund auch bei erheblichem Wasserdruck nur geringe Mengen abfließen.

2. Bei gleichen Niederschlagshöhen und genügender Bodenfeuchtig-keit ist die Menge des Sickerwassers um so größer, je grobkörniger und krümliger der Boden ist.

3. Vegetirende Pflanzen setzen die Sickerwassermengen in Folge der Wasserverdunstung in so hohem Maße herab, daß viele Böden während der Sommerzeit überhaupt kein Wasser abfließen lassen.

4. Alle Bedingungen, welche die Verdunstung steigern (hohe Tem-peratur, geringe Luftfeuchtigkeit, dichte Lagerung des Bodens, Bedeckung mit lebenden Pflanzen) vermindern die Menge der Sickerwässer; alle entgegengesetzt wirkenden, steigern dieselbe.

Im hohen Grade wirken natürlich die klimatischen Verhältnisse auf die Menge der Sickerwässer ein. Auf nackten, nicht mit Pflanzen bestandenen Böden steigen und fallen die Mengen der Sickerwässer mit den Niederschlägen; die stärkste Wasserabfuhr findet z. B. in Gebieten mit Sommerregen (Gebirge, Bayrische Hochebene) im Sommer, mit Herbstregen (England zum Theil) im Herbste statt.

Von großem Einfluß erweist sich ferner das Eindringen des Frostes in den Boden. In Klimaten mit milden Wintern (England) ist der

---

*) Untersuchungen über Waldböden. Forschungen d. Agrikulturphysik, XI, S. 300.

Hauptabfluß im Winter und geht im Frühjahr wesentlich zurück. In Gebieten mit kalten Wintern (Deutschland zum Theil, Rußland) ist der Abfluß während des Winters gering, steigert sich zur höchsten Höhe im Frühlinge.

In Gebieten mit geringer Niederschlagshöhe trocknen die Böden, zumal solche mit höherer Wasserkapazität (Lehm u. s. w.) im Laufe des Sommers und Herbstes stark aus und müssen sich zunächst erst selbst wieder mit Wasser sättigen, ehe sie Sickerwasser abzugeben vermögen.

Die Sickerwassermengen sind daher von den allermannigfaltigsten Umständen abhängig und schwanken innerhalb weiter Grenzen in den verschiedenen Gebieten und Bodenarten.

Bedeutungsvoll werden die Abflußmengen für den Stand des Grundwassers und die Speisung der Quellen; welche ausschließlich ihren Wassergehalt aus den Sickerwässern schöpfen.*)

§ 18. 3. Grundwasser und Quellwasser.**)

Das durch den Boden in die Tiefe absickernde Wasser sammelt sich auf undurchlässigen Schichten an und bewegt sich auf diesen entsprechend dem Gesetze der Schwere weiter. An geeigneten Stellen tritt das Grundwasser als Quelle zu Tage.

a) Zusammensetzung der Grundwässer und Quellwässer.

Die Zusammensetzung der Grundwässer ist eine außerordentlich wechselnde. Grundwasser, welches sehr oberflächlich ansteht, entspricht im Gehalte an festen Bestandtheilen nahezu den Lysimeterwässern, nur daß es in der Regel reicher an Kohlensäure und gelöstem kohlensauren Kalk ist.

Entspringen die Quellen aus tieferen Schichten, so nehmen sie reichlich Kohlensäure und unter deren Mitwirkung andere lösliche Stoffe auf. Der Gesammtgehalt an Salzen steigert sich zuweilen so beträchtlich, daß die Wässer zu medicinischen Zwecken Verwendung finden können (Mineralquellen).

---

*) Von Volger ist (Zeitschrift des Vereins deutscher Ingenieure, Bd. 21, 1877) die Meinung vertreten worden, daß ein großer Theil des im Innern der Erde umlaufenden Wassers durch Kondensation aus der Luftfeuchtigkeit stamme. Diese „Volgerische Quellentheorie" hat großes Aufsehen gemacht und ist vielfach besprochen worden. Sie stützt sich namentlich auf die Thatsache einer mittleren trockneren Schicht, welche in fast allen Böden zwischen Obergrund und den tieferen Lagen nachzuweisen ist und ihre Ursache in Struktureigenthümlichkeiten des Bodens hat. Die Unhaltbarkeit der Volgerschen Ansichten ist von verschiedenen Seiten nachgewiesen (vergl. Wollny, Forschungen der Agrikulturphysik, 11, S. 51).

**) Ausführliches in: Daubrée, Les eaux souterreines à l'époque actuelle. Paris 1887. bei Dunod.

Die Zusammensetzung der Quellwässer ist von der Beschaffenheit der Gesteine abhängig, welche sie durchfließen. Theilweise findet durch die Gewässer überwiegend eine einfache Auslaugung der Gesteine statt (z. B. aus Sandsteinen, Löß u. A.), theils entspringt der Salzgehalt einer chemischen Zersetzung der Gesteine (namentlich bei Urgesteinen, wie Granit, Gneiß).*)

Einige Beispiele mögen dies erläutern:

I. Quellwasser von Liebwerd bei Tetschen (Basalt).
II. Desgl. von Gomplitz bei Tetschen (Löß).
III. Desgl. vom Schützenhaus bei Tetschen (Quadersandstein).
IV. Desgl. von La Boisardiere (Granit).
V. Quelle der Marne bei Renne (Kalk).
VI. Quelle im Wermingierthal bei Iserlohn (Lenneschiefer).

In einem Liter Wasser sind enthalten mg:

	I	II	III	IV	V	VI
Kali . . .	3,7	2,8	2,9	4,8	5,2	?
Natron. . .	20,3	9,3	7,6	15,0	30,1	2,2
Kalk . . .	50,5	146,7	40,6	6,4	163,7	24,8
Magnesia .	12,8	23,3	13,9	6,3	18,7	6,1
Eisenoxyd .	1,8	2,6	1,7	2,3	0,7	Spur
Chlor . . .	6,4	7,1	18,0	13,5	26,5	Spur
Schwefelsäure.	8,2	2,1	37,3	5,0	4,9	6,8
Kieselsäure.	45,0	16,5	20,1	18,0	15,7	6,0
Gesammtgehalt	148,7	211,4	142,1	84,4	415,0	69,9.**)

Der geringe Gehalt an gelösten Stoffen in den Quellen des Schiefer- und Granitgebietes tritt gut hervor, ebenso der hohe Gehalt in den Gewässern der Kalksteinregion. Die ersteren bezeichnet man als weiche, die letzteren als harte Gewässer.

Aus Mooren entspringende Gewässer verdienen eine besondere Erwähnung. Treten diese aus Grünlandsmooren hervor, so sind sie zumeist sehr reich an gelösten Stoffen und übertreffen darin die meisten andern Quellwässer. Namentlich ist der Gehalt an Kalk und Kali ein ganz ungewöhnlich hoher. Man muß annehmen, daß diese Stoffe zum Theil an organische Säuren gebunden sind, da die gefundenen anorganischen Säuren nicht annähernd ausreichen, um die Basen zu sättigen.

*) Angaben hierüber bei Dissehof, Jahresbericht der Agrikulturchemie 1878, S. 51; Ulik ebenda 1880, S. 59 und Lechartier, S. 77.

**) Die Zahlen des Gesammtrückstandes sind zum Theil durch die angewendete Methode der Analyse hoher (ein Theil des Rückstandes ist nicht bestimmt worden) als der Addition der aufgeführten Zahlen entspricht.

R. Schiller[*]), welcher eine ausführliche Arbeit hierüber veröffentlichte, fand im Laufe des Jahres in den Abwässern einer Moordamm-
kultur in einem Liter Wasser (im Winter den geringsten, im Sommer
den höchsten Gehalt):

Trockenrückstand	1,524 g.	2,400 g.
Glühverlust	0,401 „	0,920 „
Kali	0,008 „	0,014 „
Kalk	0,199 „	0,413 „

Trotz des hohen Salzgehaltes sind diese Gewässer beim Ueber-
rieseln oft von ungünstiger Wirkung, da die organischen Stoffe stark
reducirend wirken und im Boden den Sauerstoff wegnehmen.[**])

Analysen von Gewässern der Hochmoore sind nicht bekannt
geworden. Man darf annehmen, daß diese reich an gelösten organischen
Stoffen sind, aber nur geringe Salzmengen, wohl zumeist Kali- und
Natronsalze führen.

§ 19. b) Die Bewegung des Grundwassers.

Literatur:
Soyka, Schwankungen des Grundwassers. Wien 1888:
Daubrée a. a. O.

Das Grundwasser folgt denselben Gesetzen des Fließens nach tiefer
gelegenen Gebieten wie die oberirdischen Gewässer, nur daß die Schnelligkeit der Bewegung durch den Widerstand des Bodens wesentlich verlangsamt ist. Feinkörnige Böden bieten natürlich erheblich mehr Reibung als grobkörnige. Da zugleich das Gefälle ein sehr wechselndes
ist, so wird es verständlich, daß sehr verschiedene Geschwindigkeiten
gefunden sind.

Für stark durchlässige Geröllböden in München hat man z. B.
folgende Geschwindigkeiten beobachtet (für die Stunde):

Gefäll $^0/_0$	0,064	0,040	0,016	0,067	0,037	0,021
Geschwindigkeit	25 m	15 m	11 m	14 m	10 m	8 m

Im Diluvialsand an der Aller beobachtete Heß (Zeitschr. d. Arch.-
u. Ing.-Ver. zu Hannover 1870, S. 231) eine Geschwindigkeit von
12—35 m, im Durchschnitt von etwa 20—25 m während eines Tages.
Thiem (nach Soyka a. a. O., S. 6) beobachtete bei einem Gefälle von
5,5 m auf 5000 mindestens 2,5 m Geschwindigkeit für den Tag.

Die Schnelligkeit, mit welcher das Grundwasser strömt, hat eine
große Bedeutung für die Flüsse. Bei geringem Grundwasserstand und
langsamem Abfluß desselben können Niederschläge ohne erheblichen Einfluß

[*) Landwirthschaftliche Jahrbücher 1880, Band IX, S. 621.
[**) Klien, Land- und forstwirthschaftliche Zeitung für das nordöstliche Deutschland 1879, S. 175, beschreibt die ungünstige Einwirkung eines Moorwassers.

sein, welche im entgegengesetzten Falle Ueberschwemmungen herbeiführen. Das Grundwasser kann den Bodenverhältnissen entsprechend in Form schmaler Bäche und Flüsse auftreten. Dies geschieht namentlich in gebirgigem Gelände. Häufig sind die Tiefen der Thäler von Flußschotter und anderm durchlässigem Materiale gebildet: dann bewegt sich das Grundwasser nach Art unterirdischer Flüsse. Extreme Beispiele dieser Verhältnisse bieten die Karstgebiete Südösterreichs mit ihrem ausgebildeten System unterirdischer Flußläufe.

In großen Ebenen stellt das Grundwasser einen oft meilenbreiten, langsam fließenden Strom dar oder sammelt sich wohl auch in unterirdischen Seen an. Ausgezeichnete Beispiele bietet z. B. die Oberbayrische Hochebene. Der Boden ist mit glacialem Geröll bedeckt, in der Tiefe steht ein sehr feinkörniges, undurchlassendes, tertiäres Gebilde, (Flinz genannt) an. Auf diesem fließt der Grundwasserstrom. Die größte Breite in der Gegend Münchens beträgt 35 km, die Länge von Süden nach Norden etwa 70 km, der Flächeninhalt des ganzen Gebietes etwa 14900 qkm.

Andere Beispiele bietet das Wiener Becken (bei Wiener Neustadt), die Rheinebene bei Straßburg, viele Gebiete des norddeutschen Flachlandes.

c) Schwankungen des Grundwassers.

Das Grundwasser stellt die ganze Wassermenge dar, welche vom Boden nicht dauernd festgehalten werden kann, sondern in die Tiefe abfließt. Die Menge desselben ist abhängig von den Eigenschaften und der Trockenheit des überstehenden Bodens. Jemehr derselbe Wasser aufzunehmen vermag und je trockener er ist, um so geringer wird die Menge des abfließenden Wassers sein.

Zahlreiche Beobachtungen zeigen unzweifelhaft die Abhängigkeit des Grundwasserstandes von den Niederschlagsmengen und von der Einwirkung der Verdunstung.

Die letztere überwiegt im Verlaufe eines Jahres in ihrer Bedeutung die ersteren erheblich. Als Maaß derselben hat sich die Vergleichung des Feuchtigkeitsdeficits am vortheilhaftesten erwiesen.

Die Verdunstung wird durch directe Wasserabgabe des Bodens an die Luft und in wahrscheinlich noch höherem Maße durch die Wassermengen beeinflußt, welche die Pflanzen während der Vegetationszeit aushauchen. Die letztere Größe läßt sich nicht rechnungsmäßig darstellen, wird aber ebenfalls durch das Sättigungsdeficit der Luft im hohen Grade beherrscht. Hierdurch ist es möglich, das letztere allein als Maßstab zu benutzen.

Man kann die jährlichen Grundwasserschwankungen in den verschiedenen Gegenden Mitteleuropas in zwei große Gruppen bringen.

1. Gebiete mit hoher absoluter Menge des Niederschlags und geringem Sättigungsdeficit. Die Jahresschwankungen werden durch den Verlauf der jährlichen Niederschläge beherrscht. (Alpengebiet, bayrische Hochebene u. i. w.)

2. Gebiete mit geringen absoluten Niederschlagmengen und hohem Sättigungsdeficit. Die jährlichen Grundwasserschwankungen werden durch die Verdunstung beherrscht. (Norddeutsches Flachland, Ungarische Ebene zum Theil u. i. w.)

§ 20.

Gebiete der ersten Gruppe. Es sind dies sämmtlich Gebiete mit einem ausgeprägten Maximum der Niederschläge in den Sommermonaten und zeigen dem entsprechend ein Ansteigen des Grundwassers zu dieser Zeit.

Am übersichtlichsten lassen sich diese Verhältnisse an einem Beispiel darstellen. In München sind durch Pettenkofer schon seit langer Zeit die Beobachtungen der Grundwasserschwankungen durchgeführt worden.

Die durchschnittliche Jahresperiode der Niederschläge, Grundwasserschwankungen und des Sättigungsdeficits giebt folgende Tabelle (Mittel von 1850—1885):

	Grundwasser in m über dem Meere	Grundwasser reducirt auf das Minim.	Niederschläge mm	Sättigungsdeficit mm
Januar .	515,402	0,018	35,0	0,18
Februar .	515,417	0,083	29,1	0,42
März.	515,482	0,158	48,4	0,86
April .	515,501	0,177	55,5	1,84
Mai .	515,521	0,197	77,8	2,43
Juni . . .	515,582	0,258	112,1	3,11
Juli . . .	515,592	0,268	111,8	3,54
August . .	515,567	0,243	101,7	3,23
September .	515,453	0,129	71,7	2,06
Oktober . .	515,367	0,043	54,4	0,94
November .	515,324	0,000	50,5	0,41
December . .	515,352	0,028	45,8	0,22
Jahresmittel .	515,463	0,133	66,1	1,60
Amplitude . .	0,268	0,268	83,0	2,36

Noch deutlicher werden diese Verhältnisse durch eine graphische Darstellung (Abb. 1).

Die nahen Beziehungen zwischen Niederschlägen und Grundwasser treten dadurch deutlich hervor. Die Maxima beider fallen nahe zusammen. Nicht so das Minimum; für das Grundwasser macht sich dieses im November, für die Niederschläge erst im Februar geltend.

Für diese Zeit überwiegt offenbar noch der Einfluß der Verdunstung, welcher im Sättigungsdeficit zum Ausdruck kommt.

Man darf annehmen, daß ähnliche Verhältnisse in den meisten Hochgebirgsgegenden sowie auf Hochebenen mit reichlichen Niederschlagsmengen herrschen.

§ 21.

Gebiete der zweiten Gruppe. Gebiete mit geringeren Niederschlägen, die sich über das Jahr gleichmäßiger vertheilen, als dies für die vorher behandelten Strecken gilt. Im Sommer finden sich auch hier die stärksten Niederschlagsmengen, aber nicht annähernd in dem Maße und der Regelmäßigkeit wie in den Gebieten der ersten Gruppe.

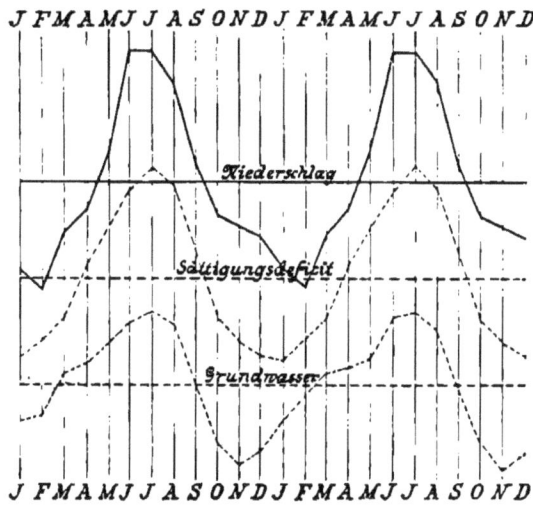

Abb. 1. Doppeljahresperiode des Niederschlags, des Sättigungsdeficits und des Grundwasserstandes in München. (Nach Soyka)

Dagegen zeigt sich in der Mitte des Sommers ein ausgeprägtes Maximum des Sättigungsdeficits.

Als Beispiel mögen hier die Verhältnisse Berlins, inmitten des nordischen Flachlandes gelegen, gelten.

Die folgende Tabelle giebt in gleicher Weise, wie das für Münchener Verhältnisse geschehen ist, die einschlägigen Zahlen im Mittel der Zeit von 1870—1885 für Berlin.

	Grundwasser in m über dem Meere	Grundwasser reducirt auf das Minim.	Niederschläge mm	Sättigungsdeficit mm
Januar	32,72	0,34	40,3	0,71
Februar	32,79	0,41	34,8	0,91
März .	32,88	0,50	46,6	1,55
April .	32,96	0,58	32,1	2,73

	Grundwasser in m über dem Meere	Grundwasser reducirt auf das Minim.	Niederschläge mm	Sättigungsdeficit mm
Mai	32,88	0,50	39,8	3,95
Juni	32,69	0,31	62,2	5,13
Juli .	32,56	0,18	**66,2**	**5,64**
August..	32,45	0,07	60,2	4,83
September	32,40	0,02	40,8	3,77
October .	32,38	0,00	57,5	1,72
November	32,47	0,09	44,5	1,01
December ..	32,50	0,12	46,2	**0,59**
Jahresmittel..	32,64	0,26	47,6	2,71
Amplitude ..	0,58	0,58	33,1	5,05

Die durchschnittliche Schwankung des Grundwassers ist daher in Berlin eine doppelt so große wie in München (0,268 m zu 0,58 m) und ebenso das Sättigungsdeficit dauernd ein höheres.

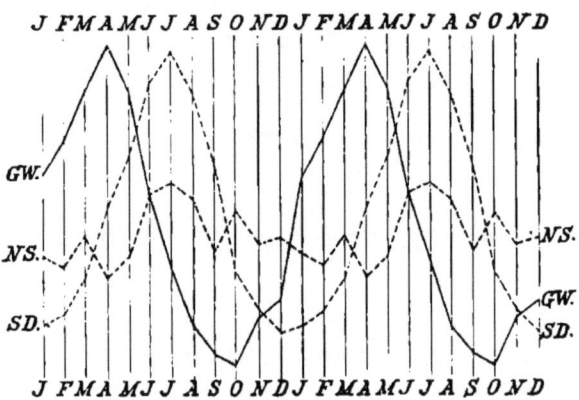

Abb. 2. Doppeljahresperiode des Sättigungsdeficits, des Niederschlags und des Grundwassers in Berlin. (Nach Soyka.)

Auch hier giebt eine graphische Darstellung ein übersichtliches Bild der Verhältnisse (Abb. 2). Die Unregelmäßigkeit der Niederschläge, die scharf ausgeprägten Maxima und Minima des Grundwasserstandes treten hervor.

Aehnliche Verhältnisse wiederholen sich in allen diesem klimatischen Gebiete angehörigen Orten.

Es ist noch darauf hinzuweisen, daß das Minimum des Grundwassers sich erheblich gegenüber dem Maximum des Sättigungsdeficits verspätet. Es entspricht dies völlig dem Gange der Bodenfeuchtigkeit; soweit z. 3. Beobachtungen über diesen wichtigen Gegenstand vorliegen. Der im Herbst durch die Vegetation stark ausgetrocknete Boden ist im Stande, bedeutende Wassermengen aufzunehmen, ohne einen entsprechenden Theil an den Untergrund abzugeben.

§ 22.

Der Einfluß der Pflanzenwelt macht sich mehr durch Ver=
minderung der Sickerwassermengen als durch direkte Einwirkung auf
den Stand des Grundwassers geltend. In allen Beobachtungen tritt
mehr oder weniger scharf eine Einwirkung des Erwachens der Vege=
tation hervor, je nach der Zeit des Eintritts im März bis Mai.

In den Gebieten der ersten Gruppe durch ein mehr oder weniger
starkes Einbiegen der steigenden Grundwasserkurve, in denen der zweiten
Gruppe dadurch, daß das Maximum des Grundwasserstandes auf diese
Zeit fällt. Es ist auffällig, daß dieser wichtige Punkt in den meteoro=
logischen Arbeiten über diesen Gegenstand, wenigstens soweit sie dem
Verfasser bekannt sind, völlig übersehen worden ist.

Im Allgemeinen ist man berechtigt anzunehmen, daß in
den Gebieten der ersten Gruppe der Boden dauernder mit
Wasser gesättigt und dadurch im Stande ist, mehr Wasser in
die Tiefe abfließen zu lassen. Daher das Zusammenfallen
der Maxima von Niederschlag und Grundwasser.

In denen der zweiten Gruppe trocknet dagegen der Boden
gegen den Herbst hin ganz enorm aus, die Niederschläge
bleiben in ihm kapillar festgehalten, und der gleichmäßige
Abfall der Grundwasserkurve deutet auf ein allmähliches
Abfließen desselben durch Quellen und Flüsse. Das Deficit
der Luftfeuchtigkeit ist daher nur ein Mittel, diese mannigfaltigen Ver=
hältnisse darzustellen und eine der Ursachen der Grundwasserschwankungen.
beherrscht diese aber durchaus nicht ausschließlich.

Vergleicht man längere Zeitabschnitte in Bezug auf den Grund=
wasserstand, so machen sich bedeutsame Verschiedenheiten geltend.

In das Ende der sechziger Jahre dieses Jahrhunderts fällt eine
Periode sehr hohen Grundwasserstandes, die Anfang der siebziger Jahre
(1873 74) rasch abnimmt, von da an wieder steigt (1876—82) und
zur Zeit einem neuen Minimum entgegen zu gehen scheint.

Die Amplitude ist dabei eine sehr bedeutende, wie folgende Zu=
sammenstellung zeigt. In der Tabelle ist der beobachtete niedrigste
Stand = 0 gesetzt.

Die Schwankungen sind in m angegeben.

	München	Salzburg	Berlin	Bremen
1865	0,000	0,00	—	—
1867	0,677	0,12	—	—
1869	0,300	0,16	—	0,503
1870	0,197	0,15	0,37	0,431
1871	0,318	0,16	0,44	0,504
1872	0,221	0,03	0,18	0,225
1873	0,274	0,11	0,14	0,112

	München	Salzburg	Berlin	Bremen
1874	0,101	0,06	0,00	0,000
1875	0,208	0,20	0,01	0,147
1876	0,804	0,22	0,28	0,456
1877	0,715	0,26	0,22	0,404
1878	**0,857**	**0,34**	0,13	0,301
1879	0,529	0,16	0,20	0,348
1880	0,697	0,27	0,11	0,445
1881	0,735	0,30	0,36	0,429
1882	0,295	0,18	0,35	0,242
1883	0,354	0,15	0,35	0,072
1884	0,059	0,15	0,10	0,135
1885	0,065	0,03	0,14	—

Bedenkt man, daß die Schwankungen in den einzelnen Jahreszeiten noch weit erheblicher sind und die Extreme derselben schon durch die Jahresmittel ausgeglichen werden, so tritt namentlich für die Wald=kultur die Bedeutung dieser Zahlen hervor.

Unter Umständen liegen bisher mit Wasser bedeckte oder ausgesprochen bruchige Theile mehrere Jahre trocken; füllen sich bei steigendem Grundwasser jedoch wieder mit Feuchtig=keit oder Wasser.

Es sind dies Verhältnisse, welche bei forstlichen Kulturen und zu=mal bei Betriebseinrichtungen zu berücksichtigen sind. Nicht der augen=blickliche Wasserstand darf für die Maßregeln entscheidend sein, sondern die durchschnittlichen Verhältnisse sind zu berücksichtigen. In weitaus den meisten Fällen werden sich diese auf alten Waldboden aus den bis=herigen Vegetationsverhältnissen erschließen lassen. Sind z. B. Stubben stärkerer Bäume vorhanden, so wird man auch eine zeitweise unter Wasser stehende Fläche unbedenklich der Forstkultur zuweisen können. Fehlen diese und beschränkt sich auch das Vorkommen von jüngerem Aufschlag nur auf einzelne Erhöhungen oder den Rand, so kann man annehmen, auch wenn die Fläche zeitweise genügend trocken erscheint, daß bei steigendem Grundwasser auch wieder länger andauernde Ueberstauungen zu erwarten sind. Derartige Flächen sind am vor=theilhaftesten der Wiesenkultur zu überweisen; es geschieht dies viel=fach nicht in wünschenswertem Umfange. Nur zu oft sieht man im Walde kümmernde Bestände auf Gebieten, welche gute Wiesen abgeben könnten.

Außer den allgemeinen Schwankungen des Grundwassers können noch solche durch lokale Ursachen eintreten. Die Bedingungen dieser Erscheinungen sind noch wenig bekannt, und muß es genügen, hier auf das Vorkommen hinzuweisen.

§ 23. d) Fluß= und Seewaſſer.

Die Flüſſe, Bäche und überhaupt oberflächlichen Gerinne gehen aus den Quellen und den oberflächlich zufließenden Gewäſſern hervor. Man kann die Flüſſe in ſolche eintheilen, die als zu Tage tretendes Grundwaſſer betrachtet werden können, und ſolche, welche ihre Waſſer= führung weſentlich durch Zufluß aus anderen Gebieten erhalten und auf undurchläſſiger Soole fließen. Die erſteren ſind überwiegend die Flüſſe der Ebene, die letzteren die des Gebirges.

a) Zuſammenſetzung des Flußwaſſers. Entſprechend dem Urſprung der Flüſſe führen ſie alle Beſtandtheile, welche dem Quell= und Grundwaſſer eigenthümlich ſind.

Der Gehalt an dieſen Stoffen wird jedoch durch eine Reihe Vor= gänge weſentlich beeinflußt.

Die Quellwäſſer enthalten größere Mengen von Kohlenſäure ge= bunden. Indem ſie an die Oberfläche gelangen, entweicht ein Theil derſelben. Die löslichen Bikarbonate des Kalkes und der Magneſia, ſowie des Eiſens (letzteres unter Oxydation des Oxyduls zu Oxyd), kommen in unlöslicher Form zur Abſcheidung.

Regen=, ſowie ſolche Wäſſer, welche von der Erdoberfläche ab= fließen, und naturgemäß wenig Salze gelöſt enthalten, verdünnen das Waſſer der Flüſſe noch mehr. Das Flußwaſſer unterſcheidet ſich daher durch ſeine größere Weichheit, entſprechend dem geringeren Gehalt an Salzen, insbeſondere Kalkſalzen, vom Quellwaſſer.

Im folgenden mögen einige Analyſen von Flußwäſſern aufgeführt werden, welche wenigſtens ein annäherndes Bild der verſchiedenen Zu= ſammenſetzung geben.*)

100 000 Theile Waſſer enthalten (g).

	Weſer Unterlauf	Elbe bei Hamburg	Spree bei Berlin	Moldau bei Prag	Donau bei Wien	Rhein bei Straßburg	Weichſel bei Kulm	Jſar bei München
Kali .	0,549	?	?	0,802	?	?	?	?
Natron . . .	?	3,92	?	0,279	0,1	0,7	?	
Kalk	5,720	4,54	5,20	1,134	4,8	8,2	7,7	8,09—6,96
Magneſia . . .	1,303	Spur	0,60	0,490	1,2	0,24	1,3	
Eiſenoxyd und Thonerde . .	0,993	5,15	0,05	0,240	0,2	0,8	0,1	
Schwefelſäure .	3,180	3,50	0,86	0,522	1,0	0,7	1,0	

*) Die Analyſen ſind zumeiſt bei Arbeiten über Waſſerverſorgung der Städte ausgeführt worden. Die Beſtimmung der Alkalien fehlt oft. Außer dem an= geführten finden ſich noch andere Stoffe, darunter auch Phosphorſäure in ſehr ge= ringen Mengen.

	Weser Unterlauf	Elbe bei Hamburg	Spree bei Berlin	Moldau bei Prag	Donau bei Wien	Rhein bei Straßburg	Weichsel bei Kulm	Isar bei München
Chlor	1,754	2,03	2,12	0,347	?	1,2	?	0,11—0,14
Kieselsäure . .	?	0,97	0,26	0,940	0,5	4,9	0,8	
Organische Stoffe	?	13,60	?	0,936	?	?	2,2	1,94—2,65
Gebundene Kohlensäure	?	3,16	4,34	1,115	4,5	6,2	6,3	5,90—8,20
Gesammtrückstand		27,50 bei 180°C.	16,89	6,560 bei 145°C.	12,5	23,2	19,9	21,03—21,95
Salpetersäure	0,741	0,05	?	0,054	?	?	?	0,01—0,05

In Bezug auf die Zusammensetzung treten bei den Flußwässern drei Gruppen hervor.

1. Flüsse, welche aus Gebieten kalireicher, krystallinischer Gesteine hervortreten. Die Wässer sind arm an gelösten Stoffen, insbesondere Kalksalzen, reich an Kali und an Kieselsäure. (Vergl. Moldauwasser.) Vielfach zeichnen sich die Gewässer, in dichten Schichten, durch eine dunkle, durch gelöste Humusstoffe bewirkte Färbung aus.

2. Flüsse der Gebiete mit kalkreichen Gesteinen. Die Gewässer sind reich an Salzen, insbesondere an Kalksalzen.

3. Flüsse, welche verschiedene Gebiete durchströmen und einen ge=mischten Charakter tragen.

Der Salzgehalt wechselt mit den Jahreszeiten und mit den Wasserständen. Hochwasser ist ärmer, Niedrigwasser reicher an Salzen als dem Durchschnitt entspricht.

Für den Wechsel der Jahreszeit mögen die Analysen der Gewässer der Jll und Ach ein Beispiel geben (nach Engling, Centralblatt der Agrikulturchemie 1878, S. 721).

1000 Theile Wasser gaben Rückstand:

Jll (1877)		Ach (1877)			
Juli	December	März	Juni	Oktober	December
0,174	0,155	0,159	0,228	0,196	0,177

Auch die Zusammensetzung des Rückstandes wechselt nicht unerheblich. In 100 Theilen Trockenrückstand waren enthalten:

	Jll		Ach	
	Sommer	Winter	Sommer	Winter
Eisenoxyd .	4,25	1,41	8,43	2,66
Gyps	10,37	3,84	13,75	8,47
Kohlensaurer Kalk . .	43,68	58,71	36,24	57,01
Kohlensaure Magnesia	34,93	26,08	25,06	6,62
Alkalien	3,88	4,27	?	?

§ 24. e) Verunreinigung von Gewässern.

Außer den normalen Bestandtheilen werden den Wässern die Abfall=
stoffe der Städte, sodann aus Bergwerken, Salinen und in neuerer Zeit
namentlich aus zahlreichen Fabriken Abfallreste zugeführt, welche den
Gehalt der Gewässer oft erheblich beeinflussen und nicht selten auf die
Vegetation schädlich einwirken.

Die zugeführten Stoffe können organische oder anorganische Ver=
bindungen enthalten.

Die organischen Verbindungen werden theilweise oxydirt, so
daß der Gehalt des Wassers an gelöstem Sauerstoff ein geringerer wird.
(Im Themsewasser wurden unterhalb London nur noch Spuren von
Sauerstoff im Flußwasser gefunden.) Andererseits bewirken harte Wässer,
die sich mit denen der Flüsse mischen, eine Ausfällung der organischen
Stoffe und so eine Reinigung derselben. Nach anderen Forschern
(Alex. Müller, Emich) ist die Entfernung der gelösten organischen Ver=
bindungen eine Wirkung der Lebensthätigkeit niederer Organismen.
Diese „Selbstreinigung der Flüsse" ist namentlich für Abflußwässer
größerer Städte wichtig.

Anorganische Stoffe, welche dem Wasser beigemengt werden
sind besonders Salze verschiedener Art. In mäßiger Menge üben sie
auf die Vegetation selten ungünstigen Einfluß aus. Bedenklicher und
zuweilen geradezu verderblich sind dagegen Zechen= und Grubenwässer.
Diese kommen oft aus schwefelkieshaltigen Schichten (z. B. Braunkohlen),
welche durch Oxydation Eisenvitriol und durch die Einwirkung der zu=
gleich gebildeten Schwefelsäure auch Thonerdesulfat enthalten. Gefähr=
lich sind auch die Abflußwässer der Zinkgruben. Selbst ein geringer
Gehalt an löslichen Zinksalzen wird durch Absorption im Boden fest=
gehalten und wirkt auf die meisten Gewächse schädlich ein.

§ 25. f) Die Wasserführung der Flüsse.

Man kann die Flüsse in Bezug auf ihren Charakter in zwei große
Gruppen eintheilen:

1. Solche, deren Zuflüsse überwiegend einem entfernteren Gebiete
angehören und die dann auf undurchlässiger Grundlage die Wasser=
abfuhr vermitteln. Es sind dies hauptsächlich Gebirgsflüsse:

2. in solche, welche als Ableitungen des Grundwassers angesehen
werden können und mit diesen, wenn auch etwas in der Zeit verschieden,
fallen und steigen. Hierher gehören namentlich die Flüsse der Ebene.

Natürlich giebt es zwischen den beiden Formen die mannigfachsten
Uebergänge, wie auch derselbe Fluß in verschiedenen Theilen seines
Laufes auf undurchlässigem oder durchlässigem Gelände fließen kann.
Der Rhein gehört z. B. in seinem Oberlaufe der ersten Reihe an,
fließt jedoch in der Rheinebene zum großen Theil auf durchlässigem

3*

Gebiete, während wieder der Unterrhein, der zum Theil erheblich oberhalb des übrigen Tieflandes seinen Lauf hat, wieder der ersten Classe zugerechnet werden muß. Allerdings tritt immer mehr oder weniger eine Verdichtung des Flußbettes durch Ablagerung von Thontheilchen ein, aber nicht immer in dem Maße, um die Abhängigkeit des Flußwasserstandes von dem Grundwasser aufzuheben.

Die Wasserführung der Gebirgsflüsse ist zumeist von den Niederschlagsmengen ihres Sammelgebietes abhängig. Im Allgemeinen zeigen dieselben bis in die Mitte des Sommers reichliche Wasserführung. Das bezeichnendste für die Gebirgsflüsse ist jedoch das nicht seltene Anschwellen in Folge starker Gewitter (vergl. Hochwasser) und die Unabhängigkeit der Wasserführung vom Grundwasserstande (z. B. Jsar und Münchner Grundwasserstände).

Flüsse, die auf durchlässigem Gelände fließen, zeigen eine deutliche Abhängigkeit vom Grundwasserstande; sie sind zunächst als Abflußkanäle desselben aufzufassen. Die Thatsache, daß aus den Flußbetten Wasser in den Boden abfließen kann, ist wiederholt beobachtet worden. Bei Wasserbauarbeiten kann man dies öfter direkt beobachten, die Technik bezeichnet dann derartiges Wasser als Seihwasser (Qualm-, Küver-, Träng-, Truhwasser).

Genauere Beobachtungen haben die Brunnen ermöglicht, welche in der Nähe der Flüsse gelegen sind. Härtebestimmungen haben ergeben, daß ebensowohl das härtere Grundwasser in den Fluß abfließt, wie dieser auch bei höherem Wasserstande einen Theil seines Wassers an den Boden abgeben kann. Namentlich bei plötzlich eintretendem Hochwasser können dann eigenartige Verhältnisse hervortreten. Zunächst wird sich der dem Fluß benachbarte Boden mit Wasser füllen, aber an dem andrängenden Grundwasser bald Widerstand finden. Letzteres wird dann in die Höhe gepreßt und kann oft mehrere Meter über dem Stand des Hochwassers aus Brunnen mit großer Mächtigkeit hervorbrechen.

Die Abhängigkeit der Flüsse der Ebene von dem Grundwasserstande läßt sich z. B. für die Spree bei Berlin gut nachweisen; ähnliche Verhältnisse finden sich z. B. noch an der Weser, am Main und anderen Flüssen.

In manchen Fällen kennzeichnet sich ein Fluß auch dadurch als Theil des Grundwassers, daß er, wie dies in Geröllböden der Gebirgsthäler nicht selten geschieht, ganz oder theilweise in denselben versickert und erst an einer entfernten Stelle wieder hervortritt.

§ 26. g) Hochwasser der Flüsse.

Die Hochwässer der Flüsse mit den außerordentlichen Schäden, welche sie herbeiführen, sind in den letzten Jahren ein Gegenstand eingehender Untersuchung geworden.

Viele Hochgebirgsgegenden haben sehr schwer zu leiden gehabt, aber auch die Ebenen sind kaum weniger betroffen worden. Die Ansicht vieler Wasserbautechniker neigt sich dahin, daß die Hochwässer an Zahl wie Heftigkeit gestiegen, im Allgemeinen jedoch ein Sinken des Wasserstandes der Europäischen Flüsse nicht zu beobachten sei, während dies von anderer Seite bestritten wird.*)

Ein Urtheil über diese Frage zu gewinnen, ist außerordentlich schwierig, da die Beobachtungen an den Pegelständen nur die Höhe der Wasserschicht berücksichtigen, nicht aber das ganze Querprofil des Flusses darstellen können.

Thatsächlich liegen eine Reihe Gründe vor, welche eine Steigerung der Hochwasserschäden wahrscheinlich machen.

1. Der Boden der Thäler bez. der Flußbetten wird durch Ablagerung von Sinkstoffen fortwährend erhöht. Im Gebirge wird dies wahrscheinlich in höherem Maße der Fall sein als in den Ebenen. Durch die Erhöhung der Thalsoole würde sich das Gefälle des Flusses, damit dessen Angriffskraft und natürlich zugleich die Gefahr von Verwüstungen bei Hochwässern steigern.

2. Ein nicht unerheblicher Theil des Wassers der Flüsse wird diesen direkt (nicht durch Vermittelung der Quellen) zugeführt. Je mehr ein Gebirge von einer Pflanzendecke entblößt ist, um so größer ist der Antheil der oberflächlich abfließenden Wassermenge (Vergl. Wex).

3. Meliorationsarbeiten üben in ihrer Gesammtheit einen bedeutenden Einfluß aus. Dieselben erstrecken sich namentlich

a) auf Flußkorrektionen. Die vielfach durchgeführte Gradelegung der Flüsse beschleunigt den Wasserabfluß bedeutend und steigert so die Wahrscheinlichkeit der Ueberschwemmung im unteren Stromgebiet.

b) Trockenlegung von Sümpfen, Seen u. dergl. Diese haben früher mehr oder weniger als Sammelbecken für Hochwässer gedient. Wie bedeutend der Einfluß größerer Seen ist, zeigen z. B. Rhein und Rhone. Ersterer hat oberhalb des Bodensees ein Verhältniß der Wassermenge bei Nieder- und Hochwasser wie 1 : 10,9; unterhalb des Sees wie 1 : 4,9; die Rhone oberhalb des Genfersees wie 1 : 12,7; unterhalb wie 1 : 5. Der Abfluß der großen nordamerikanischen Seen, der St. Lorenzstrom ändert seinen Wasserstand im Unterlauf überhaupt nur um etwa 50 cm.

c) Die landwirthschaftlichen Meliorationen, namentlich Trainirung, führen das Wasser des Bodens viel rascher ab. Man beobachtete auf

---

*) Wex. Ueber die Wasserabnahmen in den Quellen, Flüssen und Strömen ꝛc. Wien 1873/79.
C. Sasse, Wasserabnahme in den Bächen und Strömen Deutschlands. Halle 1880.
G. Hagen, Veränderung der Wasserstände in den preuß. Strömen. Berlin 1880. (Abhandlungen der Akademie der Wissenschaften.)

manchen Grundstücken nach der Drainage, daß die Frühjahrsbestellung vierzehn Tage früher erfolgen konnte, als vor derselben.

Alle diese Verhältnisse vermitteln einen erheblich rascheren Abfluß der Gewässer, und steigern damit die Gefahr der Hochwässer im Unterlauf der Flüsse.

§. 27. h) Die Wasserabfuhr der Ströme.

Vergleicht man die Wasserführung der Ströme mit den Regenmengen, so ergiebt sich, daß in verschiedenen Gebieten wechselnde Mengen dem Meere zugeführt werden. Im Allgemeinen kann man annehmen, daß die Verdunstung einen um so größeren Antheil der atmosphärischen Niederschläge beansprucht, je geringer diese unter sonst übereinstimmenden Verhältnissen sind.

Harlacher hat die Abflußmengen, welche von der Elbe aus Böhmen ausgeführt werden, nach den Messungen bei Tetschen berechnet. Dieselben betrugen

$$1877 \quad 9 \text{ Milliarden } cbm$$
$$1878 \quad 8,5 \quad \text{„} \qquad \text{„}$$
$$1879 \quad 9,4 \quad \text{„} \qquad \text{„}$$

Vertheilt man die Wassermenge gleichmäßig auf das 51,000 □ km umfassende Flußgebiet, so ergeben sich

$$1877 \quad 175 \text{ mm} = 26\,^0/_0 \text{ der Niederschlagsmenge,}$$
$$1878 \quad 165 \quad \text{„} \quad = 24\,^0/_0 \quad \text{„} \qquad \text{„}$$
$$1879 \quad 185 \quad \text{„} \quad = 26\,^0/_0 \quad \text{„} \qquad \text{„}$$

Für andere Flüsse hat man höhere procentische Zahlen gefunden, so für die Maas $37\,^0/_0$ der Niederschläge, für die Flüsse des Münsterlandes etwa $30\,^0/_0$. Im Allgemeinen darf man annehmen, daß die mitteleuropäischen Flüsse etwa $30—40\,^0/_0$ der gesammten Niederschläge abführen. Nach Gräve (Civilingenieur, Bd. 25, Heft 8) beträgt die Abfuhr der deutschen Flüsse $31,4\,^0/_0$ der Niederschläge.

§ 28. i) Einfluß des Wassers auf die Umgebung.

Die Bedeutung des Meeres für das Klima der benachbarten Gebiete fällt außerhalb des Rahmens dieser Arbeit. Die Einwirkung geringerer Wassermengen ist schwierig festzustellen. Im Allgemeinen thut man jedoch gut, sie nicht zu hoch in Anschlag zu bringen. Wasserflächen können einwirken:

a) Durch Reflection der Wärmestrahlen. Man glaubt, manche Einwirkungen der Flüsse auf benachbarte Höhen nach dieser Richtung annehmen zu sollen. Namentlich in den Weinbau treibenden Gebieten legt man erheblichen Werth auf diese Wirkung.

Nach Untersuchungen, welche Dufour am Genfer See anstellte*), stellte sich das Verhältniß der vom Seespiegel reflectirten Wärme zu der direkten Bestrahlung in folgender Weise.

Sonnenhöhe 4⁰   7⁰   16⁰

Reflectirte Wärme in ⁰/₀ der direkten, 68 ⁰/₀ 40—50 ⁰/₀ 20—30 ⁰/₀

Die Reflection ist daher bei niedrigem Sonnenstande am bedeutendsten.

Natürlich kann diese Wirkung der Wasserfläche nur auf die unmittelbare Umgebung geübt werden, welche von den reflectirten Strahlen getroffen wird.

b) Die Einwirkung auf Temperatur und Luftfeuchtigkeit, welche größere Wasserflächen bewirken, zeigt am ausgesprochensten das Seeklima. Auch ausgedehnte Süßwasserieen vermögen eine ähnliche Wirkung hervorzubringen, wie dies z. B. die großen amerikanischen Binnenseen zeigen, welche den benachbarten und namentlich umschlossenen Landflächen eine nicht unerheblich höhere Temperatur vermitteln.

Ueber die Wirkung der großen Seen Europas liegen Untersuchungen von Cartoni vor.**) Am Comosee änderte sich die Temperatur des Wassers nur wenig im Laufe eines Tages und hielt sich überhaupt von Anfang August bis Mitte Oktober zwischen 19—23 ⁰. Die Temperatur der Luft über dem See oder in nächster Nähe desselben war nie mehr als 3⁰ höher als die des Sees; während in größerer Entfernung bedeutende Schwankungen auftraten.

Besonders bedeutsam war die geringe Einwirkung des Sees auf den Feuchtigkeitsgehalt der Luft; diese enthielt durchschnittlich 70 "/₀, an trüben und regnerischen Tagen bis 80 ⁰/₀ relativer Feuchtigkeit.

Zieht man aus den beobachteten Thatsachen die Schlußfolgerungen, welche sich für kleinere Wasserläufe und Wasserflächen ergeben, so ist anzunehmen, daß diese eine geringe Abkühlung der benachbarten Luftschichten herbeiführen, eine merkbare Steigerung der Feuchtigkeit der Luft jedoch nicht veranlassen werden.

c) Die Einwirkung der Gewässer auf den Wassergehalt des umgebenden Bodens ist eine nach den Bodenverhältnissen völlig verschiedene.

Bilden Seen und Sümpfe offene Flächen des Grundwassers, wie dies vielfach in durchlässigen Bodenarten der Fall ist, so wird eine Entwässerung, bez. Tieferlegung des Wasserspiegels, als Drainage des Grundwassers wirken und kann sich namentlich für den Waldbestand auf weite Entfernungen äußern.

Wird der Boden des Sees dagegen von undurchlässigem

---

*) Nach Hann, Klimatologie, S. 30.
**) Forschungen der Agrikulturphysik, III, S. 316.

Material gebildet, so ist die Bewegung des Wassers gehemmt, schon wenige Schritte vom Seeufer entfernt hört
jeder Einfluß auf die Bodenfeuchtigkeit auf und die Entwässerung wird einen merkbaren Einfluß auf die Umgebung
überhaupt nicht äußern.

Ein gutes Beispiel für diese Verhältnisse bietet z. B. der Paar-
steiner See an der Grenze des Schutzbezirkes Breitefenn (Oberförsterei
Freienwalde a O.). Der See hat eine Größe von über 1000 ha.
Die Försterei Breitefenn liegt etwa 500 m vom See entfernt. Beim
Bohren eines Brunnens wurde im durchlässigen Sandboden 12 m
(durch Nivellement festgestellt) unterhalb des Seespiegels noch kein
Wasser gefunden.

Der See ruht auf einer Lehmplatte auf und beeinflußt dadurch
die benachbarten Flächen überhaupt nicht.

Eine Entwässerung kann daher ohne merkbare Einwirkung auf benachbarte Gebiete sein, oder sich weithin bemerkbar machen, je nach der Beschaffenheit der betreffenden
Böden.

III. Gletscher.*)

§ 29.

Während der geologischen Periode, welche der Jetztzeit voraus-
ging, waren ausgedehnte Gebiete der Hochgebirge, sowie der ganze
Norden Europas mehr oder weniger mit Eis bedeckt. Ein großer
Theil der Waldböden der Hochgebirge, der ganzen skandinavischen Halbinsel und fast das ganze nordische Flachland verdankt seine jetzige Gestaltung und die Beschaffenheit des Bodens der Eisbewegung. Eine
kurze Darstellung der Eigenschaften und der Entstehung der Gletscher
darf daher nicht fehlen.

Hochschnee, Firnschnee. In den Hochlagen der Gebirge sowie
in mittlerer Höhe in nordischen Gebieten erfolgen die Niederschläge
ganz überwiegend als Schnee, und auch die vereinzelt auftretenden
Regen gefrieren, indem sie sich mit dem bereits vorhandenen Schnee
mischen.

Der Schnee der Hochgebirge, der Hochschnee, ist sehr feinkörnig
und hierdurch von blendender Weiße. Durch die Bestrahlung der Sonne

---

*) Die Darstellung überwiegend nach: Albr. Heim, Handbuch der Gletscher-
kunde. Stuttgart 1885.

wird die Oberfläche geschmolzen und gefriert zu einer dünnen Eisdecke. Rasch tritt dies ein wenn Regen fällt. In den Alpen kann in 3-4000 m Höhe oft in einer einzigen Nacht der Schnee in eine feste Eismasse (Hocheis) umgewandelt werden.

In den etwas tieferen Lagen, auf denen sich direkt und durch Windwehen der feinkörnige Hochschnee sammelt, lagert sich der Schnee durch theilweises Anschmelzen und erneutes Gefrieren zu Körnern, dem Firnschnee, zusammen. Die einzelnen, unter sich meist gleich großen Körner bestehen aus durchsichtigem Eis. Der Firnschnee ist ziemlich dicht gelagert, nicht mehr verwehbar und erscheint, von fern gesehen, weniger weiß als der Hochschnee.

Durch einsickerndes und wieder gefrierendes Wasser werden die Eiskörner verkittet und bilden Firneis, charakterisirt durch undeutlich körnige Struktur und weiße Farbe, die durch die zahlreichen Luftbasen veranlaßt wird, welche das Firneis durchsetzen.

§ 30.

Gletschereis. Aus dem Firneis wird durch einen noch nicht genügend beobachteten Vorgang das Gletschereis gebildet. Wahrscheinlich wirkt Druck und die fließende Bewegung des Eises zusammen, um es zu erzeugen.

Das Gletschereis besteht aus durchsichtigem Eis und ist durch ein Netz kapillarer Spalten in einzelne eckige Stücke, die Gletscherkörner, getrennt. Zumal beim Anschmelzen tritt dies deutlich hervor. Die Gletscherkörner sind verschieden, bis zu 10 und selbst 15 cm groß, und jedes derselben stellt einen einheitlichen Eiskrystall (durch die optischen Eigenschaften erkennbar) dar. Gletschereis ist also ein körniges Gestein aus Eiskrystallen.

Bewegung der Gletscher. Die Eismasse des Gletschers verhält sich wie eine dickflüssige, aber nicht zähe Masse. Auf Druck fließt das Eis, zerreißt aber auf Zug, so daß sich bei starken Unebenheiten des Bodens Spalten (Gletscherspalten) in dem fließenden Eisstrom bilden.

Da die höher gelagerten Theile des Gletschers auf die tiefer liegenden drücken, so fließt die ganze Masse desselben nicht unähnlich einem sehr langsam fließenden Gewässer. Die Mitte des Gletschers bewegt sich dabei rascher als die Ränder. Zugleich findet bei einigermaßen geneigter Lage noch ein Gleiten des Gletschers statt, so daß sich also die Gesammtbewegung aus Fließen und Gleiten zusammensetzt.

Die Geschwindigkeit ist abhängig von der Neigung der Unterlage und in noch höherem Maße von der Mächtigkeit des Gletschers. Für die erste kommt wesentlich das Verhältniß des obersten zum untersten Querprofil in Frage, so daß ein Gletscher sich stellenweise noch auf ebener Grundlage fortzubewegen und selbst aufwärts zu fließen vermag.

Die Abschmelzung, welche naturgemäß am unteren Ende am raschesten von statten geht, erniedrigt das untere Querprofil und schon hierdurch wird bei höherer Temperatur die Geschwindigkeit gesteigert: sie ist daher in der warmen Jahreszeit am höchsten, in der kalten am geringsten. Dieser Unterschied wird aber um so geringer je mächtiger der Gletscher ist.

Das Abschmelzen der Gletscher erfolgt durch direkte Sonnenbestrahlung, durch Reflexion der Wärme von benachbarten Felsen (der Gletscher ist hierdurch in der Mitte höher als an den Rändern, wo diese Einwirkung eine stärkere ist), durch warme, zumal feuchte Luft (kommt feuchte warme Luft mit dem Gletscher in Berührung, so muß Thaubildung eintreten, hierdurch wird Wärme frei, welche wesentlich zur Abschmelzung des Eises beiträgt) und durch Regen. Von Unten wirkt die innere Erdwärme abschmelzend und ferner wirken die im und unter dem Gletscher fließenden Gewässer im gleichen Sinne, zumal wenn Seitenbäche den Gletscher treffen und unter ihm weiter fließen. Dünne Bedeckung des Gletschers mit Sand und dergleichen befördert die Abschmelzung, starke Bedeckung vermindert sie. Die Moränen bilden daher oft wallartige Erhöhungen auf dem Gletscher.

Die Schmelzwässer fließen oft oberflächlich auf dem Gletscher, treffen sie eine Spalte, so stürzen sie in diese und erhalten sich durch ihre höhere Temperatur einen Spalt offen, wenn der Gletscher fortschreitet. Diese Schmelzwässer üben auf den Untergrund durch die Kraft ihres Falles oft starken Einfluß (Gletschermühlen).

Erreichen Gletscher das Meer, wie es in den arktischen Gebieten vorkommt, so brechen sie ab und bilden schwimmende Eisberge, welche allmählich abschmelzen. Das Abbrechen („Kalben der Gletscher") der Eisberge erfolgt seltener durch den Auftrieb des Wassers, viel öfter durch den Zug des vorrückenden und einer festen Unterlage beraubten Eises; es tritt daher öfter bei Ebbe als bei Fluth ein.

Arten der Gletscher. Inlandeis.

1. Die Gletscher der Hochgebirge kann man in zwei Gruppen bringen:

a) Hängegletscher, (Gletscher II. Ordnung; Hochgletscher, Hängegletscher). Eisströme, welche von beschränkter Ausdehnung sind und nicht in ein tieferes, unterhalb der Schneegrenze gelegenes Thal hinabreichen.

b) Thalgletscher (Gletscher I. Ordnung). Mächtigere, in tiefere Thäler hinabsteigende Gletscher.

Die Kettengebirge (Alpen, Kaukasus, Himalaya) haben meist Gletscher mit hochgelegenen Firnmulden, dem Sammelgebiet des Gletschereises, und einzelne weit vorgestreckte mächtige Eisströme. (Alpiner Typus.)

Plateaugebirge bieten weit ausgedehnte Firnflächen, von denen aus sich nach allen Seiten kleinere meist steil geneigte Gletscher in die Tiefe erstrecken (Norwegischer Typus).

c) Inlandeis. Die vollendetste Ausbildung finden die Gletscher in den Polargebieten. Hier bedecken sie die Landflächen in geschlossenen, zusammenhängenden Massen vollständig, und nur selten ragt ein höherer Felsen über die Eisdecke hervor. Gegenwärtig ist fast ganz Grönland und ein großer Theil von Spitzbergen mit Inlandeis überdeckt.

Während die Gebirgsgletscher mehr oder weniger Oberflächen= moränen (vergl. § 53) führen, hat das Inlandeis nur Grund= bez. Endmoränen; hierin liegt einer der Hauptunterschiede zwischen den beiden hauptsächlichsten Gletscherformen, welcher namentlich für den Geschiebetransport und die aus ihm hervorgehenden Ablagerungen der Gletscher wichtig wird.

Die beobachtete Geschwindigkeit der Gletscherbewegung ist eine sehr verschiedene und schwankt in weiten Grenzen.

Es haben sich z. B. folgende Zahlen für das Vorrücken ergeben:

	mittl. jährliche Bewegung	mittl. tägliche Bewegung
Alpen.		
Unteraargletscher	50— 77 m	0,14—0,21 m
Mer de Glace (Mont Blanc) .	80—250 „	0,22—0,69 „
Pasterzengletscher		0,06—0,52 „
Skandinavien.		
Bojumgletscher (Norwegen) . .		0,1—0,52 „
Lodalbrae		0,1—0,65 „
Ausläufer des Inlandseises in Grönland.		
Itvdliarjuk		5—20 „
Torjutataf		6,2 „
Jakobshavngletscher		15—22,5 „

IV. Der Boden.

I. Allgemeines über den Boden.

§ 31. 1. Die Begriffsbestimmung.

Obgleich Jemand selten im Zweifel sein wird, was er im einzelnen Falle unter Boden, Erdboden zu verstehen hat, so wenig leicht ist es, eine gute Definition von dem Begriff „Boden" zu geben. Der Boden entsteht aus der Verwitterung der Gesteine, deren Zersetzungsprodukte sich mit den Resten abgestorbener Lebewesen mischen. Beide zusammen machen das Gemenge aus, welches wir als Erdboden bezeichnen. Auf reinem Fels kann man nicht von Boden sprechen, selbst wenn in den Bergspalten Pflanzen zu gedeihen vermögen. Hingegen hat man keine Ursache, in solchen Gebieten, wo nur eine einzelne Bedingung (z. B. Wasser in den Wüsten) für die Entwickelung der Pflanzenwelt fehlt, den vorhandenen Verwitterungsprodukten die Bezeichnung als Boden zu entziehen.*)

Hingegen können die organischen Reste sehr wohl fehlen, ohne den Begriff des Bodens zu beeinflussen. Es ist daher am einfachsten folgende Erklärung anzunehmen:

Boden (Erdboden: Ackererde, Ackerkrume der Landwirthe), ist die oberste Verwitterungsschicht der festen Erdrinde.**)

Die Bodenkunde (Pedologie) hat sich mit allen Bedingungen zu befassen, welche den Boden bilden und ihn verändern, sowie mit den Eigenschaften des gerade bestehenden Bodens. Man kann also sagen:

Bodenkunde ist die Lehre von den Eigenschaften, der Entstehung und den Umbildungen des Bodens.***)

---

*) Wahnschaffe (Anleitung zur wissenschaftlichen Bodenuntersuchung. Berlin 1887, S. 3) bezeichnet den Boden als „die oberste pflanzentragende Schicht der Erdrinde".

**) Im Handbuch der Forstwissenschaft von Loren, Tübingen 1886, hat Verfasser folgende Definition vorgeschlagen: Boden ist die oberste Verwitterungsschicht der festen Erdrinde, untermischt mit den Resten der Pflanzen und Thiere, welche auf und in derselben leben.

***) Die Definition ist im wesentlichen abgeleitet aus Berendt (Die Umgegend von Berlin; Abhandl. 3, geologische Specialkarte u. s. w., Bd. II, Heft 3, Seite 69;

Hierin ist zugleich ausgesprochen, daß der Boden nichts dauerndes, festes ist, sondern fortwährenden Umbildungen unterliegt, welche seinen Werth als Träger der Pflanzenwelt günstig oder ungünstig (je nach den Verhältnissen) beeinflussen.

Die Eigenschaften des Bodens sind von seiner chemischen Zusammensetzung und in vieler Beziehung in noch höherem Grade von der physikalischen Beschaffenheit, der Korngröße und Lagerungsweise, der einzelnen Bodentheilchen abhängig.

Es bietet gewisse Vortheile, namentlich in Bezug auf das letztere Verhalten, die „Bodenphysik" der Besprechung der Entstehung und Zusammensetzung des Bodens voranzustellen und auf diesem Wege die Abhängigkeit vieler Bodeneigenschaften von einzelnen wenigen Bedingungen hervorzuheben.

§ 32. 2. Hauptbestandtheile des Bodens.

Der Boden ist nie ganz einheitlich zusammengesetzt. Durch einfache Hülfsmittel läßt sich wohl jeder Boden in drei Gruppen von Bestandtheilen, die allerdings in sehr wechselnder Menge vorhanden sein können, zerlegen in

a) Sand,
b) abschlämmbare Theile,
c) humose Stoffe.

Durch Erhitzen bei Luftzutritt verbrennen die humosen Bestandtheile. In Wasser vertheilt, setzt sich der Sand rasch ab, während die abschlämmbaren Theile im Wasser längere Zeit vertheilt bleiben.

Jede dieser drei Gruppen umfaßt dabei nicht einheitlich zusammengesetzte Bestandtheile, sondern diese können aus den chemisch verschiedensten Körpern aufgebaut sein. Es sind daher Kollektivbegriffe, die überwiegend auf die physikalische Vertheilung Rücksicht nehmen.

Unter Sand versteht man alle gröberen Bestandtheile des Bodens, welche in Wasser vertheilt, rasch zu Boden sinken und sich durch eine höhere Korngröße (etwa die eines Mohn- bis Hanfkornes) auszeichnen.

Die chemische oder mineralogische Zusammensetzung wird erst in zweiter Linie berücksichtigt. Die verbreitetste Art des Sandes in den Erdböden besteht aus Quarz: es können jedoch die verschiedensten anderen Mineralien oder Gesteine Sand bilden. Im nordischen Tiluvial-sand finden sich vielfach Feldspathkörner (daher auch Spathsand genannt),

---

Berlin 1877): „Die Bodenkunde ist nichts anderes, als die Lehre von dem Entstehen, dem gesammten Bestande und der Fortbildung einer Verwitterungsrinde an der mit der Luft in Berührung stehenden gegenwärtigen Erdoberfläche." Behrendt unterscheidet dem entsprechend Pedogenie, die Lehre von der Bodenbildung und Pedographie, die Bodenbeschreibung.

im Tertiärsand Schlesiens nehmen Körner von Kieselschiefer und Glimmerblättchen Antheil; die Kalt- und Dolomitsande bestehen aus Kaltspath und Dolomit; die vulkanischen Sande aus Bruchstücken der verschiedenen Eruptivgesteine. Ueberall ist hierbei die mechanische Vertheilung und nicht die chemische Zusammensetzung maßgebend.

Die abschlämmbaren Theile sind die fein- und feinstkörnigen Bestandtheile des Bodens; in Wasser vertheilt, bleiben sie lange schwebend und setzen sich nur ganz allmählich ab, man kann sie daher durch Abschlämmen vom Sande trennen. Die abschlämmbaren Theile sind die Träger vieler der wichtigsten chemischen und physikalischen Eigenschaften der Böden.

Vielfach bezeichnet man die abschlämmbaren Theile als Thon; in neuerer Zeit auch als Rohthon. Da jedoch Thon vielfach in gleicher Bedeutung mit Kaolin gebraucht wird, so ist wohl der oben gewählte Ausdruck vorzuziehen. Die wichtigsten der hierher gehörigen Bestandtheile sind wasserhaltige Thonerde- und Eisenoxydsilikate, die eigentlichen Thonsubstanzen, ferner fein zerriebene Mineralien aller Art, selbst Quarz, können in wechselnder Menge vorkommen. Es ist daher unbedingt nothwendig, die große Verschiedenartigkeit der Zusammensetzung hervorzuheben und diese bei der Werthschätzung eines Bodens zu berücksichtigen. So giebt es z. B. eine in Heidegebieten nicht gerade seltene Ablagerung, den Heidelehm, der zum erheblichen Theile aus feinst zerriebenem Quarzmehl besteht, eine große Menge von abschlämmbaren Theilen enthält und trotzdem ganz andere Eigenschaften besitzt, wie ein Thonboden.

Die humosen Stoffe entstehen aus der Verwesung und Zersetzung der abgestorbenen Reste von Thier- und Pflanzenkörpern. Dem entsprechend stellt der Humus keinen einheitlichen Körper dar, sondern bezeichnet organische Stoffe in den verschiedensten Stadien der Umwandlung. Alle sind dunkel, braun bis schwarz gefärbt, lassen vielfach noch organisirte Struktur erkennen und haben in ihren Eigenschaften unverkennbar große Aehnlichkeit unter einander.

Die humosen Stoffe fehlen selten gänzlich und beeinflussen die Eigenschaften der Bodenarten erheblich.

In weitaus den meisten natürlichen Böden finden sich die drei aufgeführten Stoffgruppen neben einander und fehlen wohl in keiner der besseren Bodenarten völlig. Eine Mischung im geeigneten Verhältniß ist vortheilhaft und steigert den Bodenwerth; während das Ueberwiegen einer Stoffgruppe denselben in der Regel herabsetzt. Grenzwerthe stellen dabei trockne, oft flüchtige, unfruchtbare Sandböden; zähe, für die Pflanzenwurzel fast undurchdringbare Thonböden und die Hochmoore mit ihrer ärmlichen Flora dar.

Die Menge der humosen Stoffe läßt sich durch Bestimmung des Kohlenstoffgehaltes und in reinen Sandböden auch wohl durch einjaches Glühen feststellen. Mit der Trennung der abschlämmbaren Stoffe vom Sande beschäftigt sich die mechanische Analyse der Böden.

§ 33. 3. Die mechanische Bodenanalyse.

Literatur:

Schulze, Journal für praktische Chemie 1849, S. 254.
Schöne, Zeitschrift für analytische Chemie 7, S. 29.
Hilgard, Forschungen der Agrikulturphysik 2, S. 57.
Knop, Landwirthschaftliche Versuchs-Stationen 17, S. 79.

Jedem aufmerksamen Beobachter müssen sofort die Unterschiede auffallen, welche durch die verschiedene Korngröße des Bodens bedingt werden. Schon die ersten Schriftsteller, die eine wissenschaftliche Behandlung der Bodenkunde anstreben, berühren diesen Punkt und suchen nach Methoden den Boden in seine mechanischen Bestandtheile zu zerlegen.

Die Anwendung von Sieben mit verschiedenen Lochgrößen war ein naheliegendes und einfaches Hülfsmittel: die Benutzung des Widerstandes, welchen das Wasser den fallenden Körnern entgegensetzt, führte zur Schlämmanalyse. Durch allmähliche Vervollkommnung der Methoden ist es jetzt möglich, den Boden in eine beliebige Anzahl von Korngrößen zu zerlegen.

a) Trennung durch Siebe.

Will man den Boden auf seine mechanische Zusammensetzung prüfen, so siebt man denselben auf einem Sieb mit 0,25 mm Lochweite ab.

Alle Bestandtheile über 0,25 mm Durchmesser bezeichnet man als Bodenskelet, alle feinkörnigeren als Feinerde.

Das Bodenskelet setzt sich zusammen aus:[*]

als 4 mm D.	1. Größeren Steinen.
	2. Größeren organischen Resten (Wurzeln u. dergl.).
als 4 mm D.	3. Grobkies (Größe der Erbse).
	4. Mittelkies 2,5—4 mm D. (Größe der Coriandersamen.

5. Feinkies 1—2,5 mm D. (Größe des Rübsamens).
6. Grobsand 0,25—1 mm.

Eine weiter gehende und bessere Trennung erhält man durch Anwendung von Siebsätzen mit runden Löchern und genau bestimmter Weite, wie diese zuerst von Alex. Müller verwendet worden sind. Diese enthalten Oeffnungen von 0,25, 0,50, 1 und 2 mm Weite. Genügen auch für praktische Bedürfnisse die Knop'schen Angaben, so ist die Anwendung der Müllerschen Siebsätze sehr zu empfehlen, wenn es sich

---

[*] Knop, Bonitirung der Ackererde, S. 50.

um eine schärfere Charakterisirung eines Bodens handelt: was über 2 mm groß ist, kann man den Steinen zuzählen.

Die Feinerde setzt sich zusammen aus:*)

1. Feinsand: die im Wasser rasch niederfallenden, noch deutlich sandigen Theile.

2. Thonige Theile: die im Wasser längere Zeit schwebend erhaltenen Theile.

3. Humose Stoffe; die organischen Bestandtheile.

Zur weiter gehenden Zerlegung der Feinerde benutzt man die Schlämmanalyse. Diese gründet sich auf den Fall der festen Körper im Wasser.

Die Fallgeschwindigkeit ist abhängig:

1. Von dem Rauminhalt der Körner. Der Widerstand des Wassers vergrößert sich mit der Oberfläche der fallenden Körner.**)

2. Von der Gestalt der Körner. Es ist ohne weiteres verständlich, daß flache Körner, z. B. Glimmerblättchen langsamer fallen werden als gleich große und gleich schwere Kugeln. Jede Abweichung von der Kugelgestalt beschleunigt oder verlangsamt die Fallgeschwindigkeit. Bei dem gewählten Beispiel ist die Schnelligkeit des Falles gleichzeitig noch davon abhängig, ob ein solches Blättchen mit seiner breiten Fläche vertikal oder horizontal zur Fallrichtung steht.

3. Von dem specifischen Gewicht der Körper. Je höher das specifische Gewicht eines Körpers ist, um so mehr Masse ist in der Raumeinheit vorhanden und um so leichter kann er den Widerstand des Wassers überwinden.

4. Von der molekularen Reibung der Flüssigkeit, hier also des Wassers, in dem der Körper geschlämmt wird.

Diese Beeinflussung der Fallgeschwindigkeit ist bisher in der Literatur wenig beachtet worden. Bei Körnern erheblicher Größe macht sie sich

---

*) Unter Feinerde verstehen die verschiedenen Agrikulturchemiker wechselnde Korngrößen. Der Verf. hat früher (Loren, Handbuch der Forstwissenschaft, 1. Bd., 1. Abth., S. 215) alles unter 1 mm Größe darunter zusammengefaßt. Es wurde hierbei von der Voraussetzung ausgegangen, daß für Waldboden, bei hundertjährigem Umtriebe und der stetig fortschreitenden Verwitterung, vielfach ein weiterer Zerfall dieser Theile angenommen werden kann. Da es sich hier zunächst um die physikalischen Eigenschaften der Böden handelt, diese aber von der gegenwärtigen Korngröße abhängig sind, so hat Verf. den früher gemachten Unterschied zwischen Wald- und Feldböden fallen lassen und beschränkt denselben jetzt nur auf die chemische Bedeutung jener Bestandtheile.

**) Ein Würfel von 1 cm D. hat eine Oberfläche von 6 qdcm; ein solcher von 0,5 cm D. eine Oberfläche von 1,5 qdcm; ein solcher von 0,25 cm D. eine Oberfläche von 0,37 qdcm. Der Rauminhalt verhält sich wie:

$$1 : 0,125 : 0,0165$$

Die Oberfläche aber wie: $1 : 0,25 : 0,062$.

kaum geltend, steigert aber ihre Wirkung mit abnehmender Korngröße, bis sie endlich bei solchen von etwa 0,002 mm (wenigstens bei einem specifischen Gewicht, wie es bei Bodenbestandtheilen vorkommt) der Anziehungskraft der Erde gleich wird; d. h. solche Bestandtheile werden im Wasser schwebend erhalten. Man kann aus diesem Grunde sehr feine Thontheilchen viele Jahre im Wasser suspendirt erhalten, ohne daß sie sich am Boden absetzen. Die in Gesteinseinschlüssen, Pflanzenzellen u. dergl. vielfach beobachtbare „Brown'sche Molekularbewegung" (sehr kleine Körper, Luftblasen sind in ununterbrochen tanzender Bewegung) beruht auf demselben Grunde.

Der hydraulische Werth der Schlämmkörper. Aus den angeführten Gründen ergiebt sich, daß durch Schlämmoperationen erhaltene Bodentheile nicht völlig gleicher Größe sein können. Man bezeichnet daher die in gleicher Zeit niedergefallenen Bestandtheile, bez. solche, die von gleich starken Wasserströmen weggeführt werden, als von gleichem hydraulischem Werthe und bezieht ihre Größe auf Quarzkugeln entsprechenden Durchmessers.

Methoden der Schlämmanalyse. Zur Schlämmanalyse hat man eine große Anzahl von Methoden zur Anwendung gebracht; diese lassen sich alle in zwei Gruppen eintheilen:

1. solche, die sich auf den Fall der festen Körper im Wasser gründen (Davy, Schübler, Sprengel, Kühn, Knop, Schlösing, Osborne),

2. solche, welche den Stoß aufwärts fließenden Wassers (hydraulischen Druck) verwenden (von Benningsen-Förder, Schulze, Nöbel, Schöne, Hilgard).

Während man sich in der ersten Zeit fast ausschließlich Methoden der ersten Gruppe bediente, haben die Fortschritte, welche durch Nöbel (der den die ersten übereinstimmenden Zahlen liefernden Apparat konstruirte) und Schöne herbeigeführt wurden, den entsprechenden Apparaten das Uebergewicht verschafft. Erst in der neuesten Zeit gewinnen die Methoden von Schlösing und Osborne durch Einfachheit der Ausführung und Sicherheit der Resultate berechtigte Verbreitung.

Methoden der ersten Gruppe. Davy, Schübler, Sprengel schlämmten den Boden mit Wasser auf und suchten durch Abgießen die Trennung der feineren und gröberen Bestandtheile herbeizuführen. Eine einfache und für die meisten praktischen Zwecke ausreichende Methode gab Kühn an.

J. Kühn läßt den lufttrocknen Boden durch Absieben in Steine (über 5 mm Durchmesser), Kies (2—5 mm D.) und Feinerde (kleiner als 2 mm D.) trennen. 50 g der Feinerde werden in einer Porzellanschale unter häufigem Umrühren bis zur Vertheilung aller Partikel gekocht (je nach der Bodenart $\frac{1}{2}$ bis 3 Stunden kochen nothwendig).

Ferner benutzt man einen 30 cm hohen Glascylinder von 8,5 cm innerer Weite der in 5 cm Höhe ein 1,5 cm weites und 2 cm langes, außen verschließbares Ablaufrohr hat. Bei 28 cm Höhe des Cylinders ist eine Marke eingeritzt.

Die durch Zerkochen des Bodens gewonnene Flüssigkeit bringt man mit dem Bodensatz in den Glascylinder und füllt bis zur Marke mit Wasser auf, rührt 1 Minute lang kräftig um und läßt die Flüssigkeit zehn Minuten lang ruhig stehen und hierauf die trübe überstehende Flüssigkeit abfließen. Man wiederholt das Aufgießen von Wasser, umrühren und abfließen lassen von nun an alle fünf Minuten, bis die über dem Bodensatz stehende Flüssigkeit völlig klar erscheint.

Der im Cylinder gebliebene Rückstand wird (nach dem Abheben der klaren Flüssigkeit) als Sand bezeichnet und nach dem Trocknen in einer Porzellanschale auf dem Wasserbade durch Sieben getrennt.

Die abgeschlämmten Stoffe enthalten alle unter ein Zehntel Millimeter großen Bodentheile.*)

Knop arbeitet ähnlich, behandelt aber den Boden vorher mit Salzsäure und Chromsäure, um die vorhandene organische Substanz und den kohlensauren Kalk zu entfernen.**)

Schlösing bringt 5—10 g Boden in ein Porzellanschälchen und vertheilt durch anhaltendes und sorgfältiges Reiben mit dem Finger die Erde in wenig Wasser, gießt die überstehende Flüssigkeit ab und wiederholt die Operation bis alle feinerdigen Bestandtheile abgeschlämmt sind. Das Zerdrücken des Bodens muß, bei der Neigung der Thonpartikel, sich flockig zusammen zu lagern, sehr sorgfältig ausgeführt werden.

Den auf diese Weise in Wasser vertheilten Boden behandelt man zunächst mit wenig Ammoniak oder besser mit verdünnter Kalilauge (1 ccm Ammoniak oder einige Decigramm Kaliumhydroxyd), die organischen Stoffe gehen dann in Lösung. Nachdem die überstehende klare Flüssigkeit abgegossen ist, setzt man tropfenweise Salzsäure zu, um den kohlensauren Kalk zu lösen, wenn nothwendig unter Anwendung schwacher Wärme. Durch Aufgießen von mehr Wasser (so daß die Flüssigkeitssäule immer 20 cm hoch ist) vertheilt sich der Thon im Wasser und kann nach 10—24 Stunden durch einen Heber vom Rückstand abgezogen werden. Man wiederholt das Aufgießen und Ablassen des Wassers (je nach 10 Stunden) bis dieses klar oder ganz wenig getrübt abfließt. Es ist nothwendig, destillirtes Wasser zu verwenden, da sonst ein Zusammenballen des Thones erfolgt. Die gesammelten trüben Flüssigkeiten vereinigt man und versetzt sie mit einigen Gramm Chlorkalium; der Thon bildet dann Flocken, die sich rasch absetzen, abfiltrirt und gewogen

---

*) Steinriede, Mikroskopische Analyse des Bodens.
*) Bonitirung der Ackererde 1871, S. 50.

werden können. Für die meisten wissenschaftlichen Zwecke genügt die
Schlösing'sche Methode; nur selten wird man gezwungen sein, zu den
zeitraubenderen von Osborne oder Hilgard zu greifen.

Methoden der zweiten Gruppe. Den Auftrieb fließenden
Wassers zur mechanischen Trennung der Bodenbestandtheile benutzte
zuerst Schulze.

Genauere und übereinstimmende Resultate ergab der Apparat von
Nöbel. Dieser besteht in vier unter einander verbundenen Trichter-
flaschen, deren Rauminhalt sich wie $1 : 8 : 27 : 64$ ($1^3 : 2^3 : 3^3 : 4^3$)
verhält. In den zweiten Trichter wird die zu untersuchende Erde gebracht und ein Wasserstrom so durch den Apparat geleitet, daß innerhalb 40 Minuten genau 9 Liter Flüssigkeit ablaufen. Die abschlämmbaren Theile fließen aus, die sandigen Partikel bleiben, nach der Größe
in den Trichtern vertheilt, zurück.

Der Nöbel'sche Apparat war der erste, der übereinstimmende
Analysen lieferte. Durch die konische Form der Gefäße werden jedoch
sekundäre Strömungen hervorgerufen, die zu Ungenauigkeiten Veranlassung geben.

Schöne suchte diesen Fehler zu vermeiden, indem er ein längeres,
unten conisches, oben cylindrisches Glasgefäß benutzte. Ein aufgesetztes,
genau getheiltes Glasrohr dient zur Messung des Wasserdruckes, ein
zweites als Ausflußöffnung (beim ursprünglichen Apparate waren beide
vereint). Indem es möglich ist, unter wechselndem Wasserdruck zu
arbeiten, kann man den Boden in beliebig viel Korngrößen zerlegen.

Auch im Schöne'schen Apparate lagern sich noch Thontheilchen in
Flocken zusammen und sind Seitenströmungen nicht ganz ausgeschlossen.
Hilgard verlängerte daher den cylindrischen Theil der Röhre und
brachte am Grunde ein sich drehendes Rädchen an, wodurch die Thon-
flocken immer wieder zerstört werden.

Auch bei diesen Methoden ist die Vorbereitung des Bodens wichtig,
derselbe muß durch kochen und stampfen erst in seine Bestandtheile zer-
theilt werden.

Alle Methoden, welche sich des hydraulischen Auftriebes bedienen,
müssen für die Thontheile im Boden zu hohe Zahlen liefern, da sie
die innere Reibung des Wassers nicht berücksichtigen, welche allein hinreicht, die Thontheile schwebend zu erhalten. Jeder höhere Wasserdruck
muß daher gleichzeitig neben jenen noch Körner größeren Durchmessers
mit hinwegführen.

Die Bedeutung der mechanischen Analyse der Böden ist
eine große, da viele der wichtigsten physikalischen Bodeneigenschaften
von den Korngrößen abhängig sind. Will man daher einen Boden
beurtheilen lernen, so ist es auch nothwendig, seine Korngrößen kennen
zu lernen.

4*

Auf die Krümelung der Bodentheile, einer der wichtigsten physikalischen Eigenschaften des Bodens, kann die Schlämmanalyse nicht Rücksicht nehmen. Die Kenntniß der mechanischen Zusammensetzung ist daher ein Hülfsmittel, bestimmte Thatsachen festzustellen, kann aber ebensowenig, wie die irgend einer anderen Eigenschaft des Bodens, allein einen Schluß auf dessen Ertragsfähigkeit ermöglichen.*)

In der Regel wird eine Combination der Methoden von Schlösing und Kühn durchweg für praktische und zumeist auch für wissenschaftliche Fragen ausreichen; beide allein nicht immer. Man führt durch diese die Trennung der Bodenbestandtheile in

thonige Bestandtheile unter 0,002 mm

Staub unter 0,1 mm (0,002—0,1 mm)

Sand {Feinsand unter 0,25 mm (0,1—0,25 mm)

Mittelsand unter 0,5 mm (0,25—0,5 mm)

Grobsand unter 2 mm (0,5—2 mm)

Steine über 2 mm

herbei.**)

§ 34. II. Der Bau (Struktur) des Bodens.

Literatur:

Flügge, Beiträge zur Hygiene, Leipzig 1870.
C. Lang, Forschungen der Agriculturphysik 1, S. 109.
Soyka, b. Z. 8, S. 1.
Renk, Zeitschrift für Biologie 15, S. 86.
Wollny, Forschungen der Agriculturphysik, in vielen Einzelarbeiten.

Durch die mechanische Bodenanalyse lernt man die Größen der einzelnen Bodenbestandtheile kennen; die Art und Weise ihrer Zusammenlagerung kann jedoch eine erheblich verschiedene sein.

1. Einzelkornstruktur. Am einfachsten werden sich diese Verhältnisse gestalten, wenn Körner gleicher Größe regelmäßig neben ein-

---

*) Man hat, zumal bei landwirthschaftlichen Arbeiten, oft eine sehr weitgehende Trennung der Bodenpartikel vorgenommen. Nach Meinung des Verfassers diente eine solche aber viel eher dazu, Verwirrung anzurichten, als ein klares Bild der Bodeneigenthümlichkeiten zu vermitteln. Man muß die Bestandtheile wieder in Gruppen vereinigen, um dieses zu erlangen. Natürlich soll hierdurch nicht gesagt sein, daß für bestimmte Zwecke und zur Beantwortung einzelner Fragen nicht derartige Arbeiten nothwendig sind, in weitaus den meisten Fällen hat man aber wohl Ursache, sich vor Uebertreibungen zu hüten.

**) Verfasser bedient sich jetzt dieser Methode in seinen Arbeiten ausschließlich. Er arbeitet nach Kühn und bestimmt den Thongehalt nach Schlösing in einer besonderen Menge des Bodens. Die abschlämmbaren Theile, abzüglich der thonigen Bestandtheile, ergeben den Gehalt an den hier als „Staub" bezeichneten, sehr feinkörnigen Stoffen.

ander gelagert sind. Auch hier können mehrere Fälle eintreten, die
man als dichteste und lockerste Lagerung der Bodentheile bezeichnen kann.

Geht man von der denkbar einfachsten Annahme aus, daß der
Boden aus je gleichgroßen Kugeln bestehe, so läßt sich leicht zeigen,
daß die Raumerfüllung der festen Bestandtheile von der relativen Größe
der Kugeln unabhängig ist.

In einen Würfel (Abb. 3) von der Größe n lasse sich eine Kugel
von der Größe r = 1 eintragen; so werden bei der angegebenen Lagerung in demselben Würfel 8 Kugeln mit einem Radius = $^1/_2$; 64 Kugeln
mit r = $^1/_4$ u. s. w. Platz haben.

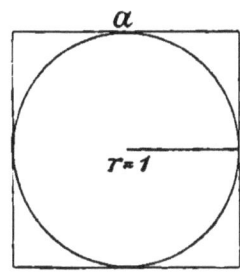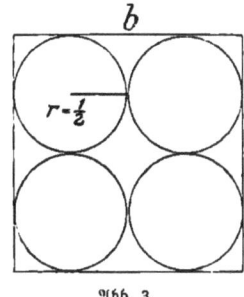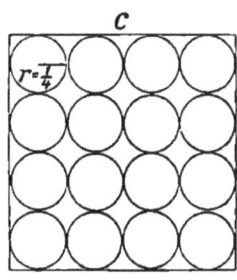

Abb. 3.

Da der Inhalt der Kugeln gleich ist

$$\frac{1}{3}\,\pi\,r^3$$

so ergiebt sich aus der Berechnung, daß der Rauminhalt der ange-
nommenen Kugeln der gleiche, und unabhängig von der relativen Größe
derselben ist.

Berechnet man die Größe des nicht von fester Substanz erfüllten
Raumes, das Porenvolumen, so findet man es zu 47,64 % des Gesammtvolumens.

Das angezogene Beispiel zeigt zugleich die lockerste Lagerung
der Bodenbestandtheile, diese findet dann statt wenn die eizelnen Körner
(Kugeln) senkrecht über einander stehen (Abb. 4).

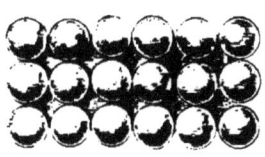

Abb. 4.

Die dichteste Lagerung findet dann statt, wenn je eine Kugel
in den Zwischenräumen von je vier (beziehungsweise drei) andern
Kugeln ruht (Abb. 5—7 auf Seite 54).

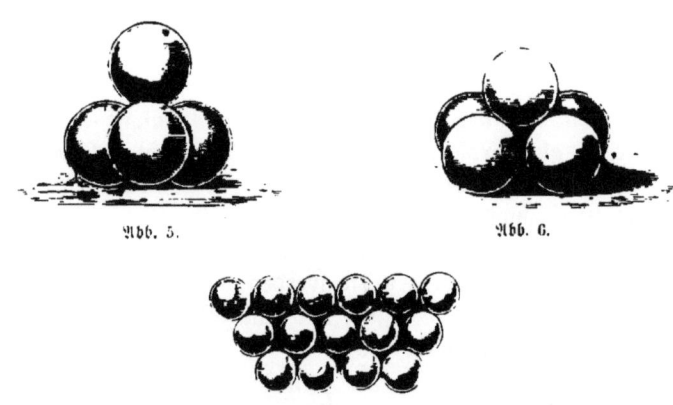

Abb. 5.   Abb. 6.

Abb. 7.

Berechnet man die Größe der so entstehenden Hohlräume, so zeigen sie sich ebenfalls unabhängig von der Korngröße (die mathematische Beweisführung bei Lang a. a. O.). Das Porenvolumen beträgt dann 25,95 %₀ des Gesammtvolumens.

Zwischen den beiden angegebenen Werthen muß also die Raumerfüllung bez. das Porenvolumen gleich großer Bodenpartikel schwanken. Am nächsten kommen dieser Bedingung die Sandböden und es ist nicht ohne Bedeutung, daß feinkörnige Sande, welche den Boden von Seen oder den Untergrund von Mooren bilden, ein Porenvolumen besitzen, welches fast genau dem der theoretisch berechneten dichtesten Lagerung entspricht.

Lagerung bei ungleicher Größe der Bodenbestandtheile. In der Natur finden sich überwiegend Bodenarten, welche sich aus Bestandtheilen verschiedener Größe zusammensetzen. In diesem Falle werden sich die feinkörnigen Theile zwischen die grobkörnigen einlagern und dadurch das Porenvolumen erheblich herabdrücken (Abb. 8).

Abb. 8.

In der Regel werden jedoch nicht alle Hohlräume mit kleineren Theilen erfüllt sein und sich mittlere Verhältnisse ergeben.

In allen bisher berührten Lagerungsweisen der Böden liegt Korn neben Korn, eine weitere Beziehung zwischen diesen besteht nicht, man bezeichnet diesen Zustand als Einzelkornstruktur.

2. Krümelstruktur. In allen guten Feld- wie Waldböden findet man die einzelnen Bodentheilchen mehr oder weniger zu Aggregaten vereinigt, sie bilden „Krümel". Diese Ausbildungsweise unterscheidet sich demnach von der Einzelkornstruktur dadurch, daß zwischen einer kleineren oder größeren Anzahl von Bodentheilchen Einwirkungen stattfinden, welche eine Zusammenlagerung derselben veranlassen, so daß der Boden nicht mehr aus den einzelnen Bestandtheilen, sondern aus Aggregaten derselben besteht. Durch die Krümelung wird also die Korngröße erhöht.

Einzelkornstruktur und Krümelstruktur unterscheiden sich daher von einander wesentlich nur dadurch, daß bei der letzteren die einzelnen Bodenkörner nicht, wie z. B. beim Sand, einheitlich zusammengesetzt sind und von starken Kohäsionskräften zusammen gehalten werden, sondern daß jedes Korn aus einer großen Anzahl kleiner Partikel gebildet wird.

Abb. 9.

Die Krümelstruktur ist also immer ein specieller Fall der Einzelkornstruktur, in dem die einzelnen Körner Aggregate und nicht einheitlich zusammengesetzt sind. Eine Zeichnung (Abb. 9) giebt am ehesten ein anschauliches Bild dieses Verhältnisses.

§ 35. 1. Ursachen der Krümelbildung.

Auf die Entstehung und Erhaltung der Krümelstruktur im Boden wirken, soweit unsere jetzigen Kenntnisse reichen, mehrere Faktoren ein. Es sind dies Gehalt an löslichen Salzen, Thätigkeit der Thierwelt, die Durchwurzelung des Bodens durch Pflanzen und Volumveränderungen des Bodens durch physikalische Processe, sowie mechanische Bearbeitung der Böden.

a) Die löslichen Salze und ihre Einwirkung auf die Krümelung des Bodens ist erst in neuerer Zeit voll erkannt worden. Sind
dieselben auch vielleicht weniger die erste Ursache zur Entstehung der
Krümel, so sind sie doch die hauptsächlichste Bedingung für Erhaltung derselben.

Um diese Wirkung voll verstehen zu können, ist es nothwendig,
auf das Verhalten sehr fein vertheilter Körper, die in Wasser aufgeschlämmt sind, einzugehen.

Schlämmt man Thon mit reinem salzfreiem Wasser auf, so bildet
sich eine trübe Flüssigkeit, die auch nach monate- und jahrelangem
Stehen nicht völlig klar wird.*) Bei mikroskopischer Untersuchung
zeigen die festen Partikel die Brown'sche Molekularbewegung und sind
dementsprechend dauernd in wirbelnder Bewegung.

Diese Eigenschaft der Thontheile ist auf rein physikalische Ursachen
zurückzuführen, denn andre Stoffe in gleich feiner Vertheilung verhalten
sich ebenso.**)

Bringt man in ein solches, feste Bestandtheile aufgeschlämmt ent-
haltendes Wasser lösliche Salze, so beobachtet man, daß sich die bis
dahin gleichmäßig vertheilten Thontheile zusammenlagern, „Flocken
bilden" und daß diese dann rasch zu Boden fallen; in kurzer Zeit wird
die überstehende Flüssigkeit vollständig klar und der „Thon" sammelt
sich am Boden an. Ganz gleich verhalten sich alle andern Stoffe, die
im Wasser schwebend erhalten werden.

Die Zusammenlagerung und Flockung ist daher von der
Gegenwart löslicher Salze abhängig; am stärksten wirken Kalk-
und Magnesiasalze ein, aber auch alle andern Salze sind mehr oder
weniger wirksam. Immer muß aber ein bestimmtes Mengenverhältniß
zwischen dem betreffenden Salz und der Flüssigkeit bestehen, um noch
ein Absetzen der Thontheile zu vermitteln; sehr verdünnte Lösungen
wirken entweder nicht mehr ein, oder doch nur nach längerer
Zeitdauer.***)

---

*) Man hat solches „Thonwasser" länger als zehn Jahre aufbewahrt, ohne
daß ein Absetzen der festen Partikel erfolgte.

**) Verfasser pulverisirte Bergkrystall zu äußerst feinem Pulver; dieses wurde,
um etwa beigemischte fremde Stoffe zu entfernen, mit Salzsäure behandelt und
dann in reinem Wasser aufgeschlämmt. Nach tagelangem Stehen bildete es, ganz
ähnlich dem Thonwasser, noch eine milchige Flüssigkeit ohne einen weiteren Bodensatz zu liefern. Chemische Einwirkungen waren hier mit Sicherheit ausgeschlossen.
(Forschungen der Agrikulturphysik, 11, S. 299.)

***) Die Ursache dieser Wirkung ist noch dunkel; auf die innere Reibung der
Flüssigkeiten darf man sie nicht zurückführen, da nach Sprung (Pogg. Ann. 159)
die Zähigkeit der Salzlösungen bei niederer Temperatur fast immer größer als die
des Wassers ist. Man müßte daher eine Steigerung des Schlämmvermögens bei
Salzlösungen erwarten. Diese Thatsachen lassen überhaupt die Erklärung der

Die Krümel des Bodens verhalten ſich nun ähnlich wie die Thon⸗
flocken. Hilgard knetete feſten Thonboden mit $1^0\,_0$ Aetzkalk zuſammen.
Der urſprüngliche Boden war nach dem Trocknen ſteinhart, der mit
Kalk verſetzte locker und mürbe. Die Unterſuchungen von Schlöſing u. A.
laſſen es zweifellos erſcheinen, daß im Ackerboden die Krümelung durch
lösliche Salze erhalten und hervorgerufen wird. Reichliche Düngung,
zumal unterſtützt durch Bodenbearbeitung bringt den Boden in einen
ausgeſprochen krümeligen Zuſtand, den der Landwirth mit „Gahre"
oder „Ackergahre" bezeichnet.

Ganz ähnlich iſt die Wirkung in Waldböden, bei denen ſich
Krümelſtruktur nur bei einem Gehalte an löslichen Salzen findet. Alle
Einwirkungen, welche dieſe beſeitigen, wie übertriebene Streunutzung,
Bedeckung mit Rohhumus, bewirken zugleich eine Zerſtörung der Krümel
und dichtes Zuſammenlagern des Bodens.

Beſonders bezeichnend ſind dafür einzelne Beobachtungen, aus
denen hervorgeht, daß tiefer liegende an löslichen Mineralſtoffen reichere
Bodenſchichten ein höheres Porenvolum haben können, als die oberſte
humoſe Bodenſchicht; alſo lockerer gelagert und mehr gekrümelt ſind
als dieſe.*)

b) Die Einwirkung der Thierwelt.**)

Einen erheblichen Einfluß auf die Krümelung der Böden üben
die im Boden lebenden Thiere durch ihre grabende und wühlende

Brownſchen Molekularbewegung durch die innere Reibung der Flüſſigkeiten zweifel⸗
haft erſcheinen. Alle anderen Erklärungsverſuche ſind aber noch viel ungenügender
(vgl. Wiener, Pogg. Ann. 118, S. 79).

Literatur.

Die erſten Arbeiten über den Gegenſtand von Scheerer, Pogg. Ann. 82,
S. 419. Derſelbe beobachtete ähnliche Erſcheinungen bei den Ablaufwäſſern der
Pochwerke im Harz, ſeine Angaben bezogen ſich ſchon zumeiſt auf höchſt fein ver⸗
theilten Quarz.

Schulze: Pogg. Ann. 129, S. 366 behandelt den Gegenſtand ausführlichſt,
in neuerer Zeit iſt derſelbe aufgenommen von Hilgard: Forſchungen der Agri⸗
kulturphyſik, 2, S. 441.

Die Bedeutung der löslichen Salze für die Krümelung der Ackerböden hat
zuerſt Schlöſing, Jahresber. der Agrikulturchemie 1873/74, S. 105 nachgewieſen;
auf Waldböden ſind dieſe Anſchauungen übertragen von Ramann, Forſchungen
der Agrikulturphyſik, 11, S. 299.

Die allgemeine Bedeutung der Krümelung der Böden hat namentlich Wollny
nachgewieſen, für Waldböden Müller, in ſeinen Studien über die natürlichen
Humusformen.

*) Ramann, Waldſtreu, S. 64.

**) Darwin, Bildung der Ackererde durch die Thätigkeit der Würmer. 1882.
— Henſen, Landwirthſchaftliches Jahrbuch 1882, S. 661. — Müller, Die
natürlichen Humusformen 1887. — Ramann, Forſchungen der Agrikulturphyſik,
11, S. 299. — Wollny, Forſchungen der Agrikulturphyſik, 12, S. 382. — Eber⸗
mayer, Allgemeine Forſt⸗ und Jagdzeitung 1891, S. 171.

Thätigkeit und zum Theil auch durch ihre Abscheidungen aus. Darwin führte die Bildung der Ackererde auf die Arbeit der Regenwürmer und verwandter Thierarten zurück; ebenso suchte Müller in diesen die maßgebenden Faktoren der Krümelung der Waldböden.

Es kann nun keinem Zweifel unterliegen, daß alle im Boden lebenden Thiere günstig auf die Krümelbildung einwirken; Wollny hat dies experimentell für die Regenwürmer gezeigt. Auf Wiesen und andern feuchten Orten kann sogar die Bedeutung der Thierwelt entscheidend werden. Anderseits kennt man ausgesprochen gekrümelte Bodenarten, in denen Regenwürmer oder sonstige größere Thiere völlig fehlen oder doch in so geringer Zahl vorhanden sind, daß sie eine erhebliche Einwirkung nicht üben können. Man hat daher in der Thierwelt ein die Krümelung des Bodens vielfach begünstigendes aber nicht ein ausschließlich maßgebendes Element zu sehen. (Vergleiche § 57.)

c) Die Einwirkung der Pflanzenwurzeln.

Zu den Faktoren, welche die Krümelung der Waldböden beeinflussen, gehören die Wurzeln der Waldbäume. Diese durchziehen den Boden nach allen Richtungen und können in mehrerlei Weise einwirken. Einmal durch die direkte mechanische Wirkung beim Eindringen in den Boden, durch die Volumänderungen, welche sie beim Absterben und Verwesen erfahren und endlich durch die mechanische Wirkung bei stärkeren Stürmen.

So beschreibt ein ungenannter Verfasser[*] die Wirkung eines Sturmes in einem Fichtenaltholzbestand: „ganz eigenthümlich war aber die hierbei stattfindende Aufwallung, bez. Verschiebung des moosbedeckten Bodens. Dieser bewegte sich, soweit das Auge reichte, wellenartig und mitunter fußhoch, welche Erscheinung durch Anspannen und Anheben der weit ausgreifenden Wurzeln — wohl auch mit einem Theil der Erde — beim Niederbeugen des Stammes auf die entgegengesetzte Seite verursacht wurde."

Es war klar, daß eine mechanische Einwirkung, welche in extremen Fällen so stark werden kann, eine Lockerung der Bodentheile bewirken muß. Ist es auch anzunehmen, daß tiefer wurzelnde Bäume sehr viel geringere Biegungen, bez. Verlängerungen und Verkürzungen der Wurzeln erleiden, so können durch die häufige Wiederholung des Vorgangs, doch schon sehr kleine Bewegungen eine Einwirkung auf die Bodenstruktur üben. Ebermayer schreibt den Wurzeln die Hauptwirkung zu.

d) Veränderungen der Struktur des Bodens durch physikalische Wirkung beziehungsweise Bodenbearbeitung.

Es ist ohne weiteres verständlich, daß jede Bearbeitung des Bodens (unter normalen Verhältnissen) zur Lockerung und Krümelbildung beitragen muß.

---

[*] St— unterzeichnet. Allgemeine Forst- und Jagdzeitung 1890, S. 159.

In der Natur gehen jedoch im Boden eine große Anzahl von Einwirkungen vor, welche naturgemäß Volumänderungen bewirken und damit zur Bildung wie Zerſtörung der Krümel beitragen müſſen. Die wichtigſten derſelben ſind die Volumänderungen bei wechſelndem Waſſergehalt und andererſeits die Froſtwirkung.

Viele Bodenarten erfahren beim Austrocknen, bez. Durchſeuchten erhebliche Volumveränderungen (vergl. § 38). Bei Thon-, Lehm- und Humusböden ſind dieſe am bedeutendſten, bei den Sandböden verſtärkt wohl der häufige Wechſel im Waſſergehalt die an ſich geringe Einwirkung. Noch wichtiger iſt die Froſtwirkung, welche oft den Boden bis in große Tiefen durchlockert.

Durch dieſe Vorgänge werden die kleinſten Theile des Bodens in ihrer Lage verſchoben und vielfach mechaniſche Einwirkungen hervorgebracht, welche die Krümelbildung begünſtigen.

Die Krümel des Bodens ſind loſe zuſammengehaltene Aggregate kleinerer Partikel, als ſolche werden ſie leicht zerſtört. Am häufigſten wirken in der Natur die Auslaugung der löslichen Salze und die mechaniſche Kraft des fallenden Regens. Namentlich Platzregen können die Krümelſtruktur friſch gepflügter, ſchwerer Ackererden zerſtören, ebenſo kann eine Bodenbearbeitung bei hohem Feuchtigkeitsgehalte wirken. Ein gutes Beiſpiel für die Wirkung der löslichen Salze geben die friſch eingedeichten Marſchböden. Sind dieſe trocken gelegt, ſo iſt die Zeit, bis zur Auswaſchung der Meerſalztheile, die dieſe Böden natürlich zuerſt einſchließen, die gefährlichſte. Eine unvorſichtige Bearbeitung kann die urſprünglich lockere Erdmaſſe in zähen Thonboden verwandeln. Die landwirthſchaftliche Praxis bezeichnet dieſe Zerſtörung der Krümelſtruktur als „Verſchlämmung".

Die Bedeutung der Krümelſtruktur für Feldböden ergiebt ſich ſchon aus dem Werth, welchen man mit Recht der Ackergahre beilegt. Für Waldböden wird die Wichtigkeit der Krümelung des Bodens noch lange nicht nach ihrem vollen Werthe geſchätzt. Die Durchlüftung des Bodens, die Waſſerführung und beſonders die Einwirkung auf die Wurzelbildung der Waldbäume iſt zum großen Theil davon abhängig. In den diluvialen Böden findet man die hauptſächlichſte Wurzelverbreitung immer nur ſoweit reichend, als eine merkbare Krümelung des Bodens geht. Bei ſonſt ganz gleichartig zuſammengeſetzten Bodenarten finden ſich hierin oft Unterſchiede von 20—30 cm Tiefe.

Einer Krümelbildung ſind alle Bodenarten fähig. Am bedeutungsvollſten wird ſie für ſolche, welche bei dichter Lagerung nahezu undurchläſſig für Waſſer ſind, alſo für Thon-, ſchwere Lehm- und für Humusböden. Auch Sandböden, zumal feinkörnige Sande, zeigen ausgeſprochene Krümelung, die durch beigemiſchten Humus weſentlich geſteigert werden kann. (Vergl. auch § 90 und Bodenbeſchreibung.)

2. Lagerungsverhältniſſe „gewachſener" Böden.

Sind bisher die Bedingungen, welche die Lagerungsweiſe der
Bodenbeſtandtheile beeinfluſſen, behandelt worden, ſo kommt es nun
darauf an, ein Bild des Verhaltens der in der Natur vorkommenden
Bodenarten zu gewinnen, die man am beſten wohl mit einem der
Bautechnik entnommenen Ausdruck als „gewachſene Böden" im
Gegenſatz zu den durch menſchliche Thätigkeit veränderten bezeichnet.
Unterſuchungen über dieſen Gegenſtand ſind ſehr ſparſam ausge=
führt. Am zahlreichſten noch vom Verfaſſer.*)

Als Regel kann gelten, daß in gewachſenen Böden die oberſte
Bodenſchicht die lockerſte Lagerung hat, wenigſtens gilt dies für Wald=
böden. Nach der Tiefe zu iſt die Lagerung dichter und bleibt endlich
ziemlich gleichmäßig (natürlich immer gleichartige Bodenarten vor=
ausgeſetzt).

Die Unterſuchung Eberswalder fein= bis mittelkörniger Diluvial=
ſandböden ergab z. B. folgende Zahlen für das Porenvolumen, alſo
die luſterfüllten Räume des trocknen Bodens.

	1. Profil	2. Profil	3. Profil	Düne
Oberfläche bis 10 cm Tiefe	$56{,}2^0{}_0$	$57{,}8^0{}_0$	$50{,}6^0{}_0$	
in 20—30 cm Tiefe	51,7 „	50,2 „	45,9 „	
in 40—50 „ „	42,1 „	43,0 „	40,4 „	
in 60—70 „ „	41,4 „	43,0 „	38,2 „	
in 80—90 „ „	41,4 „	41,8 „	37,3 „	

Sehr dichte Lagerung zeigen alle Böden unter Gewäſſern. Weit=
meyer (Vorarbeiten zur Waſſerverſorgung der Stadt Berlin, 1871
und Fortſ.) giebt im Durchſchnitt ein Porenvolumen von $20"_0$ an
(wohl ſehr niedrig); am Müggelſee fand er $26{,}26\%$ (nahezu der
theoretiſche Werth der dichteſten Lagerung gleichgroßer Theile); im

---

*) Forſchungen der Agrikulturphyſik 1888, Bd. 11, S. 299. „Die Waldſtreu
u. a. a. Orten. Benutzt wurde für dieſe Arbeiten ein ca. 10 cm langes und ebenſo
weites Eiſenrohr, welches nach unten angeſchärft und ſchwach verjüngt war. Durch
langſame Schläge mit einem ſehr breiten Holzhammer oder Schlägel wurde das
Rohr in die Erde getrieben. Bedingung für übereinſtimmende Reſultate iſt ein ſehr
gleichmäßiges Schlagen; ſowie ſich der Apparat nicht ganz gerade einbohrt erhält
man fehlerhafte Beſtimmungen. Die Verjüngung des Rohres verhindert ein Queiſchen
der eingeſchloſſenen Erdſäule. Iſt die Oberfläche der letzteren mit der übrigen Erd=
ſchicht in gleicher Höhe, was bei vorſichtigem Arbeiten mit dem völligen Eintrieb
des ganzen Apparates zuſammenfällt, ſo wird die obere Oeffnung durch einen in
Nuten gehenden Deckel geſchloſſen und mittelſt eines untergeſchobenen Bleches die
Erdſäule herausgehoben und am Unterrand des Apparates entſprechend ſcharf ab=
geſtochen oder beſſer mit einem längeren Meſſer abgeſchnitten. Selbſt ſehr lockere
Bodenarten haben genug Zuſammenhang um auf dieſem einfachen Wege gute
Reſultate zu geben. Etwas mehr Schwierigkeiten bietet das Herausheben einer Erd=
ſäule in ſchweren Bodenarten.

Sand unter Moor fand der Verfasser 30,3 °/₀ (unveröffentlicht). Das Wasser schlämmt die feinen Bodenpartikel so dicht wie irgend möglich zusammen.

Bei anderen Bodenarten zeigten Lehmböden dem Verfasser ein Porenvolumen von 47—50 °/₀. Schwarz fand (Bericht der landwirthschaftl. Versuchs-Station Wien, 1878, S. 51) für Lehmboden 45,1 °/₀ Porenvolumen; für Thon 52,7 °/₀; für Moorböden 84,0 °/₀. Der Verfasser für Torfböden 84,4—85,2 °/₀, im wasserhaltigen Zustande 6—9 °/₀. Das Porenvolumen ist für die Kenntniß vieler der wichtigsten Eigenschaften der Böden, insbesondere für Durchlüftung und Wasserführung von grundlegender Wichtigkeit. Bringen auch die durch wechselnden Wassergehalt bewirkten Volumänderungen der Böden nicht unerhebliche Unsicherheiten in der Bestimmung, so sind die in der Natur gewonnenen Zahlen doch noch immer viel brauchbarer als die durch Laboratoriumsversuche ermittelten. Die letzteren sind kaum je übertragbar. Renck (a. a. O.) konnte durch trockenes Einfüllen und Einschlämmen für denselben Boden Zahlen erhalten, die zwischen 36 und 55,5 °/₀ für das Porenvolumen schwankten.

---

§ 36. III. **Das Volumgewicht (specifisches Gewicht) der Bodenbestandtheile und Bodenarten.**

Literatur:

Mineralogische Lehrbücher, z. B. Naumann-Zirkel, Mineralogie.
v. Liebenberg, Verhalten des Wassers zum Boden. Inaug.-Diss. Halle 1873.
Wollny, Forschungen der Agrikulturphysik 8, S. 341.

a) Für die praktische Bodenkunde ist die Kenntniß der specifischen Gewichte der Bodenbestandtheile von sehr geringer Bedeutung. Man bedarf derselben zur Feststellung des Volumgewichtes der Böden und ist es daher vortheilhaft, die Grenzen zu kennen, zwischen denen sich die specifischen Gewichte der wichtigsten Bodenbestandtheile bewegen.

Für die wichtigsten Mineralarten sind dies folgende:

Feldspath . . .	2,5—2,8	Kalkspath .	2,6—2,8
(Orthoklas) .	2,5—2,6	Dolomit.	2,8—3
(Oligoklas) .	2,63—2,69	Chlorit .	2,7—3
(Labrador) .	2,64-2,8	Talk .	2,6—2,7
Augit .	3,2—3,5	Gyps . .	2,2—2,4
Hornblende . .	2,9—3,4	Magneteisen .	4,9—5,2
Glimmer . .	2,8—3,2	Eisenoxydhydrat	3,73
(Kaliglimmer) . .	2,8—3,0	(Brauneisen)	3,4—4,0
(Magnesiaglimmer)	2,8—3,2	Eisenoxyd .	
Quarz . . .	2,5—2,8	(Rotheisen) .	5,1—5,2

Fernere Zahlen sind folgende:

Quarzsand	. . . 2,653	(Schübler)
	2,639	(Wollny)
Kalksand	. . 2,722	(Schübler, Lang)
	2,756	(Wollny)
	2,813	(Trommler)
Kreide	. 2,720	(G. Rose)
Kaolin	2,47	(Lang)
	2,503	(Wollny)
Thon	. 2,44—2,53	(Schübler)
Humus	1,37	(Schübler)
Torf	. 1,26	(Lang)
	1,462	(Wollny).

Die specifischen Gewichte liegen daher ganz überwiegend zwischen 2,3 und 3; bei den meisten Bodenarten zwischen 2,6—2,7. (Zahlreiche Bestimmungen bei von Liebenberg.) Höhere Zahlen werden namentlich durch Eisenverbindungen, geringere durch Humusstoffe veranlaßt.

Wie Wollny gezeigt hat, läßt sich übrigens das specifische Gewicht eines Bodens aus dem der einzelnen Bestandtheile berechnen.

b) Das Volumgewicht der Böden. Von erheblich größerem Werthe als die Kenntniß des specifischen Gewichtes der Bodenbestandtheile ist die des Volumgewichtes der Böden (auch als scheinbares specifisches Gewicht bezeichnet), man bedarf dessen bei fast allen Untersuchungen über physikalische Bodeneigenschaften.

Das Volumgewicht eines Bodens ist das Gewicht eines Volumen gewachsenen Bodens im trockenen Zustande verglichen mit einem gleichgroßen Volumen Wasser.

Die Bestimmung des Volumgewichts erfolgt am besten nach der Seite 60 angegebenen Methode. Alle Bestimmungen im Laboratorium ergeben ungewisse Zahlen.

Natürlich werden alle Bedingungen, welche die Lagerungsweise des Bodens beeinflussen auch das Volumgewicht vermindern oder vermehren. Ferner ist dasselbe vom Eigengewicht der Bodenbestandtheile und im hohen Grade noch vom Wassergehalt des Bodens abhängig. Vermehrend wirken endlich noch Steine ein, wie sich dies aus der gleichmäßigen Raumerfüllung derselben ergiebt. Im gleichen Sinne wirken sandige Bestandtheile, im entgegengesetzten humose Stoffe ein.

Die Volumgewichte der gewachsenen Böden liegen überwiegend zwischen 1,2 und 1,4, schwanken jedoch, je nach Dichte der Lagerung, für denselben Boden erheblich.

Als Beispiel mögen vom Verfasser untersuchte diluviale, fein- bis mittelkörnige Sandböden gelten.

Das Volumgewicht derselben beträgt im trockenen Zustande:

	1. Profil	2. Profil	3. Profil	4. Profil
Oberfläche bis 10 cm Tiefe	1,18	1,14	1,28	1,23
in 20—30 „　„	1,46	1,41	1,37	1,47
in 40—60 „　„	1,44	1,56	1,52	1,48
in 60—70 „　„	1,55	1,61	1,54	1,47
in 80—90 „　„	1,53	1,61	1,65	1,54.

Mit Ausnahme der obersten etwas humosen Schicht und des etwas eisenreicheren Untergrunds des zweiten Profils würden alle diese Sande im Laboratorium nahezu gleiche Zahlen ergeben haben; es ist dies ein Beweis, daß nur die Untersuchung der Böden in natürlicher Lagerung brauchbare Resultate giebt.

Zu bemerken ist noch, daß die in der Praxis gebräuchlichen Ausdrücke „schwerer" und „leichter Boden" sich auf den Widerstand beziehen, den der Boden der Bearbeitung entgegensetzt und mit dem Gewichte in keiner Beziehung stehen.

§ 37. IV. Boden und Wasser.

Unter allen Eigenschaften der Böden, welche den Ertrag derselben beeinflussen, ist das Verhalten gegen Wasser eine der wichtigsten. Alle Verhältnisse, welche auf die Wasserführung der Böden einwirken, sind daher einer eingehenden Besprechung zu unterwerfen.

1. Die Wasserkapacität des Bodens.

Literatur:

A. Mayer, Landwirthschaftliche Jahrbücher 1874, S. 753.
Wollny, Forschungen der Agrikulturphysik, 8, S. 176.
H. von Klenze, Landwirthschaftliche Jahrbücher 1877.

Die Fähigkeit des Bodens, Wasser im tropfbarflüssigen Zustande in sich aufzunehmen und längere oder kürzere Zeit festzuhalten, bezeichnet man als seine Wasserkapacität.*)

Die Wasserkapacität wird bedingt durch die Menge des an der Oberfläche adhärirenden Wassers, durch die Kapillarwirkung der eng zusammengelagerten Bodentheile und durch poröse Beschaffenheit derselben.

Die Adhäsion ist von der Oberfläche der Bodentheile abhängig. Diese wächst ganz bedeutend mit Abnahme der Korngröße, also mit der Kornzahl, die in einem bestimmten Bodenvolumen enthalten ist.

---

*) In den älteren agrikulturchemischen Werken als „wasserhaltende Kraft" bezeichnet.

So berechnet Soyka*) die Gesammtoberfläche der Bestandtheile in einem Liter Erde (bei Annahme lockerster und dichtester Lagerung; die Bodentheile sind als Kugeln gedacht) und die Wassermenge, die bei einer Dicke der adhärirenden Schicht von 0,005 mm festgehalten werden kann, zu:

Halbmesser eines Kornes	Die Oberfläche entspricht einem Quadrat, dessen Seitenlänge beträgt (Meter)		Die durch Adhäsion festgehaltene Wassermenge (Liter)	
	bei lockerster Lagerung	bei dichtester Lagerung	bei lockerster Lagerung	bei dichtester Lagerung
0,01 mm	12,537	14,899	1,244	1,757
0,05 „	5,607	6,663	0,173	0,245
0,10 „	3,965	4,711	0,083	0,117
0,50 „	1,773	2,107	0,016	0,022
1,00 „	1,254	1,490	0,008	0,011
5,00 „	0,561	0,666	0,002	0,002

Haben solche Zahlen auch nur theoretischen Werth, so zeigen sie doch die Abhängigkeit der Menge des durch Adhäsion festgehaltenen Wassers von der Oberfläche und daß bei sehr feinkörnigen Bodenarten die Wassermenge größer wird, als die Porenvolumen, also eine starke Volumvermehrung herbeiführen muß. In der That kann man dies bei thonhaltigen und in noch höherem Maße bei Humusböden beobachten.

Die Kapillarität tritt im Boden überall in Wirkung, wo sich zwei Bodenbestandtheile berühren und so kapillar wirkende Hohlräume bilden; so daß man den Boden vielfach als ein mehr oder weniger zusammenhängendes Netz von Kapillaren auffassen kann.

Die Ausdehnung und Zahl dieser Räume ist von der Korngröße der Bodentheile abhängig. Kies und grober Sand z. B. halten Wasser nur an wenigen Stellen ihrer Hohlräume kapillar fest, während in feinkörnigen Bodenarten jeder derselben auch als Kapillare wirken muß.

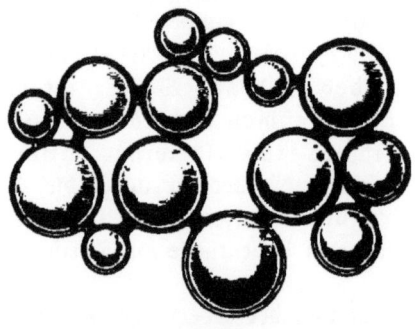

Abb. 10.

Man unterscheidet daher im Boden kapillar wirkende und nicht kapillar wirkende Hohlräume (Abb. 10).

*) Forschungen der Agrikulturphysik, 8, S. 14.

Dem kapillar festgehaltenen Wasser ist noch dasjenige zuzuzählen, welches in den Zwischenräumen poröser Bodentheile festgehalten wird. Als solche sind alle Bodenkrümel, sowie die humosen Stoffe zu betrachten. Endlich ist noch anzuführen, daß in humosen Körpern wahrscheinlich auch quellungsfähige Stoffe enthalten sind, die in den Torf- und Moorböden vielleicht eine nicht unwichtige Rolle spielen, in den besseren Bodenarten aber zu fehlen scheinen.*) Das von diesen festgehaltene Wasser hat man mit dem schönen Namen „Imbibitionswasser" belegt.

Besonderer Betrachtung bedürfen endlich noch die thonigen Bestandtheile des Bodens. Der Thon ist mit Wasser fast in jedem Verhältniß mischbar und ähnelt in seinem Verhalten hierdurch den wirklich quellbaren Körpern. Wahrscheinlich beruht dies ausschließlich auf der hohen Feinkörnigkeit des Thones, dessen einzelne Theile durch den Auftrieb der Wassersäule, beziehungsweise durch die innere Reibung des Wassers schwebend erhalten werden. Man könnte daher das Verhalten des Thones am ehesten mit der Erscheinung des Triebsandes vergleichen, der ja auch durch den Auftrieb fließenden Wassers schwebend erhalten wird.**)

b) Größte und kleinste Wasserkapacität.

Untersucht man eine mit Wasser durchfeuchtete Erdsäule (gleiche Verhältnisse zeigt der gewachsene Boden), so findet man nach längerer Zeit die Wasservertheilung nur in den oberen Schichten gleichmäßig, nach unten (bei gewachsenen Böden in der Nähe des Grundwassers) steigt der Wassergehalt sehr erheblich.

Man unterscheidet daher zwischen der kleinsten oder absoluten und zwischen der größten oder vollen Wasserkapacität.

Die kleinste Wasserkapacität ist ein Maß der Wassermenge, welche vom Boden dauernd festgehalten wird und nicht in die Tiefe abfließt.

Die größte Wasserkapacität ist ein Maß für die Wassermenge, die der Boden in der Nähe von Grundwasser festzuhalten vermag.***)

---

*) Ein gutes Beispiel für Quellbarkeit bieten die Stärkekörner, die reichlich Wasser aufnehmen können und ihr Volumen vergrößern, ohne daß poröse Oeffnungen sichtbar sind, in die das Wasser eintreten könnte.

**) Ueber das Verhalten des Thones sind verschiedene Theorien aufgestellt worden; so in Sachse, Agrikulturchemie. Die Thatsache, daß sehr fein gepulverter Quarz sich dem Thon ganz ähnlich verhält, ferner dem Triebsand ähnliche Erscheinungen die man bei großen Thonschlämmereien beobachten kann (Berühren des Thonwassers bringt oft größere Mengen zum Absetzen), sprechen für die hier zum ersten Male gegebene einfache Erklärung.

***) A. Mayer, Forschungen der Agrikulturphysik, 14, S. 255, giebt einfache theoretische Erklärungen für dieses Verhalten. Taucht man eine enge Glasröhre in ein offenes Gefäß mit Wasser, so steigt die Wassersäule je nach der Enge der Röhre

Hieraus ergiebt sich schon, daß die größte Wasserkapacität der Bodenarten in der Natur nur selten in Frage kommt; während die absolute Wasserkapacität ein Maß des dauernd dem Boden verbleibenden Wassers ist und daher zu den wichtigsten und bedeutsamsten Eigenschaften des Bodens gehört.

Die Bestimmung der Wasserkapacität kann richtig nur in gewachsenen Böden ausgeführt werden, alle Laboratoriumsuntersuchungen sind ungenau, da der Boden nicht in natürlicher Lagerung zur Verwendung kommt.*)

Die Wasserkapacität wurde früher fast ausschließlich in Gewichtsprocenten des Bodens angegeben. Mayer machte aber darauf aufmerksam, daß die Pflanzen zu ihrem Gedeihen viel mehr eines bestimmten Volumens Boden als einer Gewichtsmenge desselben bedürfen und daß es daher viel richtiger sei, die Wasserkapacität in Volumprocenten des Bodens zum Ausdruck zu bringen.

verschieden hoch und bildet am oberen Ende einen konkaven Meniskus (Abb. 11). Es findet ein Zug (durch den Pfeil angedeutet) in dem Centrum der Meniskushöhlung statt, welcher der Schwerkraft entgegenwirkt. Befindet sich ein Wassertropfen

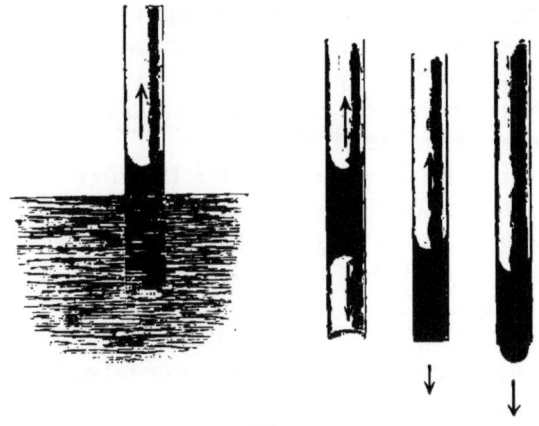

Abb. 11.

in der Röhre, so sind zwei Menisken gleicher Art vorhanden, deren Zugkraft sich gegenseitig ausgleicht. Der Tropfen wird daher der Schwerkraft folgend, nach unten fließen. Am Ende der Röhre angelangt, breitet er sich eben aus oder tritt als Wölbung hervor. Jedenfalls stellt sich ein Gleichgewicht ein, welches den Abfluß des Wassers verhindert.

Erdboden, welcher Grundwasser erreicht, oder von grobkörnigeren Bodenschichten unterlagert wird (Wasser kann aus groben leicht in feine Kapillaren übertreten, nicht aber umgekehrt), muß daher in seinen unteren Lagen einen höheren Wassergehalt haben.

*) Heinrich, Grundlagen zur Beurtheilung der Ackerkrume; vergleiche auch Wollny a. a. O.

Da, wie z. B. Seite 63 gezeigt ist, das Volumgewicht der gewachsenen Böden erhebliche Schwankungen innerhalb der für die Pflanzenernährung wichtigen Tiefen zeigt, so wird den in der Natur vorhandenen
Verhältnissen nur durch Angabe in Volumprocenten wirklich Rechnung
getragen.

Vielfach fehlt jedoch eine genügende Bestimmung des Volumgewichtes
der gewachsenen Böden, man muß sich dann mit Angabe von Gewichtsprocenten begnügen. Hierbei muß jedoch jederzeit mit Procenten „auf
hundert" gerechnet werden; das heißt angegeben werden, wie viel
Theile Wasser auf hundert Theile trockenen Bodens vorhanden sind.
Die noch vielfach gebräuchliche Berechnung des Wassergehaltes in einfachen Procenten des feuchten Bodens giebt ein ganz falsches Bild der
wirklichen Verhältnisse.*)

In neuerer Zeit sind die Bedingungen, welche die Wasserkapacität
beeinflussen, eingehend untersucht worden. Namentlich Wollny trennte
die einzelnen wirksamen Faktoren nach Möglichkeit. Hauptsächlich kommen
hierbei in Frage:

c) Der Einfluß der Korngröße der Bodenbestandtheile
ergiebt sich schon aus dem früher Gesagten. Je geringer die Korngröße, um so zahlreicher die kapillar wirkenden Hohlräume. Namentlich für nicht poröse Stoffe macht sich dies geltend. Wollny fand so
für Quarzkörner verschiedener Größe eine kleinste Wasserkapacität von:

Korngrößen	Volumprocent
1 — 2　mm	3,66
0,25 — 0,50 „	4,38
0,11 — 0,17 „	6,03
0,01 — 0,07 „	35,50
Gemisch von 0,01 — 2　„	11,89

Die Zerkleinerung des Quarzes hatte also fast eine zehnfache
Vermehrung der Wasserkapacität herbeigeführt!

d) Der Einfluß der Porosität macht sich namentlich bei den
humosen Böden bemerkbar und wird hier wohl durch die Gegenwart
quellbarer Stoffe gesteigert. Die Humusböden (Moor, Torf) haben
daher von allen in der Natur vorkommenden Bodenarten die höchste
Wasserkapacität.

e) Einfluß der Krümelung. Die Bodenkrümel sind von Poren
durchsetzt, welche Wasser dauernd festhalten können; sind also porös.

---

*) Ein feuchter Boden enthalte z. B. 25 und 50 Procent Wasser. Im ersten
Falle kommen auf 75 Theile Boden = 25 Theile Wasser; im zweiten Falle auf
50 Theile Boden = 50 Theile Wasser. Der zweite Boden enthält also nicht, wie
man aus der Procentangabe schließen könnte, die doppelte, sondern die dreifache
Menge an Wasser.

Es tritt dies sofort hervor, wenn man die Wasserkapacität der Boden-krümel mit der gleich großer nicht poröser Körner, z. B. mit Quarz, vergleicht; diesen gegenüber ist natürlich die Wasserkapacität sehr gesteigert.

Die Krümelbildung findet jedoch überwiegend bei feinkörnigen Bodenarten statt, die an sich schon eine sehr hohe Wasserkapacität haben. Gehen diese aus der Einzelkornstruktur in die Krümelstruktur über, so entstehen vielfach nicht kapillar wirkende Hohlräume, und dem entsprechend wird die Wasserkapacität bedeutend herabgesetzt.

Wollny giebt z. B. folgende Zahlen (kleinste Wasserkapacität):

Lehmpulver	(0,00—0,25 mm	42,91	Vol. %		
Lehmkrümel	0,5—1	„	31,51	„	
„	1 — 2	„	31,05	„	
„	2 — 4	„	32,62	„	
„	4 — 6,75	„	32,32	„	
„	6,75—9	„	32,15	„	
Gemisch der Krümel	0,5—9	„	30,77	„	

Die Wasserkapacität des pulverigen Lehmbodens ist durch die Krümelung um $\frac{1}{4}$ erniedrigt. Es ist dies ein für die Praxis äußerst wichtiger Vorgang. Es folgt daraus, daß sehr feinkörnige Bodenarten durch Kultur und Düngung ihren schädlichen Ueberschuß an Wasser verlieren und dadurch im hohen Grade verbessert werden können.

Die Thatsache, daß die Größe der Krümel fast ohne Einfluß auf die Wasserkapacität ist, beruht darin, daß das Wasser fast nur in den Poren der Krümel festgehalten wird. Quarzsand und Grand gleicher Korngröße zeigen ebenfalls nur geringe Unterschiede, da kapillar wirkende Hohlräume nur sehr sparsam vorhanden sind.

f) Lockere und dichtere Lagerung der Bodentheile übt auf die Wasserkapacität bedeutenden Einfluß. In allen gelockerten Bodenarten findet sich eine größere Anzahl nicht kapillar wirkender Hohlräume (im Vergleich mit Böden gleicher Korngröße und dichterer Lagerung).

Eine Lockerung des Bodens setzt daher die Wasserkapacität herab; und ein stark gelockerter Boden enthält dem entsprechend in der Regel weniger Wasser als ein dicht gelagerter gleicher Zusammensetzung.*)

Preßt man Böden zusammen, so wird ein größerer Theil der Hohlräume kapillar wirksam, die Wasserkapacität steigt. Natürlich gilt

---

*) Man vergleiche § 41 über Verdunstung. Lockere Bodenarten verdunsten weniger und nehmen zugeführtes Wasser rascher auf, als dicht gelagerte. Die Wasserbilanz kann zu Zeiten längerer Trockenheit daher zu Gunsten der ersteren ausfallen.

dies nur bis zu einem gewissen Grade; werden die Kapillaren durch
zu starken Druck über ein gewisses Maß verdichtet, so sinkt natürlich
die Menge des aufnehmbaren Wassers.

Mit Ausnahme des ganz grobkörnigen hat daher jeder Boden
ein Optimum der Wasserkapacität. Jede Lockerung wie jede Verdichtung wird dieselbe herabsetzen.

Experimentell zeigte dies Wollny an einem humosen Kalksand,
er fand für diesen eine Wasserkapacität

bei lockerer Lagerung   48,1 Vol.$^0{}_0$
bei mitteldichter   „   50,7   „   „
bei sehr dichter   „   44,4   „   „

Die landwirthschaftliche Praxis macht von diesen Thatsachen ausgiebig Gebrauch. Es gilt dies sowohl für die Bodenlockerung als auch
für diejenigen Fälle, in denen ein reichlicher Wassergehalt erwünscht ist,
insbesondere während der Keimungsperiode der Feldfrüchte. Das dann
gebräuchliche Walzen des Bodens verdichtet die oberste Bodenschicht,
erhöht so die Wasserkapacität und sichert dem Samen die zur Entwick-
lung nothwendige Wassermenge.

g) Steine im Boden setzen, da sie keine kapillar wirkenden Räume
enthalten, die Wasserkapacität herab. Das Verhältniß, in welchem
dies geschieht, ist noch nicht sicher festgestellt. Man sollte annehmen,
daß die Wasserkapacität entsprechend dem Steinvolumen abnehmen
müßte; einige Beobachtungen ergeben jedoch höhere Zahlen.

h) Die Wasserkapacität der Bodengemische entspricht im
Allgemeinen dem mittleren Verhalten der Bodenbestandtheile. Da
jedoch Durchfeuchtung Volumveränderungen hervorruft, so weichen die
für Bodengemische gefundenen Zahlen oft nicht unerheblich vom Mittel
ab. Nach Wollny gilt dies namentlich für Gemische von Quarz und
Humus.

i) Der Einfluß der Temperatur auf die Wasserkapacität kann
bei den in der Natur vorkommenden Wärmegraden vernachläßigt werden.
Höhere Temperatur vermindert die Zähigkeit des Wassers; es wird
dünnflüssiger und leichter beweglich. Die Wasserkapacität sinkt dem
entsprechend mit höherer Temperatur.

§ 38. 2. Volumänderungen der Böden.

Volumänderungen der Böden bei wechselndem Wassergehalt sind
vielfach beobachtet und sind namentlich bei Thon- und Humusböden
sehr bedeutend.

Genauere Untersuchungen veröffentlichten Wolff*) und Haberlandt.**)

---

*) Anleitung zum Untersuchen landwirthschaftlicher Stoffe, S. 71.
**) Frühling's landwirthschaftliche Zeitung, 26. S. 481.

Der erstere bestimmte die Volumzunahme trockner Böden bei Zufuhr von Wasser: der letztere das Schwinden feuchter Böden beim
Trocknen. Die Angaben Wolffs sind wohl sämmtlich zu hoch, die
Haberlands entsprechen (da die Lagerung der Bodenbestandtheile weniger
verändert war) wohl am meisten den natürlichen Verhältnissen. Um
eine Uebersicht zu geben, sollen dessen Zahlen folgen: das Volumen im
trocknen Zustande ist gleich 1 gesetzt.

	trocken	feucht
Sandboden	1 :	1
Magerer feinsandiger Haferboden	1 :	1,07
Granitboden	1 :	1,096
Eisenschüssiger Lehmboden	1 :	1,10
Gneißboden	1 :	1,11
Feinsandiger Glimmerschieferboden	1 :	1,12
Lößboden	1 :	1,13
Weizenboden	1 :	1,24
Kalkreicher Lehmboden	1 :	1,29
Humusreicher Boden	1 :	1,34
Moorerde	1 :	1,38

Haben derartige Angaben auch nur einen beschränkten Werth, so
zeigen sie doch hinreichend, welche mächtig wirkende mechanische Kraft
in diesen Volumänderungen gegeben ist, die in Waldböden wohl eine
Hauptursache der Krümelung sind. Die wirksamsten Bodenbestandtheile
sind Thon und humose Stoffe. Bei Moorerden kann man häufig noch
größere als die angegebenen Volumänderungen beobachten.

Nach Borgmann*) schwindet das Volumen im Durchschnitt beim
Trocknen: Sphagnumtorf = 15 %; Wollgrastorf = 16 %; Heidetorf = 18 %.

Starke Volumveränderungen, die aber durch die Ausdehnung des
in Eis verwandelten Wassers hervorgerufen werden, treten beim Gefrieren der Böden auf. Besonders sind die humus- und thonreichen
Bodenarten gefährdet, und machen sich die ungünstigen Wirkungen des
Ausfrierens der jungen Baumpflanzen und Auswinterns des Getreides
zumal bei Barfrost, also bei Frostwetter ohne Schneedecke, bemerkbar.

§ 39. 3. Der kapillare Aufstieg des Wassers im Boden.

Literatur:

v. Kleuze, Landwirthschaftl. Jahrbücher 1877, S. 83—131 (dort ältere Literatur).
Wollny, Forschungen der Agrikulturphysik Bd. 7, S. 269 u. Bd. 8, S. 207.

Die kapillare Leitung des Wassers aus den tieferen Bodenschichten
nach denen, in welchen die Wurzelverbreitung stattfindet, ist vielfach

---

*) Forschungen der Agrikulturphysik, 14, S. 275.

unterjucht worden. Man hat der Kapillarwirkung großes Gewicht beigelegt, wohl mit Unrecht: denn alle Unterjuchungen in gewachjenen
Böden deuten darauf hin, daß eine für die Pflanzenernährung bedeut-
jame Wajjerzujuhr nur in jeltenen Fällen stattfindet.

Die kapillare Leitung des Wajjers im Boden ist abhängig von
der Korngröße, der Struktur und Lagerung und von der stoff-
lichen Zujammenjetzung der Bodenbestandtheile.

a) Die Korngröße beeinflußt jowohl die Schnelligkeit, wie auch
die Höhe des kapillaren Aufstiegs.

Es lajjen sich hierüber folgende Sätze aufstellen:

aa) Das Wajjer wird um jo höher gehoben, je geringer die Korngröße der Bodenbestandtheile ist.

bb) In Bodengemischen ist die kapillare Leitung eine mittlere im
Vergleich zu derjenigen der einzelnen Bestandtheile.

cc) Der Aufstieg des Wajjers verlangjamt sich um jo mehr, je
höher es bereits gestiegen ist.

Die Steighöhe einer Flüjjigkeit in Kapillarröhren ist dem halben
Durchmejjer derselben umgekehrt proportional: dem entjprechend wird
die Flüjjigkeit um jo höher gehoben, je kleiner die Zwischenräume, bez.
je feiner die Bodenbestandtheile sind. Ueber eine gewijje Korngröße
hinaus verlieren die Hohlräume durch ihre zunehmende Weite allmählich
die Fähigkeit, Wajjer kapillar zu leiten. Im Boden tritt dies bei einer
Korngröße von 2—3 mm ein. In einem Grandboden findet daher
eine kapillare Wajjerleitung überhaupt nicht statt. Aber auch ein Sinken
der Korngröße unter ein gewijjes Maß wirkt durch die gesteigerte Reibung und die hierdurch hervorgerufenen Widerstände ungünstig auf die
Schnelligkeit des kapillaren Aufstiegs.

b) Die Struktur und Lagerung der Bodenbestandtheile macht
sich geltend

aa) in Bezug auf Einzelkorn- und Krümelstruktur. In krümeligen
Böden ist die kapillare Leitung geringer als in pulverförmigen und dies
um jo mehr, je größer die einzelnen Bodenkrümel sind.

bb) Je dichter ein Boden gelagert ist, um jo höher ist der kapillare Aufstieg des Wajjers. Die Schnelligkeit der Leitung wird bei jehr
dichter und jehr lockerer Lagerung geringer. Bei einer mittleren Dichtigkeit (wahrscheinlich bei einem Durchmejjer der Kapillaren von 0,05
bis 0,1 mm) liegt ein Optimum der Wajjerleitung.

c) Steine im Boden verlangjamen den kapillaren Aufstieg, da
sie eine Unterbrechung der Leitungsbahnen darstellen, das Wajjer aljo
einen weiteren Weg zurück zu legen hat. Auffällig ist jedoch, daß die
Verlangjamung der Wajjerleitung auch bei Boden mit erheblichem Steingehalt (bis 60 %) nur eine geringe ist.

d) Die Einwirkung von Bodenschichten verschiedener Korngröße läßt sich dahin zusammenfassen, daß die Leitung des Wassers
um so mehr beeinflußt wird, je weiter die einzelnen Schichten in
Bezug auf Struktur und Korngröße von einander abweichen.
Hierbei gilt das Gesetz, welches unmittelbar aus dem des kapillaren
Aufstiegs abgeleitet werden kann, daß feinkörnige Bodenschichten wohl
den grobkörnigeren Wasser entziehen können, daß dagegen der Ueber-
tritt aus jenen in diese sehr erschwert oder fast ganz aufgehoben ist.
Dem entsprechend erfolgt die kapillare Leitung rascher, wenn die Feinheit der Bodenpartikel von unten nach oben zunimmt.*)

Zwischenlagerung von feinkörnigen Schichten zwischen grobkörnigen
und von grobkörnigen zwischen feinkörnigen hebt die kapillare Leitung
fast vollständig auf.

e) Die chemische Zusammensetzung des Bodens macht sich
geltend, indem die Leitung des Wassers verschieden rasch etwa in folgender Reihe (Quarz als bester, Thon als schlechtester Leiter) erfolgt:

Quarzsand

Kalksand

Humose Stoffe

Thon.

---

*) Bringt man einen Wassertropfen in eine Röhre verschiedener Weite, so ist
die kapillare Wirkung in den verengten Stellen eine stärkere, das Wasser wird daher
das Bestreben zeigen, nach der engsten Stelle hinzufließen, bez. einen Stand einnehmen, welcher dem Gleichgewicht der Kapillarwirkung und der Schwerkraft entspricht (Abb. 12 a). Taucht man Röhren der gezeichneten Form in Wasser, so wird
in den mit dem engen Querschnitt eingetauchten Röhren ein erheblicher (Abb. 12 c),
im andern Falle (Abb. 12 b) ein sehr geringer kapillarer Aufstieg stattfinden.

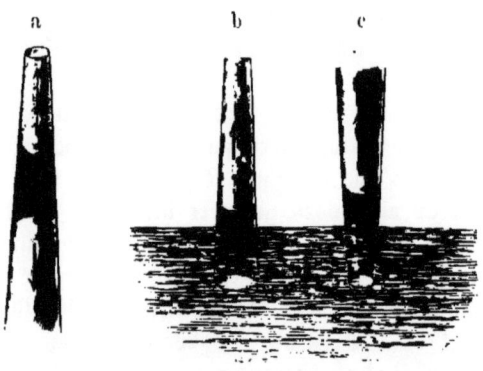

a   b   c

Abb. 12.

Vergleichbare Verhältnisse finden sich im Boden, wenn feinkörnige Schichten
mit solchen gröberen Kornes wechsellagern. Die ersteren können den letzteren leicht,
diese den ersteren nur ausnahmsweise Wasser entziehen.

Gemische der verschiedenen Bestandtheile ergeben ein mittleres Verhalten in Bezug auf Gemenge von Sanden mit Thon oder Humus. Mischungen von Humus und Thon zeigen jedoch, im Vergleich mit den reinen Bestandtheilen, die Wasserleitung erheblich herabgesetzt; nach Wollny wahrscheinlich eine Wirkung der zwischen die humosen Stoffe gelagerten sehr feinkörnigen Thontheilchen.

Salzlösungen setzen bei hohem Gehalte die kapillare Leitung herab; für die Bodenarten fällt das jedoch nicht ins Gewicht, da die Verminderung selbst bei einem Gehalte von $2^0{}_{0}$ an Salz nur sehr gering ist.

f) Der Einfluß der Temperatur auf die kapillare Wasserleitung ist in der Natur ein verschwindender. Die größere Beweglichkeit des Wassers bei höheren Wärmegraden bedingt ein rascheres Ansteigen aber geringere Steighöhe als bei niederer Temperatur.

g) Der Einfluß des verschiedenen Wassergehaltes des Bodens ist nicht unerheblich. Die kapillare Leitung findet um so rascher statt, je mehr die tieferen Bodenschichten mit Wasser gesättigt sind, und je mehr bereits eine gewisse Durchfeuchtung des Bodens vorhanden ist.

Eine kapillare Leitung tritt erst dann ein, wenn die tieferen Schichten des Bodens mehr Wasser enthalten als etwa der Hälfte der größten Wasserkapacität entspricht.

Schumacher*) feuchtete Boden mit soviel Wasser an, daß der Gehalt etwa $30^0{}_{0}$ der Wasserkapacität entsprach; trockene darüber geschichtete Erde zeigte sich selbst nach fünf Tagen noch unverändert und hatte kein Wasser aufgenommen.

Die Bedeutung einer bereits vorhandenen mäßigen Durchfeuchtung des Bodens zeigen Versuche von Wollny. Lehmpulver (von 0,00—0,25 mm Korngröße) zeigte einen kapillaren Aufstieg des Wassers in Centimetern

nach	bei 100° getrockn.	mit 3,85°₀	mit 5,7°₀	mit 7,96°₀	mit 9,55°₀ Wasser
24 Stunden	23,9	36,5	36,7	52,0	54,7
2 Tagen	30,8	51,4	51,6	66,5	68,5
3 „	39,8	60,7	60,9	76,5	77,3
4 „	52,0	69,2	69,6	83,4	84,5
5 „	60,6	76,2	76,7	90,7	91,6

Der Unterschied hatte sich also nach fünf Tagen noch nicht ausgeglichen.

Die Ursache dieses Verhaltens ist in der Oberflächenspannung des Wassers zu suchen (vergleiche Seite 76).

---

*) Physik des Bodens. Berlin 1864.

h) Die Bedeutung der kapillaren Wasserleitung.

Im Allgemeinen ist die Bedeutung der kapillaren Wasserleitung in der Natur keine große. Zunächst ist die Bedingung, von welcher sie abhängig ist, eine starke Sättigung der tieferen Bodenschichten mit Wasser, nur selten erfüllt. Ist Grundwasser in erreichbarer Tiefe, so ist in Sandböden die Steighöhe eine geringe und in sehr feinkörnigen Bodenarten die Schnelligkeit der Wasserzufuhr eine so langsame, daß die Kapillarleitung wohl einen begünstigenden, aber nur ganz ausnahms-weise einen bedeutenden Einfluß auf die Versorgung der Vegetation mit Wasser auszuüben vermag.

H. Grebe*) untersuchte mittelkörnige Diluvialsandböden, er sagt: „Die Steighöhe des Grundwassers scheint sich bei gröberem Diluvial-sand (40—50 °/₀ des Bodens bis 0,3 mm Durchmesser, 50—54 °/₀ über 0,3 mm D.) nicht über ¹/₂ Meter, bei feinkörnigerem Sande (ca. 80°/₀ unter ¹/₃ mm D.) nicht über ¹/₂ Meter geltend zu machen."

Untersuchungen des Verfassers**) zeigten, daß in feinkörnigem Dilu-vialsand (70—90 °/₀ kleiner als 0,25 mm) die kapillare Hebung nur etwa 40 cm über den Grundwasserspiegel erfolgt. In 20 cm Abstand fanden sich 10—16 °/₀ Wasser, in 40 cm noch 5—7 °/₀ Wasser, die höheren Bodenschichten zeigten keinen merklichen Unterschied im Wasser-gehalt gegenüber anderen Sanden gleicher Zusammensetzung.

Wahrscheinlich wird die kapillare Hebung des Wassers durch die im Boden enthaltene Luft mehr oder weniger beeinflußt und herab-gesetzt. Luftblasen in einer Kapillarröhre verhindern durch die ver-stärkte Reibung das Aufsteigen des Wassers ganz erheblich. In jedem Boden finden sich solche mit Luft erfüllte Kapillarräume, die eine ähnliche Wirkung ausüben müssen.

Einzelne Forscher, wie Neßler***) bestreiten überhaupt, daß der Boden die Fähigkeit habe, in ähnlicher Weise wie Kapillarröhren das Wasser zu leiten. Für viele Fälle hat diese Anschauung wohl Berech-tigung. Neßler sagt: „Wenn der Ackerboden nicht naß, sondern nur feucht ist, so sind, wie man dies schon mit bloßem Auge sehen kann, die Zwischenräume nicht mit Wasser gefüllt, sondern letzteres bildet nur einen Ueberzug über die einzelnen Theile und ist nur in stark feuchtem Boden an den Berührungspunkten in etwas größerer Menge vorhanden. Von einem Aufsteigen des Wassers in den Zwischenräumen der Erde, wie in engen Röhren, kann also die Rede nicht sein, sondern das Auf-steigen des Wassers im feuchten Boden findet dadurch statt, daß, wenn zwei Theile neben einander liegen, wovon der eine trockner, der andere

---

*) Zeitschrift für Forst- und Jagdwissenschaft 1885, S. 387.
**) Forschungen der Agrikulturphysik, 11, S. 327.
***) Jahrbücher der Agrikulturchemie 1873/74, S. 51

feuchter ist, das Wasser von der Oberfläche des feuchteren theilweise auf die Oberfläche des trockneren übergeht."

§ 40. 4. Das Eindringen des Wassers in den Boden. Durchlässigkeit.

Literatur:

Haberlandt, Wissenschaftliche praktische Untersuchungen 2c., Wien 1875, Bd. 1, S. 9.

Wollny, Forschungen der Agrikulturphysik. 7, S. 269; 8, S. 207 u. 14, S. 1.

Das Eindringen des Wassers in den Boden steht in inniger Beziehung zu den Verhältnissen, welche den kapillaren Aufstieg beeinflussen, nur daß sie natürlich in entgegengesetzter Richtung thätig sind. Außerdem erhalten einige andere Bedingungen, so Trockenheit der oberen Bodenschichten und der wechselnde Luftdruck, neue oder erhöhte Bedeutung.

a) Der Einfluß der Korngröße auf das Eindringen des Wassers macht sich geltend, indem das Wasser um so schneller nach abwärts geleitet wird, je gröber die Bodenbestandtheile sind, in Gemengen verschiedener Korngrößen erfolgt die abwärtsgehende Bewegung des Wassers mit annähernd mittlerer Geschwindigkeit.

Es sind dies Thatsachen, welche sich ohne weiteres aus der Größe der Hohlräume und der mit der Oberfläche wachsenden Reibung ergeben.

b) Die Struktur des Bodens ist für das Eindringen des Wassers von großer Bedeutung. Zumal die Krümelung des Bodens wirkt stark beschleunigend. Man kann die Krümel als poröse Körner betrachten und da sie zumeist von erheblichem Durchmesser sind, so ist verständlich, daß das Eindringen des Wassers viel rascher erfolgt, als in einem sonst gleichartigen aber pulverigen Boden. Die Größe der einzelnen Krümel ist ohne erheblichen Einfluß.

c) Die Dichtigkeit der Lagerung macht sich geltend, indem das Eindringen des Wassers um so schwieriger erfolgt, je dichter der Boden gelagert ist. Es ist dies eine einfache Folge der Verengerung der Hohlräume des Bodens bei festerer Zusammenlagerung. Jede Bodenlockerung läßt also das Wasser viel leichter und tiefer eindringen. Es ist dies wichtig bei Niederschlägen von mäßiger Höhe, die in dicht gelagertem Boden oft nur die oberste Bodenlage durchfeuchten und wieder verdunsten, ohne der Vegetation zu Gute zu kommen.

d) Steine im Boden verlangsamen das Eindringen des Wassers nicht unerheblich und natürlich um so mehr, je reichlicher der Gehalt an beigemischten Steinen ist. Es ist dies eine Folge der Unterbrechung der kapillaren Räume im Boden, das Wasser hat beim Eindringen einen längeren Weg zurückzulegen, da es um die Steine herum fließen muß.

e) Schichten verschiedener Lagerung und Korngröße beeinflussen das Eindringen des Wassers um so mehr, je stärker sie von einander in ihrer Beschaffenheit abweichen.

Am leichtesten dringt noch das Wasser in solche Böden ein, deren oberste Lagen grobkörniger als die tieferen sind, wie dies z. B. für jeden gekrümelten Boden gilt.

Schichten sehr abweichender Korngröße erschweren die Wasser= bewegung ungemein. Es gilt dies nicht nur von sehr feinkörnigen Boden= lagen, sondern auch von grobkörnigen. Das Vorkommen von sogenannten Wasseradern in Kiesstreifen, welche Sande durchsetzen, erklärt sich hierdurch.

f) In Bezug auf die chemische Zusammensetzung gilt, daß Quarz das Eindringen des Wassers am raschesten gestattet; Thon es am meisten verlangsamt. Der Humus steht zwischen beiden in der Mitte.

g) Trockenheit der obersten Bodenlagen kann das Eindringen des Wassers im hohen Grade erschweren. Viele hierauf bezügliche Beobachtungen haben Veranlassung zu ganz irrthümlichen Schlußfolge= rungen über die betreffenden Verhältnisse gegeben.

Nach starkem Gewitterregen findet man oft Haufen von Chaussee= staub nur wenige Millimeter tief durchfeuchtet. Auf schwach humosen Sanden stehen nach Regen oft noch stundenlang kleine Wasserlachen, während der unterliegende Boden noch staubtrocken ist.

Es sind verschiedene Ursachen welche das Eindringen des Wassers in den Boden erschweren; als hauptsächlich wirksamste ist der Mole= kulardruck der Flüssigkeiten zu betrachten.*)

---

*) Bekannte Beispiele für die Wirkung des Molekulardrucks der Flüssigkeiten sind das Schwimmen trockner und specifisch schwererer Körper (Sand, Nähnadeln und dergl.) auf Wasser; sowie daß Wassertropfen in Berührung mit trockenen, pulverigen Bodenarten längere oder kürzere Zeit Kugelgestalt behalten.

Die theoretische Begründung dieser Erscheinungen ist die folgende.

Die Anziehung, welche benachbarte Flüssigkeitsmolekule auf einander ausüben, erstreckt sich nur auf eine sehr kleine Entfernung. Denken wir uns ein Molekül

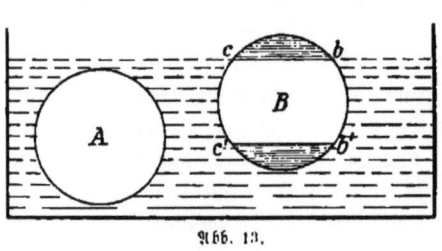

einer. Flüssigkeit als Kugel, so ist es (Molekül A der Abb. 13) von allen Seiten von gleichartigen Mo= lekülen umgeben, welche nach jeder Richtung des Raumes dieselbe An= ziehung üben. Ein solches Molekül unterliegt nach allen Richtungen des Raumes der gleichen Anziehung durch die Nachbarmoleküle und wird sich da= her ganz so verhalten, als ob überhaupt keine Anziehungskräfte einwirken.

Abb. 13.

Ganz anders stellen sich jedoch die Verhältnisse für die Grenzmolekule der Flüssigkeitsschicht. Das Molekül B z. B. befindet sich nur theilweise innerhalb des Wirkungsbereiches der Molekularanziehung der benachbarten Flüssigkeitstheilchen; der Kugelabschnitt c b fällt außerhalb dieser Wirkung. Da in cc' und bb' die normale Anziehung stattfindet, die gleiche auf den Kugelabschnitt c' b' einwirkt, so wird auf das Molekül ein Zug nach der Mitte der Flüssigkeit ausgeübt. Jedes Molekül der Grenzschicht ist mehr oder weniger mit einem Theil seiner Oberfläche

Man kann die Flüssigkeiten als von einer dünnen Schicht ab= weichender höherer Spannung umgeben betrachten, die nicht unähnlich einer sehr dünnen Hülle eines festeren Stoffes wirkt. Kommt daher Wasser mit trockenen Bodentheilen zusammen, so muß erst die Wirkung der Oberflächenspannung überwunden werden: trifft dagegen Wasser auf bereits durchfeuchteten Boden, so wird gewissermaßen die Oberfläche des Wassers um die Größe der Bodentheile erweitert, und es ist beim Ein= dringen nur die Reibung in den Kapillarräumen des Bodens zu überwinden.

Schon aus diesem Grunde muß daher Wasser in bereits durch= feuchtete Böden viel leichter eindringen als in trockne.

Zugleich wirken noch andere Ursachen im trockenen Boden er= schwerend auf das Eindringen des Wassers ein. Es sind dies einmal die Gashüllen, welche im verdichteten Zustande die Bodentheile um= geben und wenigstens theilweise durch die Benetzung entweichen und andererseits das Vorkommen nicht benetzbarer Bestandtheile in den hu= mosen Stoffen.

Die Humuskörper enthalten immer wechselnde Mengen harz= oder fettartige Verbindungen, die an sich nicht oder nur schwierig benetzbar sind.

---

außerhalb der Molekularanziehung benachbarter Moleküle und unterliegt dem ent= sprechend einem schwächeren oder stärkeren Zug nach der Richtung des Innern der Flüssigkeit. Die Grenzschicht einer Flüssigkeit befindet sich demnach im Zustand einer abweichenden Spannung, welche für jede Flüssigkeit verschieden ist, und die man bei ebener Oberfläche als den Normaldruck der betreffenden Flüssigkeit bezeichnet.

Betrachtet man die Verhältnisse, welche sich für Flüssigkeitsschichten mit ge= krümmter Oberfläche ergeben, so ersieht man leicht, daß jede Abweichung von der Ebene den Normaldruck vermehren oder vermindern muß. Die nebenstehende Ab= bildung (Nr. 14) soll ein Grenzmolekül der Flüssigkeitsschicht darstellen, die Linie c b dem mittleren Druck (Normaldruck) ent= sprechen. Wird die Flüssigkeitsoberfläche konkav (sie entspreche z. B. der Linie d e) so wird nicht nur wie bisher c b die Grenze der Anziehung sein, sondern auch noch die Theile c d u. e b werden in den Bereich der Molekularanziehung der Flüssigkeit gelangen. Ist die Oberfläche konvex, z. B. f g ent= sprechend, so vermindert sich natürlich der der Molekularanziehung unterliegende Theil um c f und b g.

Hieraus ergiebt sich, daß jede Ab= weichung der Flüssigkeitsoberfläche von der

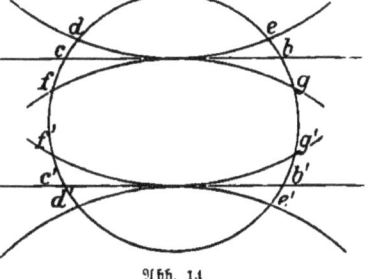

Abb. 14.

Ebene, also jede Krümmung, die Spannung, unter welcher die Oberfläche steht, vermehren oder vermindern muß. Man bezeichnet diese Abweichung vom Normal= druck als Oberflächenspannung.

Aus dem Wesen des Normaldrucks und der Oberflächenspannung ergiebt sich auch, daß Wasser in einen benetzten Boden viel leichter einzudringen vermag, als in einen trockenen Boden, da im letzteren Falle die Oberflächenspannung über= wunden werden muß.

Das Eindringen des Wassers ist in der Regel um so mehr erschwert, je humusreicher und feinkörniger ein ausgetrockneter Boden ist.
Alle diese Faktoren, welche die Durchfeuchtung ausgetrockneter
Böden erschweren, hat der Verfasser unter dem Begriff des Benetzungs-
widerstandes zusammengefaßt.*)

Auf das Eindringen des Wassers wirken noch Aenderungen des
Luftdrucks.**) Der Abfluß aus Drainröhren wurde stärker bei fallendem
Barometer und schwächer bei steigendem. Es ist dies eine Erscheinung,
die wahrscheinlich sehr verschieden stark wirksam sein wird, je nachdem
der Boden mehr oder weniger mit Wasser gesättigt ist. In sehr
feuchtem Boden wird jeder erhöhte Luftdruck die durch Wasser verschlossenen, mit Luft gefüllten Räume verkleinern, so einen Zug auf
das Wasser üben und das Festhalten desselben erleichtern. Umgekehrt
muß eine Verminderung des Luftdruckes wirken.

h) Das Eindringen des Wassers in gewachsene Böden.
Bisher sind die Elemente behandelt, welche das Eindringen des Wassers
in den Boden beherrschen, außerdem wird das Verhalten der in der
Natur vorkommenden Bodenarten noch durch bestimmte Eigenschaften
beeinflußt. Von größter Bedeutung ist dies in Bezug auf die Sand-
und Lehmböden.

Sandböden werden in ihrer ganzen Schicht ziemlich
gleichmäßig vom Wasser durchsunken. Folgt der Abfluß auch
oft überwiegend einzelnen Richtungen geringeren Widerstandes, so gilt
die gleichmäßige Durchfeuchtung des ganzen Bodens für weitaus die
meisten Fälle und wohl immer für die höheren Bodenschichten, wo
relativ große Bodenräume das Eindringen des Wassers nach allen
Richtungen leicht gestatten.

Ganz anders gestalten sich die Verhältnisse in schweren Bodenarten, besonders Lehmböden. Untersucht man diese, so findet man
unter einer mehr oder minder mächtigen, gekrümelten Oberschicht die
tieferen Lagen dicht zusammengelagert, aber von einer Unzahl feiner
Poren durchsetzt. (Es tritt dies namentlich hervor, wenn man Stücke
des Bodens durchbricht). In diesen Röhren bewegt sich nun das
Wasser hauptsächlich, und von dort aus sättigen sich die übrigen Bodentheile kapillar. Die Wasserbewegung wird ferner beeinflußt durch
Spalten, welche den Boden durchsetzen, sodann durch die Wege, welche
verrottende Wurzeln in die Tiefe bahnen und endlich noch die Gänge
und Höhlen der erdbewohnenden Thiere, insbesondere der Regenwürmer.
Die Wasserbewegung folgt demnach in Lehmböden überwiegend einzelnen bestimmten Richtungen.

---

*) Lorey, Handbuch der Forstwissenschaft, Tübingen, S. 225.
**) Emmett Goff, Centralblatt der Agrikulturchemie, 1888, S. 153.

Die große Verschiedenheit der Wasserbewegung in Sand- und Lehmböden gewinnt namentlich in Bezug auf die durch Auswaschung der löslichen Salze bedingten Veränderungen eine große Bedeutung.

i) Die Durchläsfigkeit des Bodens für Wasser*) steht natürlich in engster Beziehung zu den bisher behandelten Fragen; bestimmte Verhältnisse machen jedoch eine gesonderte Besprechung wünschenswerth. Insbesondere ist dies deshalb nothwendig, weil diese Eigenschaft erst dann in Erscheinung tritt, wenn die Böden mit Wasser gesättigt sind und Ueberschuß abzugeben haben.

Alle Bedingungen, welche das Eindringen des Wassers erleichtern, erhöhen auch die Durchläsfigkeit; es gilt dies namentlich für Korngröße und Krümelstruktur. Alle Sandböden lassen Wasser leicht hindurchgehen. Gemische von grob- und feinkörnigem Material nähern sich jedoch überwiegend der Durchläsfigkeit des feinerdigsten Bestandtheiles.

Von Einfluß ist ferner die Mächtigkeit der Bodenschicht, je dicker diese, um so langsamer der Durchgang des Wassers; es ist dies einfach eine Folge des längeren Weges.

Thon und Humus sind bei dichter Lagerung für Wasser fast völlig undurchdringlich; in annähernd gleichem Grade gilt dies für alle sehr feinkörnigen Bodenarten. Quarz und Kalk (von 0,01 bis 0,1 mm D.) verhalten sich jenen Stoffen sehr ähnlich.

Bei Böden verschiedener Schichtung ist es von besonderer Bedeutung, daß ausschließlich die undurchläsfigste Schicht die Abflußmenge beeinflußt. Diese Beeinflussung ist auch bei ganz dünnen Schichten undurchläsfigen Materials schon eine sehr bedeutende.

Schwache Thonlager, ferner verkittete Sandstreifen (Ortstein, eisenschüssige Sande) sind schon ein mächtiges Hinderniß des Absickerns des Wassers. Die Rolle der Thonschichten, auf denen sich das Grundwasser bewegt, ist bekannt; in Oberbayern wirkt ein sehr feinkörniger Sand (Flinz genannt) in ähnlicher Weise. Die Bäche, welche auf Hochmooren vorkommen, beweisen ebenfalls die Undurchläsfigkeit der Moorschichten.

Eine nicht unwichtige, eigenthümliche Rolle spielt die unter dem Moos weit verbreitete Humusschicht der Wälder. Häufig liest man, daß Hochwasser dadurch hervorgerufen sei, daß der Boden mit Wasser gesättigt und nicht mehr aufnahmefähig gewesen sei, sodaß die Wässer an der Oberfläche abgeflossen seien. Da feuchte und nasse Bodenarten das Wasser besser leiten als trockne, so ist die Erklärung wenig wahrscheinlich. Viel eher ist anzunehmen, daß dabei jene Humuslage eine besondere Bedeutung gewinnt, indem sie, einmal mit Wasser gesättigt

---

*) Wollny, Forschungen der Agrikulturphysik, 14, S. 1, dort auch ältere Literatur.

das Durchsickern des neu hinzugeführten Wassers im hohen Maße erschwert, bei dichter Lagerung sogar zum großen Theil verhindert und so ein oberflächliches Abfließen veranlaßt.

§ 41. 5. Die Wasserverdunstung des Bodens.

Literatur:

Schübler, Grundriß der Agrikulturchemie.

Eser, Forschungen der Agrikulturphysik, 7, S. 1, hier die ältere Literatur.

Die Verdunstung des Wassers ist abhängig a) von den meteorologischen Einflüssen; b) der physikalischen Beschaffenheit und der chemischen Zusammensetzung des Bodens; c) der Lage desselben nach Himmelsrichtung und Horizont (Exposition und Inklination, vergl. § 76); d) von der Bodenbedeckung, bez. den auf dem Boden wachsenden Pflanzen (vergl. §§ 68—72).

a) Die meteorologischen Faktoren. Für die Verdunstung des Bodens sind am einflußreichsten die Temperatur, Luftfeuchtigkeit und Luftbewegung. Eingehende und vergleichende Untersuchungen fehlen noch vielfach. Als Vergleich hat man die Verdunstung einer freien Wasserfläche herangezogen; sind die so gewonnenen Angaben auch nicht ohne weiteres auf die Verhältnisse des Bodens übertragbar, so geben sie doch einen Anhalt zur Beurtheilung.

aa) Temperatur. Je höher die Temperatur ist, um so größere Wassermengen vermag die Luft aufzunehmen. Unter sonst gleichen Verhältnissen steigt daher die Verdunstung mit der Temperatur. Masure*) theilt hierüber einige Zahlen mit.

Luftfeuchtigkeit	Mittlere Temperatur	Verdunstung f. d. Tag
$84^0/_0$	$10,7^0$	0,24 mm
$84^0/_0$	$12,0^0$	0,40 „
$84^0/_0$	$17,0^0$	0,50 „

bb) Relative Feuchtigkeit. Da die relative Feuchtigkeit procentisch die Sättigung der Luft mit Wasserdampf ausdrückt, so ist ohne weiteres deutlich, daß mit Sinken derselben die Luft mehr Feuchtigkeit aufzunehmen vermag, also die Verdunstung steigen muß, bez. im umgekehrten Falle sinkt. Auch hierfür giebt Masure einige Zahlen:

Temperatur (mittlere)	Luftfeuchtigkeit (mittlere)	Verdunstung pro Tag
$17,6^0$	$74^0/_0$	0,93 mm
$17,7^0$	$79^0/_0$	0,62 „
$17,0^0$	$89^0/_0$	0,38 „
$17,2^0$	$91^0/_0$	0,25 „

*) Forschungen der Agrikulturphysik, 4, S. 136, nach Annales agronomiques, 4, p. 441—480 (1880).

ee) Sättigungsdeficit. Den besten Maßstab für die Stärke der Verdunstung giebt das Sättigungsdeficit, also gewissermaßen die Resultante aus Temperatur und Luftfeuchtigkeit. Aus den letzten mitgetheilten Zahlen berechnet sich dasselbe wie folgt:

Temperatur	Sättigungsdeficit	Verdunstung
17,6°	3,89 mm	0,93 mm
17,7°	3,17 „	0,62 „
17,0°	1,59 „	0,38 „
17,2°	1,32 „	0,25 „

dd) Luftbewegung. Der Einfluß der Luftbewegung läßt sich viel schwerer in Zahlen fassen, ist aber ein erheblicher, in manchen Fällen sogar entscheidend für die Größe der Verdunstung. (Vergleiche § 76. 5.)

Eine verdunstende Fläche wird in ruhiger Luft zunächst Sättigung der benachbarten Luftschicht mit Wasser veranlassen. Durch Diffusion erfolgt der Ausgleich mit den benachbarten Lufttheilchen. Bei bewegter Luft ändert sich jedoch der statische Zustand der benachbarten Luft in jedem Augenblick. Immer neue, weniger gesättigte Lufttheile kommen mit der verdunstenden Oberfläche in Berührung und steigern die Verdunstung. Diese wird daher am erheblichsten sein, wenn warme, trockene Winde einwirken.

b) Die physikalischen Eigenschaften und die chemische Zusammensetzung des Bodens.

Erheblichen Einfluß auf die Wasserverdunstung des Bodens gewinnen: der Wassergehalt, die Oberflächenbeschaffenheit, die Struktur, Farbe, die Mächtigkeit der Bodenschicht und die chemische Zusammensetzung des Bodens.

aa) Der Wassergehalt. Der Boden verdunstet um so mehr Wasser, je mehr er davon enthält.

Beobachtungen ergaben z. B. folgende Verhältnisse:

Quarzsand.

Gehalt des Bodens an Wasser	29,6 Vol.°/₀	20,7 Vol.°/₀	8,9 Vol.°/₀
Verdunstung in 24 Stunden .	8,8 „	6,10 „	3,5 „
in den folgenden 36 Stunden	3,0 „	3,1 „	3,3 „
Gesammtverdunstung in 8 Tag.	28,6 „	20,4 „	8,7 „
Rest im Boden	1 Vol.°/₀	0,3 Vol.°/₀	0,2 Vol.°/₀

Kalksand.

Gehalt des Bodens an Wasser	30,6 Vol.°/₀	20,4 Vol.°/₀	10,2 Vol.°/₀
Verdunstung in 24 Stunden .	12,9 „	12,6 „	4,8 „
in den folgenden 36 Stunden	11,7 „	5,8 „	1,9 „
Gesammtverdunstung in 8 Tag.	29,1 „	19,8 „	9,8 „
Rest im Boden	1,5 Vol.°/₀	0,6 Vol.°/₀	0,4 Vol.°/₀

Andere Bodenarten verhalten sich ganz ähnlich. Die Verdunstung ist in wasserreichen Böden zunächst eine sehr hohe, sinkt dann rasch und nach längerem Zeitraume enthalten die Bodenarten annähernd dieselbe Wassermenge, gleichgültig wie hoch der ursprüngliche Gehalt gewesen ist.

bb) Die Beschaffenheit der Bodenoberfläche beeinflußt die Verdunstung ganz allgemein in dem Sinne, daß alle Bedingungen, welche die verdunstende Fläche vergrößern, auch die Verdunstung steigern.

Alle Kulturmethoden (Behäufelung, Hügel, Rabatten), welche die Bodenoberfläche vergrößern, müssen also auch die Verdunstung steigern. Boden mit rauher Oberfläche verdunstet bei hohem Feuchtigkeitsgehalt mehr Wasser als ein solcher mit glatter Oberfläche. Behacken u. s. w. steigert also zunächst die Wasserverdunstung, nach kurzer Zeit aber wirkt die gelockerte Oberfläche wie eine schützende Hülle, und die Wasserverdunstung sinkt ganz erheblich.

Man kann die hier geltende Regel so aussprechen, daß bei hohem Feuchtigkeitsgehalt ein Boden mit rauher Oberfläche mehr Wasser verdunstet, als ein Boden mit glatter Oberfläche, daß aber bei fortschreitender Austrocknung das umgekehrte Verhältniß eintritt.

Einen besonderen Fall der Oberflächenbeschaffenheit stellt die in schweren Böden oft eintretende Krustenbildung dar. Für die Pflanzenentwickelung wirkt eine solche durch Zerreißen der Wurzeln oft ungünstig, verlangsamt aber die Verdunstung nicht unerheblich. Wahrscheinlich findet eine Loslösung der oberen Schicht statt, die als schützende Decke einwirkt.

cc) Die Struktur des Bodens macht sich in Bezug auf Größe der Bodenbestandtheile, lockere oder dichte Lagerung und Einzelkorn- oder Krümelstruktur bemerkbar.

Da die Menge des verdunsteten Wassers vom Wassergehalte abhängig ist, so sind die feinkörnigen Böden in der Lage, mehr davon abgeben zu können.

Bei einer mittleren Korngröße ist die Verdunstung am stärksten, nimmt aber namentlich bei hohen Korngrößen stark ab. Die Wasserverhältnisse eines Bodens werden daher in der Natur durch die Verdunstung in hohem Maße beeinflußt.

„Innerhalb gewisser Grenzen findet daher eine Ausgleichung in der Natur in Bezug auf die Wassermengen statt, welche die Böden infolge der verschiedenen Feinheit des Kornes in mehr oder weniger hohem Grade zu fassen vermögen. Böden, die viel Wasser enthalten, verlieren hiervon durch Verdunstung beträchtlich größere Quantitäten als solche, welche nur einen geringen Feuchtigkeitsgehalt besitzen. Der Ausgleich ist zwar nie ein vollständiger, tritt aber doch in dem Umlange hervor, daß die Bodenfeuchtigkeit in günstiger Weise regulirt wird. Das schädliche Übermaß wird durch stärkere Verdunstung herab= gedrückt und der niedere Wassergehalt im Boden von geringer Kapacität geschont". (Ejer. a. a. O., S. 62.)

In Bezug auf die Lagerung der Bodentheile zeigen alle Ver= suche übereinstimmend, daß die Verdunstung durch Lockerung stark herabgesetzt wird.

Versuche mit genau festgestellten Volumverhältnissen führte Ejer aus. Er brachte dieselbe Bodenmenge in Gefäße, die $5^0/_0$, $10^0/_0$ u. f. w. weniger faßten, als das Volumen des locker gelagerten Bodens betrug. Es verdunsteten so (für je 1000 qcm Oberfläche in Gramm):

	Gefäße 100 Vol."	95 Vol."	90 Vol."	85 Vol."	80 Vol."	70 Vol."
Kalksand in 18 Tagen	1336	1603	1751	1763	1860	1935 g
grobgesiebte humose Erde in 10 Tagen	1978	2210	2242	2461	2625	2800 „
feingesiebte humose Erde in 6 Tagen	762	795	850	920	987	1187 „

Eine Veränderung des Bodens, welche geeignet ist, den Wasser= verlust durch Verdunstung um ein Viertel (andere Versuche zeigen noch größere Unterschiede) herabzusetzen, ist zweifellos für die Pflanzenwelt von hoher Bedeutung.

Es ist wahrscheinlich, daß ein Theil der günstigen Wirkung der Bearbeitung des Bodens in dem veränderten Wassergehalt zu suchen ist.

Die Krümelung des Bodens setzt die Verdunstung erheblich herab. Im wassergesättigten Zustande ist die Größe der Krümel ohne Einfluß, im feuchten Zustande ist die Verdunstung um so geringer, je größer die Krümel sind.

dd) Einfluß der Farbe. Der Einfluß der Farbe geht mit der Einwirkung auf die Erwärmung (§ 43 b) Hand in Hand. Je mehr ein Boden Wärmestrahlen aufzunehmen vermag, um so höher steigt seine Temperatur, und damit die Verdunstung.

Ist der Wasservorrath schon etwas erschöpft, so trocknen die obersten Bodenschichten ab, wirken als schützende Decke und setzen dann die Ver= dunstung herab.

Der Einfluß der Farbe macht sich also dahin geltend, daß ein Boden, so lange er noch größere Feuchtigkeitsmengen enthält, um so mehr Wasser verdunstet, je dunkler seine Oberfläche gefärbt ist (am stärksten schwarz, dann grau, braun, gelb, roth, am wenigsten weiß). (Ejer. a. a. O.)

ee) Die Mächtigkeit der Bodenschichten. Als allgemeines Gesetz gilt, daß die Verdunstung um so geringer wird, je tiefer die verdunstende Fläche liegt. Bedeckung eines Bodens mit Schichten geringeren Wassergehaltes setzen daher die Verdunstung wesentlich herab.

So ergab z. B. bei Quarzsand die Bedeckung mit 2 cm trockenem Sand eine Verminderung der Verdunstung um fast zwei Drittel (von 2097 Theilen Wasser auf 720 Theile in 7 Tagen); Kalksand bei gleichen Verhältnissen um ein Drittel (von 2925 Theilen Wasser auf 1922 Theile in vier Wochen). Es sind dies Verhältnisse, welche bei der Bodenbedeckung eingehendere Besprechung erfahren werden.

Dem entsprechend sinkt in tiefgründigen Bodenarten die Verdunstung immer mehr, je stärker die oberste Bodenschicht austrocknet. Da in einer kurzen Erdsäule der Vorrath an Wasser rascher erschöpft ist, ein Austrocknen daher leichter eintritt, so ist der Gesammtverlust an Wasser in mächtigeren Erdlagen natürlich ein größerer, ohne daß diese jedoch so weit austrockneten wie flachgründige Böden.

Ist der Boden mit Grundwasser in Berührung, so macht sich die Verdunstung um so stärker geltend, je mehr eine kapillare Leitung erfolgt, und je flacher die Grundwasserschicht ansteht.

Von den vorliegenden Versuchen sind besonders die mit sandigem Boden angestellten von Bedeutung, da in feinkörnigen Bodenarten die kapillare Leitung die Unterschiede verwischt.

So verdunstete Quarzsand mit Grundwasser in Berührung innerhalb 20 Tagen (auf 100 qcm Oberfläche) bei einer Mächtigkeit der Bodenschicht von

10	15	20	25	30 cm
829	578	246	183	149 g Wasser.

Für den Wasserverlust durch Verdunstung gelten also folgende leicht verständliche Regeln:

Eine mächtigere Bodenschicht verliert in längeren Trockenperioden absolut mehr Wasser als eine weniger mächtige.

Die Verdunstung vermindert sich, je tiefer die verdunstende Schicht liegt.

Mit Grundwasser in Berührung, verdunstet der Boden um so weniger Wasser, je mächtiger die überstehende Bodenschicht ist. Die Unterschiede treten um so stärker hervor, je grobkörniger der Boden ist (entsprechend der geringeren kapillaren Leitung des Wassers).

II) Verschiedene Zusammensetzung des Bodens.

Die chemische Zusammensetzung des Bodens beeinflußt die Schnelligkeit der Verdunstung. Es tritt dies aber nur im feuchten, nicht im mit Wasser gesättigten Zustande hervor.

Völlig gesättigte Böden haben eine nahezu gleiche Verdunstung, gleichgültig aus welchen Stoffen sie bestehen.

So verdunsteten innerhalb zehn Tagen 100 qcm Oberfläche

Quarzsand	Kalksand	Lehm	Torf	(Garten-)Erde
580	508	532	564	565 g Wasser.

Die Abweichungen fallen in die bei solchen Versuchen zuläsligen Grenzen. Ist der Wassergehalt ein geringerer geworden, so treten die Eigenschaften der verschiedenen Stoffe und ihre Einwirkung auf die Verdunstung mehr hervor. Als Regel gilt auch hier, daß der Wasserverlust ein um so höherer ist, je höher die Wasserkapacität ist, daß demnach Humus die höchste, Quarz die geringste Verdunstung zeigt. Thon und Lehm stehen in der Mitte zwischen den genannten Stoffen.

Mischungen dieser Stoffe zeigen auch ein entsprechendes Verhalten. Humus und Thon steigern, Sand vermindert die Verdunstung.

gg) Steingehalt des Bodens. Im Boden gleichmäßig vertheilte Steine setzen die Verdunstung wesentlich herab und zwar um so mehr, je reichlicher die Steinbeimischung ist.

Es verdunstete z. B. (auf je 100 qcm Oberfläche):

	Kalksand mit Steinen gemischt		
	90 Theile	80 Theile	70 Theile
	10 Theile	20 Theile	30 Theile
Kalksand	Steine	Steine	Steine
284 g	216	191	165 g Wasser.

Ein Gehalt von 30 % Steinen hatte demnach die Verdunstung um ein Drittel ermäßigt.

Bedenkt man, daß die Wasserkapacität der Erdarten nicht im gleichen Maße mit der vorhandenen Steinmenge sinkt, daß die Steine das Eindringen des Wassers in den Boden erheblich, den kapillaren Aufstieg aber nur mäßig verlangsamen, so ergiebt sich hieraus, daß eine mäßige, zumal allseitig im Boden vertheilte Steinbeimischung die Bodenfrische steigern kann. (Vergl. § 90.)

c) Vergleicht man die Verdunstung eines Bodens mit einer gleich großen Wasserfläche, so ergeben eine ganze Reihe von Versuchen, daß im wassergesättigten Zustande die Verdunstung des Bodens die einer gleich großen Wasserfläche übertrifft und auch im feuchten Zustande nicht erheblich hinter jener zurückbleibt. Haberlandt*), Majure, Wilhelm**) fanden dies übereinstimmend. Es zeigt dies, welche bedeutenden Wassermassen ein Boden unmittelbar nach Regen verlieren kann, sowie, daß schwache Niederschläge während der Vegetationszeit den Pflanzen nicht oder in geringem Maße zu Gute kommen.

---

*) Untersuchungen auf dem Gebiete des Pflanzenbaues, 2, S. 29. Wien 1877.
**) Boden und Wasser, S. 63. Wien 1861.

Die folgende Tabelle giebt Beobachtungen von Haberlandt.

	Wasser-gehalt	Versuch am 30. April	2. Mai	3. Mai	5. Mai	Mittel der 4 Ver-suche	Verhältniß zu verdunstetem Wasser Wasser=100
Temperatur	—	10,4°	12,6°	17,1°	18,4°	—	—
Luftfeuchtigkeit . . .	—	86%	76%	74%	69%	—	—
Verdunstung von Wasser.	—	2,83g	4,38g	11,71g	21,69g	10,03g	100
Es wurde Wasser verdunstet von — Ackererde — 15°		2,47	5,05	11,79	17,01	9,07	90,4
25°		2,62	5,57	16,89	25,76	12,71	116,75
35°		2,73	5,72	17,24	27,72	13,35	133.13
Sand . . 10°		2,41	4,81	12,41	17,05	9,17	91,44
15°		2,61	5,01	14,44	23,28	11,33	113,03
25°		2,78	5,70	15,09	24,48	12,01	119,79
Moorerde. 50°		1,53	4,18	11,98	13,26	7,74	77,16
75°		1,94	4,57	13,29	16,76	9,14	91,15
100°		2,55	4,86	16,16	21,46	9,38	112,25

Die Ursache dieser Erscheinung läßt sich auf Oberflächenspannungen zurückführen. Der Boden läßt sich als ein System von unendlich vielen, nebeneinander gelagerten Kapillarräumen betrachten. Ein solches muß mehr Wasser verdunsten, als eine ebene Wasserfläche von gleicher Größe. Es sind hier die Faktoren, welche die Wasserverdunstung des Bodens beeinflussen, einzeln angeführt. Der Wassergehalt gewachsener Böden, zumal der Waldböden, wird jedoch noch in hohem Grade durch Bodenbedeckung, Lage und durch die Einwirkung der Pflanzenwelt verändert.

§ 42. 6. Die Farbe des Bodens.

Zu den am leichtesten wahrnehmbaren und auffälligsten Eigenschaften eines Bodens gehört die Farbe. Eine größere Wichtigkeit hat die Färbung jedoch nicht, da sie nur Einfluß auf Wärmeaufnahme und Ausstrahlung besitzt. Im Walde liegt der Boden selten frei, fast immer ist er vollständig von Streu oder Pflanzen bedeckt, so daß hier die Wirkung der verschiedenartigen Erwärmbarkeit kaum in Betracht kommt. Die Hauptbodenbestandtheile (Quarz, kohlensaurer Kalk, Kaolin) sind farblos. Böden aus diesen Stoffen erscheinen durch die feine Vertheilung und die dadurch bewirkte totale Reflexion des Lichtes weiß. Nur sehr wenige gefärbte oder farbige Stoffe bewirken die Farbe des Bodens. Den ersteren kann man die beigemischten, unzersetzten, gefärbten Mineraltheile (Feldspath, Hornblende und andere) zurechnen, von den letzteren kommen fast nur humose Stoffe, sowie die Oxyde und Salze des Eisens in Frage.

Humusstoffe.

Die dunkle, braune bis schwarze, im feuchten Zustande schwarze Färbung der Humusstoffe bewirkt die grauen bis schwarzen Färbungen des Bodens. Je nach der Zusammensetzung desselben ist die färbende Kraft der Humusstoffe eine verschiedene. Sande zeigen schon bei 0,2 bis 0,5 °/₀ humoser Beimischung eine deutlich graue Färbung (z. B. Grau- oder Bleisand); 2 — 6 °/₀ bringen im feuchten Zustande schon eine tiefgraue, 10°/₀ schon eine schwarze Färbung hervor.

Lehm- und noch mehr Thonboden lassen die Humusfärbung bei niederen Gehalten an diesen Stoffen sehr viel weniger hervortreten. Es beruht dies auf der innigen Mischung der Thon- und Humustheile.

Eisenverbindungen.

Sehr sparsam finden sich grüne Färbungen des Bodens, obgleich grün gefärbte Gesteine nicht gerade selten sind. Diese Farbe wird fast ausnahmslos durch Eisenoxydulverbindungen hervorgerufen. Diese oxydiren sich bei Luftzutritt leicht, und fehlen daher die grünen Farben in gut verwitterten Böden.

Am verbreitetsten sind gelbe und rothe Färbungen des Bodens. Sie werden durch Eisenoxyd (roth) und Eisenoxydhydrat (braun) veranlaßt. Hierzu kommt noch die färbende Wirkung der überwiegend gelben bis braunen Salze des Eisenoxyds.

Die Menge der färbenden Eisenverbindungen ist in den Böden eine sehr wechselnde. Lehm- und Thonböden von brauner oder rother Farbe enthalten oft 5 — 10 °/₀ Eisenverbindungen. Bei Sanden genügen viel geringere Mengen, um ausgesprochene Färbung zu erzeugen; so fand sich in einem lebhaft roth gefärbten Sandboden nur etwa 1 °/₀ Eisenoxyd; in tiefbraun gefärbten Sanden 1 — 2 °/₀ Eisenoxydhydrat.

Eisenoxyd, wie Eisenoxydhydrat entstehen bei der Oxydation von Eisenoxydulverbindungen. Oft kann man beide Stoffe neben einander in Dünnschliffen von Gesteinen erkennen. Ein vom Verfasser beobachtetes Profil eines Keuperlettens zeigte in größerer Tiefe (2 — 3 m) grüne Färbung, nach oben folgte eine Schicht, in der sich grüne und rothe Streifen mischten; dann folgte eine roth gefärbte Erdlage, während die Bodenkrume eine gelbbraune Färbung hatte. Es ließen sich so alle Uebergänge von den Eisenoxydulverbindungen zu Oxyd und dessen Hydrat neben einander betrachten.

Werthvoll wird die Färbung des Bodens, wenn es gilt, ein Urtheil über die Tiefe zu gewinnen, bis zu der die Verwitterung vorgedrungen ist. In allen diluvialen Böden zum Beispiel macht die braune, selten rothe Färbung die Verwitterungszone des Bodens leicht kenntlich.

Quellen der Wärme.

Diejenige Wärmequelle, welche unsere gesammten irdischen Verhältnisse ausschließlich maßgebend beeinflußt, ist die Wärmestrahlung
der Sonne.

Außerdem kommen noch chemische und physikalische Processe in
Frage, welche Wärme entbinden, sowie in sehr geringem Maße die
Ausstrahlung der Eigenwärme des Erdinnern.

Die Untersuchung der tieferen Erdschichten hat übereinstimmend
eine Wärmezunahme mit der Tiefe ergeben. Diese Temperaturzunahme ist zunächst nicht unerheblich, steigt aber nicht in gleicher Weise
in größeren Tiefen. Die einzelnen Beobachtungen schwanken sehr.
Kohlenflöße, die eine noch fortschreitende Zersetzung erleiden, können
die Temperaturzunahme rasch steigern; Quellen dieselbe zumeist herabsetzen. Im Durchschnitt aus vielen Einzelbeobachtungen hat man als
mittleren Werth eine Temperaturzunahme von 2,85° auf 100 m, also
von etwa 1° auf 30 m gefunden.

Der Erdoberfläche kommen aus dieser Quelle durch die geringe
Leitungsfähigkeit der Gesteine nur verschwindende Mengen von Wärme
zu. Man hat sie auf etwa $\frac{1}{32}$° rechnerisch gefunden. Der Einfluß
ist aber immer noch groß genug um in mäßigen Erdtiefen eine hohe
Gleichmäßigkeit der Temperatur hervorzurufen.

Ebenso gering sind die Wärmemengen, welche durch die Verwitterung der Gesteine frei werden. Alle bei gewöhnlicher Temperatur
verlaufenden chemischen Processe entbinden Wärme; sie können nur
eintreten, wenn die Molekularwärme der entstehenden Verbindungen
eine geringere ist, als die der bereits vorhandenen, also wenn Wärme
frei wird. Nur hierdurch wird die Kraft frei, welche eine Umlagerung
der Atome veranlassen kann.

Dem entsprechend macht die Verwitterung fortwährend kleine
Wärmemengen frei. Diese sind aber an sich gering, und die Verwitterung
selbst schreitet so langsam voran, daß ein merkbarer Einfluß auf den
Erdboden dadurch nicht geübt werden kann.

Erheblicher ist die Menge der frei werdenden Wärme bei der Zersetzung der organischen Stoffe, also bei der Verwesung und Fäulniß.
Dies tritt besonders dann hervor, wenn Anhäufungen leicht zersetzlicher
Reste vorhanden sind. Die Gärtnerei benutzt diese Wärmequelle bei
der Anlage von Mist- oder Treibbeeten.

Im Walde erfolgt die Zersetzung der organischen Abfallreste ganz
überwiegend in der warmen Jahreszeit und schreitet am raschesten bei
höheren Temperaturgraden voran. Es ist also eine Wärmequelle, welche
überwiegend nur in den Sommermonaten wirksam ist.

Legt man die Streumengen, welche der Wald erzeugt, einer Berech=
nung zu Grunde,*) so ergiebt sich, daß die obersten 20 cm der Boden=
schicht auf diesem Wege eine Temperaturerhöhung von etwa 0,2° erfahren
können. Eine Größe, die ohne jede Bedeutung für das Pflanzenleben ist.

Etwas höher stellen sich die Einwirkungen, wenn durch Freistellung
u. dergl. in größerer Menge angesammelte Humusstoffe eine rasche
Zersetzung erleiden. Würde diese sich im Laufe einer Vegetationszeit
vollenden, so würde im Buchenwalde die Bodentemperatur um ca. 1,5°:
im Fichtenwalde um 2°: im Kiefernwalde um 2,5° steigen können. Es
ist dies eine Wärmequelle, deren Bedeutung für den Boden und die
Pflanzenwelt bisher noch nicht näher untersucht worden ist.

Mischungen von Boden mit Dünger, wie dies in jedem landwirth=
schaftlichen Betriebe erfolgt, ergeben geringe, einen halben Grad nicht
übersteigende Temperaturerhöhungen.

Wagner**) fand die Temperatur in gedüngten Feldern höher als
in nicht gedüngten:

27. Mai bis 10. Juni um 0,13—0,58°
10. Juni bis 25. Juni um 0,14—0,58°
26. Juni bis 10. Juli um 0,09—0,48°
11. Juli bis 31. Juli um 0,09—0,37°

Jedenfalls sind dies sehr unerhebliche Größen.

Für den Waldbau kann die Frage Bedeutung gewinnen, wenn
reichliche Mengen humöser Stoffe, zumal dicht zusammengelagert in
den Boden gebracht werden, wie dies bei der Bodenbearbeitung stark
graswüchsiger, oder humusbedeckter Böden der Fall sein kann. Unter=
suchungen über diesen Gegenstand fehlen jedoch noch völlig.

Außer diesen chemischen Umsetzungen können noch physikalische
Processe zeitweise eine Quelle der Wärme werden, unter Umständen
sogar einen nicht unerheblichen Einfluß gewinnen. Hierher sind die
Wärmemengen bei der Condensation von Gasen, Wasserdampf und
flüssigen Wassers durch die Bodenbestandtheile zu rechnen.

Es ist aber zu berücksichtigen, daß diese Vorgänge immer nur in
längeren Zwischenräumen zur Wirkung kommen können.

Wärmeverhältnisse der Böden.

Literatur:

v. Liebenberg, Untersuchungen über die Bodenwärme, Halle 1875.
Lang, Forschungen der Agrikulturphysik, 1, S. 109.

Die Erwärmungsfähigkeit eines Bodens ist am meisten von dem
Wassergehalte desselben abhängig; außerdem beeinflussen dieselbe

---

*) Ausführlicher behandelt in Lorey, Handbuch der Forstwissenschaft, I. 1,
S. 238 u. folg.
**) Forschungen der Agrikulturphysik, 5, S. 373.

noch die Wärmekapacität, die Wärmeleitung, Farbe, Korn=
größe, Lagerung, Struktur, sowie die Bodenbedeckung (§ 68
und folgende).

a) Die Wärmekapacität.

Als Einheit für die Wärmekapacität hat man diejenige Wärme=
menge gewählt, welche nothwendig ist, um ein Gramm Wasser um
ein Grad Celsius zu erwärmen. Da das Wasser die höchste Wärme=
kapacität aller bekannten Körper hat, so bleibt die aller übrigen unter 1,
und wird durch einen Decimalbruch ausgedrückt. Ein Körper, welcher
also nur die Hälfte der Wärme bedarf wie Wasser, um seine Temperatur
um einen Grad zu erhöhen, würde eine Wärmekapacität von 0,5 haben.

Die Wärmekapacität kann auf Gewicht wie auf Volumen bezogen
werden. Die gewöhnlichen Angaben bedienen sich immer der Gewichts=
einheit, dieselben Gründe, welche es aber für den Boden wünschens=
werth erscheinen ließen, die Angabe der Wasserkapacität auf Volumen
zu beziehen, sprechen auch dafür, die Wärmekapacität in gleicher Weise
zu behandeln.

Die Wärmekapacität der wichtigsten Bodenbestandtheile ist nach
Lang (auf Gewicht bezogen):

$$\begin{array}{ll}
\text{Quarzsand} & 0,196 \\
\text{Kalksand} \;. & 0,214 \\
\text{Kaolin} \;.\;. & 0,233 \\
\text{Torf (Humus)} \;.\;. & 0,477\text{—}0,507.\text{*)}
\end{array}$$

v. Liebenberg, der mit bei 100° getrockneten Erden arbeitete,
giebt folgende Uebersichtszahlen:

	Vol. Gew.	Wärmekapacität (Gewicht)	(Volumen)
Basaltboden (humos) .	1,15	0,301	0,346
Tertiärthon .	1,19	0,161	0,192
Diluvialsand .	1,66	0,160	0,266
Diluvialmergel .	1,40	0,249	0,349
Grand	1,15	0,380	0,437
Sandmoorboden . .	1,06	0,261	0,303

Da die Bestandtheile mit hohem Eigengewicht eine geringe, die
mit niederem Eigengewicht eine hohe Wärmekapacität haben, so gleichen
sich die Unterschiede bei Berücksichtigung der Volumen erheblich aus.

b) Einfluß der Farbe auf die Wärmeaufnahme.

In Bezug auf den Einfluß der Farbe gilt das allgemeine Gesetz,
daß Körper mit dunkler Oberfläche die Wärme leicht absorbiren, sie
aber auch leicht wieder ausstrahlen, während sich hellfarbige oder
weiße umgekehrt verhalten.

Pfaundler, Pogg. Ann., 129, S. 102.

Man hat, um diese Wirkung auf die Bodenarten kennen zu lernen, vielfache Versuche durchgeführt*) und übereinstimmend gefunden, daß das angeführte Gesetz auch für die Bodenarten Geltung hat. Wenn auch vielfach durch Wärmekapacität und Leitung modificirt, nehmen doch die dunkel gefärbten Böden bei Bestrahlung durchweg eine höhere Temperatur an, als hell gefärbte.

Der stärkeren Erwärmung entspricht eine stärkere Ausstrahlung der dunkel gefärbten Böden, ohne daß die Temperatur derselben jedoch unter die der hell gefärbten herabsinkt.

Für die in der Natur vorkommenden Böden faßt Wollny das Resultat seiner zahlreichen Beobachtungen in folgenden Sätzen zusammen:

„Die Farbe der Oberfläche hat auf die Erwärmung der Böden im trockenen Zustande dann einen wesentlichen Einfluß, wenn das Verhalten der mineralischen Bestandtheile ein annähernd gleiches und die Menge der organischen Substanz (Humus) so gering ist, daß zwar die Farbe dadurch dunkler wird, aber die specifische Wärme und die Wärmeleitung keine bedeutenden Abänderungen erfahren. Wird diese Grenze im Humusgehalte überschritten oder treten sonst größere Unterschiede auf, so kann der Einfluß der Farbe vermindert, auch wohl völlig beseitigt werden."

Ferner:

„Der (trockne) Boden mit dunkel gefärbter Oberfläche ist während der wärmeren Jahreszeit durchschnittlich wärmer als solcher mit heller Oberfläche." (Die Gärtnerei und der Weinbau machen hiervon durch Bestreuen des Bodens mit dunkel färbenden Stoffen, wie Ruß, oder durch Bedecken mit Schieferplättchen Anwendung.)

„Die täglichen Schwankungen der Temperatur sind in dunkeln Böden durchschnittlich größer als in hellen."

„Zur Zeit der täglichen Maximaltemperatur sind die Unterschiede zwischen hellen und dunkeln Böden am größten, zur Zeit des Temperaturminimums sehr gering."

„Die Wärmeabnahme erfolgt in der Nacht rascher in dunkel gefärbten Böden, ohne daß die Temperatur unter die der hell gefärbten sinkt."

„Die Unterschiede verschwinden fast völlig bei fehlender Bestrahlung und in der kälteren Jahreszeit."

c) Die Wärmeleitung des Bodens.

Hat ein Körper in seinen verschiedenen Theilen, oder haben mehrere sich berührende Körper verschiedene Temperatur, so erfolgt allmählich ein Ausgleich derselben. Die Geschwindigkeit, in der dies geschieht, ist

---

*) Namentlich Wollny, Forschungen der Agrikulturphysik, 1, S. 43, und Lang, Forschungen der Agrikulturphysik, 1, S. 379.

je nach den Eigenschaften der Körper eine verschiedene. Den ganzen
Vorgang bezeichnet man als Wärmeleitung und Körper, die den
Ausgleich rasch ermöglichen, als gute, die ihn erst langsam eintreten
lassen, als schlechte Wärmeleiter.

Im Boden sind immer Schichten verschiedener Temperatur vorhanden, es erfolgt daher dauernd Wärmeleitung, entweder wird Wärme
aus den höheren Bodenlagen in die Tiefe geleitet (in der wärmeren
Jahreszeit) oder aus der Tiefe in die mehr abgekühlte Oberfläche (in
der kälteren Jahreszeit).

Die Wärmeleitung aller im Boden vorkommenden Stoffe ist eine
geringe*) und wird durch Korngröße, Struktur und Wassergehalt stark
beeinflußt.

Die Resultate der vorliegenden Versuche sind nur in seltenen Fällen
auf wissenschaftlich feststehende Einheiten zurückgeführt. Da es sich in
diesem Falle in der Bodenkunde meist nur um relative Verhältnisse
handelt, so ist von einer umständlichen und dem Verständniß kaum
förderlichen Umrechnung Abstand genommen.

Die Leitungsfähigkeit der Gesteine ist in den ausgesprochen krystallinischen, wie Marmor, Granit, Porphyr, Basalt am höchsten: am nächsten
kommen dichte Sandsteine, am geringsten ist sie bei Thon oder thonigen
Gesteinsarten.**)

Je gleichmäßiger ein solches Gestein zusammengesetzt ist, um so
besser ist die Leitungsfähigkeit, je mehr die Verwitterung fortschreitet
und durch Luft erfüllte Hohlräume entstehen, um so geringer wird die
Leitungsfähigkeit.

Dem entsprechend ist sie im Boden recht gering: nach Wagner,
der für trocknen, festgestampften Boden die Leitungsfähigkeit ermittelte
(Humus als schlechtester Leiter ist = 1 gesetzt), kann man für die
Hauptbestandtheile der Bodenarten folgende relative Leitungsfähigkeit
annehmen:

Humus	= 1,00
Kaolin	= 1,05
kohlens. Kalk	= 1,05
Eisenoxydhydrat	1,06
Quarz	= 1,24

Quarz leitet demnach verhältnißmäßig am besten, bei den übrigen
Bodenbestandtheilen kommt überwiegend die Wirkung der Korngröße
zum Ausdruck.

*) Haberlandt, Wissenschaftliche praktische Untersuchungen u. s. w. Wien
1875, S. 33. — v. Littrow, Bericht der k. k. Akademie 1875, 1. — Pott, Landwirthschaftliche Versuchsstation 1, S. 273. — Wagner, Forschungen der Agrikulturphysik. 6, S. 1.

**) Leß, Pogg. Ann., Ergbd. 8, S. 517 (1878).

Jedes Bodenkorn ist von den übrigen durch eine, wenn auch noch so dünne, Luftschicht getrennt. Da die Luft einer der schlechtestleitenden Körper ist, so erklärt sich hieraus, daß die Leitungsfähigkeit im hohen Grade von der Korngröße abhängig ist: da jede Lufthülle wie eine Isolirschicht wirkt. Krümelung, welche ein dichteres Zusammenlagern einzelner Bodentheile bedingt, steigert die Leitungsfähigkeit.

Wagner fand z. B. folgende Werthe für die durchschnittliche Wärme-leitung (die des am schlechtesten leitenden Körpers $= 1$ gesetzt):

Lehmpulver	$= 1$		
Lehmkrümel	0,5—1	mm	1,08
„	1—2	„	1,07
„	2--4,5	„	1,12
„	4,5—6,75	„	1,15
„	6,75—9,00	„	1,19
Quarzpulver			1,13
Quarzsand	0,00—0,25	„	1,13
„	0,25—0,50	„	1,10
„	0,50—1,00	„	1,24
„	1,00—2,00	„	1,28
Gemisch	0,00—2,00	„	1,15

Alle Bedingungen, welche die Größe der isolirenden Luftschichten vermindern, steigern überhaupt die Wärmeleitung, dies gilt insbesondere noch für dichte Lagerung der Bodenbestandtheile. So verhielt sich nach Pott die Wärmeleitung von:

		loder	fest eingestampft
Kaolin	1	:	1,68
Humus	1	:	1,1
Quarz	1	:	1,06

Steinbeimischungen steigern ebenfalls die Wärmeleitung. Mischt man den Boden mit Steinen, so kann die Leitung erheblich, bei 30 bis $40^{0}{}_{0}$ Steingehalt sogar um ein Viertel gesteigert werden.

Maßgebenden Einfluß auf die Wärmeleitung gewinnt der Wasser-gehalt des Bodens. Trotzdem das Wasser für Wärme ein schlecht leitender Körper ist, so übertrifft es die Leitungsfähigkeit der Luft doch fast um das dreißigfache. Das im Boden enthaltene Wasser verdrängt im wesentlichen ein gleiches Volumen Luft und übt so eine starke, die Wärmeleitung steigernde Wirkung auf den Boden.

Versuche von Pott ergeben z. B. folgende Verhältnisse für die Leitungsfähigkeit von trocknem und nassem Boden. Diese verhielt sich wie:

Kreide	trocken : naß	(52,9	Vol. $^{0}{}_{0}$	Wasser)	$= 1 : 1,8$
Humus	„ : „	(63,2	„	„	) $= 1 : 1,01$
Kaolin	„ : „	(59,7	„	„	) $= 1 : 1,7$
Quarzsand	„ : „	(42,9	„	„	) $= 1 : 1,8$
„	„ : feucht	(9,9	„	„	) $= 1 : 1,7$

Es scheint demnach schon ein geringer Wassergehalt auszureichen, um die Leitungsfähigkeit bedeutend zu steigern. Dies ergeben auch Untersuchungen von Wagner, der für Quarzsand verschiedener Korngröße folgende Zahlen giebt:

trocken zu naß

Quarzsand (0,25—0,5 mm D. mit 19,82 Vol.$^0/_0$ Wasser) 1 : 1,7

„ (0,5 — 1 „ „ „ 12,01 „ „) 1 : 1,8

„ (1 — 2 „ „ „ 8,33 „ „) 1 : 1,7

Wagner schließt aus seinen Versuchen, daß weniger die Leitungsfähigkeit des Wassers in Frage komme, als daß vielmehr die der Bodenbestandtheile schärfer hervortrete, wenn die schlecht leitende Luft durch das besser leitende Wasser ersetzt ist.

Für andere Bodenbestandtheile liegen Untersuchungen über diesen Gegenstand nicht vor. Jedenfalls übt der Wassergehalt auf die Erwärmung des Bodens einen sehr bedeutenden und während der verschiedenen Jahreszeiten wechselnden Einfluß aus.

d) Temperatur verschiedener Böden.

Die Temperaturen gewachsener Böden sind daher von vielen Bedingungen abhängig; den bedeutendsten Einfluß übt der Wassergehalt. Nicht nur die hohe Wärmekapacität des Wassers, sondern auch die bei der Verdunstung desselben gebundenen Wärmemengen drücken die Temperatur herab. Aehnlich wirkt der Humus, zumal er die Wasserkapacität des Bodens steigert. Die wasser- und humusreichen Böden werden sich daher bei Beginn der warmen Jahreszeit langsam erwärmen, dafür aber im Sommer und zumal im Herbste wärmer sein als Bodenarten von geringem Wassergehalt. Die Praxis unterscheidet daher zwischen warmen und kalten Bodenarten. Zu den letzteren rechnet sie die Humusböden und die Thon- zum Theil auch die Lehmböden; zu den ersteren die Sandbodenarten.

Da der Beginn der vegetativen Thätigkeit der Pflanzen von einer gewissen Temperaturhöhe des Bodens abhängig ist, so wird diese in den Sandböden früher eintreten, dafür sind die Pflanzen aber auch leichter Kälterückfällen ausgesetzt, als auf den wasserreichen Bodenarten, die erst allmählich die entsprechende Temperatur erlangen.

Als allgemeine Regeln für Bodentemperaturen können folgende gelten.*)

Die Temperatur der Bodenoberfläche wird überwiegend durch die Sonnbestrahlung bedingt, und kann sich die oberste Erdschicht im trocknen Zustande auf verhältnißmäßig hohe Temperaturen erwärmen.

*) Es kann sich natürlich nicht darum handeln, das umfangreiche Material über diesen Gegenstand hier vorzuführen, sondern nur die wichtigsten Sätze hervorzuheben und an einzelnen Beispielen zu erläutern.

Durch Leitung erfolgt der Ausgleich der Temperatur in den tieferen Bodenschichten, welche Wärme abgeben oder empfangen, je nachdem sie wärmer oder kälter als die Oberfläche sind.

Die Wärmeleitung wird, wie bereits besprochen, am bedeutsamsten durch Korngröße, Lagerungsweise und namentlich durch den Wassergehalt (weniger, beziehentlich mehr indirekt durch Gehalt an humosen Stoffen) beeinflußt. Der Wärmeverbrauch bei der Wasserverdunstung, die hohe Wärmekapacität des Wassers, sowie andererseits die bessere Leitungsfähigkeit des feuchten Bodens wirken nach verschiedenen Richtungen, sodaß die Temperatur gewachsener Böden durch eine ganze Reihe verschiedener und noch dazu in den einzelnen Jahren und Jahreszeiten erheblich wechselnder Einflüsse bedingt ist. Als ein weiterer Faktor macht sich noch die Bodenbedeckung geltend, sei es nun durch Schnee, Steine, lebende Pflanzen oder wie zumeist im Walde durch die Streudecke (vergl. § 68 u. f.). Andererseits kann flach anstehendes Grundwasser die Bodentemperatur erhöhen oder erniedrigen, je nach den Verhältnissen. Aus allen diesen Gründen kann von einer durchschnittlichen Bodentemperatur viel weniger die Rede sein, als von einer Durchschnittstemperatur der Luft. Die lokalen und im Boden selbst liegenden Einflüsse können oft bedeutender werden als selbst erhebliche klimatische Unterschiede. Die Betrachtung hat sich daher mehr mit den relativen Unterschieden zu beschäftigen.

Ein weiterer Fehler in den Temperaturbeobachtungen des Bodens, der sich namentlich in den mittleren Tiefen (10—50 cm Tiefe) bemerkbar macht, liegt darin, daß nicht durch mehrmaliges Ablesen während bestimmter Tageszeiten ein ziemlich genaues Mittel der Temperatur gefunden werden kann. Die gleich zu besprechende Verzögerung der Temperaturextreme macht sich in den verschiedenen Bodenschichten verschieden spät bemerkbar und bleibt auch in demselben Boden nicht konstant, da der Wassergehalt im Laufe des Jahres vielfach wechselt, und damit zugleich auch die Leitung der Wärme im Boden.

1. Tägliche Schwankungen.

Als Regel kann gelten, daß die Temperatur der Bodenoberfläche in der kühleren Tageszeit dem Minimum der Lufttemperatur parallel geht, daß dagegen das Maximum der Bodentemperatur in der wärmeren Tageszeit das der Luft weit übertrifft, sodaß die Amplitude (Schwankungen zwischen Temperaturmaximum und -minimum) oft das $2\frac{1}{2}$fache der Lufttemperatur beträgt.*)

*) Man vergleiche:

Wild, Repertorium für Meteorologie, Bd. 6.
Leyst, Repertorium für Meteorologie, Bd. 13.
Klasel, Repertorium für Meteorologie, Bd. 14.

Die täglichen Schwankungen der Temperatur sind in den obersten Bodenschichten erheblich, werden nach der Tiefe zu immer geringer, sie betragen in 0,6 m Tiefe schon kaum mehr als 0,5⁰ C.; in 0,8—1 m Tiefe werden sie für unsere Instrumente unmeßbar (sinken auf 0,01⁰ C.).

Das tägliche Temperaturminimum der Bodenoberfläche fällt kurz vor Sonnenaufgang, das Maximum einige Zeit nach dem höchsten Stand der Sonne, also nennenswerth früher als das der Lufttemperatur.

Da die Leitung der Wärme in die Tiefe eine allmählich fortschreitende ist, so ist es verständlich, daß die Temperaturextreme in den tieferen Bodenschichten erst erheblich später eintreten, als an der Bodenoberfläche, sie erleiden eine Verzögerung. In welchem Maße dies der Fall ist, mögen die Mittel der dreistündigen Beobachtungen zeigen, welche Müttrich (l. c. S. 152) veröffentlichte (15.—30. Juni 1889, Station Eberswalde).

Freilandstation.

	Luft-temperatur	Bodentemperatur an der Oberfläche	in der Tiefe von 0,15 m	0,30 m	0,60 m
Zeit					
Nachts 12 Uhr	13,80	16,71	19,42	17,90	15,88
2 „	12,90	15,59	18,42	17,59	15,91
4 „	12,53	15,14	17,84	17,33	15,91
6 „	14,68	15,89	17,35	17,03	15,92
8 „	17,99	17,54	17,52	16,75	15,91
10 „	21,05	22,65	18,72	16,59	15,89
Mittags 12 „	21,97	25,00	20,52	16,64	15,84
2 „	22,61	26,37	22,08	17,00	15,80
4 „	22,38	25,89	22,91	17,37	15,77
6 „	21,24	22,32	22,64	17,71	15,75
8 „	17,55	19,76	21,65	17,99	15,77
10 „	14,80	17,81	20,53	18,06	15,88
Mittel	17,79	20,06	19,97	17,33	15,85

In 15 cm Tiefe ist also Maximum und Minimum bereits um zwei Stunden verspätet. In 30 cm Tiefe das Minimum um sechs, das Maximum um 6—8 Stunden, in 60 cm Tiefe, wo der Unterschied

Müttrich, Festschrift für die 50 jährige Jubelfeier der Forstakademie Eberswalde 1880.

Ueber Unterschiede zwischen Wald- und Freilandboden neben den letztgenannten: Harrington, Amerikanisches meteorologisches Journal 1890, September.

Dr. Schubert, Zeitschrift für Forst- und Jagdwesen.

Ebermayer, Physikalische Einwirkung des Waldes auf Luft und Boden, Aschaffenburg 1873; und Aufsätze in der Allgemeinen Forst- und Jagdzeitung.

Die Zusammenstellungen langjähriger Mittel sind nach unveröffentlichten Arbeiten des Herrn Privatdocenten Dr. Schubert entnommen, der mir freundlichst Einsicht gestattete, wofür ich ihm zu lebhaftem Danke verpflichtet bin.

allerdings nur 0,2° C. beträgt, ergiebt sich eine Verzögerung von 14 bis 16 Stunden.

Natürlich werden sich für abweichende Bodenarten auch abweichende Verhältnisse ergeben; das angeführte Beispiel genügt jedoch, um die Hauptpunkte zu zeigen.

2. Jährliche Temperaturschwankungen.

Die jährlichen Temperaturschwankungen verlaufen in längeren Zeiträumen und in größeren Tiefen des Bodens. In den oberen Schichten sind die Amplituden im Laufe eines Jahres von erheblicher Größe, nehmen aber mit größerer Tiefe immer mehr ab, um endlich völlig zu verschwinden.

Die Tiefe, in welcher eine gleichbleibende oder wenigstens von den Schwankungen der Jahreszeiten unabhängige Temperatur herrscht, ist nach den klimatischen Verhältnissen eine verschiedene. In den Tropen liegt sie (nach Wild) bei etwa 6 m, in den gemäßigten Klimaten bei 20—30 m. Alle Bedingungen, welche die Temperaturextreme abschwächen, so insbesondere die Einwirkung des Seeklimas, Bodendecken der verschiedensten Art, beeinflussen auch die Bodentemperatur. Die Beobachtungen lehren, daß in England, zum Theil in Frankreich (Paris) die unteren Grenzen der Temperaturschwankungen im Boden bei etwa 20 m Tiefe liegen; dieselbe Zahl erhielt Müttrich für den Waldboden bei Eberswalde. Die Beobachtungen in Freilandböden der mehr kontinentalen Gebiete führen ziemlich übereinstimmend auf etwa 30 m Tiefe (Mittel- und Ostdeutschland, Rußland u. s. w.)

Ein Beispiel für die jährlichen Bodentemperaturen, welches zugleich den Verlauf der Verzögerung des Eintritts der Extreme in tieferen Bodenschichten zeigt, geben Wild und Hlasek für Petersburg.

	Jan.	Febr.	März	April	Mai	Juni
Mittel der Lufttemperatur	− 8,20	− 8,34	− 4,20	0,49	6 42	15,64
Bodentemperatur						
an der Oberfläche .	− 7,62	− 8,04	− 3,81	0,91	6,43	16,38
in 0,43 m Tiefe	− 5,07	− 5,79	− 0,52	2,39	13,10	17,34
in 0,81 „ „	− 2,46	− 2,56	− 2,13	− 0,53	0,93	10,32
in 1,52 „ „	2,76	1,30	0,62	0,50	1,17	6,78
in 3,0 „ „	6,65	5,06	3,96	3,31	3,24	4,51

	Juli	August	Sept.	Okt.	Nov.	Dec.
Mittel der Lufttemperatur	17,70	15,34	11,07	4,86	2,97	10,02
Bodentemperatur						
an der Oberfläche	. 18,47	15,46	11,08	4,74	−1,97	− 9,27
in 0,43 m Tiefe	. 16,54	13,42	8,21	2,83	1,83	− 3,75
in 0,81 „ „	. 15,68	16,37	14,34	10,29	5,60	0,91
in 1,52 „ „	. 12,59	14,56	14,56	12,09	8,79	5,00
in 3,0 „ „	7,48	10,18	11,61	11,83	10,73	8,38

Die Zeitdauer des Temperaturwechsels in der Tiefe des Bodens betrug in Tagen:

	Minim. bis Medium	Medium bis Maxim.	Maxim. bis Medium	Medium bis Minim.	Maxim. bis Minim.	Medium bis Medium
an der Oberfläche	91	77	105	92	168	177
in 0,4 m Tiefe	101	73	88	103	174	—
in 0,8 „ „	95	62	93	115	157	155
in 1,6 „ „	67	69	91	138	136	160
in 3,2 „ „	48	73	102	143	120	174

Die Verspätung des Eintritts der höchsten und niedrigsten Temperatur gegenüber der Bodenoberfläche betrug für je 1 m Erdschicht

	für das Minimum	für das Maximum
in 0,0—0,8 m Tiefe	32 Tage	25 Tage
in 0,8—1,6 „ „	46 „	25 „
in 1,6—3,2 „ „	52 „	36 „
im Mittel . . .	41 „	27 „

Es ergiebt sich hieraus, daß der Boden im Herbst lange relativ warm, im Frühlinge lange relativ kalt bleibt. In noch höherem Maße gilt dies für sehr feuchte Bodenarten, zumal für Moorböden (vergleiche § 100).

In der warmen Jahreszeit ist die Bodenoberfläche wärmer, in der kälteren kühler als die tieferen Bodenschichten.

3. Unterschied zwischen Wald- und Freilandböden.

Der Unterschied in der Temperatur der Wald- und Freilandböden fällt im Allgemeinen mit der Wirkung, welche jede Bodenbedeckung auf die Temperatur des Bodens ausübt, zusammen (vergleiche § 68). Im Walde macht sich diese Wirkung besonders stark geltend, da der Waldboden einem doppelten Schirm, dem der Bodendecke und dem des Bestandes ausgesetzt ist.

Diesen Verhältnissen entsprechend sind die Waldböden in der kalten Jahreszeit etwas wärmer, in der wärmeren nicht unerheblich kühler als Freilandböden. Die Einwirkung ist am stärksten zur Zeit der Temperaturextreme, insbesondere während der Zeit der Maximaltemperaturen. Die jährliche Mitteltemperatur der Waldböden ist eine nennenswerth geringere (—1 bis 2° C.) als die der Freilandböden; es wird dies aber ganz überwiegend durch die geringere Durchschnittstemperatur im Walde während des Sommers bedingt.

Um ein Bild der Verhältnisse zu geben, sind im folgenden die Differenzen fünfzehnjähriger Mitteltemperaturen von drei der preußischen forstlichen meteorologischen Stationen nach den Jahreszeiten zusammengestellt.

1. Fritzen, mit 45jährigem Fichtenſtangenholz.
2. Kurwien, mit 80—140jährigem Kiefernaltholz.
3. Friedrichroda, mit 80jährigen Buchen.

Der Boden iſt kühler oder wärmer als der benachbarte Freilandboden:

Fritzen:

Tiefe	Frühling	Sommer	Herbſt	Winter	Jahr
0,01 m	— 1,6	— 3,1	— 0,6	— 0,0	— 1,32
0,15 „	— 1,4	— 3,2	— 0,1	+ 0,7	1,01
0,3 „	- 1,4	— 4,0	— 0,1	+ 0,8	— 1,19
0,6 „	— 1,2	— 4,5	— 0,5	+ 0,9	1,32
0,9 „	— 0,8	— 4,4	— 0,8	+ 1,0	— 1,24
1,2 „	— 0,4	— 4,1	— 1,1	+ 1,1	— 1,11

Kurwien:

Tiefe	Frühling	Sommer	Herbſt	Winter	Jahr
0,01 m	— 2,5	— 4,8	— 0,3	— 1,6	— 1,5
0,15 „	— 1,7	— 4,0	— 0,0	+ 1,3	— 1,1
0,3 „	— 1,2	— 2,6	— 0,1	+ 0,6	— 0,8
0,6 „	— 1,4	— 3,4	— 0,3	+ 0,8	— 1,1
0,9 „	— 1,1	— 3,2	— 0,4	+ 0,8	— 1,0
1,2 „	— 1,0	— 2,9	— 0,7	+ 0,5	— 1,0

Friedrichroda:

Tiefe	Frühling	Sommer	Herbſt	Winter	Jahr
0,01 m	— 1,7	— 4,4	— 0,1	+ 0,9	— 1,32
0,15 „	— 1,1	— 3,5	+ 0,1	+ 0,9	— 0,90
0,3 „	— 0,4	— 3,0	+ 0,1	+ 0,8	— 0,63
0,6 „	— 0,4	— 3,5	— 0,2	+ 1,0	— 0,78
0,9 „	— 0,4	— 3,4	— 0,4	+ 0,7	— 0,88
1,2 „	— 0,3	— 3,2	— 1,3	+ 0,5	— 1,08

Zur Erklärung mehrerer auftretender Unterſchiede müſſen wohl
lokale Verhältniſſe herangezogen werden: die Beiſpiele zeigen aber
hinreichend, in wie hohem Maße die Bodentemperatur zumal im Frühling und Sommer durch den Waldbeſtand beeinflußt wird. Die volle
Entwickelung der Vegetation iſt von einer beſtimmten Wärmehöhe des
Bodens abhängig. Im Walde wird dieſe erſt ſpäter erreicht werden,
als auf freiem Felde.

Nicht unerheblich ſind ferner die Unterſchiede, welche ſich zwiſchen
den einzelnen Baumarten und namentlich zwiſchen Laub- und Nadelholz
ergeben. Die Temperaturdifferenzen zwiſchen Wald- und Freilandböden
ſind überwiegend durch die verſchiedenartige Beſchattung bedingt. Bei
den Laubhölzern wirkt ſie während der Vegetationszeit ungleich ſtärker;
Tanne und Fichte beſchatten ferner mehr als Kiefer. Harrington,

welcher die Veröffentlichungen der preußischen Stationen mit verarbeitete, findet für je sieben derselben, die mit Laub= bez. Nadelholz bestanden sind,

Temperaturschwankungen	Sommer	Winter
für Laubholz	1,32° C.	0,54° C.
für Nadelholz . .	0,83° C.	0,79° C.

also entsprechend den Beschattungswirkungen.

Im Allgemeinen wird man daher annehmen können, daß die Reihen= folge der wichtigsten Baumarten in Bezug auf die Bodentemperatur sich während der wärmeren Jahreszeit etwa Buche, Fichte bez. Tanne, Kiefer stellen wird, während der kälteren Jahreszeit behalten die Nadel= hölzer dieselbe Stellung bei, während die Buche in die letzte Stelle rückt.

Immer ist aber auch hierbei zu berücksichtigen, daß andere Be= dingungen, besonders wechselnder Wassergehalt die Bodentemperaturen ebenfalls und im hohen Grade beeinflussen.

§ 44. 8. Kondensationsvorgänge im Boden.

Literatur:

Ammon, Forschungen der Agrikulturphysik, 2, S. 1.
Soyka, Forschungen der Agrikulturphysik, 8, S. 2.
Döbrich, Annalen der Landwirthschaft, 52, S. 181.

Alle Körper haben die Eigenschaft, auf ihrer Oberfläche Gase oder Flüssigkeiten zu verdichten. Die Stärke, mit der dies geschieht, ist für die verschiedenen Substanzen eine sehr verschiedene und außerdem von physikalischen Bedingungen, zumal Temperatur und Luftdruck abhängig. Die Kondensation ist eine ausgesprochene Oberflächenwirkung, steigt daher im Boden mit Zunahme der Oberfläche, beziehungsweise was auf dasselbe hinausläuft, mit Abnahme der Korngröße der Boden= bestandtheile.

Wie sehr dies der Fall ist, zeigen die Berechnungen Soyka's, der die Grenzwerthe der Kohlensäurekondensation für den Boden bei dich= tester und lockerster Lagerung festzustellen suchte. Er geht dabei von der Annahme aus, die durch andere Versuche ihre Berechtigung erhält, daß 1 qmm Oberfläche 0,0157 ccm Kohlensäuregas zu kondensiren ver= mag. Hiernach würden in einem Liter Boden enthalten sein:

	Kondensirtes Gas	
	bei dichtester Lagerung	bei lockerster Lagerung
Halbmesser des Kornes	der Bodentheile	der Bodentheile
0,005 mm	6,97 Liter Gas	4,93 Liter Gas
0,010 „	3,48 „ „	2,47 „ „
0,050 „	0,69 „ „	0,49 „ „
0,100 „	0,35 „ „	0,25 „ „
0,500 „	0,07 „ „	0,05 „ „
1,000 „	0,04 „ „	0,03 „ „

Es sind dies allerdings Maximalzahlen, welche eine Atmosphäre von Kohlensäure voraussetzen, zu berücksichtigen ist ferner, daß die Kohlensäure, nächst dem Wasserdampf der verdichtbarste Bestandtheil der Luft ist, jedenfalls aber zeigen die Zahlen, welche Gasmengen im Boden verdichtet sein können.

Im Allgemeinen wächst die Kondensirbarkeit der Gase mit der Leichtigkeit ihrer Verdichtung. Dem entsprechend werden Wasser, Ammoniak und Kohlensäure leichter aufgenommen als Sauerstoff oder Stickstoff.

1. Das Verhalten der Bodenbestandtheile gegen die wichtigsten Gase.

a) Gegen Wasserdampf.

Die Absorption des Wasserdampfes durch trockene Bodentheile ist eine erhebliche. Die Wirkung der Korngröße tritt bei homogenen Bestandtheilen, wie Quarz oder Kalksand, scharf hervor. Bodenkrümel, die durch ihre Porosität für Luft leicht durchdringbar sind, unterscheiden sich nicht merkbar in ihrem Kondensationsvermögen von demselben Boden in pulverigem Zustande.

So kondensirten z. B. bei gleicher Temperatur je 100 ccm:

			Wasserdampf	Gew." $_0$	
Quarzsand .	—0,2 mm D.		453 ccm	0,133 Wasser	
„	. 0,4 —0,75 „	„	278 „	0,078 „	
Lehmpulver .			15386 „	4,459 „	
Lehmkrümel .	0,3 —0,75 „	„	14323 „	4,155 „	
„	. 0,75—1,8 „	„	14098 „	4,086 „	

Man hat früher dem Kondensationsvermögen des Bodens für Wasserdampf große Bedeutung zugemessen. Selbst in neuerer Zeit erheben sich noch Stimmen, welche, zumal für wärmere Gebiete, glauben, daß dem Boden auf diesem Wege Wassermengen zugeführt werden, die für die Erhaltung der Pflanzen von Wichtigkeit sind.*) Es wird weiter unten gezeigt werden, daß wir es in diesen Fällen mit einem bisher fast völlig vernachlässigten Vorgange, den Thauniederschlägen im Boden zu thun haben, welche mit dem Kondensationsvermögen nicht oder doch nur sehr wenig im Zusammenhange stehen.

Um darzulegen, wie gering die den Bodenarten, in mit Feuchtigkeit gesättigter Luft zugeführten Wassermengen sind, und wie diese von der herrschenden Temperatur abhängen, ist die folgende Uebersicht gegeben.

In mit Feuchtigkeit gesättigter Luft kondensiren Wasserdampf je 100 ccm von

---

*) Hilgard, Forschungen der Agrikulturphysik, 8, S. 93. — Ebermayer, Forschungen der Agrikulturphysik.

Temperatur	Humus		Eisenoxydhydr.		Quarzpulver		Kohlens. Kalk		Kaolin	
Grad	ccm W.=D.	Gew. %	ccm W.=D.	Gew. %	ccm W.=D.	Gew. %	ccm W.=D.	Gew. %	ccm W.=D.	Gew. %
—10	12718	8,45	12973	2,89	2026	0,63	208	0,07	5378	1,82
0	14206	9,09	47332	10,15	2198	0,65	4258	1,41	5735	1,88
10	36504	22,53	99712	20,62	1185	0,34	4775	1,52	6447	2,03
20	26788	15,96	98990	19,77	277	0,07	962	0,29	1541	0,47
30	16497	9,51	54753	10,58	99	0,03	233	0,07	1336	0,39

Die stärkste Kondensation des Wasserdampfes findet bei $0—10°$ C. statt, und scheint das Maximum in der Nähe der letzten Temperatur zu liegen.

Für andere Gasarten gelten andere Zahlen, so liegt die günstigste Ammoniakabsorption bei etwa 0 Grad; für die atmosphärischen Gase, Sauerstoff und Stickstoff wohl bei noch viel niedrigeren Temperaturen.

Die kondensirte Wassermenge ist nur bei den humosen Stoffen und beim Eisenoxydhydrat bedeutend. Fast allen anderen Gasarten gegenüber verhalten sich die Bodenbestandtheile ähnlich. Humus und Eisenoxyd hat man als die eigentlichen Träger der Kondensationsvorgänge im Boden zu betrachten.

Die Kondensation des Wassers ist bei den Gemischen verschiedener Korngröße und Substanz, wie sie die Bodenarten darstellen, eine sehr wechselnde und zumal von der relativen Luftfeuchtigkeit abhängig. Lufttrockene Böden werden daher je nach Temperatur und Luftfeuchtigkeit entweder Wasser abdunsten lassen oder aufnehmen.*)

Alle Untersuchungen stimmen aber darin überein, daß die kondensirte Wassermenge eine wesentliche Bedeutung für den Boden und die darauf wachsenden Pflanzen nicht hat. Das aufgenommene Wasser erreicht zwar bei humosen Stoffen einen nicht unerheblichen Werth; es ist aber dabei zu berücksichtigen, daß die Pflanze nur im Stande ist, dem Boden eine gewisse Menge von Wasser zu entziehen, während ein höherer oder geringerer Rest für sie unangreifbar zurückbleibt und daß dieses Quantum bei den humosen Bodenarten sehr hoch liegt. Alle Beobachtungen bestätigen, daß die Pflanzen bereits welken, ehe der Wassergehalt so tief gesunken ist, daß eine Kondensation von Wassergas überhaupt stattfindet.

b) Gegen Kohlensäure.

Trockenes Kohlensäuregas wird nur vom Eisenoxyd in größerer Menge aufgenommen, die Absorption feuchter Kohlensäure scheint eine erheblich stärkere zu sein.

*) Neßler, Jahrbuch der Agrikulturchemie 1873/74, S. 55.

Es kondensirten trockene Kohlensäure je 100 ccm bei 17^0 C.:

Humus	Eisenoxydhydrat
930 ccm = 1,37 Gew. $^0/_0$	5726 ccm = 2,83 Gew. $^0/_0$
Quarzpulver	kohlensaurer Kalk
3,5 ccm 0,002 Gew. $^0/_0$	8,64 ccm = 0,005 Gew. $^0/_0$
Kaolin	Gyps
8,76 ccm = 0,006 Gew. $^0/_0$	210 ccm = 0,17 Gew. $^0/_0$.

Die Bedeutung der Kohlensäureabsorption liegt in der chemischen Wirkung dieses Stoffes. Tritt Wasser in größerer Menge hinzu, so wird ein Theil der Kohlensäure gelöst, und das kohlensaure Wasser ist der hauptsächlichste Träger der Verwitterung.

Mischt man Eisenoxydhydrat mit kohlensaurem Kalk und setzt Wasser hinzu, so geht Kalkkarbonat in Lösung. Da im Boden das Eisenoxyd je nach dem wechselnden Wassergehalt Kohlensäure bindet oder abgiebt, so wirkt es gewissermaßen als Uebertrager der Kohlensäure.

Den Nachweis, daß derartige Wirkungen wirklich im Boden auftreten, führte Storer*). Er setzte kalkhaltige, getrocknete Böden theils der atmosphärischen Luft aus, theils schloß er sie von dieser ab. Im ersten Falle ergab ein wässeriger Auszug reichliche Mengen gelösten kohlensauren Kalkes, im zweiten Falle fehlte derselbe. Die der Luft ausgesetzten Bodenarten hatten also Kohlensäure absorbirt, welche die Lösung des Kalkkarbonates vermittelte.

In ähnlicher Weise, jedoch überwiegend durch ihre fortschreitende Zersetzung, wirken die humosen Stoffe als Kohlensäurequelle im Boden.

c) Gegen Ammoniakgas, beziehungsweise kohlensaures Ammoniak.

Ammoniak wird von einzelnen Bodenbestandtheilen, insbesondere von Eisenoxyd und humosen Stoffen stark aufgenommen. Mit den letzteren geht es wohl zugleich chemische Verbindungen ein. Ebenfalls chemisch wirkt der Gyps, der sich mit kohlensaurem Ammon in Calciumkarbonat und bei gewöhnlicher Temperatur nicht flüchtiges, schwefelsaures Ammon umsetzt.

Verwendet man reines Ammoniakgas zu Versuchen, so ist die absorbirte Menge so groß, daß man billig Bedenken tragen muß, diese Zahlen auf die Verhältnisse des Bodens zu übertragen: zudem findet sich das Ammoniak in gut durchlüfteten Böden in Verbindung mit Kohlensäure. Kohlensaures Ammon verhält sich nach Schlösing (vergleiche Seite 7) in ähnlicher Weise flüchtig, wie eine Flüssigkeit oder wie ein Gas. Im Boden wird daher, je nach der Zusammensetzung desselben, und den herrschenden Bedingungen von Druck und Temperatur, Ammoniak gebunden werden, oder durch Verdunstung verloren gehen.

*) Forschungen der Agrikulturphysik, 4, S. 31.

d) Gegen Sauerstoff und Stickstoff.

Sauerstoff wird nur in geringen Mengen kondensirt; Stickstoff (zumal durch Eisenoxyd), dagegen in größerem Maßstabe.

So absorbirten bei 17° je 100 ccm:

	Humus	Eisenoxydhydrat
Sauerstoff	—	665 ccm = 0,24 Gew.°/₀
Stickstoff	126 ccm = 1,18 Gew.°/₀	23986 „ = 7,53 „

	Quarz	Kaolin
Sauerstoff	—	—
Stickstoff	25 ccm = 0,01 Gew.°/₀	813 ccm = 0,39 Gew.°/₀

Ob der kondensirte Stickstoff eine Bedeutung für das Pflanzenleben hat, ist noch unbekannt.

Die Erscheinungen der Gaskondensation führt man überwiegend auf physikalische Wirkungen der Bodentheile zurück. Durch Ueberleiten einer anderen Gasart kann man die absorbirten Gase fast völlig wieder dem Boden entziehen. Unverkennbar ist aber die Aehnlichkeit mit der Absorption der Metalle durch den Boden, die durch reichliches Auswaschen ebenfalls wieder in Lösung gebracht werden können. Während aber im letzteren Falle die überwiegend chemische Wirkung nachweisbar ist, fehlt die Kenntniß von Verbindungen, welche bei der Gaskondensation entstehen könnten. Es ist aber darum die Möglichkeit ihrer Bildung in manchen Fällen durchaus nicht ausgeschlossen. Es ist dies um so weniger unwahrscheinlich, weil es oft fast unmöglich ist (man nehme nur die Absorption von Sauerstoff und den Verbrauch desselben zur Oxydation der humosen Stoffe), chemische Bindung und physikalische Kondensation aus einander zu halten.

e) Gegen die atmosphärische Luft.

In Gasgemengen, wie die atmosphärische Luft ein solches ist, findet zwischen den verschiedenen Gasen eine gegenseitige Einwirkung statt, die zu einem gewissen Gleichgewichtszustand führt, der natürlich durch jede Aenderung der Temperatur und Feuchtigkeit ein anderer wird. Im Boden werden daher fortwährend Gase gebunden und wieder abgeschieden.

Um ein Bild der in der Natur vorkommenden Verhältnisse zu erlangen, bleibt nur das Auskunftsmittel, die Zusammensetzung der von Bodenarten festgehaltenen Gase direkt zu ermitteln. Jeder Boden wird andere Mengen und andere Zusammensetzung ergeben, immerhin ist aber die so erlangte Kenntniß für manche Fragen der Bodenkunde von Werth.

Nach Döbrich lieferten folgende Bodenarten:

	100 g gaben ccm Gas	100 ccm gaben ccm Gas	100 Volumen des Gases bestanden aus		
			Kohlensäure	Sauerstoff	Stickstoff
Sandmoorboden	19,8	26,3	17,49	16,34	66,17
Sandboden.	30,2	40,2	18,15	11,44	70,41
Gartenerde. .	49,8	68,9	39,47	11,90	48,63
Kalkboden No. 1 .	37,9	54,7	45,33	7,67	47,00
„ „ 2 .	44,85	68,0	61,03	6,46	32,51
Thonboden No. 1	27,1	38,6	2,33	17,14	80,53
„ „ 2	35,5	44,9	20,44	11,58	69,98

Die vom Boden kondensirten Gase werden bei Durchfeuchtung nur zum Theile ausgetrieben, die Hauptmenge bleibt zurück. Der Boden kann daher bei zeitweiser Wasserbedeckung den Pflanzen zur Athmung noch ganz bedeutende Sauerstoffmengen liefern. Hierin liegt die Hauptbedeutung des Kondensationsvermögens der Bodenarten.

2. Thauniederschläge.

Mit der Kondensation der Gase stehen nur in sehr losem Zusammenhang und sind von dieser in ihren Ursachen durchaus verschieden die Thauniederschläge, die im Boden erfolgen können. Da diese an anderer Stelle nicht gut besprochen werden können, sind sie hier angeschlossen.

Auf diese Vorgänge machte zuerst Neßler*) aufmerksam, und Stockbridge**) gründete auf dieselben seine Thautheorie, in neuester Zeit hat Ebermayer***) den Gegenstand weiter verfolgt.

Die Bodentemperaturen sind in den oberen Bodenschichten im Sommer wärmer, im Winter kühler als in den tieferen. Aber auch im Sommer kommen vielfach Tage und noch mehr Nächte vor, wo die oberste Bodenlage durch Ausstrahlung stark erkaltet und kühler ist, als die tieferen Schichten. In den Böden ist unter normalen Verhältnissen die Luft mit Feuchtigkeit gesättigt. Es werden sich daher in allen Fällen, wenn die oberste Bodenschicht kühler ist, als es die tieferen sind, Thauniederschläge bilden.

In welchem Maße dies erfolgt, läßt sich schwer experimentell feststellen, da die Geschwindigkeit des Austausches der Bodenluft von gar zu vielen wechselnden Bedingungen abhängig ist. Am stärksten erfolgt der Ausgleich in grobkörnigeren Bodenarten, zumal im Sandboden. Es ist wahrscheinlich, daß die meist vorhandene Frische der fein bis

---

*) Jahrbuch der Agrikulturchemie 1883/74, S. 52.
**) Citirt nach Forschungen der Agrikulturphysik 3, S. 110. Uebrigens giebt schon Neßler die Grundzüge dieser Theorie.
***) Forschungen der Agrikulturphysik 13, S. 1 und Allgemeine Forst- und Jagdzeitung 1890.

mittelkörnigen Sande hierdurch wesentlich mitbedingt wird und diese Art und Weise der Wasserzufuhr aus den tieferen Schichten eine viel erheblichere ist, als die durch kapillare Leitung. In sehr feinkörnigen Böden ist der Luftaustausch zu sehr verlangsamt und andererseits die Wasserkapacität zu hoch; Abscheidungen von Thau werden daher eine viel geringere Rolle spielen.

Zahlreiche Untersuchungen von Stockbridge haben ergeben, daß in der wärmeren Zeit der Boden zumeist in der Nacht wärmer ist, als die unteren Luftschichten, daß daher ein großer Theil des Thaues aus der feuchten Bodenluft stammen muß. Andererseits wird in allen Fällen Wasser als Thau zur Abscheidung kommen, wo die Temperatur des Bodens und bei dem hohen Ausstrahlungsvermögen der Pflanzentheile auch die Temperatur dieser, sich unter den Thaupunkt der umgebenden Luft abkühlt.

Der Thau der Luft ist daher eine Quelle der Feuchtigkeit für den Boden, die wahrscheinlich in trockenen Gebieten (Wüsten Afrikas, Indiens, den regenarmen Theilen Nordamerikas u. s. w.), wo die Abkühlung der oberen Erdschichten während der Nacht oft eine ganz enorme ist, erhebliche Bedeutung gewinnen kann.

Wieweit dies auch für die gemäßigten Gegenden zutrifft, ist noch zweifelhaft. Die Ebermayer'schen Untersuchungen ergaben für feinkörnige Sande in der kühleren Jahreszeit einen Ueberschuß der Sickerwässer über den Niederschlag. Bestätigt sich dies (die bisherigen anderweitigen Beobachtungen stimmen nicht damit überein), so würden die Thauniederschläge im Boden in vielen Fällen eine große Bedeutung besitzen: zumal würde dies für nackte Böden (z. B. haben Dünen meist eine auffallend hohe Bodenfrische) gelten, und hierin wohl mit eine Ursache zu suchen sein, daß streuberechte Böden meist höheren Wassergehalt haben, als streubedeckte. Ebenso können Thauniederschläge in ganz anderem Maße in gelockerten Böden statt finden, als in dicht gelagerten. Leider fehlen hier, wie in fast allen Fällen, welche die forstliche Bodenkultur betreffen, die nothwendigen Untersuchungen.

3. Wärmeentwickelung bei der Kondensation.

Literatur:
Stellwag, Forschungen der Agrikulturphysik 5, S. 210.
Breitenlohner, Forschungen der Agrikulturphysik 7, S. 408.

Bei jeder Kondensation tritt ein engeres Zusammenlagern der Moleküle der verdichteten Gase und Flüssigkeiten ein. Hierbei wird Wärme frei. Es geschieht dies natürlich auch bei allen entsprechenden Vorgängen im Boden. Bemerkbaren Einfluß wird nur Wasserdampf und flüssiges Wasser, was ebenfalls kondensirt wird, ausüben können. Bemerkbar wird daher eine Temperatursteigerung nur bei trockenem, oder fast trockenem Boden werden.

Stellwag erhielt bei seinen Untersuchungen folgende Temperaturerhöhungen des Bodens (bei einer Anfangstemperatur von 10°):

	wasserfrei	lufttrocken	feucht
Humoser Kalksand	+ 8,33°	+ 1,03°*)	+ 0,68°**)
Lehm . .	+ 5,50°		
Lehmpulver	+ 5,06°		
Lehmkrümel 0,5—1 mm D.	+ 7,04°		
„ 2,5—4 „ „	+ 5,76°		
„ 6,75—9 „ „	+ 4,32°		

Breitenlohner beobachtete Temperaturerhöhungen bei:

Torfmull . . + 5,90°
Plänermergel . + 2,25°
Lößlehm . . . + 1,95°.

Es ist dies eine Wirkung zugeführten flüssigen Wassers. Die
Temperaturerhöhungen lufttrockener Böden durch Kondensation von
Wasserdampf schwanken nach Stellwag zwischen 0,7 und 3,5°; wasser-
freie Böden zwischen 3—12°.

Es sind dies Einwirkungen auf die Bodentemperatur, die nur
dann hervortreten können, wenn der Boden wasserarm ist; also nur in
längeren Zwischenräumen zur Geltung kommen können.

Diese Bedingungen treten bei Niederschlägen mittlerer Stärke nach
längeren Trockenperioden ein. Geringe Niederschläge dringen nicht tief
genug in den Boden ein, um bemerkbar zu wirken; starke erkälten, da
der Regen in der Regel die Temperatur der umgebenden Luft hat, den
Boden zu sehr. Es ist dies der Grund, daß diese plötzlichen Tem-
peraturfteigerungen bei längeren Regen nicht bemerkt werden und diese
einen die Temperatur erniedrigenden Einfluß auf den Boden ausüben.

Breitenlohner beobachtete z. B. vor und nach einem Gewitterregen folgende Bodentemperaturen:

Zeit der Beobach- tung	Temperat. in der Sonne	Temperatur des Bodens				
		Oberfläche	6 Zoll	1 Fuß	2 Fuß	3 Fuß
4 Uhr	22,5	25,0	19,5	18,0	16,6	15,1
5 „	15,6	18,8	20,7	18,2	16,6	15,1

Es sind demnach besonders die obersten Bodenschichten, welche
plötzliche Temperatursteigerungen zeigen, die aber immer noch tief
genug gehen, um auf die Vegetation günstig zu wirken. Breitenlohner
macht darauf aufmerksam, daß die sogenannten „warmen Regen" im
Frühjahre und die Gewitterregen Wirkungen ausüben, denen man in
der landwirthschaftlichen Praxis eine besondere Bedeutung für die
Fruchtbarkeit der Felder beimißt.

*) Bei 4,79°/₀ Wasser; bei 5,63°/₀ Wasser = + 1,02°.
**) Bei 5,57°/₀ Wasser; bei 7,10°/₀ Wasser = + 0,65°.

Eine andere Wirkung der Kondensation macht sich bei Bewässerung von Wiesen und Feldern geltend. Ist auch an sich der Boden eines flachen Wasserspiegels für die Erwärmung durch Bestrahlung besonders begünstigt und hält die hohe Wärmekapacität des Wassers auch während kühler Nächte eine starke Abkühlung fern,*) so liegen doch noch genug Beobachtungen vor, die sich nur aus Kondensationswirkungen erklären lassen.

In der feuchteren Jahreszeit entspricht die Temperatur des Bodens der des auffließenden Wassers. Im Sommer dagegen, wo die Pflanzenwelt wie die höhere Temperatur ein rasches Austrocknen des Bodens bewirken, kann das zugeführte Wasser selbst über Lufttemperatur erwärmt werden. König beschreibt einen genau beobachteten derartigen Fall.**) Bei völlig bedecktem Himmel, so daß eine nennenswerthe Wirkung der Bestrahlung ausgeschlossen war und einer Lufttemperatur von 16,2—17⁰, wurde das mit einer Temperatur von 9,4⁰ zugeführte Wasser nach viermaliger Benutzung auf 18,2⁰ erwärmt.

Diese Erscheinung läßt sich wahrscheinlich auf Kondensationswirkungen zurückführen. Mechanische Arbeit, die beim Fall des Wassers in Wärme umgesetzt wird, kann nur eine verschwindende Erwärmung herbeiführen und müßte auch in den verschiedenen Jahreszeiten konstant wirken, was aber nicht der Fall ist.

In einfachster Weise kann man sich von der Erwärmung des Bodens durch Kondensation überzeugen, wenn die ersten Tropfen eines Regens (zumal bei Gewittern) stark ausgetrockneten Boden treffen. Die hohe Temperatur desselben macht sich sofort bemerkbar, wenn man nur die Hand auflegt.

§ 45. 9. Die Durchlüftung des Bodens.

Die Bodenluft (S. 12) weicht in ihrer Zusammensetzung wesentlich von der atmosphärischen Luft ab. Reichlicher Gehalt an Kohlensäure, geringere Mengen von Sauerstoff unterscheiden die im Boden cirkulirende Luft. Zumal der Gehalt an Sauerstoff ist für die Athmung der Pflanzen von Wichtigkeit. Es scheint überhaupt, daß viele Baumarten, so vor allen die Kiefer gegen mangelnden Luftwechsel im Boden sehr empfindlich sind; nach Meinung des Verfassers widmet man in forstlichen Kreisen der Durchlüftung des Bodens noch lange nicht die Aufmerksamkeit, welche sie verdient.

---

*) In Norditalien sind sogenannte „Wasserwiesen" verbreitet. Flache Wiesenflächen werden überrieselt, und das Gras wächst unter Wasser zu einer Zeit, wo die Temperatur sonst noch zu niedrig ist, eine kräftige Entwickelung der Vegetation zu ermöglichen.

**) Journal für Landwirthschaft 1880, S. 233—236.

Fehlt dem Boden längere Zeit atmosphärischer Sauerstoff, so über wiegen bei der Zersetzung der organischen Stoffe Fäulnißvorgänge und führen zur Bildung saurer reagierender Humusstoffe, die auf Boden wie Bestand gleich ungünstig einwirken.

Die Gesammtmenge der im Boden eingeschlossenen Luft ist, da alle nicht von festen Bestandtheilen erfüllten Räume von Luft erfüllt sind, durch die Bestimmung des Volumgewichtes des Bodens, bez. der Bodenbestandtheile gegeben. Zieht man das Volumen der festen Be= standtheile vom Gesammtvolumen ab, so erhält man das Poren= volumen, d. h. die lufterfüllten Räume des Bodens.

Durch höheren oder geringeren Wassergehalt werden diese natür= lich entsprechend verkleinert. Für Böden mit normaler Feuchtigkeit ist demnach von dem gefundenen Porenvolumen noch die Größe abzu= rechnen, welche der Wassermenge, welche der Boden dauernd festhält, also der kleinsten Wasserkapacität entspricht.

Der Gasaustausch zwischen Bodenluft und atmosphärischer Luft wird wesentlich durch zwei Vorgänge bewirkt, welche auf die verschie= dene chemische Zusammensetzung und auf die wechselnden Wärmever= hältnisse zurück zu führen sind.

Jeder Wechsel der Temperatur bewirkt eine Ausdehnung oder ein Zusammenziehen der Bodenluft. Diese Wirkung ist jedoch wenig ener= gisch, da einer Temperaturänderung von 1^0 C. nur eine Volumänderung der Luft von $1/_{273}$ entspricht. Wichtiger ist wohl der Auftrieb der leichteren Bodenluft in allen Fällen, in denen die tieferen Bodenschichten wärmer sind als die höheren. Ein stärkerer Gasaustausch wird aber hierdurch nur in der kalten Jahreszeit bewirkt. Im Sommer, wo das vegetative Leben am stärksten ist, und der Sauerstoffverbrauch seine höchste Höhe erreicht, wirkt die kühlere Temperatur der tieferen Erd= schichten ungünstig auf die Durchlüftung des Bodens ein.

Die Hauptursache des Gasaustausches im Boden ist auf die Vor= gänge zurück zu führen, welche unter dem Namen der Diffusion zu= sammengefaßt werden. Gase auch noch so verschiedenen Volumgewichtes lassen sich nicht in einem Gefäße in verschiedenen Schichten getrennt erhalten. Nach kurzer Zeit ist der ganze Raum von einem überall gleichmäßig zusammengesetzten Gasgemisch erfüllt. Die Geschwindigkeit, mit welcher die Mischung zweier Gasarten erfolgt, ist vom Molekular= gewicht derselben abhängig. Gleichen Druck und gleiche Temperatur vorausgesetzt, verhält sich die Diffusionsgeschwindigkeit annähernd um= gekehrt wie die Quadratwurzel der Molekulargewichte. (So z. B. Wasserstoff = 1; Sauerstoff = 16; verhalten sich also wie 4:1: d. h. in der gleichen Zeit würden etwa vier Volumen Wasserstoff in Sauerstoff, aber nur ein Volumen Sauerstoff in Wasserstoff über= treten.)

Im Boden wird daher fortwährend ein Ausgleich der eingeschlossenen Luft mit der der Atmosphäre durch Diffusion stattfinden,
und zwar um so energischer je abweichender die Zusammensetzung beider
Luftschichten ist.

Um ein Maß für die Durchlüftung des Bodens zu finden, hat
man die Luftmenge festgestellt, welche unter mäßigem Druck durch den
Boden hindurchgeht.*)

Die Durchlüftbarkeit eines Bodens ist von der Korngröße, der
Dichtigkeit der Lagerung und am ausgesprochensten von dem Wassergehalt abhängig.

In grobkörnigen Bodenarten bewegt sich die Luft fast ohne Schwie-
rigkeit. Wendet man künstlichen Druck an, so sind die ausfließenden
Luftmengen dem Drucke proportional; ein bemerkbarer Einfluß der
Reibung ist nicht vorhanden.

Je feinkörniger ein Boden ist, um so mehr tritt diese jedoch hervor und beeinflußt je nach dichter oder lockerer Lagerung der Bodentheilchen die Durchlüftbarkeit im hohen Maße, und dies natürlich um
so mehr, je mächtiger die Bodenschicht ist, welche die Luft zu durchdringen hat.**)

Jede Lockerung des Bodens, sowie namentlich die Krümelung der
Bodentheile ist daher selbstverständlich der Durchlüftung günstig.

Ammon fand so z. B. für dasselbe Gewicht humosen Kalksandes
folgende durchgegangene Luftmenge (Temp. = 5° C., Druck = 40 mm)
in Liter für die Stunde:

Kalksand locker . . 757 g = 982 ccm 356,6 Liter Luft
„ festgedrückt . „ „ = 770 „ 72,0 „ „
„ eingestampft „ „ = 742 „ 2,1 „ „

In ähnlicher Weise wirkt die Krümelung der Bodentheile für den Luftaustausch begünstigend. So ließen z. B. 982 ccm (50 cm Höhe, 5° C.,
Liter Luft in der Stunde) Lehmboden hindurchtreten:

Pulverförmig . . . . 1,6 Liter Luft
Krümelig (0,25—0,50 mm D.) 30,9 „ „
„ (0,5 —1,0 „ „) 123,7 „ „
„ (1—2 „ „) 420,2 „ „

Diese Zahlen zeigen, welchen enormen Einfluß Bodenbearbeitung auf
die Durchlüftung des Bodens haben muß.

---

*) Renk, Zeitschrift für Biologie 1879, Bd. 15. — Ammon, Forschungen
der Agrikulturphysik 3, S. 209.

**) Wie langsam theilweise der Ausgleich der Bodenluft erfolgt, zeigen die
Erfahrungen, welche bei der Vertilgung der Reblaus gewonnen sind. Schwefel-
kohlenstoff in ca. 60—80 cm tiefe Bohrlöcher gegossen, ist bei thonigem Boden zum
Theil nach sechs bis acht Monaten noch in solchen Mengen vorhanden, daß man
ihn anzünden kann.

Starken Einfluß übt ferner der Wassergehalt auf die Durchlüftung aus. Ganz trockne Böden sind weniger durchlassend als solche mit mäßigem Wassergehalt, wahrscheinlich, weil in diesen eine Krümel= bildung eintritt; höhere Wassergehalte setzen dagegen den Durchgang der Luft herab, und nasse Böden heben ihn fast völlig auf. Böden im gefrorenen Zustande lassen, wahrscheinlich in Folge der geringeren Beweglichkeit der Eistheile, sehr viel weniger Luft hindurchgehen als nicht gefrorene.

Die Durchlüftbarkeit wird ferner noch durch Schichten verschiedener Feinkörnigkeit stark beeinflußt; maßgebend ist hierbei die Schicht fein= körnigsten Materials. Die Menge der durchgegangenen Luft (bei 10^0 C., 40 mm Druck, 50 cm Höhe der Erdsäule) betrug z. B.:

Sand, 0,0 — 0,25 mm D. 74,6 Liter Luft in der Stunde
Derj. Sand, von 1 cm dicker
Lehmschicht durchlagert . 14,5 ,, ,, ,, ,, ,,
Desgl. 5 cm dicke Lehmschicht 2,9 ,, ,, ,, ,, ,,

Eine ähnliche Wirkung haben die Streudecken, und kann besonders eine Rohhumusschicht ausüben, die im nassen Zustande den unterliegenden Boden oft während eines großen Theiles des Jahres fast völlig ab= schließt. Das Vorwiegen der Fäulnißvorgänge und die Bildung saurer Humusstoffe in solchen Böden erklärt sich daraus zur Genüge (vergl. § 58,[2]).

Die Bestimmung der Durchlüftbarkeit eines Bodens im gewachsenen Zustande ist schwierig. Am besten hat sich noch die Methode von Heinrich bewährt.[*] Es wird ein Kasten von 100 qcm Oeffnung 10 cm tief in den Boden gepreßt und dann der Druck bestimmt unter dem zuerst (der Druck sinkt, wenn der Luft erst leichter durchbringbare Bahnen eröffnet sind) Luft hindurchtritt. Die Höhe des nothwendigen Druckes giebt ein Maß für die Durchlässigkeit des Bodens. Nach Heinrich ist ein Boden noch fruchtbar, wenn er nicht mehr als 70 mm Quecksilberdruck zeigt. Er fand für Sandböden keinen meßbaren Druck, für lehmigen Sand bis zu 30 mm; ein nasser Torfboden bedurfte 80 mm Druck. Natürlich ändern sich diese Verhältnisse je nach dem Wassergehalt der Böden erheblich; es sind daher immer nur relativ vergleichbare Zahlen.

§ 46. 10. Die Kohäreseenz der Bodentheile.

Literatur:

Schübler, Grundsätze der Agrikulturchemie 1830.
Haberlandt, Wissenschaftlich=praktischer Unterricht rc. Wien 1875, I, S. 22 und Forschungen der Agrikulturphysik 1, S. 148.
Pochuer, Forschungen der Agrikulturphysik 12, S. 195.

*) Heinrich, Grundlage zur Beurtheilung der Ackerkrume. Rostock 1883. S. 124 und 222.

Die Anziehungskraft, welche die einzelnen Theile eines Körpers auf einander ausüben, bezeichnet man als Kohäsion. Ein Maß derselben ist der Widerstand, welchen sie einer Trennung, sei es durch Zug (relative Festigkeit) oder Druck (absolute Festigkeit) oder dem Eindringen eines keilförmigen Körpers (Trennungswiderstand) entgegensetzen.

In der Bodenphysik hat man, da der Boden aus verschiedenartigen Stoffen und außerdem aus einzelnen von einander getrennten Theilchen besteht, für die Kräfte, welche ein Zusammenlagern derselben bedingen, den Ausdruck Kohärescenz eingeführt.*)

Ob die Einführung dieses Begriffes unbedingt nothwendig war, mag dahingestellt bleiben. Consequenter Weise müßte man die Kräfte, welche alle Gesteine zusammenhalten, dann auch als Kohärescenz bezeichnen, da weitaus die meisten derselben aus verschiedenen Mineralarten gemischt oder doch alle aus einzelnen getrennten Theilen (Krystallen) bestehen. Der Begriff der Kohäsion würde dann nur noch bei Krystallen und amorphen Körpern zur Anwendung kommen dürfen.

Die Stärke der Kohärescenz des Bodens ist von der chemischen Zusammensetzung, der Korngröße, dem Wassergehalte und der Lagerungsweise abhängig.

Thon hat die höchste, Humus die geringste Kohärescenz. In Gemischen steigert Thon den Zusammenhang, Humus schwächt denselben. Die Wirkung des Thones ist allbekannt, die des Humus tritt nach den Versuchen von Buchner überall als Kohärescenz vermindernd hervor. Die in der Praxis allgemein geläufige Anschauung, daß humose Stoffe „schwere Böden lockerten, leichte bindiger machten", ist daher, streng genommen, nicht richtig; wohl aber geben die zumeist noch organisirte Struktur zeigenden und zumal mit hoher Wasserkapacität ausgerüsteten Humuspartikel im Sandboden Gelegenheit, diesen feuchter und krümliger zu erhalten.

Die absolute Festigkeit von 3 cm langen und 2 cm dicken Erdcylindern betrug z. B. im Durchschnitt:

Kaolin	24,251 g
2 Thl. Kaolin + 1 Thl. Quarzsand	22,357 g
1 Thl. Kaolin + 2 Thl. Quarzsand	16,178 g
Quarzsand	3415 g
2 Thl. Quarzsand + 1 Thl. Humus	1923 g
1 Thl. Quarzsand + 2 Thl. Humus	1708 g
Humus	720 g
2 Thl. Humus + 1 Thl. Kaolin	4644 g
1 Thl. Humus + 2 Thl. Kaolin	21708 g

*) Schumacher, Physik des Bodens. Berlin 1864, S. 125.

Die Kohärescenz steigt mit Abnahme der Korngrößen; bleibt aber auch dann in erster Linie von der chemischen Zusammensetzung abhängig. Gröbere Sande z. B. zeigen keinen merkbaren Zusammenhang, während fein zerriebener Quarzstaub eine erhebliche Bindigkeit besitzt, jedoch hinter Thon zurücksteht.

Salze wirken erhöhend oder vermindernd auf die Kohärescenz der Bodenarten ein. Von besonderer Wirksamkeit ist ferner der Kaltgehalt, der zumal in thonreichen Böden die Kohärescenz stark herabsetzt (vergleiche Seite 57.)

Der Wassergehalt übt bedeutenden Einfluß auf die Festigkeit und erniedrigt sie in Thonböden in um so höherem Maße, je feuchter diese sind. Sand, sowie humose Bodenarten zeigen bei einem mittleren Wassergehalte die größte Kohärescenz.

Abhäsion an Holz und Eisen. Im nahen Zusammenhange mit der Kohärescenz des Bodens steht seine Abhäsion an Holz und Eisen, die bei der Bearbeitung der Böden mehr oder weniger hervortritt. Die Abhäsion an Holz ist erheblich, im Durchschnitt etwa 10 bis 25% höher als an Eisen. Die Bodenarten zeigen bedeutende Unterschiede, die zumal vom wechselnden Wassergehalte beeinflußt werden. Nach den Versuchen von Haberlandt ist die Abhäsion bei mittlerer Feuchtigkeit am höchsten und nimmt mit steigendem oder fallendem Wassergehalte ab.

Nach den ausgedehnten Versuchen Puchners ist der Widerstand, den der Boden der Bearbeitung bei mittlerem Wassergehalte entgegensetzt, bei Sand- und humosen Böden am höchsten, bei thonigem Boden immerhin viel höher als bei höheren Feuchtigkeitsgraden. Die Bearbeitung, zumal im landwirthschaftlichen Betriebe, bezweckt aber eine thunlichst weitgehende Lockerung des Bodens und Erhaltung bez. Förderung der Krümelstruktur. Thonböden z. B. werden bei sehr hoher Feuchtigkeit leicht in einen gleichmäßigen Brei umgewandelt, bei zu geringer, nur in groben Stücken umgebrochen. Es ist daher nothwendig, diese Arbeiten bei einem mittleren, für die Erhaltung der Bodenstruktur günstigsten Wassergehalt des Bodens vorzunehmen. (Vergleiche § 104.)

V. Die Verwitterung.

Die festen Gesteine der Erdoberfläche werden durch physikalische und chemische Einwirkungen, sowie durch die Thätigkeit der Pflanzenwelt verändert, in ihrem Zusammenhange gelockert und allmählich in ein feinkörniges Aggregat, den Erdboden, umgewandelt. Alle hierauf bezüglichen Einwirkungen faßt man unter den Begriff der Verwitterung zusammen.

§ 47. 1. Verwitterung durch physikalische Kräfte.

Von erheblichem Einfluß auf die Verwitterung ist außer der Beschaffenheit der Gesteinsstruktur noch die der Oberfläche. Je rauher und ungleichmäßiger, von Spalten und Rissen durchzogen diese ist, um so leichter wird die Verwitterung vorschreiten können; je glätter und gleichmäßiger, um so mehr wird das Eindringen erschwert.

Die Technik macht hiervon Gebrauch, indem sie Denkmäler, Säulen und dergleichen polirt, nicht nur das Aussehen wird hierdurch ein günstigeres, auch die Haltbarkeit wird bedeutend erhöht. Wie sehr dies der Fall ist, zeigt ein Versuch von Pfaff, der geschliffene Platten von Gesteinen der Verwitterung aussetzte.*) Eine solche von Jurakalk ergab bei 2500 qmm Oberfläche nach zwei Jahren einen Gewichtsverlust von nur 0,18 g; nach drei Jahren schon von 0,55 g. Die Oberfläche war ganz rauh geworden.

In großartigster Weise zeigt sich die Widerstandsfähigkeit polirter Felsen in jenen Gebieten, die früher von Gletschereis bedeckt waren. In Skandinavien, Nordamerika und an anderen Orten finden sich Hügel, deren scharfe Kanten und Ecken vom Eis abgerundet sind, sogenannte „Rundhöcker" (ein großer Theil der skandinavischen Schären gehört dazu), und die noch jetzt, nach Jahrtausenden, durch Verwitterung kaum angegriffen, ihre geglättete Oberfläche fast unverändert erhalten haben.

Physikalische Ursachen des Zerfalles der Gesteine sind die durch wechselnde Temperatur bewirkten Volumveränderungen und die Druckwirkungen, welche das gefrierende Wasser beim Uebergang in den festen Aggregatzustand ausübt.

---

*) Centralblatt der Agrikulturchemie 2, S. 325.

a) Einwirkung der Temperatur.

Alle Körper dehnen sich bei steigender Temperatur aus und ziehen sich bei fallender zusammen. Der Grad der Ausdehnung ist nach der Zusammensetzung und Struktur ein recht verschiedener.

Eine Einwirkung auf Gesteine in so hohem Maße, daß ein direkter Zerfall derselben eintritt, kann nur in Gegenden mit sehr hohen Tages- und niederen Nachttemperaturen, also hohen Wärmeschwankungen, ein- treten. Diese Bedingungen sind in den Wüstengebieten gegeben.*) Hier erfolgt ein schalenförmiges Abspringen fester (so z. B. zerspringen die in den Wüstengebieten Oberegyptens verbreiteten Feuersteine mit klingendem Ton) und eine Zertrümmerung der gemengten Gesteine. Es ist dies auf die sehr verschiedene Erwärmung der einzelnen Ge- steinsschichten und die dadurch gesteigerte Spannung zurückzuführen. In jenen Gegenden sind daher die großen Unterschiede in der Tages- und Nachttemperatur ein wesentliches Hülfsmittel der Gesteinsverwitterung.

In den gemäßigten Klimaten tritt diese Einwirkung sehr zurück und erlischt in den kalten Gebieten der Erde, wo für längere Zeitabschnitte die herrschende Temperatur nur geringen Schwankungen ausgesetzt ist, völlig. In unseren Gegenden kommen wohl nur frei hervorragende Felsen und Felsabstürze in Frage, bei denen die täglichen Temperatur- schwankungen ein begünstigendes Moment der Verwitterung bilden.

Erheblicher wirkt die wechselnde Ausdehnung, welche die Bestand- theile krystallinischer Gesteine bei Temperaturänderungen erleiden. Hierzu kommt noch, daß die Volumänderungen bei Krystallen nach verschiedenen Richtungen in den meisten Fällen eine verschiedene ist. Diese Richtungen verschiedener Ausdehnung fallen mit den krystallogra- phischen Axen zusammen. Als Regel gilt hierbei, daß gleichwerthige Axen gleiche, ungleichwerthige Axen ungleiche Ausdehnungskoeffizienten haben.

Bei regulär krystallisirenden Körpern ist demnach die Volumver- änderung bei Temperaturwechsel nach allen Richtungen des Raumes gleichartig; bei den quadratisch und hexagonal krystallisirenden nach zwei, bei den übrigen Mineralien nach drei Richtungen verschieden.

Sind die Unterschiede bei den gewöhnlichen Temperaturen auch nur gering, so lockern sie doch den festen Zusammenhang der Gesteine und bereiten dem Wasser Wege, durch die es einzudringen vermag. Hierauf ist es wahrscheinlich zurückzuführen, daß die Verwitterung in grob krystallinischen Gesteinen viel rascher fortschreitet, wie in sonst gleich- artig zusammengesetzten, fein krystallinischer Struktur. Es gilt dies auch von einheitlich zusammengesetzten Gesteinen, da reguläre Mineralien nur selten in größerem Maße an der Zusammensetzung der Gesteine theilnehmen.

---

*) J. Walther, Abhandlungen der sächsischen Gesellschaft der Wissenschaften Mathematisch-physikalische Klasse XVI, S. 345 (1891).

Bei größeren Krystallen, welche sich in ihrer ganzen Masse einheitlich ausdehnen oder zusammenziehen, machen sich die Volumänderungen entsprechend stärker bemerkbar, als bei sehr kleinen Krystallindividuen. Eine gewichtige Rolle bei der Zertrümmerung der Gesteinsmineralien spielen wahrscheinlich noch die mikroskopischen Einschlüsse, die zu den verbreitetsten Erscheinungen gehören. Gasporen und Flüssigkeitseinschlüsse (d und e in Abb. 15), Einstülpungen von Grundmasse und dergleichen finden sich in sehr vielen Fällen. Bei den nicht unerheblichen Ausdehnungskoefficienten der Gase ($\frac{1}{273}$) und den Volumveränderungen, welche die eingeschlossenen Flüssigkeiten (vorwiegend Wasser, seltener Kohlensäure oder kohlensäurehaltiges Wasser) beim Gefrieren erleiden, muß der Druck, den sie auf das umschließende Gestein ausüben, sicher ein bedeutender sein und kann die Bildung seiner Risse veranlassen.

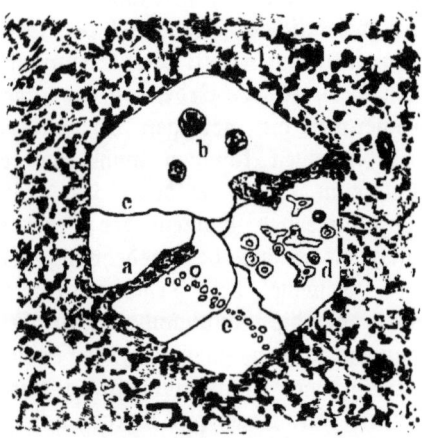

Abb. 15.　Zersprungenes Quarzkrystall in Felsitporphyr.
a) Einstülpungen der Grundmasse.　b) Einschlüsse der Grundmasse.　c) Sprünge im Krystall.
d) Flüssigkeitseinschlüsse.　e) Gasporen.

Es ist vielleicht mit hierauf zurück zu führen, daß Flüssigkeitseinschlüsse in schwer spaltbaren und wenig angreifbaren Mineralien, wie z. B. im Quarz, allgemein verbreitet sind, während sie in anderen, die diese Eigenschaften nicht haben, wie z. B. die Feldspathe, zu den größten Seltenheiten gehören und meistens durch Gasporen ersetzt sind.

Größere, fremde Einschlüsse, Einstülpungen der Grundmasse und dergleichen (a und b in Abb. 15), die in ausgeschiedene Krystalle hineinragen, werden namentlich durch Volumänderungen, welche sie bei der Verwitterung erleiden, wirksam sein. In vielen Gesteinen ist oft die Mehrzahl der Krystalle zersprungen.

b) Wirkung des gefrierenden Wassers.

Die Volumvermehrung des Wassers beim Uebergang aus dem flüssigen in den festen Aggregatzustand um etwa $\frac{1}{11}$ ist schon erwähnt

(Seite 6). Der Druck, den das gebildete Eis ausübt, ist ein mächtiges Förderungsmittel des Gesteinzerfalles und wird durch die Porosität der meisten Gesteine noch sehr gesteigert. Auch die festesten Gebirgsarten sind von einem Netz feiner Spalten und Risse durchzogen, welche dem Wasser den Eintritt gestatten.*)

Besonders auffällig wird die sprengende Wirkung, wenn sich in breiteren Gesteinsspalten flüssiges Wasser ansammelt oder sich abgestorbene Wurzeln voll Wasser saugen. Das beim Gefrieren entstehende Eis wirkt dann in der Art eines Keiles und kann mächtige Felsblöcke absprengen. Senft**) theilt hiervon Beispiele mit.

Ist die Zersetzung schon weiter vorgeschritten, so sind die Gesteine völlig von Wasseradern durchzogen, beim Gefrieren treibt das Eis die einzelnen Bruchstücke aus einander, und nach dem Aufthauen kann das ganze, vorher noch feste Gesteinsstück in Gruß zerfallen. Zahlreiche Beispiele findet man hiervon unter den Gneißen und Graniten, die als Geschiebe im Flachland vorkommen; Glimmerschiefer, der schon durch seine Struktur das Eindringen des Wassers begünstigt, wird oft völlig in seinen Gesteinsgruß zertrümmert.

Besonders mächtig macht sich die Sprengwirkung des gefrierenden Wassers in solchen Gebieten geltend, die am Tage sich über den Nullpunkt erwärmen und des Nachts auf's Neue gefrieren, wie dies vielfach im Hochgebirge der Fall ist. An vielen Stellen wiederholen sich während der wärmeren Jahreszeit fast täglich diese Vorgänge. Gewaltige Massen von Gesteinstrümmern werden so allmählich von den Hochgebirgsgipfeln abgesprengt.***)

c) Mechanische Wirkungen des fließenden Wassers, vielfach unter Mithülfe der Geschiebe, sind in allen Gebirgen zu beobachten. Die fortgeführten Gesteinsbruchstücke runden und verkleinern sich durch Reibung gegen einander fortwährend. Auch die chemische Zersetzung scheint durch die feine mechanische Zertheilung in hohem Grade gefördert zu werden. Zugleich wirken die vom Wasser fortbewegten Geschiebe auf den Untergrund der Flüsse und vertiefen denselben. Am ausgesprochensten erscheint diese mechanische Thätigkeit des fließenden Wassers im Gebirge, wo nicht selten tief eingeschnittene schmale Schluchten ausgebildet werden, die in Tyrol als „Klamm" bezeichnet, oft stundenlang sich in den Felsen hinziehen. Die großartigsten derartigen Bildungen besitzt Nordamerika in den tiefeingeschnittenen Flußläufen Kolorados (dort als Cañon bezeichnet).

---

*) Bischof (Lehrbuch) der chemischen Geologie) bewies die Porosität der Trachyte des Siebengebirges, indem er sie unter der Luftpumpe in verdünnte Schwefelsäure legte. Der Luftdruck preßte die Säure 4—5 cm tief in das Gestein.
**) Senft, Forstliche Bodenkunde, S. 143.
***) Paul Güßfeld, In den Hochalpen. Berlin, Allg. Ver. deutscher Literatur.

§ 48. 2. Die lösende Wirkung des Wassers.

Man hat alle Ursache anzunehmen, daß kein Mineral unbedingt unauflöslich in Wasser ist; Stoffe, welche der Chemiker als unlöslich bezeichnet, sind eigentlich nur so schwer löslich, daß die im Wasser gelöst zurückbleibende Menge für die gewöhnlichen Verhältnisse vernachlässigt werden kann; nicht aber für das große Laboratorium der Natur, wo Jahrtausende hindurch immer neue Wassermengen auf die Körper einwirken.

Allerdings findet sich in der Natur völlig reines Wasser überhaupt nicht; immer sind kleine Mengen von Salzen, sowie Kohlensäure darin gelöst enthalten. Trotzdem ist es berechtigt, die Einwirkung auf solche Körper, die einfach aufgelöst und stofflich unverändert wieder abgeschieden werden können, von dem Begriff der „speciellen" Verwitterung, die immer chemische Umsetzungen bewirkt, gesondert zu betrachten.

Zu den in Wasser leicht löslichen Mineralarten gehört außer dem Kochsalz, Carnallit, Kainit und dergleichen besonders noch der Gyps und für kohlensäurehaltiges Wasser der kohlensaure Kalf und die kohlensaure Magnesia.

Der Gyps ist bereits in etwa 400 Theilen Wasser löslich. Ueberall, wo er als Gestein ansteht, findet man daher Hohlräume und Spalten ausgelaugt (Gypsschlotten).

Im kohlensäurehaltigen Wasser sind die kohlensauren Salze des Kalkes, der Magnesia und des Eisenoxyduls löslich. Die aufgenommene Menge dieser Stoffe ist abhängig vom Kohlensäuregehalt des Wassers.

Auch bei den Kalf- und Magnesiagesteinen sind einzelne Theile weniger angreifbar als andere, oder das Wasser folgt vorwiegend bestimmten, durch äußere Zufälligkeiten bedingten Wegen. In beiden Fällen erfolgt die Lösung des Gesteins an solchen Stellen rascher, und die Bildung von Spalten und Höhlen ist hierdurch im Kalfgebirge eine weit verbreitete Erscheinung.

Eigenthümliche Bildungen entstehen hierdurch an der Oberfläche der Kalfgebirge, die zumal im Hochgebirge besonders charakteristisch auftreten und in den Alpen als „Schratten- oder Karrenfelder" bezeichnet werden.*) Die weniger angegriffenen Theile des Gesteins ragen als scharfe Rippen, Kanten und Ecken hervor und erschweren das Ueberschreiten solcher Flächen oft sehr erheblich.

§ 49. 3. Verwitterung im engeren Sinne.

Die in der Natur bei der Verwitterung überwiegend betheiligten Stoffe sind Sauerstoff, Wasser und Kohlensäure. Die beiden

---

*) Heim, Die Verwitterung im Gebirge. Basel 1879.

letzteren in gemeinsamer Einwirkung als kohlensäurehaltiges Wasser
üben den bedeutsamsten Einfluß auf die festen Erdschichten aus und sind
das Hauptagens der Verwitterung. In vielen Fällen diesen ebenbürtig
und oft sogar überlegen ist endlich noch die Einwirkung der aus der
unvollkommenen Zersetzung der organischen Stoffe hervorgehenden sauren
Humusstoffe.

a) Die einfache Verwitterung.

Die Zerlegung der Mineralien und Gesteine, welche durch die genannten Stoffe erfolgt, bezeichnet man als einfache Verwitterung.
Durch diese werden eine geringere oder größere Menge von Salzen
löslich und zur Wirkung des kohlensäurehaltigen Wassers kommen noch
die mannigfachen Umsetzungen, welche durch die verschiedenen Salze
bedingt werden und deren Thätigkeit man als komplicirte Verwitterung bezeichnet.*)

Der Sauerstoff ist bei der Gesteinsverwitterung nur in geringem
Maße thätig; weitaus die meisten Mineralien sind völlig oxydirt und
können keinen Sauerstoff mehr aufnehmen. Eine Ausnahme bilden
nur die Eisenoxydulsalze und das Schwefeleisen. Bei der Leichtigkeit,
mit der diese Körper oxydirt werden, ist die Ueberführung der Eisenoxydulsalze in solche des Eisenoxyds, und dessen Abscheidung in der
Regel einer der ersten Vorgänge der Verwitterung..

Große Bedeutung erlangt der Sauerstoff nur in Bezug auf die
Oxydation der organischen Körper (siehe Verwesung und Fäulniß, § 58).

Das Wasser als solches übt ebenfalls merkliche chemische Einwirkungen aus; es ist durchaus kein völlig „indifferenter" Körper,
sondern vermag viele Salze und dergleichen zu zerlegen. Da es in
der Natur aber nie allein, sondern immer in Gemeinschaft mit Kohlensäure vorkommt, so ist es gerechtfertigt, hier nur die Wirkung des
kohlensäurehaltigen Wassers zu besprechen.

Der allgemeine Vorgang bei der Verwitterung der Gesteine, insbesondere der fast allein in Frage kommenden Silikate, läßt sich im
Folgenden zusammenfassen:

**Die Silikate der Gesteine werden zersetzt, die entstehen-
den löslichen Verbindungen der Alkalien, des Kalkes, zum
Theil der Magnesia und des Eisenoxyduls werden weggeführt, während der Rest des Gesteines unter Wasseraufnahme als wasserhaltiges Silikat zurückbleibt.**

So mannigfaltig alle Vorgänge der Verwitterung sein mögen, sie
lassen sich doch unter dem Gesichtspunkt vereinigen, daß unter Wasseraufnahme eine Zerlegung der Mineralsubstanz in einen löslichen und
einen unlöslichen Theil erfolgt.

---

*) Roth, Chemische Geologie.

Ein gutes Beispiel der einfachen Verwitterung ist die in der Natur weit verbreitete Umbildung des Orthoklas in Kaolin. Nimmt man den Gehalt an Thonerde hierbei als unveränderlich an, so läßt sich der Vorgang durch folgende Gleichungen ausdrücken:*)

106 Theile Orthoklas enthalten

$$16,88 \, K_2 O \qquad 18,49 \, Al_2 O_3 \qquad 64,63 \, Si O_2$$

Diese können bilden 46,45 Theile Kaolin, enthaltend

$$— \qquad 18,49 \, Al_2 O_3 \qquad 21,58 \, Si O_2 \qquad 6,47 \, H_2 O$$

Bei der Verwitterung sind weggeführt, beziehungsweise aufgenommen

$$— 16,18 \, K_2 O \qquad — \qquad — 43,05 \, Si O_2 + 6,47 \, H_2 O$$

In ganz ähnlicher Weise läßt sich die Bildung eines wasserhaltigen Magnesiumsilikats bei der Verwitterung der an Magnesia reichen Mineralien zur Darstellung bringen.

Man kennt z. B. fast thonerdefreie, kalkreiche Abarten des Augits (Salit) und ein kalkfreies Umbildungsprodukt derselben von der Formel $3 \, R^{II} Si O_3 + 2 \, H_2 O$, den Pikrophyll.**) Nimmt man den Gehalt an Magnesia als unverändert, so ergeben sich folgende Zahlen:

100 Theile Salit enthalten

$$24,16 \, Ca O \qquad 22,80 \, Mg O \qquad 53,04 \, Si O_2$$

Aus diesen können sich bilden 48,5 Theile Pikrophyll, enthaltend

$$— \qquad 22,80 \, Mg O \qquad 34,23 \, Si O_2 \qquad 6,9 \, H_2 O$$

Bei der Verwitterung sind weggeführt, beziehungsweise aufgenommen

$$— 24,16 \, Ca O \qquad — \qquad — 18,81 \, Si O_2 + 6,9 \, H_2 O$$

Die hauptsächlichsten unlöslichen Produkte der einfachen Verwitterung sind nach der Zusammensetzung der Mineralien und Gesteine verschieden aber überwiegend folgende:

Aus thonerdehaltigen Gesteinen bilden sich wasserhaltige Thonerdesilikate.

Aus magnesiahaltigen Gesteinen bilden sich wasserhaltige Magnesiasilikate.

Aus eisenhaltigen Gesteinen bilden sich Eisenoxyd, Eisenoxydhydrat und wasserhaltige Eisenoxydsilikate.

Als mehr oder weniger lösliche Produkte der Verwitterung sind zu nennen:

1. Wasserhaltige Silikate von Kalium, Natrium;
2. Karbonate der Alkalien, des Calciums, Magnesiums und Eisens:
3. Kieselsäurehydrat.

*) Roth, Chemische Geologie, I, S. 142.
**) Berechnet nach den Analysen von Svanberg; der Gehalt an Eisenoxydul ist auf eine äquivalente Menge Magnesia umgerechnet.

Es ist natürlich nicht nothwendig, daß die Wegführung dieser löslich gewordenen Bestandtheile sofort eintritt, in sehr vielen Fällen sind die vorhandenen Wassermengen nicht annähernd hierzu im Stande, andererseits werden einzelne Stoffe durch die Vorgänge der complicirten Verwitterung und der mit dieser in engstem Zusammenhang stehenden Absorptionswirkung des Erdbodens festgehalten und der Auswaschung theilweise entzogen.

Im ersten Falle scheiden sich einzelne Bestandtheile oft krystallinisch ab und können dann auch wohl der Auswaschung dauernd widerstehen. Der in Dünnschliffen zu beobachtende, secundär gebildete Quarz kann z. B. nur aus hydratischer Kieselsäure entstanden sein. Kohlensaurer Kalk, sowohl als Aragonit wie als Kalkspath, gehört zu den häufigsten secundären Bildungen in Gesteinen und findet sich zumal in solchen mit reichlichem Gehalt an Kalkfeldspathen. Man kann z. B. schwach zersetzten, dichten Diabas in der Regel vom dichten Diorit durch den Gehalt an kohlensauren Kalk (Diabas braust in Berührung mit Säuren!) unterscheiden.

Versuche über die Einwirkung von reinem und kohlensäurehaltigem Wasser auf Gesteine und Mineralien sind vielfach angestellt worden. Die Zersetzung verläuft in beiden Fällen ähnlich; wenn natürlich auch das kohlensäurehaltige Wasser mehr lösliche Stoffe aufnimmt und zumal mehr Kalk und Eisenoxydul zu lösen vermag, als reines Wasser. Als Beispiel mögen die Versuche von J. R. Müller*) folgen, der Wasser bei drei Atmosphären Druck mit Kohlensäure sättigte und dann längere Zeit einwirken ließ. Die folgenden Zahlen geben die procentische Löslichkeit der einzelnen Stoffe und des ganzen Minerals an.

Es wurden gelöst von:

%₀ der einzelnen Stoffe	im Adular	Oligoklas	Hornblende	Augit	Olivin
Kieselsäure .	0,155	0,237	0,419	Spur	0,873
Thonerde .	0,137	0,171	Spur	—	—
Kali . .	1,353	Spur	—	—	—
Natron .	—	2,367	Spur	—	—
Magnesia . .	—	—	—	—	1,291
Kalk . . .	Spur	3,213	8,528	—	Spur
Eisenoxydul .	Spur	Spur	4,829	0,942	8,733
%/₀ des ganzen Minerals .	0,328	0,533	1,536	0,307	2,111.

Aus diesen Beispielen zeigt sich bereits die leichtere Zersetzbarkeit der kalk-, natron- und eisenreichen Silikate, die sich auch in der Natur in der Regel beobachten läßt.

---

*) Tschermak, Mineralogische Mittheilungen 1877, S. 25.

Trennt man die wichtigsten Mineralarten in magnesiaarme und magnesiareiche, so ist die Reihenfolge in Bezug auf Zersetzbarkeit etwa die folgende in den beiden Gruppen:

magnesiaarme	magnesiareiche
Labrador	Olivin
Oligoklas	Augit
Orthoklas	Hornblende
Kaliglimmer	Magnesiaglimmer.

Im Allgemeinen verwittern die Mineralien der zweiten Gruppe leichter, als die der ersten.

b) Die complicirte Verwitterung.

Die Vorgänge der complicirten Verwitterung, welche in der Einwirkung verdünnter Salzlösungen auf Mineralien und die bereits gebildeten Verwitterungsprodukte besteht, giebt zu äußerst mannigfaltigen Umsetzungen Veranlassung. Die wichtigsten derselben werden bei der Besprechung der einzelnen Mineralien berührt, eine eingehendere Darstellung der Vorgänge, auf denen überwiegend die complicirte Verwitterung beruht, bringt der Abschnitt über die Absorptionswirkungen des Erdbodens (§ 51). Es ist wichtig hervorzuheben, daß zwischen den beiden Vorgängen in Bezug auf die chemischen Processe Uebereinstimmung herrscht, in Bezug auf die Produkte nur graduelle Unterschiede bestehen, welche in der verschieden langen Dauer der Entstehung begründet sind. Im Allgemeinen ist es leichter, aus den Absätzen, welche in Spalten und Hohlräumen der Gesteine in langen Zeiträumen stattgefunden haben, ein Bild des chemischen Processes zu erhalten, als aus den stetig wechselnden Veränderungen der absorbirten Stoffe im Boden. Die wichtigsten bei der complicirten Verwitterung gebildeten Verbindungen sind:

Karbonate: Kalkspath, Aragonit, Magnesit, Eisenspath;

freie Kieselsäure: Quarz, Chalcedon, Opal;

Silikate: Zeolithe, Epidot, Kaliglimmer;

Schwefelverbindungen: Eisenkies;

Metalloxyde: Eisenoxyd, Eisenoxydhydrat, Manganoxyde.

4. Einwirkung von Organismen und organischen Stoffen.

Bei den Vorgängen der Verwitterung sind pflanzliche Organismen der verschiedensten Art in erheblichem Maße betheiligt.

Ueberall beginnt an frei hervorragenden Felsen und Gesteinen die Verwitterung unter Beihülfe von Flechten und Moosen. Im Allgemeinen scheinen die Pflanzen schon durch ihre sauren Zellsäfte die Zersetzung der Mineraltheile zu begünstigen. In allen Fällen, in denen durch Diffusion ein Austritt des Zellsaftes erfolgen kann, wird eine

entsprechende Einwirkung auf die benachbarten Mineraltheile nicht aus=
bleiben. An zahllosen Beispielen läßt sich dies direkt nachweisen.
Nach A. Müntz*) ist die Salpetersäure bildende Bakterie auf ver=
witternden Gesteinen weit verbreitet, dringt in die feinsten Poren ein
und überzieht die Gesteinsbruchstücke mit einer Schicht organischer
Substanz. Das Gestein des Faulhorn im Berner Oberlande soll z. B.
völlig durch diese Bakterie zerfressen sein.

Allbekannt ist das Vorkommen von Flechten und Moosen auf erst
schwach verwitterten Gesteinen. Löst man die Pflanzenschicht ab, so
erscheint der darunter befindliche Gesteinstheil wie angefressen und
vielfach in seinem Zusammenhange gestört. Allerdings muß man be=
rücksichtigen, daß die Pflanzen sich überhaupt an Stellen ansiedeln, die
entweder bereits einen gewissen Grad der Verwitterung erlangt haben
oder wo durch Unebenheiten Gelegenheit zum Anhaften gegeben ist;
aber jedenfalls schreitet unter einer solchen Pflanzendecke die Zersetzung
rascher fort, als beim Fehlen derselben.

Die Einwirkung der Wurzeln höherer Pflanzen ist bekannt durch
die Fähigkeit derselben, glatt geschliffene Tafeln von Phosporit, Mar=
mor und dergleichen anzugreifen und einen Abdruck ihrer Vertheilung
zurück zu lassen. Auf der Pariser Weltausstellung waren Platten eines
Sandsteines mit Kalkcement ausgestellt, welche von Wurzeln völlig
durchlöchert waren; selbst Nebenwurzeln hatten sich einen Weg gebahnt.**)

Die pflanzlichen Abfallstoffe wirken auf die Verwitterung
ein, indem sie sich zersetzen und so eine Quelle der Kohlensäure in der
Bodenluft bilden.

Noch bedeutsamer ist jedoch die lösende und aufschließende Wirkung
der sauren Humusstoffe. In gesunden Böden neutraler oder schwach
alkalischer Reaktion fehlen diese fast völlig; werden aber für alle von
Rohhumus bedeckten Böden wichtig.

Eingehende Untersuchungen fehlen noch recht sehr. Eichhorn***)
zeigte an einer größeren Zahl von Versuchen, daß alle sauren Humus=
stoffe (Moorerde, Heideerde, Torf, Humussäure) aus neutralen Salzen
Säure frei zu machen vermögen, die natürlich dann rascher zersetzend
auf die Mineralstoffe einwirkt. Meschtschersky†) bewies die An=
greifbarkeit des Orthoklas durch Humusstoffe. Am ausführlichsten sind
die Angaben von Senft††), der namentlich dem humussauren Ammo=
niak (gewonnen durch Ausziehen einer humosen Erde mit Ammoniak=

---

*) Forschungen der Agrikulturphysik 14, S. 40.
**) Forstliche Blätter 1880, S. 28.
***) Landwirthschaftliche Jahrbücher 1877, S. 957.
†) Bericht der Deutschen chemischen Gesellschaft, Band 16, S. 2283 (sehr
kurzes Referat).
††) Forstliche Gesteins= und Bodenkunde. 2. Aufl. S. 331.

flüssigkeit) eine starke Einwirkung zuschreibt. Nach seinen Angaben wurden Silikate von Alkalien und der Magnesia, die Sulfate des Kalkes und Strontiums, die Phosphate von Kalk und Eisen in Lösung übergeführt.

In den Heidegebieten kann man oft bis in große Tiefe des Bodens deutlich saure Reaktion nachweisen. Wahrscheinlich finden sich außer den sauer reagirenden Humusstoffen noch andere organische Säuren (Ameisensäure, Essigsäure und dergleichen), welche die Kohlensäure in ihrer Einwirkung weit übertreffen und namentlich für die Auswaschung der Stoffe wichtig sind, da sie fast nur leicht lösliche Salze bilden.

Unverkennbar ist die starke Einwirkung der humosen sauren Stoffe auf die Verwitterung der eingelagerten Gesteine. Die Heideebenen zeichnen sich schon äußerlich durch das Vorkommen stark verwitterter und an der Luft schneeweiß gebleichter Steine aus; der Boden unter der Humusschicht ist oft bis in erhebliche Tiefen fast völlig verwittert und durch Auswaschung an löslichen Salzen erschöpft (Bleisandbildung).

In der Tatra beobachtete der Verfasser, daß die Moränen, welche den Kern des Gebirges umgeben, fast überall mit einer starken Roh-humusschicht bedeckt sind. Bei Schmeks, ziemlich an der unteren Grenze der Moränenbildung, war (in einem Aufschluß) in der obersten etwa 1—1,5 m mächtigen Bodenschicht eine nennenswerthe Verwitterung der größeren Blöcke nicht eingetreten, unterhalb dieser (bis zu 5 m Tiefe sichtbar) waren jedoch sämmtliche Steinblöcke völlig verwittert. Die Konturen derselben waren noch deutlich erkennbar, die ganze Ge-steinsmasse jedoch, und darunter Blöcke von Gneiß und Granit von über Meter Durchmesser in ein lockeres, leicht zwischen den Fingern zerbröckelndes Aggregat umgewandelt. Es ist dies offenbar eine Wirkung der sauren Abflußwässer, die aus den höher gelegenen Ge-bietstheilen als Grundwasser abfließen und nur die tieferen Schichten, welche sie durchströmen, angreifen konnten, während die höher ge-legenen nicht oder wenig getroffen werden.

Es ist wahrscheinlich, daß die Einwirkung der humosen Stoffe auf die Verwitterung eine sehr viel größere ist, als man bisher ange-nommen hat.

Von Wichtigkeit ist endlich noch die reducirende Einwirkung der humussauren Lösungen; durch sie wird Eisenoxyd in Oxydul umge-wandelt und aus den organischen Schwefelverbindungen wird Schwefel-wasserstoff gebildet, der seinerseits zu Abscheidungen von Eisenkies Veranlassung giebt.

5. Die Zeitdauer der Verwitterungsvorgänge.

Ueber die Schnelligkeit der Verwitterung und die Zeitdauer, welche die Bildung einer Erdschicht einer bestimmten Höhe beansprucht, wissen

wir bisher sehr wenig. Die mannigfaltigsten Bedingungen wirken darauf ein und werden unter verschiedenen Umständen ganz verschiedene Wir=
kungen hervorbringen.

Direkte Versuche über die Schnelligkeit der Verwitterung sind von Dietrich*) und Hilgers**) angestellt worden; indem Gesteine einige Jahre der Luft ausgesetzt wurden. Es gaben:

		Feinerde bis 0,33 mm D.	Sand, Kies bis 4 mm D.
Nach 4 Jahren (Dietrich)	Röth . . .	3,12 °/₀	49,44 °₀
	Buntsandstein	2,61 „	4,32 „
	Muschelkalk . .	1,38 „	4,87 „
	Basalt	0,47 „	2,52 „
Nach 3 Jahren (Hilgers)	Stubensandstein .	72,1 „	72,1 „
	Personatussandstein	24,4 „	23,9 „
	Weißer Jurakalk .	0,23 „	3,5 „
	Glimmerschiefer .	1,1 „	46,9 „

Bei den weniger festen Gesteinen wird daher schon eine verhältniß=
mäßig kurze Zeit genügen, die Verwitterung rasch fortschreiten zu lassen. Erfahrungsmäßig zeichnen sich diese auch durch Tiefgründigkeit der Verwitterungsböden aus.

Die Verwitterung wird ferner durch höhere Temperatur beschleunigt. Alle die hier in Frage kommenden chemischen Umsetzungen verlaufen rascher bei höheren als bei niederen Temperaturen; in den fruchtbaren Gebieten der Tropen ist der Boden dem entsprechend mit einer sehr mächtigen Verwitterungsschicht (meist röthlich gefärbt, sehr porös, als Laterit bezeichnet) überdeckt.

§ 50. 6. Absätze aus verwitternden Gesteinen.

Die durch Verwitterung löslich gewordenen Stoffe treten entweder in andere schwer angreifbare Verbindungen ein, oder scheiden sich bei der Verdampfung oder bei Aenderungen in der Zusammensetzung des Lösungswassers aus. (Verlust gelöster Gase, insbesondere Kohlensäure; Oxydation durch Sauerstoff der Luft). Wichtige, oft entscheidende Wirkungen üben dabei vielfach lebende Organismen.

Bei der Abscheidung fast aller Absätze machen sich Anziehungs=
kräfte geltend, welche die Ursache sind, daß sich immer gleiches mit gleichem zusammenlagert und die Bildung einheitlich zusammengesetzter Absätze veranlaßt. Diese Vorgänge lassen sich überall in der Natur verfolgen und finden im Boden ebenso gut statt wie auf Gesteinsspalten,

---

*) Jahresbericht der Agrikulturchemie 1870 72, S. 4.
**) Landwirthschaftliche Jahrbücher 8, S. 1.

wo sie die Ursache der Entstehung der Gangmineralien sind. Am nächsten stehen den hierbei wirksamen Molekularkräften (und sind wohl in den meisten Fällen gleichartig mit diesen) die Vorgänge, welche die Ausscheidung verschiedener Stoffe in getrennten Krystallen aus einer gemischten Salzlösung veranlassen.*)

In der Nähe von Eberswalde fanden sich z. B. im Diluvialsande Abscheidungen von Mangansuperoxyd, Eisenoxydhydrat und kohlensaurem Kalk in buntem Wechsel neben und durch einander, den ursprünglich losen Sand zu festen Gesteinen verkittend. Während der Mangansand- stein 4,4 °/$_0$ Manganoxyduloxyd und nur 0,13 °/$_0$ Eisenoxyd enthielt, hatte der unmittelbar daneben lagernde und scharf davon getrennte eisenschüssige Sand einen Gehalt von 2,6 °/$_0$ Eisenoxyd und nur un- wägbare Spuren von Mangan.**) Der Ursprung aller dieser Ab- scheidungen aus demselben Quellwasser kann gar nicht in Zweifel gezogen werden und beweist, daß Molekularkräfte die Zusammenlage- rung gleichartiger Stoffe verursachen.

Die Mineralogie bezeichnet (meist gerundete) Abscheidungen, deren innerste Theile zuerst gebildet worden sind (z. B. die Körner der Rogensteine) als Konkretionen und stellt ihnen die Sekretionen gegenüber, deren Bildung von der Außenfläche begonnen hat (z. B. Achatmandeln). Man kann außerdem noch Ausfällungen unter- scheiden, die durch Abscheidung vorher gelöster Stoffe in feinpulverigem Zustande entstehen (z. B. Eisenocker).

Die wichtigsten Absätze und Ausscheidungen im Boden oder an der Erdoberfläche sind folgende:

a) Karbonate. Der kohlensaure Kalk scheidet sich je nach Kon- centration der Lösung und Temperatur als Kalkspath oder Aragonit, unter Mithülfe organisirter Lebewesen, außerdem in feinerdigem Zu- stande aus. Die ersten beiden Mineralien sind sehr häufig in Hohl- räumen der Gesteine und auf Erzgängen. Tropfsteine bilden sich in Höhlen der Kalkgebirge. Die langsame Verdunstung des Wassers, und noch mehr der Verlust an gelöster Kohlensäure, welcher in der Höhlen- luft, gegenüber der Luft des Bodens eintreten muß, veranlaßt die Aus- scheidung des gelösten Kalkkarbonats.

Als Kalksinter bezeichnet man die Ausscheidungen heißer Quellen, die viel kohlensauren Kalk gelöst enthalten und bei dem Entweichen der Kohlensäure diesen rasch niederfallen lassen. Die Kalksinter enthalten meist noch andere Stoffe (Karbonate von Eisen, Magnesia, Mangan,

---

*) Der erste mir bekannt gewordene Hinweis auf die Bedeutung dieser Vor- gänge für den Boden findet sich bei Emeis, Waldbauliche Forschungen, Berlin 1875; und in vielen Artikeln in der Allgemeinen Forst- und Jagdzeitung und Zeitschrift für Heidekultur.

**) Jahrbuch der geologischen Landesanstalt 1885.

Eisenoxyd, Silikate) beigemischt. Häufig erfolgt Bildung von gerundeten
schalenförmig oder krystallinisch ausgebildeten Körnern, die durch Ansatz
von kohlensaurem Kalt an kleine Sandpartikel entstehen, eine Zeit lang
im Wasser schwebend erhalten werden und je nach dem Auftrieb der
Quelle bei einer bestimmten Größe niederfallen. (Erbsen- und
Rogensteine, oolithischer Kalt.)

Kalktuffe sind poröse Kalkgesteine, die sich entweder aus Quellwasser bei Verlust der Kohlensäure oder unter Mithülfe von Organismen
abscheiden. Im ersten Falle entstehen poröse Gesteinsmassen, im zweiten
ist meistentheils eine Inkrustation von Blättern, Stengeln und sonstigen
Pflanzentheilen deutlich erkennbar.

Wasser mit relativ sehr geringem Kalkgehalt kann zur Tuffbildung
führen (eine Quelle mit 0,0166 %, nach Mangon, liefert an den
Stellen starke Tuffbildungen, wo der Bach Wasserfälle bildet; der durch
die starke Bewegung des Wassers bewirkte Kohlensäureverlust bewirkt
die Abscheidung).*)

Viele Wasserpflanzen sind reich an Kalt, mit denen sie sich oft
völlig inkrustiren; so z. B. die Characeen, die oft bis zur Hälfte der
Trockensubstanz aus kohlensaurem Kalte bestehen; auf den Blättern von
Potamogeton findet sich oft ein Ueberzug von Kalkfarbonat.**) Besonders starke „Kalksammler" sind manche Moosarten; die bei ihrem
starken Spitzenwachsthum oft schon mit dem unteren Theil des Stengels
im Kalktuff stehen, während die Spitze noch weiter grünt. (Hypnum
tamariscinum scheint hierfür besonders veranlagt; fernere Kalkmoose
sind: Gymnostomum curvirostre, Trichostomum turphaceum, Hypnum falcatum.)

Die Kalktuffe bedecken oft erhebliche Flächen, sie finden sich zumal
in der Nähe von Kalkgebirgen, so sind sie z. B. zwischen Harz und
Thüringerwald häufig; bekannt sind die Kalktuffe Italiens, dort Tra-
vertin genannt.

Auf die im Meere fortgesetzt erfolgenden Kalkabscheidungen, die
durch Schalthiere (Muschelbänke), Korallen (Korallenriffe) und durch
Kalkalgen (Lithothamnien und Siphoneen) entstehen, kann hier nur
hingewiesen werden.

Moormergel, Wiesenkalt, Alm sind Abscheidungen von kohlensaurem Kalke, die in Mooren, sei es zwischen der Moorsubstanz oder
am Grunde des Moores, an der Grenze des Mineralbodens, entstehen.
Die letztere Bildung bezeichnet man in Süddeutschland als Alm, und
sie findet sich fast überall als weiße, sehr feinerdige, oft scheinbar

*) Roth, Chemische Geologie, I; S. 535.
**) Kerner von Marielaun beobachtete, daß ein 0,492 g schweres Blatt
von Potamogeton lucens 1,04 g kohlensauren Kalt abgeschieden hatte. Pflanzenleben.
Leipzig 1888.

schleimige Masse, die zu einem weißen, leichten Pulver austrocknet und nach G. Rose zum großen Theil aus amorphem Kalkkarbonat besteht. Der Wiesenkalk findet sich entweder nesterweise oder in zusammenhängenden Schichten. Er ist feinerdig, in weichem Zustande breiig, und trocknet zu feinkörnigen, kreideähnlichen oder auch grobkörnigeren Massen aus; seltener bildet er auch trocken lockere, fast verfilzt erscheinende leichte Stücke.

Die Entstehung des Wiesenkalkes ist noch nicht genügend festgestellt. Nach Beobachtungen des Verfassers ist es wahrscheinlich, daß der Wiesenkalk aus der Auflösung von Konchilienschalen hervorgeht, die durch Humussäuren gelöst werden und deren Kalk an den Stellen wieder zur Abscheidung kommt, wo äußere Einwirkungen, sei es atmosphärische Luft oder salzhaltiges Wasser des Untergrundes, stattfinden und durch Oxydation eine Zersetzung des humussauren Kalkes und Rückbildung von kohlensaurem Kalke bewirkt werden kann.[*]

Lößkindchen, Lößpuppen, Mergelknauern nennt man Kalkkonkretionen, die im Löß, im Diluvialmergel und in kalkhaltigen Thonen vorkommen und in der Regel etwa $60-80\,^{o}/_{o}$ Kalkkarbonat enthalten. Die Ausbildung ist meist eine rundliche bis flach scheibenförmige, durch Verwachsen mehrerer Stücke entstehen oft eigenartige Gestalten.

Osteokolla nennt man Inkrustationen von Wurzeln durch kohlensauren Kalk, die sich zumal im trockenen flüchtigen Sande bilden. G. Rose[**] beobachtete, daß die feinsten Wurzelverzweigungen als Kalkabdruck erhalten bleiben können.

Kohlensaures Eisenoxydul findet sich, wenn auch nicht gerade häufig als amorphe, schleimige, weiße, an der Luft sich rasch bräunende Abscheidung in manchen Torfmooren.

b) Kieselsäure und Silikate.

Auf Gängen und in Gesteinen gehört die Kieselsäure als Quarz und Chalzedon zu den häufigsten Abscheidungen. Im Erdboden ist die Neubildung von Quarz bisher noch nicht nachgewiesen worden. Theoretisch ist dieselbe durchaus möglich, wenn auch die gebildete Menge zu gering sein würde, um größere Bedeutung zu gewinnen.[***]

---

[*] Unveröffentlichte Untersuchungen. Jedenfalls ist die am Grunde des Moores vorkommende Alm ein sekundäres Produkt, und erst nach Entstehung der Moore gebildet, kann also nicht die Ursache der Moorbildung sein, wie vielfach angenommen wird.

[**] Zeitschrift der geologischen Gesellschaft

[***] Vergleiche Emeis, Waldbauliche Forschungen, Berlin 1875. Bei vielfachen Untersuchungen von diluvialen Sandböden hat Verfasser nie Andeutungen einer Neubildung von Quarz gefunden. Die Quarzkörner des Sandes zeigen bei Anwendung von polarisirtem Licht abweichende Lichtbrechung des innersten Theiles: offenbar ein Beweis, daß durch Verwitterungsvorgänge die äußere Schicht der Körner angegriffen ist. Da sich jedoch Unterschiede in den Einschlüssen u. s. w. nicht ergeben, so kann an eine Neubildung nicht gedacht werden.

Kieselsinter scheidet sich aus kieselsäurehaltigen, meist heißen Quellen durch Verdampfen des Wassers ab (nicht bei der Abkühlung.)*

Tripel, Polirschiefer sind Ablagerungen, die aus Resten von Diatomeen gebildet werden (vergl. § 64).

Silikate gehören namentlich als Zeolithe zu den verbreitetsten Abscheidungen auf Gängen und in Hohlräumen der Gesteine. Die Zeolithe sind immer sekundärer Entstehung und Abjätze, die aus der Verwitterung der Mineralien, insbesondere der Feldspathe, hervorgegangen sind. Am reichlichsten finden sie sich in basischen Gesteinen (Basalt, Melaphyr), sind aber auch in den verschiedensten anderen Gesteinen, so z. B. in Thonschiefern, Kalken und dergleichen aufgefunden worden. Hierdurch erhält die Annahme des Vorkommens zeolithischer Bestandtheile im Boden neue Stützen. Auffällig ist allerdings, daß im Erdboden bisher mikroskopisch erkennbare Zeolithe nicht nachzuweisen waren, und daß die Bestandtheile, welche man als Träger der Absorptionswirkung des Bodens betrachten muß, den Charakter der „Thonmineralien" tragen (Seite 167).

c) Phosphate.

Als Neubildungen auf Gängen und Klüften sind Phosphate gerade nicht selten. Von Ausscheidungen von Phosphaten ist nur der Bivianit (Blaueisenerde) hier anzuführen, der in Mooren und häufig in Verbindung mit Raseneisenstein vorkommt. Hauptsächlich ist der Vivianit phosphorsaures Eisenoxydul, entweder amorph oder krystallinisch ausgebildet. Die ursprünglich weiße Substanz färbt sich durch Oxydation an der Luft rasch blau.

d) Sulfate und Sulfide.

Gyps gehört zu den häufigen Ausscheidungen auf Gängen, in Thonen und dergleichen, wo er durch Verlust des Lösungswassers krystallisirt.

Schwefelkies. Eine der häufigsten Bildungen in Gesteinen und Erzgängen. Vielfach findet er sich in organischen Ablagerungen, in denen sich bei Luftabschluß und der Fäulniß der Eiweißstoffe Schwefelverbindungen, beziehungsweise Schwefelwasserstoff bildet. Die Gegenwart löslicher Eisensalze giebt dann Veranlassung zur Entstehung von Eisenkies, der sich überwiegend in Nestern, entweder im Moore selbst, oder in dem unterlagernden Sande abscheidet. Für die Moorkultur hat dieses Vorkommen große Bedeutung, da die bei Verwitterung des Eisenkieses entstehende freie Schwefelsäure die Pflanzen zum Absterben bringt.

e) Oxyde und Oxydhydrate.

Eisenocker, Ocker sind pulverförmige Abscheidungen von Eisenoxydhydrat, denen zumeist noch Kalkkarbonat, Thone und andere Silikate

---

*) Nach neueren Untersuchungen wirken auch hierbei niedere Pflanzen mit.

beigemischt sind. Die Farbe ist hell gelbbraun bis braun, seltener mehr rothbraun (Abscheidung von Eisenoxyd).

Raseneisenstein, Sumpferz, Wiesenerz, Limonit besteht vorwiegend aus Eisenoxydhydrat, mit beigemischtem Sande, Thon, organischen Stoffen, kieselsaurem und insbesondere phosphorsaurem Eisenoxyd. Die Zusammensetzung ist dem entsprechend eine sehr wechselnde.*)

Der Raseneisenstein findet sich vielfach in kleineren gerundeten Konkretionen, die meist lose neben einander oder im Boden eingelagert sind, ferner in festen, oft mächtigen, sich weithin erstreckenden Bänken, die sich völlig wie ein wenig durchlässiges festes Gestein verhalten und der Kultur große Schwierigkeiten bereiten (vergleiche Kulturmethoden).

Der Raseneisenstein ist braun bis dunkelbraun, oft von pechartig glänzenden, dichteren Adern (bestehend aus einem Eisenoxydsilikat) durchzogen.

Das Vorkommen und die Bildung des Raseneisensteins erfolgt in Mooren und stehenden Gewässern, am Austritt von Quellen, überall, wo Wässer, die kohlensaures Eisenoxydul gelöst enthalten, mit der atmosphärischen Luft in Berührung kommen. Die Kohlensäure des Wassers entweicht und das Eisenoxydulkarbonat oxydirt sich unter Ver= lust der Kohlensäure zu Eisenoxydhydrat. Dieses scheidet zugleich bei seiner Entstehung die im Wasser gelöste Phosphorsäure und Kieselsäure aus, indem es sich mit diesen zu entsprechenden unlöslichen Oxydsalzen vereinigt; hierauf beruht der oft reichliche Gehalt der Raseneisensteine an Phosphorsäure.

Dieser einfache chemische Vorgang der Bildung von Eisenoxydhydrat wird in der Natur überholt durch die Einwirkung von niederen Orga= nismen, welche durch ihre Lebensthätigkeit die Eisensalze zersetzen und Eisenoxydhydrat abscheiden.**)

Es sind namentlich Crenotrixarten, welche thätig sind und die die schleimigen braungefärbten Niederschläge erzeugen, welche sich in allen eisenreichen Quellen und Wässern finden, und die durch ihre Struktur vorzüglich zu dichter Zusammenlagerung und Konkretionsbildung geeignet sind. Nach Winogradski wird auch der irisirende Ueberzug, der sich an der Oberfläche von Moor und Torfwässern so vielfach findet und dessen Entstehung durch ausgeschiedenes Eisenoxydhydrat längst bekannt war, wesentlich durch niedere Pflanzenformen bedingt. Der Gehalt an organischen Stoffen in den Raseneisensteinen findet hierdurch seine Er= klärung.

*) Senft, Humus=, Marsch= und Limonitbildungen. Leipzig 1862. — Stapf, Zeitschrift der geologischen Gesellschaft, Band 18, S. 110 und 167. (1866.)
**) Winogradski, Botanische Zeitung. Ueber Eisenbakterien.

Abscheidungen von Eisenoxyd finden sich ferner in fast allen Bodenarten und oft in Form von Schnüren oder rundlichen sehr kleinen Pünktchen in den Sandböden.

Die Bildung von eisenschüssigen Sanden, d. h. durch Eisen= oxyd oder Eisenoxydhydrat verkitteten Sandsteinen ist ebenfalls auf die Oxydation von Eisenoxydulkarbonat zurück zu führen.

Manganoxyde, zumal Mangansuperoxyd, findet sich häufig als Ausscheidung (bildet zumeist die Dendriten, baumartig verzweigte Formen auf plattig abgesonderten Gesteinen). Bodenkundliches Interesse haben diese Bildungen nicht, obgleich manganverkittete Sande im Dilu= vium nicht zu den Seltenheiten gehören.

§ 51.   7. Die Absorptionserscheinungen im Boden.

Literatur:

Die umfangreiche Literatur über diesen Gegenstand ist in Mayer, Lehrbuch der Agrikulturchemie, Heidelberg 1886 (3. Aufl.),

ferner (in sehr klarer Weise dargestellt) in Schulze, Lehrbuch der Agrikultur= chemie, Leipzig, enthalten.

Die Literatur über die komplicirte Verwitterung ist in Roth, Chemische Geologie zu finden.

Die Fähigkeit der Böden, aus Salzlösungen einzelne Stoffe auf= zunehmen und festzuhalten, bezeichnet man als die Absorptions= wirkung des Bodens.

Einzelne hierauf bezügliche Beobachtungen sind schon früh gemacht worden, die Ehre der ersten Entdeckung und richtigen Erkenntniß der bezüglichen Thatsachen gebührt dem Engländer Way, während es Liebig vorbehalten blieb, die Tragweite der neuen Erkenntniß zu erfassen und ihr die weiteste Verbreitung zu geben. Im Laufe der Jahre sind zahlreiche Untersuchungen über den Gegenstand veröffentlicht, ohne daß man bisher zu einem abschließenden Urtheil gekommen ist.

Der Darstellung der Absorptionserscheinungen müssen einige theo= retische Betrachtungen vorausgeschickt werden, die in dem gebräuchlichen Lehrgange der Chemie nicht zur Darstellung kommen und deren Kenntniß für das Verständniß der Vorgänge nothwendig ist und die sich wesent= lich auf chemische Massenwirkungen gründen.

Die bezüglichen Anschauungen gehen von der (durch viele That= sachen erwiesenen) Auffassung aus, daß sich in Lösungen verschiedener Körper, alle theoretisch möglichen und bei der betreffenden Temperatur existenzfähigen Verbindungen bilden, daß diese auf einander einwirken und eine bestimmte, bleibende Zusammensetzung erst dann erreicht ist, wenn sich alle einwirkenden Kräfte in einem Zustande des Gleich= gewichts befinden.

Ein Beispiel mag dies darthun. Mischt man Lösungen von sal=
petersaurem Natrium und Chlorbaryum, so tritt scheinbar keine Ein=
wirkung der beiden Salze auf einander ein; trotzdem ist es unter Be=
nutzung bestimmter Hülfsmittel möglich, nachzuweisen, daß in der Lösung
nicht nur die beiden ursprünglichen Salze vorhanden sind, sondern daß
ein Theil des Natriums mit Chlor, ein Theil des Baryums mit
Salpetersäure verbunden ist. Es befindet sich also in der Flüssigkeit
salpetersaures Natrium, Chlornatrium, salpetersaures Baryum und
Chlorbaryum.*) Die Verhältnisse, in denen die einzelnen Bestandtheile
in der Flüssigkeit enthalten sind, hängen einmal von der Menge der
einzelnen Bestandtheile und andererseits von der chemischen
Wirkung der einzelnen Elemente und Atomkomplexe ab. Die
Kräfte, die in den einzelnen Stoffen zur Wirkung kommen, wirken
daher so lange auf einander ein, bis sie sich gegenseitig die Wage
halten, also ein Gleichgewichtszustand eingetreten ist. Natürlich verläuft
bis zum Eintritt desselben Zeit, er kann sehr rasch erreicht werden,
kann aber unter Umständen auch eine nicht unbeträchtliche Zeitdauer
verlangen.

Chemische Massenwirkung. Ist der Gleichgewichtszustand eines
Körpergemisches (hier kann es sich sowohl um Flüssigkeiten, oder
Flüssigkeiten gegen feste Körper, oder um Gase gegen Flüssigkeiten oder
feste Körper handeln; Bedingung ist nur, daß eine chemische Einwirkung
statt findet) erreicht, so wird er natürlich sofort gestört, sowie von
einem Stoff neue Mengen hinzutreten und aufs Neue Umsetzungen veranlassen, welche wieder zu einem neuen Gleichgewichtszustande führen.
Man habe z. B. von zwei Körpern je zweimal n Moleküle, so kann
sich das Verhältniß in folgender Weise gestalten:

$$2 n \, Kx + 2 n \, Zy = n \, Kx + n \, Ky + n \, Zy + n \, Zx:$$

fügt man die doppelte Menge des einen Stoffes zu, so könnte sich ergeben, je nach dem Körper, den man zusetzt:

$$4 n \, Kx + 2 n \, Zy - 2 n \, Kx + 2 n \, Ky + n \, Zx + n \, Zy$$

oder

$$2 n \, Kx + 4 n \, Zy = n \, Kx + n \, Ky + 2 n \, Zx + 2 n \, Zy.$$

Sind die gebildeten Körper flüchtig oder scheiden sie (z. B. durch
Unlöslichkeit) aus der Reaktion aus, so kann die Umsetzung vollständig
nach einer der beiden Richtungen verlaufen und können je nach der
Masse der wirksamen Stoffe zwei ganz verschiedene Körper
gebildet werden.

*) Die Erklärung deckt sich nicht mehr ganz mit den neueren Entdeckungen
über den molekularen Zustand der Salzlösungen, ist aber als noch fast allgemein
gebräuchlich beibehalten worden. Wer genauere Kenntniß wünscht, findet eine kurze
Darstellung der bezüglichen Beobachtungen in Ostwald, Grundriß der allgemeinen
Chemie. Leipzig 1889.

Ein einfaches Beispiel für diese Thatsache ist die Einwirkung von Wasserstoff auf Eisenoxyduloxyd, und von Wasser auf metallisches Eisen. Im ersten Falle (I) entsteht metallisches Eisen und Wasser, im zweiten (II) Eisenoxyduloxyd und freier Wasserstoff.

$$\text{I} \quad Fe_3 O_4 + 8 H = 3 Fe + 4 H_2 O$$
$$\text{II} \quad 3 Fe + 4 H_2 O = Fe_3 O_4 + 8 H.$$

Bedingung für diese Reaktion ist jedoch im ersten Falle ein sehr großer Ueberschuß von Wasserstoff, im zweiten ein sehr großer Ueberschuß von Wasser und zugleich, daß sowohl das bei der Zersetzung nach I gebildete Wasser, wie auch der nach Zersetzung II gebildete Wasserstoff weggeführt werden. Geschähe dies nicht, so würde sich immer wieder ein Gleichgewichtszustand herausbilden und die Reaktion nie völlig bis zum Ende geführt werden.

Die sich hieraus ergebenden Regeln sind auf die Verhältnisse des Bodens zu übertragen. Zur Erklärung der sich in diesem abspielenden Vorgänge sind die Arbeiten von Lemberg*) am meisten geeignet, sie stellen die Abhängigkeit der Absorption im Boden von der chemischen Massenwirkung unzweifelhaft klar.

Lemberg arbeitete mit wasserhaltigen Silikaten. Eins derselben hatte folgende Zusammensetzung:

Kieselsäure	46,64 $^0/_0$
Thonerde .	29,38 „
Kali .	22,75 „
Natron	1,83 „

Nachdem auf dieses Silikat drei Wochen lang kohlensäurehaltiges Wasser eingewirkt hatte, zeigte es (ohne Berücksichtigung des chemisch gebundenen Wassers):

Kieselsäure	54,03 $^0/_0$
Thonerde .	39,65 „
Kali	5,34 „

Das Wasser, welches ebenfalls eine Massenwirkung ausübt, hatte also den größten Theil des Kaliums in Lösung übergeführt.

Führte man diesem Silikat wieder Kalium zu (durch Behandeln mit Kalilauge), so zeigte das entstehende Produkt folgende Zusammensetzung:

Kieselsäure	46,60 $^0/_0$
Thonerde .	35,67 „
Kali	17,73 „

Kalium war also wieder aufgenommen worden (eine völlige Uebereinstimmung der einzelnen Zahlen läßt sich bei diesen Verbindungen

*) Zeitschrift der geologischen Gesellschaft 1876, S. 318.

nicht erwarten). Eine erneute Behandlung mit Wasser würde es aufs Neue in Lösung gebracht haben. Die Zusammensetzung des Silikates war also von der Masse des einwirkenden Wassers und der Masse des Kaliums abhängig.

Durch Einwirkung von Chlorammonium auf das ursprüngliche Silikat wurde das Kalium fast völlig verdrängt und Ammoniak aufgenommen. Es war eine Verbindung von folgender Zusammensetzung entstanden:

Kieselsäure	$56,17\,\%$
Thonerde .	$34,59$ „
Kali	$0,89$ „
Ammoniak (NH_3) . .	$8,37$ „

In gleicher Weise würde man das Kalium oder das Ammon durch einen Ueberschuß eines löslichen Natrium- oder Calciumsalzes verdrängen können. Die Beispiele sollen nur zeigen, in welcher Weise die Umsetzungen verlaufen, und ein Bild von den zahllosen Processen, welche im Boden neben einander hergehen, geben.

Es stellt sich immer ein Gleichgewicht zwischen den Wirkungen des Wassers, den Bestandtheilen des Bodens und den gelösten Salzen her, welches immer eine verschiedene Größe der Absorption veranlassen wird, je nach der Menge und Wirkungsweise der vorhandenen Stoffe. Es erklärt sich hieraus auch einfach, daß aus koncentrirteren Lösungen mehr Salze absorbirt werden als aus verdünnteren.

Neben diesen Vorgängen, die man auf mechanische Gesetze zurückführen kann, macht sich nun im Boden noch die Wirkungsart der einzelnen Elemente und Verbindungen geltend, sowie in ganz bedeutsamer Weise die Fähigkeit der Stoffe, lösliche oder unlösliche Verbindungen zu bilden. Entstehen letztere, so scheidet der betreffende Theil des Stoffes ganz oder nahezu aus der Wirkungssphäre der Lösungen aus, und diese müssen in einen neuen Gleichgewichtszustand übergehen.

Die Vorgänge der komplicirten Verwitterung unterscheiden sich kaum von denen der Absorption im Boden. Die Abscheidung der entstehenden Stoffe im Gestein oder auf Gängen in wohl ausgebildeten Krystallen, welche sich durch die Jahrhunderte lange Dauer erklärt, lassen die entstandenen Produkte leichter erkennen als dies im Erdboden möglich ist. Die Bodenkunde hat daher alle Ursache, diesen Fingerzeigen aufmerksam zu folgen, wie auch die Geologie aus dem gründlichen Studium der Absorptionserscheinungen großen Vortheil ziehen könnte.

Neben diesen in allen wesentlichen Theilen rein chemischen Vorgängen erfolgt im Boden noch Absorption auf physikalischem Wege durch Körper, welche eine amorphe gallertartige Abscheidungsform besitzen. Die zahlreichen Versuche von Bemmelen's*) haben nachgewiesen, daß gallertartige Körper, als deren Typus man frisch gefällte Kieselsäure ansehen kann, je nach ihrer Natur kleinere oder größere Mengen aufgelöster fremder Körper einschließen können und diese beim Behandeln mit Wasser nur sehr langsam in Lösung gehen. Es liegt also, da eine chemische Wirkung in den meisten Fällen nicht anzunehmen ist, eine physikalische durch die gallertartige Beschaffenheit der Stoffe bedingte Absorption vor.

Allzu große Ausdehnung wird jedoch diese Art der Absorption im Boden nicht annehmen. Die meisten gallertartigen Körper verlieren beim Gefrieren und Trocknen ihre Struktur und nehmen nur schwierig wieder Wasser auf; es gilt dies z. B. von den amorphen, gelatinösen Formen der Kieselsäure, Eisenoxyd, Thonerde. Es ist daher sehr unwahrscheinlich, daß diese Stoffe sich im Boden nach ihrer Abscheidung längere Zeit als Gallert erhalten. Das Vorkommen von hierher gehörigen Silikaten im Boden ist überhaupt noch nicht nachgewiesen.

Einen wesentlichen Einfluß auf die Absorptionswirkung wird man daher den genannten Stoffen in Gallertform nicht zuschreiben dürfen, wohl aber kann sie bei einer Stoffgruppe auftreten, welche alle Eigenschaften der gallertartigen Körper in ausgeprägtestem Maße zeigt, merkwürdiger Weise aber bisher noch nie nach diesen Beziehungen betrachtet ist. Es sind dies die im Wasser löslichen, oder besser aufquellbaren Humussäuren. Es ist anzunehmen, Versuche fehlen noch, daß durch diese eine Absorptionswirkung ausgeübt wird, welche in jeder Beziehung der gallertartiger Körper entspricht.

Betrachtet man die im Boden vorhandenen Stoffe, welche absorbirend wirken können, so sind dies:

a) Silikate, zumal wasserhaltige Silikate, die man unter den Begriff der zeolithischen Bodenbestandtheile zusammenfaßt. Kaolin in völlig reinem Zustande zeigt nur geringe Absorption, um so mehr aber die thonigen Bestandtheile des Bodens, welche nach dem Vorgange von Steinriede als Argillite zusammengefaßt sind (Seite 129). Diese muß man als hauptsächliche Träger der Wirkung betrachten. Kaolin verbindet sich übrigens mit Alkalisilikaten zu Doppelsilikaten, die dann absorbirend wirken.

b) Hydratische Kieselsäure.

Das Vorkommen von wasserhaltiger Kieselsäure im Boden ist anzunehmen, wie dies schon die Abscheidung von Opal in Gesteinen zeigt. Es ist aber wenig wahrscheinlich, daß sich diese Form der Kieselsäure im Boden in nennenswerther Weise anhäuft. Die Thatsache, daß sich durch Alkalien aus manchen Bodenarten nicht unerhebliche Mengen von

---

*) Landwirthschaftliche Versuchs-Stationen, Bd. 21, 22 und 35.

Kieselsäure ausziehen lassen, findet ihre theilweise Erklärung in der zersetzenden Einwirkung auf Silikate.

e) Eisenoxyd und Thonerde.

Von diesen kommt Eisenoxyd und Eisenoxydhydrat in größerer Menge im Boden vor. In der Regel findet es sich in Form kleiner Körner, seltener als unregelmäßig begrenzte Massen im Boden. Ob nennenswerthe Mengen als amorphes Oxydhydrat vorkommen, ist in den gut durcharbeiteten und gesunden Böden zweifelhaft; dagegen findet es sich sicher in solchen, die mit saurem Humus bedeckt sind. Die Sandkörner eines solchen Bodens sind oft mit einem firnißartigen, amorphen Ueberzug versehen, der überwiegend aus Eisenoxydhydrat besteht. Die Absorptionswirkung des Eisens ist erheblich und ist in der amorphen, leichter angreifbaren Form noch gesteigert. Namentlich werden Phosphorsäure, kieselsaure Alkalien und Humussäuren aufgenommen.

Ein gutes Bild der Absorptionswirkung des gallertartigen, amorphen Eisenoxydhydrats giebt die Zusammensetzung der Raseneisensteine. Die Bildungsweise derselben ist erwähnt (Seite 130), bei der Abscheidung werden die oben genannten Stoffe aus dem Wasser absorbirt. Ist die erste Einwirkung auch vielleicht eine physikalische, so geht sie doch rasch in chemische Bindung über und beweist so das Uebergewicht der letzteren über die erste im Boden.

Thonerde im freien Zustande findet sich nur spurenweise im Boden, eine nennenswerthe Einwirkung kann man ihr nicht zuschreiben. Die Bedeutung des Gehaltes an gebundener Thonerde liegt in der Leichtigkeit, mit der sie in Verbindung mit Kieselsäure Doppelsalze mit den Metallen der Alkalien und alkalischen Erden bildet.

d) Die humosen Stoffe sind in ihrer Wirkungsweise wohl völlig zu trennen, je nachdem sie sauren oder neutralen Charakter zeigen. Die Humussäuren wirken einmal physikalisch durch ihre gallertartige Beschaffenheit, anderseits, indem sie salzartige Verbindungen bilden. Die Absorptionswirkung ist namentlich auf freie Alkalien und deren Karbonate (Kali, Natron, Ammoniak, kohlensaures Ammon u. s. w.) eine ganz erhebliche. Anderseits treten auch hier Massenwirkungen ein und vermögen die Humussäuren starke Mineralsäuren aus ihren Verbindungen zu verdrängen (Seite 123).

Andere Verhältnisse liegen dagegen vor, wenn die Humusstoffe, wie dies in den gesunden Böden der Fall ist, keine saure Reaktion zeigen und auch wenig fertig gebildete, an Mineralstoffe gebundene Säuren enthalten. Man darf dann annehmen, daß jede entstehende Menge derselben sofort gebunden wird und rasch verwest. Es kann so, zumal auf die alkalischen Erden (Kalk, Magnesia), welche unlösliche Humate bilden, eine erhebliche Absorptionswirkung ausgeübt werden, die nur nicht leicht beobachtbar ist, da die Produkte sich im fortwährenden

Kreislaufe befinden. Ein erheblicher, absorbirender Einfluß der säure-
freien Humusstoffe auf starke Basen, von denen im Boden nur das
Ammoniak (als kohlensaures Ammon) Bedeutung erlangt, kann nicht
angenommen werden, da jenes Salz in gut gedüngter Ackererde im
freien Zustande vorhanden ist und zum Theil sogar aus derselben verdampfen kann (vergl. Seite 7).

Die Absorption der Humusstoffe ist daher sowohl auf chemische
Umsetzungen wie auf physikalische Kräfte zurückzuführen; sie wird vorwiegend durch saure reagirende Humusstoffe bewirkt. Schon hier ist
aber darauf hinzuweisen, daß diese Kräfte, dort wo sie am wichtigsten
sein würden, in Torf und Moorböden, sowie in mit Rohhumus bedeckten Waldböden, von der lösenden Wirkung der überschüssigen Humussäuren weit überholt werden.*)

c) Für die einzelnen Elemente und Verbindungen, die im
Boden vorkommen, gelten folgende Regeln:

Basen.

Kalium wird stark absorbirt unter Bildung von Silikaten und
Doppelsilikaten. Es erfolgt dies bei Einwirkung

a) von Kalisalzen auf bereits fertig gebildete Silikate, deren
Basen (Natron, Kalk, Magnesia) in Lösung gehen;

b) von Kalikarbonat auf hydratische Kieselsäure;

c) von Kalisilikat auf kohlensauren Kalk unter Bildung zeolith-
artiger Verbindungen.

Ammoniak verhält sich dem Kalium in Bezug auf Stärke der
Absorption ähnlich, und wird wie jenes überwiegend durch Silikate
(als Karbonat wohl auch durch Humusstoffe) gebunden.

Natrium wird wesentlich schwächer absorbirt als die vorgenannten
Stoffe, die Umsetzungen verlaufen, nur entsprechend der geringeren
chemischen Energie des Natriums abgeschwächt, wie beim Kalium.

Calcium ist noch weniger absorbirbar als Natrium. Die Absorption desselben beruht namentlich auf der Bildung

a) von Kalksilikaten;

b) von kohlensaurem und humussaurem Kalk;

c) von phosphorsaurem Kalk.

Magnesium, wenig absorbirbar, verhält sich dem Calcium sehr
ähnlich.

---

*) Auf der Absorption des Ammoniaks durch Humusstoffe beruht eine der
wichtigsten Eigenschaften der Torfstreu. Indem der Torf getrocknet und der Luft
ausgesetzt wird, werden die Bedingungen, welche eine fernere Bildung von Humussäuren bewirken können, beseitigt und die bereits in der Torfsubstanz vorhandenen
können ihre ammoniakbindende Kraft voll entfalten.

Eisenoxyd ist an sich unlöslich und wird nur bei Luftabschluß durch organische Stoffe zu Oxydul(salzen) reducirt. Die im Boden vorkommenden Eisenoxydsalze sind schwerlöslich oder unlöslich, so das Salz der Phosphorsäure und die Verbindungen mit Kieselsäure. Eisenoxyd ist ein wichtiger Träger der Absorptionswirkung.

Thonerde entspricht in seinem Verhalten dem Eisenoxyd, übertrifft dies jedoch noch in der Neigung, wasserhaltige Doppelsilikate (Zeolithe) zu bilden.

Säuren.

Säuren werden im Boden nur absorbirt, wenn sie unlösliche Salze bilden. Dies geschieht in ausgedehnter Weise von der Phosphorsäure, die mit Thonerde, Eisenoxyd, Kalk, Magnesia unlösliche Verbindungen eingeht.

Salpetersäure ⎤
Chlor   ⎬ werden nicht absorbirt.
Schwefelsäure ⎦

Kieselsäure ist in ihren Verbindungen einer der wichtigsten Stoffe für die Bodenabsorption. Im freien hydratischen Zustande scheint sie Basen aus Verbindungen mit schwachen Säuren (zumal Kohlensäure) aufnehmen zu können.

Hervorzuheben ist noch, daß der Boden alle Elemente zu absorbiren vermag, die geeignet sind, unlösliche Verbindungen zu bilden, so z. B. verschiedene Schwermetalle, wie Blei, Kupfer u. s. w.

f) Der Vorgang der Absorption im Boden gestaltet sich demnach in den meisten Fällen nach folgenden Regeln:

1. Das zugeführte Salz wird völlig aufgenommen, wenn es eine unlösliche Verbindung eingeht. So bilden z. B. Eisenoxyd und Kaliumsilikat ein Doppelsilikat. Saurer phosphorsaurer Kalk (Superphosphat) bildet mit Eisenoxyd Kalkphosphat und Eisenoxydphosphat.

2. Nur ein Theil des Salzes wird aufgenommen, während äquivalente Mengen anderer vorher im Boden gebundener oder unlöslicher Stoffe in Lösung gehen.

Die meisten beobachteten Absorptionswirkungen gehören hierher. So nimmt z. B. ein Boden aus Kalisalzen (Chlorkalium, schwefelsaures, salpetersaures Kalium) Kalium auf, während Natrium, Calcium und Magnesium sich mit der Säure verbinden und in Lösung gehen.

Da hierbei die chemische Massenwirkung eine Hauptrolle spielt, so ist es entscheidend, welcher Stoff in relativ größter Menge vorhanden ist. Ein Ueberschuß von Natrium-, Calcium- und Magnesiumsalzen vermag daher z. B. Kalium in Lösung überzuführen u. s. w.

Auf diesem Vorgange beruht die Wirkung der sogenannten „indirekten Dünger" und auch ein Theil der Wirkung vieler leicht löslichen Düngerstoffe.

Zufuhr von Kochsalz kann z. B., trotzdem weder Natrium noch Chlor nothwendige Pflanzennährstoffe sind, die Pflanzenproduktion steigern, indem es vorher im Boden absorbirt enthaltene Aschenbestandtheile löslich macht.

Gyps, Mergel, Chilisalpeter enthalten wichtige Pflanzennährstoffe, wirken aber zugleich „aufschließend", d. h. lösend auf die gebundenen Mineraltheile des Bodens. Natürlich geschieht dies auf Kosten des vorhandenen Bodenkapitals.*)

g) Die Bedeutung der Absorptionswirkungen für den Boden ist eine doppelte; einmal werden wichtige Nährstoffe, wie Kalium, Ammoniak stark festgehalten, und überhaupt wird der Auswaschung der löslichen Bestandtheile entgegengewirkt: anderseits regulirt die Absorption die Koncentration der Bodenlösung in günstiger Weise. Da die Stärke der Absorption von der Menge des einwirkenden Wassers mit abhängig ist, so wird jedes neu im Boden eindringende Wasser sich rasch mit Salzen beladen, die Pflanzenwurzel ist daher stets mit schwachen Salzlösungen in Berührung. Verdunstet das Bodenwasser, so wird anderseits dem Entstehen zu koncentrirter, für die Pflanzenwurzel schädlicher Bodenlösungen vorgebeugt, indem der Boden aus der stärkeren Lösung auch entsprechend mehr Stoffe absorbirt, als aus schwacher.

Nach den in der Natur vorkommenden Verhältnissen wird sich die Wirkung der Bodenabsorption in der Regel so gestalten, daß Phosphorsäure, Kali und Ammoniak stark, Natron, Kalk, Magnesia nur wenig, die nicht genannten Säuren überhaupt nicht festgehalten werden.

§ 52. 8. Die Auswaschung des Bodens.

Die Absorption des Bodens wird stark durch die lösende Wirkung des Wassers beeinflußt. Ist das Wasser auch nur mit schwacher chemischer Energie begabt, so wird es doch dadurch bedeutungsvoll, daß es der am reichlichsten vorhandene Körper ist und daß bei jedem atmosphärischen Niederschlag immer neue Mengen in Wirkung treten.

Zwischen dem vorhandenen Wasser und den im Boden absorbirt vorhandenen Stoffen wird sich jederzeit ein Gleichgewicht herstellen, Salze gehen in Lösung und werden beim Durchsickern des Bodens mit dem abfließenden Wasser weggeführt. Die Größe des Stoffverlustes ist abhängig:

---

*) Die oft gehörte Bemerkung, daß „eine Mergelung auf reichen Böden am günstigsten wirke", ferner die Redensart „Mergeln mache reiche Besitzer, aber arme Erben", zeigen die Erkenntniß dieser Wirkung einmaliger oder in langen Zwischenräumen erfolgender Kalkzufuhr.

1. vom Reichthum des Bodens an löslichen Salzen;
2. von der Menge des abfließenden Wassers;
3. von der Art der Wasserbewegung im Boden.

Die Richtigkeit des ersten und zweiten Satzes läßt sich ohne weiteres aus dem bereits Dargelegten ableiten und ist durch direkte Versuche erwiesen. Die Analysen der Quellwässer (Seite 25) sind ferner hinreichend, um die großen Unterschiede zu erkennen, welche im Salzgehalt der Wässer vorhanden sind, je nachdem sie durch arme oder reiche Boden- und Gesteinsschichten fließen.

Die Menge des abfließenden Wassers ist für jede Bodenart nach Lagerung, Mächtigkeit, Klima und Bodenbedeckung äußerst verschieden. Die zahlreichen Arbeiten über diesen Gegenstand zeigen, wie sich dies aus allen physikalischen Thatsachen schließen läßt, daß Sandböden viel, Lehm- und Humusböden wenig Wasser durchlassen.

Die Art und Weise, in welcher das Wasser den Boden durchdringt, ist für verschiedene Bodenarten eine sehr abweichende.

Für Humusböden liegen kaum Beobachtungen vor. Das Verhalten der Sand- und Lehmböden ist namentlich vom Verfasser an diluvialen Bildungen verfolgt worden.*)

In Sandböden dringt das Wasser je nach Korngröße und Lagerung zwar verschieden rasch ein, durchsinkt aber den Boden gleichmäßig von oben nach unten. Wasserbestimmungen in Sandboden nach stärkerem Regen lassen diesen Vorgang deutlich und schrittweise verfolgen. Zunächst ist die oberste Bodenschicht am wasserreichsten, in den nächsten Tagen eine mittlere und so fort, bis endlich eine undurchlässige Schicht erreicht ist, auf der das Wasser sich anstaut. Es ist dies der regelmäßige und in den obersten Bodenschichten stets eintretende Vorgang des Wasserabflusses in Sandböden. Natürlich kann in geschichteten Sanden das Wasser auch einzelnen Schichten folgen, die durch abweichende Korngröße einen leichteren Durchgang ermöglichen.

Ganz anders ist dagegen die Bewegung des Wassers in den Lehmböden. Die oberste gekrümelte Schicht desselben ist bei Waldböden meist wenig mächtig. Das Wasser vermag ohne Schwierigkeit einzudringen. Die tieferen Bodenlagen sind fest, aber von feinen Poren durchzogen. Ueberall finden sich kleinere oder größere Hohlräume, in denen sich das Wasser bewegt, oder indem es der Richtung verrottender Baumwurzeln oder den Gängen der Regenwürmer folgt, dringt es in die Tiefe.*) Die Hauptmasse des Bodens sättigt sich dagegen nur

*) Forschungen der Agrikulturphysik 11, S. 327 u. die Waldstreu ꝛc. Berlin 1890.
*) In den Untersuchungen von Lawes, Gilbert und Warington über Sickerwassermengen wird auf die Bedeutung der Regenwurmröhren für den Wasserabfluß wiederholt hingewiesen. Journ. of the Royal Agr. Soc. Vol. 17. S. 241 und 311 1881); Vol. 18. S. 1 (1882).

kapillar mit dem zugeführten Wasser. Es bestehen daher zwischen diesen beiden Hauptbodenarten tief gehende Unterschiede in Bezug auf die Ableitung des Wassers und wie gleich gezeigt werden soll auch in Bezug auf die damit Hand in Hand gehende Auswaschung des Bodens.

Beobachtungen über die Wasserbewegung in Gebirgsböden liegen nicht vor, werden aber wahrscheinlich keine erheblich von den beiden angegebenen abweichenden Vorgänge hervortreten lassen.

Verlauf der Auswaschung im Boden. Betrachtet man die Wirkung der lösenden Kraft des Wassers auf die Bodenbestandtheile, so sind es wieder die Sandböden, welche die einfachsten Verhältnisse zeigen.

Regen= und Schneewasser treffen den Boden als nahezu salzfreies, nur etwas kohlensäurehaltiges Wasser. In Berührung mit den Boden= theilen wird sich dieses sehr rasch mit löslichen Salzen sättigen und soviel von diesen aufnehmen, wie es bei dem statischen Gleichgewichte, welches sich zwischen der Zusammensetzung des Bodens und der wirkenden Wassermenge heraus= stellt, zu lösen vermag. Die nächst tiefere Boden= schicht trifft es hierauf nicht mehr als reines Wasser, sondern bereits als eine, entsprechend den vorhandenen Bedingungen, annähernd ge= sättigte Salzlösung: die Fähigkeit, auf die Boden= theile lösend zu wirken, ist hierdurch sehr ge= schwächt und wird um so mehr abnehmen, in je größere Tiefen das Wasser eindringt.

In der Abbildung 16 sind diese Verhältnisse schematisch dargestellt. Zugeführtes Wasser wird sich in der Schicht a annähernd sättigen, in b nur noch wenig, in c wahrscheinlich fast nichts mehr aufnehmen können.

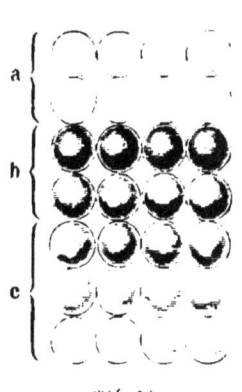

Abb. 16.

Die Auswaschung trifft also nicht alle Bodenschichten gleichmäßig, sondern schreitet allmählich von der Oberfläche nach der Tiefe fort. Auf diese Vorgänge ist die waldbaulich bedeutungsvolle Thatsache zurück zu führen, daß völlig verwitterte und an löslichen Salzen durch Auswaschung erschöpfte Schichten auf noch reichem Boden auflagern, ja von diesem sich oft in scharfer Linie absetzen.

Lehmböden sind lange nicht im gleichen Maße wie die Sandboden= arten der Auswaschung ausgesetzt. Wenn auch die oberste Lage in ähnlicher Weise wie diese einen Verlust an löslichen Salzen erleidet, so ist doch die Wasserkapazität eine sehr viel höhere, und die Be= wegung des Wassers in einzelnen bestimmten Richtungen erschwert ebenfalls die völlige Sättigung des Wassers mit Salzen. Alles dies wirkt zusammen (zumal die viel geringere Menge der Sickerwässer, die oft nur $^1/_3$ bis $^1/_4$ der aus Sandböden abfließenden beträgt), um bei

dem Reichthum der meisten Lehmböden an Mineralstoffen die auswaschende Wirkung der Wässer direkt zu verringern und zumal im
Vergleich mit den Sandböden zurücktreten zu lassen.

Bei der Auswaschung findet, wie dies der Löslichkeit der Salze
und Absorptionswirkung des Bodens entspricht, eine Auslaugung der
verschiedensten Verbindungen statt. Am widerstandsfähigsten und am
wenigsten löslich ist die Phosphorsäure. In den Gewässern findet
sie sich nur in Spuren vor. Die stärkste Auslaugung trifft die Cal-
cium- und Magnesiumsalze, sodann folgen Natrium und Kalium.
Alle Quell- und Flußwässer enthalten Kalium und unter Umständen in
durchaus nicht verschwindender Menge, so ergaben zahlreiche Analysen*)
einen Gehalt von 0,001—0,002 g Kali (K_2O) im Liter, in einem Falle
bestanden 10 % des Abdampfrückstandes aus Kali (Stadtquelle von
Lohr mit allerdings nur 0,025 % festen Rückstand). Der hohe Kali-
verlust der Feldspathe bei der Umbildung in Kaolin, sowie zahlreiche
Bodenanalysen beweisen die nicht unerhebliche Auswaschbarkeit des
Kaliums. Insbesondere scheinen Sandböden diesen Stoff leicht abzugeben.

Als allgemeine Regel gilt daher: Jeder Boden verliert durch
Auswaschung lösliche Salze. Der Verlust kann jedoch durch fortschreitende Verwitterung, (durch Düngung) und im Walde
durch Streuabfall ersetzt werden.

Besonders hoch wird der Verlust für den Boden, wenn zu der
lösenden Kraft des Wassers, beziehungsweise kohlensäurehaltigen Wassers,
noch die Einwirkung von Humussäuren oder sonstigen organischen
Säuren, wie sie sich bei der Fäulniß bilden, hinzukommt. Am deut-
lichsten zeigt sich dies in der Zusammensetzung der Moore, die übereinstimmend nur ganz geringe Mengen von Kalium enthalten, dessen
Salze wenigstens bei den Grünlandsmooren nur durch Auslaugung
entfernt sein können. Die zersetzende Wirkung der Moorsubstanz auf
unlösliche Phosphate ist ebenfalls bekannt. Die Verarmung der oberen
Bodenschichten unter Rohhumusdecke beruht ebenfalls auf gesteigerter
Lösung und Auswaschung der Mineraltheile durch die sauer reagirenden
Ablaufwässer.

Eine andere Ursache, sowohl die Verwitterung wie die Auswaschung
zu steigern, ist reichliche Zufuhr von atmosphärischem Wasser. Je öfter
der Boden mit salzfreiem Wasser in Berührung kommt, um so stärker
ist auch die zersetzende Wirkung des letzteren auf die Silikate des Boden-
gesteines. Hierauf beruht es, daß streuberechte Böden, wenigstens
Sandböden, rascher verwittern, aber trotzdem verarmen, da die Auswaschung die Verwitterung übertrifft.

*) Pechler, Beiträge zur Kenntniß der Wasser Unterfrankens. Würzburg 1887.
Regelmann, Die Quellwasser Württembergs. Stuttgart 1874.

§ 53. 9. Der Transport der Verwitterungsprodukte.

Die bei der Verwitterung entstehenden feinerdigen Massen bleiben nur in ebener oder schwach geneigter Lage am Ort ihrer Entstehung. Die so entstandenen Ablagerungen bezeichnet man als Verwitterungs= böden und stellt diesen die Schwemmlandsböden gegenüber, die durch die bewegende Kraft des Wassers oder Eises umgelagert sind. Im ersten Falle trifft man in geringerer oder größerer Tiefe das Ur= gestein des Bodens noch an, während dies im zweiten oft weit vom Ablagerungsorte entfernt sein kann.

Die Umlagerung der Verwitterungsprodukte kann durch die eigene Schwere erfolgen, indem die ihres Zusammenhanges beraubte Masse an Hängen hinabgleitet (trockener Abtrag), ferner durch die Kraft des abwärts fließenden Wassers oder Eises (Gletscher) und endlich durch die Einwirkung des Windes.

a) Der trockene Abtrag.*)

Jedes Gestein zeigt einen seinem inneren Gefüge und seiner Festig= keit entsprechenden Neigungswinkel der zu Tage tretenden Schichten. Wird dieser überschritten, so erfolgt früher oder später ein Abbruch derselben. Im Gebirge, wo dies besonders hervortritt, lassen sich diese Verhältnisse vielfach beobachten und an manchen Bergen feststellen, daß von der Sohle bis zur Spitze der Neigungswinkel einzelner Bergleiten nicht wesentlich abweicht.

Für die Wald= und Pflanzenkultur ist die größere oder geringere Steilheit oft von höchster Wichtigkeit, da über eine gewisse Neigung hinaus nicht mehr Ackerbau getrieben werden kann, dem Waldbau bei steilen Hängen bedeutende Schwierigkeiten bereitet werden und endlich auch dieser auf Abstürzen aufhört. Im Gebirge unterscheiden sich die einzelnen Gesteinsarten oft weithin durch die Form der von ihnen auf= gebauten Berge und Hänge.

Bei fortschreitender Verwitterung sammelt sich das Verwitterungs= material, untermischt mit Steinen und Felsblöcken, am Fuße der Berge an, indem es der eigenen Schwere folgend, abstürzt. Die auf diesem Wege entstehenden Bildungen unterscheidet man als:

Schuttkegel, wenn die Bruchstücke einem Bergeinschnitt, oder einer Schlucht (Riese) folgend, in das Thal hinabgleiten und sich in unten verbreiterten kegelförmigen Massen an den Berg anlehnen (im Vordergrund der Abbildung 17).

Schutthalden entstehen, wenn der Abtrag gleichmäßig, oder doch ohne scharf hervortretende Schuttkegel, an einem Gehänge stattfindet (im Hintergrund der Abbildung 17).

---

*) Literatur: Heim, Die Verwitterung im Gebirge. Basel 1879.
Lorenz von Liburnau, Grund und Boden. Wien 1883.

Gehängeschutt sind Anhäufungen, die nicht bis ins Thal hinab-
geführt werden, sondern sich am Hange ansammeln und zumeist von
vorspringenden Klippen oder Querrinnen der Felswand festgehalten
werden (Abbildung 17).

Alle diese Ablagerungen haben einen bestimmten, nach Größe der
Bruchstücke und Beschaffenheit des Gesteins verschiedenen Reigungs-
winkel, der in der Regel 20—30° beträgt.

Abb. 17. Trockener Abtrag der Verwitterungsprodukte.
Im Vordergrund Schuttkegel; im Hintergrund Schutthalde; auf halber Höhe Gehängeschutt.

Natürlich wirkt bei der Bildung dieser Ablagerungen auch das
abfließende Regenwasser mit und beschleunigt die Abfuhr der Bruchstücke,
aber doch nicht in dem Maße, daß darüber der Charakter der Ablagerung verloren ginge.

Die Schuttablagerungen vergrößern sich fortwährend und sind
vielfach ohne Vegetationsdecke. Hat ihre Bildung jedoch erst eine gewisse Größe erreicht, so bedeckt sie sich von unten nach oben fortschreitend
mit Gräsern oder auch mit Wald. Diese Schuttlager fordern bei der
Behandlung große Vorsicht, da sie einmal der schützenden Decke beraubt,
oft erst nach Jahren wieder soweit beruhigt sind, um eine neue Vegetation tragen zu können.

Zu den Erscheinungen des trockenen Abtrages gehören noch die Bergstürze und Abrutschungen größerer Gesteinsmassen. Steile Felsen verlieren den inneren Zusammenhalt und brechen ab oder bei geneigter Lage der Schichten, zumal wenn Thonschichten eingelagert und durch andauernden Regen durchfeuchtet sind, verlieren ganze Bergmassen den Halt und gleiten in die Tiefe.

Derartige Bergstürze ereignen sich am häufigsten im Hochgebirge. Sie sind z. B. in den Alpen gefürchtete Erscheinungen (man bezeichnet dort kleinere Stürze als trockene Stein- oder Erdmuhren); fehlen aber den Mittelgebirgen durchaus nicht und kommen, wenn auch seltener, selbst im Flachlande vor.

b) Abtrag durch fließendes Wasser.

Die Fortbewegung der Verwitterungsmassen durch fließende Gewässer erfolgt überall da, wo die lebendige Kraft des Wassers die Schwerkraft der Gesteinsreste zu überwinden vermag. Dem entsprechend werden Gewässer mit großem Gefälle, wie die Gebirgsbäche und Flüsse, Gerölle; Gewässer mit mittlerer Geschwindigkeit überwiegend Sande transportiren können, während im Unterlauf der Ströme nur noch fein vertheilte Stoffe weiter geführt werden.

Gleichzeitig wirkt das Wasser, sei es durch seine eigene Kraft, sei es durch die mitgeführten Gesteinsreste, auf die Seiten und den Untergrund des Flußbettes zerstörend ein. Man unterscheidet daher Erosion, Geschiebeabfuhr und Geschiebeablagerung.

Die Erosion umfaßt die zerstörende Thätigkeit des Wassers. Locker gelagerte Gesteinsmassen werden unterwaschen und brechen ab; festere Gesteine werden durch die am Grunde der Flüsse bewegten Steinbruchstücke abgeschliffen und das Bett der Flüsse entsprechend im ersten Falle verbreitert, im letzteren vertieft. Die tief eingeschnittenen Wasserläufe, wie sie sich am charakteristischsten in den Kañons des westlichen Nordamerika darstellen, und in keinem Gebirge ganz fehlen, sind Beispiele für die Wirkung der Erosion. Zumal geschichtete Gesteine lassen diese am leichtesten erkennen und beobachten.

Die Geschiebeabfuhr und Ablagerung geht natürlich neben einander her. Die Gewässer führen die für ihre Kraft noch bewegbaren festen Massen stromabwärts und bringen sie überall dort zur Ablagerung, wo sich das Gefälle vermindert.

Durch die Reibung der Gesteinsstücke an einander werden sie abgerieben und allmählich verkleinert. Nach Mayer*) kann man den Klang der sich reibenden und stoßenden Steine im Wasser an manchen Stellen (z. B. im Rhein in der Nähe Schaffhausens) deutlich hören.

---

*) Agrikulturchemie, II, S. 30.

Experimentell hat Daubrée*) diesen Vorgang verfolgt. Er brachte Gesteinsstücke mit Wasser in eiserne rotirende Cylinder. 3 kg Feldspath, welche so lange bewegt waren, daß der zurückgelegte Weg etwa 460 km betrug, ergaben 2,72 kg sein vertheilten Schlamm. Auf 1 km Weg würden von eckigen Feldspathstücken, Obsidian, Serpentin etwa $\frac{3}{1000}$, von abgerundeten Feldspathstücken nur $\frac{2}{1000}$ Theile zu Schlamm zerrieben sein. Am widerstandsfähigsten zeigte sich Feuerstein, von dem nur etwa $\frac{2}{10000}$ Theile zerrieben waren.

Hieraus wird es verständlich, daß die Flüsse nicht nur in Folge des abnehmenden Gefälles, sondern auch der Zerreibung der Gesteinstheile im Oberlauf größere, im Mittellauf kleinere Geschiebe führen, während dem Unterlauf nur noch sein vertheilte Schlamm- und Thontheilchen zugeführt werden.

Größere Felsstücke können durch Wasser wälzend fortbewegt werden, kommen aber natürlich bald zur Ablagerung. Geschiebe mittlerer Größe werden am Grunde der Flüsse fortgeschoben und zugleich hierbei im Kreise gedreht. Die Bruchstücke nehmen hierdurch und durch die zugleich erfolgende Abreibung die für Flußgeschiebe so charakteristische flache und an den schmalen Seiten abgerundete Form an.

Gesteinsbruchstücke kleinerer Größe, die als Sand bezeichnet werden, entstehen wahrscheinlich direct durch Zerfall der Gesteine bei der Verwitterung. Es ist noch nicht gelungen, und bei der geringen Kraft, welche zur Fortbewegung von Sandkörnern im Wasser genügt, ist es auch wenig wahrscheinlich, daß es gelingen wird, durch Reibung Sande zu erhalten. Zahlreiche Beispiele verwitternder Gesteine zeigen die Entstehung von Bruchstücken, welche alle Eigenschaften des Sandes zeigen; die scharfeckige Beschaffenheit der meisten Sandkörner weist ferner darauf hin, daß sie ein Product der Verwitterung und nur vom Wasser umgelagert sind.

Die Fortbewegung der Gerölle ist von der lebendigen Kraft des Wassers abhängig; wird diese geringer, so werden alle Geschiebe zur Ablagerung kommen, welche eine gewisse Größe, beziehungsweise ein gewisses Gewicht übersteigen. Die Verhältnisse, welche hierbei einwirken, sind namentlich folgende:

aa) Das Gefälle des Flusses vermindert sich für die ganze Wassermasse. Es tritt dies namentlich ein, wenn ein Gebirgsfluß in die Ebene, oder wenn ein Bach aus einem engen Nebenthal in ein breites Hauptthal eintritt, oder wenn sich Gewässer in einen See ergießen. Die Schuttablagerungen bilden dann meist sanft geneigte und oft fächerartig ausgebreitete Schuttkegel.

---

*) Jahresbericht der Agrikulturchemie. 1867, S. 8.

bb) Das Gerinne eines fließenden Wassers breitet sich an einer Seite bedeutend aus. Die Bewegung des Wassers wird dann so erheblich verringert, daß auf der flacheren Seite eine Ablagerung von Geschieben erfolgt.

cc) In Flußkrümmungen ist die Geschwindigkeit des Wassers an der konvex vorspringenden Seite des Ufers kleiner als an der entgegengesetzten (konkaven) Seite. An der ersteren erfolgt Ablagerung von Sinkstoffen. Bei in Serpentinen fließenden Gewässern erfolgt daher die Anlandung abwechselnd am rechten und linken Ufer. Natürlich werden hierdurch die Krümmungen immer stärker, bis endlich der Fluß sie durchbricht und sich ein neues Bett schafft.

dd) Durch Rückstau, der durch Verengung des Flußbettes oder durch feste Gegenstände veranlaßt sein kann.

ee) Durch Auftreten mehrerer Stromrichtungen (Scharung), die bei ihrem Zusammentreffen Ablagerungen entstehen lassen können. In gleicher Weise wirkt die Einmündung eines Nebenflusses in den Hauptfluß. Zumal vor der Mündung bilden sich Ablagerungen von Sinkstoffen (Barren).

ff) Bei Mündung eines Flusses in ein stehendes Gewässer, beziehungsweise ins Meer. Flüsse, welche stärkeres Gefäll haben und dem entsprechend noch größere Geschiebe führen, bilden Barren. Bestehen die Sinkstoffe jedoch nur aus fein vertheilten Substanzen, so lagern sie sich in Meeren mit geringer Bewegung direkt am Ausfluß ab (Deltabildung). Ist die Ebbe- und Fluthbewegung (die Tiden oder Gezeiten) jedoch stark, so wird der Flußschlamm ins Meer hinaus geführt und kommt erst nach einiger Zeit an ruhigeren Stellen zur Ablagerung. Die Marschen der Weser, Elbe u. s. w. sind so entstanden. Bei der Ablagerung der Sinkstoffe im Meere wirkt der hohe Salzgehalt des Seewassers mit ein. Es erfolgt Flockenbildung und so ein rasches Absetzen des Flußschlammes. Ohne diese Eigenschaft des Salzwassers, schwebende Theile rasch zum Absetzen zu bringen, würden die fein vertheilten Mineralstoffe weit hinaus in den Ocean geführt werden.

Beispiele, welche die Geschiebeabfuhr und Ablagerung in besonders reinen Formen zeigen, sind die Wildbäche. Als solche bezeichnet man Gebirgsbäche oder Wasserläufe, die bei Hochwasser große Massen von Steinen, Geschieben, Sand und Schlamm führen, so daß oft ein dickflüssiges Gemenge von festen Bestandtheile und Wasser (sog. Muhren) sich im Flußbette bewegt.*)

*) Literatur:
von Seckendorf, Verb. der Wildbäche. Wien 1884.
Demontzey, Studien über Wiederbewaldung und Berasung der Gebirge, übersetzt von v. Seckendorf. Wien 1880.
Förster, in Loren, Handbuch der Forstwissenschaft, I. 2. Abth., S. 77.

Wird das Gefälle ein geringeres, so kommen diese Massen natürlich zur Ablagerung und bilden schwach geneigte (unter 10°) Schuttkegel.

Die Wildbäche entnehmen ihre Geschiebe entweder den regelmäßig
sich bildenden Verwitterungsprodukten ihres Sammelgebietes, oder
wühlen den Untergrund und die seitlichen Hänge auf und beladen sich
mit deren Bestandtheilen. Im Hochgebirge werden einmal angeschnittene
Moränen, bei dem losen Zusammenhang ihrer Theile, hierbei sehr
gefürchtet.

Der Schaden, welchen die Wildbäche anrichten, besteht einmal in
der Wegfuhr der Verwitterungsdecke im Sammelgebiet, in der Ueberdeckung
fruchtbarer Flächen mit Steinen und Geröll und in noch höherem Grade
in der Zufuhr großer Geschiebemassen in die größeren Flüsse. Hierdurch wird das Wasser derselben angestaut, es können Ueberschwemmungen
und dauernde Versumpfung von Thalgründen entstehen.

Als Hülfsmittel gegen die Wirkung der Wildbäche gilt vor allem
die Erhaltung der Bodendecke und des Waldes im Sammelgebiet. Eine
verraste Oberfläche setzt schon der Wegfuhr der Erdtheile durch Wasser
in Folge der zahlreichen Wurzelfasern einen energischen Widerstand
entgegen. In noch höherem Grade gilt dies für den Wald mit seinen
tiefwurzelnden Bäumen. Der Wald hat sich bei Aufforstung öder Berg-
flächen in Bezug auf Bindung der Bodenoberfläche einer Berasung
überlegen gezeigt. Vielleicht trägt hierzu auch, zumal in den süd-
französischen Gebieten, wo die meisten Erfahrungen gesammelt sind, die
längere Vegetationsdauer der Waldbäume, gegenüber den Grasarten,
wesentlich mit bei, sowie die Fähigkeit der ersteren noch bei einer
Steilheit des Geländes zu wachsen, wo eine geschlossene Rasendecke
nicht mehr oder nur schwierig zu erzielen ist.

Die Wildbäche finden sich überwiegend im Hochgebirge. Kahle
Felsmassen, von denen das Wasser sehr rasch zu Thale stürzt und die
Bäche zwingt, plötzlich große Wassermassen wegzuführen, sowie alle
Störungen des Bodenüberzugs (ausgetretene Steige des Weideviehes,
Holzbringung in Erdriesen) begünstigen die Bildung derselben. Die
Wirkung der Bodendecke ist sehr viel wichtiger in Bezug auf Ver-
langsamung der Wasserabfuhr, als der direkten Wasseraufnahme;
bei Niederschlägen, und um diese handelt es sich überwiegend, kann
doch nur ein geringer Procentsatz des zugeführten Wassers aufgenommen
werden.

Auch den Mittelgebirgen, zumal entwaldeten Kalkgebirgen, sind
Wildbäche nicht fremd, wenn sie auch natürlich, entsprechend den zumeist
geringeren Regenmassen und schwächerem Gefälle, lange nicht so ver-
heerend wirken können, wie im Hochgebirge.

e) Die Thätigkeit des Meeres ist eine mehr zerstörende wie
aufbauende. Fast an allen Küsten finden sich Theile, welche von den

bewegten Wogen der See angegriffen und mehr oder weniger zerstört sind. An ruhigeren und vor der herrschenden Strömung geschützten Stellen kommen auch Anlandungen vor. Diese bestehen überwiegend aus Sand (z. B. die Halbinsel Darß ist zum weitaus größten Theile aus Seesand aufgebaut), der, vom Winde zusammengeweht, Dünen bildet.

d) Die Thätigkeit des Eises bei dem Abtrag der festen Bestandtheile ist namentlich auf Geschiebetransport durch Gletscher zurück zu führen, wenngleich auch Eisschollen und Eisberge (die aber auch überwiegend abgebrochene Stücke ins Meer gelangter Gletscher sind) Steinblöcke und kleinere Gesteinsreste wegführen und an anderer Stelle zur Ablagerungen bringen können.

Die Gletscher üben bei ihrer Abwärtsbewegung je nach dem Neigungswinkel und der Beschaffenheit des Untergrundes geringe oder bedeutende Wirkungen aus. Auf Felsen glätten sie nur die Oberfläche und ritzen sie durch die mitgeführten härteren Gesteinsbruchstücke (Gletscherschliffe und Schrammen). Nur wo sich der Vorwärtsbewegung Widerstand entgegensetzt (z. B. also bei Thalverengungen, oder wenn das vordere Ende unter dem Druck des höher liegenden Gletschereises sich aufwärts bewegen muß), treten tiefer gehende „Ausschürfungen" des Untergrundes, zumal bei lockeren Gesteinen, auf. Im Ganzen steht jedoch die erodirende Thätigkeit der Gletscher weit hinter der des fließenden Wassers zurück.

Die auf dem Gletscher sich ansammelnden Gesteinsbruchstücke der hervorragenden Felsen werden mit zu Thale geführt. Da jene zumeist auf den Rändern der Gletscher niederfallen, so sind diese mit einem Streifen von Schutt bedeckt, der aus allen Gesteinsarten besteht, welche der Gletscher bei seiner Wanderung berührte. Man bezeichnet diese Ablagerungen als Seitenmoränen (Moräne jede durch Gletscher bewirkte Zusammenlagerung von Gesteinsschutt). Am Ende des Gletschers, wo die Abschmelzung desselben stattfindet, häufen sich die zugeführten Gesteine in meist halbkreisförmig gelagerten Massen an, der Endmoräne des Gletschers. Durch verschiedene Einflüsse, insbesondere auch bei Spaltenbildung im Gletschereis, gelangen Gesteinsbruchstücke in das Innere des Gletschers: sie werden theils mit dem umgebenden Eis weiter geschoben, theils gelangen sie auf den Boden des Gletschers und werden unter dem Druck desselben durch gegenseitige Reibung geglättet und zerkleinert. An geeigneten Stellen lagert sich das gemischte Material, große Geschiebe bis zum feinsten Gesteinsstaub, durch einander, also nicht nach den Korngrößen gesondert, ab. Es ist dies die sogenannte Grundmoräne des Gletschers. Die Diluvialmergel tragen alle Eigenthümlichkeiten einer Grundmoräne an sich (regellose Vertheilung der größeren Geschiebe, die zum Theil geglättet oder geschrammt sind, feste Packung der Gesteinsmasse und Mangel jeglicher Schichtung), und ist deren Ausbildung der Hauptgrund der Annahme einer dereinstigen Vergletscherung des ganzen nordischen Flachlandes.

Beim Abschmelzen des Gletschers fließen große Wassermassen ab und bewirken eine Vertheilung des Moränenmaterials nach der Korn= größe (Grande und Kiese, Sande, Thon), vielfach treten auch herab= stürzende, strudelnde Wassermassen in Wirkung, welche mehr eine Ab= schlämmung der feinerdigeren Bestandtheile, sowie lokale Auskolkungen von festeren (Gletschermühlen, Riesentöpfe) oder lockeren Gesteinen (man nimmt an, daß die weit verbreiteten, gerundeten, tiefen Wasserlöcher [Sol, pl. Sölle] der norddeutschen Ebene so entstanden sind) bewirkt.

c) **Abtrag durch Luftbewegung (Wind).**

Die Wegfuhr, beziehungsweise Ablagerung der festen Bestandtheile durch Wind beschränkt sich naturgemäß auf Bestandtheile geringerer Korngröße.

Für unsere Gebiete kommen wesentlich nur die Bewegungen des Flugsandes und der Dünen in Frage, wenn es auch kaum einem Zweifel unterliegen kann, daß in der Diluvialzeit die Erdbewegung durch Winde eine viel großartigere gewesen ist, als in der Jetztzeit. Im Ganzen scheint überhaupt der durch Windwirkung bewirkten Ver= änderung des Bodens bei uns nicht die gebührende Aufmerksamkeit geschenkt zu werden. Auf den großen Ebenen (Heiden) ist noch jetzt die Umlagerung der Bestandtheile durch Wind nicht ohne Bedeutung.

Sehr wichtig ist dieselbe für die Steppengebiete, wo die Bildung der Schwarzerde (siehe diese) und des Löß überwiegend auf Thätigkeit des Windes zurück zu führen ist.

In Gebieten noch thätiger Vulkane sind die Ablagerungen der vulkanischen Aschen und Sande anzuführen. Ferner ist in den Wüstengebieten noch heute der Wind das wichtigste Transportmittel der festen Bodenbestandtheile.

Das Vorkommen von Flugsand und Dünen ist in dem nordischen Flachlande ein weit verbreitetes. Ueberall wo diluviale Wasserläufe ihren einstigen Weg genommen haben, begleiten sie zahlreiche Dünen= ketten, die durch die Länge der Zeit gebunden und meist mit Wald bestanden sind.

Flugsandflächen finden sich außerdem häufig, stehen aber zumeist mit wieder flüchtig gewordenem, ursprünglichem Dünensand in engem Zusammenhange. Die Bindung derselben durch Kulturmaßregeln bietet in der Regel keine erheblichen Schwierigkeiten.*)

Die Dünen der Seeküsten unterscheiden sich von dem Flugsande des Binnenlandes durch ihre größeren Massen, die fortgesetzte Zufuhr von Sand durch die Anspülungen des Meeres und dadurch, daß sie

---

*) Wessely, Flugsand und seine Kultur. Wien 1873 (dort ältere Literatur).

dauernd der Einwirkung des Seewindes ausgesetzt sind. Die absolute Höhe, bis zu der sich die Dünen erheben, ist sehr verschieden, an der Ostsee sind solche bis zu 60 m Höhe beobachtet.

Die Korngröße des Dünensandes ist wechselnd und in der Nähe des Seeufers größer als in den landeinwärts gelegenen Theilen. Es ist dies eine Folge der verschiedenen Stärke des Windes, der in voller Kraft vom Meere herkommend, schwerere Sandkörner bewegen kann, als in den Gebieten, wo er durch Reibung der Bodenoberfläche und sonstige Widerstände bereits etwas abgeschwächt ist. Der Dünensand kann daher sehr feinkörnig bis grobkörnig sein.

Die Untersuchungen Schütze's*) geben hierfür ein gutes Beispiel. Der Sylter Dünensand setzte sich zusammen:

	< als				> als
	2 mm	1—2 mm	0,5—1 mm	0,25—0,5 mm	0,25 mm
Westseite der Seedünen .	10,7	60,9	19,4	8,8	0,6
Ostseite der Seedünen .	—	1,2	8,4	86,4	3,6
Dünen der Ostseite der Insel	—	0,2	5,4	82,4	12,1

Die Dünen der russischen Ostseeküste, die bis zu 72 m Höhe ansteigen **) sind im Ganzen feinkörniger, es entsprechen die von Reval einem grobkörnigen, die von Winden, Kronstadt einem mittelkörnigen, die von Libau, Narva und Dünamünde einem feinkörnigen Sande.

Wanderdünen. Nicht gebundene, d. h. nicht mit einer zusammenhängenden Decke von Vegetation bestandene Dünen erleiden fortdauernd Umlagerungen. Die Oberfläche trocknet leicht aus, die zusammenhanglosen Sandkörner werden von dem anprallenden Winde emporgehoben, über die Köpfe der Dünen hinweggeführt und fallen an der Rückseite derselben wieder zu Boden. Wiederholt sich dieser Vorgang, so rücken die Dünen allmählich mit der herrschenden Windrichtung vor, sie **wandern**. Die Geschwindigkeit, mit welcher dies geschieht, ist sehr verschieden. An den Ostseeküsten hat man 1—6 m im Jahre beobachtet. Die Mitte eines Dünenzugs bewegt sich rascher als die Flügel (von Raumer beobachtete in gleicher Zeit in der Mitte ein Fortschreiten von 0,66—0,82 m: an den Seiten 0,16 und 0,34 m).

Da die Richtung des herrschenden Seewindes normal auf die Dünen einwirkt, so erfolgt der Angriff und die Wegfuhr des Sandes fast gleichmäßig auf der ganzen der Windwirkung zugewendeten Bergseite, die dadurch eine steile Böschung erhält. Der vom Winde bewegte Sand wird über die Dünenköpfe hinweggeweht, seine Ablagerung erfolgt je nach Windstärke und Korngröße des Sandes in verschiedenem

*) Zeitschrift für Forst= und Jagdwesen, Bd. 5, S. 183.
**) von Raumer, Forschungen der Agrikulturphysik, Bd. 9, S. 204.

Abstande. Hierdurch wird ein allmähliches Abfallen der Dünen an der vom Winde abgekehrten Seite bewirkt.

Der Gehalt des Dünensandes an löslichen Mineralstoffen ist ein sehr verschiedener, im Ganzen aber nicht so gering, daß hieran eine Kultur scheitern würde. Von besonderer Wichtigkeit ist die Gegenwart oder das Fehlen von kohlensaurem Kalk, der in Muschelschalen, welche sich dem Sande des Meeres beimischen, seinen Ursprung hat. In den Dünen der Halbinsel La Coubre (Depart. Charente) fand Duchartre*) 2—6 % kohlensauren Kalk; von Raumer bei Narva 0,8, bei Windau 6 %; die Dünen des Darß sind ebenfalls reich an Kalk; seinem Vorkommen verdanken wohl die dortigen Buchen die Möglichkeit des Gedeihens.

Schon in der Anzahl und den Arten der Dünenflora macht sich der höhere oder geringere Nährstoffgehalt (vergleiche von Raumer) bemerkbar.

Die Bindung und Aufforstung der Dünen ist bei der großen Ausdehnung der Dünenketten und der Nothwendigkeit, hinter denselben liegende Gebiete vor Versandung zu schützen, von großer Bedeutung.

Die größten Schwierigkeiten bereiten der starke Wind und die Flüchtigkeit des Bodens. Die jungen Pflanzen werden durch die anprallenden Sandkörner getroffen und erliegen oft den Verletzungen der Rinde oder werden übersandet. Bei lang andauernden Trockenperioden kommt noch Mangel an Feuchtigkeit hinzu, um die Kultur zu erschweren.

Als wichtiges Hülfsmittel der Bindung der Dünen hat sich die Anlage und Erhaltung einer Vordüne ergeben. Die See wirft dauernd Sand aus, der durch den Wind weiter geführt wird. Die Vordüne soll diese Sandzufuhr abschneiden. Zur Festigung derselben wie überhaupt zur ersten Bepflanzung der Dünen dienen namentlich zwei Grasarten Arundo (Ammophila) arenaria und Elymus arenarius. Diese beiden Dünengräser ertragen nicht nur das Uebersanden, sondern verlangen es zu ihrer günstigen Entwickelung. Es kann vorkommen, daß Dünen überwiegend durch die immer weiter und höher wachsenden Sprosse jener Gräser an einer bestimmten Stelle festgehalten werden.

Ist die Bindung des Sandes wenigstens vorläufig gelungen, so erfolgt die Bepflanzung mit Waldbäumen. In den südlichen Gebieten hat sich die Seestrandkiefer bewährt, in den nördlichen namentlich die Krummholzkiefer (Pinus montana). Die gewöhnliche Kiefer leidet zu sehr unter der Einwirkung der anprallenden Sandkörner, hat auch nicht den buschigen Wuchs wie jene. Der Kultur muß Zufuhr von Moorerde, Lehm und dergleichen vorausgehen, welche in die Pflanzenlöcher

---

*) Nach Centralblatt für die gesammte Forstwissenschaft 4, S. 437.

gebracht oder besser, mit dem Sande durchgehalt werden. Es ist hier wohl einerseits die Bindung des Sandes, sowie namentlich die höhere Wasserkapacität der zugeführten Stoffe wirksam.

In Dünenthälern, die fast immer genügend Feuchtigkeit haben, gedeiht am besten die Erle (Weiß= und Rotherle), sowie die Espe.

Die Entwickelung einer Dünenbepflanzung wird immer von mannig= faltigen Bedingungen abhängig bleiben; eine vorzüglich gelungene Kultur befindet sich z. B. in Nordseeland, am Ufer des Kattegat. Hier wirkt unterlagernder Diluvialmergel mit, einen günstigen Holzwuchs zu er= zeugen. Die größte Schwierigkeit bleibt immer die Einwirkung des Seewindes, nur ausnahmsweise wird das Fehlen der mineralischen Pflanzennährstoffe ausschlaggebend sein.*)

f) Erosion durch treibenden Sand. Der vom Winde fort= bewegte Sand wirkt auf hervorragende Felsen und Gesteine abschleifend ein. Ist diese Thätigkeit auch in unseren Gebieten eine unerhebliche (in den Wüsten übt sie bedeutende Wirkungen), so hat man doch Ur= sache anzunehmen, daß sie sich in der Zeit, welche der Eisbedeckung folgte, viel stärker geltend machte. In den obersten Diluvialschichten finden sich sogenannte „Dreikanter", pyramidenförmige Geschiebe, deren Form durch die abschleifende Einwirkung des überwehenden Sandes hervorgebracht ist.

g) Triebsand. Triebsand findet sich am verbreitetsten in den Dünenthälern. Er bildet sich an solchen Stellen lockeren Sandbodens, an denen Wasser in langsam fließender oder aus der Tiefe hervor= quellender Bewegung ist. Die einzelnen Sandkörner werden durch den Auftrieb des Wassers schwebend erhalten. Die ganze Masse des Trieb= sandes läßt sich am ehesten mit einem dicken Sandbrei vergleichen. Jedes Sandkorn befindet sich im labilen Gleichgewicht und ein leichter Anstoß genügt, um es zum Absetzen zu bringen. Wird eine Triebsand= fläche durch äußere Einwirkungen in ihrer Ruhelage gestört, so setzt sich der Sand rasch in sehr dicht zusammengelagerter Schicht ab. Fremde Körper werden allseitig vom Sand fest umlagert. Kommen Menschen oder Thiere in Triebsand, so tritt der gleiche Vorgang ein und die Möglichkeit, sich aus der dicht anlagernden Sandschicht ohne fremde Hülfe zu befreien, ist auf tiefen Triebsandflächen gering. Mit Recht werden diese daher sehr gefürchtet. Am gefährlichsten gestalten sie sich, wenn zur Sommerzeit die Oberfläche austrocknet und der tiefer liegende Triebsand eine feste in nichts vom übrigen Sandboden unterscheidbare

---

*) Literatur namentlich:
Berendt, Geologie des Kurischen Haffes. Königsberg 1869.
Krause, Der Dünenbau. Berlin 1850.
Oberforstmeister Müller, Verhandlungen des preuß. Forstvereins, X. Vers. 1881.
Lehnpfuhl, Münchener akademische Hefte, 2. 1892.

aber natürlich nur dünne Decke bekommt. Viele Unglücksfälle haben sich auf solchen Stellen beim Durchtreten durch die trügerische Decke ereignet.

Auch an flachen Flußufern findet sich zuweilen Triebsand, der durch das fließende Wasser schwebend erhalten wird und sich in seinen Eigenschaften dem Besprochenen gleichartig verhält.*)

— — — —

VI. Die wichtigsten Mineralarten und Gesteine
und ihre Verwitterung.

§ 54. I. Die wichtigsten Mineralarten.

Die Zahl der in größerer Menge verbreiteten, die Gesteine zu= sammensetzenden und durch Verwitterung Boden bildenden Mineralarten ist eine geringe. Außer derselben haben noch andere sparsamer vor= kommende, entweder durch ihre Bedeutung für die Pflanzenernährung, oder durch sonstige Eigenschaften (z. B. Eisenkies als Erzeuger von Pflanzengiften) Wichtigkeit.

Der weit überwiegende Theil der hierher gehörigen Mineralarten besteht aus salzartigen Körpern und aus Oxyden, nur sparsam finden sich Schwefelverbindungen. Die wichtigsten Mineralien sind:

Kieselsäure und Silikate,
Karbonate ($CaCO_3$: $MgCO_3$; $FeCO_3$),
Sulfate ($CaSO_4$; $CaSO_4 + 2H_2O$),
Phosphate (Apatit),
Chloride (Steinsalz),
Doppelsalze (Kainit; Carnallit).

Bei den Mineralanalysen ist es gebräuchlich, die einzelnen Be= standtheile als Oxyde und Säurenhydride aufzuführen. Entspricht dies auch nicht mehr den Anschauungen der theoretischen Chemie, so hat die Methode doch so viele praktische Vortheile und ist so allgemein ein= gebürgert, daß keine Ursache vorliegt, davon abzugehen.

Als die wichtigsten den Boden zusammensetzenden Bestandtheile kommen in Betracht:

Kieselsäure (SiO_2),
Schwefelsäure (SO_3),
Kohlensäure (CO_2),
Phosphorsäure (P_2O_5),

*) Ueber Triebsand siehe Behrendt, Geologie des Kurischen Haffes.

Chlor (Cl),

Wasser (H₂ O),

Kali (K₂ O),

Natron (Na₂ O),

Kalk (Ca O),

Magnesia (Mg O),

Eisenoxydul (Fe O),

Eisenoxyd (Fe₂ O₃),

Thonerde (Al₂ O₃),

Mangandioxyd (Mn O₂), in den Analysen meist als Manganoxyduloxyd (Mn₃ O₄) aufgeführt.

Wasser, beziehentlich der Wasserstoff, ist in zwei Verbindungsformen in den Mineralarten vertreten. Zumeist befindet sich das Wasser in molekularer Verbindung, entspricht also dem Krystallwasser vieler Salze. Durch mäßiges Erhitzen wird dieses Wasser ausgetrieben (z. B. Gyps, Ca SO₄ + 2 H₂ O, giebt beim Glühen Ca SO₄ und zwei Moleküle Wasser). Viele Verwitterungsprodukte (Thone, Zeolithe, wasserhaltige Magnesiumsilikate) bestehen aus solchen wasserhaltigen Salzen.

In vielen Fällen nimmt jedoch Wasserstoff als solcher am Aufbau des Moleküls Theil, er vertritt dann die Stelle eines einwerthigen Metalles. Derartige wasserstoffhaltige Mineralien (Turmalin, Glimmer, manche Thone), verlieren ihren Wasserstoff erst beim dauernden Glühen.

Die Silikate bilden die wichtigste Gruppe der bodenbildenden Mineralien. Um sie leichter ordnen zu können, benutzt man Bezeichnungen, die ebenfalls einer früher üblichen Anschauungsweise über die Zusammensetzung der chemischen Verbindungen entsprechen, aber ihrer Uebersichtlichkeit wegen auch jetzt noch beibehalten sind. Denkt man sich ein Silikat (z. B. Olivin (Mg₂ Si O₄) in Magnesia (Mg O) und Kieselsäureanhydrid (Si O₂) zerlegt, so erhält man

$$Mg_2 O_2 + Si O_2.$$

Die Menge des an das Metall gebundenen Sauerstoffs verhält sich zum Sauerstoff der Kieselsäure wie

$$1 : 1.$$

Nach diesem Verhältniß bezeichnet man eine solche Verbindung als Singulosilikat.

Von anderen kieselsauren Salzen finden sich noch häufig Bisilikate, nach der allgemeinen Formel R₂ Si O₅ zusammengesetzt. R bedeutet hier ein beliebiges einwerthiges Metall. Nach obiger Weise getrennt, würden

$$R_2 Si O = R_2 O + Si O_2$$

sein, also das Sauerstoffverhältniß wie

$$1 : 2,$$

daher Bisilikate.

Ferner finden sich Zweidrittelsilikate, nach der allgemeinen Formel $R_6 Si O_3$ zusammengesetzt (also $R_6 O_3 + Si O_2$: Sauerstoffverhältniß $3:2$, daher Zweidrittelsilikate).

Als Doppelsilikate bezeichnet man Verbindungen, und sie machen einen großen Theil der verbreitetsten und wichtigsten Mineralien aus, die mehrere ungleichwerthige Elemente enthalten; namentlich sind es Körper, die neben den sogenannten Monoxyden (Alkalien oder alkalische Erden) noch Sesquioxyde (Eisenoxyd und Thonerde) enthalten.

Die Mineralien sind nur in ihren reinsten Formen ganz einheitlich zusammengesetzt. Die meisten enthalten kleinere oder größere Mengen anderer Körper eingelagert.

Verschiedene Elemente können sich ferner unter einander vertreten, so kann z. B. Kalium an die Stelle von Natrium oder Wasserstoff treten und umgekehrt diese an die Stelle des Kaliums; Calcium an die Stelle von Magnesium oder Eisenoxydul; Eisenoxyd an die Stelle von Thonerde, ohne daß die Mineralarten die ihnen zukommende Krystallform und ihre sonstigen Eigenschaften wesentlich ändern. Hieraus erklärt es sich, daß die häufigsten und verbreitetsten Mineralarten in ihrer Zusammensetzung wechseln, beziehentlich einzelne Bestandtheile in verschiedener Menge enthalten können.

Wichtige Zeugen für die im Mineralreich eingetretenen Umwandlungen sind die Pseudomorphosen oder Afterkrystalle. Jedes krystallisirbare Mineral tritt in geometrisch bestimmbaren Formen, den Krystallen, auf. Diese sind für das betreffende Mineral oder doch für einige wenige charakteristisch. Findet sich daher irgend eine Mineralart in Krystallformen, welche nicht ihrer, sondern einer anderen Verbindung angehören, so hat man Ursache anzunehmen, daß durch chemische Einwirkungen die letztere in das jetzt vorhandene Mineral umgewandelt wurde. Derartige Umwandlungsprodukte bezeichnet man als Pseudomorphosen; sie sind Hülfsmittel, um die Umbildungsvorgänge im Mineralreich verfolgen und die chemischen Reaktionen, welche sie bewirkt haben, feststellen zu können.

1. Kieselsäure und Silikate.

Die Kieselsäure findet sich in der Natur in verschiedenen Formen: hexagonal krystallisirt als Quarz, krystallinisch und versteckt krystallinisch als Chalcedon, Jaspis, Hornstein, Feuerstein; eine zweite hexagonal (vielleicht triklin) krystallisirende Form ist der nur selten, zumal in trachytischen Gesteinen auftretende Tridymit; amorphe, mehr oder weniger wasserhaltige Kieselsäure, der Opal mit seinen Unterarten.

Quarz, kenntlich an den hexagonalen Säulen und den entsprechenden Pyramiden der Krystalle, an dem meist unebenen Bruch, dem

Glasglanz der Krystallflächen und dem mehr oder weniger ausgeprägten Fettglanz der Bruchflächen, endlich an der hohen Härte (= 7). Der Quarz kommt farblos (Bergkrystall), weiß (Milchquarz) und durch kleine Mengen fremder Bestandtheile gefärbt (z. B. Amethyst) vor.

Dichte, kryptokrystallinische Formen des Quarzes sind:

Chalcedon, sehr mannigfach gefärbt; mit ebenem bis flachmuschligem, feinsplitterigem Bruch.

Feuerstein (Flint), meist grau bis grauschwarz gefärbt, mit flachmuscheligem Bruch, leicht in scharfkantige Stücke zersprengbar.

Jaspis, durch Eisenoxyd roth oder braun gefärbt, undurchsichtig, Bruch matt, flachmuschelig.

Kieselschiefer, verschieden, meist durch Kohlenstoff schwarz gefärbt; dickschieferig, Bruch uneben bis flachmuschelig.

Der Quarz und seine Abänderungen sind die verbreitetsten Mineralien. Quarz findet sich in vielen Gesteinsarten (Granit, Gneiß, Schiefergesteinen) und bildet die Hauptmasse der Sande und Sandsteine.

Der Quarz ist durch kohlensäurehaltiges Wasser kaum, durch Salzlösungen schwer angreifbar; etwas leichter unterliegen die dichten Abarten chemischen Veränderungen. Feuerstein und Chalcedone sind oft von einer hell gefärbten, weichen Verwitterungskruste umgeben, die meist kohlensauren Kalk enthält. Zerfressene, von Lösungen angegriffene Quarze kommen, wenn auch sparsam, vor, ebenso Pseudomorphosen anderer Mineralien (Speckstein, Rotheisenstein, Kalkspath, Chlorit) nach Quarz; ein Beweis, daß auch dieser widerstandsfähige Stoff allmählichen Umbildungen unterliegen kann. Durch Kalilauge wird Quarz allmählich gelöst, am raschesten werden die dichten Abarten angegriffen.

Bei der Verwitterung der Gesteine bleibt Quarz zumeist chemisch unverändert, zerfällt aber durch mechanische Einwirkung, welche wohl durch die in der Regel vorhandenen Einschlüsse fremder Mineralien, Flüssigkeiten u. s. w. sehr gesteigert werden, in scharfeckige Bruchstücke (in manchen Gesteinen ist kaum ein unzersprungener Quarzkrystall aufzufinden), die im Verwitterungsprodukt meist als solche erhalten bleiben und nur selten durch Reibung gerundet werden. Die Quarze der diluvialen Sande zeigen fast stets eine äußere Schicht mit abweichender Lichtbrechung, welche den unveränderten Kern umgiebt. Die Bildung des Quarzes kann in vielen Gesteinen (Felsitporphyren, Andesiten) nur durch Ausscheidung aus geschmolzenen Eruptivmassen erfolgt sein, in anderen sehr zahlreichen Fällen ist die Entstehung aus wässeriger Lösung unzweifelhaft; so in Versteinerungen, auf Erzgängen, in Hohlräumen vulkanischer Gesteine. Chalcedonkugeln lassen häufig den Weg der Bildung deutlich verfolgen. Die Ränder sind von dichtem, oft schichtweise verschieden gefärbtem Chalcedon, die Mitte ist von Quarz eingenommen.

Oft ist noch der Gang, auf dem die Flüssigkeit einsickern konnte, erhalten. In der ersten Zeit, wo die Abscheidung rascher vorauging, erfolgte die Abscheidung der versteckkrystallinischen, später die der großkrystallinischen Form der Kieselsäure.

Opal. Die wasserhaltige, amorphe Form der Kieselsäure findet sich überwiegend in den Hohlräumen vulkanischer Gesteine, ist überhaupt aber nur wenig verbreitet.

Die Abscheidung von Quarz im Erdboden ist wiederholt behauptet, aber bisher noch nicht nachgewiesen worden (Emeis, Waldbauliche Forschung. Berlin 1876). Theoretisch ist die Bildung durchaus möglich; es ist aber nicht wahrscheinlich, daß die Menge des so entstehenden Quarzes für die Böden ins Gewicht fällt.

Größere Bedeutung, zumal für die Absorptionsvorgänge, muß man dem Vorkommen von wasserhaltiger, amorpher Kieselsäure im Boden beilegen. Bisher ist es nicht möglich gewesen, diese direkt nachzuweisen. Alle Silikate sind erheblich durch Alkalien angreifbar; eine Behandlung des Bodens mit Kalilauge oder Alkalikarbonaten und die Menge der dadurch löslichen Kieselsäure, kann das Vorkommen derselben im freien Zustande wahrscheinlich machen, aber nicht beweisen. Auch durch mikroskopische Untersuchungen hat der Verfasser bisher die Anwesenheit nicht festzustellen vermocht.

Silikate.

Olivin, rhombisch krystallisirend: bildet in glasglänzenden, muschelig brechenden Krystallkörnern ein Gemengtheil basischer, eruptiver Gesteine, so der Basalte, Melaphyre. Der Olivin ist meist von flaschengrüner, seltener gelber bis brauner Farbe.

Zusammensetzung. Der Olivin ist ein Magnesiumsilikat (Halbsilikat), $Mg_2 Si O_4$, wobei ein Theil der Magnesia durch Eisenoxydul ersetzt ist. Die procentische Zusammensetzung schwankt in Folge hiervon erheblich, beträgt aber im Durchschnitt

$$Si O_2 = 40,98 \%$$
$$Mg O = 49,18 \text{ „}$$
$$Fe O = 9,84 \text{ „}$$

Der Verwitterung unterliegt der Olivin sehr leicht, sie schreitet in den meist zahlreich vorhandenen Sprüngen und Haarspalten rasch voran. Das Eisenoxydul wird hierbei in Oxyd umgewandelt, die grünliche Färbung geht in eine gelbliche bis rothbraune über, und die Hauptmasse des Gesteines wird unter Aufnahme von Wasser in ein wasserhaltiges Magnesiumsilikat, zumeist in Serpentin übergeführt.

Der Olivin ist ein primärer Bestandtheil eruptiver Gesteine, er läßt sich leicht durch Zusammenschmelzen seiner Bestandtheile mit einem Flußmittel künstlich herstellen.

Serpentin, wahrscheinlich versteckt krystallinisch, ein weiches (H = 3—4) dichtes, meist düster, lauch- bis schwarzgrün gefärbtes Gestein; findet sich in ganzen Bergen, Stöcken und Lagern.

Zusammensetzung: $Mg_3 H_2 Si_2 O_8 + H_2 O =$

$$Si O_2 = 43,5 \, \%$$
$$Mg O = 43,5 \, \text{"}$$
$$H_2 O = 13,0 \, \text{"}$$

Ein Theil der Magnesia ist fast immer durch Eisenoxydul ersetzt (bis zu 8 % der Mineralsubstanz).

Der Serpentin ist aus der Verwitterung magnesiumhaltiger Mineralien, meist aus Olivin hervorgegangen und unterliegt nur schwierig weiteren Angriffen, die in der Regel zur Bildung (und Wegführung) von Karbonaten und Abscheidung von Kieselsäure führen. Gelegentlich scheidet sich auch wohl wasserhaltiges Magnesiumoxyd (Brucit) ab.

Talk und Speckstein, krystallinische (wahrscheinlich rhombisch), sehr weiche (H = 1), farblose oder schwachgrünlich oder gelblich gefärbte Mineralien, von denen die

sehr leicht spaltbaren, schuppigen oder blätterigen Abarten als Talk, die festeren, uneben brechenden, dichten als Speckstein

bezeichnet werden.

Zusammensetzung:

Wasserhaltiges Magnesiumsilikat, $H_2 Mg_3 Si_4 O_{12}$ mit

$$Si O_2 = 63,5 \, \%$$
$$Mg O = 31,7 \, \text{"}$$
$$H_2 O = 4,8 \, \text{"}$$

Talk bildet als Talkschiefer eine Gebirgsart, findet sich aber auch sonst weit verbreitet, so in den Protogingneißen der Alpen (in denen er den Glimmer vertritt). Talk ist ein sehr häufig vorkommendes Verwitterungsprodukt magnesiahaltiger Mineralien, zumal der Augit- und Hornblendegesteine und ist wohl stets als ein sekundäres Produkt zu betrachten.

Bei der Verwitterung zerfällt der Talk in Folge der leichten Spaltbarkeit blätterig; chemische Umwandlungen erleidet er kaum, ist daher als eines der unangreifbarsten Mineralien zu betrachten.

Glaukonit findet sich in gerundeten, meist kleinen, mattgrünen Körnern in Kalken, Sandsteinen, Thonen und auch in sandsteinartigen Zusammenlagerungen (die als Grünsande bezeichnet werden). Der Glaukonit ist äußerlich der Grünerde ähnlich und durch den meist hohen Gehalt an Kali (5—15 %) von bodenkundlicher Wichtigkeit. Chemisch ein sehr schwankend zusammengesetztes wasserhaltiges Silikat von Eisen, Thonerde und Kali.

Feldſpathe. Unter den geſteinbildenden Silikaten ſind, ſowohl in Bezug auf Menge des Vorkommens, wie auf Bedeutung der Ver= witterungsprodukte, die Feldſpathe die für die Bodenbildung wichtigſten. Sie ſind ſämmtlich Doppelſilikate von Alkalien, alkaliſchen Erden und Thonerde. Nach den Kryſtallformen unterſcheidet man
monoklinen Feldſpath, Orthoklas und
trikline Feldſpathe oder Plagioklaſe.

Orthoklas, Kaliſeldſpath; monoklin, leicht ſpaltbar in zwei auf einander ſenkrecht ſtehenden Richtungen, von hoher Härte (H = 6); glasglänzend und meiſt röthlichweiß bis fleiſchroth gefärbt. Die glaſige in trachitiſchen Geſteinen vorkommende Abänderung bezeichnet man als Sanidin.

Abb. 18.

Orthoklaskryſtall, theil weiſe zerſetzt in a) Kaolin; b) Kaliglimmer; c) Epidot.

Zuſammenſetzung:

Kaliumthonerdeſilikat $= K_2 Al_2 Si_6 O_{16}$ mit

$$SiO_2 = 64{,}68\,^0/_0$$
$$Al_2 O_3 = 18{,}43\,„$$
$$K_2 O = 16{,}89\,„$$

Außerdem finden ſich kleine Mengen von Kalk, Magneſia, Eiſen und faſt ſtets 2—3"/₀ Natron.

Orthoklas iſt ein Gemengtheil vieler Ge ſteine (Granit, Gneiß, Syenit, Felſitporphyr u. ſ. w.) und findet ſich auch ſonſt verbreitet. Er iſt eine weit verbreitete Ausſcheidung eruptiver Geſteine; kann aber auch auf wäſſerigem Wege entſtehen. Die Verwitterung des Orthoklas iſt viel= ſach unterſucht. In den Geſteinen verlieren die Kryſtalle ihren Glanz, werden matt und färben ſich häufig durch ausgeſchiedenes Eiſenoxyd röth= lich oder bräunlich und gehen endlich in thonige Beſtandtheile, die reinſten Abarten in weißen Kaolin über (vergleiche Seite 120).

Die Angreifbarkeit des Orthoklas durch reines, oder kohlenſäure= haltiges Waſſer iſt vielfach experimentell nachgewieſen worden. Bei der komplicirten Verwitterung in der Natur, wo zugleich verdünnte Salz= löſungen einwirken, bilden ſich häufig andere Mineralarten, zumal Kaliglimmer und Epidot. Auf Dünnſchliffen laſſen ſich nicht ſelten die drei hauptſächlichen Umbildungen in Kaolin, Kaliglimmer und Epidot neben einander beobachten (ſiehe oben Abbildung 18). Es läßt ſich auch verfolgen, daß die Verwitterung meiſt den Spaltflächen folgt und derſelbe Kryſtall an einzelnen Theilen bereits in trüben Kaolin umgewandelt iſt, während andere noch völlig klar und unangegriffen erſcheinen.

Von den Feldspathen ist der Orthoklas in der Regel der am schwierigsten angreifbare. Häufig finden sich die Plagioklase in gemengten Gesteinen bereits völlig zersetzt, während die glänzenden Spaltungs-flächen des Orthoklas unverändert geblieben sind. Es kann das aber nur als Regel gelten, gar nicht selten kann man auch das umgekehrte Verhalten beobachten.

Die Plagioklase.

Die triklinen Feldspathe haben bei gleicher Krystallform sehr ver-schiedene Zusammensetzung. Alle zeichnen sich durch die Neigung aus, zu Zwillingen zu verwachsen. Selbst der kleinste Krystall zeigt sich aus zahlreichen, oft äußerst feinen Krystalllamellen zusammengesetzt; vielfach läßt sich dies schon mit bloßem Auge an der Zwillingsstreifung der Spaltungsstücke erkennen.

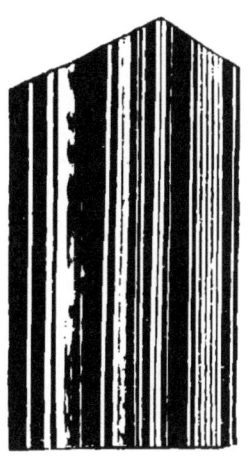

Man unterscheidet drei selbständige Arten der Plagioklase, welche durch Verwachsung zu Zwillingskrystallen die zahlreichen Zwischenglieder bilden, es sind dies:

Mikroklin, trikliner Kalifeldspath: in der Zusammensetzung und dem Verhalten mit dem Orthoklas übereinstimmend.

Albit, Natronfeldspath: ein Doppelsilikat von Natron und Thonerde.

Anorthit, Kalkfeldspath; ein Doppelsilikat von Kalk und Thonerde.

Namentlich Mischungen der beiden letzten Arten finden sich häufig, während die reinen Mineralien geradezu selten sind; je nach dem Ueberwiegen des einen oder anderen bezeichnet man sie als

Abb. 19. Durchschnitt eines Plagioklastkrystalls im po-larisirten Licht betrachtet. Jede helle oder dunkle Linie entspricht einem Krystallindividuum, die gesetzmäßig zu Gesammtkrystallen verwachsen.

Oligoklas; Natronkalkfeldspath, viel Natrium bei relativ wenig Kalk enthaltend, und

Labrador; Kalknatronfeldspath, viel Kalk, wenig Natron enthaltend.

Mikroklin entspricht in allen seinen Eigenschaften, natürlich mit Ausnahme der Krystallform, dem Orthoklas: er erleidet dieselben Zer-setzungen wie jener.

Albit = $Na_2 Al_2 Si_6 O_{16}$ mit

Kieselsäure	68,62 %
Thonerde .	19,56 „
Natron	11,82 „

Anorthit = $Ca\ Al_2\ Si_2\ O_8$ entsprechend

$$Si\ O_2 = 43,08\ ^0/_0$$
$$Al_2\ O_3 = 36,82\ „$$
$$Ca\ O = 20,10\ „$$

Neben Natron und Kalk enthalten fast alle Plagioklase kleine Mengen von Kalium. Oligoklas und Labrador stehen in ihrer Zusammensetzung und ihrem Verhalten zwischen Albit und Anorthit.

Die Plagioklase sind weit verbreitete Gemengtheile vieler Gesteine, in denen sie zum Theil neben Orthoklas (in Granit, Gneiß) oder als alleinige Vertreter der Feldspathmineralien vorkommen, so in den meisten basischen Eruptivgesteinen.

Die Verwitterung der Plagioklase führt ebenfalls zur Bildung von Mineralien der Kaolingruppe (am wenigsten beim Anorthit); sie geht in den reichlich Kalk enthaltenden rascher voran, als in den natron-reichen. Natron, sowie Kalk werden weggeführt, der letztere wohl auch als Karbonat in den Gesteinen abgeschieden. Bemerkenswerth ist die Neigung zur Bildung von Zeolithen bei der Zersetzung der Plagioklase, die den Kalifeldspathen nicht oder nur in beschränktem Maße zukommt.

Mineralien der Glimmergruppe.

Neben den Feldspathen nehmen die Mineralien der Glimmergruppe an der Zusammensetzung der Gesteine wesentlichen Antheil. Alle zeichnen sich durch leichte Spaltbarkeit aus, welche ein Zertheilen des Glimmers in sehr feine, meist elastisch biegsame Blättchen in höchstem Maße be-günstigt.

Auf Grund des optischen Verhaltens hat man die Glimmer in eine Anzahl Arten eingetheilt; für die Zwecke der Bodenkunde genügt jedoch die alte Unterscheidung zwischen **Kaliglimmer** und **Magnesia-glimmer**. Die Zusammensetzung der Glimmer ist eine schwankende, und es ist bisher noch nicht möglich gewesen, sie auf einfache Formeln zurückzuführen. Es sind Doppelsilikate der Alkalien, alkalischen Erden und der Thonerde (Eisen).

Kaliglimmer, ausgezeichnet spaltbar, von überwiegend hellen, oft silberweißen Farben; geringe Härte (2—3). Die Zusammensetzung ist eine sehr wechselnde und schwankt etwa in folgenden Grenzen:

$$Si\ O_2 = 46—50\ ^0/_0$$
$$Al_2\ O_3 = 25—35\ „$$
$$K_2\ O = 8—10\ „$$

Hierzu kommen noch Eisen, zumal als Eisenoxyd (0,5—5 $^0/_0$), Fluor und Wasser (1—4 $^0/_0$): Kalk sowie Magnesia fehlen fast gänzlich, jedoch finden sich oft kleine Mengen von Natrium und Lithium.

Kaliglimmer ist ein Bestandtheil vieler Gesteine (Granit, Gneiß, Kaliglimmerschiefer u. s. w.).

Der Verwitterung ist Kaliglimmer sehr wenig unterworfen, wohl spaltet er sich in äußerst dünne Blättchen, diese aber erhalten sich außerordentlich lange, fast völlig unangegriffen.

Magnesiaglimmer, meist dunkel gefärbt, schwarz, grünlich oder grau, auch braun, vielfach nicht so vollkommen spaltbar wie der Kaliglimmer.

Chemisch von noch wechselnderer Zusammensetzung wie die Kali= glimmer; charakteristisch ist der hohe Gehalt an Magnesia und vielfach an Eisen, welches meist als Eisenoxyd vorhanden ist. Etwa folgende Grenzwerthe sind anzunehmen:

$$SiO_2 = 39 - 44 \text{ }^0/_0$$
$$Al_2O_3 = 6 - 20 \text{ „}$$
$$Fe_2O_3 = 0 - 30 \text{ „}$$
$$MgO = 10 - 30 \text{ „}$$
$$K_2O = 5 - 11 \text{ „}$$

Daneben noch kleine Mengen von Wasser, Natron und Fluor.

Der Magnesiaglimmer findet sich, ähnlich dem Kaliglimmer, in vielen Gesteinen, oft mit diesem vergesellschaftet; in den basischen Ge= steinen sind Magnesiaglimmer vorherrschend.

Die Verwitterung des Magnesiaglimmers erfolgt erheblich leichter, als die des Kaliglimmers. Häufig sind die dunklen Blättchen von einem hell gefärbten Rande umgeben, der durch Wegführung des Eisens und der Alkalien entstanden ist; oft setzt sich auch Eisenoxyd zwischen den Lamellen ab und färbt diese röthlich. Der Boden, welcher sich aus Gesteinen bildet, die viel Magnesiaglimmer enthalten, ist ein eisenreicher Thonboden und durch seine physikalischen Eigenschaften, wie durch höhere Fruchtbarkeit von den aus Kaliglimmer gebildeten unter= schieden.

Vielfach läßt sich eine Umbildung der Basen des Magnesiaglimmers in Karbonate verfolgen; anderseits finden sich Umwandlungen in Talk oder Speckstein.

Mineralien der Hornblende= und Augitgruppe.

Diese Gruppe umfaßt eine Anzahl Mineralien, welche rhombisch oder monoklin, selten triklin krystallisiren, aber trotz den verschiedenen Krystallsystemen doch gewisse geometrische Beziehungen in ihren Formen erkennen lassen. Chemisch sind sie als isomorphe Mischungen verschie= dener Bisilikate aufzufassen, die Alkalien, alkalischen Erden, Eisenoxydul, sowie Eisenoxyd und Thonerde enthalten können. Von bodenkundlichem Interesse sind nur Hornblende und Augit und vielleicht noch der Diallag; die ersten beiden sind Bestandtheile verbreiteter Gesteine.

11*

Hornblende und Augit sind im reinen Zustande Magnesiumbisilikate, in denen ein Theil des Magnesiums durch Calcium oder Eisenoxydul ersetzt ist. Die verbreiteten Formen enthalten außerdem reichliche Mengen von Thonerde. Je nach Vorkommen derselben ist der Verlauf der Verwitterung ein verschiedener.

Hornblende (Amphibol), monoklin, vollkommen spaltbar und an den glänzenden, rissig ausgebildeten Spaltflächen vom Augit leicht zu unterscheiden. Die gesteinsbildenden Abarten sind dunkel, meist schwarz gefärbt, die selteneren farblosen oder gelblichen, grünlichen oder braunen Formen treten zurück.

In der Zusammensetzung unterscheiden sich die Hornblenden vom Augit durch geringeren Kalkgehalt und durch einen Gehalt an Alkalien (auch Fluor). Die Zusammensetzung schwankt erheblich: bei den gesteinsbildenden Arten etwa in folgenden Grenzen:

$$Si O_2 = 39 - 49 \, {}^0\!/_0$$
$$Al_2 O_3 = 8 - 15 \, „$$
$$Mg O = 12 - 20 \, „$$
$$\left.\begin{array}{l} Fe_2 O_3 \\ Fe O \end{array}\right\} \text{sehr wechselnd.}$$
$$Ca O = 10 - 12 \, {}^0\!/_0$$
$$Alkalien = 1 - 5 \, „$$

Die Hornblende ist ein Bestandtheil vieler Gesteine (Syenit, Diorit, Hornblendeschiefer, vieler Granite, Basalte u. s. w.).

Die Verwitterung der gemeinen Hornblende kann zunächst zur Bildung von Glimmer, Epidot, Chlorit und zu einer feinfaserigen, in der Zusammensetzung von Hornblende nicht wesentlich abweichenden Masse, dem Asbest, führen; während die selteneren, thonerdefreien Abarten in Talk, Serpentin, Chlorit umgebildet werden. Beim Fortschreiten der Verwitterung werden Alkalien sowie Kalk und Magnesia weggeführt, Wasser dagegen gebunden, und die Endprodukte sind eisenreiche Thone.

Augit (Pyroxen) unterscheidet sich in Bruchstücken durch die geringe oder fehlende Spaltbarkeit von der Hornblende; in der chemischen Zusammensetzung durch Reichthum an Kalk (20—23 ${}^0\!/_0$), geringeren Gehalt an Magnesia (13—16 ${}^0\!/_0$) und Thonerde (4 9 ${}^0\!/_0$), sowie durch das Fehlen der Alkalien.

Der Augit ist ein Bestandtheil vieler Gesteine (Diabas, Basalt, Melaphyr u. s. w.).

Die Verwitterung nimmt in Folge des geringeren Thonerdegehaltes meist einen anderen, rascher fortschreitenden Verlauf wie bei den Hornblenden. Zumeist bildet sich zuerst eine zerreibliche, erdige, grüne Masse, Grünerde, die immer reicher an Kieselsäure, ärmer an alkalischen Erden ist, als der Augit, aus dem sie entstand; häufig ist

Kalkkarbonat beigemengt: als Endprodukt der Verwitterung entstehen eisenreiche Thone.

Diallag hat Bedeutung als Gemengtheil des Gabbro und durch sein Vorkommen in einzelnen basischen Gesteinen. Er unterscheidet sich durch seine Spaltbarkeit nach einer Richtung und den schimmernden Glanz der Spaltungsflächen von Augit und Hornblende. In der Zusammensetzung schließt sich der Diallag den thonerdehaltigen Augiten an. Bei der Verwitterung scheint, soweit Untersuchungen vorliegen, sehr vielfach Serpentin gebildet zu werden; anderseits zeigen Gabbroböden denselben eisenreichen Thon, welcher für die Hornblende- und Augitgesteine auch sonst bezeichnend ist.

Mineralien der Chloritgruppe.

Die Mineralien der Chloritgruppe stehen in ihrem Verhalten wie in der Art und Weise des Auftretens etwa zwischen den Glimmern und dem Talk. Mit beiden theilen sie die geringe Härte und die hohe Spaltbarkeit, enthalten jedoch keine Alkalien, dagegen reichlich Thonerde. Für die Bodenkunde hat nur Bedeutung:

Chlorit, lauch- bis schwärzlichgrün, sehr weich (H = 1 —1,5).
Die Zusammensetzung wechselt in etwa folgenden Verhältnissen:

$$Si\,O_2 = 25 - 28\,^0\!/_0$$
$$Al_2\,O_3 = 19 - 23 \quad „$$
$$Fe\,O = 15 - 29 \quad „$$
$$Mg\,O = 13 - 25 \quad „$$
$$H_2\,O = 9 - 12 \quad „$$

Der Chlorit kann daher als ein wasserhaltiges Doppelsilikat von Thonerde mit Magnesium und Eisenoxydul betrachtet werden.

Das Vorkommen von Chlorit ist ein weit verbreitetes. Er gehört zu den häufigsten Umbildungen, welche aus magnesia- und eisenhaltigen Mineralien entstehen. Chloritschiefer und körnig-schuppiges Chloritgestein bilden ganze Gebirgsarten.

Der Verwitterung unterliegt Chlorit, der immer als eine sekundäre Bildung betrachtet werden muß, nur sehr schwierig: bei derselben wird zumeist die Kieselsäure als Quarz oder Chalcedon abgeschieden, das Eisen in Oxydhydrat und die Magnesia in Karbonat übergeführt. Leichter erfolgt eine mechanische Zertheilung der Chloritsubstanz.

Mineralien der Zeolithgruppe.

Als **Zeolithe** bezeichnet man eine Gruppe zahlreicher Mineralien, die stets sekundärer Bildung sind und reichlich Wasser enthalten (welches beim Glühen unter Aufschäumen entweicht); ihrer Zusammensetzung nach sind es Doppelsilikate von Kali, Natron, Kalk und Thonerde (die wenigen abweichend zusammengesetzten kommen hier nicht in Betracht).

Zeolithe finden sich auf Erzgängen und in Hohlräumen vulkanischer, namentlich basischer Gesteine sehr häufig; sie sind ein Verwitterungs= produkt der verschiedensten gesteinbildenden Mineralien.

Die Zeolithe zeichnen sich durch ihre, bei Mineralien seltene Reaktionsfähigkeit und durch die Leichtigkeit aus, mit welcher ein Aus= tausch der Basen gegen einander erfolgt. Die meisten Vorgänge der Absorption im Erdboden lassen sich ohne Schwierigkeit in ähnlicher Weise künstlich an zeolithischen Mineralien hervorrufen. Aus diesem Grunde hat man das Vorkommen solcher im Erdboden angenommen, und wenn auch der exakte Nachweis derselben noch aussteht, so sprechen doch so viele Gründe dafür und erklären sich zahlreiche Erscheinungen so einfach, daß man gut thut, einstweilen bei dieser Annahme stehen zu bleiben.

Bei der Verwitterung zerfallen die Zeolithe, meist unter Wasser= verlust in feines Pulver und gehen allmählich in kaolinartige Erden über.

Von der großen Zahl der bekannten Zeolithe können hier nur einige wenige aufgeführt werden:

Mesotyp, die kalkhaltige Abart als Skolecit, die natronhaltige als Natrolith bezeichnet. $Na_2 Al_2 Si_3 O_{10} + 2 H_2 O$. Meist strahlig oder fein nadelförmig. Der verbreitetste Zeolith und zugleich derjenige, welcher am wenigsten leicht weiteren Zer= setzungen unterliegt.

Stilbit, $Ca Al_2 Si_6 O_{16} + 5 H_2 O$, an der hohen, blätterigen Spalt= barkeit erkennbar. In Laven, Basalten verbreitet.

Analcim, $Na_2 Al_2 Si_4 O_{12} + 2 H_2 O$, regulär. In Blasenräumen von Eruptivgesteinen, auf Erzgängen.

Harmotom, $Ba K_2 Al_2 Si_5 O_{14} + 5 H_2 O$, durch die häufig kreuz= artig ausgebildeten Zwillingskrystalle (daher auch Kreuzstein genannt) ausgezeichnet.

Gruppe der Thonmineralien.

Zu den wichtigsten aber noch am wenigsten erforschten Mineral= arten gehören die Thone. Allerdings läßt sich nicht in Abrede stellen, daß die Untersuchung und Trennung derselben außergewöhnliche Schwierig= keiten bietet, trotzdem läßt sich die Vernachlässigung dieser für Boden= kunde wie Technik gleich wichtigen Stoffe nicht rechtfertigen.

Am besten bekannt ist der

Kaolin, das hauptsächlichste Verwitterungsprodukt thonerdehaltiger Gesteine. Im reinen Zustande weiß, erdig, fühlt sich trocken mager an, ist aber im feuchten Zustande sehr plastisch. Der Kaolin ist ver= steckt krystallinisch, nicht amorph, wie man vielfach angenommen hat, und besteht aus kleinen, sich dicht zusammenlagernden Blättchen von sechsseitiger Form und deren Bruchstücken.*)

Die Zusammensetzung des Kaolin ist nach den besten vorliegenden Analysen H_2 Al_2 Si_2 O_8 + H_2 O; die ältere Formel Al_2 Si_2 O_7 + 2 H_2 O ist, da die Hälfte des Wassers erst bei höherer Temperatur entweicht, wohl weniger wahrscheinlich.

$$Si\ O_2 \quad 46,60^0\ _0$$
$$Al_2\ O_3 == 39,68\ _,$$
$$H_2\ O == 14,92\ _,$$

Der Kaolin ist vor dem Löthrohre unschmelzbar, Salz= und Salpetersäure greifen ihn nicht an, Schwefelsäure zersetzt ihn. Von Kalilauge wird er ebenfalls zersetzt.

Der Kaolin findet sich im reinen Zustande verbreitet als Zersetzungsprodukt feldspathreicher Gesteine und ist immer ein Bestandtheil thoniger Erden.

Die **Thonarten** bilden unter dem Mikroskop ein dichtes Gemenge von grauen oder braunen, durch humose Stoffe oder Eisen gefärbten Substanzen. Mit Salzsäure behandelt, treten die Blättchen des Kaolin deutlich hervor. Zweifellos hat man es mit Gemengen sehr verschiedener Mineralarten zu thun, und es ist bisher noch nicht möglich, die einzelnen derselben zu isoliren. Die Gesammtanalysen geben die verschiedensten Resultate und müssen diese geben, da sie sich eben auf Gemische beziehen. Für den Boden sind außer den Thonarten, welche sich dem Kaolin anschließen, die eisenreichen Thone von Wichtigkeit.

Man hat den „Thonsubstanzen" eine gewisse Quellbarkeit zugeschrieben. Die ganze Auffassung van Benmelen's**) über die Absorptionswirkung der Erden beruht darauf, daß die Thone in Vergleich zu stellen sind mit gallertartigen (z. B. kieselsäuregallert=) Verbindungen. Die mikroskopischen Untersuchungen unterstützen diese Meinung nicht und ebenso wenig das Verhalten gegen Wasser. Alle quellbaren Körper vermögen nur ein gewisses Quantum von Wasser zwischen sich einzulagern, bei den Thonen ist es unbeschränkt.***)

Alles dieses würde die Wahrscheinlichkeit der Quellbarkeit der Thonsubstanzen sehr herabdrücken; entscheidend gegen diese spricht aber der Umstand, daß alle Erscheinungen in ganz gleicher Weise wie beim Thon (dauerndes Suspendirtbleiben in reinem Wasser mit Bildung einzelner verschieden trüber Zonen, Flockenbildung beim Zusatz von Säuren

---

*) Es ist schwer verständlich, wie gegenüber den einstimmigen Urtheilen aller Beobachter, welche Kaoline der verschiedensten Fundorte untersuchten, die Meinung von der amorphen Beschaffenheit des Kaolins noch immer Bestand haben kann.

**) Landwirthschaftliche Versuchs=Stationen.

***) Sachsse, Agrikulturchemie, S. 13.

oder Salzen, die Formbarkeit bei Gegenwart von wenig Waſſer, (Ein-
trocknen zu harten Stücken) ſich bei anderen chemiſch unangreifbaren
Stoffen, z. B. bei höchſt fein gebeuteltem Bergkryſtall, hervorrufen
laſſen. Die plaſtiſchen Eigenſchaften ſind überwiegend auf die geringe
Korngröße der Thonſtoffe zurück zu führen, ebenſo die Vertheilbarkeit
im Waſſer. Das letztere beruht auf der molekularen Bewegung in der
Flüſſigkeit und iſt am eheſten mit dem Verhalten des Triebſandes,
welches durch den Auftrieb einer Waſſerſäule bewirkt wird, in Vergleich
zu ſtellen.

Iſt es zur Zeit nicht möglich, die Thone chemiſch zu trennen und
zu klaſſificiren, ſo thut man gut, ſie vorläufig unter einem Geſammt-
namen zuſammen zu faſſen. Steinriede ſchlägt vor, ſie als Argillite
zu bezeichnen.

Silikate geringerer Bedeutung.

Leucit; Beſtandtheil einzelner baſaltiſcher Geſteine. Ein Doppelſilikat von Kalium und Thonerde, $K_2 Al_2 (Si O_3)_4$. Bildet bei der Verwitterung eine weiße, thonige Maſſe, wahrſcheinlich Kaolin.

Nephelin; ein Beſtandtheil vieler Baſalte und der Phonolithe.
Hexagonal, bildet kleine, eingewachſene, auf dem Bruch ſtark fettglänzende
Kryſtalle von meiſt hellen Farben.

Chemiſche Zuſammenſetzung. Doppelſilikat von Natron, Kali
und Thonerde $(Na K)_2 Al_2 Si_2 O_8$ (meiſt iſt Kali in geringerer Menge
vorhanden, in der Regel 1 K auf 4—5 Na). Die mittlere Zuſammenſetzung iſt:

$$Si O_2 = 41,24\,^0/_0$$
$$Al_2 O_3 = 35,26\ „$$
$$Na_2 O = 17,04\ „$$
$$K_2 O = 6,46\ „$$

Bei der Verwitterung bildet der Nephelin unter Waſſeraufnahme
zeolithiſche Mineralien (ſehr oft Natrolith), als Endprodukt entſtehen
wahrſcheinlich thonige Mineralien.

Epidot, ein waſſerhaltiges, kalkreiches Thonerde-Eiſenoxydſilikat von
meiſt grüner Färbung, entſteht ſehr häufig als ſekundäres Produkt bei
der komplicirten Verwitterung von Feldſpathen und anderen thonerde-
reichen Mineralien. Epidot iſt ſehr vielfach die Urſache der grünen
Färbung vieler Geſteine, insbeſondere der Felſitgeſteine, deren Grund-
maſſe oft faſt völlig in Epidot umgewandelt iſt.

Granat. Eine ganze Gruppe meiſt regulär kryſtalliſirender Mineralien, von denen für die Bodenkunde nur der gemeine Granat be-
ſchränkte Bedeutung hat. Der chemiſchen Zuſammenſetzung nach iſt
derſelbe ein Doppelſilikat von Kalk, Eiſenoxyd und Thonerde. Bei der
Verwitterung werden thonige Subſtanzen gebildet.

Turmalin (Schörl), ein sehr mannigfach zusammengesetztes Silikat (K H Na Li, Mg Fe Mn Ca, Al₂ O₃ enthaltend). Für die Bodenkunde hat nur der schwarz gefärbte, in längs gestreiften Krystallsäulen auftretende gemeine Turmalin eine geringe Bedeutung. Bei der Verwitterung wird er zumeist in Kaliglimmer umgewandelt, seltener entsteht Chlorit oder Talk.

2. Karbonate.

Neben den Silikaten gehören die Karbonate, zumal die des Kalkes und der Magnesia, seltener des Eisens, durch Verbreitung wie durch ihre Einwirkung auf die Pflanzenwelt, zu den wichtigsten Mineralien.

Kohlensaurer Kalk, $CaCO_3 =$

$$CaO = 56 \, ^0/_0$$
$$CO_2 = 44 \, \text{„}$$

ist als solcher leicht an dem Aufbrausen beim Uebergießen mit Säuren zu erkennen; er findet sich in der Natur in drei von einander abweichenden Formen.

Kalkspath, hexagonal-rhomboëdrisch; leicht spaltbar in den Formen des Grundrhomboëders, gehört zu den verbreitetsten Mineralien und kommt auf Gängen und Spalten in schön ausgebildeten, formenreichen Krystallen vor; krystallinisch oder dicht bildet er als Marmor und Kalkstein ganze Gebirgszüge.

Aragonit, rhombisch; weniger verbreitet als Kalkspath, aber immerhin noch ein häufiges Mineral auf Gängen, in den Drusenräumen von Basaltgesteinen, als Tropfstein u. s. w. Je nach Koncentration und Temperatur scheidet Wasser, in dem saurer kohlensaurer Kalk gelöst ist, nach dem Entweichen der Kohlensäure entweder Kalkspath oder Aragonit ab.

Kreide, feinerdig, abfärbend, besteht zum großen Theil aus Körnern und Scheibchen, die vielfach noch ihren thierischen Ursprung erkennen lassen. Kohlensaurer Kalk gehört zu den häufigsten Bildungen bei der Verwitterung kalkhaltiger Silikate und wird in vielen Fällen krystallinisch im Gestein abgeschieden (in Diabasen, Basalten u. s. w.). Kohlensäurehaltiges Wasser löst Calciumkarbonat ohne Rückstand als sauren kohlensauren Kalk. Die Verwitterung der Kalkgesteine besteht daher wesentlich in einer Lösung und Wegführung des Kalkes, nur schwerer angreifbare Beimischungen bleiben zurück. Hierbei zeigt es sich, daß einzelne Theile der Kalkgesteine, namentlich kommt dies bei sehr reinen Abarten vor, leichter angreifbar sind; hierdurch und zum Theil auch wohl durch einfache mechanische Zertrümmerung wird ein fein- bis grobkörniger Sand, Kalksand, gebildet.

Der kohlensaure Kalk ist die Veranlassung zu zahlreichen Umbildungen in dem Mineralreich. Zumal aus Metallsalzen vermag er
unlösliche in Oxyd übergehende kohlensaure Salze auszufällen. Pseudomorphosen von Roth- und Brauneisen, Manganssuperoxyd nach Kalkspath sind vielfach bekannt.

Dolomit ist ein rhomboëdrisches, mit Kalkspath isomorphes Doppelsalz von kohlensaurem Kalk und kohlensaurer Magnesia, am häufigsten
nach der Formel $Ca\,CO^3 + Mg\,CO_3$ zusammengesetzt.

$$Ca\,CO_3 = 54,35\,\%$$
$$Mg\,CO_3 = 45,65\,„$$

Von dem Kalkspath unterscheidet sich der Dolomit durch das häufige
Auftreten des Grundrhomboëders als Krystallform (bei jenem eine
Seltenheit) und durch die größere Widerstandsfähigkeit gegen Säuren:
mit Salzsäure befeuchtet, tritt Aufbrausen nur bei höherer Temperatur
oder dann ein, wenn der Dolomit gepulvert angewendet wird.

Dolomit ist ein häufiges Mineral und bildet als Dolomitfels
ganze Gebirgsmassen.

Zwischen dem Dolomit und dem Kalkspath stehen die dolomitischen Kalke, sie enthalten weniger Magnesia als der obigen Formel
entspricht.

Bei der Verwitterung wird aus dolomitischen Kalken zuerst ganz
überwiegend kohlensaurer Kalk gelöst und weggeführt; das zurückbleibende
Gestein nähert sich immer mehr der Zusammensetzung des reinen Dolomits.
Viele Dolomite sind auf diesem Wege entstanden. Der Dolomit selbst
wird später ebenfalls allmählich gelöst, jedoch viel schwieriger als Kalkspath; in den zumeist vorkommenden porösen Räumen der Dolomite
sammelt sich ein aus lauter kleinen Dolomitrhomboëdern bestehendes
Pulver an, die sogenannte Dolomitasche.

Eisenspath, kohlensaures Eisenoxydul, $Fe\,CO_3$ (62,07 FeO; 37,93 CO_2),
ist bei Luftabschluß ein häufiges Produkt der Verwitterung eisenhaltiger
Gesteine und wird von kohlensäurehaltigen Wässern gelöst. Mit der
Luft in Berührung verliert Eisenspath allmählich, im gelösten Zustande
rasch, seine Kohlensäure und wandelt sich in Eisenoxyd oder Eisenoxydhydrat um: Pseudomorphosen von Roth- oder Brauneisen nach Eisenspath sind sehr häufig.

3. Sulfate.

Sulfate treten bodenbildend nur als schwefelsaurer Kalk, im wasser-
freien Zustande als Anhydrit, im wasserhaltigen als Gyps auf:
seltener vorkommend und ohne bodenkundliche Bedeutung ist der
Schwerspath, schwefelsaures Baryum $BaSO_4$: eine der unlöslichsten
Mineralarten.

Anhydrit, schwefelsaurer Kalk, $CaSO_4$ ($= 41,2\ CaO : 58,8\ SO_3$), bildet in krystallinischen, graulich oder bläulich gefärbten Massen eine Gebirgsart, seltener findet er sich in rhombischen Krystallen. Unter Wasseraufnahme geht der Anhydrit über in

Gyps, wasserhaltigen, schwefelsauren Kalt, $CaSO_4 + 2H_2O$,

$$CaO = 32,5\ ^0/_0$$
$$SO_3 \quad 46,5\ „$$
$$H_2O = 21,0\ „$$

Gyps findet sich in monoklinen Krystallen und bildet in körniger Ausbildung eine Gesteinsart. Kenntlich ist er an seiner geringen Härte (1,5—2) und der vorzüglichen Spaltbarkeit der Krystalle.

Gyps ist das verbreitetste schwefelsaure Salz und der Träger der Schwefelsäure im Erdboden. Gyps ist verhältnißmäßig leicht löslich (in etwa 400 Theilen Wasser) und wird daher leicht durch die Boden= wässer weggeführt und krystallisirt an geeigneten Orten beim Verdunsten des Wassers wieder unverändert aus.

4. Phosphate.

Von den phosphorsauren Salzen ist nur der phosphorsaure Kalt, krystallisirt als **Apatit**, krystallinisch als **Phosphorit** bezeichnet, ver= breitet und von Wichtigkeit.

Vivianit (Blaueisenerde), wasserhaltiges, phosphorsaures Eisen= oxydul, findet sich in Mooren und Torflagern. Ursprünglich farblos oder weiß, nimmt er an der Luft rasch eine mehr oder weniger rein blaue Farbe an.

Apatit, hexagonal krystallisirend, besteht aus einem Doppelsalz von phosphorsaurem Kalk mit wenig Chlor= oder Fluorcalcium. Der Ge= halt an Phosphorsäure beträgt 41—42 Procent.

Apatit findet sich in mikroskopischen Krystallen in fast allen Gesteinen. Er bildet hier nadelförmige, oder kurze säulenförmige Krystalle von sechsseitigem Querschnitt als Einschluß in den verschiedensten Mineralien (Quarz, Hornblende, Glimmer, Feldspathen u. s. w.); ist aber procentisch meist nur in geringen Mengen vorhanden (Abb. 20 auf Seite 172).

Der Apatit ist der Träger der Phosphorsäure im Boden. In kohlensaurem Wasser ist Apatit etwas löslich, leicht wird er von allen Mineralsäuren gelöst. Größere Krystalle werden bei der Verwitterung undurchsichtig und scheinen, Analysen liegen nicht vor, vielfach in Kalk= karbonat umgewandelt zu werden.

Die **Phosphorite** bilden, wo sie in größerer Menge vorkommen, hellgefärbte, faserige bis dichte Massen (hochwerthiges Düngemittel).

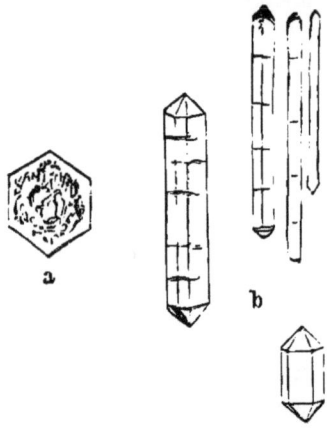

5. Halogensalze.

Flußspath, Fluorcalcium, $Ca F_2$, verbreitetes regulär krystalli=
sirendes Mineral. In spathigen Massen ganze Gänge ausfüllend.

Steinsalz, Chlornatrium, $NaCl$ (39,3 Na; 60,7 Cl), in mäch=
tigen Lagern und gelöst in vielen Quellen, Salzquellen, Soolen,
sowie im Meerwasser. In kleinen Mengen findet sich Kochsalz wohl
in allen Böden. Tritt es in etwas reichlicherer Menge auf, so findet
sich, wie auch am Seestrande, eine eigenartige Flora ein.

Als kalihaltige Düngemittel haben in neuerer Zeit die auf manchen
Salzlagern, am mächtigsten in Staßfurt anlagernden leicht löslichen
Salze, die sogenannten **Abraumsalze** große Bedeutung erlangt. Von
diesen sind die wichtigsten:

Sylvin; Chlorkalium (52,23 K; 47,65 Cl) in seinen Eigenschaften
dem Steinsalz sehr ähnlich.

Kaïnit; wasserhaltiges Doppelsalz von Chlorkalium und schwefel=
saurer Magnesia, $MgSO_4 + KCl + 3H_2O =$

$$SO_3 = 32,2 \,{}^0\!/_0$$
$$MgO = 16,1 \,\text{„}$$
$$K = 15,7 \,\text{„} \quad \text{(auf } K_2O, \text{ Kali, berechnet} = 19,1 \,{}^0\!/_0\text{)}$$
$$Cl = 14,3 \,\text{„}$$
$$H_2O = 21,7 \,\text{„}$$

Carnallit; wasserhaltiges Doppelsalz von Chlorkalium und Chlor=
magnesium, $KCl + MgCl_2 + 6H_2O =$

$$KCl = 26,8 \,{}^0\!/_0$$
$$MgCl = 34,1 \,\text{„}$$
$$H_2O = 39 \,\text{„}$$

(auf Kali berechnet $= 18,9 \,{}^0\!/_0$).

6. Oryde und Orydhydrate.

Rotheisen, Eisenoxyd, $Fe_2 O_3$ (70^0 „ Fe, 30^0 „ O), bildet als Roth-eisenstein mächtige Lager und Gänge; in kleinen Mengen findet es sich in vielen Erdarten, deren rothe Farbe es veranlaßt. Ebenso bildet es in Form von Körnern und kleinen Blättchen, die bei der Verwitterung eisenhaltiger Mineralien entstehen, den färbenden Bestandtheil vieler Gesteine.

Durch Aufnahme von Wasser geht Eisenoxyd in sein Hydrat über, wobei die Farbe sich von roth in gelb oder braun verändert. Pseudo-morphosen von Brauneisen nach Rotheisen sind nicht gerade selten; auch im Boden kann man die Umwandlung gelegentlich beobachten.

Unter dem Einfluß reducirend wirkender organischer Stoffe wird Eisenoxyd, oder Eisenoxydhydrat bei Gegenwart von Kohlensäure in kohlensaures Eisenoxydul umgewandelt und so löslich gemacht. Das Eisen gehört daher zu den unter Umständen am leichtesten beweglichen Bestandtheilen des Bodens.

Eisenoxydhydrate. Die Hydrate des Eisenoxyds haben wechselnden Wassergehalt, am wichtigsten sind:

Brauneisenstein, dem man die Zusammensetzung $Fe_2 (OH)_6$ zu-schreibt, in dichten, krystallinischen Massen und

Göthit (Nadeleisenerz), in rhombischen, meist spießigen Krystallen nach der Formel $Fe_2 H_2 O_4$ zusammengesetzt.

Eisenoxydhydrate gehören zu den verbreiteten Mineralien, und fehlen fast in keinem Boden, sie veranlassen die gelbe bis braune Farbe vieler Böden.

Eisenoxydhydrat kann direkt bei der Verwitterung von eisenhaltigen Mineralien entstehen; oft ist es neben Eisenoxyd in demselben Gesteins-dünnschliff zu beobachten; anderseits kann es durch Wasseraufnahme aus Eisenoxyd gebildet werden (in Böden ein verbreiteter Vorgang), unter Umständen durch Wasserverlust auch in dieses übergehen.

Die Eisenoxyde spielen im Boden bei den Absorptionserscheinungen eine wichtige Rolle, sie zeichnen sich, namentlich die Hydrate, durch die starke Absorption für Gase (Kohlensäure, Stickstoff) aus.

Magneteisen, Eisenoxyduloxyd, $Fe_3 O_4$ ($72,4$ Fe; $27,6$ O), findet sich in Form kleiner, regulärer, tiefschwarzer und völlig undurchsichtiger Oktaëder in sehr vielen Gesteinen und entsteht in diesen sehr oft bei wenig fortgeschrittener Verwitterung aus eisenreichen Mineralien.

Bei fortschreitender Verwitterung nimmt das Magneteisen Sauer-stoff auf und geht in Eisenoxyd, seltener in Eisenoxydhydrat über.

Dem Magneteisen steht in Verbreitung und Art des Vorkommens in den Gesteinen das Titaneisen nahe. Es unterscheidet sich von jenem durch die Unlöslichkeit in Säuren, sowie dadurch, daß bei der

Verwitterung Titansäure in Form faseriger, gelblich weißer Massen (Leukoxen) zurückbleibt.

Braunstein, Pyrolusit; Mangansuperoxyd, $Mn\,O_2$, ist das verbreitetste, vielfach auch in Böden vorhandene Mineral des Mangans.

7. Schwefelmetalle.

Unter den Schwefelmetallen hat nur der Eisenkies, weniger durch sein Vorkommen, als durch die Giftwirkung seiner Verwitterungsprodukte auf die Pflanzen Bedeutung.

Schwefeleisen, $Fe\,S_2$, findet sich in der Natur regulär als Schwefelkies und rhombisch krystallisirt als **Markasit** (Kammkies, Strahlkies); von denen der erstere zumal in Gesteinen und auf Gängen verbreitet ist.

Von Wichtigkeit ist das Vorkommen des Schwefeleisens in den unteren Parthien und noch häufiger im unterlagernden Sande der Moore.

Die Verwitterung erfolgt bei beiden Mineralarten gleichmäßig (der Markasit verwittert etwas leichter) durch Oxydation und Aufnahme von Wasser unter Bildung von schwefelsaurem Eisenoxydul (Eisenvitriol) und freier Schwefelsäure.

$$Fe\,S_2 + O_7 + H_2\,O = Fe\,SO_4 + H_2\,SO_4$$

Die entstehenden beiden Stoffe sind, wenigstens bei irgend reichlichem Vorkommen direkte Pflanzengifte.

Der Eisenvitriol oxydirt sich bei Gegenwart von Sauerstoff und unter Bildung basischer Salze von wechselnder Zusammensetzung zu Eisenoxyd. Ist kohlensaurer Kalk in genügender Menge gegenwärtig, so setzt sich der Eisenvitriol mit diesem zu schwefelsaurem Kalk (Gyps) um, und das entstehende kohlensaure Eisenoxydul geht unter Verlust der Kohlensäure und Aufnahme von Sauerstoff in Eisenoxyd, beziehentlich Eisenoxydhydrat über. Pseudomorphosen von Brauneisen nach Schwefelkies, welche auf diesen Vorgang hinweisen, sind häufig. Auch die im Diluvium verbreiteten Eisennieren und Klappersteine sind aus der Oxydation von Markasit hervorgegangen; das entstehende Brauneisen verkittet den umliegenden Sand.

Die freie Schwefelsäure, welche bei der Verwitterung des Schwefeleisens entsteht, sättigt sich, soweit möglich, mit vorhandenen Basen; fehlen diese, so wirkt sie als Pflanzengift und vernichtet jede Vegetation.

Die schwefelkieshaltigen Schichten der Moore sind durch Wasser und die stark reducirende Wirkung der Moorsubstanz von der Einwirkung des Sauerstoffs abgeschlossen; werden sie bei Meliorationen oder sonstigen Bodenarbeiten an die Oberfläche gebracht, so kann der Boden oft auf Jahre hinaus unfruchtbar werden.

Auch bei Gegenwart genügender Mineralbestandtheile ist die Einwirkung der freien Schwefelsäure nicht ohne Bedeutung. Am günstigsten ist der verbreitetste Fall, daß genügend kohlensaurer Kalk gegenwärtig ist, um Gyps zu bilden. Aus den anderen Bodenbestandtheilen entsteht zuweilen Alaun oder auch schwefelsaure Magnesia. Wenn von beiden auch nur selten direkt schädigende Einwirkungen beobachtet sind, so sind sie doch kaum als förderlich für die Vegetation zu betrachten.

Die Mineralien als Quellen der Pflanzennährstoffe.

Von den verbreiteteren Mineralien sind die folgenden die hauptsächlichsten Quellen für

Kalium: Orthoklas, Mikroklin, Magnesiaglimmer, Kaliglimmer;

Calcium: Kalkspath, Dolomit, Plagioklase (mit Ausnahme von Mikroklin), Augit, Hornblende, Diallag, Gyps;

Magnesium: Magnesiaglimmer, Augit und Hornblende, Olivin, Chlorit, Talk, Serpentin, Dolomit;

Phosphorsäure: Apatit, Vivianit;

Schwefelsäure: Gyps (Anhydrit).

---

§ 55. II. Bodenbildende Gesteine und ihre Verwitterung.

Literatur:

Sprengel, Bodenkunde. Leipzig 1837.

Fallou, Pedologie. Dresden 1862.

Senft, Boden= und Gesteinslehre. Berlin 1877.

Grebe, Forstliche Gebirgskunde, Bodenkunde und Klimalehre, 4. Aufl. 1886. Die auf das Flachland bezüglichen Abhandlungen der geologischen Landesanstalt von Preußen.

Die beste Zusammenstellung bietet Grebe, dem auch hier bei Besprechung der aus anstehenden Gesteinen hervorgegangenen Böden im wesentlichen gefolgt ist.

Die durch Verwitterung gebildeten Bodenarten sind, je nach der Zusammensetzung, Korngröße u. s. w. der Gesteine, aus denen sie entstanden sind, verschieden. Selbst aus derselben Gesteinsart können oft recht abweichende Böden hervorgehen (z. B. geringwerthige Böden aus Basalt, bessere aus Quarzit). Dem großen Durchschnitt der Verwitterungsböden und auf diesen kommt es an, nicht auf einzelne Ausnahmen, entspricht jedoch ein gemeinsames Verhalten; so daß es möglich ist, z. B. von einem Basalt=, Muschelkalk=, Buntsandsteinboden zu sprechen und darunter eine bestimmte dem weitaus zahlreichsten Vorkommen eigenthümliche Bodenbildung zu verstehen.

Eine Trennung der Bodenarten in Verwitterungsböden, d. h. solche, welche aus der Verwitterung fester anstehender Gesteine hervorgegangen sind, und in Schwemmlandsböden, lose, zumeist durch

Wasser zusammengeführte Aggregate (Sande, Thone u. s. w.), ist nicht festgehalten. Die letzteren unterliegen denselben chemischen Veränderungen wie die ersten, unterscheiden sich nur durch das Fehlen der ersten Verwitterungsphase jener, das Zerfallen in kleinere Bruchstücke.

Bei der Wichtigkeit und weiten Verbreitung der Diluvial- und Alluvialbildungen sind diese am Schluß im Zusammenhange abgehandelt worden.

Eintheilung der Gesteine.

Unter Gestein ist hier jedes Aggregat von Mineralkörpern verstanden, welches in so reichlicher Weise vorkommt, daß es einen nennenswerthen Antheil an der Zusammensetzung der festen Erdoberfläche ausmacht. Unter diese Begriffsbestimmung fallen auch die losen Anhäufungen, wie Sande, Gerölle, sowie die humosen Ablagerungen, Kohlen und dergleichen, vorausgesetzt, daß sie gebirgs- und bodenbildend auftreten.

Die Gesteine sind hier nach chemischer Zusammensetzung und Ausbildungsweise in Gruppen zusammengefaßt. Es sind dies folgende:

a) massige Gesteine;
b) Urschiefer und metamorphische Gesteine;
c) Thonschiefer und Thone;
d) Kalk- und Dolomitgesteine, einschließlich Mergel;
e) Konglomerate, Sandsteine und Sande;
f) humose Bildungen.

1. Die massigen Gesteine.

Die massigen Gesteine zeichnen sich meist durch körnige Ausbildung des Gesteins, durch Vorkommen in Stöcken, Lagern und Gängen und durch Fehlen jeder Schichtung aus. Viele derselben sind nachweislich eruptiven Ursprunges, und für die übrigen ist eine gleichartige Entstehung wahrscheinlich. Absonderung in Säulen, Platten und dergl. ist häufig.

Die einzelnen Gesteine werden nach ihren Bestandtheilen, namentlich nach Fehlen oder Vorkommen sowie nach der Art der Feldspathe unterschieden. In neuerer Zeit hat man eine große Zahl von Gesteinsarten unterschieden, indem man ein jedes Gestein von abweichender Zusammensetzung auch mit einem besonderen Namen belegte. Eine so weit getriebene Zerspaltung hat für bodenkundliche Verhältnisse wenig Zweck, und genügt es, die althergebrachten Unterscheidungen festzuhalten.

Für die Bodenkunde ist die Gruppirung der massigen Gesteine nach ihrem Kieselsäuregehalte vorzuziehen. Es werden so Abtheilungen geschaffen, welche in Bezug auf Zersetzbarkeit und Bodenbildung gewisse Aehnlichkeiten aufweisen. Natürlich können derartige Eintheilungen niemals unbedingte sein, es können immer Gesteine vorkommen, und sie kommen vor, welche in ihrem Gehalte an Kieselsäure die gegebenen Grenzen nach oben oder unten überschreiten, es kann sich eben nur um ein Zusammenfassen der natürlichen Gesteinsarten in einzelne Gruppen handeln.

Man kann so unterscheiden:

saure Gesteine mit mehr als 65 "/₀ Kieselsäure: Granit, Felsitporphyr (Porphyrit):

Gesteine mit mittlerem Kieselsäuregehalt (55—65 °/₀ SiO_2): Syenit, Trachyt, Phonolith;

basische Gesteine mit 40—54 °/₀ Kieselsäure: Diorit, Diabas, Melaphyr, Basalt.

a) Saure Gesteine.

Granit; krystallinischkörniges Gemenge von Quarz, Orthoklas, Plagioklas und Glimmer. Die Feldspathe machen in den gewöhnlichen Graniten etwa die Hälfte des Gesteins aus; die Glimmer, sowohl Kali wie Magnesiaglimmer kommen vor, sind durch ihre glänzenden Spaltungsflächen augenfällig, treten aber an Gewicht sehr zurück.

In einzelnen Graniten tritt Talk an Stelle des Glimmers, Protogingranit, in anderen Hornblende, Hornblendegranit. Von gelegentlich beigemischten Mineralien sind Turmalin und Granat zu nennen.

Die Verwitterung des Granits verläuft verschieden, je nach Korngröße und Feldspathmenge. Vielfach sind einzelne Theile des Gesteins schwieriger angreifbar (vielleicht auf Absonderungsformen zurückzuführen) und bleiben in oft mächtigen, „wollsackähnlichen" Blöcken übrig, wenn die Hauptmasse der Verwitterungsprodukte längst weggeführt ist (Felsenmeere, Teufelsmühlen und dergleichen).

Die grobkörnigen, meist auch feldspathreichen Granite verwittern ziemlich leicht und zerfallen hierbei in lockeren Gesteinsgruß, dessen Feldspathbestandtheile allmählich in einen thonigen, alkalireichen, jedoch meist kalkarmen Boden übergehen. Der Boden ist meist ziemlich tiefgründig, und sagt in höheren Lagen der Fichte und Tanne, in den tieferen der Buche und anderen Laubhölzern, jedoch in der Regel wenig der Eiche und der Lärche zu.

Wie alle kalkarmen Böden zersetzen sich die Humusstoffe auf Granitboden nur langsam, Rohhumusbildungen, die in Hochlagen leicht zur Versumpfung und Torfbildung führen, finden sich daher häufig. Auch in tieferen Lagen hat die Ansamung unter der langsamen Zersetzung der Pflanzenreste (gelegentlich auch unter Graswuchs) zu leiden.

Die feinkörnigen Granite verwittern schwierig und geben einen flachgründigen, grandigen und selbst sandigen Boden, der zumal auf

Köpfen und Hängen sehr geringwerthig ist, kaum noch die Fichte, an vielen Stellen selbst nicht Kiefer und Birke zu tragen vermag. Der Rohhumusbildung (zumal durch Beerkräuter und Heide) unterliegt derartiger Boden in noch höherem Grade als der des grobkörnigen Granits. Granit findet sich, zumal in mächtigen Stöcken, ziemlich ausgebreitet. Man kann den Raum, den er in Mitteleuropa bedeckt, auf 300 Quadratmeilen annehmen.

Felsitporphyr. Der Felsitporphyr besteht aus einer dichten felsitischen Grundmasse, in der Krystalle von Quarz und Feldspath ausgeschieden sind. Die Farben der Porphyre sind sehr wechselnd, meist röthlich oder bräunlich, seltener grau, grün oder hell (graulich, gelblich) gefärbt.

Die Felsitporphyre verwittern je nach Beschaffenheit der Grundmasse verschieden leicht; man hat sie hiernach in Hornsteinporphyre (mit dichter, sehr homogener Grundmasse), in Feldsteinporphyre (die Grundmasse weniger dicht, aber fest und hart) und in Thonporphyre (Grundmasse weicher, beim Verwittern thonig) eingetheilt. Petrographisch sind diese Unterschiede aufgegeben, für die Bodenkunde haben sie aber, da sie zugleich die Verwitterbarkeit bezeichnen, noch volle Bedeutung, da die entstehenden Bodenarten in ihrem Verhalten weit von einander abweichen.

Die Porphyre mit sehr dichter Grundmasse (Hornsteinporphyre) verwittern sehr schwer und zerfallen hierbei in scharfkantige, schiefwürfelige Trümmer und gehen endlich in erdarmen, sehr steinreichen Boden über, der zu den ungünstigsten vorkommenden Waldböden zählt. In ebenen Lagen lagern sich die Bruchstücke dicht zusammen und verhindern das Eindringen der Wurzeln, während sie an Hängen das Wasser rasch abfließen lassen, und der Boden an Trockenheit leidet. Die geringe Thätigkeit theilen diese Porphyrböden mit denen der feinkörnigen Granite. Rohhumusbildungen, auf denen die Heide vegetirt, sind daher häufig.

Die Feldsteinporphyre verhalten sich in der Bodenbildung wesentlich günstiger, aber auch der aus ihnen hervorgehende Boden ist erdarm und reich an beigemischten Steinen, häufig ein ausgesprochener Geröllboden. Fichte, in tieferen Lagen die Buche, findet hier ihren Standort; jedoch ist der kahle Abtrieb bei der Armuth des Bodens an Erde und der Schwierigkeit der Pflanzung meist bedenklich.

Die Thonporphyre geben zunächst meist größere Steinbruchstücke, verwittern dann zu ziemlich tiefgründigen Bodenarten von guter Beschaffenheit. Fichte und Buche gedeihen auf ihnen vorzüglich.

Porphyrit. Gestein mit dichter Grundmasse, in dem Feldspath und Glimmer ausgeschieden ist, enthält weniger Kieselsäure, als die Felsitporphyre; gehört also eigentlich der nächsten Gruppe an.

Bei der Bodenbildung schließt sich sein Verhalten je nach der Ausbildung des Gesteines den Feldstein= oder Thonporphyren an, giebt aber in der Regel bessere, der Rohhumusbildung weniger ausgesetzte Waldböden.

b) **Gesteine mit mittlerem Kieselsäuregehalt.**

Syenit, ein krystallinisch=körniges Gemenge von Orthoklas und Hornblende.

Der Syenit ist ein wenig verbreitetes Gestein und zerfällt bei der Verwitterung zunächst in Gruß, der in einen lockeren Thonboden oder eisenhaltigen Lehmboden übergeht. Der Kalkgehalt der Horn= blende macht sich für den Holzwuchs (Buche, Ahorn, Eiche bevorzugen den Syenitboden) und auch durch die bessere Zersetzung der Humus= stoffe geltend. Rohhumusbildungen gehören zu den Seltenheiten.

Trachytische Gesteine. Zu den trachytischen Gesteinen, welche man früher meist unter dem Namen Trachyt zusammenfaßte, gehören:

Quarztrachyt (Rhyolith), Sanidin, Oligoklas und Quarz;

Trachyt (Oligoklastrachyt), Sanidin und Oligoklas;

Andesit, Sanidin, Oligoklas, Hornblende oder Augit.

Die trachytischen Gesteine sind meistens porphyrisch ausgebildet, kommen aber in unserem Gebiete nur sparsam vor, so daß eine Zusammen= fassung derselben in Bezug auf ihr bodenbildendes Verhalten zulässig ist.

Quarztrachyte und Trachyte zerfallen zwar ziemlich leicht, bilden aber meist einen erbarmen, trockenen Boden, der nur in tieferen Lagen höhere Fruchtbarkeit zeigt. Die Andesite verhalten sich ähnlich, sind aber, ihrer Zusammensetzung entsprechend, wesentlich fruchtbarer.

Phonolith (Klingstein) ist ein dichtes, meist dunkelgrün oder braun gefärbtes, vielfach in Platten abgesondert auftretendes Gestein, welches sich aus Sanidin und Nephelin zusammensetzt.

Bei der Verwitterung zerfällt der Phonolith in ein Hauwerk scharfkantiger Bruchstücke, die der plattenförmigen Absonderung ent= sprechend, meistens wie Bruchstücke von Schiefergesteinen aussehen. Allmählich überziehen sich die Bruchstücke mit einer weißen, äußerlich dem Kaolin ähnlichen Verwitterungskruste und gehen in einen hell ge= färbten Boden über, der naß schlammig, trocken krümelig erscheint und meist zu den besseren Waldböden gehört.

c) **Basische Gesteine.**

Diorit; Gemenge von Plagioklas (meist Oligoklas, selten Labrador) und Hornblende. Dioritische Gesteine finden sich in krystallinisch kör= niger, porphyrischer und dichter Ausbildung.

Diorit verwittert, zumal in porphyrischer oder dichter Ausbildung nur langsam und bildet einen erbarmen, steinreichen Boden. Das Vor= kommen dieser Gesteine ist beschränkt.

12*

Diabas; Gemenge von Plagioklas (Labrador) und Augit. Wie der Diorit findet sich auch der Diabas in verschiedener Ausbildung, krystallinisch-körnig, porphyrisch und dicht.

Die Verwitterung ergreift zumeist zuerst den Augit, der in Dünnschliffen sich häufig völlig in Chlorit umgewandelt zeigt. Der hohe Kalkgehalt des Augits bewirkt Ausscheidungen von Kalkkarbonat, welches sich als Kalkspath häufig in den Hohlräumen des Gesteins abscheidet (sogenannter Kalkdiabas) und auch vielfach in den schwächer verwitterten dichten Diabasen vertheilt ist (dichte Diabase brausen fast stets bei Berührung mit Säuren: bei Dioriten ist dies nur sehr ausnahmsweise der Fall). Der Diabas verwittert im Allgemeinen ziemlich leicht, nur die dichten Abarten widerstehen oft lange und die Verwitterungskrusten lassen sich von Steinblöcken lagenförmig ablösen.

Der Verwitterungsboden der Diabase ist dunkel gefärbt, eisenreich und in Folge des hohen Phosphorsäure- wie Kalkgehaltes sehr fruchtbar und daher für Laubhölzer besonders geeignet. Nadelhölzer, wie auch die Eiche, finden jedoch weniger gutes Gedeihen. „Diabasboden sagt der Buche und den Kraft fordernden Holzarten, z. B. den Ahornen vorzüglich zu, und das abgesonderte Vorkommen der ersteren auf einzelnen Höhepunkten bewaldeter Gebirge ist oft ein fernes Kennzeichen des Vorhandenseins dieser Felsart." (Grebe, a. a. O.)

Der Diabasboden ist sehr empfänglich für Besamung, aber wie alle guten Bodenarten, einem sehr starken Graswuchse (auch Himbeerwuchse) in hohem Grade ausgesetzt; während Rohhumusbildungen fast immer fehlen.

Die Diabase werden vielfach von Tuffablagerungen, Diabastuff, Schalstein begleitet, welche sich bei der Verwitterung dem Diabas ähnlich verhalten, jedoch leichter zerfallen und vorzügliche tiefgründige Bodenarten bilden.

Melaphyr. Die Melaphyre sind dichte, vielfach als „Mandelsteine" ausgebildete Gemenge von Plagioklas, Augit, Olivin und Magneteisen. Der Melaphyr findet sich in Lagern, Gängen und einzelnen Kuppen.

Die Verwitterung geht in den porösen, lockeren Abarten (den Melaphyr-Mandelsteinen) am raschesten voran. Die dichteren Formen zerklüften zunächst, und die Oberfläche der einzelnen Bruchstücke überzieht sich mit einer zuerst grünlichen, später ockerbraunen Kruste. Allmählich bildet sich, trotz der nur langsam fortschreitenden Verwitterung, ein dunkler, eisenreicher Thonboden, der sich in seinem Verhalten eng an die Basaltböden anschließt.

Basalt. Die Basalte sind scheinbar dichte, bläulich- oder grauschwarze Gesteine, die Augit, Magneteisen, vielfach auch Olivin und je nach der Abart Plagioklas, Nephelin oder Leucit enthalten, hiernach unterscheidet man:

Plagioklas (meist Oligoklas)-Basalte, die verbreitetste Form: Nephelin-Basalt;

Leucit-Basalt.

Die beiden letzten sind seltener. Die krystallinisch-körnige Aus-bildung der Basalte wird als Dolerit bezeichnet. Die Basalte sind vielfach von Tuffablagerungen, den Basalttuffen, begleitet.

Die Verwitterung der Basalte ist sehr verschieden. Viele Abarten verwittern leicht, und die Verwitterung dringt zumal in die Tiefe vor, so daß die ganze Masse in eine wenig feste, meist rothbraune oder graue Masse, Basaltwacke, umgewandelt ist.

Andere Abarten zerfallen nur schwierig in größere oder' kleinere Blöcke, deren Oberfläche sich bei der Verwitterung gelb oder rostbraun färbt und die nur sehr langsam in Erde zerfallen. An Hängen bildet der Basalt oft reine Steinfelder, in den feuchteren Lagen ist er aber auch dann noch befähigt, vollen Waldbestand zu tragen.

Im Allgemeinen ist der Verwitterungsboden der Basalte ein dunkel gefärbter, meist an Steinen reicher, eisenhaltiger Thonboden von aus-gezeichneter Fruchtbarkeit, der zumal Buche und anspruchsvolleren Laub-hölzern, weniger Nadelhölzern, Eiche und Birke zusagt. Rohhumus-bildungen sind auf Basaltboden selten; die Leichtigkeit, mit welcher Verjüngungen gelingen, ist bekannt.

Gabbro, ein massig ausgebildetes, krystallinisch-körniges Gemenge von Plagioklas und Diallag, oft auch Olivin enthaltend.

Gabbro findet sich im Ganzen selten und ist nur ausnahmsweise für die Bodenbildung wichtig. Die entstehenden eisenreichen, dunkeln Thonböden sind zumeist sehr fruchtbar und erinnern in ihrem Verhalten sehr an die Basaltböden.

2. Urschiefer und metamorphische Gesteine.

Die Gesteine dieser Gruppe, welche in großer Ausdehnung die Erdoberfläche bedecken, zeichnen sich sämmtlich durch eine mehr oder weniger ausgeprägte Schichtung aus.

Bodenkundlich ist diese Ausbildung von höchster Bedeutung, da je nach Dicke, Gleichmäßigkeit und Wechsel der einzelnen Schichten der daraus hervorgehende Boden verschiedenes Verhalten zeigt. Hierzu kommt noch der Einfluß der verschiedenen Neigung der Schichten. Ein Schiefer, dessen Schichten senkrecht stehen, wird dem Wasser leicht Ab-fluß in die Tiefe gestatten und kann bei geringer Mächtigkeit des Bodens an Trockenheit leiden, während bei stärkeren Erdschichten der Abfluß des Wassers günstig beeinflußt wird. Ein Schiefer mit horizontaler

Lagerung der Schichten wird dagegen dem Wasser nur schwierig Abzug gestatten und leicht zur Versumpfung und Versauerung des Bodens führen.

Das Eindringen des Wassers in die Schichten dieser Gesteine bewirkt beim Gefrieren eine vielfach sehr tiefgehende Lockerung und Sprengung des Zusammenhanges. Oft genügt ein Winter, um feste Bruchstücke in ein Haufwerk von kleinen Gesteinspartikeln umzuwandeln.

Die Zusammensetzung der hierher gehörigen Gesteine wechselt in hohem Maße und schwankt zwischen weiten Grenzen. Allgemeine Gesichtspunkte über das Verhalten dieser Gesteine bei der Bodenbildung sind daher schwieriger aufzustellen, als bei den bisher behandelten Bildungen.

Gneiß ist ein Gestein, welches sich in seiner Zusammensetzung eng an den Granit anschließt und wie dieser aus Feldspath (Orthoklas und Plagioklas), Quarz und Glimmer besteht, sich aber durch die schieferige, faserige oder lagenweise Vertheilung der Bestandtheile, also durch abweichende Struktur vom Granit unterscheidet.

Abarten des Gneißes entstehen namentlich, wenn der Glimmer mehr oder weniger vollständig durch andere Mineralien ersetzt wird. Anzuführen sind hier Hornblendegneiß (Hornblende enthaltend) und Protogingneiß (der Glimmer ist mehr oder weniger vollständig durch Talk ersetzt; in den Alpen verbreitet).

Der Gneiß ist eine weit verbreitete Gebirgsart, bildet aber meist weniger schroffe, sanfter gerundete Gebirgsformen, als der Granit und verhält sich schon hierdurch günstiger für Bodenbildung.

Je nach der Zusammensetzung unterliegt der Gneiß der Verwitterung verschieden rasch; je reicher er an Feldspathen und an dunklem Magnesiaglimmer ist, um so schneller, je reicher an Quarz und Kaliglimmer, um so langsamer zerfällt er. Auch die Korngröße ist von ebenso großer Bedeutung wie beim Granit, grobkörnige Abarten verwittern am leichtesten; aufrechte Stellung der Schichten wirkt ebenfalls günstig ein.

Der Gneiß zerfällt, namentlich nach frostreichen Wintern, in ein Haufwerk kleinerer, plattiger Bruchstücke, die allmählich in Gruß und endlich in einen gelb= bis rothbraunen mit Quarzkörnern und Gesteinsresten gemengten Boden übergehen.

Der Gneißboden verhält sich dem Granitboden durchaus ähnlich, ist aber bei der zumeist rascher fortschreitenden Verwitterung in der Regel tiefgründiger und daher ein mittlerer, in günstigen Lagen ein guter Waldboden, der vielfach Buche, im Gebirge zumal Fichte trägt.

Granulit, ein Gemenge von Quarz und Feldspath, vielfach findet sich ein Gehalt an Granaten.

Bei der Verwitterung, die nur langsam eindringt, zumal bei den feinkörnigen Abarten, bildet sich unter Umständen ein Gemenge

von Quarz mit reinem Kaolin, im Allgemeinen ein geringer, den Lehm=
böden anzureihender Boden.

Glimmerschiefer. Ein ausgeprägt schieferiges Gemenge von Quarz
und Glimmer, seltener mit nennenswerthem Gehalt an Feldspath.
(Der Quarz tritt namentlich auf dem Querbruch hervor; die parallel
gelagerten Glimmerblättchen bedecken die der Schieferung entsprechenden
Flächen meist vollständig.)

Je nach der Glimmerart unterscheidet man Kaliglimmerschiefer
und Magnesiaglimmerschiefer.

Die Verwitterung folgt namentlich der Richtung der Schieferung,
am ausgeprägtesten, wenn die Schichten mehr oder weniger aufgerichtet
sind. Oft können Gesteinsmassen äußerlich noch ganz frisch erscheinen,
während die inneren Spalten schon stark mit Verwitterungsresten aus=
gefüllt sind.

Je nach dem Reichthum an Glimmer und der Glimmerart ist der
Verwitterungsboden der betreffenden Schiefer ein sehr verschiedener.

Der Boden des Kaliglimmerschiefers ist in der Regel in Folge
der schwer zersetzbaren aber fein vertheilten Glimmerschuppen auffällig
bindungslos, meist gelblich bis bräunlich, erdarm und wenig mächtig.
Der Boden gehört zu den geringen, im Gebirge trägt er oft kaum noch
die Fichte; leidet aber bei der meist leichten Ableitbarkeit des Wassers
wenig durch Versumpfung.

Der Boden der Magnesiaglimmerschiefer ist, zumal wenn der
Glimmer vorwaltet, wesentlich günstiger. Die leichtere Zersetzbarkeit
des Magnesiaglimmers bewirkt dies und verursacht die Bildung eines
meist braun gefärbten, eisenreichen Bodens, der aber immer noch wenig
Bindigkeit zeigt. Der aus diesem Gesteine entstehende Boden bietet in
günstiger Lage meist noch den Laubhölzern die Bedingungen des Ge=
deihens.

Beiden Glimmerschiefern gemeinsam ist die ungünstige Einwirkung,
welche größere, meist wagerecht liegende Gesteinsbruchstücke hervorrufen,
die das Eindringen der Wurzeln erschweren und stellenweise wie eine
undurchdringliche Bodenschicht wirken können.

Urthonschiefer (Phyllit). Die Urthonschiefer sind Gesteine von
meist dunkelen, grauen, braunen oder grünlichen Farben mit immer
vorhandener, vielfach scharf ausgeprägter Schieferung. Die Spalt=
flächen besitzen seidenartigen Glanz. Die Urthonschiefer bestehen aus
einem Gemenge mikroskopisch kleiner Krystalle von Quarz, Feldspath,
Glimmer und Chlorit; die einzelnen Bestandtheile können in sehr ver=
schiedenen Mengen vorhanden sein, so daß z. B. der Kieselsäuregehalt
zwischen 45 und 75 $^0/_0$ schwanken kann, ohne daß das Gestein petro=
graphisch seinen Charakter als Urthonschiefer verliert. Abarten sind
die Fleck= oder Knotenschiefer; ferner der Sericitschiefer, in dem

an Stelle des gewöhnlichen Glimmers eine talkartige weiche Abart, Sericit, enthalten ist.

Die Verwitterung ist eine der verschiedenen Zusammensetzung entsprechend recht verschiedene.

Die quarzreichen, dickschieferigen Abarten verwittern schwer und bilden steinige, flachgründige Bodenarten, an steilen Hängen oft völlige Geröllwände. Die Vegetation der trockeneren Lagen ist daher eine geringe (zumeist Fichte) und der Rohhumusbildung im hohen Grade ausgesetzte. In den milderen Lagen gedeiht die Fichte. Nach Grebe ist ein Niederwaldbetrieb am besten am Platze. Viele der rheinischen Schälwaldungen stocken auf Thonschiefer, und soll dieser überhaupt für die Reproduktion der Laubhölzer eine sehr günstige Bodenart sein.

Die quarzärmeren oft dünnschieferig ausgebildeten Abarten erzeugen einen milden, mit vielen kleinen Schieferstückchen durchsetzten Boden, der in höheren Lagen Fichte, in den milderen Tanne und Buche trägt.

Bei der Verwitterung, die ein starkes mechanisches Zerfallen des Urthonschiefers und dadurch sehr reichliche Beimischungen von Gesteinsbruchstücken im Boden herbeiführt, ist die Neigung der Schichten von erheblicher Bedeutung, bei ebener Lage findet leicht Versumpfung statt.

Die Böden der Urthonschiefer sind, wie die meisten steinreichen und zumal an schieferigen Bruchstücken reichen Bodenarten, gegen Auflockerung empfindlich, die vielen Hohlräume, welche sich bilden, lagern sich nur schwierig wieder zusammen. Bodenbearbeitung ist daher meistens zu unterlassen.

3. Thonschiefer und Thone.

Von den Thonen bis zum Thonschiefer, zum Theil auch bis zu den Urthonschiefern, finden sich vielfache Uebergänge. Durch die Zusammenschwemmung der bei der Verwitterung entstandenen Thontheilchen lagern sich Thone ab, die unter Druck mehr oder weniger schieferige Gesteine bilden, die man nach ihrer Härte und Ausbildung als **Schieferthon** (weichere, aber ausgesprochen schieferige, in ihrem Verhalten dem Thone noch näher stehende Gesteine) und **Thonschiefer** (härter, meist ausgezeichnet schieferig, oft durch humose Beimischungen dunkel gefärbt) bezeichnet. Die mikroskopische Untersuchung hat gezeigt, daß die Schieferthone wenige, die Thonschiefer reichlich krystallinische Einlagerungen enthalten.

Beide zerfallen bei der Verwitterung, wenn auch verschieden leicht, zunächst in eine lockere, nicht bindige Masse (Lockerung des Bodens wirkt in diesem Stadium der Verwitterung meist recht ungünstig), die allmählich in einen kräftigen thonigen Boden übergeht von günstigem Verhalten für Fichte, Buche und Tanne.

Als Letten wird die in der Triasformation (zumal im Keuper) viel verbreitete, kaum schieferig ausgebildete Abart des Schieferthons bezeichnet, der zunächst in eckige Stücke und Blättchen zerfällt, die nur sehr losen Zusammenhalt zeigen und erst allmählich in einen schweren, fruchtbaren Thonboden übergehen, der zumal Buche und Eiche zusagt, bei Bloßstellung starken Graswuchs trägt und in Folge der hohen Wasserkapacität leicht zur Versumpfung führt.

Thon bildet die festen, zähen Massen, welche zumal in der Tertiär formation verbreitet sind. Die hohe Plasticität und Wasserkapacität beeinflussen die Thonböden, zumal in ebenen Lagen, ungünstig. Es sind immer kalte und nasse Böden. Günstiger verhalten sich die eisen reicheren, meist roth gefärbten Thone, während die schweren (zumal dem Tertiär angehörigen) weißen, kaolinreichen Thone zu den un günstigsten Waldböden gehören und oft nur Krüppelbestände tragen.

Lehm ist als eine Mischung von thonigen Theilen mit Sand zu betrachten, sein Verhalten wird beim Diluvium und bei der Besprechung der Hauptbodenarten berührt werden.

4. Kalk= und Dolomitgesteine.

Kalkgesteine finden sich in allen Formationen. Der kohlensaure Kalk wird bei der Verwitterung gelöst und weggeführt, die entstehenden Böden sind von der Menge und der Zusammensetzung der dem Kalk karbonat beigemischten anderartigen Bestandtheile abhängig. Reine, kohlensaure Kalke können nur in Bruchstücke zerfallen und vermögen allein keinen Erdboden zu bilden. Hiernach ist es verständlich, daß die Verwitterung der Kalkgesteine sehr verschiedenartige und zumal sehr verschieden fruchtbare Böden erzeugt. Bei keiner anderen Gesteinsart wechselt die Bodengüte in so hohem Maße wie bei den Kalken.

Durch die Wegfuhr des kohlensauren Kalkes bilden sich meist tief gehende Spalten und Höhlungen in dem Gestein. Wasseransammlungen finden daher kaum statt, wohl aber leiden Kalkböden von geringer Mächtigkeit an Trockenheit.

Man kann folgende Hauptunterschiede machen:

Reine Kalke. Felsarten, welche fast nur aus kohlensaurem Kalke bestehen. Die aus diesen hervorgehenden Bodenarten sind erdarm, mit Steinen durchsetzt, leiden zumeist an Trockenheit und gehören hier durch zu den armen und ärmsten Waldböden.

Einzelne verbreiteter auftretende hierher gehörige Gesteinsarten sind Kreide, weich, zerreiblich, bildet geringwerthige Böden.

Die krystallinischen Kalke, bieten nach den Formationen, denen sie angehören, manche Eigenthümlichkeiten.

Es gehören dahin

Die Kalke der paläozoischen Periode, dichte, stark zerklüftete Massen, welche einen an Steinen überreichen, wenig erdhaltigen, flach-gründigen Boden von geringem Werthe liefern.

Die Kalke des Muschelkalkes, namentlich des Hauptmuschelkalkes, meist deutlich geschichtet, von graulicher oder gelblicher Farbe und sehr dichtem Gefüge.

Die Jurakalke, meist wenig geschichtet, massig, hell gefärbt. Sie bilden geringe Steinböden.

Die Böden der reinen Kalkgesteine sind alle gegen Freistellung empfindlich. Es liegt dies in der flachen Erdschicht und der Durch-lässigkeit des Untergrundes, welche ein rasches Austrocknen und da-durch Zerstörung der Krümelstruktur herbeiführt. An Hängen wird die geringe Erdmenge leicht abgespült. Die Wiederaufforstung der in Mitteldeutschland weit verbreiteten kahlen Muschelkalkberge, die zumal durch Schafweide gelockert und deren Erddecke in die Thäler gewaschen ist, bietet oft enorme Schwierigkeiten. Zumal die Südwest- und West-hänge leiden unter dem Einfluß der austrocknenden Winde. Auf solchen Gebieten finden sich, wenn überhaupt Holzgewächse vorhanden sind, meist nur noch Gesträuppe von verschiedenen Sträuchern, selten einmal ein Nadelholzbaum. Es ist dies schon ein Beweis, daß diese Boden-arten für die Laubhölzer immer noch günstiger sind, als für Nadel-hölzer. Die Aufforstung erfolgt zumeist mit Kiefern, namentlich die Schwarzkiefer hat sich sehr bewährt, behält aber kein langes Leben und wird späterhin von der gemeinen Kiefer überholt. Weißerle hat sich in den Göttinger Gegenden bewährt; man sollte überhaupt mehr Versuche mit stark wurzelnden Laubhölzern (Akazie und dergleichen) machen, als es bisher geschehen ist. Die Natur weist auf solche Pflanzenarten hin.

An beigemischten Thontheilen reichere Kalksteine. Die dieser Gruppe angehörigen Kalke, als deren Typus man den Wellenkalk bezeichnen kann, enthalten alle reichliche Beimischungen von thonigen Bestandtheilen, welche bei der Verwitterung zurückbleiben. Alle hierher gehörigen Bodenarten tragen daher den Charakter schwerer Thonböden, deren Untergrund gut drainirt ist (in Folge der Spalten im Gestein), und die außerdem durch den Gehalt an löslichen Salzen, zumal Kalk-salzen, lange nicht dieselbe Plasticität besitzen, wie die übrigen Thon-böden. Kalkböden in dem Sinne, wie dieser Ausdruck zumeist gebraucht wird, sind oft sehr kalkarm und haben alle Vorzüge und Nachtheile eines Thonbodens.

Zahlreiche Untersuchungen bestätigen dies, hier mögen nur die von Councler*) angeführt werden, welche sich auf Wellenkalkböden des Reviers Lohra beziehen.

---

*) Zeitschrift für Forst- und Jagdwesen 16, S. 121. (1883).

Der Boden bestand aus

    2- 4 cm durch Humus gefärbtem Thon,

    23 —30 „ grau= bis schwarzbraunem Thon,

    5 —16 „ gelblichem Thon.

Hierunter lag das wenig veränderte, nur in Bruchstücke zerfallene Gestein.

Die einzelnen Bodenschichten zeigten folgende Zusammensetzung im Gesammtgehalt an (löslichen und unlöslichen) Mineralstoffen (wobei nur die wichtigsten Bestandtheile hier wiedergegeben sind):

	Oberste Schicht	Zweite Schicht	Tritte Schicht	Grundgestein
Kali .	2,32	2,52	2,65	0,39
Natron	0,66	1,03	0,93	0,3
Kalk . .	1,14	1,11	1,16	52,98
Magnesia .	0,94	0,35	0,83	0,76
Eisenoxyd .	3,82	3,44	6,53	0,51
Thonerde . .	9,83	15,60	17,60	0,90
Phosphorsäure	0,21	0,18	0,20	0,03
Kieselsäure	63,57	64,47	54,13	2,06
Kohlensäure	0,14	1,28	1,11	41,74
Wasser .	7,59	4,26	8,70	0,21

Man sieht hieraus, daß selbst in erheblicher Tiefe und unmittelbar über dem Gestein, der kohlensaure Kalk bis auf geringe Reste ausgelaugt ist.

Hieraus ist es erklärlich, daß solche Bodenarten außerordentlich fruchtbar sind und namentlich Laubhölzer mit vorzüglichem Wuchs tragen, wenn auch in kühleren Lagen Nadelhölzer, zumal Tanne, oft vortrefflich gedeihen. Andererseits ergiebt sich aber auch die Ursache der Empfindlich= keit gegen Bodenentblößung und dadurch bewirktes oberflächliches Aus= trocknen. Die Krümelstruktur dieser Bodenarten wird durch Bloßliegen zerstört, die Thontheile werden dicht zusammengelagert und setzen einer Durchfeuchtung und zumal dem Zerfall großen Widerstand entgegen. (Völlig trockene „Kaltböden", die längere Zeit frei gelegen haben, kann man oft stundenlang mit Wasser kochen, ehe alle Thonpartikel sich ver= theilt haben, und im kalten Wasser können sie recht lange liegen, ohne daß sich dieses durch aufgeschlämmte Thonpartikel trübt.)

Besonders schädlich für junge Holzpflanzen ist endlich noch der starke Graswuchs solcher Böden, der häufig die Entwickelung um Jahr= zehnte verzögern kann, wohl auch die jungen Baumpflanzen zum Ab= sterben bringt: hier wirkt namentlich der starke Wasserentzug des

Grases ein und muß sich zumal an Hängen am empfindlichsten geltend machen.

Dolomitische Kalke und Dolomite. Die Dolomite verhalten sich ganz ähnlich wie die Kalkgesteine. Die reinen Dolomite verwittern noch schwieriger als diese und geben einen sehr steinreichen, erbarmen Boden von geringer Fruchtbarkeit. Vorspringende Felsmassen ragen vielfach völlig unbewachsen hervor (die in den östlichen Alpen weit verbreiteten Dolomite zeichnen sich durch malerische Formen aus).

Die Dolomitgesteine mit reichlicheren thonigen Beimengungen unterscheiden sich bei der Bodenbildung von den Kalkböden dadurch, daß vielfach Dolomitsand gebildet wird, der mit den Thonbestandtheilen gemischt, einen meist hellen, gelblich gefärbten Boden giebt, der sich in seinem Verhalten dem Lehm (Thon mit Quarzsand) sehr ähnlich verhält und oft außergewöhnliche Fruchtbarkeit besitzt.

Mergel. Als Mergel bezeichnet man innige Mischungen von kohlensaurem Kalk, thonigen Bestandtheilen und Sand. Je nach dem Vorherrschen des einen oder anderen Bestandtheils kann man unterscheiden (nach Senft, Gesteins- und Bodenkunde, S. 315; die angegebenen Zahlen bedürfen wohl der Revision, es handelt sich jedoch nur um ganz angenäherte Verhältnisse; vielfach sind hier wohl anderartige Bodenarten eingereiht worden):

Thonmergel, 15—20 % Kalk, 50—75 % thonige Bestandtheile, höchstens 25 % sandige Theile. Nach Senft in der Trias verbreitet, sind es meist roth gefärbte Gesteine von geringem Zusammenhange, die zunächst in kleine Brocken und Blättchen zerfallen und allmählich in einen Boden hoher Fruchtbarkeit übergehen. (Irrthümlich werden wohl zu diesen Gesteinen viele der bunten Letten, die zumal im Keuper weit verbreitet sind, aber keinen oder nur Spuren von Kalk enthalten, gerechnet.)

Lehmmergel, 15—20 % Kalk, 20—50 % thonige Theile, 25 bis 50 % Sand. Meist gelbbraun bis gelb gefärbt, geht vielfach aus der Verwitterung von Sandsteinen mit kalk- und thonreichem Bindemittel hervor. Hier würde auch ein Theil der Diluvialmergel (Seite 197) einzureihen sein.

Kalkmergel, 50—75 % Kalk, 20—50 % Thon, wenig (nur bis 5 %) Sand. Meist hell bräunlich gefärbte Bodenarten, die langsam ausgetrocknet sich durch auffällige Bindungslosigkeit auszeichnen, bei raschem Austrocknen aber auch hart und fest werden können.

5. Konglomerate, Sandsteine und Sande.

Konglomerate bestehen aus gerundeten, größeren Bruchstücken von Mineralien oder Gesteinen, die durch ein Bindemittel verkittet sind.

(Breccien bestehen aus eckigen, scharkantigen Gesteinsbruchstücken; für die Bodenkunde ist diese Unterscheidung, die für die Geologie wichtig ist, ohne Bedeutung.) Durch Abnahme der Korngröße gehen die Konglomerate in die Sandsteine über.

Je nach der Verschiedenheit und Art der Gesteinsbruchstücke, der Menge und Zusammensetzung der Bindemittel sind die Konglomerate von verschiedenem Werth für die Bodenbildung. Im Allgemeinen jedoch wird das Bindemittel rascher verwittern, als die Gesteinsstücke und werden sich, zumal an Hängen, Böden bilden, welche sich in ihrem Verhalten mehr oder weniger den Grand- und Geröllböden nähern. Schon hieraus ergiebt sich, daß es meist ungünstige Verhältnisse sind, welche dem Forstmann bei Behandlung der Konglomeratböden entgegen treten, und wie schwer es ist, allgemeine Grundlagen zu geben.

Einzelne in größerer Ausdehnung auftretende Konglomerate, sind die des Rothliegenden und die Nagelfluc.

Das Konglomerat des Rothliegenden besteht aus wallnuß- bis kopfgroßen Stücken von Quarz, Hornstein, Kieselschiefer, Granit, Gneiß, Felsitporphyr, Glimmer- und Thonschiefer, die durch ein eisenreiches, thonig-sandiges Bindemittel verkittet sind. Die Zusammensetzung ist demnach eine im hohen Grade wechselnde.

Der Verwitterungsboden ist meist flachgründig, steinreich, an den Hängen oft ein reiner Grandboden. Wassermangel und anderseits vielfach auftretende Rohhumusbildungen, Heide- und Beerkrautbedeckung sind gleichmäßig ungünstig für den Waldbestand, der oft nur aus geringen Kiefern besteht. (Grebe, a. a. O.)

Das „Rothliegende" als Formation betrachtet, in der die Konglomerate nur einen Theil bilden, besteht außerdem aus Sandsteinen mit eisenreichem Bindemittel, sowie aus ebenfalls eisenreichen Schiefer- thonen. Alle diese Bildungen wechseln vielfach mit einander und bewirken so mannigfache Verhältnisse für die forstliche Kultur, daß eine ins Kleine eingehende Behandlung nothwendig wird.

Nagelfluc, im alpinen Tertiär weit verbreitet, besteht ganz überwiegend aus Kalksteinstücken, seltener aus solchen von Sanden und krystallinischen Gebirgsarten, die durch ein kalkreiches, mäßig thoniges Bindemittel verkittet sind.

Grand schließt sich den Konglomeraten eng an, nur fehlt ein verkittendes Bindemittel. Je nach der Zusammensetzung sind die Grande von verschiedenem Werth, in höheren Lagen leiden sie stets durch Mangel an Feuchtigkeit, in tieferen kann, zumal bei flachanstehendem Grundwasser, oft ein guter Boden aus ihnen hervorgehen.

Sandsteine sind Gesteine, die aus der Verkittung kleinerer, nicht über erbsengroßer Gesteins- und Mineralbruchstücke bestehen. Am häufigsten ist Quarz der Hauptbestandtheil, jedoch können die ver-

schiebenartigsten anderen Mineral= und Gesteinsarten an der Zusammen=
setzung theilnehmen.

Man unterscheidet die Sandsteine entweder nach ihrem geologischen
Alter (z. B. Buntsandstein, Quadersandstein und dergleichen) oder nach
ihrer Zusammensetzung, beziehungsweise ihrem Bindemittel.

In Bezug auf die Zusammensetzung unterscheidet man:
Arkose; Körner von Quarz und Feldspath, dem zuweilen noch
Glimmer beigemischt ist. Manche Buntsandsteine, sowie in der Kohlen=
formation vorkommende Sandsteine gehören hierher.

Grünsandstein, Sandsteine mit meist thonig=kalkigem Bindemittel,
welche Körner von Glaukonit enthalten.

Glimmersandstein, Quarz und Glimmer, meist mehr oder
weniger schieferig ausgebildet.

Nach der Natur des Bindemittels unterscheidet man:
Thonige Sandsteine, mit meist durch Eisen roth oder braun
gefärbtem, in der Regel reichlich vorhandenem Bindemittel. Derartige
Sandsteine zerfallen leicht und geben einen lehmigen bis sandigen, tief=
gründigen Boden von günstiger Beschaffenheit. (Hierhin gehören viele
Buntsandsteine, zumal der mittleren und oberen Abtheilung.)

Mergelige Sandsteine, mit kalkig=thonigem Bindemittel. Es
sind dies meist hell gefärbte Gesteine, die bei der Verwitterung tief=
gründige, fruchtbare Böden geben.

Kalkige Sandsteine, wenig verbreitet, überwiegend mit kohlen=
saurem Kalk als Bindemittel.

Kieselige Sandsteine, Sande mit sehr kieselsäurereichem Binde=
mittel. Die an diesem reichen Abarten verwittern nur sehr schwierig,
auch die übrigen bilden Sandböden von geringer Fruchtbarkeit. (Die
meisten Buntsande der unteren Abtheilung, sowie die Hauptmasse der
Quadersande gehören hierher.)

Eisenhaltige (eisenschüssige) Sandsteine. Das Bindemittel
besteht überwiegend aus Eisenoxydhydrat, seltener aus Eisenoxyd. Meist
sehr feste, schwer verwitternde Gesteine.

Da Sandsteine bestimmter Zusammensetzung in einzelnen Forma=
tionen (wenigstens in den hier gezogenen Grenzen) mehr oder weniger
reichlich auftreten, so ist es vortheilhaft, sie nach diesen geordnet nach
ihrem bodenbildenden Verhalten kurz zusammen zu stellen.

Grauwacke, der paläozoischen Abtheilung angehörig, besteht aus
größeren oder kleineren Körnern (es kommen nicht selten auch aus=
gesprochene Konglomerate, Grauwackenkonklomerate vor) ver=
schiedener Gesteinsarten: Quarz, Kieselschiefer, Thonschiefer, sowie Feld=
spathkörner, die durch ein kieseliges, oder kieselig=thoniges Bindemittel
verkittet sind, herrschen vor.

Die entstehenden Böden sind hiernach verschieden.

Die quarzreichen Abarten, überdies zumeist noch mit einem
kieselsäurereichen Bindemittel, verwittern schwer und geben einen flach=
gründigen, erdarmen Boden von geringem bis sehr geringem Werth;
seltener, bei wenig Bindemittel, erzeugen sie tiefgründigere Sandböden,
die dann den tiefwurzelnden Baumarten, wie Kiefer und Eiche, vortheil=
haften Standort bieten.

Die thonreicheren Abarten zerfallen leichter, ebenso die meisten
grobkörnigen bis konglomeratischen Formen der Grauwacke und erzeugen
einen tiefgründigen, thonreicheren Boden, der in den höheren Lagen
für Fichte, in den tieferen, feuchteren, für Buche und Tanne günstige
Bedingungen des Gedeihens bietet.

Buntsandstein. Die Ausbildung des Buntsandsteins ist eine ver=
schiedene; im Allgemeinen verhalten sich die Gesteine der tieferen Etagen
weniger günstig, als die der oberen.

Der Verwitterungsboden ist je nach Menge des Bindemittels
Sandboden bis Lehmboden, zumeist ein mehr oder weniger sandiger
Lehm; erfahrungsmäßig geben die hell gefärbten Abarten des Gesteines
(eine Folge des geringeren Gehaltes an Bindemittel) geringe bis arme,
die gelb gefärbten mittlere, die roth gefärbten gute und selbst sehr
gute Bodenarten.

Auf allen findet leicht Bildung von Rohhumus statt, und findet
man in dieser Beziehung auf den Böden des Buntsandsteins oft auf=
fällig ähnliche Verhältnisse, wie auf den diluvialen Böden Norddeutsch=
lands. Hierdurch begründet es sich, daß die tieferen, feuchteren Lagen
meist viel ungünstiger als die höheren Lagen sind und daß andererseits
Alles, was eine zu starke Austrocknung der oberen Bodenschichten ver=
anlaßt, zugleich mit einem Rückgang im Bestande verbunden ist. Kaum
eine andere Bodenart ist daher so empfindlich gegen unvorsichtiges
Freistellen und auch gegen Streuentnahme, wie der Buntsandstein.
Geschlossene, größere Bestände, in denen eine normale Zersetzung der
humosen Stoffe viel eher stattfindet, als in einzelnen kleinen Waldungen,
sind hierdurch in der Regel ebenfalls unverhältnißmäßig vortheilhafter
für den Bestand. Im ganzen Verhalten ist daher der Buntsandstein=
boden einer der am schwierigsten zu behandelnden, und am leichtesten
Rückgängen ausgesetzten Bodenarten, die in unseren Gebieten vorkommen.
Gerade hier haben sich einmal die Folgen übertriebener Streuentnahme
geltend gemacht, und andererseits ist man fast nirgends so geneigt, un=
günstige Einwirkungen, welche wesentlich in verschiedenen Humusbildungen
begründet sind, auf die Streunutzung zu schieben, wie im Buntsandsteingebiet.

Kiefer (auf dem trockneren mehr dem reinen Sande sich nähernden
Boden), Buche und Fichte, sowie Tanne, zum Theil auch Eiche, also
unsere wichtigsten Holzarten, finden auf dem Buntsandsteinboden je nach
den Verhältnissen entsprechenden Standort.

Keuperjandstein. Die unteren Etagen dieses Gesteines enthalten meist reichliche kalkhaltige Bindemittel, durch die bei der Verwitterung tiefgründige, lehmige Sandböden erzeugt werden, welche zumal den tiefwurzelnden Bäumen, vor allem der Eiche, günstig sind, weniger finden sich Buche und Fichte.

Die oberen Ablagerungen führen meist ein kieselsäurereiches Binde= mittel und geben mehr flachgründige, trockene Böden, welche überwiegend durch Kiefern bestanden sind.

Liassandstein verhält sich den besseren Keupersandsteinen ähnlich, und besitzt ebenfalls ein kalthaltiges Bindemittel. Bei der Verwitterung entstehen tiefgründige, fruchtbare, für das Laubholz günstige Bodenarten.

Quadersandstein. Der Quadersandstein besteht zumeist aus fein= körnigem Quarzsand mit wenig, meist kieseligem, selten thonigem Binde= mittel und bildet bei der Verwitterung meist einen sehr wenig frucht= baren, lockeren Sandboden, der überwiegend Kiefern trägt. Manche Abarten verwittern schwer und bilden nicht selten vegetationslose Felsen.

Der Rohhumusbildung, und wie es bei so armen Sanden ver= ständlich ist, der Ortsteinbildung, ist der Quadersand leicht unterworfen. (In Böhmen zuerst beobachtet, in Oberschlesien sehr häufig.)

Quarzit. Unter Quarziten versteht man dichte oder körnige Quarz= gesteine. Viele stehen ihrer Entstehung nach mit Sandsteinen in enger Beziehung und sind als Quarzsandsteine mit kieseligem Bindemittel auf= zufassen; bei anderen ist die Bildung wahrscheinlich eine wesentlich ab= weichende gewesen.

Der Verwitterung sind die Quarzite schwer zugängig und ragen oft als vegetationslose Felsmassen aus dem übrigen Gestein hervor.

Die körnigen Abarten geben einen flachgründigen, armen Sand= boden und nur in sehr seltenen Fällen sind so viel andere Bestandtheile (Thone und eisenreiche Thone) beigemischt, daß ein erträglicher Boden entstehen kann.

Sande. Die Sande stehen zu den Sandsteinen in einem ähnlichen Verhältniß wie die Grande zu den Konglomeraten; es fehlt ihnen ein verkittendes Bindemittel. Sie unterliegen aber, soweit sie Silikate enthalten, in ganz gleicher Weise der Verwitterung, wie jedes andere Gestein.

Die Sande gehören zumeist den jüngeren Formationen an, die im Diluvium und Alluvium vorkommenden werden später im Zusammen= hang behandelt werden, hier sind hauptsächlich die tertiären Bildungen anzuführen:

Tertiärsand besteht zumeist aus milchweißem Quarz mit wenig Bruchstücken von Kieselschiefer. Die Korngröße ist sehr verschieden; theilweise finden sich sehr feinkörnige Sande, die Hauptmasse ist jedoch von höheren Korngrößen, oft sogar sehr grobkörnig.

Die tertiären Quarzsande bilden ihrer Zusammensetzung entsprechend sehr arme Bodenarten, die sich nur etwas günstiger verhalten, wenn Grundwasser flach ansteht. Zugleich sind sie Rohhumusbildungen, sowie der Abscheidung von Ortstein sehr ausgesetzt. Kiefer, an den feuchteren Stellen allenfalls Erle, bilden die meist geringwerthigen Bestände.

Tertiärer Glimmersand, zumeist sehr feinkörnig, mit Glimmer- blättchen durchsetzt. Boden mittlerer Güte; trägt Laubhölzer.

Vulkanische Aschen und Sande. Bei den Ausbrüchen der Vulkane werden oft große Massen von feinkörnigem Material ausge- worfen, und fallen, je nach der Korngröße, in der Nähe oder in größerer Entfernung nieder. Man unterscheidet vulkanische Sande, grobkörnig, und vulkanische Aschen, sehr feinkörnig. Die letzteren lagern sich zusammen und werden vielfach durch sekundäre Mineral- bildungen verkittet; solche verkitteten Aschen bezeichnet man als vul- kanische Tuffe.

Die Bodenarten, welche aus der Verwitterung von Tuffen hervor- gehen, die rasch und bis in größere Tiefe zersetzt werden, sind meist von mittlerer bis hoher Güte. Die Sande dagegen, deren Körner eine geschmolzene, schwer angreifbare Oberfläche haben, verwittern schwer und bilden lose, trockene Bodenarten, die oft kaum eine dürftige Vege- tation zu tragen vermögen.

Humose Bildungen. Die Entstehung der Torf- und Moor- ablagerungen findet in §§ 65 und 66, der Bodenwerth derselben bei der Besprechung der Hauptbodenarten seine Behandlung.

6. Diluvium und Alluvium.

Ein großer Theil Europas (fast das ganze nordische Flachland und Skandinavien) sind von Bildungen des Diluviums bedeckt. In den Hochgebirgen (Alpen, Karpathen) sind ebenfalls ausgedehnte Ablagerungen diluvialen Alters, die sich zum Theil weit in die umliegenden Gebiete (oberbayrische Hochebene, das Seengebiet Norditaliens) erstrecken. Fast alle diese Ablagerungen sind durch die Thätigkeit ausgedehnter Gletscher entstanden, welche sich von den Hochgebirgen aus weit in die Ebene erstreckten oder von Skandinavien her Nordeuropa überdeckten. Die Grenze des nordischen Diluviums bilden die mitteleuropäischen Gebirgs- züge, welche dem Vordringen des Eises Widerstand leisteten, während in Rußland etwa ein Bogen, der von Kiew nach Nischni Nowgorod und von da zur Tscheskajabai reicht, die diluvialen Bildungen um- fassen würde.*)

---

*) Die durch Quell vertretene „Driftheorie" ist in neuerer Zeit durch die Torell'sche „Inlandeistheorie" verdrängt worden. Beide Anschauungen vereinigen sich in der Auffassung, daß die Entstehung der Ablagerungen auf die Thätigkeit des Eises

a) Das nordische Diluvium.

Die Bildungen des nordischen Diluviums lassen sich in drei Abtheilungen trennen, in

unteres Diluvium,
oberes Diluvium,
Ablagerungen diluvialer Flüsse (Altalluvium).

Das untere Diluvium umfaßt weitaus die größte Masse der
nordischen Diluvialablagerungen, die überwiegend aus Sanden und
Mergel, sparsamer aus Thonen und Mergelsand bestehen.

Die Diluvialmergel sind ohne jede Spur von Schichtung, sie
bestehen aus einer oft sehr fest zusammengelagerten Mischung von thonigen,
sandigen und kalkhaltigen Gesteinsresten, zwischen denen regellos, d. h.
nicht nach der Korngröße gesondert, kleine bis große Steine eingelagert
sind. Durch Abschlämmen aus den Diluvialmergeln kann man alle
Bestandtheile der Diluvialbildungen (Thone, Sande, Grande) gewinnen.

Der untere Diluvialmergel ist von wechselnder, aber meist
erheblicher Mächtigkeit und zumeist von bläulicher oder grauer Färbung.

Bei der Verwitterung wird zunächst der reichlich beigemischte Kalk
gelöst und weggeführt, und zugleich werden die Silikate angegriffen und
die in ihnen vorhandenen Eisenoxydulverbindungen in Oxyde beziehentlich Oxydhydrate übergeführt; die Farbe geht hierdurch in braun über
und der entstehende Boden besteht aus thonigen Theilen und Sand,
aus Lehm. Bei fortschreitender Verwitterung werden wohl überwiegend mechanisch Thontheilchen weggeführt, der Boden verarmt an
diesen und geht allmählich in einen lehmigen Sand über. Natürlich werden hierdurch sowohl für chemische Zusammensetzung, wie für
physikalisches Verhalten werthvolle Bodenbestandtheile weggeführt.

Im Allgemeinen tritt der untere Diluvialmergel in den tieferen
Lagen, an Gehängen und dergleichen auf; er bildet häufig schmale, nur
selten ausgedehntere Bodenflächen.*)

---

zurück zu führen ist, unterscheiden sich jedoch darin, daß nach der ersten schwimmende Eisblöcke das Material nach den südlicheren Gegenden trugen und nach
dem Abschmelzen ablagerten, während die Inlandeistheorie eine ununterbrochene
vom Norden nach dem tiefer liegenden Süden drängende Eisschicht annimmt, welche
zugleich die ziemlich flachen zwischenliegenden Meere ausfüllte. Für die letztere
Anschauung sprechen namentlich die Eigenschaften der Diluvialmergel, welche völlig
mit denen der Grundmoränen der Gletscher übereinstimmen, sowie das Vorkommen
geglätteter und geschrammter anstehender Gesteine; ferner das fast völlige Fehlen
mariner Thier- und Pflanzenreste. Jedenfalls muß dann das Inlandeis in seiner
Ausdehnung geschwankt haben, was aus dem mehrfachen Wechsel von Mergel und
Sanden hervorgeht.

*) An den Abhängen der im Diluvium so häufigen, tiefen Einschnitte früherer
oder noch jetziger Flußläufe erkennt man das Auftreten des Diluvialmergels sehr

Er ist wichtig als kalkreiches Meliorationsmittel (20—40⁰/₀ und mehr kohlensaurer Kalk sind häufig vorhanden). Als Waldboden gehört der untere Diluvialmergel schon nach seiner ganzen Zusammensetzung zu den werthvollen Bodenarten und trägt oft vorzügliche Buchenbestände.

Diluvialthon ist viel sparsamer verbreitet als Diluvialmergel und bildet oft ausgezeichnet geschichtete Thonlager, deren Schichtung zumeist durch sehr sein zerriebene Sande hervorgerufen wird, welche in Verbindung mit dem wohl stets vorhandenen Gehalte an kohlen= saurem Kalk günstig einwirken, wo der Diluvialthon einmal boden= bildend auftritt.

Unterer Diluvialsand, Spathsand, vielfach einsach als Diluvial= sand bezeichnet, ist ein sein= bis grobkörniger Sand, der neben Quarz reichlich Feldspathkörner und andere Mineral= und Gesteinsbruchstücke, sowie stets sparsamer oder häufiger Steine enthält. In den oberen Bodenlagen findet sich selten, in den tieferen Schichten in der Regel ein mäßiger Gehalt an kohlensaurem Kalk. Thon (nach Schlösing be= stimmt) enthalten die Diluvialsande meist nur in Spuren, jedoch kommen Abarten und oft in ziemlicher Ausdehnung vor (z. B. ein großer Theil der Oberförsterei Freienwalde besteht aus solchen), welche reichlich sehr sein zerriebene Mineralbestandtheile enthalten.

Bei der Verwitterung wird zunächst der kohlensaure Kalk aus= gelaugt, und durch die Verwitterung der Silikate geht die ursprünglich sehr schwach gelbliche Farbe des Sandes (eine Folge der beigemischten Feldspaththeile, sowie der Färbung des Quarzsandes) in eine gelbliche bis bräunliche, seltener und meist nur stellenweise verbreitet, in eine röthliche über. Durch die große Durchlässigkeit des Sandes für die atmosphärischen Wässer unterliegt der Diluvialsand wie alle Sande leicht einer starken Auswaschung.

Die Zersetzung der organischen Abfallreste ist meist eine befriedigende. Sind auch Rohhumusbildungen nicht selten, so stellt sich doch der Diluvialsand weit günstiger, als die altalluvialen und die Heidesande. Ortsteinbildungen gehören daher zu den Seltenheiten.

Der Diluvialsand ist weit verbreitet und findet sich zumal an Hängen und an Stellen, wo durch Erosion die obere Diuvialdecke zerstört ist, vielfach bloßgelegt. Immerhin gehören die Diluvialsande zu den mittleren Waldböden und tragen namentlich die Kiefer oft in hoher Vollkommenheit, vielfach mit Buche als Unterholz. (Eiche, Hain= buche und Buche bleiben zumeist zurück, und nur in jenen Gebieten, wo viel seines Gesteinsmehl dem Sande beigemischt ist, gedeihen die Laubhölzer. zumal die Eiche.

häufig an dem Strauchwuchs, welcher auf ihm vorkommt. Rosenarten, Cratägus, und wo diese fehlen, einzelne kalkliebende Pflanzen, sind ein gutes äußeres Kenn= zeichen, welches nur selten täuscht.

Im Ganzen kann man annehmen, daß die Kiefern der mittleren bis besten Ertragklassen im nordischen Diluvium auf Diluvialsand stocken, der durch Tiefgründigkeit den geringen Feuchtigkeitsgehalt ersetzt und durch seinen beträchtlichen Gehalt an Mineralstoffen, zumal durch den in größerer Tiefe meist vorhandenen Kalkgehalt, den Bäumen die nothwendigen Nährstoffe bietet.

Mergelsand ist ein oft mit dem unteren Diluvialsand und Diluvialthon vergesellschafteter, aber auch an einzelnen Stellen ausgedehnter vorkommender, sehr feinkörniger Sand, der reichlich fein zerriebene Mineraltheile und kohlensauren Kalk beigemengt enthält. In der Struktur und den Eigenschaften gleicht der Mergelsand sehr dem Löß.

Bei der Verwitterung geht aus dem Mergelsand ein milder, tiefgründiger Lehmboden hervor, welcher zumal der Eiche und Kiefer zusagt und oft ganz vorzügliche Bestände dieser Holzarten trägt.

Oberes Diluvium.

Das obere Diluvium besteht hauptsächlich aus dem oberen Diluvialmergel und seinen Verwitterungs= beziehungsweise seinen Umlagerungsprodukten.

Der obere Diluvialmergel zeigt alle bereits genannten Eigenschaften der diluvialen Mergelablagerungen, er unterscheidet sich vom unteren Mergel äußerlich durch seine meist mehr gelbliche oder bräunliche Färbung, die meist geringere Mächtigkeit und durch seine Lage. In durch Erosion veränderten Gebieten bildet der obere Diluvialmergel vielfach die höchsten Spitzen der hervorragenden Köpfe und Hügel. Ungestört überzieht er, oft allen Biegungen des Bodens folgend, die Oberfläche des Diluviums.

Die Verwitterung ist dieselbe wie die des unteren Diluvialmergels, natürlich ist aber der obere Mergel schon durch seine Lage an der Oberfläche den zerstörenden Einflüssen viel mehr ausgesetzt gewesen als jener. Die Entkalkung und Entthonung ist daher oft weit fortgeschritten, so daß erst in den tieferen Schichten sich ausgesprochener Lehm findet: oder die thonigen Theile sind oft so stark ausgewaschen, daß nur ein schwachlehmiger Sand zurückbleibt.

Die neuere Geologie nimmt an, daß die Auswaschung der thonigen Bestandtheile schon vielfach durch die Schmelzwässer des Inlandeises erfolgt ist.

Die aus dem oberen Diluvialmergel hervorgehenden Bodenarten kann man unterscheiden in:

Lehmböden,

lehmige Sande mit unterlagerndem Lehm oder einzelnen Lehmnestern; oft mit Anreicherung an Steinen in der unteren Grenzschicht,

lehmige Sande (oberer Diluvialsand).

Dem entsprechend ist der Werth dieser Böden ein sehr wechselnder.

Der Diluviallehm der höchsten Kuppen, häufig sehr fest gepackt und reich, auch wohl überreich an Steinen, ist trotz seines Reichthums an mineralischen Nährstoffen, meist ein geringwerthiger, mit schlechten Kiefern und Birken bestandener Boden, der sich nur schwierig mit Wasser sättigt und durch seine exponirte Lage der Austrocknung stark unterworfen ist. Bei solchen Vorkommnissen bessert sich zumeist der Bestand am Hange, wo Diluvialsand auftritt, ganz erheblich.

Ausgesprochene Lehmböden, welche aus der Verwitterung des oberen Diluvialmergels hervorgehen, sind zumeist dem landwirthschaftlichen Betriebe überlassen: im Forste gedeihen zumal Buche und Eiche auf denselben. Die Kiefer liefert ein grobringiges Holz.

Die oberen Diluvialsande sind schwach lehmige, oft nur wenige Decimeter mächtige, vielfach steinreiche Ablagerungen auf Diluvialsand. In der Regel unterscheiden sie sich im forstlichen Verhalten nicht merkbar von diesen und bieten namentlich der Kiefer entsprechende Standorte.

Lehmige Sandböden mit Lehmunterlage stehen in ihrem Verhalten etwa in der Mitte zwischen den beiden vorgenannten Bodenarten, tragen aber meist Laubholz.

Geschiebewälle. Im nordischen Diluvium finden sich lange, mit Unterbrechungen oft sich viele Meilen hin erstreckende Ablagerungen, welche man als Steinblöcke mit zwischenliegendem Mergelbindemittel bezeichnen könnte, und die in ihrer Struktur ganz den Moränen, zumal den Endmoränen der Gletscher, entsprechen. Die Inlandeistheorie betrachtet diese Bildungen daher auch als Endmoränen des Inlandeises, welche dieses bei der allmählich fortschreitenden Abschmelzung gebildet hat. Diese Steinpackungen haben im steinarmen Norddeutschland oft einen hohen Werth für die Steingewinnung; mit Wald bestanden findet sich meist die Buche auf ihnen, oft in schöner Ausbildung (Oberförsterei Chorin), zuweilen herrschen aber auch die Steinblöcke so vor, daß der Bestand darunter leidet.

Bildungen diluvialer Flußläufe.

Das nordische Diluvium wird von mächtigen, weit ausgedehnten diluvialen Flußthälern durchschnitten, welche oft von außerordentlicher Breite sind und sich noch jetzt ziemlich genau erkennen und verfolgen lassen. Ein großer Strom durchfloß ganz Norddeutschland von Ost nach West und vereinigte die Wässer, welche jetzt von der Weichsel bis zur Weser, vielleicht selbst bis zum Rhein fließen, in seinem Bett.

Die Ablagerungen, welche durch diesen diluvialen Hauptfluß und seine Nebenflüsse gebildet sind, bedecken weite Strecken, bestehen entweder aus durch das Wasser fortbewegten Sanden (dem Thalsand), oder aus umgelagertem, seiner feinerdigen Bestandtheile beraubtem Diluvialsand, dem Thalgeschiebesand.

Thalsand ist ein steinfreier, sehr gleichmäßig fein- bis mittelkörniger Sand in ebener Lagerung. Kohlensaurer Kalk, und Thonbestandtheile fehlen fast völlig; die oft bis in erhebliche Tiefen eingelagerten humosen Stoffe sind sekundär (nicht, wie man vielfach angenommen hat, bei der Entstehung eingelagert), und eine Folge der tiefgehenden Verwitterung und Auslaugung.

Die Thalsande sind arme Sande, bilden aber immerhin noch einen großen Theil der mittleren bis geringen Kiefernböden (meist III. bis IV. Klasse, vielfach mit Wachholderunterwuchs); steht, wie dies oft der Fall ist, das Grundwasser in mäßiger Tiefe (nicht über 2 m) an, so vermag auch noch Laubholz zu wachsen.

Die Zersetzung der organischen Abfallreste erfolgt langsam; Ansammlungen von Rohhumus und in ihrer Folge die Ausbreitung von Heide und Heidelbeere sind häufig und führen nicht gerade selten zur Ortsteinbildung.

Thalgeschiebesand besitzt im Ganzen die Bestandtheile des Diluvialsandes, abzüglich aller feinerdigen und kalkhaltigen, besteht demnach aus einem Quarzsand mit mäßig viel Feldspathkörnern und meist reichlicher Steinbeimengung. Je tiefer die Auswaschung erfolgt ist, um so geringer ist der Werth dieser Bodenart. Während sie sich in seltenen Fällen dem Verhalten des Diluvialsandes nähert, bildet sie zumeist die geringen, oft die geringsten Standorte der Kiefer. Sehr viele der Kiefern der IV. und V. Ertragsklasse stocken auf Thalgeschiebesand.

b) Glacialbildungen der Gebirge.

Wie erwähnt, waren die Hochgebirge und vielfach auch die Mittelgebirge Europas zur Diluvialzeit stark vergletschert.

Die Hauptmasse der hierdurch gebildeten Ablagerungen besteht aus Schottermassen, in denen gröberes und feineres Material wechselt. Hierdurch wird eine meist diskordante Schichtung erzeugt.

An vielen Stellen sind Moränen, an manchen ist die Grundmoräne der alten Gletscher erhalten, welche aus Bruchstücken aller der Gesteine und aus ihren zerriebenen Bestandtheilen bestehen, welche der Gletscher dereinst passirte.

Im oberbayrischen Gebiete kann man eine untere Schicht unterscheiden, welche überwiegend aus Geröllen und Bruchstücken von Kalkgesteinen, weniger aus Silikatgesteinen, besteht und durch ein kalkiges Bindemittel verkittet ist (diluviale Nagelflue). Ueberlagert wird diese von Geröll- und Sandschichten (Penck, Vergletscherung der deutschen Alpen, Leipzig 1882).

c) Diluvialablagerungen der Flüsse.

Viele Flußläufe haben in der Diluvialzeit Ablagerungen gebildet, die ohne Mitwirkung des Eises entstanden sind oder doch so stark durch den Transport im Flußbett verändert worden sind, daß sie den Charakter reiner Flußbildungen tragen. Es sind oft ausgedehnte Schichten von Geröllen, Sanden und Thonen.

Ein ausgezeichnetes Beispiel solcher Bildungen bieten weite Strecken der ungarischen Ebene. Die „kleine ungarische Ebene", etwa von Preß= burg bis Gran, ist reich an größeren Geschieben, die große ungarische „Donau=Theißebene oder Alföld", von Pest bis nach Siebenbürgen, wird von Sanden und thonhaltigen Sanden gebildet.

Viele Flußterrassen sind ebenfalls diluviale Bildungen, sie kamen zur Ablagerung, als die Flüsse noch in höherer Lage flossen und bauen sich überwiegend aus Granden und Sanden auf.

d) Löß.

Löß ist ein sehr feinkörniger (0,02 — 0,04 mm Korngröße) Sand aus Quarz, Kalk und zerriebenem Gesteinsmehl bestehend. Schichtung fehlt in der Regel völlig; die Farben des Löß sind hell, gelblich bis bräunlich. Durch Erosion bilden sich steile Abstürze und tief einge= schnittene Schluchten; der Zusammenhalt des Löß genügt, im feuchten Zustande der ganzen Masse einen mäßigen Halt zu gewähren, während anderseits die abfließenden Wässer die feinen Sandkörner leicht hinweg= führen.

Löß findet sich in unseren Gebieten zumeist an Flußgehängen (z. B. im Rheinthale). Die Mehrzahl der Geologen betrachtet den „Gehängelöß" als Ablagerungen der Flüsse, deren feinste sandige Bildung er darstellt.

Außerordentliche Ausdehnung gewinnt der Löß in China, wo er ausgedehnte Gebiete bedeckt. Für diese Ablagerungen ist eine Bildung durch Windwirkung anzunehmen.

Im engsten Zusammenhang mit der Lößbildung durch Wind steht die der Schwarzerde und der ähnlichen Bodenarten (vergleiche § 67, 2), welche als mit humosen Stoffen gemischter Löß zu betrachten sind.

e) Alluvium.

Zum Alluvium werden alle Ablagerungen gerechnet, deren Bildung noch fortgesetzt andauert. Es sind dies die humosen Bodenarten (Moor, Torf und dergleichen; vergleiche §§ 61—69), die Ablagerungen durch Windbewegung (Flugsand, Dünen;*) § 53, e) und die recenten Ablage= rungen des Meeres und der Flüsse (Flußsand und =Schotter, Auethon, Meeres= und Flußschlick). Gebräuchlicher Weise rechnet man den Heide=

---

*) Das geologische Alter der Dünen läßt sich nicht immer feststellen, vielfach sind sie wohl schon zur Diluvialzeit entstanden.

sand ebenfalls hierher, obgleich er, wie auch der Heidelehm, wohl besser den altalluvialen Bildungen zuzuzählen ist.

Flußgrand, gerundete Geschiebe von wechselnder Größe mit allen Eigenschaften eines Grandbodens (§ 95, b). Die Ablagerungen rasch fließender Gewässer. Die Flußgrande haben meist in mäßiger Tiefe Grundwasser anstehend und unterscheiden sich hierdurch vortheilhaft von den höher gelagerten Grandböden.

Flußsand wird von langsam fließenden Gewässern gebildet und besteht aus gleichmäßig fein= bis mittelkörnigen Sanden, die namentlich bei sehr flach anstehendem Grundwasser reichlich humose Beimengungen (5—15 %) enthalten. Selten findet sich der Wasserspiegel tiefer als 1 m; hierdurch gehören die Flußsande zu den günstigeren Bodenarten, die mit Wald bestanden, namentlich Laubhölzer tragen.

Auethon. Nicht allzu selten finden sich, zumal im nordischen Flachlande, Ablagerungen von Thon, der durch sehr langsam fließende Gewässer zusammengeschwemmt ist. Der Auethon enthält vielfach Reste von Süßwasserkonchylien und bildet in der Regel einen festen, zähen Thon von grünlicher oder bläulicher Färbung. Der Auethon hat in der Regel alle ungünstigen Eigenschaften eines reinen Thonbodens. Da er zumeist in der Höhe des Wasserspiegels oder nur wenig höher liegt, so leidet er unter Ueberfluß an Wasser. Oft sind die meist nur wenig ausgedehnt vorkommenden Lager des Auethons die ungünstigsten Stellen für die Vegetation.

Marsch= und Aueböden.

Der Marschboden lagert sich an der Meeresküste ab. Durch die einmündenden Ströme werden dem Meere die feinsten noch im Unterlauf suspendirt bleibenden Mineralreste zugeführt und gelangen unter dem Einfluß der im Meerwasser gelösten Salze an den flacheren Küsten bald zur Ablagerung. Zugleich mischen sich die Reste der zumal im Brakwasser reichlich absterbenden Organismen bei und bilden so den fetten, dunkel gefärbten Marschboden.

Der Marschboden ist von ausgezeichneter Fruchtbarkeit und wird nur landwirthschaftlich genutzt.

Um dem Meer neue Flächen abzugewinnen, befördert man die Schlickablagerung durch Zäune und dergleichen, welche die Geschwindigkeit des abfließenden Wassers mäßigen und die festen Theile festhalten (Polder, einpoldern). Ist die Ablagerung soweit fortgeschritten, daß die Fläche von der gewöhnlichen Fluth nicht mehr bedeckt wird, so siedeln sich zunächst Salicornia herbacea (Queller) und Salsola kali (Salzkraut) an, denen später andere Salzpflanzen, zumal Aster tripolium, und endlich Gräser folgen.

Die Aueböden, auch wohl als Flußmarschen bezeichnet, bilden sich bei Ueberschwemmungen aus dem Absatz des Schlickes der Flüsse.

Der Aueboden ist thonreich und zugleich mit humosen Stoffen innig gemengt, und reich an mineralischen Pflanzennährstoffen (vergl. § 103).

Aueböden, welche von Flüssen abgelagert werden, die aus Gebirgen mit Kalk- und Silikatgesteinen kommen, sind fruchtbarer als solche, die aus Sandsteingebieten entfließen; so verhalten sich nach Grebe die Aueniederungen der Saale viel günstiger als die der Elbe.

Die Aueböden sind von hoher Fruchtbarkeit und tragen zahlreiche Baumarten in hoher Vollkommenheit. Die wiederkehrenden Ueber-schwemmungen und der reichliche Feuchtigkeitsgehalt des Bodens sagt jedoch manchen Baumarten nicht zu, so fehlen die Nadelhölzer und Buche fast völlig, während Eiche, Erle und Pappeln, an den trockneren Stellen Eichen, einen vorzüglichen Standort finden.

Heidesand. Der Heidesand ist namentlich in Norddeutschland und in Jütland verbreitet. Er besteht vorwiegend aus einem steinfreien, fein- bis mittelkörnigen, nur selten mehlartigen Quarzsande und findet sich zumal in den Höhenlagen, auf denen er die flachen Vertiefungen und Mulden ausfüllt.

Der Heidesand fällt zum Theil in seinem Vorkommen mit den „Ablagerungen diluvialer Wasserbecken und Flußläufe" der preußischen geologischen Flachlandsaufnahmen zusammen, theils ist er mit Sicher-heit als ein durch die Heidebedeckung gleichmäßig horizontal abge-lagerter Flugsand zu betrachten.

Der Heidesand gehört zu den ärmsten Sanden. Die Zersetzung der Humusablagerungen erfolgt äußerst langsam und hierdurch sind Ansammlungen von Rohhumus und Ortsteinbildung weit verbreitet. Gehören auch weite Gebiete der nordischen mit Heide bedeckten Flächen geologisch nicht dem „Heidesande" an und finden sich anderseits auf demselben vielfach geringe Kiefernbestände, so ist er doch einer der wesentlichsten Träger der Heidepflanze.

In Verbindung mit dem Heidesand, denselben unterlagernd oder doch im gleichen Gebiete vorkommend, findet sich der Heidelehm (weißer Ortstein, nach Emeis in dessen „Waldbaulichen Studien"). Es ist dies eine hell, meist weiß gefärbte, äußerst feinkörnige, fast thonig erscheinende Ablagerung, die im feuchten Zustande knetbar ist, überwiegend aber aus feinst zerriebenem Quarzmehl besteht. Diese Bildung täuscht beim ersten Anblick oft, indem sie einen thonigen oder mergeligen Boden vermuthen läßt. Die Armuth an Nährstoffen, sowie die durch die Feinkörnigkeit bewirkte Undurchlässigkeit, veranlaßt, daß der Heidelehm zu den ungünstigsten Bodenunterlagen gehört, oft sogar völlige Fehlstellen herbeiführt.

VII. Die Bodenanalyse.

§ 56. 1. Die mineralogische Analyse des Bodens.

Literatur:

Steinriede, Anleitung zur mineralogischen Bodenanalyse. Leipzig 1889.
Orth, Rüdersdorf und Umgebung. Berlin 1877. Abhandlungen der geolo=
gischen Landesanstalt.
Die übrige Literatur bei Steinriede.

Die Wichtigkeit der mineralogischen Bestimmung der Bodentheile
ist schon frühzeitig erkannt worden. Die gröberen Gemengtheile des
Bodens, Sand und beigemischte Steine sind soweit thunlich schon jeder=
zeit auf ihre mineralogische oder petrographische Zusammensetzung ge=
prüft worden. Das Bodenskelett stellt diejenigen Bestandtheile dar,
welche durch Verwitterung noch weiter verändert werden können und
die Quelle des Bodens für Pflanzennährstoffe sowie für die Entstehung
feinerdiger Bestandtheile sind. Es ist nun ohne weiteres verständlich,
daß es für den Bodenwerth, zumal den des Waldbodens, einen großen
Unterschied ausmacht, ob das Bodenskelett überwiegend aus fast un=
angreifbarem Quarz, aus kalireichem Orthoklas, anderen Silikaten oder
Kalk besteht. In allen Fällen ist daher eine Bestimmung der Mineral=
theile nothwendig und in der Regel auch unschwer ausführbar.

Ungleich schwieriger gestaltet sich die Sachlage, wenn die Zusammen=
setzung der Feinerde festgestellt werden soll. Schon früher (Seite 46)
ist darauf hingewiesen, daß die verschiedenartigsten Bodenbestandtheile,
wenn nur ihre mechanische Vertheilung eine genügende ist, zu den ab=
schlämmbaren Stoffen gehören und selbst dem „Thon“ (nach Schlösing's
analytischer Methode abgeschieden) angehören können.

Auch hier machen sich tiefgehende Unterschiede im Bodenwerth be=
merkbar, je nach der Zusammensetzung der Feinerde.

Die Kenntniß der mineralogischen Zusammensetzung sollte daher
auch für diese nicht fehlen. Zu berücksichtigen sind jedoch die großen
Schwierigkeiten, welche einer genauen Bestimmung der feinsten Boden=
theile entgegenstehen. Abgesehen davon, daß eine nicht unerhebliche
Uebung in der mikroskopischen, mineralogischen Technik und sichere An=
wendung der gebräuchlichen, namentlich optischer Hülfsmittel beansprucht

wird, ist die Unterscheidung der feinst vertheilten Mineralarten nament
lich dadurch erschwert, daß die Lichtwirkungen, welche doch die haupt=
sächlichste Untersuchungsmethoden abgeben, bei den äußerst kleinen und
zudem in den einzelnen Theilen meist verschieden dicken Bestandtheilen
der Feinerde nur wenig hervortreten.

Trotzdem legt man der mikroskopischen Untersuchung des Bodens
lange nicht den Werth bei, beziehentlich benutzt sie zur Lösung wissen=
schaftlicher Fragen nicht in dem Maße, wie es wünschenswerth ist.
Voraussichtlich werden eine ganze Reihe neuer Aufklärungen über das
Wesen des Bodens auf dem jetzt gangbarer gewordenen Wege erreicht
werden.

Zur mineralogischen Analyse der feinsten Theile benutzt man sowohl chemische (Glühen, Behandeln mit Säuren und Farbstoflösungen)
als auch namentlich physikalische (optische) Untersuchungsmethoden. Als
wichtigstes Hülfsmittel ist jedoch die persönliche Ausbildung, das häufige
und wiederholte Sehen und die dadurch hervorgerufene Uebung zu
bezeichnen. Ebensowenig Jemand bei Untersuchung von Gesteinsdünn-
schliffen in jedem Fall durch mannigfache Untersuchungen die Zugehörigkeit
eines Minerals zu einer bestimmten Art feststellen kann, sondern der
geübte Blick oft zur Hauptsache wird, ebenso bei der mikroskopischen
Untersuchung der Bodentheilchen.

Folgende Untersuchungsmethoden kommen hauptsächlich zur Anwendung:

1. Färbemethoden. Das Bodenpulver wird mit Fuchsin=, Rubin-
oder ähnlich starkfärbender Lösung übergossen, und nach dem Auswaschen
untersucht. Die stark zersetzten und leicht spaltbaren Minerale zeigen
die Färbung in den Spalten. Ebenso färben sich Mineralarten, welche
(durch Wasserverlust) beim Erhitzen oder auch durch Säuren zersetzt sind,
sehr stark; zumal gallertartige Kieselsäure nimmt viel Farbstoff auf.

2. Glühen der Bodentheile. Sämmtliche organischen Bestand=
theile verbrennen: viele Mineralbestandtheile bekommen Spaltungsflächen
oder verändern ihre Farbe.

3. Chemische Reaktionen, zumal Behandeln mit Säuren (Salz=
säure, Salpetersäure, Kieselflußsäure) liefert Aufschlüsse über die Zusammensetzung der Bodenpartikel.

4. Optische Untersuchungsmethoden. Die Lichtbrechung der
Mineralarten, sowie namentlich das Verhalten im parallel und im
konvergent polarisirten Licht sind die wichtigsten und am leichtesten anwendbaren Hülfsmittel zur Bestimmung der Mineralpartikel.

Eine eingehendere Darlegung aller dieser Dinge würde zu weit
führen; eine gute und für praktische Zwecke brauchbare Darstellung
bietet Steinriede in seiner mineralogischen Bodenanalyse, auf welche
hier verwiesen werden muß.

2. Die chemische Bodenanalyse und ihre Bedeutung.

Literatur:

Grandeau, Handbuch der agrikulturchemischen Analysen. Berlin 1884.
Knop, Bonitirung der Ackererde. Leipzig 1871.
Wolff, Anleitung zur Untersuchung landwirthschaftlicher Stoffe. Berlin 1875.
Wahnschaffe, Anleitung zur wissenschaftl. Bodenuntersuchung. Berlin 1887.

Nachdem Liebig die Bedeutung der mineralogischen Nährstoffe für die Pflanzenwelt erwiesen hatte, glaubte man in der Bodenanalyse ein einfaches Mittel gefunden zu haben, um den Kulturwerth festzustellen. Nur zu bald erkannte man jedoch, daß die gefundenen Werthe nicht recht zu den Thatsachen stimmen wollten, und nachdem auch eine Tren= nung in lösliche und unlösliche Stoffe durch Behandeln mit Salzsäure oder anderen Säuren nicht zum Ziele führte, warfen viele Agrikultur= chemiker die Flinte ins Korn und sprachen der chemischen Analyse fast jede Bedeutung ab. Erst in neuester Zeit beginnt eine gerechtere Wür= digung sich Bahn zu brechen, und gilt nachgerade eine Kenntniß der chemischen Zusammensetzung für ein ebenso wichtiges Hülfsmittel zur Beurtheilung eines Bodens wie die Kenntniß der mechanischen Mengung der Bestandtheile.

Allmählich hat man aber auch erkennen gelernt, innerhalb welcher Grenzen die chemische Analyse zur Lösung wissenschaftlicher Fragen be= nutzbar ist. Es ist dies für die Moorböden durch die Moorversuchs= station geschehen, für die Sandböden zuerst durch Schütze*) und später durch den Verfasser. Für reichere Bodenarten, zumal im guten Zu= stande befindliche Lehm= und Thonböden, versagt die chemische Analyse zur Zeit noch, da in den meisten Fällen der Gehalt an Nährstoffen, wenigstens für den Wald, in seiner Bedeutung von anderen Bedingungen, wie Wasserführung oder physikalischer Beschaffenheit übertroffen wird.

Die ganz überwiegende Beschäftigung der im landwirthschaftlichen Interesse arbeitenden Chemiker mit den besseren Bodenarten hat zu dem abfälligen Urtheil über die Bodenanalyse geführt. Die ärmeren Böden, wie Moor= und Sandboden, wurden vernachlässigt, und doch sind es gerade die letzteren, welche in der Veränderung ihrer Zusammen= setzung jede Einwirkung viel rascher wiederspiegeln und viel klarer er= kennen lassen, als dies bei reicheren Bodenarten der Fall sein kann. Ein fernerer Vorzug, zumal bei Behandlung waldbaulicher Fragen, ist die Gleichmäßigkeit der Korngrößen und der chemischen Zusammensetzung der Sandböden, die oft auf erhebliche Entfernungen keine nennens= werthen Abweichungen zeigen. Hierdurch wird es möglich, Untersuchungen durchzuführen und Schlußfolgerungen aus denselben zu ziehen, welche zur Zeit für die meisten Verwitterungsböden und die reicheren Boden= arten nicht zu erlangen sind.

---

*) Zeitschrift für Forst= und Jagdwesen I, S. 500 und III, S. 367.

Natürlich muß man sich in der Deutung der Resultate in den Grenzen des Zulässigen halten und darf namentlich nicht ohne weiteres Folgerungen, die in Bezug auf eine Bodenart gewonnen sind, auf andere übertragen, oder wenigstens nicht ohne sorgfältiges Abwägen aller einschlägigen Verhältnisse.

Ist daher die chemische Bodenanalyse richtig angewandt, eine der wichtigsten und für viele forstliche Fragen die entscheidende Untersuchungsmethode so kann sie bei dem großen Arbeitsaufwand, den sie beansprucht, doch nur für wissenschaftliche Untersuchungen Anwendung finden; die Praxis wird nur in seltenen Fällen in der Lage sein, ihre Maßnahmen auf chemische Untersuchungen gründen zu können.

Es kann sich daher hier nur darum handeln, die Grundlagen für die Probenahme der zu untersuchenden Erden und der für das Verständniß nothwendigen Punkte zu geben.

Die Probenahme von Böden zur chemischen Untersuchung muß verschieden ausfallen, je nachdem es sich um Kenntniß einer im Boden vorhandenen Schicht (z. B. Bleisand, Verwitterungserde, unterlagerndes Gestein) und ihrer Zusammensetzung handelt, oder ob Auskunft über die gesammten in einem Boden vorhandenen Mineralstoffe gegeben werden soll.

Im ersteren Falle hat man sich zu bemühen, möglichst reine, charakteristisch ausgebildete Proben auszuwählen. Es setzt dies eine gründliche Kenntniß der lokalen Verhältnisse und volles Verständniß der beabsichtigten Untersuchung voraus.

Im zweiten Falle kann die Untersuchung je nach dem Umfang und der Genauigkeit, welchen man ihr geben will, sich auf eine Durchschnittsprobe des Bodens beschränken oder eine Untersuchung der einzelnen Schichten nothwendig werden, die bei der Berechnung natürlich dann nach ihrer Mächtigkeit und ihrem Volumgewicht in Rechnung zu stellen sind. Wenn irgend möglich, soll man das letztere vorziehen; obgleich der Arbeitsaufwand ein erheblich größerer ist.

Die Probenahme selbst hat in der Weise zu geschehen, daß zunächst die Oberfläche von Pflanzen und zufälligen Auflagerungen gereinigt und hierauf ein genügend tiefes Loch gegraben wird. Bei den Verwitterungsböden muß dies möglichst bis zum anstehenden Grundgestein (von dem ebenfalls Proben zu entnehmen sind) und bei sehr tiefgründigen Böden bis zu 1,5 oder 2 m Tiefe geschehen. In Schwemmlandsböden sollte man nie versäumen, mit Hülfe eines Handbohrers, vom Boden des Loches aus, die Beschaffenheit des Untergrundes noch auf 1—2 m festzustellen. Die Seitenflächen der Bodeneinschläge oder wenigstens einige derselben werden dann gerade abgestochen und mit der Schneide des Grabscheides ein gleichmäßig dicker vertikaler Abstich gemacht. Die so gewonnene Erdschicht, welche dem Boden in seiner ganzen Mächtigkeit entspricht, wird auf einem Tuche gemischt. In gleicher Weise verfährt man, wenn es sich um Proben der einzelnen Schichten handelt. Beigemischte stärkere Wurzelreste entfernt man. Größere Steine werden ausgelesen, ihre Menge annähernd festgestellt und die Gesteinsart bestimmt.

Mischt man die Proben einer größeren Anzahl von Einschlägen mit einander, so bekommt man, wenn der Boden einheitlich ist, ein Material, aus dem sich ein gutes Bild der durchschnittlichen Zusammensetzung ableiten läßt.

Für viele wissenschaftliche Zwecke ist es dagegen vorzuziehen, und der Verfasser hat diese Methode vielfach als erfolgreich kennen gelernt, sich nicht mit dem Durchschnittsgehalt zu begnügen, sondern die entsprechenden Bodenschichten von drei einander entsprechenden Einschlägen zu untersuchen. Hierdurch wird es möglich, die Abweichungen in der Zusammensetzung des Bodens und die Unterschiede desselben viel genauer kennen zu lernen, als dies aus einer Durchschnittsanalyse vieler Bodenproben möglich ist.

Der Werth der Bodenanalyse ist nun für forstliche Zwecke ein ungleich höherer als für die des Landbaues. Während der Landwirth durch Bodenbearbeitung und Düngung seine Böden wesentlich verbessern und beeinflussen kann, fehlen dem Forstwirth diese Hülfsmittel fast völlig. Ein zweiter Grund ist die verschiedene Dauer einer Umtriebszeit: für den Landwirth ein bis zwei Jahre, für den Forstwirth hundert und mehr Jahre.

Aus diesem Grunde untersucht man für landwirthschaftliche Fragen in der Regel die Feinerde, und gilt die Voraussetzung, daß in wenigen Jahren eine wesentliche Veränderung des Bodens durch Verwitterung, Auswaschung und dergleichen nicht erfolge. Für forstliche Fragen hingegen ist bei den langen forstlichen Umtriebszeiten diese Annahme unzulässig und hat sich dem entsprechend die Analyse auf den ganzen Boden (natürlich mit Ausschluß der Steine) zu erstrecken.*)

Zur Zeit ist es noch nicht möglich, eine Trennung der für die Pflanzenwurzel aufnehmbaren Mineralstoffe von den fester gebundenen durchzuführen. Es ist dies darin begründet, daß die anwendbaren Lösungsmittel (Essigsäure, Salzsäure in verschiedener Koncentration u. s. w.) eine andere Einwirkung ausüben, wie die Pflanzenwurzel. Hierzu

---

*) Hierin liegt einer der auch vielfach sonst hervortretenden Unterschiede zwischen bodenkundlichen Arbeiten im forstlichen und landwirthschaftlichen Interesse. Die Verkennung dieser wichtigen Thatsache, die Uebertragung der in der Landwirthschaft gewonnenen Anschauungen auf die Forstwirthschaft und die Annahme, was für die eine nicht ausführbar sei, sei es auch für die andere nicht, hat zu manchem schiefen Urtheile geführt.

kommt noch die Fähigkeit der verschiedenen Pflanzenarten, ihren Bedarf aus Böden mit höherem oder geringerem Nährstoffgehalte zu decken. Dies gilt aber ebenfalls in viel höherem Grade für die landwirth-schaftlichen Pflanzen, als für die Waldbäume. Zerlegt man z. B. einen Feldboden in einen durch Salzsäure löslichen Theil und in den unangegriffenen Rückstand, so läßt sich aus dem Gehalt des ersten immer nur ein schwacher Schluß auf die im Laufe eines Jahres aufnehmbaren Mineralstoffe ziehen; aber für die Umtriebszeit eines Waldes kann man mit größter Wahrscheinlichkeit annehmen, daß die gesammte Menge jener Mineraltheile früher oder später aufnehmbar ist. Auch hierin ist es mit begründet, daß die Bodenanalyse für forstliche Untersuchungen einen ganz anderen Werth hat, wie für landwirthschaftliche.

Die Methode der Bodenanalyse, welche sich für die forstlichen Zwecke bewährt hat, ist folgende.

Der Boden (mindestens 100 g) wird mit Salzsäure (500 g von 1,12 specifischem Gewicht auf je 100 g Boden) ausgezogen. (Verfasser erwärmt je 1 Stunde auf dem Wasserbad unter öfterem Umschütteln und läßt dann noch 24 Stunden die Säure einwirken.) In Lösung befinden sich dann die leichter angreifbaren Bestandtheile. In einem Theile des ausgewaschenen Rückstandes wird die lösliche Kieselsäure durch Behandeln mit heißer kohlensaurer Natronlösung bestimmt. In einem zweiten Theile kann durch Einwirkung von Schwefelsäure der Thon (Kaolin) bestimmt werden. Ein dritter Theil (bei Lehmböden 5—10 g, bei Sandböden nicht unter 10 g, besser 10—20 g) wird mit reiner Flußsäure aufgeschlossen.

In der Regel genügt die Kenntniß der Zusammensetzung der in Salzsäure löslichen Bestandtheile und des unlöslichen Rückstandes zur Beurtheilung der Verhältnisse. Im ursprünglichen Boden muß dann noch der Gehalt an organischen Stoffen (Humus), an chemisch gebun-denem Wasser und an Stickstoff festgestellt werden.

Die Bestimmung des Humus kann in Sandböden, die keinen oder nur Spuren von kohlensaurem Kalk und nur geringe Mengen feinster thoniger Bestandtheile enthalten, durch Feststellung des Glüh-verlustes des bei 100° getrockneten Bodens erfolgen. Chemisch gebun-denes Wasser enthalten diese Bodenarten in so geringer Menge, daß der dadurch bedingte Fehler jedenfalls nicht größer ist, als derjenige, welcher durch eine conventionelle Annahme des Kohlenstoffgehaltes in den humosen Stoffen bedingt wird.

Bei thonhaltigen Böden muß die Bestimmung der organischen Stoffe durch Elementaranalyse erfolgen. Ist kohlensaurer Kalk vor-handen, so wird die zu untersuchende Erde vorher mit einigen Tropfen verdünnter Phosphorsäure versetzt und eingedampft. Man nimmt an, daß der Humus im Durchschnitt einen Gehalt von 64°/₀ Kohlenstoff habe und berechnet dem entsprechend aus der gefundenen Kohlensäure den Gehalt des Bodens an organischen Stoffen.

Zieht man den so gefundenen Humusgehalt von dem Glühverlust des Bodens ab, so erhält man annähernd die Menge des chemisch gebundenen Wassers.

Die Bestimmung des gebundenen Stickstoffs wurde früher ausschließlich nach der Will-Varrentrapp'schen Methode durch Glühen mit Natronkalk ausgeführt. Der gebundene Stickstoff geht hierbei in Ammoniak über, welches aufgefangen und bestimmt wird.

Diese Methode ist durch die von Kjeldahl verdrängt, die darauf beruht, daß gebundener Stickstoff durch koncentrirte Schwefelsäure bei Gegenwart oxydirender Substanzen in Ammoniak übergeführt wird.

Für das Ertragsvermögen der Böden, insbesondere der Wald-böden, ist ferner der Gehalt an kohlensaurem Kalk von höchster Wichtig-keit. Von der Gegenwart oder Fehlen dieses Stoffes kann man sich durch Befeuchten mit einer beliebigen (nicht zu koncentrirt anzuwen-denden) Säure überzeugen.

Die Darstellung der Analysenresultate erfolgt in der Regel durch einfaches Aufzählen der betreffenden Stoffe, die immer als Oxyde, beziehentlich als Säureanhydride berechnet werden. Kali ist dem ent-sprechend K_2O; Kalk CaO; Phosphorsäure P_2O_5 (nicht H_3PO_4); Schwefelsäure SO_3 (nicht H_2SO_4). Es ist dies nicht genau mit der chemischen Nomenklatur übereinstimmend, aber die größere Einfachheit und (in der Bindungsweise der einzelnen Stoffe begründete) Richtigkeit geben dieser Darstellungsweise den Vorzug.

Knop,*) der sich um die Bodenanalyse große Verdienste erworben hat, faßt die gesammten in Salzsäure löslichen nicht humosen und nicht als Karbonate vorhandenen Stoffe als „aufgeschlossene Silikat-basen" zusammen. Die Menge derselben läßt einen Rückschluß auf die Absorptionsfähigkeit der Erde und den Verwitterungsgrad derselben zu.

Eine etwas abweichende und für die Zwecke der Praxis manchen Vortheil bietende Darstellungsweise der Analysenresultate ist ebenfalls von Knop angegeben worden. Er gliedert die einzelnen Bestandtheile in folgender Weise:

1. Glühverlust	{ Wasser (chemisch gebunden)
	{ Humus.
2. Sulfate	Gyps.
3. Karbonate.	{ Kohlensaurer Kalk
	{ Kohlensaure Magnesia.

*) Bonitirung der Ackererde, Seite 119: Ackererde und Kulturpflanze. Leipzig 1883.

$$
4.\ \text{Silikate}
\begin{cases}
\text{Quarz und Kieselsäure} \\
\text{Sesquioxyde (Eisenoxyd, Thonerde)} \\
\text{Monoxyde (Kali, Natron, Kalk,} \\
\text{Magnesia)}
\end{cases}
\begin{array}{l}
\text{an} \\
\text{Kieselsäure} \\
\text{gebunden.}
\end{array}
$$

5. Aufgeschlossene Silikatbasen (Basen der vorhandenen Zeolithe).

Eine solche Darstellungsweise läßt die Armuth oder den Reichthum an einzelnen Bestandtheilen gut hervortreten; für andere Zwecke ist jedoch die getrennte Angabe der löslichen Bestandtheile und die Zusammensetzung des unlöslichen Rückstandes, endlich die berechnete Zusammensetzung des Gesammtbodens bequemer. Es kommt eben darauf an, was für den gegebenen Zweck vorzuziehen ist.

Im folgenden ist die Zusammensetzung eines Diluvialsandes und eines aus diesem hervorgegangenen Bleisandes, sowie die eines diluvialen Lehmbodens in beiden Darstellungsweisen neben einander angegeben (nach Analysen des Verfassers):

	Bleisand			Diluvialsand			Diluvialer Lehmboden		
	Löslich in Salzsäure %	Unlöslicher Rückstand %	Gesammtboden %	Löslich in Salzsäure %	Unlöslicher Rückstand %	Gesammtboden %	Löslich in Salzsäure %	Unlöslicher Rückstand %	Gesammtboden %
Kali .	0,0040	0,195	0,200	0,0072	1,134	1,141	0,3400	0,80	1,06
Natron	0,0016	0,123	0,125	0,0033	0,477	0,480	0,0318	0,38	0,37
Kalk . .	0,0140	0,112	0,126	0,0194	0,235	0,254	2,0250	0,93	2,86
Magnesia	0,0023	0,031	0,033	0,0280	0,083	0,111	0,6630	0,24	0,88
Eisenoxyd	0,0094	0,224	0,233	0,1132	0,356	0,469	4,4000	0,80	5,20
Thonerde . .	0,0748	0,950	1,025	0,3256	2,524	2,849	2,6100	5,57	7,04
Lösliche Kieselsäure .	—	0,832	0,832	—	0,632	0,632	—	7,08	7,08
Schwefelsäure	0,0008	—	0,0008	0,0085	—	0,0085	0,0121	—	0,0121
Phosphorsäure	0,0107	0,024	0,035	0,0257	0,047	0,073	0,1130	0,06	0,18
Kohlensäure .	—	—	—	—	—	—	1,63	—	1,63
Chemisch geb. Wasser . .	—	—	0,23	—	—	1,96	—	—	4,63
Humus . .	—	—	2,55	—	—	—	—	—	—
Gesammtmenge der löslichen Stoffe . .	0,1196	—	0,1196	0,5309	—	0,5309	11,226	—	11,226
Unlösliche Kieselsäure	—	—	94,61	—	—	92,12	—	—	69,06

Nach Knop würden dieselben Analysen in folgender Form zur Darstellung kommen:

	Blei= sand	Diluvial= sand	diluvialer Lehm= boden
1. Wasser (chemisch gebunden) .	0,23	1,96	4,63
Humus	2,55	—	—
2. Sulfate (Gyps) . . .	Spur	0,01	0,03
3. Karbonate (Ca CO$_3$) . . .	—	—	3,69
4. Quarz und Kieselsäure	95,44	92,12	76,14
Sesquioxyde (Thonerde und Eisen= oxyd	1,25	3,32	12,24
Monoxyde Ca O	0,126	0,254	0,80
Mg O	0,033	0,111	0,88
K$_2$ O	0,200	1,141	1,06
Na$_2$ O	0,125	0,480	0,37
5. Aufgeschlossene Silikatbasen . .	0,1196	0,531	11,23

Jede dieser Darstellungsweisen hat ihre Vorzüge. Um die Zahlen nach Knop zu erhalten, würde überdies eine viel einfachere Analysen= methode (Bauschanalyse des Bodens, Bestimmung der „aufgeschlossenen Silikatbasen") genügen. Zudem ist die Form für den Laien verständ= licher und wird hierdurch sich in der Praxis immer mehr Freunde erwerben.

VIII. Die im Boden vorkommenden und thätigen Organismen

(ausschließlich der Chlorophyllpflanzen).

§ 57.

Die im Boden vorkommenden und an der Umbildung desselben betheiligten Organismen sind nach Art und noch mehr nach Individuen= zahl oft in erstaunlicher Menge vorhanden. Chlorophyllfreie Pflanzen sowie Thiere der verschiedensten Abtheilungen wirken gemeinsam auf die Zerstörung der organischen Substanzen wie auf die mechanischen Veränderungen des Bodens ein.

a) **Pflanzen.**

Bakterien. Die oberen Schichten des Erdbodens enthalten Bakterien der verschiedensten Art. Sie sind die wichtigsten Träger der Verwesungsvorgänge und gleichen ihre geringe Größe durch die zahllose Menge der Individuen aus.

Koch,*) dem wir die ersten Mittheilungen über diesen Gegenstand verdanken, fand in den meisten Böden hauptsächlich Spirillen und nur sparsam Mikrokokken, in stark gedüngten und zumal in mit Jauche versetzten Böden überwiegend dagegen die letzteren.

Miquel sowie andere Forscher bestätigen diesen Befund.**) Die Bakterien finden sich reichlich an der Oberfläche und in den obersten Bodenschichten: nach der Tiefe nehmen sie erst allmählich, dann ziemlich plötzlich ab. In $1^1/_2$ — 2 m Tiefe waren die untersuchten Böden fast frei von Organismen.

Miquel fand in 1 g Erde (0,2 m Tiefe) 7—800000 Spaltpilze, Adametz giebt die Zahl auf etwa 500000 an der Oberfläche, auf 450000 in tieferen Schichten an; Fränkel giebt für Boden aus der Umgegend von Potsdam z. B. folgende Zahlen (für 1 cbcm Erde):

	16. März	4. Sept.	3. Novbr.
Oberfläche . .	80000	95000	55000
$^1/_2$ m Tiefe	85000	65000	75000
$^3/_4$ " "	3000	3000	8000
1 " "	3000	600	7000
$1^1/_2$ " "	300	700	200

Für die Bodenkunde wichtig ist, daß sich die Bakterien in saurer reagirendem Substrat nicht günstig entwickeln und hier von höher organisirten Pilzen bald überwuchert und verdrängt werden. Torf und humose Schichten saurer Reaktion sind daher frei von Bakterien oder doch arm an diesen. Ebermayer theilt nach Untersuchungen Emmerich's***) mit, daß im cbm Humus aus Fichten- und Buchenwäldern zwischen 170000 und 190000 Bakterien vorkommen. Sauer reagirender Rohhumus wird wahrscheinlich noch sehr viel ärmer an diesen Organismen sein, sie fehlen im Torf so gut wie völlig.

---

*) Mittheilungen aus dem Kaiserlichen Gesundheitsamt 1, S. 1 (1881), Berlin.

**) Literatur:

Miquel, Forschungen der Agrikulturphysik 6, S. 75.

Fränkel, Zeitschrift für Hygiene II, S. 521. 1887.

Frank, Berichte der deutschen botanischen Gesellschaft 4, S. 108. 1886.

Adametz, Untersuchungen über die niederen Pilze der Ackerkrume. Inaugural= Dissertation. Leipzig 1886.

***) Forschungen der Agrikulturphysik 13, S. 459.

Andere Pilze. Die höheren Pilze der Ackererde sind noch wenig untersucht. Frank fand verschiedene Clyphomyceten, Adametz untersuchte sechs Schimmelpilze und vier verschiedene Hefenarten. Er fand im Durchschnitt 50 Pilzsporen auf 1 g Erde. Müller*) giebt für die Rohhumusschichten eine Cladosporiumform an, welche dunkel gefärbte, sehr schwer zersetzbare Fäden bildet (Abb. 21). Nach Früh kann diese Pilzart geradezu als Leitfossil für unsere Rohhumusablagerungen dienen. Reichliches Auftreten von Pilzmycel kann man im Waldboden überall beobachten. In einzelnen Fällen fand Verfasser es in solchen Mengen, daß es einen wesentlichen Theil des Bodens ausmachte und denselben durch die zahllosen Fäden zu einer dichten Masse zusammenwebte.

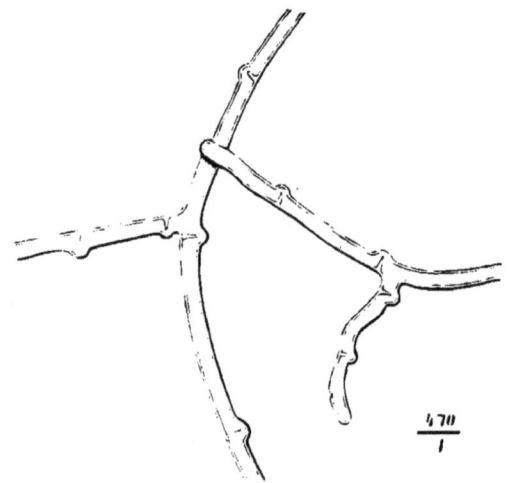

Fig. 21. Mycelfäden von Cladosporium humifaciens Restr. (nach Müller).

Nach Nägeli (Die niederen Pilze, München 1877) sind die Fadenpilze die eigentlichen Bildner der dunkel gefärbten Humusstoffe.

b) Thiere.

Von Monothalamien finden sich Arten von Difflugia und Arcella häufig in humosen Böden. Müller (a. a. O. S. 173) konnte sie im Rohhumus nachweisen. Jedes nadelkopfgroße Stückchen enthielt zahlreiche Individuen, dagegen fehlen sie in lockeren Mullböden.

Würmer. Die Zahl der im Boden lebenden Würmer ist eine große.

Mikroskopische Wurmformen der Gruppe der Anguilulinen (Ordnung: Nematoden) finden sich im Rohhumus, die lockeren Böden beherbergen mehr die größeren Wurmarten.

*) Natürliche Humusformen, S. 27. Berlin 1887.

Von diesen sind besonders die Regenwürmer wichtig. Ueber ihre Bedeutung für den Boden ist sehr viel gearbeitet worden.*) Sicher festgestellt ist über die Thätigkeit derselben folgendes. Die Regenwürmer sind Omnivoren, nähren sich aber hauptsächlich von Pflanzenabfällen aller Art. Bei der Größe und Zahl der Thiere ist nicht zu bezweifeln, daß sie auf die Zersetzung der Pflanzenreste beschleunigend einwirken. Mit der Nahrung nehmen sie zugleich reichliche Mengen von Erde auf und scheiden diese in krümeliger Form wieder aus. Im Darmkanale der Regenwürmer finden sich Drüsen, welche kohlensauren Kalk absondern; ob jedoch hierdurch eine „Entsäuerung" des Bodens eintritt, bleibt zweifelhaft (vergleiche über die Ursachen der Krümelbildung § 35). In allen sauer reagirenden Böden fehlen die Regenwürmer. Säuren, z. B. schon Spuren von Essigsäure, sind ein unbedingt und rasch wirkendes Gift für diese Thiere. Darwin schreibt den Regenwürmern die Bildung der Ackererde zu, die er als hauptsächlich aus den Exkrementen jener Thiere entstanden betrachtet. Müller, der ebenfalls denselben maßgebende Bedeutung zuschreibt, legt mehr, und wohl mit Recht, auf die wühlende und grabende Thätigkeit das Hauptgewicht; Hensen nimmt an, daß die Pflanzenwurzeln ausschließlich die Wurmgänge als Weg in die Tiefe benutzen. Die letztere Auffassung ist sicher unrichtig. Die Wurzeln der Bäume erreichen Tiefen, in welche nie Regenwürmer eindringen und in allen sauer reagirenden Waldböden fehlen sie gänzlich; viel größere Wichtigkeit hat die grabende Thätigkeit der Würmer, die Wollny experimentell in Bezug auf die Lockerung eines Lehmbodens nachwies; aber immerhin ist es nur ein Faktor, der in der Natur thätig ist und vielen gut gelockerten Bodenarten fehlen die Würmer, die auch sonst im Waldboden nicht in der Menge vorhanden sind, um ähnliche Leistungen ausführen zu können. Die Beobachtungen Darwin's sind meist auf Wiesen angestellt; hier kommt es allerdings häufig vor, daß die Hauptmasse der obersten Bodenschicht aus Regenwurmexkrementen besteht.

Insekten. Die Zahl der im Boden lebenden Insekten, beziehentlich ihrer Larven, ist eine große; sie treten aber nur ausnahmsweise in solchen Mengen auf, daß ihre Thätigkeit für den Boden Bedeutung gewinnt. Am wichtigsten sind noch die Engerlinge. In humosen

---

*) Literatur:

Darwin, Bildung der Ackererde u. s. w. 1882.
Müller, Die natürlichen Humusformen.
Hensen, Landwirthschaftliche Jahrbücher 1882, S. 667.
E. Keller, Humusbildung und Bodenkultur u. s. w. 1887; ferner Oesterreichische Forstzeitung 1889, S. 261.
Ramann, Forschungen der Agrikulturphysik 11, S. 318.
Wollny, Forschungen der Agrikulturphysik 13, S. 382.

Ablagerungen kann man zuweilen Gänge von Elaterenlarven finden; sie treten aber doch immer nur vereinzelt auf.

Etwas bedeutsamer sind die Ameisen, die durch Verzehren von organischen Stoffen, wie durch Lockerung des Bodens einwirken.

Höhere Thiere. Alle höhlenbewohnenden Thiere bewirken durch ihre Lebensweise und grabende Thätigkeit Umlagerungen im Boden. Am bedeutsamsten ist die Thätigkeit der Maulwürfe. Es ist oft erstaunlich, ein wie großer Theil des Bodens bis zu erheblicher Tiefe von diesen Thieren umgewühlt und umgelagert wird. Bei Untersuchungen hierüber fand Verfasser Stellen im Walde, die bis zu ein Viertel der ganzen Fläche durch diese Thiere umgelagert worden waren, und zwar war überall Erde aus 20—30 cm Tiefe an die Oberfläche geschafft worden.

Für die Forstkultur wichtig sind ferner noch die Schweine. Das Wildschwein steht ja immer mehr auf dem Aussterbeetat, um so mehr hat der Forstmann Ursache, den Eintrieb zahmer Schweine zu begünstigen. In Gebieten mit sehr flachgründigem, erbärmeln, steinigem Boden kann zwar die umbrechende Thätigkeit der Schweine eher schaden als nützen, in weitaus den meisten Fällen wird sie jedoch von großem Vortheil sein. Findet regelmäßiger Eintrieb statt, so ist oft die ganze Boden-decke umgebrochen, und sind zahlreiche Stellen des Waldbodens auf-gewühlt. Die so hervorgerufene Bodenverwundung ist wohl weit wichtiger, als die Vertilgung der im Boden vorhandenen Insekten. Namentlich in allen Fällen beginnender Rohhumusbildungen ist der Schweineeintrieb ein hochwichtiges Kulturmittel, und kann dessen Be-günstigung nicht angelegentlich genug empfohlen werden.

In ähnlicher Weise günstig für die Bodenverwundung wirkt die Thätigkeit aller größeren huftragenden Thiere, wenn auch ihre Leistung weit hinter der der Schweine zurücksteht. Deutlich und nicht gerade immer zum Vortheile des Bodens und der Vegetation tritt die Einwirkung der Thiere dort hervor, wo größere Heerden regelmäßig weiden, im Gebirge und in den Heidegebieten. An Bergen und Abhängen haben Schafe und Ziegen oft eine ganz ausgeprägte terrassenartige Ausbildung herbeigeführt. Im Walde, wo schon durch den geringen Futtervorrath ein häufiger Weidegang für dieselbe Fläche ausgeschlossen ist, treten die Hufe der Thiere durch die Rohhumusschichten, durchbrechen diese und schaffen Luft wie Wasser leichten Zugang zum Mineralboden. Es sind dies im hohen Grade vortheilhafte Wirkungen. Natürliche Verjüngung, zumal die der Kiefer, und reichlicher Anflug findet sich daher leicht in solchen Gebieten, die sehr reichlichen Wildstand haben, oder in denen Waldweide geübt wird. (Beispiele hierfür sind z. B. Schutzbezirk Bralitz des Revieres Freienwalde an der Oder: seit Aufhören der Waldweide gelingt die natürliche Verjüngung der Kiefer nicht mehr. Ferner das Revier Darß mit fast überreichem Wildstand und Waldweide.)

So sehr ausgedehnte Waldweide durch das Verbeißen der Thiere auf das Verschwinden des Unterholzes hinwirkt und dadurch wohl wesentlich die Bildung der reinen Nadelholzbestände Norddeutschlands mit veranlaßt hat, so vortheilhaft ist andrerseits die Wirkung der Bodenverwundung. Ausnahmen hiervon bilden Bestände mit feuchten und zähen Bodenarten (Thon-, schwere Lehmböden), sowie Sandböden, welche zum Flüchtigwerden neigen.

Zweifellos bildet die Thätigkeit der Thiere für den Boden ein werthvolles und in einzelnen Fällen für die Strukturverhältnisse geradezu entscheidendes Moment, welches die volle Würdigung des Forstmannes verdient und dies um so mehr, als die für die Landwirthschaft gebräuchlichen Kulturmaßregeln doch nur eine sehr beschränkte Verwendung im forstlichen Betriebe finden können.

Viel umfangreicher als in den gemäßigten Zonen scheint die Einwirkung des Thierreiches in den wärmeren Gebieten zu sein. Manche Eigenschaften der Böden der Tropenzone, deren tief gehende Porosität, die Thatsache, daß große Regenmengen vom Boden aufgenommen werden, also nicht oberflächlich abfließen, sondern sofort in die Tiefe versickern, lassen sich kaum ohne die Annahme erklären, daß neben verrottenden Pflanzenwurzeln noch die Gänge und Höhlen der zahlreichen erdbewohnenden Thiere dem Wasser einen Weg eröffnen. Hierin fände auch die oft behauptete und mit guten Beispielen belegte schädigende Wirkung ausgedehnter Entwaldungen in den Tropen ihre Erklärung. Mit dem Verschwinden des Waldes wird sicher ein großer Theil der erdlebenden Thiere die Möglichkeit ihrer Existenz verlieren, und mit deren Vernichtung wird das Eindringen des Wassers in den Boden beschränkt werden, und natürlich auch die Wasserversorgung der Vegetation wie der Quellen sich wesentlich ungünstiger gestalten.

IX. Organische Reste im Boden.

(Torf und Moor).

Die auf und in dem Boden lebenden Pflanzen und Thiere erleiden nach ihrem Absterben eine allmähliche Zersetzung und einen Zerfall der Moleküle in einfachere Verbindungen. Die Endprodukte dieses Vorganges sind bei hinreichendem Luftzutritt Ueberführung des organisch gebundenen Kohlenstoffs in Kohlensäure, des Wasserstoffs in Wasser, des Stickstoffs in Ammoniak.

Die Umbildung in diese einfachsten Verbindungen tritt verschieden rasch ein; während ein Theil der organischen Stoffe bald zerfällt, sind andere schwerer angreifbar und mischen sich in Form dunkel gefärbter Partikel, die noch oft eine organisirte Struktur erkennen lassen, dem Boden bei oder lagern sich auf demselben ab. Diese organischen Körper faßt man unter dem Namen „Humus" oder „humose Stoffe" zusammen.

Der Humus ist daher kein einheitlich zusammengesetzter Körper, sondern besteht aus einer großen Anzahl wenig bekannter, einander ähnlicher Verbindungen.

Die Zersetzungsvorgänge der abgestorbenen organischen Reste verlaufen verschieden, je nach Gegenwart oder Fehlen einer hinreichenden Menge von atmosphärischem Sauerstoff.

Bei Gegenwart von Sauerstoff finden vorwiegend **Oxydationsprocesse** statt; sie werden als **Verwesung** bezeichnet. Bei Mangel an Sauerstoff überwiegen **Reductions**vorgänge, die man als **Fäulniß** bezeichnet.

§ 58. I. Die Zersetzung der organischen Substanzen.

1. Fäulniß.

Zahlreiche Beobachtungen weisen darauf hin, daß Wasser auf die Pflanzenreste verändernd einwirkt.[*] Erhitzt man diese mit Wasser auf höhere Temperaturen, so werden sie gebräunt und in humusartige Stoffe umgewandelt.

Die fortschreitende Umbildung der Mineralkohlen, sowie die Vorgänge der Torfbildung deuten auf die Einwirkung des Wassers hin. Im Allgemeinen scheint diese in einer Umwandlung der Pflanzenstoffe in kohlenstoffreichere, wenig angreifbare Stoffe unter Abscheidung von Sumpfgas, Kohlensäure und organischen Säuren zu beruhen.

Namentlich die Untersuchungen von J. Früh[**] haben werthvolle Aufschlüsse über die Umbildung der Torfsubstanz ergeben. In gleicher Richtung lassen sich viele Beobachtungen über die Struktur und Zusammensetzung der Steinkohle deuten, welcher durch Kalilauge eine lösliche, dunkel gefärbte Masse entzogen wird, mit ganz ähnlichen Eigenschaften, wie die Humussäuren des Torfes.

Früh fand, daß der Zellinhalt der Pflanzen bei der Torfbildung zuerst angegriffen und in eine meist körnige, selten homogene, braune

---

[*] Vergleiche Sachße, Agrikulturchemie 1888, S. 111.
[**] J. J. Früh, Torf und Dopplerit. Zürich 1883.

Masse umgewandelt wird. Erst später wird die Cellulose verändert, am widerstandsfähigsten erweisen sich Lignin- und Kutikularschichten. Der Angriff erfolgt nicht überall gleichmäßig, an einzelnen Zellen kann er früher, an anderen später beginnen, alle können aber in völlig homogene Massen umgewandelt werden.

Fäulniß bei Mitwirkung von Organismen.

Die besprochene chemische Wirkung des Wassers erfolgt immer bei fast völligem Ausschluß von Sauerstoff. Sie ist wohl der Hauptvorgang bei der Torfbildung; außerdem wirken bei den meisten Fäulnißprocessen niedere Organismen mit.

Als typische Beispiele mögen die Zersetzungen des ameisensauren Kalkes und der Cellulose angeführt werden.*)

Bringt man ameisensauren Kalk unter Wasser mit etwas Kloakenschlamm in Berührung, so tritt völlige Zerlegung des ersteren ein. Es entwickeln sich Kohlensäure und Wasserstoff, im Rückstande bleibt kohlensaurer Kalk. Auf ein Volumen Kohlensäure entstehen immer zwei Volumen Wasserstoff. Die Zersetzung läßt sich durch folgende Gleichung darstellen:

$$Ca\, C_2 H_2 O_4 + H_2O = Ca\, CO_3 + CO_2 + 4\, H$$
Ameisensaurer   Wasser   kohlens.   1 Vol.   2 Vol.
Kalk   Kalk   Kohlensäure Wasserstoff.

Cellulose, mit einem im Schlamme der Gewässer weit verbreiteten Spaltpilz in Berührung, zerfällt ohne Abscheidung nachweisbarer Zwischenprodukte und unter Wasseraufnahme in Kohlensäure und Sumpfgas.

$$C_6 H_{10} O_5 + H_2O = 3\, CO_2 + 3\, CH_4$$
Cellulose   Wasser   3 Vol. Kohlen-   3 Vol. Sumpf-
    säure   gas.

In schlammigen stehenden oder langsam fließenden Gewässern ist namentlich der letzte Vorgang häufig. Beiden eigenthümlich ist aber das Auftreten von noch oxydirbaren Stoffen, deren einer (der Wasserstoff), zumal im Moment des Freiwerdens (status nascens) in hohem Maße reducirend wirkt. Hieraus erklärt es sich, daß die Umbildungen der Fäulniß überwiegend Reduktionsprocesse sind.

In der Natur, wo die mannigfachst zusammengesetzten Körper der Fäulniß unterliegen, ist die Zahl der entstehenden Verbindungen eine entsprechend große. Von besonderer Wichtigkeit sind unter diesen die oft gebildeten organischen Säuren. Man hat z. B. Ameisensäure, Essigsäure, Buttersäure u. s. w. nachgewiesen. Auch die Humussäuren gehören hierher.

---

*) Nach Hoppe-Seyler, Archiv der gesammten Physiologie 12, S. 1 und Zeitschrift für physiologische Chemie 10, S. 422.

Die Wirkung dieser Säuren ist in der Natur nach zwei Richtungen bedeutsam.

Sie verhindern oder erschweren die fernere Entwickelung der Bakterien, die in sauren Flüssigkeiten wenig gedeihen, und damit zugleich die normal fortschreitende Zersetzung der organischen Reste. Aus diesem Grunde fehlen Bakterien im Torf (Früh a. a. O., S. 39) und Kultur-versuche ergaben wohl das Vorkommen von Schimmelpilzen (nach Reinbek u. A.), aber keine Spaltpilze im Moorboden.

Die andere nicht weniger bedeutsame Wirkung der bei der Fäulniß gebildeten Säuren ist die energisch angreifende (verwitternde) Wirkung auf die Gesteine (vergleiche Seite 123). In der sauren Bodenflüssigkeit sind die hierbei entstehenden Salze meist löslich und werden mit den Sickerwässern weggeführt, gehen also dem Boden verloren.

Hierzu kommen noch die reducirenden Eigenschaften vieler bei der Fäulniß gebildeten Stoffe. Torf reducirt z. B. Lösungen von Eisen-oxydsalzen in wenigen Stunden, fast noch rascher ist die Wirkung frischer, faulender Pflanzenreste. Zugleich wird der Sauerstoff der Bodenluft absorbiert und hierdurch die normalen Vorgänge der Athmung der Pflanzenwurzeln gestört. Das häufige Auftreten von Reduktionsprocessen in der Natur beweist das Vorkommen der Ablagerungen von Eisenocker und Raseneisenstein in Mooren; ferner deuten helle, graue oder weiße Farben der Böden ebenfalls auf solche hin; die Ursache liegt zumeist in einer Reduktion und hierauf folgenden Auslaugung der Eisen-verbindungen.

2. Die Verwesung.

Die Fäulniß ist der dem Experiment am leichtesten zugängliche und in ihren einfachsten Formen verständlichste Proceß der Zersetzung orga-nischer Reste; aus diesem Grunde ist ihre Besprechung vorangestellt. Dies machte auch die Kenntniß der Wirkung des Wassers notwendig, welches sowohl bei Fäulniß wie auch bei Verwesungsvorgängen mitwirkt.

Die Verwesung ist die Zersetzung organischer Reste in einfache Verbindungen (Kohlensäure, Wasser, Ammoniak) bei Gegenwart von atmosphärischem Sauerstoff.

Die Verwesung wird ganz überwiegend durch die Lebensthätigkeit niederer Organismen bewirkt. Von diesen sind die Bakterien am wichtigsten, nächstdem folgen die Schimmelpilze.

Ein Beweis für die Richtigkeit dieser Auffassung liegt darin, daß alle Vorgänge, welche die Lebensthätigkeit stören (Erhitzen auf höhere Temperatur, Zusatz von Sublimat, Phenol, Chloroform oder Schwefel-kohlenstoff u. s. w.), die Verwesung ganz oder nahezu aufheben; sowie daß alle Bedingungen, welche die Lebensthätigkeit der niederen Pflanzen fördern, auch die Verwesung entsprechend beschleunigen, sowie endlich, daß die Schnelligkeit derselben ebenso vom „Gesetz des Minimums" (§ 80) beherrscht wird, wie jede andere Pflanzenproduktion.*)

Als Maßstab für die Schnelligkeit der Verwesung kann die Menge der gebildeten Kohlensäure dienen.

Wie sehr diese durch antiseptische Mittel herabgesetzt wird, mögen folgende Zahlen zeigen:

Setzt man die in einer zur Untersuchung verwendeten, humosen Erde gebildete Kohlensäure gleich 100, so entwickeln sich bei Zusatz von (beziehentlich in erhitzter Erde):

$$5\,^0/_0 \text{ Thymol} \quad . \quad . \quad . \qquad 7,8 \text{ Theile Kohlensäure}$$
$$1\;\text{„ Quecksilberchlorid} . \qquad 6,8 \quad \text{„} \qquad \text{„}$$
$$5\;\text{„ Karbolsäure} \quad . \quad . \quad 5,7 \quad \text{„} \qquad \text{„}$$
$$\text{Erhitzen auf } 115^0 \quad . \quad . \quad . \quad 2,3 \quad \text{„} \qquad \text{„}$$

Es ist dies ein indirekter Beweis, daß die Verwesung thatsächlich auf die Lebensthätigkeit niederer Organismen zurück zu führen ist: denn keine andere Annahme erklärt das Aufhören der Kohlensäurebildung.

Die Vorgänge der Verwesung sind von denselben Bedingungen abhängig, welche das Pflanzenleben beherrschen. Hierzu gehören: eine gewisse Höhe der Temperatur, Gegenwart einer genügenden Menge von Wasser, Sauerstoff und gewisser anorganischer Salze.

a) Einfluß der Temperatur.

Der Lebensproceß aller Pflanzen ist an ein (zwar individuell ver= schiedenes) Maß von Wärme gebunden: er steigt mit zunehmender Temperatur bis zur höchsten Höhe (dem sogenannten Optimum der Temperatur) und erlischt bei höheren Wärmegraden durch Vernichtung des Lebens.

Erfahrungsmäßig ertragen Spaltpilze hohe Temperaturen: für die im Boden vorkommenden Formen scheint bei 60° die obere Grenze der Lebensthätigkeit zu liegen. Man darf daher sagen, daß die Schnellig= keit der Verwesung mit den in der Natur vorkommenden Temperaturen steigt. Unterhalb Null Grad ist die Kohlensäureentwickelung im Boden, und damit zugleich die Verwesung nahezu aufgehoben.

Wie stark die Steigerung mit der Temperatur parallel geht, zeigen einige Zahlen von Wollny. Setzt man die Kohlensäurebildung einer Komposterde bei 10° = 1, so entwickeln sich:

	10°	20°	30°	40°	50°
Wassergehalt 44 $^0/_0$	1	5,5	13	15,2	27,3
„ 6,8 „	1	1,6	3,4	7,2	12,4

*) Eine vorzügliche Darstellung aller hierher gehörigen Untersuchungen, sowie eigene Arbeiten bei Wollny. Journal für Landwirthschaft 1886, 34. S. 213.

Aus dieſem mächtigen Einfluß höherer Temperaturen erklärt es
ſich, warum in den tropiſchen Gebieten im Walde eine Streudecke faſt
völlig fehlt und anderſeits, daß nach den kälteren Gebieten humoſe
Ablagerungen an Mächtigkeit und Verbreitung immer mehr zunehmen.
Auf der geſteigerten Bodentemperatur beruht wohl auch über-
wiegend die raſchere Zerſetzung der Humusdecke des Bodens, die an
Waldrändern beſonders hervortritt und als „Aushagerung des
Bodens" bezeichnet wird.

b) Einfluß der Feuchtigkeit.

Wie es für die Pflanzenentwickelung ein gewiſſes Temperaturoptimum giebt, iſt auch eine beſtimmte Höhe des Waſſergehaltes, natürlich nach Bodenart verſchieden, am vortheilhafteſten. Zu geringe Waſſer-
mengen hemmen die Entwickelung, zu große ſetzen die Durchlüftung
herab und leiten von den hier zu behandelnden Vorgängen, von der
Verweſung, zur Fäulniß hinüber.

Schon das oben gewählte Beiſpiel zeigt den großen Einfluß der
verſchiedenen Feuchtigkeit. Noch ſchärfer tritt er in dem folgenden
hervor. (Der beſſeren Vergleichbarkeit halber iſt auch hier das Minimum der Kohlenſäureentwickelung bei 10^0 C. und $6,8^0/_0$ Waſſer $= 1$
geſetzt.) Kompoſterde entwickelte Kohlenſäure bei einem Waſſergehalt von:

	$6,8^0/_0$	$26,8^0/_0$	$46,8^0/_0$
bei 10^0	1 Vol.	9,1 Vol.	17,2 Vol.
„ 20^0	1,6 „	26,7 „	30,6 „
„ 30^0	3,4 „	31,0 „	40,5 „

In der Natur kommt es nun gar nicht ſelten vor, daß Böden,
und noch viel häufiger aufliegende Humusſchichten, ſoweit austrocknen,
daß die Verweſung auf ein Minimum herabſinkt oder vollkommen aufhört.
Es iſt dies von Möller experimentell erwieſen.*) Er unterſuchte
Nadeln von Schwarzkiefer, mit Sand gemiſchtes Weißbuchenlaub, Kompoſterde, alle im lufttrockenen Zuſtande; alle dieſe Subſtanzen gaben
innerhalb ſechs Tagen keine Kohlenſäureentwickelung, wohl
aber ſehr raſch nach Waſſerzuſatz.

Die Bildung faſeriger, torfartiger Humusſchichten (Rohhumus,
Trockentorf), zumal in licht geſtellten Wäldern, auf vorſpringenden Kuppen
iſt zumeiſt auf Austrocknung und die dadurch bewirkte Herabſetzung der
Verweſung zurückzuführen. Solche Rohhumusſchichten ſind in der
feuchten Jahreszeit naß, in der heißen ſtark ausgetrocknet.

c) Einfluß des Sauerſtoffs.

Die Schnelligkeit der Verweſung ſteigt bei reichlichem Zutritt von
Sauerſtoff, es genügt indeß ſchon ein mäßiger Gehalt der Luft, etwa
$6—8^0/_0$, um eine energiſche Zerſetzung zu ermöglichen.

*) Mittheilungen aus dem forſtlichen Verſuchsweſen Oeſterreichs 1878. I, Heft 2.

Wollny arbeitete mit Gemischen von Sauerstoff und Stickstoff und ermittelte durch mannigfach abgeänderte Versuche, daß die Zersetzung organischer Stoffe bei wachsendem Sauerstoffzutritt zuerst eine rasche, dann langsamer fortschreitende Steigerung erfährt.

Ein Gemisch aus Torf und Sand gab folgende Kohlensäuremengen bei verschiedenem Sauerstoffgehalt der Luft (die bei $2^0{}_0$ Sauerstoff gebildete Kohlensäure $= 1$):

Die Luft enthielt .	$2^0{}_0$	$8^0{}_0$	$15^0{}_0$	$21^0{}_0$ Sauerstoff
Kohlensäureentwickelung .	1	2,9	3	3,5.

Ozonhaltige Luft setzte die Verwesung etwas herab und steigerte sie nur bei Torf und ähnlichen schon theilweise zersetzten organischen Resten.

d) Einwirkung anorganischer Stoffe.

1. Salze. Die Verwesung wird durch Gegenwart von Salzen, welche als Nährstoffe der Pilze dienen, gesteigert.

Wollny zeigte, daß die Kohlensäureentwickelung in mit Salzsäure ausgezogenen Böden nur $^1{}_1$ bis $^1{}_5$ der ursprünglichen Höhe betrug.

Zusatz von Düngesalzen (Chilisalpeter und anderen) steigerte die Kohlensäurebildung bei aschenarmen, organischen Resten (Holz und dergleichen) zunächst nur wenig, machte sie aber dauernder und gleichmäßiger, so daß sie in einem Vierteljahre ungefähr die doppelte Höhe wie bei reinem Holz erreichte.*)

2. Säuren, zumal Mineralsäuren, wirken schon bei großer Verdünnung, z. B. $0,1^0{}_0$ Säuregehalt, stark hemmend auf die Verwesung ein. Es wird dies durch die schädigende Wirkung der Säuren auf den Lebensproceß der Spaltpilze bedingt.

3. Alkalische Erden und Alkalien begünstigen im Ganzen die Verwesung. Für Kali ist dies durch Wollny nachgewiesen. Aetzkalk verzögert die Verwesung unzersetzter Pflanzenstoffe, befördert jedoch die von bereits im Zerfall begriffenen erheblich.

Der kohlensaure Kalk wirkt ganz ähnlich, wie aus den Versuchen von Petersen hervorgeht, der eine Laubholzerde von stark saurer Reaktion mit kohlensaurem Kalk versetzte. Ein Zusatz von $1^0{}_0$ steigerte die Kohlensäureentwickelung um das Vierfache, $3^0{}_0$ um das Sechsfache.

Dieses Verhalten läßt sich aus den Versuchen Wollny's erklären. Der Kalk sättigt die Humussäuren und bildet mit ihnen Verbindungen, die fast doppelt so rasch zersetzt werden, wie freie Humussäuren.

Diese Thatsachen erklären einfach das Verhalten der kalkreichen sogenannten „thätigen" Böden, auf welchen erfahrungsmäßig die organischen Reste rasch zersetzt werden und die daher unter gleichen Verhältnissen weniger humose Stoffe enthalten, als kalkarme.

---

*) Ramann, Landwirthschaftliche Jahrbücher. 1889, S. 910.

3. Das Verhalten der organischen Stickstoffverbindungen bei Fäulniß und Verwesung.

Die stickstoffhaltigen Verbindungen der Pflanzen- und Thierreste unterliegen in ähnlicher Weise wie die Kohlenstoffverbindungen der Zersetzung.

Bei Fäulniß werden zahlreiche, zum Theil hoch zusammengesetzte, organische Verbindungen gebildet; bei der Verwesung wird früher oder später der gebundene Stickstoff in Ammoniak übergeführt. Das Ammoniak unterliegt dann einer weiteren Umbildung zu Salpetersäure.

In gleicher Weise, wie dies für die stickstofffreien Verbindungen gilt, ist auch bei den stickstoffhaltigen die Gegenwart von niederen Organismen die Bedingung einer raschen Zersetzung; ebenso ist die Salpetersäurebildung an die Lebensthätigkeit eines bestimmten Spaltpilzes geknüpft.

Einzelne Stickstoffverbindungen sind leichter, andere schwerer angreifbar. In der Regel überholt die Zersetzung der stickstofffreien Körper die der stickstoffhaltigen, so daß die humosen Reste einen höheren Stickstoffgehalt haben, als die ursprüngliche Substanz. Schon durch Neßler ist dies für verschiedene Blätter nachgewiesen.*) Es enthielten Stickstoff:

	Eichenblätter	Buchenblätter	Pappelblätter
nicht gefault	1,70 %	1,78 %	1,37 %
gefault	2,01 „	2,01 „	3,06 „

Auf demselben Vorgang beruht zum Theil auch der hohe Gehalt vieler Torfe, namentlich des Grünlandstorfes, an Stickstoff; theilweise ist er allerdings auf den reichlichen Gehalt an Thierresten zurück zu führen. Chitinpanzer von kleinen Krustaceen und Insekten sind vielfach beigemischt und erhöhen bei der schweren Angreifbarkeit des Chitins (welches 6,4 % Stickstoff enthält) den Gehalt an diesem Stoffe.

Auch für die humosen Bildungen der Waldböden gelten ähnliche Verhältnisse.

Die Umwandlung von Ammoniak in Salpetersäure ist vielfach untersucht worden, aber erst in neuester Zeit ist es Winogradski gelungen, den Salpetersäurepilz rein zu züchten.

Für den Lebensproceß desselben ist Gegenwart von Sauerstoff nothwendig. Schlösing beobachtete Salpetersäurebildung schon bei Gegenwart von 1,5 Vol. % Sauerstoff in der umgebenden Luft, wenn auch höhere Gehalte die Menge der Salpetersäure verfünffachten.

Bei Abwesenheit von Sauerstoff treten Reduktionsprocesse auf, welche bereits gebildete Salpetersäure zerstören, salpetrige Säure und

*) Jahresbericht der Agrikulturchemie 1868/69, S. 361.

namentlich freien Stickstoff erzeugen. Schlecht aufbewahrter Stall=
dünger kann auf diesem Wege erhebliche Stickstoffverluste erleiden.

Bei höherer Temperatur und genügendem Wassergehalt schreitet
die Bildung von Salpetersäure rasch voran; am günstigsten verläuft sie
bei alkalischer Reaktion und nicht zu hoher Koncentration der Flüssig=
keiten. Abwesenheit von Erdkarbonaten (kohlensaurem Kalk, kohlensaurer
Magnesia) schwächt die Bildung von Salpetersäure; kohlensaures Ammon
kann nur etwa zur Hälfte umgewandelt werden.

Das Salpetersäureferment ist empfindlich gegen Austrocknung; in
lebhafter Nitrifikation begriffene Lösungen konnten durch einfaches Aus=
trocknen völlig steril werden.

Die Tiefe im Erdboden, in der noch der Salpetersäurepilz zu leben
vermag, ist nach Warington gering. In Thonböden geht er nicht über
25—45 cm hinab. Bodenproben aus größerer Tiefe rufen in sterilisirten
Flüssigkeiten keine Salpetersäurebildung hervor.*)

Die Salpetersäure ist das wichtigste Material für die Stickstoff=
ernährung der Kulturgewächse, insbesondere der Gramineen. Ihre
Bildung aus den Düngemitteln ist daher für die Agrikultur von hoher
Bedeutung. Je wärmer und gleichmäßiger durchlüftet ein Boden
ist, und je mehr sein Wassergehalt einer mittleren Höhe entspricht,
um so reichlicher und rascher werden die organischen Stickstoffreste in
Salpetersäure übergeführt werden. Zu berücksichtigen ist noch, daß die
Salpetersäure vom Boden nicht absorbirt wird, daher leicht ausgewaschen
werden kann. Der Gehalt der in der Natur vorkommenden Böden
an Salpetersäure wird daher ein außerordentlich schwankender sein.

Für die Forstwirthschaft von Bedeutung ist ferner der meist ge=
ringe Gehalt oder das Fehlen der Salpetersäure in den
Waldböden unserer Gebiete.

Schon Bonjingault hat die Armuth der Waldböden an Salpeter=
säure festgestellt. Schlösing fand in einem Eichenboden keine Spur
Salpetersäure; Chabrier unter einem Fichtenbestand sehr viel weniger
als in gleichartigem Ackerboden.**) Eine eingehende Bearbeitung dieser
für die Ernährung der Waldbäume wichtigen Frage lieferte Baumann,***)
der die Abwesenheit der Salpetersäure in Waldböden ebenfalls nachwies.
Baumann glaubt die Ursache in der niederen Temperatur des Waldes
zu finden: die untere Temperaturgrenze der Salpetersäurebildung würde
demnach ziemlich hoch liegen.

---

*) Die „glänzenden Körperchen" (corpuscules brillantes), die Münz und
Schlösing im Boden vielfach fanden und als Salpetersäurepilz deuteten, sind wahr=
scheinlich Dauersporen von Bakterien.
**) Sämmtliche Angaben nach Jahresbericht der Agrikulturchemie 1870 72,
S. 38 und 42.
***) Landwirthschaftliche Versuchs=Stationen, Band 35, S. 217.

Ebermayer*) zeigte ferner, daß auch die Quellen und Bäche des Gebirges und der Torfmoore keine meßbaren Mengen von Nitraten enthalten, sofern nicht eine Verunreinigung mit thierischen Resten stattgefunden hatte.

Dem gegenüber beobachtete Grebe im Sande von Kiefernböden einen ungewöhnlich hohen Gehalt von Salpetersäure.**)

Die Verhältnisse des Waldes scheinen sich demnach so zu stellen, daß in allen Fällen, wo die Humusschichten saure Reaktion zeigen, eine Bildung von Salpetersäure nicht statt findet, und diese auch in anderen Fällen durch die niedere Temperatur des Waldbodens zumeist in engen Grenzen gehalten wird.

§ 59. 5. Die Betheiligung des Thierlebens an der Humusbildung.

An der Umbildung der organischen Reste nehmen Thierarten vielfach Antheil. Einer großen Anzahl derselben dienen Abfallprodukte zur Nahrung, die Thiere stellen sich ein, wo sie für ihr Gedeihen günstige Bedingungen vorfinden. Die Einwirkung der Thierwelt abzumessen ist sehr schwierig, sie kann sehr groß aber auch sehr unbedeutend sein, je nach den lokalen Verhältnissen.

Bisher hat sich die Untersuchung fast nur auf die am häufigsten vorkommende größere Thierart des Bodens, auf die Regenwürmer erstreckt. Aber auch hier fehlen noch brauchbare Daten, um die Menge der Nahrung annähernd zu schätzen; jedenfalls kann sie bei zahlreichem Vorkommen dieser Thiere, zumal auf Wiesen, erheblich werden.

Häufig findet man skelettirte Blätter, das Parenchym ist völlig zerstört und nur die Nervatur bis in die feinsten Einzelheiten erhalten. Verfasser erhielt derartige Blattreste unter Umständen, die eine nennenswerthe Mitwirkung von Thieren völlig ausschlossen, sie sind daher nicht immer auf eine Abnagung durch Thiere zurück zu führen.

Dagegen weisen viele Beobachtungen darauf hin, daß die Zertheilung der Pflanzenreste in feine Partikel und ihre Mischung mit dem Mineralboden, also die Form, in der uns die humose Schicht der besseren Waldböden entgegentritt, durch die Thätigkeit der Thierwelt wesentlich gefördert wird.

Es wird sehr schwer, in der Regel sogar unausführbar sein, die Bedeutung des Thier- und Pflanzenlebens für die Zersetzung der organischen Abfälle gegen einander abzuwägen. In der Regel wird die Thätigkeit der Bakterien überwiegen, die durch die Zahl der Individuen

---

*) Allgemeine Forst- und Jagdzeitung 1888.
**) Zeitschrift für Forst- und Jagdwesen. 1885. Bd. 19, S. 157.

ihre mikroskopische Kleinheit ausgleichen. Hierauf deuten auch Versuche des Verfassers,[*] sowie spätere von Kostytscheff in ähnlicher Weise durchgeführte.[**]

500 g Eichenblätter wurden in einem Regenmesser der Einwirkung der Atmosphärilien ausgesetzt. Eine Einwirkung der Thierwelt war fast völlig ausgeschlossen; das durch die Anordnung des Versuchs bedingte häufige Austrocknen war der Thätigkeit der Batterien sicher nicht günstig, trotzdem wog die Substanz der Eichenblätter nach acht Monaten nur noch 225 g, nach weiterer Jahresfrist 135 g. Die Pflanzensubstanz hatte also im ersten Jahre einen Verlust von $55\,^0/_0$, im zweiten von $18\,^0/_0$ erlitten. (Im Ablaufwasser fanden sich nur 12—15 g gelöster organischer Substanz.) Aehnliche Verhältnisse ergaben die Versuche Kostytscheff's, der Gras sowie Birkenblätter auf ihre Zersetzbarkeit untersuchte.

Von 200 g trockener Substanz blieben übrig:

	Gras	zersetzt	Birkenblätter	zersetzt
nach 6 Monaten	119,3 g	$40,3\,^0/_0$	124,7 g	$37,6\,^0/_0$
„ 12 „	70,8 „	24,2 „	75,5 „	24,6 „
„ 18 „	43,0 „	13,9 „	47,6 „	13,9 „

In beiden Fällen zeigt sich deutlich der Weg der Verwesung organischer Stoffe. Ein Theil wird rasch zersetzt, ein anderer bleibt zurück und verfällt allmählich der fortschreitenden Umwandlung.

Diese erfolgt, wie Kostytscheff an dem Verhalten der Schwarzerde Rußlands zeigte und wie zahlreiche Beobachtungen lehren, langsam und allmählich. Hoppe-Seyler[***] hatte angenommen, daß die humosen Reste fast unangreifbar im Boden zurück bleiben, es ist dies nachweislich unrichtig, ebensowenig hat aber Kostytscheff's Meinung Wahrscheinlichkeit für sich, daß die Zersetzung der humosen Stoffe entsprechend ihrer Menge eben so rasch vor sich gehe, wie die der ursprünglichen organischen Substanz. Ein solches Verhalten würde den thermodynamischen Gesetzen widersprechen und nur eintreten, wenn der „Humus" einen chemisch einheitlichen Stoff darstellte.

§ 60. 5. Chemische Zusammensetzung der Humuskörper.

Trotz der Wichtigkeit und weiten Verbreitung der Humusstoffe ist die Kenntniß ihrer chemischen Zusammensetzung noch wenig entwickelt. Die Ursache hiervon liegt in den außerordentlichen Schwierigkeiten, welche ihrer wissenschaftlichen Bearbeitung entgegenstehen. Fast jeder Forscher,

---

[*] Zeitschrift für Forst= und Jagdwesen 1888, S. 4.
[**] Nach dem Referate in Forschungen der Agrikulturphysik 12, S. 78.
[***] Zeitschrift für physiologische Chemie 13, S. 118 (1889).

der sich mit diesen Dingen beschäftigte, kam zu anderen Schlußfolge= rungen, da die leichte Umwandelbarkeit der Humuskörper auch bei sonstigen Untersuchungen zulässige chemische Eingriffe ausschließt.

Mulder, welcher zuerst die Humusstoffe chemisch untersuchte, unterschied die schwarzgefärbten als Humin und Huminsäure, die braungefärbten als Ulmin und Ulminsäure; eine Trennung, die jetzt wohl nur noch historischen Werth hat.

Ebenso wenig untersucht sind angeblich weiter fortgeschrittene Oxydationsprodukte der Humusstoffe, die man als Quellsäure (Kren= säure) und Quellsalzsäure (Apokrensäure) bezeichnet hat. Die erstere soll farblos sein, stark sauer reagiren und mit Basen in Wasser meist lösliche Salze bilden. Die letztere ist braungefärbt, reagirt sauer und schmeckt adstringirend. Die Salze sind weniger löslich als die der Quellsäure.

Sichergestellt ist etwa das Folgende:

Die Humusstoffe sind als ein Gemenge vieler einander nahe stehender Körper zu betrachten, die sowohl stickstofffrei wie stickstoffhaltig sein können.

Nach dem Verhalten gegen Alkalien kann man die Humusstoffe in zwei große Gruppen eintheilen:

1. Huminstoffe quellen mit alkalischen Flüssigkeiten auf und gehen allmählich in Humussäuren über.

2. Humussäuren lösen sich leicht in Alkalien und werden aus ihren Lösungen durch stärkere Mineralsäuren wieder ausgefällt.

Unter dem Mikroskop lassen sich beide Gruppen durch ihr Ver= halten gegen Kalilauge gut unterscheiden.

Die Huminstoffe sind schwarz bis braun gefärbte, amorphe, in den verschiedensten Lösungsmitteln unlösliche (mit Alkalien aufquellbare) Verbindungen, ohne hervortretende chemische Eigenschaften.

Man thut gut, auf alle diese Dinge zunächst wenig Werth zu legen und sich zumeist an die Eigenschaften der Humussäuren zu halten, die noch am besten bekannt sind.

Die Humussäuren sind im freien Zustande in Alkalien und kohlensauren Alkalien leicht löslich. Aus Moorböden kann man sie durch Ausziehen mit Alkalien oder Ammoniak und Ausfällen mit Salz= säure als voluminöse, gallertartige Massen erhalten, die getrocknet braun bis schwarz gefärbte amorphe Stücke bilden.

In starken Mineralsäuren (Salzsäure, Schwefelsäure) sind die Humussäuren unlöslich, in schwächeren (Borsäure, Phosphorsäure) etwas löslich. In reinem Wasser sind die Humussäuren etwas lös= lich, nicht aber in salzhaltigem. Lösliche Salze von Erdmetallen und alkalischen Erden (Eisen, Thonerde, Kalk, Magnesia) fällen die Lösungen der Humussäuren; vielleicht unter Bildung von salzartigen Verbindungen.

Es scheinen aber alle koncentrirten Salzlösungen ähnlich einzuwirken (am wenigsten noch die phosphorsauren Alkalien) und die gelösten Humussäuren auszuscheiden. Beim Gefrieren der Lösung von Humus=säuren werden diese als dunkel gefärbtes Pulver abgeschieden und können nur sehr schwer wieder in Lösung übergeführt werden.

Diese Eigenschaften theilen die humosen Lösungen mit den quell=baren Körpern (Stärkekleister, Kieselsäuregallert und anderen) und ist es daher im hohen Grade wahrscheinlich, daß die Humussäuren im Wasser in ganz ähnlicher Weise vertheilt sind, wie es für jene Stoffe gilt. Auch die eigenthümlichen Absorptionserscheinungen des Humus=säuregallerts, dem zahlreiche Salze durch Auswaschen nicht zu entziehen sind, stimmen mit diesem Verhalten überein.*)

Hierdurch ist natürlich nicht ausgeschlossen, daß in der Natur salz=artige Verbindungen vorkommen, die man als humussaure Salze bezeichnet. Gilt doch das Gleiche von mehreren im freien Zustande gallertartig aufquellbaren Säuren (Kieselsäure, Zinnsäure).

Die Löslichkeit der Humussäuren kann leicht beobachtet werden, wenn man humose Lösungen mit Salzsäure ausfällt und den Nieder=schlag fortgesetzt mit reinem Wasser auswäscht. Solange noch über=schüssige Säure vorhanden ist, bleibt das Ablaufwasser klar, färbt sich dann zuerst bräunlich und endlich tiefbraun.

Die dunkle Färbung der Moorgewässer, sowie vieler Waldwässer, ist durch gelöste Humussäuren bedingt.

Von Bedeutung ist der in den natürlich vorkommenden Humus=stoffen fast nie fehlende Gehalt an Stickstoff. Künstlich hat man (durch Behandeln von Kohlehydraten mit verdünnten Mineralsäuren) völlig stickstofffreie, den Humusstoffen durchaus ähnliche Körper hergestellt; aber auch diese zeigen große Neigung, sich mit stickstoffhaltigen Ver=bindungen zusammen zu lagern. Erhitzen mit Ammoniak oder stickstoff=haltigen organischen Verbindungen veranlaßt die Entstehung stickstoff=haltiger humoser Körper.

Die im Boden enthaltenen Humusstoffe haben einen Gehalt von $1-4\,^0/_0$, in der Regel $2-3\,^0/_0$, gebundenen Stickstoff.

Bei der Verwesung wird dieser in Ammoniak, beziehungsweise in Salpetersäure übergeführt und so für die Pflanzen aufnehmbar gemacht.

Die Frage, ob die humosen Stoffe befähigt sind, kleine Mengen von atmosphärischem Stickstoff zu binden, ist vielfach erörtert worden, und stehen sich die Ergebnisse der Versuche oft schroff gegenüber.

---

*) Eingehende Untersuchungen über diesen Gegenstand von Bemmelen, Land=wirthschaftliche Versuchs=Stationen 28, S. 115.

Eine Zusammenstellung der über die humosen Stoffe bekannten Thatsachen in von Olech: Ueber den Humus. Berlin 1890.

Zur Zeit gewinnt die Anschauung, daß die Stickstoffbindung durch die Lebensthätigkeit pflanzlicher Organismen vermittelt wird, immer mehr Anhänger.

Die Zusammensetzung der Humussäuren ist nicht genügend bekannt. Da wahrscheinlich zahlreiche, einander ähnliche Körper vorliegen, ist eine Uebereinstimmung der Analysen auch nicht zu erwarten. Diese schwanken zwischen:

$$59 \; —63 \; \% \; \text{Kohlenstoff,}$$
$$4,4— \; 4,6 \; „ \; \text{Wasserstoff,}$$
$$35 \; —36 \; „ \; \text{Sauerstoff.}$$

Die Salze der Alkalien und des Ammoniaks mit den Humussäuren sind in Wasser löslich, die der alkalischen Erden (Kalk, Magnesia) un-löslich. Viele Vorgänge deuten jedoch darauf hin, daß auch die letzteren Verbindungen im Boden, bei Gegenwart überschüssiger Säuren, in Lösung übergeführt werden können.

Die rasche Zersetzbarkeit der Humusstoffe in reicheren, zumal kalk-haltigen Böden, ist wahrscheinlich auf die Bildung humussaurer Salze zurück zu führen.

Humussaurer Kalk z. B. unterliegt rasch der Verwesung: er wird in kohlensauren Kalk übergeführt, und als solcher ist er im Stande, wieder neue Mengen von Humussäuren zu binden. Es liegt keine Ursache vor, zu bezweifeln, daß auch andere Metalle, beziehentlich deren Salze, eine ähnliche die Zersetzung beschleunigende Wirkung ausüben; daß diese Erscheinung besonders auf Kalkböden hervortritt, liegt darin, daß (außer Magnesiumkarbonat) andere angreifbare Salze nicht in gleicher Menge wie das Kalkkarbonat an der Zusammensetzung des Erdbodens theil nehmen.

Die Wirkung der Humussäuren in der Natur ist eine bedeutende, sie tritt namentlich im Waldboden hervor. Die mit Heide, Moor oder Rohhumus bedeckten Böden zeigen oft bis mehrere Meter tief ausge-prägt saure Reaktion. Ob diese ausschließlich von den Humussäuren bewirkt wird, oder ob bei der auf solchen Böden stattfindenden Fäulniß noch andere organische Säuren gebildet werden, ist noch zu entscheiden; jedenfalls ist die Wirkung dieser Säuren auf die Verwitterung der Gesteinstheile eine große (vergleiche Seite 123). Da zugleich viele der vorhandenen Mineralstoffe in der sauren Bodenflüssigkeit in Lösung bleiben und mit den Ablaufwässern weggeführt werden, so ist die Gegenwart freier Säuren im Boden immer unerwünscht, oft sogar sehr schädlich.

Ein einfaches Mittel, sich von Gegenwart oder Fehlen freier Humussäuren zu überzeugen, hat Schütze angegeben.*) Man braucht

*) Zeitschrift für Forst- und Jagdwesen 1, S. 523 und 3, S. 376.

nur eine kleine Menge des zu untersuchenden Bodens mit Ammoniak zu schütteln. Ist der Boden schwach alkalisch, so bleibt die Lösung farblos oder wird licht gelb gefärbt, neutrale Böden (Mullböden) geben eine hellbraune bis kaffeebraune Färbung und sind freie Humussäuren vorhanden, so ist die Flüssigkeit tief braun bis schwarz gefärbt.

Ist diese Reaktion auch nicht brauchbar, um den Reichthum oder die Armuth an Mineralstoffen festzustellen,*) so ist sie doch ein bequemes Mittel, sich über den Bodenzustand zu unterrichten.

Nicht alle organischen Reste bilden bei Verweisung und Fäulniß dieselben humosen Stoffe, wenigstens ist die Neigung, freie Humussäuren zu bilden, für die verschiedenen Pflanzenabfälle eine sehr wechselnde. Scheinbar im gleichen Zersetzungszustand dem Walde entnommene Humusstoffe zeigen z. B. nach ihrer Abstammung erheblich verschiedene Mengen an in Alkalien löslichen Verbindungen. Unter günstigen Verhältnissen verweisen zwar alle in gleicher Weise, bei ungünstigen tritt jedoch der Unterschied in der Bildung freier Humussäuren erheblich hervor. Als Regel kann gelten, daß von den Waldbäumen namentlich die Abfälle der Buche reich an diesen Stoffen sind, dann folgen Fichte, Eiche; die Kiefer scheint von allen Waldbäumen am wenigsten zu liefern. Reichliche Mengen von Humussäuren enthalten ferner noch die Abfälle von Heide und Beerkräutern. Genügende Untersuchungen über diesen wichtigen Gegenstand fehlen noch.**)

Tuxen, dessen Arbeiten wenigstens einigen Einblick in die Bildung saurer humoser Körper gewähren, giebt folgendes an:

	Humusgehalt des luft=trockenen Bodens %	Freies Alkali (auf Ammoniak berechnet) %	Humussäure löslich in Wasser %	Löslich in kohlens. Natron %
Gedüngte Garten= und Ackererden	3,38 — 9,29	0,0026—0,0035	—	—
Mullboden unter Buchen . . .	5,10 — 8,33	neutral	neutral	0,5
Buchentorf . . .	34,7 —44,1	—	0,049—0,112	8,4—9,3
Buchentorf mit Aira flexuosa be= wachsen . . .	48,51	—	0,2-7	?
Desgl. mit Heide= kraut, Heidel= beere u. dergl.	45,55	—	0,121	?

Es läßt sich daher direkt durch die Analyse beweisen, daß die Bildung von Rohhumus zugleich mit der Entstehung von Humussäuren

---

*) Vergleiche Tuxen in Müller, Natürliche Humusformen, S. 105.
**) Verfasser ist mit einschlägigen Arbeiten beschäftigt, die aber, der ganzen Natur der Sache nach, erst in längerer Zeit zum Abschluß kommen können.

Hand in Hand geht. Die Ackererden reagirten schwach alkalisch, die Mullböden neutral, die Böden mit Rohhumusbedeckung ausgesprochen sauer.

Von Bedeutung sind endlich noch die vielen Humusstoffen beigemischten harz=, beziehentlich wachsartigen Körper. Die Torfarten enthalten durchschnittlich 5 % derselben, und die Verwesung wird durch Ausziehen dieser Stoffe fast um das Doppelte erhöht. Ob Heidekraut und die Beerkräuter, wie dies vielfach behauptet wird, besonders reich an diesen Stoffen sind und ob nicht der verschiedene Verlauf der Verwesung zu ihrer Erhaltung beiträgt, ist noch nicht genügend aufgeklärt. Sicher ist, daß Sandböden oft erhebliche Mengen derartiger Stoffe enthalten, auf deren Bedeutung insbesondere Grebe*) hingewiesen hat.

§ 61. 6. Die auf dem Trockenen gebildeten Humusstoffe.

In vieler Beziehung üben die humosen Beimischungen bedeutsame Einflüsse auf die Eigenschaften der Böden aus. Die hohe Wasserkapacität der humosen Stoffe, die Lockerung zu fester, die Bindung zu lockerer Böden, endlich die Bedeutung des verwesenden Humus als Kohlensäurequelle für die Aufschließung des verwitternden Bodens, alles dieses macht, zumal für Waldböden, den Humus zu einem der wichtigsten Bestandtheile.

Untersucht man die in der Natur vorkommenden Böden, so findet man die Einlagerung der humosen Stoffe bis in ganz verschiedene Tiefen reichend. Oft zeigen Waldböden der ersten Ertragsklassen geringe Humusbeimengungen, oft solche der geringsten Ertragsklassen den Humus bis in große Tiefe beigemischt. So vortheilhaft an sich diese Mischung ist, so giebt sie doch durchaus keinen Maßstab für die Leistungsfähigkeit des Bodens, nicht einmal, wenn man solche gleicher Korngrößen mit einander vergleicht.

Dem aufmerksamen Beobachter tritt jedoch bald die völlige Verschiedenheit der den Boden bedeckenden, unter der unzersetzten Streu lagernden Humusschicht entgegen.

Diese ist:

1. oft kaum ausgeprägt und, wenn vorhanden, von lockerer krümeliger Beschaffenheit; die aufliegende Streuschicht ist locker und meist von geringer Mächtigkeit. Die tieferen Bodenschichten schneiden nicht scharf von einander ab, sondern gehen scheinbar in einander über.

---

*) Zeitschrift für Forst= und Jagdwesen, Bd. 19, S. 157.

2. Die Humusschicht ist fest, dicht zusammengelagert, meist von einer ebenfalls dichten, oft mächtigen Streuschicht überlagert. Die unterliegenden Bodenschichten heben sich scharf von einander ab. Natürlich finden sich zwischen diesen beiden Formen die mannigfaltigsten Uebergänge. Für den ersten Fall bietet jeder im guten Zustand befindliche Wald Beispiele, für den zweiten am ausgezeichnetsten die Ortstein führenden Böden der Heidegebiete.

a) Die erste Form ist die der guten, und um den Ausdruck zu brauchen, gesunden Waldböden. Die oberste Bodenschicht enthält deutlich erkennbare, humose Beimischungen, aber auch in den nächst tieferen Lagen fehlen die organischen Stoffe nicht völlig, sind aber auf besserem Boden nur in geringer Menge vorhanden. Sie lassen keine organisirte Struktur mehr erkennen, sondern sind den Bodentheilen so innig beigemengt, daß nach der ganzen Erscheinung nur an eine chemische Ausfällung gedacht werden kann. Man verdankt Müller eine einfache Erklärung dieser Erscheinung (natürliche Humusformen). Die obersten Schichten sind meist arm an löslichen Mineralstoffen, und hier können Humussäuren gebildet und vom Wasser gelöst werden. In Berührung mit den benachbarten Bodentheilchen, welche reicher an Salzen sind, werden die Humussäuren wieder ausgefällt.

Es ist dies derselbe Vorgang, der in völlig ausgelaugten Böden zur Ortsteinbildung führt und hier organische Stoffe dauernd ablagert. Auf den besseren, zumal besser durchlüfteten Böden von neutraler oder schwach alkalischer Reaktion scheinen namentlich die Alkalien und alkalischen Erden eine wichtige Funktion zu üben und eine raschere Zersetzung der organischen Stoffe zu begünstigen. In solchen Böden spielen sich demnach ganz überwiegend Verwesungsvorgänge ab.

b) Die zweite Form der Humusablagerungen entsteht, wo die Bedingungen der Verwesung ungünstig sind und Fäulnißvorgänge überwiegen.

Dieselben können bedingt sein:

1. auf sehr armen Böden durch Mangel an Nährstoffen;
2. durch Abschluß der Luft (überwiegend nur bei längerer Wasserbedeckung);
3. durch Uebermaß an Wasser, zumeist verbunden mit niederer Temperatur. Dies findet statt in Gegenden mit hohen Niederschlägen und hoher Luftfeuchtigkeit (Seeküsten, Hochgebirge);
4. durch niedere Temperatur (in den nordischen Ländern);
5. durch Mangel an Wasser (Trockenheit, zumal während der wärmeren Jahreszeit). Hervorragende Kuppen, Hänge, die von Süd- und Ostwinden ausgetrocknet werden, licht gestellte Bestände, zumal Buchenforsten, zeigen häufig diese Erscheinung.

Demnach können alle Bedingungen, welche der Verwesung ungünstig sind, die Ablagerung humoser Reste in wenig zersetztem Zustande als eine auf dem Boden dicht auflagernde Schicht veranlassen;
welche Bedingung gerade am gegebenen Orte die wirkende gewesen ist,
das zu entscheiden, bedarf es eines mit den Verhältnissen vertrauten
Urtheils. Allen diesen Ablagerungen gemeinsam ist die faserige, wenig
erdartige Struktur der Humusschicht.

Die verschiedenartigsten Pflanzenreste können das Material für
diese Bildungen liefern, zeigen aber bemerkenswerthe Unterschiede in
der Leichtigkeit und Schnelligkeit, mit welchen die Ablagerung voran-
schreitet.

Für die Baumarten ergiebt sich etwa folgende Reihe:

> Buche,
>
> Fichte,
>
> Eiche,
>
> Kiefer,

für Tanne, Lärche, Birke fehlen noch die betreffenden Beobachtungen.

In Bezug auf die Bodenpflanzen ist etwa folgende Reihe aufzustellen:

> Heide (Calluna vulgaris),
>
> Preißelbeere (Vac. vidis idaea),
>
> Heidelbeere (Vac. myrtill.),
>
> Farrnkraut (Pteris aquilina und Aspidiumarten),
>
> Moos, besonders die dichte Polster bildenden Arten.

Alle solche Ablagerungen werden unter dem Namen „Rohhumus"
zusammengefaßt. Es sind nach Entstehung und Eigenschaften sehr
ähnliche Bildungen. Für die forstliche Praxis ist es jedoch vortheilhaft noch zu unterscheiden:

1. Rohhumus, faserige Massen von noch mehr oder weniger
   lockerer Struktur, die, der Sonne und dem Winde ausgesetzt,
   sich in wenigen Jahren zersetzen. (Die meisten mächtigeren
   Humusablagerungen in Buchen- u. s. w. Beständen, ferner nicht
   zu mächtige Beerkraut-, Heidedecken u. s. w.)
2. Trockentorf, dichte, zusammengelagerte, fast torfartige Massen,
   welche bei Freistellung einer tiefer gehenden Zersetzung nicht
   mehr fähig sind. (Heidetorf, Buchen- und Fichtentorf u. s. w.)*)

---

*) Die Trennung dieser bisher zusammenfassend als Rohhumus bezeichneten
Ablagerungen in zwei Unterabtheilungen ist hier zum ersten Male versucht. Sie
ist aus praktischen Rücksichten erfolgt. Jeder Revierverwalter wird, oder sollte
wenigstens seinen Boden hinreichend kennen, um zu wissen, ob die Humusschichten
noch einer Zersetzung fähig sind oder nicht.

Die Bildung der Rohhumusmassen läßt sich zumeist schon an dem Zustande der Streudecke erkennen. Auf allen guten Waldböden ist diese dünn und immer locker gelagert. Die einzelnen Bestandtheile, Blattreste und dergleichen liegen lose neben einander. Ueberall, wo dagegen die Bildung von Rohhumus beginnt, ist die Streudecke mehr oder weniger dicht zusammengelagert; zumal in Buchenwäldern kann man sie oft in großen zusammenhängenden Schichten abziehen. Nicht selten läßt sich nachweisen, daß die Entstehung des Rohhumus mit den forstlichen Kulturmaßregeln in Verbindung steht. Oft bildet eine Abtheilungsgrenze die Scheide zwischen gesunden Humusbildungen und denen des Rohhumus.*)

Auch an einzelnen Stellen eines sonst davon freien Bestandes tritt häufig Bildung von Rohhumus durch lokale Bedingungen auf; ungünstige Jahre und Lichtstellung können diese sehr begünstigen. Derartige Orte sind es, in denen mit Vorliebe die erste Ansiedelung der Heide und Beerkräuter erfolgt, die dann durch ihr dichtes Wurzelgeflecht und eigenen Abfälle die Rohhumusbildungen stark begünstigen.

Der Rohhumus der Heide ist zumeist dunkel gefärbt, von wenig faseriger, dichter Struktur. Der Heidetorf ist schwarzbraun bis schwarz, sehr homogen und im feuchten Zustande fast speckig, nach dem Trocknen fest zusammengebacken.

Der Rohhumus der Buche ist dunkel, braun gefärbt, stärker faserig. Die Blattreste sind zumeist fast völlig zu feinkörnigen Massen zersetzt, Zweigreste, wie namentlich die Cupula der Früchte sind erkennbar erhalten. Der Buchentorf hat ähnliche Eigenschaften, er ist weniger faserig als Heidetorf, nach dem Trocknen oft locker, fast erdartig. Aehnlich verhalten sich die Abfälle der Eiche, doch herrschen hellere Farben und lockerere Struktur vor.

Der Rohhumus der Heidelbeere steht in seinen Eigenschaften dem der Buche nahe. Die Preißelbeere giebt hell gefärbte, grau bis gelbbraune, dicht zusammengelagerte, stark faserige Massen.

Die Farrnkräuter liefern braun gefärbte, erdartige bis ausgesprochen torfartige Bildungen.

Der Rohhumus der Fichte ist dunkel gefärbt, meist lockerer als die vorgenannten. Reste der Nadeln sind fast stets erkennbar.

Die Bildungen der Kiefernwälder, bei denen Moosarten starken Antheil haben, sind zumeist hell gefärbt, seltener braun bis dunkelbraun, oft stark faserig.

Natürlich können lokale Bedingungen mannigfache Abänderungen hervorrufen; es kann hier nur darauf ankommen, die hauptsächlichsten Formen hervorzuheben.

---

*) Vergleiche hierüber namentlich Müller, Die natürlichen Humusformen.

§ 62. 7. Die Veränderungen des Bodens unter Rohhumus. Ortſteinbildung.

Literatur:

Emeis, Waldbauliche Forſchungen. Berlin bei Springer.

Müller, Die natürlichen Humusformen.

Ramann, Jahrbuch der preußiſchen geologiſchen Landesanſtalt u. ſ. w. 1885.

Zeitſchrift für Forſt- und Jagdweſen, Bd. 18, S. 14.

Die Veränderungen des Bodens bei Rohhumusbedeckung laſſen ſich auf die Wirkung der Humusſäuren, ſowie auf den Abſchluß der Luft durch die dichten Humusſchichten zurückführen.

Die entſtehenden Säuren wirken auf die unverwitterten Silikate des Bodens energiſch zerſetzend ein, bringen Alkalien und alkaliſche Erden in Löſung und geben, da zugleich die Abſorption des Bodens in ſauren Löſungen eine geringe iſt, Urſache zur Auswaſchung des Bodens und Wegführung der löslichen Stoffe in größere Tiefen.

Die Rohhumusbedeckung bewirkt alſo eine raſcher fort-ſchreitende Verwitterung des Bodens und zugleich veran-laßt ſie beſchleunigte Auswaſchung der löslich gewordenen Mineralſtoffe.

Die Einwirkung einer Rohhumusbedeckung tritt am charakteriſtiſchten bei Sandböden hervor. Unterſucht man dieſe, ſo findet man die oberſte Bodenſchicht ſtark ausgebleicht, die Sandkörner ſind milchweiß, die ein-gemiſchten Silikatgeſteine ſtark verwittert und zumeiſt in weißen Kaolin umgewandelt. Humoſe Beimiſchungen ſind an der Oberfläche reichlich vorhanden, nehmen aber nach der Tiefe immer mehr ab, ſo daß der Boden eine helle graue (bisweilen mit einem Stich ins röthliche) Farbe hat. Sande, bei denen dieſe Eigenſchaften oft bis in erhebliche Tiefen auftreten, bezeichnet man nach der bleigrauen Färbung als Grau- oder Bleiſand.

Unterhalb dieſer hell gefärbten Schicht lagert, ſcharf davon ge-trennt, ein gelb bis braun gefärbter Boden, der allmählich nach der Tiefe zu heller wird. Die Sandkörner dieſer Bodenlage zeigen Beimengungen von Eiſenoxyd, beziehentlich von Eiſenoxydhydrat, welches hauptſächlich die Färbung veranlaßt.

Die beigemiſchten Silikate (Feldſpath und dergleichen) ſind zum Theil verwittert, zum Theil auch noch wenig angegriffen und erſcheinen, je tiefer man in den Boden vordringt, um ſo friſcher und unveränderter.

Um ein Bild der Umbildungen ſolcher Böden zu geben, mögen hier zunächſt Analyſen eines normalen Diluvialſandbodens der Ober-förſterei Eberswalde folgen.*)

---

*) Ramann, Die Verwitterung diluvialer Sande. Jahrbuch der preuß. geologiſchen Landesanſtalt 1884.

Das Bodenprofil zeigte bis zu einer Tiefe von 2 m:
I. 16 cm schwach humosen Sand;
II. 30 „ bräunlichgelben nach unten heller gefärbten Sand;
III. weißen Sand.

Die chemische Zusammensetzung der verschiedenen Schichten war folgende:

		Löslich in Salzsäure des Bodens	Unlöslicher Rückstand des Salzsäure-auszugs	Gesammt-gehalt des Bodens
I.	Kali	0,020	0,96	0,98
	Kalk .	0,019	0,36	0,38
	Magnesia .	0,025	0,06	0,08
	Eisenoxyd .	0,197	0,69	0,89
	Thonerde . .	0,174	2,84	3,01
	Phosphorsäure .	0,040	0,05	0,09
II.	Kali . . .	0,035	1,19	1,23
	Kalk . .	0,041	0,43	0,47
	Magnesia .	0,052	0,07	0,12
	Eisenoxyd .	0,215	0,76	0,98
	Thonerde . . .	0,272	2,40	2,67
	Phosphorsäure .	0,068	0,04	0,11
III.	Kali . . .	0,048	1,04	1,09
	Kalk . .	0,041	0,32	0,36
	Magnesia .	0,055	0,06	0,12
	Eisenoxyd .	0,241	0,68	0,92
	Thonerde . .	0,132	2,48	2,61
	Phosphorsäure .	0,030	0,07	0,10

Die oberste humose Bodenschicht zeigt sich als der am stärksten verwitterte und durch Auswaschung an Mineralstoffen verarmte Theil des Bodens.

Die dunkel gefärbte Lage (II.) ist die eigentliche Verwitterungszone des Bodens, am reichsten an löslichen, von mittlerem Gehalte an unlöslichen Stoffen, während der weiße Sand den noch wenig angegriffenen Rohboden darstellt.

Bedeckt sich ein solcher Boden mit Rohhumus, so wird die Umbildung der verschiedenen Schichten beschleunigt, die Unterschiede treten schärfer hervor; zumal die Auswaschung der obersten Bodenlage geht viel rascher voran. Ist diese bis zu einem gewissen Grade vollendet, so hört auch die Einwirkung der Bodensalze auf die löslichen Humussäuren auf, diese bleiben in Lösung und können so in tiefere Bodenschichten gelangen. Sobald sie jedoch in Berührung mit löslichen Salzen kommen, werden sie zur Ausfällung gebracht und überziehen zunächst die einzelnen Bodenkörner mit einer dünnen Schicht strukturloser organischer Stoffe. Naturgemäß wird diese Ausfällung am stärksten in der „Verwitterungszone" des Bodens vor sich gehen. Werden immer mehr gelöste organische Stoffe dieser zugeführt, so können die ausgeschiedenen Mengen so bedeutend werden, daß sie die einzelnen Bodentheile verkitten und eine feste Schicht unterhalb des Bleisandes bilden, es ist dies der Ortstein.

Man kann in Sandböden aller Art diese Vorgänge häufig in allen Uebergängen verfolgen und feststellen, daß die Ortsteinbildung an Gegenwart von Rohhumusschichten gebunden ist.*) Der Entstehungsvorgang verläuft in drei Abschnitten:

1. Auswaschen der obersten Bodenschicht;
2. erste Abscheidung humoser Stoffe auf der Verwitterungszone des Bodens. Die einzelnen Körner sind noch von einander getrennt, aber mit dünnen Schichten organischer Stoffe überzogen;
3. Verkittung der Bodenschicht zu festen Ortsteinlagen.

Die chemische Veränderung des Bodens läßt sich schrittweise verfolgen. Ein besonders gutes Beispiel hierfür geben Untersuchungen des Verfassers von Diluvialsanden.**)

Die Bodenarten enthielten an in Salzsäure löslichen Stoffen:

	Gesunder Waldboden (Mullboden)	Boden mit 2 cm Roh= humus bedeckt	Boden mit 7 cm Roh= humus bedeckt
Kali . .	0,0107	0,0107	0,0092
Kalk . .	0,0875	0,0508	0,0360
Magnesia	0,0440	0,0333	0,0130
Eisenoxyd .	0,4875	0,4287	0,3375
Thonerde . .	0,5625	0,4287	0,3487
Phosphorsäure	0,0489	0,0320	0,0296
Gesammtgehalt an lösl. Stoffen	1,2974	1,0163	0,7959
Porenvolumen des Bodens	55,4	53,1	46,2

*) Müller giebt an, daß in den Heiden zwischen der Garonne und Adour (unter den Namen les landes bekannt) Ortstein ohne überlagernden Rohhumus vorkomme. Man darf aber wohl annehmen, daß die Entstehung in eine Zeit fällt, wo jene Strecken noch mit Wald bestanden gewesen sind, und daher ist die jetzige Abwesenheit des Rohhumus kein Beweis, daß er nicht früher vorhanden gewesen ist.

**) Waldstreu u. s. w., S. 48. Berlin 1890.

Die Analysen beziehen sich auf diluviale Sande, deren ungemein gleichartige Zusammensetzung die Ausführung solcher Untersuchungen ermöglicht. Die völlige

Noch viel schärfer ausgeprägt treten ähnliche Verhältnisse bei Ortsteinböden hervor. Unter den vielfachen unter einander völlig übereinstimmenden Untersuchungen möge hier eine Analysenreihe des Verfassers als Beispiel dienen:

Ortsteinboden der Oberförsterei Hohenbrück.

1. Bleisand, 15—20 cm mit 1,05 $^0/_0$ organischen Stoffen;
2. Ortstein, 5—8 cm mit 7,28 $^0/_0$ organischen Stoffen;
3. Gelbbrauner unter dem Ortstein liegender Sand.

		Löslich in Salzsäure $^0/_0$ des Bodens	Der in Salz-säure unlös-liche Rückstand $^0/_0$	Berechnete Zu-sammensetzung des Bodens $^0/_0$
Bleisand	Kali .	0,0076	0,618	0,626
	Kalk . .	0,0110	0,060	0,071
	Magnesia .	0,0026	0,020	0,023
	Eisenoxyd .	0,0964	0,450	0,546
	Thonerde . .	0,0268	1,650	1,677
	Phosphorsäure . . .	0,0059	0,043	0,049
	Gesammtmenge . . .	**0,1646**	**2,068**	**2,233**
Ortstein	Kali	0,0178	0,754	0,772
	Kalk	0,0194	0,170	0,189
	Magnesia	0,0137	0,028	0,042
	Eisenoxyd	0,1936	0,690	0,784
	Thonerde	1,5256	2,320	3,845
	Phosphorsäure . . .	0,2966	0,042	0,338
	Gesammtmenge . . .	**2,0744**	**4,411**	**6,482**
Gelbbrauner Sand	Kali	0,0085	1,103	1,111
	Kalk	0,0254	0,225	0,250
	Magnesia	0,0401	0,064	0,104
	Eisenoxyd	0,3448	0,760	1,105
	Thonerde	0,4000	3,210	3,610
	Phosphorsäure . . .	0,0281	0,043	0,071
	Gesammtmenge . .	**0,895**	**5,938**	**6,833**

Gleichheit des Bodens in tieferen Schichten ist überdies noch später durch besondere
Analysen nachgewiesen (Forstliche Blätter 1890, S. 141). Für jeden, der mit den
Verhältnissen diluvialer Sandböden vertraut ist, kann es keinem Zweifel unterliegen,
daß die beobachteten Veränderungen sekundäre sind und nach Lage der Sache nur
durch die Rohhumusauflagerungen herbeigeführt sein können.

§ 63. 8. Der Ortstein

(Ur, Ahl, Orterde, Branderde, Fuchserde, Fuchsdiele, Kraulis (Ostpreußen), Knick (Westfriesland).

Der Ortstein ist ein durch humose Stoffe verkitteter Sandstein, also ein Humussandstein; von hellbrauner bis schwarzbrauner Farbe. Je nach Bodenart und Mächtigkeit ist derselbe zerreiblich, wenig fest bis steinhart. Er findet sich zumal an den Hängen selbst schwacher Bodenerhebungen besonders stark ausgebildet; die Gipfel beziehentlich Höhen sind meist, nicht immer, frei von Ortstein; in den Tieflagen ist er meist weicher, zerreiblicher.

Die Tiefe, in der sich Ortstein findet, ist eine äußerst wechselnde, ebenso die Mächtigkeit desselben.

An die Luft gebracht und namentlich dem Frost ausgesetzt zerfällt der Ortstein zunächst zu einem braunen, durch Verwitterung der organischen Bestandtheile allmählich heller werdenden Sand.

Durchbrechungen des Ortsteines geben zunächst Gelegenheit zum rascheren Abfluß des Wassers, dieses bewirkt eine starke Auswaschung des Bodens und dadurch Bildung von Bleisand, der von neuen Ortsteinablagerungen umkleidet wird, die oft metertief in den Boden hinabreichen. Fehlen solche Abzugskanäle für das Wasser, so durchsickert dieses an einzelnen Stellen den Ortstein reichlicher, als an anderen, und bildet tiefe Ausstülpungen von Ortstein. Beide Formen bezeichnet man als Töpfe, sie bieten der Kultur von Ortsteinböden oft große Schwierigkeiten.

Obgleich einheitlicher Entstehung, kann man für die Zwecke der Bodenkultur doch drei verschiedene Formen des Ortsteines unterscheiden; da diese Ausbildungsweisen desselben darstellen, welche der Bearbeitung sehr verschiedene Schwierigkeiten entgegenstellen.

1. Branderde, weich, zerreiblich, sehr reich an organischen Stoffen; zumeist wenig tief gelagert. Es ist dies die Form reicherer, noch wenig ungünstig veränderter Böden.

2. Ortstein, feste, steinartig harte Massen, die in mäßiger Dicke auf noch zerreiblichen oder losen Bodenschichten auflagern. Der Gehalt an organischen Stoffen ist ein mittlerer, die Farbe braun bis schwarz. Diese Form ist in der Lüneburger Heide und überhaupt in Norddeutschland am verbreitetsten.

3. Hellbraun bis braun gefärbter Ortstein, sehr fest und zähe, von geringem Gehalte an organischen Stoffen. Diese Form des Ortsteines, welche der Bodenbearbeitung die größte Schwierigkeit entgegensetzt, findet sich überwiegend in Schleswig-Holstein und Dänemark, selten

in Norddeutschland. Der Ortstein ist bei dieser Ausbildung meist von großer Mächtigkeit und von einer oft weniger festen Schicht dunkler gefärbten Ortsteines überlagert.*)

Das Vorkommen des Ortsteines ist sehr viel verbreiteter als früher angenommen wurde. In weiter Ausdehnung durchzieht er den Boden der Heiden Norddeutschlands und ist in den Diluvialböden im ganzen nordischen Diluvium sparsamer oder häufiger zu finden. In Verwitterungsböden ist er namentlich auf den armen Quadersandsteinböden häufig. Auf Buntsandstein fand ich in diesem Jahre beginnende Ortsteinbildungen in Thüringen, desgleichen auf Moränengruß (Gneiß und Granit) in der Tatra, wo er fast überall vorkommt. Müller giebt ihn auf verwittertem Granit im Riesengebirge an. Die Tertiärsande Schlesiens und der Lausitz sind reich an Ortstein.**) Voraussichtlich wird man Ortsteinbildungen noch an vielen Stellen kennen lernen; er kann überall vorkommen, wo die Bedingungen seiner Entstehung, völlig ausgelaugte Bodenschichten mit Rohhumusbedeckung, vorhanden sind.

Am häufigsten ist dies der Fall auf entwaldeten armen Böden, nicht selten findet sich der Ortstein jedoch auch auf alten Waldböden: bekannte Beispiele hierfür sind die Eilenriede bei Hannover, der Glashütter Forst bei Segeberg in Holstein, der Rostocker Stadtwald; auch die oben mitgetheilten Analysen beziehen sich auf einen alten Waldboden der Oberförsterei Hohenbrück (Pommern).***)

---

*) Emeis wie Müller, welche wesentlich die Verhältnisse der cymbrischen Halbinsel berücksichtigen, erklären beide übereinstimmend, daß der Ortstein, wo er voll ausgebildet sei, immer in der letzteren Form vorkomme. Für jene Gebiete ist dies richtig, glücklicherweise aber nicht für weitaus die meisten Ortsteinböden der südlicheren Gebiete.

Oberhalb des Ortsteines findet sich nicht selten eine lockere, humusreiche Lage. Müller führt die Bildung auf herabgeschlämmte Humuspartikel zurück. Wo ich Gelegenheit hatte, diese Bildung kennen zu lernen, scheint sie mir vielmehr auf abgestorbene Heidewurzeln, welche oft den Ortstein in dichtem Geflecht überziehen, zurück zu führen zu sein.

**) Nach Forstassessor Dr. May auch auf devonischem Quarzitsand der Oberförsterei Kempfeld (Trier).

***) Die hier mitgetheilte Theorie der Ortsteinbildung ist in ihren Hauptzügen zuerst von Emeis angedeutet worden, die Bedeutung der Rohhumusbedeckung erkannt zu haben, ist das unbestrittene Verdienst Müller's. Der Verfasser kannte bei seinen eigenen Arbeiten über diesen Gegenstand nur die erste Abhandlung des letztgenannten Forschers „Om Bögemuld og Bögemor", in der die Ortsteinbildung nicht behandelt wurde, die deutschen Referate über die späteren Veröffentlichungen sagten ebenfalls über diesen Hauptgegenstand nichts. Verfasser ist daher vollständig selbständig und ohne Kenntniß von den betreffenden Müller'schen Arbeiten zu haben, zu fast gleichartigen Schlüssen wie jener gekommen. (Vergleiche Müller, Natürliche Humusformen, S. 314.)

9. Physikalische Aenderungen des Bodens bei Rohhumus= bedeckung.

Physikalische Aenderunden des Bodens bei Rohhumusbedeckung treten mit den chemischen Wirkungen gleichzeitig ein. Durch die Weg= führung der löslichen Salze wird eine der wichtigsten Bedingungen der Krümelbildung beseitigt; die Krümel selbst werden zerstört und die Bodenkörner dichter zusammengelagert. Bei vergleichenden Unter= suchungen ergiebt sich immer eine Verringerung des Porenvolumens, also der von Luft erfüllten Räume des Bodens (vergleiche die Analysen Seite 236). Alle Heideböden zeigen fast das Minimum der Durch= lüftung. Nicht selten ist die oberste Mineralbodenschicht so dicht ge= lagert, daß sie sich, auch wenn sie aus Sand besteht, in Stücken herausbrechen läßt.

Eine fernere ungünstige Wirkung liegt in der Vernichtung oder doch in der sehr bedeutenden Verminderung des Thierlebens. Die Regenwürmer verschwinden bei Rohhumusbedeckung sehr rasch aus dem Boden, wahrscheinlich getödtet durch die vorhandenen Säuren. Diese bewirken zugleich ein immer stärkeres Zurücktreten der Bakterien und damit ein Aufhören oder doch eine Abnahme der Verwesung. Aus allen diesen Gründen ist es verständlich, daß die einmal begonnene Bildung von sauren Humusstoffen rasch fortschreitet, da die wesent= lichsten Ursachen der Zerstörung der Abfallreste beseitigt sind.

Während eine Beimischung von gesundem Humus und Bedeckung des Bodens mit einer losen Streudecke für den Waldboden von her= vorragender Bedeutung ist, sind Rohhumusschichten für Boden wie Bestand in ihren Wirkungen überwiegend ungünstig.*) Sammelt sich der Humus zu mächtigeren Schichten an, so werden diese in ausgesprochener Weise zu einem Gliede der Bodenformation und bilden einen Humusboden mit allen wesentlichen Eigenschaften eines solchen. In vielen Fällen bilden diese Ablagerungen dann die Grund= lage, auf der sich ein Hochmoor entwickelt. Die Hochmoore der Hoch= gebirge sind fast ausschließlich, die der Ebene zum großen Theile auf diesem Wege entstanden.

---

*) Durch nicht genügende Berücksichtigung dieser grundlegenden Unterschiede kommt Ebermayer in seinen Darstellungen über die Bedeutung des Humus für die Waldböden (Allgemeine Forst= und Jagdzeitung 1890, S. 161) zu wohl nicht ganz haltbaren Schlußfolgerungen. (Man vergleiche § 89 über Humushaltigkeit der Böden.)

§ 64. II. Die unter Wasser gebildeten humosen Stoffe und Ablagerungen.

Die sehr ausgedehnte Literatur über diesen Gegenstand ist fast vollständig zusammengestellt in:

Sitensky. Torfmoore Böhmens. Prag 1891.

Die wichtigsten und grundlegendsten Arbeiten sind:

Giesebach, Bildung des Torfes in den Emsmooren. Göttingen 1846.
Sendtner, Vegetationsverhältnisse Südbayerns, S. 612—720. München 1854.
Früh, Torf und Dopplerit. Zürich 1883.
Hampus von Post, Landwirthschaftliche Jahrbücher, Bd. 17. (Aus dem Schwedischen übersetzt von E. Ramann.)

Die unter Wasser gebildeten organischen Ablagerungen sind in drei Gruppen zu bringen; wenn auch mannigfaltige Uebergänge zwischen denselben bestehen, so sind die einzelnen Bildungen doch meist gut zu unterscheiden:

Schlamm, besteht aus zersetzten und namentlich durch Thiere stark veränderten organischen Stoffen, denen oft reichliche Mengen fein zertheilter anorganischer Bestandtheile beigemischt sind.

Moor: die organische Substanz ist in eine braun bis schwarz ge=färbte, gleichartige Masse umgewandelt. Deutlich erhaltene Pflan=zenreste fehlen.

Torf; hell bis dunkelbraun oder schwarz gefärbte organische Reste mit deutlich erhaltener Pflanzenstruktur.

1. Der Schlamm.

Der Schlamm wird in sauerstoffreichen, stehenden oder fließenden Gewässern gebildet.

Der Schlamm,*) der sich in klaren Gewässern ablagert, besteht überwiegend aus den Resten schwimmender Pflanzen (Algen, Pota=mogeton, Lemna, Stratiotes aloïdes u. s. w.) und der im Wasser lebenden Thiere (besonders Crustaceen). Der Gehalt an organischen Stoffen ist ein mäßiger (selten über $20\,^0/_0$): dunkel gefärbte humose Stoffe fehlen oder sind in geringer Menge beigemischt. Die Färbung des Schlammes im trockenen Zustande ist dem entsprechend hell, meist grünlichgrau bis braungrau.

Schlamm entsteht überwiegend durch die Thätigkeit der im Wasser lebenden und sich von den Wasserpflanzen ernährenden Thiere, deren Koth die Hauptmasse des Schlammes bildet, der durch Bakterien weiter zersetzt und in eine sehr feinerdige, grau gefärbte Masse umgewandelt

---

*) Flußschlamm, überwiegend die Ablagerung fein vertheilter, im Wasser schwebender Mineraltheile, ist in § 103 behandelt.

wird.*) Unverdaute Reste der Pflanzen, namentlich auch Diatomeen-
panzer, sowie die Chitinhüllen der absterbenden Thiere mischen sich in
wechselnden Mengen bei.

Da die Schlammbildung zumeist an ruhigeren Stellen fließender
Gewässer vor sich geht, so ist die Einlagerung zahlreicher anorganischer
Bestandtheile in den Zeiten reichlicherer Wasserzufuhr verständlich. Der
Schlamm zeigt dadurch meist eine mehr oder weniger geschichtete
Struktur.

Die unterste Schicht vieler Moore, zumal der Grünlandsmoore,
wird oft von Schlammablagerungen gebildet, welche überwiegend die
tiefsten Stellen der ursprünglichen Gewässer ausfüllen; aber nur selten
größere Mächtigkeit erreichen.

Ist die Menge der dem Schlamm beigemischten Diatomeenreste
eine sehr große, so kann sogenannte Diatomeenerde (auch wohl
Diatomeentorf genannt) gebildet werden. Nach der Zersetzung der organischen Substanz besteht der Rückstand ganz überwiegend aus Dia-
tomeenpanzern, die sich fossil in ganzen Schichten (Kieselguhr) finden.

Die Bildung von Schlamm ist an die Gegenwart von sauer-
stoffreichem Wasser gebunden; dies, sowie die Thätigkeit der Bakterien läßt sie als einen Verwesungsvorgang erscheinen, der unter
Wasser verläuft.

2. Moor und Moorboden.

Unter Moorboden versteht man organische, humose Ablagerungen,
die organisirte Pflanzenstruktur nicht mehr erkennen lassen.

Die Bildung des Moores ist noch nicht völlig klargestellt. In
vielen Fällen besteht dasselbe aus sehr feinkörnigen (oft nur $\frac{1}{100}$ mm)
braunen Körnern, die nur aus der fortschreitenden Zersetzung von
Pflanzenstoffen entstanden sein können. In anderen Fällen dagegen
bilden sich die Moorablagerungen in stehenden oder langsam fließenden,
durch gelöste Humusstoffe dunkel gefärbten Gewässern. Lösung von
Humusstoffen deutet immer auf Reduktionsprocesse und tritt nur dann
ein, wenn Gewässer wenig Sauerstoff enthalten oder sehr arm an löslichen Salzen sind.

Die Moorschichten solcher Gewässer bestehen nach von Post aus
humificirten Pflanzentheilen, untermischt mit dem Kothe und den Resten
von Thieren; letztere aber nicht annähernd in der Menge wie in den
Schlammablagerungen.

Die Moorerde wird überwiegend aus den Resten schwimmender
Pflanzen gebildet, und kommt namentlich in mäßiger Entfernung vom
Ufer zur Ablagerung, wo sie oft mächtige Schichten bildet.

---

*) Die Entstehung des Schlammes nach von Post, a. a. O.

Den Moorböden ist häufig kohlensaurer Kalk in wechselnder Menge beigemischt. Ist derselbe gleichmäßig fein im Boden vertheilt, so daß er makroskopisch nicht wahrnehmbar ist, so bezeichnet man solche Böden als **Moormergel.** Lagert sich dagegen der kohlensaure Kalk in zusammenhängenden Schichten oder doch in Nestern ab, so bezeichnet man diese Bildungen als **Wiesenkalk.**

3. Der Torf.

Der Torf besteht überwiegend aus humificirten Pflanzenresten mit noch deutlich erkennbarer organisirter Struktur. Der Torf entsteht unter Wasser aus den Rückständen sehr verschiedener Pflanzenarten. Bakterien wie Thiere nehmen nicht oder nur im geringen Maße an der Torfbildung Theil. Uebereinstimmend wird das Fehlen der Bakterien im Torfe von verschiedenen Forschern angegeben. Die Torfbildung besteht im Wesentlichen in einem Fäulnißproceß der Pflanzenabfälle unter Wasser ohne erheblichen Antheil des Thierreiches oder chlorophyllfreier Pflanzen. Die einzelnen Stadien der Vertorfung sind schwer zu verfolgen und noch wenig bekannt; die Verschiedenheit der Schichten in den Torfablagerungen sind zumeist auf Wechsel in den Vegetationsverhältnissen zurückzuführen. Man theilt die Torfarten am besten nach den Pflanzen ein, welche sie gebildet haben. In neuerer Zeit sind hierfür Bezeichnungen üblich geworden, welche sich an die lateinischen Namen der hauptsächlich torfbildenden Pflanzen anschließen und ohne weiteres verständlich sind, so

Arundinetum, (Torf aus Phragmites communis Trin. (= Arundo Phragmites *L.*) gebildet,

Caricetum, Torf aus Carex und Scirpusarten,

Ericetum aus Erica tetralix,

Callunetum aus Calluna vulgaris,

Hypnetum aus Hypnumarten,

Sphagnetum aus Sphagnumarten,

Eriophoretum aus Eriophorumarten.

Gemischte Bildungen werden entsprechend bezeichnet, so für einen aus Cyperaceen und Phragmites gebildeten Torf = Cariceto-Arundinetum; aus Wollgras (Eriophorum vaginatum) und Sphagnum gebildeten Eriophoreto-Sphagnetum u. s. w.

Untersucht man Torf mikroskopisch, so findet man denselben überwiegend aus erkennbaren Pflanzenresten bestehend, wenn auch feinkörnige Bestandtheile, wie sie den Moorboden auszeichnen, nie fehlen. Thierreste (Chitinpanzer von Crustaceen und Insekten) sind nicht gerade selten, aber doch nur in geringer Menge der Pflanzensubstanz beigemengt.

16 *

Die Farbe des Torfes ist hell- bis dunkelschwarzbraun. Kalkbeimengungen sind selten, kommen aber im Grünlandstorf vor. Der Hochmoortorf zeigt immer, der Grünlandstorf meist saure, oft sogar stark saure Reaktion.

Von Mineralbildungen, welche im Moorboden wie im Torfboden vielfach vorkommen, sind namentlich zu nennen: Raseneisenerz, Eisenocker, ferner Schwefeleisen (Schwefelkies und Markasit, beide finden sich nach Sitensky) und Eisenoxydulverbindungen, unter diesen sind zu nennen: Eisenvitriol, Vivianit (phosphorsaures Eisenoxydul) und amorphes kohlensaures Eisenoxydul. Das Auftreten der genannten Eisenverbindungen (mit Ausnahme des Raseneisensteins) beweist die völlige Abwesenheit von freiem Sauerstoff in den tieferen Lagen der betreffenden Bodenarten.

Man unterscheidet Grünlandstorf und Hochmoortorf. Da der letztere eine verschiedene Entstehung haben kann, so ist er hier von dem ersteren ganz getrennt behandelt.

§ 65. 4. Die Grünlandsmoore.

Die Grünlandsmoore (Wiesen-, Niederungs-, Leg-, Rasen- und Thalmoore, Moos pl. Möser in Süddeutschland) bilden sich vom Rande stehender oder fließender Gewässer aus.

In der Regel erreicht die Moorerdebildung in mäßiger Entfernung vom Ufer eine solche Mächtigkeit, daß Pflanzen, die mit ihren Wurzeln im Wasser, mit ihren Vegetationsorganen über demselben wachsen (Phragmites, Scirpus-Arten u. s. w.), die Bedingungen ihres Gedeihens finden, ihre Wurzeln in den Moorerdeschichten verbreiten können und so den ersten Schritt zur Torfbildung thun. Haben diese Pflanzen sich ausgebreitet, so schreitet die Ablagerung organischer Abfallreste rasch voran, die Schichten kommen der Wasseroberfläche immer näher und ermöglichen es nun Carex-Arten, festen Fuß zu fassen. Diese vegetieren schon überwiegend über Wasser und füllen allmählich das ursprüngliche Becken aus. Es ist dies der normale Vorgang der Grünlandsmoorbildung; bei sehr flachen Ufern kann die Cyperaceenvegetation auch sofort vom Rande Besitz ergreifen und allmählich nach der Mitte des Gewässers fortschreiten. In einem wie dem anderen Falle wird der Wasserspiegel vom Rande her allmählich eingeengt, bis die ganze ursprüngliche Wasserfläche von organischen Resten erfüllt ist und sich ein Grünlandsmoor gebildet hat. Naturgemäß bleibt der innerste Theil zunächst am feuchtesten und das Grünlandsmoor unterscheidet sich hierdurch schon äußerlich von den Hochmooren; es ist am Rande am trockensten, in der Mitte am feuchtesten.

An der Grünlandstorfbildung nehmen alle die mannigfachen vorkommenden Sumpfpflanzen Theil, es sind jedoch nur wenige, welche durch massenhaftes Auftreten sowie durch die Menge und Beschaffenheit ihrer Abfallreste wesentlich die Bildung des Torfes veranlassen. Am wichtigsten sind hierfür verschiedene Carexarten (Carex stricta, panniculata, ampullacea, vesicaria und andere; namentlich Carex stricta bildet oft mehrere Fuß über das Wasser hervorragende Bülten), Phragmites communis und zahlreiche Moosarten (Hypneen). Alle diese Pflanzen bevorzugen ein härteres, kalthaltiges Wasser, verlangen aber unter allen Umständen einen reich= lichen Gehalt an Nährstoffen.*)

§ 66. 5. Die Hochmoore. (Moosmoore, Filz, Heidemoor.)

Den unter Wasser gebildeten Ablagerungen organischer Stoffe schließt sich eng die Hochmoorbildung an; obgleich diese überwiegend von Pflanzenarten ausgeht, welche zwar über Wasser wachsen, aber durch die hohe Wasserkapacität ihrer Abfallreste oder durch Besonder= heiten ihres Baues befähigt sind, Wasser kapillar zu heben oder es doch vor dem Abfließen zu bewahren.

Die Hochmoore sind weit verbreitet und verdienen namentlich durch ihre oft sehr bedeutende Flächenausdehnung besondere Aufmerksamkeit.

Die Hochmoore werden von nur wenigen Pflanzenarten gebildet, es sind dies: die Heide (Calluna vulgaris), die Kopfheide (Erica tetralix), Scirpus caespitosus, Torfmoose (die zahlreichen Arten der formenreichen Sphagneen, insbesondere Sphagnum cymbifolium) und Wollgras (Eriophorum vaginatum). Geringeren Antheil können noch einzelne andere Moose nehmen, namentlich Polytrichumarten (Polytrichum strictum). Die anderen auf den Hochmooren vorkommenden Pflanzen sind für diese Bildungen meist sehr bezeichnend, aber der Menge nach von geringer Bedeutung.

Die Entstehung der Hochmoore kann eine doppelte sein, sie bilden sich

a) aus Grünlandsmooren,
b) auf humosen Ablagerungen ursprünglich nicht unter Wasser befindlicher Böden, insbesondere auch der Wälder.

---

*) Es ist wiederholt angegeben, zunächst von Senft, später besonders von Braun (Die Humussäure; Darmstadt 1884), daß bei der Moorbildung der Frost eine bedeutende Rolle spielt. Bisher haben sich Stützen für diese Auffassung nicht beibringen lassen. Die geographische Vertheilung der Humusböden erklärt sich über= zeugend aus den Temperaturverhältnissen und der im Winter stockenden Zersetzung der Pflanzenreste; die Temperatur der tieferen Moorschichten entspricht dem Durch= schnitt der betreffenden Gebiete; das Unlöslichwerden der Humussäuren beim Ge= frieren ist für die Böden eher ein Vortheil, als ein Nachtheil.

a) Die Entstehung der Hochmoore aus Grünlandsmooren.

Ist ein Wasserbecken bis zur Höhe des Wasserspiegels mit Pflanzenresten ausgefüllt und dadurch die Bildung eines Grünlandsmoores zum
Abschluß gekommen, so finden allmählich die Pflanzenarten, welche es
gebildet haben, nicht mehr die Bedingungen ihres Gedeihens. Erst
sparsam, dann immer zahlreicher erscheinen Gräser, Leguminosen und
andere echte Wiesenbewohner. Aus dem Grünlandsmoor ist eine Wiese
entstanden. Die Pflanzenwelt derselben lebt von den mineralischen
Bestandtheilen des Moorbodens, und je nach den Umständen wird sich
die Wiesenvegetation lange erhalten können oder, zumal bei Grasnutzung
ohne entsprechende Düngung, zurückgehen. Allmählich bedeckt sich die
Fläche immer mehr mit Moosarten, zwischen denen noch Carexarten
wachsen können, an einzelnen Stellen siedeln sich bereits Polster von
Sphagnum an.*) Der erste Schritt zur Bildung eines Hochmoores ist
gethan. Die Sphagneen verbreiten sich immer mehr und überziehen
allmählich die ganze Fläche. Mit ihnen halten die typischen Pflanzen
des Hochmoores, Heide, Andromeda polyfolia, Ledum palustre, Vaccinium oxycoccos ihren Einzug, und nur ein schmaler Streifen am
Rande des Moores trägt noch die ursprüngliche Vegetation der Grünlandsmoore, oder ein Wasserlauf mit den für diese bezeichnenden Pflanzen
durchzieht das Hochmoor.

Die meisten der kleineren Hochmoore sind auf diesem Wege entstanden. Die um Eberswalde gelegenen Reviere (zumal Chorin, Freienwalde, Pechteich) zeigen zahlreiche Beispiele in allen Uebergangsstadien
zur Hochmoorbildung. Ist die Vermoorung erst einmal begonnen, so
schreitet sie rasch voran und kann in wenigen Jahrzehnten bereits ein
ausgesprochenes Hochmoor erzeugen.**)

Die Bedingung für das Auftreten der Hochmoorpflanzen
ist weiches, namentlich kalkarmes Wasser.

Es ist bei der geringen Durchlässigkeit der Moorschichten für
Wasser wenig wahrscheinlich, daß die unterliegenden Humusstoffe die
Salze des zugeführten Wassers absorbiren, vielmehr spricht alles dafür,
daß die obersten Bodenlagen der Hochmoore sich mit atmosphärischem
Wasser (Regen, Thau) sättigen und dadurch der Hochmoorvegetation
das Vorherrschen ermöglichen. Die Torfmoose zeichnen sich nun sämmtlich durch ein äußerst energisches Spitzenwachsthum aus, erhöhen dadurch den Boden immer mehr, und da dies am ausgesprochensten in
der Mitte des Moores stattfindet, so ist diese am trockensten und

---

*) In der Mark ist es nach meinen Beobachtungen immer Sphagnum teres
Angtr., welches zuerst erscheint, Sitensky giebt dieselbe Art für Böhmen an.

**) In den in der Oberförsterei Pechteich gelegenen Wasenteichen, die jetzt
von Hochmoorbildungen bedeckt sind, haben noch jetzt lebende alte Männer als
Knaben gefischt; die Umbildung hat sich also in 50—60 Jahren vollzogen.

die ganze Fläche von einem feuchteren Streifen umgeben.
Das Hochmoor, selbst bei erst beginnender Bildung, unterscheidet sich
hierdurch schon äußerlich von den Grünlandsmooren (Seite 244).

In der Umbildung zum Hochmoor begriffene Grünlandsmoore hat
man als Mischmoore bezeichnet.

b) Bildung der Hochmoore auf humosen Bodenschichten.
Der bisher behandelte Vorgang der Hochmoorbildung ist weit
verbreitet, die größten und ausgedehntesten Moore sind jedoch auf
anderem Wege entstanden.

Untersucht man die großen Moorflächen Hollands oder Norddeutsch=
lands, so findet man in diesen deutliche Schichten verschiedener Zu=
sammensetzung. Die mikroskopische Analyse ermöglicht es, die Pflanzen=
arten kennen zu lernen, aus denen diese Lagen gebildet sind. Die
Untersuchung giebt nun ein überraschend gleichartiges Resultat.

Es findet sich fast stets die folgende Schichtenfolge (von der
untersten Lage beginnend):

1. Baumreste, deren Wurzelstöcke in die unter dem Moor
   liegende Erdschicht reichen. Die Baumart kann verschieden
   sein, am häufigsten sind Erle, Kiefer und Birke, seltener Eiche
   und Haselnuß.

   Zwischen den Baumresten findet sich nicht mehr unter=
   scheidbarer organischer Detritus, sowie erkennbare Ueberbleibsel
   von Sphagneen.

2. Heidetorf, in den unteren Schichten von Calluna vulgaris,
   in den höheren von Erica tetralix.

3. Wollgrastorf, meist faserig, überwiegend Reste von Eriophorum vaginatum (seltener sind Schichten vorhanden, die
   von Scirpus caespitosus gebildet worden sind).

4. Sphagnumtorf.

5. Bunkerde, die aufliegende, meist erdartige Schicht, welche von
   Heide und Sphagnum gebildet wird.

Betritt man ein solches Moor, so folgen vom Rande nach der
Mitte als herrschende Pflanzen:

1. Heide (Calluna vulgaris), zumeist Bülten bildend, zwischen
   diesen lagern feinschuppige, stark humificirte Reste von schlam=
   miger Beschaffenheit (Heidetorf). Mehr nach der Mitte zu
   zeigt sich ein Streifen, auf dem

2. Kopfheide (Erica tetralix) vorherrscht, dem folgt

3. Wollgras (Eriophorum vaginatum) und mit diesem zusammen,
   wenn auch selten überwiegend, Scirpus caespitosus.

4. Sphagnumarten.

Dieselben Pflanzen, welche demnach das ganze Hochmoor zusammen= setzen, folgen sich in gleicher Weise vom Rande nach der Mitte, nur der Wald fehlt, zumeist wohl vom Menschen vernichtet.

Ganz ähnlich zeigen sich die Hochmoore, welche aus Grünlands= mooren hervorgehen, von einem Kranz der für diese bezeichnenden Pflanzen umgeben.

In weitaus den meisten Fällen kann man die Zusammen= setzung eines Hochmoores aus den Pflanzen kennen lernen, welche vom Rande nach der Mitte desselben den herrschen= den Bestand bilden.

Das Profil eines völlig ausgebildeten Hochmoores der zweiten Gruppe zeigt demnach folgendes Bild:

Abb. 22. Hochmoor mit Waldtern.

Schematisches Profil der meisten nordischen Hochmoore und fast aller Hochmoore der Hochgebirge.
a) Sphagnumtorf. b) Wollgrastorf. c) Heidetorf. d) Baumreste und unbestimmbare
humose Stoffe. e) Mineralboden.

Der Untergrund dieser Moore ist in den meisten Fällen ein fein= körniger Sand, selten Lehm oder Thon; Ortsteinbildungen sind äußerst verbreitet. Es kann keinem Zweifel unterliegen, daß diese Moore in der Regel auf einem trockenen, nicht vom Wasser über= schwemmten Boden entstanden sind.

Der Verlauf der Moorbildung ist in folgender Weise vor sich ge= gangen, wie dies zahlreiche Beispiele in den verschiedensten Stadien der Umbildung noch heute zeigen.

In einem Walde (entsprechende klimatische und Bodenverhältnisse vorausgesetzt) sammeln sich Rohhumusschichten an, welche Auswaschung des Bodens und Entstehung von Ortstein veranlassen. Dieser wirkt als undurchlässige Schicht und bewirkt Wasseransammlung während der feuchten Jahreszeit. Auf den Rohhumusschichten finden sich Sphagneen und Heide ein. Die Widerstandsfähigkeit der Holzpflanzen wird bei den ungünstigen Bodenverhältnissen immer geringer, und allmählich sterben die Bäume ab.

Unter dem Einfluß des stärkeren Lichteinfalls, beziehungsweise der höheren Erwärmung des Bodens und der dadurch bewirkten Zersetzung eines Theiles der angesammelten Humusmassen wird die Heide herrschend und verdrängt die vorhandenen Moosarten. Allmählich erhöhen sich die Ablagerungen des Heidehumus immer mehr. Er bildet nach den zahlreichen Profilen der holländischen und nordwestdeutschen Moore Schichten von 1—1,5 m Mächtigkeit.

Die hohe Wasserkapacität des so entstandenen Moorbodens läßt ihn auch in der wärmeren Jahreszeit nicht austrocknen und giebt so feuchtigkeitsliebenden Gewächsen die Möglichkeit des Gedeihens. Es ist in der Regel die Sumpfheide (Erica tetralix), welche sich zuerst ansiedelt; bald findet sie an Wollgras (Eriophorum vaginatum) und an der Sumpfbinse (Scirpus caespitosus) Gefährten, welche immer mehr herrschend werden, die Heide an die weniger nassen Ränder des Moores zurückdrängen und nun selbst bedeutende Torfschichten bilden. Die Mächtigkeit derselben ist im Durchschnitt 0,3—0,6 m. Aber auch diese Pflanzen bleiben nicht lange im unbestrittenen Besitz des Gebietes. Erst an einzelnen Stellen, dann immer verbreiteter treten Sphagneen auf, und wie ursprünglich der Wald durch die Heide, die Heide später durch das Wollgras verdrängt worden ist, wird dieses durch die Sumpfmoose immer mehr nach dem Rande des Moores zurückgedrängt. Das Sumpfmoos bleibt am längsten von allen Hochmoorpflanzen vorherrschend und bildet Schichten von 0,5—1 m Mächtigkeit.

Durch das immer größere Anschwellen der Moorschicht wird es für die Pflanzen schwieriger, die nothwendigen Wassermengen festzuhalten; die Sphagneen gedeihen hierdurch nicht mehr in dem Maße wie früher, die Heide findet sich wieder ein, unter Umständen auch wohl einzelne Holzpflanzen, Kiefer und Birke finden ein kümmerliches Gedeihen; der Kreislauf ist vollendet und die Hochmoorbildung zu einem gewissen Abschluß gekommen.

Es ist dies einer der Vorgänge und zwar der verbreitetste, welche zur Bildung der Hochmoore in den Tiefländern geführt haben. In vielen Fällen bringt die Heide direkt gegen den Wald erobernd vor, zumal wo sie durch die Wirkung starker, häufig aus einer Richtung wehender Stürme unterstützt wird.

Müller (a. a. O.) giebt ausgezeichnete Beispiele, wie dies schon früher auch durch Emeis geschehen ist, welche zeigen, daß der ursprüngliche Waldbestand in den Küstenländern, gegenüber der Heide an Gebiet verliert. Hier bleiben die Reste des Waldes nur noch selten erhalten: die Heide breitet sich auf weiten Flächen aus und vermag bei ungestörtem Wachsthum denselben Entwickelungsgang der Hochmoore vorzubereiten, wie es eben beschrieben ist.

Neben Hochmooren mit Waldkern*) finden sich daher häufig solche, die nur ein Callunetum als Unterlage haben. Selten sind die Fälle, wo auch dieses fehlt und ein Eriophoretum den Sphagnumtorf unterlagert und sehr selten solche, wo nur ein Sphagnetum zur Ausbildung gekommen ist.

---

*) Borgmann, Hoogveenen van Nederland 1890; ferner Staring, de Bodem van Nederland.

Viel durchsichtiger in ihrer Entstehung und in allen Uebergangs= formen leichter zu beobachten sind die Hochmoorbildungen der Gebirge. Ueberall läßt sich hier die Entstehung auf ursprünglichen Wald= böden nachweisen, oft sind mehrere Lagen von Baumresten über ein= ander erhalten.

Bergplateaus, sowie Senken auf Hochebenen sind für Bildung von Hochmooren besonders günstig. Unter den Bäumen sammeln sich Schichten von Rohhumus an, die oft erhebliche Stärke erreichen; auf diesen siedeln sich Torfmoose an (namentlich ist es hier zuerst Sphag= num acutifolium, welches sich einfindet), und später schreitet die Torf= moorbildung in ganz ähnlicher Weise unter Verdrängung des Waldes voran, wie dies für die Ebenen beschrieben worden ist.

Uebergangsbildungen finden sich im Hochgebirge äußerst zahlreich und haben schon längst die Beachtung aufmerksamer Forstwirthe gefunden.

Eine Eigenthümlichkeit des Nordens sind überwiegend von Flechten gebildete Moore, welche im Norden der skandinavischen Halbinsel und in Finnland weit verbreitet sind. Die Oberfläche dieser Moore ist dunkel, fast schwarz gefärbt, so daß man beim ersten Anblick glaubt, ein Waldfeuer habe hier gehaust. Zwergbirke und nordische Weiden sind auf diesen Flächen sparsam verbreitet und vermögen nicht den Eindruck völliger Oede irgendwie abzuschwächen.

Die geographische Verbreitung der Moorbildungen.

Moorbildungen der beschriebenen Art sind auf die gemäßigten Zonen beschränkt. Im hohen Norden bleibt die vegetative Thätigkeit der Pflanzen zu sehr zurück, um zur Ansammlung größerer Abfallmassen Gelegenheit zu geben. Die nördlichsten bekannten Moore finden sich in Südgrönland.

In den tropischen Gebieten erfolgt die Zersetzung der Humusstoffe zu rasch; am nächsten stehen den Mooren noch die Strandbildungen, welche unter dem Einfluß der Mangrovevegetation entstehen; sonst finden sich moorähnliche Ablagerungen nur auf den höchsten Gebirgen.

Auf der südlichen Halbkugel sind Moore namentlich in Südamerika und auf den sehr südlich gelegenen Inseln häufig; unterscheiden sich aber, nach Darwin, von den unserigen durch Fehlen der Moos= vegetation.

Der Norden Europas ist überreich an Mooren. Irland wird von manchem Besucher geradezu als ein großes Moor bezeichnet. Norwegen und Schweden haben zahllose Moore, ebenso Finnland. Die Tundren Nordrußlands überdecken weite Flächen.

Reich sind ferner an Mooren das nordische Flachland, vom äußersten Westen bis weit nach Rußland hinein, ferner die Hoch- und Mittel- gebirge Mitteleuropas und die Hochebenen Süddeutschlands.

Die Bildung der Moore wird begünstigt durch eine niedere Mitteltemperatur (etwa 5—8°) und durch hohe Luftfeuchtigkeit. Ueberall,
wo diese Bedingungen gegeben sind, finden sich Moore in geringerer
oder weiterer Ausdehnung auf geeigneten Bodenarten.

Die Entstehung der großen Hochmoore ist zwar geologisch eine
junge, liegt aber sicher außerhalb der historischen Zeit. Die Funde
von Resten fossiler Thierarten (Riesenhirsch in Irland und Deutschland,
Mastodon in Nordamerika, wahrscheinlich auch das Mammuth und
Nashorn in Sibirien) beweisen dies hinreichend. Die Möglichkeit der
Bildung neuer Moore ist gegeben, an zahlreichen Orten hierfür ge-
eigneter Gebiete kennt man die ersten Entwickelungsstadien der Moore.
Mit großer Wahrscheinlichkeit würde die Ausbreitung der Moore
in Norddeutschland weiter fortgeschritten sein, wenn nicht der Mensch
eingegriffen und zumal durch den Weidegang auf den Heiden der Anhäufung von Humusmassen entgegen gewirkt hätte.

Die Entstehung der Hochmoore auf altem Waldboden und das
noch jetzt stattfindende Fortschreiten der Heide und Verdrängung des
Waldes auf der Cymbrischen Halbinsel (in Norddeutschland ist dies
seltener zu beobachten, da die Wälder vielfach fehlen) sind ein beredter
Beweis gegen die vielfach als Axiom aufgestellte Behauptung, daß sich
alle unsere Gebiete mit Wald bedecken würden, wenn sie sich selbst
überlassen blieben.*) So unzweifelhaft dies für die besseren Bodenarten eintreten würde, ebenso unzweifelhaft ist es, daß viele der jetzigen
Moorgebiete und viele Heideflächen (die man als beginnende Hochmoorbildungen bezeichnen kann) ohne menschliches Zuthun aus Wald
entstanden sind und noch weiter entstehen werden.

§ 67. III. Einzelne abweichende humose Bildungen.

1. Humusablagerungen in den Kalkalpen.

In den Kalkalpen finden sich nach Ebermayer**) Humusablagerungen, welche folgende Eigenschaften besitzen: „Es ist eine dunkel-

---

*) Man vergleiche hierüber den schärfsten Vertreter dieser Ansicht: Borg-
greve, Wald und Heide. Berlin 1875.

**) Forschungen der Agrikulturphysik, X, S. 385. Die einzige ganz kurze
Beschreibung dieser Humusbildungen, welche vorliegt. Eine genaue Untersuchung
der Entstehung u. s. w. ist dringend erwünscht. Es sind offenbar Bedingungen vorhanden, durch welche die schädlichen Eigenschaften der Rohhumuslagen nicht zur
Geltung kommen können; naturgemäß gehören derartige Vorkommnisse nur zu den
seltenen Ausnahmefällen.

schwarze, lockere, fast pulverförmige Erde, welche nur aus verwesten Pflanzenresten besteht und weder Exkremente von Regenwürmern noch Chitintheile und Insektenexkremente enthält. Regenwürmer kommen nur ganz vereinzelt vor. Dieser Humus ist frei von allen fremden mineralischen Beimengungen und hinterläßt beim Glühen nur so viel Asche, als den humusbildenden Materialien (Moos, Nadeln, Holz u. s. w.) entspricht. Bisweilen bildet er meterdicke Schichten, auf welchen schöne Fichtenbestände oder Mischungen von Fichten, Buchen und Tannen stocken, die ihre Nahrung einzig und allein aus diesem Material beziehen. Im Untergrunde finden sich Bruchstücke von Kalk oder Dolomit. Am meisten Aehnlichkeit hat diese Humusart mit zerfallener schwarzer Moorerde, ist aber weit reicher an Kali und Phosphorsäure als diese."

2. Schwarzerde. (Tschernosom.)

Literatur:

Kostytscheff, Forschungen der Agrikulturphysik, XII, S. 76 und XIV, S. 261.

Eine eigenthümliche Bildung eines humusreichen Bodens ist die Schwarzerde, welche in Rußland weite Strecken einnimmt, in Deutschland aber nur in einzelnen Theilen Schlesiens und in der Magdeburger Börde vorkommt. Soweit bisher Untersuchungen vorliegen, sind die Prärien Nordamerikas und die Pampas in Südamerika zu den Schwarzerdebildungen zu rechnen.

Die russischen Schwarzerden bilden den Boden der Steppe, welche überwiegend mit Stipa pennata bedeckt ist, sparsamer finden sich Stipa capillata, Festuca ovina, Koehleria cristata, Caragana frutescens; in den kirgisischen Steppen überwiegt Stipa capillata und Elymus junceus Finch.

Der Boden besteht aus sehr feinkörnigen Mineraltheilen, welche in ihren Eigenschaften am meisten dem Löß entsprechen, enthält aber reichlich humose Stoffe (4—15 %) beigemischt.

Die humosen Stoffe sind aus der Zersetzung der Steppenvegetation hervorgegangen.

Was dem ganzen Vorkommen besonderes Interesse auch für die waldbaulichen Verhältnisse giebt, ist die Abhängigkeit der Pflanzendecke von der Bodenstruktur. Ueberall wo feinkörnige, nach der Beschreibung in Einzelkornstruktur befindliche Böden vorhanden sind, findet sich Steppe, überall, wo sandige oder krümelige Bodenarten vorhanden sind, tritt Wald auf.

Es ist also die Bodenformation, welche den Unterschied zwischen den beiden Pflanzenformationen bedingt. Die Grenze ist ganz unregelmäßig, mitten im Gebiet der Steppe finden sich einzelne Waldungen;

die klimatischen Verhältnisse schwanken für beide, für Wald wie Steppe in so weiten Grenzen, daß sie nicht die Ursache des verschiedenen Verhaltens sein können.

Die Ursache liegt vielmehr in der Lagerungsweise der Bodentheilchen und in deren Verhalten gegen Wasser. Die hohe Wasserkapacität des Steppenbodens veranlaßt eine wenig tiefe Durchfeuchtung (auch im Winter nicht über 1 m); nur solche Gewächse, die eine kurze Vegetationszeit haben, können ihren Bedarf aus der Winterfeuchtigkeit decken. Steppe und Wald sind also durch die Bodenformation bedingt, ähnlich wie die typische Ausbildung der Heide den Wald ausschließt. Tritt auch der Wald an den Grenzen der Steppe erobernd auf und rückt er auch allmählich vor, indem er durch Streudecke und Beschattung die benachbarten Gräser erstickt, so ist dies doch ein ganz langsam weiter schreitender Proceß. Viele hundert Quadratmeilen haben in jenen Gebieten nie Wald getragen und werden ihn ohne Einwirkung der Menschen auch in absehbaren Zeiten nicht tragen.

An sich bietet die Erziehung von Wald auf jenen Böden keine Schwierigkeiten, es ist nur nothwendig, die Gräser zu entfernen und den Boden durch Behacken locker zu erhalten; es findet dies sein Analogon im Verhalten des Heidebodens. Nach Durchbrechen der Ortsteinschicht und tiefer Bodenbearbeitung vermag auch dieser Waldbestand zu tragen. Es ist also die Steppe ein zweites Beispiel, daß sich der Boden der gemäßigten Zone durchaus nicht überall mit Wald bedecken würde, wo die hindernde Hand des Menschen fehlt.

Hervorzuheben ist noch, daß die reichliche Humusbeimengung der Steppenböden, welche ihren Ursprung in der Steppenvegetation hat und in der durch Trockenheit während der warmen Jahreszeit verhinderten oder doch verminderten Verwesung begründet ist, bei Bedeckung mit Wald bald zersetzt wird und fast völlig verschwindet. Die Böden nehmen dann eine weißliche Farbe an, sie werden aschenfarbig. Unter dem Schutz des Waldes gegen Austrocknung der obersten Bodenschichten schreitet, wie auf allen guten Böden, die Zersetzung rasch voran.

Auch die Böden der nordamerikanischen Prärien zeigen dieselbe wohlcharakterisirte Bodenbeschaffenheit wie die Schwarzerde Rußlands. Mayr (Waldungen Nordamerikas, München 1890), der die Unterschiede zwischen Wald und Steppe ausschließlich auf Luftfeuchtigkeit zurückführen will und überhaupt, mit einigen Ausnahmen, den bodenkundlichen Verhältnissen wenig Aufmerksamkeit widmet, citirt genügend amerikanische Autoren, um ein Urtheil zu ermöglichen. Natürlich sind in den Wüstengebieten Nordamerikas genug Flächen, wo der Mangel an Niederschlägen und überhaupt Trockenheit der Luft jede Waldvegetation hindert, für weitaus die meisten Prärien mit echtem Schwarzerdeboden ist dies jedoch zu bestreiten. Alle Darstellungen zeigen,

daß die Verhältnisse jener Gegenden den osteuropäischen durchaus ähn=
lich sind und man daher auch aus gleichen Wirkungen auf gleiche
Ursachen schließen darf.

3. In der forstlichen Praxis gebräuchliche Bezeichnungen für Humusformen.

In der forstlichen Praxis, oder vielleicht richtiger, in den betreffenden
Lehrbüchern über Waldbau und Bodenkunde sind einige Bezeichnungen
für Humusformen üblich, die sich überwiegend auf verschiedene Aus=
bildung des Rohhumus beziehen und der Vollständigkeit halber hier
mit aufgeführt werden sollen.*)

Taub= und Faserhumus, „ein leichtes, trockenes, kraft= und
bindungsloses Faserngebilde, hauptsächlich von Deckmoosen und Anger=
gräsern".

Hagerhumus, Laubreste, deren Verwesung durch Sonne und
Wind, also Mangel an Feuchtigkeit, unterbrochen ist.

Kohliger Humus, der dunkel gefärbte Humus armer Sandböden.

Heidehumus, die Rohhumusbildung der Heide (auch als ab=
stringirender Humus bezeichnet).

Wildhumus, der Rohhumus des Heidelbeerkrautes, der Farren=
und ähnlicher Waldunkräuter.

Vortheilhafter ist es, die Humusarten nach den Pflanzen, aus
denen sie entstanden sind, zu bezeichnen, und so die Verschiedenheiten
im Aussehen und Verhalten zum Ausdruck zu bringen. Im Allgemeinen
wird man sich jedoch mit der früher gegebenen Eintheilung begnügen
können.

---

*) Was eigentlich unter Dingen, wie „todter Humus", „adstringirender
Humus" zu verstehen sei, ist schwer zu sagen. Es sind dies Bezeichnungen, die sich
in den Büchern weiter fortschleppen und die eine ernsthafte Bedeutung überhaupt
nicht haben. Der „adstringirende Humus" soll sogar Gerbsäure enthalten, trotzdem
diese ein leicht zersetzbarer organischer Körper ist und sicher nicht länger als eine
Woche im Boden unverändert bleibt.

X. Die Bodendecke.

§ 68. Die Bodenbedeckung und Beschattung.

Literatur:

Wollny, Einfluß der Bodendecke und Beschattung. Berlin 1877.
Ebermayer, Lehre der Waldstreu. Berlin 1876.
Wollny, Forschungen der Agrikulturphysik X, S. 153; XII, S. 423; XIII. S. 316.
Ebermayer, Forschungen der Agrikulturphysik XIV, 3. und 4. Heft; XII, 1. und 2. Heft: XIV, 5. Heft.
In Bezug auf Waldstreu außerdem hauptsächlich:
Riegler, Mittheilungen aus dem forstlichen Versuchswesen Oesterreichs. Bd. I.
Wollny, Forschungen der Agrikulturphysik VII, S. 309; X, S. 415; XIII, S. 134.
Bühler in Lorey, Handbuch der Forstwissenschaft, Bd. 1, Abth. 2, S. 253 (mit sehr vollständiger Literatur).
Ramann, Die Waldstreu. Berlin 1890.

Unter Bodendecke ist hier jede auf den Bodenlagen auflagernde und von diesen in ihren Eigenschaften abweichende Bedeckung des Bodens verstanden. Diese kann physikalisch verschieden sein (Steine, Sand) oder chemisch anders zusammengesetzt sein (z. B. Humusschichten, Schnee), oder aus abgestorbenen Pflanzenresten (Stroh, Waldstreu) oder aus lebenden Pflanzen (Moos, Gras, in strengem Sinne auch aus Wald) bestehen.

In Bezug auf die Wirkung einer Bodendecke können folgende Regeln gelten:

1. Jede Bodendecke schwächt die Extreme des Temperaturwechsels ab (Ausnahmen bilden Bodenbedeckung mit Steinen und unter bestimmten Umständen mit Sand).

2. Die Bedeckung mit anorganischen oder leblosen organischen Bestandtheilen setzt die Wasserverdunstung des Bodens herab und erhöht hierdurch sowohl den durchschnittlichen Wassergehalt der obersten Bodenschicht (im Vergleich mit gleichartigem unbedecktem Boden), sowie auch die Menge der Sickerwässer (Ausnahmen bilden für Wasser schwer durchlässige Schichten, zumal Rohhumus des Waldes).

3. Eine lebende Bodendecke wirkt in Bezug auf die Temperatur nach 1; setzt jedoch den Wassergehalt des Bodens und die Menge der Sickerwässer durch den bedeutenden Wasserverbrauch für physiologische Zwecke im hohen Grade herab.

I. Anorganische Bodendecken.

1. Schnee.

Literatur:

Woeikoff, Einfluß einer Schneedecke. In den geographischen Abhandlungen, herausgegeben von Penck, III. Heft 3. Wien und Olmütz 1889.

Eine Schneedecke wirkt namentlich auf die Temperatur des Bodens ein. Der Schnee ist ein schlechter Wärmeleiter, dies tritt um so mehr hervor, je lockerer, leichter und feinkörniger er sich ablagert; je mehr er durch wiederholtes Thauen und Gefrieren der Struktur des Eises sich nähert, um so leichter erfolgt die Leitung der Wärme. Es ist dies eine Folge der Verminderung der isolirend wirkenden Luftschichten.

Schon eine mäßige Schneedecke genügt, um einen abschwächenden Einfluß auf die Schwankungen der Bodentemperatur auszuüben und den Boden wärmer zu erhalten.

Schon die Temperatur in verschiedenen Tiefen einer Schneedecke zeigt große Unterschiede. So beobachteten E. und H. Becquerel folgende Werthe:

	16. Dec. 1879	17. Dec. 1879
Lufttemperatur	— 9,0°	— 10,5°
Oberfläche des Schnees .	— 8,5°	— 10,5°
0,05 m im Schnee	— 7,0°	—
0,10 „ „ „	— 5,3°	— 7,4°
0,15 „ „ „	— 3,9°	— 5,2°
0,18 „ „ „	— 2,8°	—
0,20 „ „ „	— 2,3°	— 3,0°
0,24 „ „ „	— 1,0°	—
0,25 „ „ „	— 0,6°	— 1,3°

Natürlich wird die Temperatur des unterliegenden Bodens nicht unter die der benachbarten Schneedecke sinken können. In unseren Gebieten kommen daher bei dauernder Schneedecke tief gefrorene Bodenschichten kaum vor, und selbst in viel kälteren Klimaten (Sibirien, Rußland) genügt der Einfluß des Schnees, um eine verhältnißmäßig höhere Bodentemperatur zu erhalten.

Beim Abthauen der Schneedecke kehren sich diese Verhältnisse natürlich um, der schneefreie Boden erwärmt sich dann rascher, zumal er zugleich in der Regel trockener ist, als der schneebedeckte.

Die Wirkung der Schneedecke in Bezug auf die Bodentemperatur besteht also in einer Erhöhung derselben während einer Kälteperiode, und in langsamerer Erwärmung des Bodens beim Abschmelzen. Beides ist der Vegetation günstig.

Von großer Wichtigkeit, zumal bei mächtiger Schneedecke, iſt die Art des Abthauens für die Waſſerabfuhr, beziehentlich die Hochwäſſer der Flüſſe.

Unter dem Einfluß warmer Winde thaut der Schnee ſchnell, das Waſſer läuft oberflächlich von dem noch gefrorenen Boden ab und veranlaßt ein raſches Steigen der Flüſſe.

Erhöht ſich dagegen die Temperatur langſam, und werden höhere Kältegrade ſeltener, ſo erfolgt entſprechend der allmählichen Temperaturzunahme ein Aufthauen des Bodens von unten nach oben. Die höhere Temperatur der tieferen Bodenſchichten wirkt ein, und da die Wärmeausſtrahlung nach oben geringer wird, ſo kann ein Boden ſchon bei einer Lufttemperatur von einigen Graden unter Null in der Tiefe zu thauen beginnen.

Bei der Wichtigkeit des Gegenſtandes mögen einige Zahlen, die Wocikoff mittheilt, hier im Auszuge folgen.

Die Zahlen ſind Mitteltemperaturen dreimaliger täglicher Ableſungen. Der Boden unter 1 m Tiefe hielt ſich dauernd über Null Grad.

Mittlere Temperatur

Datum 1884	der Luft	des Bodens		
		Oberfläche	25 cm Tiefe	50 cm Tiefe	75 cm Tiefe
19. März	— 3,3°	— 2,7°	— 1,4°	— 1,2°	— 0,4°
21. „	— 2,5°	— 4,7°	— 0,9°	— 0,7°	— 0,3°
23. „	— 1,9°	— 2,0°	— 0,9°	— 0,6°	— 0,1°
25. „	— 1,7°	— 2,6°	— 0,8°	— 0,5°	— 0,1°
27. „	— 2,9°	— 2,4°	— 0,9°	— 0,4°	— 0,0°
29. „	— 1,2°	— 0,7°	— 0,8°	— 0,4°	± 0,1°
31. „	— 2,3°	— 4,7°	— 0,6°	— 0,4°	+ 0,1°
2. April	— 4,8°	— 4,7°	— 0,4°	— 0,3°	+ 2,2°
4. „	— 0,5°	+ 0,5°	— 0,3°	— 0,2°	+ 0,2°
6. „	+ 1,1°	+ 0,3°	— 0,3°	— 0,1°	+ 0,2°
8. „	+ 0,3°	— 1,4°	— 0,2°	— 0,1°	+ 0,3°
9. „	+ 3,0°	— 1,1°	+ 0,1°	— 0,0°	+ 0,3°

Der Boden iſt alſo ganz allmählich von unten nach oben aufgethaut.

Jeder Einfluß, welcher das Abthauen verlangſamt, wird daher zugleich eine Verminderung des oberflächlich abfließenden und eine Steigerung des in den Boden eindringenden Waſſers herbeiführen. Der Wald wirkt nun in dieſem Sinne und iſt der einzige auf großen Flächen einwirkende Faktor.

Die Schneeſchmelze verzögert ſich im Walde, zumal im geſchloſſenen Nadelwalde oft tagelang; die Temperatur der tieferen Schichten der

Waldböden ist an sich eine höhere, als die der Feldböden, der Procentsatz des in die Tiefe absickernden Wassers bei der Schneeschmelze ist
daher ein größerer als auf freiem Felde. Kann man diese Einwirkung
auch noch nicht zahlenmäßig messen, so ist ihr doch eine große Bedeutung zuzusprechen.

Anstatt als Frühjahrhochwasser ohne Nutzen und vielfach unter
Verursachung von Schaden rasch abzufließen, dienen die Sickerwässer
zur Erhöhung des Grundwasserstandes und bei dem langsamen Abfluß
derselben zur dauernden Speisung von Quellen.

Hier liegt eine verständliche und wahrscheinliche Einwirkung des Waldes vor, vielleicht von viel größerer Bedeutung als jede andere klimatische Beeinflussung, welche über
das waldbedeckte Gebiet hinausreicht. Es wird zugleich verständlich, warum der Wald nicht in jedem Jahre gleichmäßig diese
Wirkung ausübt, da sie überwiegend von den jeweiligen Witterungsverhältnissen abhängig ist. Auch das Versiegen und andererseits das Hervortreten neuer Quellen nach Waldanbau findet seine Erklärung. Das
erstere kann auf durchlässigem Boden statt haben, der ohne Vegetation
erhebliche Mengen der sommerlichen Niederschläge abfließen läßt, die
bei Waldbedeckung von den tiefwurzelnden Bäumen verbraucht werden;
das zweite, wenn bei der Schneeschmelze mehr Wasser in den Boden
eindringt und den Grundwasserstand erhöht.

Auf den Wassergehalt des Bodens, also die Winterfeuchtigkeit,
hat die Schneedecke in der Regel geringen Einfluß. Mehr als der
kleinsten Wasserkapacität entspricht, kann kein Boden Feuchtigkeit aufnehmen. Unsere Böden sättigen sich hiermit schon bei den regelmäßigen
Niederschlägen in der ersten Hälfte der kälteren Jahreszeit, nur in ganz
seltenen Fällen wird dies nicht oder nicht völlig geschehen können.
Große Wichtigkeit erlangt dagegen die Schneebedeckung in allen Steppen-
gebieten, in denen Böden von hoher Wasserkapacität vorkommen.
Diese Böden trocknen im Sommer sehr stark aus und vermögen den
Pflanzen nicht die für ihr Gedeihen nothwendige Feuchtigkeit zu liefern,
wenn nicht in der kühlen Jahreszeit eine Sättigung des Bodens mit
Wasser statt gefunden hat. (Winter mit geringer Schneebedeckung lassen
z. B. in den Gebieten der russischen Schwarzerde auf eine folgende ungünstige Ernte schließen.)

2. Steine.

Während alle Bodendecken, die sonst in Frage kommen können, sich
durch poröse, lockere Struktur auszeichnen, sind Steine feste Massen,
welche die Wärme besser leiten als der Erdboden. Hieraus erklärt
sich das abweichende Verhalten eines steinbedeckten Bodens, gegenüber
einem steinfreien. Die Temperaturschwankungen werden hierdurch erhöht.

Wollny faßt seine Untersuchungen in folgender Weise zusammen: Bei hoher und gleichbleibender Temperatur (wärmere Jahreszeit) ist steinbedeckter Boden etwas wärmer als steinfreier. Bei Sinken der Temperatur kehrt sich dies Verhältniß um. Beim täglichen Maximum ist steinbedeckter Boden meist wärmer, beim Minimum kälter als steinfreier. Der Wassergehalt ist in steinbedeckten Böden höher als in steinfreien. Die verdunstende Oberfläche wird vermindert und damit der Wasserverlust.

3. Sand.

Die Wirkung einer Sanddecke ist in § 107 bei Besprechung der Moorkultur, wo sie am meisten in Frage kommt, abgehandelt.

4. Physikalisch abweichende Bodenschichten.

Durch Lockerung (Behacken und dergleichen) sowie durch dichtere Lagerung (Walzen) der obersten Bodenschicht erhält diese eine von dem unterliegenden Boden abweichende Struktur.

In Bezug auf die Temperatur wird jede Vermehrung der isolirenden Luftschichten, also Lockerung des Bodens, die Wärmeleitung herabsetzen, jede Verdichtung sie erhöhen. Im Allgemeinen werden daher lockere Bodenarten etwas kälter aber von gleichmäßigerer Temperatur sein als dichte. Diese Verhältnisse können jedoch durch den verschiedenen Wassergehalt und die mit diesem steigende und fallende Verdunstung so stark beeinflußt werden, daß sich das Verhältniß umkehrt.

Die Einwirkung auf den Wassergehalt ist eine sehr bedeutende. Eine Lockerung der obersten Schicht bringt diese zum raschen Austrocknen, sie lagert dann als Decke auf dem unterlagernden Boden, der nicht mehr direkt von der atmosphärischen Luft getroffen wird und hierdurch weniger verdunstet als bisher. Auch die Unterbrechung der Kapillarleitung wirkt günstig für die Erhaltung des Wassergehaltes. Dem entsprechend wird in der Praxis, zumal der landwirthschaftlichen, von der Behackung (zugleich sind damit noch andere Vortheile, wie die Entfernung der Unkräuter, Durchlüftung des Bodens verbunden) zur Erhaltung der Bodenfrische ausgiebig Gebrauch gemacht. Das Walzen bewirkt Erhöhung des Wassergehaltes in der obersten Bodenlage und geschieht namentlich nach der Saat, um dem Samen die zur raschen Entwickelung des Keimes und der jungen Pflanzen nothwendige Wassermenge zuzuführen.

Bodendecken abweichender Farbe wirken auf die Absorption der Wärmestrahlen. Bedeckung mit dunkel oder schwarz gefärbten Stoffen (Seite 90) erhöht die Bodentemperatur.

17*

§ 69. II. Wirkung einer Pflanzendecke.

Die Einwirkungen einer Pflanzendecke sind mannigfaltige. Als Regel hat zu gelten, daß sie um so schärfer hervortreten, je vollständiger die Pflanzen den Boden beschatten, also je blattreicher sie sind oder je enger der Stand ist. Natürlich giebt es hier nach Form und Stellung der Blätter noch mannigfache Abweichungen, aber das Gemeinsame, wie es zumal aus den zahlreichen Arbeiten Wollny's hervorgeht, überwiegt:

1. Die Einwirkung einer Pflanzendecke auf die Temperatur des Bodens ist zunächst die fast allen Bedeckungen gemeinsame, eine Erniedrigung der Durchschnittstemperatur und Abschwächung der Schwankungen. Hierzu kommt noch der Wärmeverlust durch die starke Ausstrahlung der Blätter.

Die geringere Temperatur der Waldböden gegenüber Feldböden ist schon Seite 99 besprochen.

Ueber die Einwirkung einer niederen Pflanzendecke geben namentlich die Arbeiten von Wollny Auskunft.

Den Einfluß auf den täglichen Gang der Temperatur ersieht man vortheilhaft an einem Beispiele. Als solches ist ein Quarzsandboden, der die betreffenden Verhältnisse am charakteristischsten hervortreten läßt, ausgewählt und die Bodentemperatur in 10 cm Tiefe im brachen und grasbedeckten Boden angegeben (nach Wollny, Forschungen der Agrikulturphysik VI, S. 202, beobachtet am 7. Juli):

			Boden in 10 cm Tiefe		
Zeit		Luft= temperatur	I brach	II grasbedeckt	Differenz II 0 gegen I
12 Uhr Nachts	.	10,6°	16,2°	17,2°	+ 1,0°
2 „	. . .	10,0°	14,4°	16,4°	+ 2,0°
4 „	.	8,5°	13,6°	16,2°	+ 2,6°
6 „		15,6°	12,8°	15,6°	+ 2,8°
8 „	.	19,4°	14,8°	15,6°	+ 0,8°
10 „	. . .	22,8°	19,4°	16,2°	— 3,2°
12 „ Mittags	.	25,4°	24,0°	17,5°	— 6,5°
2 „	. .	26,8°	27,4°	19,0°	— 8,4°
4 „	. .	27,8°	28,6°	19,9°	— 8,7°
6 „	.	24,8°	26,9°	20,0°	— 6,9°
8 „	.	20,0°	24,2°	19,8°	— 4,4°
10 „		15,4°	21,0°	19,2°	— 1,8°
Mittel	. .	18,92°	20,27°	17,72°	
Schwankung	.	19,3°	15,8°	4,4°.	

Natürlich machen sich solche große Unterschiede nur bei Sonnenbestrahlung bemerkbar und werden bei trübem Wetter immer geringer.

Aber jedenfalls zeigt das Beispiel in auffälliger Weise die Abstumpfung der Extreme und andererseits die durchschnittlich kühlere Temperatur des bedeckten Bodens. Die Temperatur desselben ist demnach während des täglichen Maximums höher, während des Minimums geringer als die des brachen Bodens.

In ähnlicher Weise gilt dasselbe auch für die jährlichen Temperaturschwankungen. Der bedeckte Boden ist in der wärmeren Jahreszeit kühler, in der kalten wärmer als der unbedeckte Boden.

Die Einwirkung der Pflanzendecke erstreckt sich auch auf die überlagernde Luftschicht. Es wirken hier wohl die geringere eigene Temperatur und die sehr hohe Ausstrahlung der Pflanzendecke zusammen. Wollny beobachtete z. B. (a. a. O., Seite 225) an der Bodenoberfläche Differenzen von 1,4°, in anderen Fällen in 0,4 m Höhe Differenzen von 2,1°, um welche die Lufttemperatur über Klee- und Grasfeldern geringer war, als über Brachfeldern.*)

Von Wichtigkeit für die Bodentemperatur ist namentlich noch der Wassergehalt des Bodens. Viele Beobachtungen werden erst voll verständlich, wenn man diesen berücksichtigt. Es gilt dies jedoch mehr für die später zu behandelnden leblosen Bodendecken, als die mit lebenden Pflanzen bestandenen Böden.

2. Der Einfluß der Bodendecke auf die Struktur des Bodens, insbesondere der Bodenoberfläche, ist ein für die Erhaltung der Lockerheit günstiger.

Die Landwirthschaft hatte schon lange die Erfahrung gemacht, daß mit Pflanzen bestandener Boden viel lockerer blieb, als brach liegendes Feld. Von vielen landwirthschaftlichen Schriftstellern wird z. B. die Hauptwirkung der Gründüngung auf die Beschattung des Bodens zurückgeführt, und es ist die Auffassung verbreitet, als ob der Boden durch die zugeführten Pflanzenreste gewissermaßen einer „Gährung" unterliege, und durch die entweichenden Gase aufgebläht werde.**)

Auch hier sind es die Arbeiten Wollny's, welche richtigere Anschauungen vermittelten. Er untersuchte gelockerte Bodenarten, die mit Getreide, beziehungsweise Feldfrüchten bestanden waren, sowie solche im bedeckten (mit 2,5 cm Pferdedünger) und unbedeckten Zustande und fand übereinstimmend eine Abnahme des ursprünglichen Volumens; diese war aber auf bedeckten oder mit Pflanzen bestandenen Böden wesentlich geringer als auf frei liegenden. Wollny kommt daher zu dem Schluß (Forschungen der Agrikulturphysik 12, S. 36), daß der Lockerheitszustand des Bodens durch die Vegetation und die

---

*) Die Unterschiede können jedoch auch scheinbare, durch verschiedene Bestrahlung der Thermometer veranlaßte sein.　　　　　Der Verfasser.

**) von Rosenberg-Lipinski, Praktischer Ackerbau, u. and.

Bedeckung mit leblosen Gegenständen nicht erhöht, sondern
nur im höheren Grade erhalten wird, als auf brach liegen=
dem Felde.

Die Wirkung der Bedeckung ist um so erheblicher, je dichter die
Pflanzen stehen und je rascher sie sich entwickeln, beziehentlich je lang=
lebiger sie sind. Unter den Feldfrüchten üben die Getreidearten einen
mäßigen, die Futterkräuter, sowie Erbsen, Wicken und dergleichen einen
bedeutenden Einfluß aus. Am wenigsten wirksam sind Knollen= und
Wurzelgewächse (Kartoffel, Rüben), die dementsprechend auch eine Be=
hackung erfordern, das heißt die mechanische Arbeit muß den ungünstigen
Einfluß einer oberflächlichen Bodenverhärtung beseitigen, wenn die
Pflanzen gut gedeihen sollen.

Die Verdichtung der Oberfläche ist auf die mechanische Wirkung
des fallenden Regens (Wollny a. a. O., Ebermayer, Waldstreu, S. 286)
zurück zu führen. Bekannt ist die schlimme Wirkung, welche ein Platz=
regen auf frisch bearbeitete, schwere Böden durch Verschlämmen üben
kann. Unbedeckter Boden ist solchen Einwirkungen während des ganzen
Jahres ausgesetzt, und sie werden durch eine Vegetationsdecke nicht be=
seitigt, sondern nur im höheren oder geringeren Maße abgeschwächt.

3. Der Einfluß der lebenden Bodendecke auf die Wasser=
zufuhr, d. h. die Wassermenge, welche von den atmosphärischen Nieder=
schlägen wirklich die oberste Bodenschicht erreicht, ist ein recht bedeutender.

Die Feldfrüchte wirken natürlich nach Art und Dichtigkeit des
Bestandes verschieden. Wollny (Forschungen der Agrikulturphysik 13,
S. 331) giebt an, daß von dem gefallenen Regen der Bodenoberfläche
zugeführt wurden bei Bedeckung durch:

Mais	Sojabohnen	Hafer	Wicken	Bohnen	Lupinen
$57^0/_0$	$66^0/_0$	$78^0/_0$	$78^0/_0$	$75^0/_0$	$58^0/_0$.

Man kann daher annehmen, daß im großen Durchschnitt etwa ein
Drittel der sömmerlichen Niederschläge auf den Pflanzen hängen bleibt
und verdunstet, ohne dem Boden zu Gute zu kommen.

Die Wirkung des Waldes läßt sich aus den Beobachtungen
ableiten, welche durch die forstlich meteorologischen Stationen gemacht
sind. Naturgemäß werden diese Zahlen schwankende sein, immerhin
geben sie jedoch ein annäherndes Bild der Verhältnisse.

Es ist zu unterscheiden zwischen den Niederschlägen, welche auf den
Aesten und den Blattorganen verbleiben und durch Verdunstung ver=
loren gehen und jenem Theil, welcher am Stamm entlang abläuft,
daher zum Boden gelangt aber in aufgestellten Regenmessern nicht zur
Beobachtung kommt.

Der Bau der Bäume und noch mehr die vorhandene oder fehlende
Belaubung ist dabei von Einfluß. Man kann die Baumarten nach

der Stellung der Zweige in zwei Gruppen bringen. Einmal in solche, bei denen die Aeste vom Stamm in mehr oder weniger schiefem Winkel nach oben gehen (Eiche, Buche u. s. w.) und solche, welche grad-winkelig abgehende oder nach unten gerichtete Aeste haben (z. B. Fichte). Bei den ersteren wird die Wasserabfuhr am Stamm erheblich sein, bei den letzteren wird das Wasser dagegen als „Traufe" an der Peripherie der Baumkrone von den einzelnen Zweigen abfließen.

Nach den Beobachtungen Riegler's*) betrug die Menge des am Stamme abfließenden Wassers je nach Dauer und Stärke des Regens 2—20 % „: im Durchschnitt wird man es zu 8—10 % annehmen können.

Nach den Aufzeichnungen der forstlichen, meteorologischen Beob-achtungsstationen**) betragen die Regenmengen unter den Baumkronen, gegenüber der Regenhöhe des freien Feldes:

bei Kiefer . . . . 70 % „
„ Fichte . . . . 75 „
„ Buche (belaubt, Mai bis Oktober) . . . 77 „
„ „ (unbelaubt, Oktober bis Mai) 100 „ „ ***)

Je reichlicher und dauernder die Regen sind und in je größeren Tropfen sie fallen, um so mehr wird der Widerstand der Pflanzen überwunden. Der Procentsatz des dem Boden zugeführten Wassers ist daher ein sehr verschiedener.

Geringe und namentlich in sehr feinen Tropfen fallende Nieder-schläge gelangen kaum zum Boden und sind in der Regel für die Vegetation ohne Bedeutung. Wenn diese trotzdem nach solchen erfrischt erscheint, so beruht dies wohl auf der zeitweisen Herabsetzung der Transpiration infolge größerer Luftfeuchtigkeit.

4. Der Einfluß einer lebenden Pflanzendecke auf den Wassergehalt des Bodens ist ein für die höheren oder tieferen Bodenschichten verschiedener.

Die Oberfläche bewachsener Böden und die unmittelbar benachbarten Lagen sind feuchter als die frei liegender Böden. Es beruht dies auf der durch die Pflanzendecke gehemmten Luftbewegung, der niederen Temperatur und der hierdurch verminderten Verdunstung, vielleicht auch darauf, daß Thauniederschläge dem Boden erhalten bleiben.

Diese Thatsachen haben lange Zeit zu der Meinung geführt, daß bewachsener Boden überhaupt feuchter sei, als brach liegender. Erst die

---

*) Mittheilungen aus dem forstl. Versuchswesen Oesterreichs, II, Heft 1, S. 201.
**) Ebermayer, Die physikalische Einwirkung des Waldes auf Luft und Boden. Berlin 1873. — Müttrich, Jahresbericht der forstlichen meteorologischen Stationen. Berlin I—XV.
***) Bühler, Mittheilungen des schweizer forstlichen Versuchswesens II, S. 127. Diese Arbeit konnte leider nicht mehr eingehend benutzt werden.

Beobachtungen von Wilhelm, Breitenlohner und Schumacher*) zeigten, daß der mit Pflanzen bestandene Boden wasserärmer als ein nackter ist, was die zahlreichen Beobachtungen Wollny's allseitig beweisen. Namentlich der letztere Forscher hat aus den früheren vereinzelten Beobachtungen erst die allgemeinen Gesetze abgeleitet und ihre Bedeutung dargelegt.

Alle von lebenden Pflanzenwurzeln durchzogenen Bodenschichten sind wasserärmer als unbewachsene. Die Pflanzen verbrauchen große Wassermengen für die Transpiration und entnehmen diese dem Boden.

So verdunsteten z. B. nach Wollny für je 1000 qcm Bodenoberfläche in Gramm (vom 15. April bis 31. Oktober 1875):

Sand		Lehm		Torf	
grasbedeckt	brach	grasbedeckt	brach	grasbedeckt	brach
47355	18312	51721	33899	55630	30290.

Natürlich ist die Verdunstung nach Pflanzenart, Standdichte und Wassergehalt des Bodens verschieden.

Auch für die Waldbäume gelten diese Gesetze und machen sich selbst in Gebieten mit hohen Niederschlagsmengen bemerkbar. Die Untersuchungen des Verfassers**) haben dies für die Sandböden erwiesen und die Ebermayer's***) zeigen dasselbe für die Lehmböden Oberbayerns. Die Ebermayer'schen Untersuchungen ergaben im Sommer, wo die vegetative Thätigkeit am größten ist, in 25—60jährigem Fichtenwalde einen etwa 3⁰/₀ geringeren Wassergehalt des Bodens, als auf freiem Felde. Selbst bei den hohen Niederschlägen jener Gebiete, die geradezu eine ausgesprochene „sommerliche Regenperiode" haben, überwiegt die Verdunstung gegenüber der Wasserzufuhr.

In viel höherem Maße macht sich dies in Gegenden mit geringeren Regenmengen, wie z. B. im nordischen Flachlande geltend (vergl. S. 21).

5. Der Einfluß einer Bodendecke erstreckt sich auch auf die Zusammensetzung der Bodenluft.†)

Seite 13 ist gezeigt worden, daß eine der hauptsächlichsten Quellen der Kohlensäure der Bodenluft die Zersetzung der organischen Reste ist. Alle Bedingungen, welche die Verwesung befördern, also namentlich höhere Temperatur und reichlicher Wassergehalt, werden auch die Kohlensäurebildung im Boden steigern.

*) Literatur in Forschungen der Agrikulturphysik, Bd. 10, S. 278.
**) Forschungen der Agrikulturphysik, Bd. XI, S. 201 und Bd. VIII, S. 67.
***) Allgemeine Forst- und Jagdzeitung 1889, S. 1.
†) Literatur:
Wollny, Forschungen der Agrikulturphysik, Bd. 3, S. 1.
Ebermayer, Allgemeine Forst- und Jagdzeitung 1890, S. 161.

Dem entsprechend ist die Luft bracher Böden während der warmen Jahreszeit reicher an Kohlensäure, als die mit Pflanzen bedeckter. Namentlich wirken stark verdunstende und tiefwurzelnde Gewächse vermindernd ein. Wollny fand in mit Gras bestandenem Boden im Durchschnitt noch nicht ein Viertel der Kohlensäure wie im brachen Boden. In der kalten Jahreszeit kehrt sich dies Verhältniß um, und enthalten letztere etwas weniger Kohlensäure, als die ersteren.

In bewaldeten Böden fand Ebermayer die Luft durchweg ärmer an Kohlensäure, als im gedüngten Acker. Die Verhältnisse in den Waldböden sind überhaupt sehr komplexer Natur und am meisten von der Temperatur, dann vom Wassergehalt und der Beschaffenheit der Bodendecke abhängig.

In Fichtenbeständen verschiedenen Alters Forstrevier Bruck in Oberbayern) enthielt die Bodenluft von Juli bis November durchschnittlich folgende Mengen an Kohlensäure (in 70 cm Tiefe):

$$
\begin{array}{llll}
\text{25 jähriges Fichtenholz} & 6{,}73\,^0/_{00}\ CO_2 \\
60\ \ " \qquad\qquad " & 12{,}86\ \ " \qquad " \\
120\ \ " \qquad\qquad " \ . & 10{,}27\ \ " \qquad " \\
\text{Vegetationsloser Boden*)}\ . & 7{,}26\ \ " \qquad "
\end{array}
$$

Ebermayer erwähnt, daß die starke Beschattung im Jungholz und die dadurch verminderte Erwärmung und Wasserführung das Zurückbleiben der Kohlensäurebildung veranlaßt, Bedingungen, welche bei den älteren Hölzern zurücktreten.

Im Boden unter Buchenbeständen war die Luft immer beträchtlich ärmer an Kohlensäure, als unter Fichten oder selbst im brachen Boden.

Im Forstrevier Kasten bei Planegg enthielt in 70 cm Tiefe die Bodenluft vom Juni bis Oktober unter:

$$
\begin{array}{lll}
\text{Buchen (60 jährig)} & 7{,}15\ \text{Vol.}\,^0/_{00}\ CO_2 \\
\text{Fichten (60 jährig)} & 17{,}15\ \ " \quad " \quad "
\end{array}
$$

Im Universitätsgarten in München in den Versuchsgefäßen enthielt die Bodenluft im Frühjahr und Sommer:

	in 15 cm Tiefe	in 70 cm Tiefe
unter Fichten (8 jährig)	$1{,}33\ \text{Vol.}\,^0/_{00}$	$10{,}03\ \text{Vol.}\,^0/_{00}\ CO_2$
" Buchen (8 jährig)	$0{,}67\ " \quad "$	$1{,}25\ " \quad "$
im brachen Boden . .	$1{,}43\ " \quad "$	$8{,}96\ " \quad "$

Es zeigt sich also, daß die Böden des Buchenbestandes durchweg erheblich ärmer an Kohlensäure sind, als die unter Fichten. Ebermayer

---

*) Als „humusfrei" bezeichnet, wahrscheinlich ohne humose aufliegende Schicht und ohne Streudecke.

führt dies mit Recht auf die bessere Durchlüftung des Erdreichs durch die zahlreichen und tiefgehenden Buchenwurzeln zurück. Wahrscheinlich ist die „bodenverbessernde" Wirkung der Buche überwiegend auf die starke Durchlüftung des Bodens zurück zu führen. Da einem hohen Kohlensäuregehalt in humusreicheren Böden eine starke Abnahme des Sauerstoffs in der Bodenluft entspricht, so liegt kein Grund vor, einen solchen an sich als Vortheil für die Vegetation zu betrachten, vielmehr kann man in der gesteigerten Kohlensäuremenge ein Zeichen mangelnder Durchlüftung und des Bodenrückganges sehen.

§ 70. III. Die Waldstreu.

Im Walde sammelt sich aus den Resten der auf dem Waldboden lebenden Pflanzen eine Bodendecke an. Dieselbe besteht in Buchenwäldern und in den jüngeren Beständen geschlossener Nadelhölzer überwiegend aus Abfällen des herrschenden Bestandes (Laub, trockenen Zweigen, Knospenschuppen und dergleichen); im höheren Alter machen im Nadelwalde Moose sowie Gräser und Halbsträucher (Heide, Beerkraut) und andere Waldpflanzen einen beträchtlichen, oft sogar überwiegenden Theil der Streudecke aus.

Das Verhalten der einzelnen Streubestandtheile ist wiederholt untersucht worden. Im Folgenden sind die wichtigsten Resultate zusammengestellt.

1. Laubstreu.

Ganz überwiegend kommt hierbei die Buche in Frage, in beschränkterem Maße Weißbuche, Eiche und Birke, sowie die zahlreichen Holzarten der Niederwälder.

Frische Laubstreu läßt bei lockerer Lagerung und im trockenen Zustande Wasser leicht durchdringen, während sie selbst nur wenig zurückhält. Je weiter die Zersetzung fortgeschritten ist, und je mehr sich die Streu in ihren Eigenschaften den humosen Stoffen nähert, um so höher ist die Wasserkapacität und um so geringer die Durchlässigkeit für Wasser. Lagern sich die Blätter dicht zusammen und bilden sie eine feste Decke, was zumal bei Buche eintritt (erster Beginn der Rohhumusbildung), so sind die verklebten Blattschichten im hohen Grade wasserundurchlässig.*) Selbst ein Wasserdruck von 10 cm Höhe vermag nicht die Schicht, gleichgültig ob im trockenen oder bereits angefeuchteten Zustande, zu durchdringen. Tritt Wasser endlich durch, so geschieht dies an einer einzelnen Stelle, wo ein Zerreißen der Streuschicht stattgefunden hat.

*) Angaben zumal nach Riegler, Mittheilungen aus dem österreichischen forstlichen Versuchswesen II, 6.

Von den Blattresten der Waldbäume zeigen dies Verhalten zu meist nur die der Buche und Weißbuche, selten die der Eiche. Die übrigen Baumarten treten zu sparsam auf, haben zudem meist fleischigere, leichter zersetzbare Blätter oder gedeihen, wie Ahorn, Eiche, Elsbeere, nur auf reicheren Bodenarten und in gemischten Beständen, welche der Rohhumusbildung an sich ungünstig sind.

2. Nadelstreu.

Die Nadelstreu ist im Allgemeinen langsamer zersetzbar, als die meisten Laubstreusorten; sammelt sich daher unter geschlossenen Fichten- und Tannenbeständen oft in erheblicher Menge an. Die Form der Nadeln verhindert aber zunächst ein dichteres Zusammenlagern, zumal gilt dies für Kiefer und Schwarzkiefer, während die Abfälle der Fichte und seltener die der Tanne Rohhumus bilden und sich zu dichten Massen zusammenlagern, welche im trockenen Zustande für Wasser schwer durch- lässig sind, im feuchten jedoch so viele Poren zeigen, daß die Nieder- schläge sie noch zu durchdringen vermögen. (Riegler.)

3. Moosstreu.

Die Wirkung der Moose als Streudecke ist verschieden, je nach- dem sie locker dem Boden aufliegt (z. B. die Hypnumarten der Nadel- wälder) oder mit stark ausgebildeten Wurzelhaaren, welche in die unter- liegende Bodenschicht eindringen, ausgerüstet sind (z. B. Dicranum), oder in dichten geschlossenen Polstern wachsen (Leucobryum, Sphagnum).

Die Wasserleitung erfolgt in den Moosen in verschiedener Weise, doch entziehen sie dem Boden kein oder nur wenig Wasser, sie sind für ihre vegetative Thätigkeit auf die Zufuhr von flüssigem Wasser ange- wiesen. Nach der Art der Wasserleitung kann man drei Gruppen unterscheiden:*)

a) Die Wasserleitung erfolgt in den Kapillarräumen, welche die Blätter der Moose bilden. (Die meisten Hypneen.)

b) Moose, welche das Wasser durch dichte Wurzelhaare, die einen Filz um den unteren Theil des Moosstammes bilden (Poly- trichum, Dicranum) festhalten.

c) Die Wasserleitung erfolgt durch die dem Stamme dicht an- liegenden Aeste (Sphagnum acutifolium) oder in weiten groß- porigen Zellen des Stammes (Typus des Sphagnum cymbi- folium).

Aus diesen Thatsachen folgt, daß sich die Moosarten in Bezug auf die Wasseraufnahme und Wasservertheilung verschieden verhalten. Im Ganzen lassen sie abgetrocknet zunächst reichlich Wasser durchtreten und sättigen sich allmählich mit Feuchtigkeit.

---

*) Oltmanns, Die Wasserbewegung in der Moospflanze u. s. w. Inaugural- Dissertation. Straßburg 1884.

Der Vergleich der Moosdecke im Walde mit einem Wasser aufsaugenden Schwamm hat daher viel Berechtigung.

4. **Heide und Beerkräuter, Gras, Farrenkraut.**

Besteht ein großer Theil der Bodendecke aus lebenden Pflanzen,
so werden alle in stärkerem oder geringerem Grade die Erscheinungen
hervortreten lassen, welche überhaupt einer lebenden Pflanzendecke eigenthümlich sind. Untersuchungen über diesen Gegenstand fehlen fast völlig.

§ 71. 1. Das Verhalten der Streudecken.

Es ist vortheilhaft, die Einwirkung der Streudecke in Bezug auf
Temperatur, Verdunstung und Aufnahmefähigkeit des Wassers im Zusammenhang zu behandeln. Als Regel muß auch hier gelten, daß eine
Streudecke im Walde dieselben Dienste leistet, wie jede andere Bodenbedeckung, nämlich die Temperaturextreme abzuschwächen und
die Verdunstung bei sonst gleichen Verhältnissen herab zu
setzen. Wie weit eine Uebertragung der bisher experimentell gewonnenen
Resultate für die Waldböden zulässig ist, wird später dargelegt werden.

a) Temperatur.

Die Temperatur verschiedener Streusorten ist von Wollny untersucht worden, welcher die Temperatur stärkerer Streulagen (zweimalige
tägliche Ablesung) mit der eines humosen Kalksandes in 10 cm Tiefe
verglich.

Vom April bis September hatten:

	humoser Kalksand	Kiefernnadeln	Fichtennadeln	Eichenlaub	Moos
Morgentemperatur .	13,24	14,51	15,25	15,00	14,66°
Abendtemperatur .	19,11	18,16	18,62	18,24	17,23°

Eine Schicht von Fichtennadeln zeigt demnach die höchste, Moos
die geringste Erwärmbarkeit. Es sind dies Thatsachen, die mit dem
Wassergehalt und der Art der Lagerung eng verknüpft sind, die immerhin als Anhalt für die Verhältnisse in der Natur dienen können.

Die Einwirkung auf die unterliegenden Bodenschichten ist eingehend
von Wollny (Forschungen der Agrikulturphysik, Bd. 13, S. 167) untersucht worden.

Er fand für die wärmere Jahreszeit (Mai bis Oktober) folgende
Verhältnisse (in 15 cm Tiefe):

	Morgens	Abends	Differenz
Boden (nackt) .	12,79	17,09	4,30°
Bodendecke von:			
2,5 cm Kiefernnadeln.	13,48	15,07	1,59°
2,5 „ Fichtennadeln.	13,58	14,95	1,37°
2,5 „ Eichenlaub .	13,20	14,75	1,55°

Bodendecke von:	Morgens	Abends	Differenz
2,5 cm Buchenlaub	13,18	14,73	1,55°
2,5 „ Moos .	13,52	14,84	1,32°
5 „ „	13,64	14,40	0,76°
10 „ „ .	13,79	14,16	0,37°

Die Abschwächung der Extreme tritt ganz scharf hervor, ebenso, daß die streubedeckten Böden beim Maximum der Temperatur kühler, beim Minimum wärmer sind, als nackter Boden.

Es sind dies Verhältnisse, wie sie in höherem oder geringerem Grade jede Bodendecke hervorbringt, und ist es durchaus zulässig, sie auf die Waldböden zu übertragen. Nennenswerthe Unterschiede treten für die einzelnen Streusorten nicht hervor; die Wirkung wird eine um so ausgesprochenere, je mächtiger die aufliegende Schicht ist.

Feuchtigkeit.

b) Wasserkapacität.

Die Wasserkapacität der verschiedenen Streusorten ist zumal für ihre Anwendung in der Landwirthschaft wichtig, da sie einen Maßstab für die ansehnbare Flüssigkeit abgiebt. Für den Wald erlangt ihre Kenntniß Bedeutung, weil die Streu je nach ihrer Art und Mächtigkeit sehr verschiedene Wassermengen binden und ebensowohl dem Boden vorenthalten kann, wie sie andererseits den Wasserabfluß zu mäßigen vermag.

Als Mittel aus den zahlreichen vorliegenden Bestimmungen können folgende gelten.

	Nach Ebermayer: Lehre der Waldstreu, Tab. VI, Seite 105.		Nach Wollny: Forschungen der Agrikultur= physik 7, Seite 315.	
	Gew. °/₀	Vol. °/₀	Gew. °/₀	Vol. °/₀
Roggenstroh . .	—	20,3	304	32,1
Moos (Hypnum) .	283	27,9	257	39,5
Farrenkraut .	259	15,4	—	—
Buchenlaub .	233	17,7	257	39,5
Fichtennadeln .	150	24,8	161	31,5
Kiefernnadeln .	143	16,0	207	28,9
Heide	131	7,9	—	—

c) Verdunstung der Streu.

Im engsten Zusammenhang mit der Wasserkapacität steht die Verdunstung der Streumaterialien.

Wollny bestimmte den durchschnittlichen Wassergehalt der wichtigsten Waldstreusorten während zweier Jahre. In Volumprocenten betrug derselbe:

	Eichen= laub	Buchen= laub	Fichten= nadeln	Kiefern= nadeln	Moos
bei 5 cm Mächtigkeit	50,8	—	38,98	—	19,8
„ 30 „ „	45,4	39,8	41,7	36,3	—

Bei verschiedener Mächtigkeit der Streuschicht:

	5 cm	10 cm	20 cm	30 cm
Eichenlaub	50,8	52,99	53,1	45,4
Fichtennadeln	38,98	40,8	41,0	41,7

Die Verdunstung steht mit dem Wassergehalt der Streuschicht (mit Ausnahme des Mooses) im engen Zusammenhang.

Am stärksten verdunstet Moosstreu, die überhaupt den raschesten Wechsel im Wassergehalte zeigt, offenbar in Folge der lockeren Struktur der Moosrasen, welche der Luftbewegung wenig Schwierigkeiten bietet, dann folgen Eichenlaub, Buchenlaub, Kiefern= und Fichten= nadeln, ohne daß sich aber unter den letzteren wesentliche Unterschiede zeigen.

d) Wassergehalt der streubedeckten Böden. Sickerwasser= mengen.

Während die bisher besprochenen im Laboratorium gewonnenen Resultate auf die Verhältnisse des Waldbodens übertragbar sind, gilt das Gleiche nicht in Bezug auf die waldbaulich wichtigste Frage des Wassergehaltes streuberechter oder streubedeckter Waldflächen.

Die sämmtlichen vorliegenden Versuche beschäftigen sich ausschließ= lich mit Bodenarten, auf denen nur Streuschichten aufliegen, die im Walde sich fast überall findende, humose Bodenschicht, welche unter der Streu und über dem Mineralboden lagert, ist nirgends berücksichtigt worden. Hierdurch ist es veranlaßt, daß die bisher im Walde angestellten Untersuchungen sich im Gegensatz zu den im Laboratorium aus= geführten befinden.*)

Die Laboratoriumsversuche ergaben übereinstimmend, daß eine Streudecke den Boden vor Verdunstung schützt, derselbe deshalb während der wärmeren Jahreszeit dauernd wasserreicher sei, als freiliegender; ferner, daß die Streudecke die Sickerwassermengen wesentlich erhöhe.

Die humose Schicht der Waldböden mit ihrer hohen Wasser= kapacität und dem entsprechend erhöhter Verdunstung kann, auch bei geringer Mächtigkeit, diese Verhältnisse völlig umkehren. Ferner ist der

*) Ein sprechender Beweis, daß, wer forstliche Bodenkunde beziehungsweise Standortslehre treiben will, zunächst mit den Verhältnissen des Waldes vertraut sein muß. Es liegt mir völlig fern, den Herren, welche die betreffenden Untersuchungen anstellten, aus dem Ausgesprochenen einen Vorwurf machen zu wollen. Darum ist es nicht weniger nothwendig, sich darüber völlig klar zu sein, daß wir über die Wasserführung im Waldboden und über die Wirkung der Streudecke darauf so gut wie noch gar nichts wissen!

Unterschied zwischen völlig nackten und den streuberechten Böden des Waldes zu berücksichtigen. Diese sind in Nadelwäldern ausnahmslos, in den Laubwäldern, wenn nicht gerade im Herbst nach dem Laubfall gerecht wird, mehr oder weniger mit einer dünneren oder dickeren Schicht von Abfällen bedeckt, ebenso oft finden sich schwache Decken von Haftmoosen (zumal Dicranum scoparium). Schon hieraus ergiebt sich, daß Resultate von Versuchen, welche Böden mit meist erheblich mäch= tigen Streuschichten und völlig kahle vergleichen, auf den Wald nicht voll übertragbar sind.

Großen Einfluß übt ferner noch die Ausbildung der Humusschicht, ob diese locker und einer rasch fortschreitenden Zersetzung fähig ist oder sich dicht, in trockener Zeit fast nach Art einer schwachen Filzdecke auf dem Boden auflagert; alle diese Verhältnisse wirken auf den Wasser= gehalt des Bodens ein und werden dafür in vielen, ja sogar den meisten Fällen maßgebend.

Im Wald angestellte Beobachtungen liegen vom Verfasser*) und aus neuester Zeit vom Forstkommissar Schmidt**) vor. Ersterer untersuchte den Wassergehalt berechter und geschonter Kiefernböden auf Diluvialsand; der letztere von Kiefernböden auf Buntsandstein.

Der Boden der vom Verfasser untersuchten Eberswalder Streufläche war mit einer dünnen Schicht von Nadeln und sonstigen Abfallresten der Kiefern und nur an wenigen Stellen mit etwas Dicranum scopa- rium bedeckt, ganz vereinzelt kam Heide vor; die Bodendecke des un= berührten Bestandes setzte sich aus Hypnumarten, Cladonien und den Abfallresten der Kiefern zusammen.

Die Untersuchungen des Wassergehaltes ergaben während der Vegetationszeit (Mai bis September):

	in 25—30 cm Tiefe	in 50—55 cm Tiefe	in 75—80 cm Tiefe
berechter Boden . .	3,79 $^0/_0$	3,42 $^0/_0$	3,48 $^0/_0$
unberechter Boden .	3,87 „	3,03 „	3,01 „

Die obersten Bodenschichten zeigten wechselnde Verhältnisse, die tieferen ergaben einen durchschnittlich höheren Wassergehalt der streu= berechten Flächen.

In allen wesentlichen Punkten Gleichartiges zeigen die Beobachtungen L. Schmidt's für Buntsandsteinboden.

Die Bodendecke der unberechten Flächen bestand aus einer etwa 5 cm starken Lage von lockerem Rohhumus mit Moos, Heidelbeere und Heide bedeckt, die der berechten Flächen aus sehr dünnem, aber

---

*) Zeitschrift für Forst= und Jagdwesen 1883. S. 633. Berichtigte Zahlen im forstwissenschaftlichen Centralblatt 1891, S. 614.
**) Allgemeine Forst= und Jagdzeitung 1890, S. 308.

dicht verklebtem, filzartigem Rohhumus und Abfallresten des Kiefern-
bestandes.*)

Der Boden enthielt in 0,1—0,2 m Tiefe im Durchschnitt des
Jahres auf berechtem wie unberechtem Boden 13,7 % Feuchtigkeit.

In Trockenperioden enthielt:

         der berechte Boden . .   10,15 % Wasser
         der streubedeckte Boden .   10,6 „   „

In feuchten Perioden:

         der berechte Boden .   16,6 % Wasser
         der unberechte Boden .   16,1 „   „

Aehnliche Verhältnisse zeigen auch die anderen mitgetheilten Untersuchungen, die während einer Trockenperiode 0,7—1,7 % weniger Wasser
in den obersten Bodenschichten ergeben.

Bedenkt man jedoch, daß die tieferen Bodenlagen in berechten
Waldböden fast immer erheblich feuchter sind, als in streubedeckten und
die Unterschiede überhaupt gering sind, so wird man die Wasserführung
des Bodens schwerlich als entscheidend für die Wirkung einer Streudecke bezeichnen können.

Faßt man zusammen, was bisher aus den Beobachtungen im
Walde hierüber abzuleiten ist, so ist es etwa das Folgende:

Völlig nackter Boden ist wasserärmer als mit mäßigen Streuschichten bedeckter. Ein Buchenbestand mit schwacher aufliegender Laub-
decke kann daher nach deren Entfernung sehr wohl wasserärmer sein,
als vorher.

Dünne Streulagen ohne unterliegende Humusschichten
sind für die Wasserzufuhr am günstigsten. Auch geringe Niederschläge vermögen dann in den Boden einzudringen, und die Verdunstung
wird soweit gehindert, daß ein solcher Boden während der Vegetationszeit die reichlichsten Feuchtigkeitsmengen zur Verfügung hat.
Ist die Streudecke sehr dünn, so kann die Verdunstung so stark
werden, daß die obersten Bodenschichten während Trockenperioden
weniger Wasser enthalten, als Böden mit starker Streudecke.

Mächtige Streudecken vermögen so viel Wasser in sich aufzunehmen und zu verdunsten, daß die Zufuhr an Feuchtigkeit für den
unterliegenden Boden verringert wird. Dicht gelagerte (auch dünne)
Rohhumusschichten verhalten sich mächtigen Streudecken ähnlich.

---

*) Verfasser hatte Herbst 1891 Gelegenheit, während eines Ferienaufenthaltes
in Thüringen die betreffenden Flächen unter gütiger Führung des Herrn Forstkommissar Schmidt zu sehen. Die lehrreiche Excursion ermöglichte es ihm, ein Urtheil
über die dortigen Verhältnisse zu erlangen, die in sehr vieler Beziehung von denen
der Diluvialböden abweichen.

Die Oberfläche und oberste Bodenschicht streuberechter Flächen sind einem größeren Wechsel im Wassergehalt ausgesetzt als streubedeckter; in Trockenperioden sind sie trockener, in Feuchtperioden wasserreicher.

e) Sickerwasser und abfließendes Wasser.

Man hat vielfach Werth auf die Menge der Sickerwässer gelegt, welche aus streuberechten und streubedeckten Waldböden abfließen. Dieselben Bedenken, welche der Uebertragbarkeit der analytisch gewonnenen Daten über Wassergehalt der betreffenden Böden entgegenstehen, sind in noch verstärktem Maße gegen die herrschenden Annahmen, daß streubedeckte Flächen mehr Sickerwasser liefern, zu erheben. Untersuchungen unter Verhältnissen, wie sie der Wald bietet, fehlen noch völlig. Der durchschnittlich höhere Wassergehalt der berechten Flächen in mäßiger Tiefe, die Beobachtungen über die geringe Durchlässigkeit humoser Bodenarten, endlich die tiefgehende Auswaschung, welche Sandböden bei Streuentnahme zeigen, machen es im höchsten Grade wahrscheinlich, daß eine Steigerung der Menge der Sickerwässer in berechten Böden stattfindet. Ausnahmen werden nur dann stattfinden, wenn durch maßlos fortgesetzte Entblößung des Bodens eine so starke Verdichtung der Oberfläche stattgefunden hat, daß hierdurch das Eindringen des Wassers erschwert wird, und es oberflächlich abläuft.

Von viel größerer Bedeutung erscheint dagegen der mechanische Widerstand, welchen eine Streudecke dem oberflächlichen Abfließen des Wassers an Gehängen entgegensetzt. Können auch Hochwässer hierdurch nicht verhindert werden und kann ebensowenig die Wasserkapacität der Streudecke eine nennenswerthe Minderung der Hochwässer herbeiführen (sie finden fast ausnahmslos in Zeiten statt, wo die Streudecke schon vorher mit Wasser gesättigt ist), so ist doch unter Umständen schon ein durch Verlangsamung der Wasserabfuhr bewirkter Gewinn von wenigen Stunden bei Hochwassergefahr von hohem Werthe. Lassen sich solche Dinge auch schwer in Zahlen ausdrücken, so ist ihre Wichtigkeit doch offenkundig.*)

§ 72. 2. Chemische Verhältnisse.

a) Mineralstoffgehalt der Waldstreu.

Ueber den Mineralstoffgehalt der Waldstreu liegen sehr zahlreiche Untersuchungen vor. Es ist daher möglich, ein Bild der Mengen verschiedener Nährstoffe zu erhalten, welche sich in der Streudecke ansammeln, durch ihre Verwesung dem Boden zurückgegeben werden, beziehentlich bei Streunutzung zur Ausfuhr kommen.

---

*) Man vergleiche Bühler, im Bericht über die Versammlung deutscher Forst-männer zu Dresden 1889. Berlin bei Springer.

Ramann. 18

Die Streumengen wechseln nach Baumart, Baumalter und Standorts-verhältnissen, sie sind ferner für die einzelnen Jahre je nach den Witterungsverhältnissen verschieden und natürlich auch von der Wieder-kehr der Streuentnahme abhängig.

Die folgende Zusammenstellung giebt Durchschnittszahlen für die jährlichen und die einmaligen Streuerträge im lufttrockenen Zustande, die Menge der darin enthaltenen Nährstoffe und den Geldwerth für je 1000 kg (Stickstoff $= 1$ Mk.; Phosphorsäure $= 0,3$ Mk.; Kali $= 0,2$ Mk. gerechnet).

Ertrag für Hektar in 100 kg	Im Streuertrag sind enthalten (bei 10% Feuchtigkeit der Streu)						Geldwerth der Nährstoffe in 1000 kg Streu	
	Stickstoff	Reinasche	Kali	Kalk	Magnesia	Phosphorsäure	Einschließlich Stickstoff	Ohne Stickstoff
kg	kg	kg	kg	kg	kg	kg	Mark	Mark
Rothbuche:								
I.—III. Ertragsklasse von 20—60 Jahren . . .								
IV. u. V. Ertragsklasse von 20—100 Jahren . . . 40	48,2	196,0	9,7	88,6	13,0	10,1		
I.—III. Ertragsklasse von 60—100 Jahren . . . 50	70,0	244,0	12,2	110,7	16,2	12,6	14,7	1,3
Einmalige Nutzung in geschlossenen Beständen . . 90	108,0	440,0	21,9	199,3	29,2	22,7		
Kiefer:								
I.—III. Ertragsklasse von 20—100 Jahren . . . 30	24,6	38,1	4,05	14,3	3,9	3,2		
IV. u. V. Ertragsklasse von 20—100 Jahren . . . 20	16,4	25,4	2,7	9,5	2,5	2,3	9,8	0,7
Einmalige Nutzung I.—III. Ertragsklasse . . . 140	114,7	177,7	18,9	66,8	17,6	15,1		
Desgl. IV. u. V. Ertragskl. 100	81,9	126,9	13,5	47,7	12,6	10,8		
Fichte:								
I.—IV. Ertragsklasse . . 35	33,4	145,2	4,3	58,0	6,6	7,2	11,6	1,0
Einmalige Nutzung . . 150	143,0	622,3	18,2	248,4	28,3	30,0		
Heide . . . . . . in je 100 kg	12,5	20,8	2,7	4,5	2,0	1,4	13,4	0,9
Moos	14,0	27,4	4,5	3,9	1,7	2,1	15,5	1,5
Farrenkraut . . Trockensubstanz	?	64,9	24,8	7,4	4,1	4,9	?	6,5

*) Die Streuerträge sind ausführlich zusammengestellt in Dankelmann, Ablösung der Waldgrundgerechtigkeiten III, Tab. 26—29; die Angaben über Geldwerth der Streu, Tab. 25.

b. Die Zeitdauer, welche die verschiedenen Streudecken bis zu ihrer vollen Verwesung gebrauchen, weichen bei normalen Verhältnissen viel weniger von einander ab, als man nach dem Unterschiede im anatomischen Bau von Nadeln und Laub glauben sollte. Die zahlreichen Aufnahmen der Versuchsstationen zeigen dies sofort, wenn man den Ertrag von jährlich und mehrjährig gerechten Flächen vergleicht. Aus der Ansammlung von Streu läßt sich ein Rückschluß auf die Zeitdauer der Zersetzung machen.

Nach den Zusammenstellungen*) der Versuchsergebnisse verhält sich der Ertrag der Streuflächen für

	bei jährlicher	2 jähr.	4 jähr.	6 jähr. Nutzung
Buche wie	1	: 1,7	: 1,8	: 2
Kiefer wie	1	: 1,7	: 2,4	: 3,4

	bei jährlicher	3 jähr.	6 jähr. Nutzung
Fichte wie	1	: 2,2	: 3
Eiche wie	1	: 1,4	: 1,4
Tanne wie	1	: 1,8.	

Man kann daher annehmen, daß im Verlauf von 2—3 Jahren die Zersetzung der Streu erfolgt ist. Die höheren Zahlen der Nadelhölzer sind wohl überwiegend auf das Wachsthum der Moose bei längerem Turnus zurück zu führen.

Es gelten diese Verhältnisse jedoch nur für Waldböden, denen die Streu entnommen wird, oder die mit einer guten, lockeren Streuschicht bedeckt sind (Mullböden). Sowie sich größere Mengen von Rohhumus ansammeln, wird die Verwesung verlangsamt und kann dann viele Jahre in Anspruch nehmen.

c) Das Verhalten der Mineralstoffe bei der Verwesung der Streu.**)

Ueber das Verhalten der Mineralstoffe bei der Zersetzung der Streuabfälle sind zuerst durch von Schröder Untersuchungen angestellt worden. Derselbe laugte verschiedene Baumbestandtheile mit Wasser aus und stellte eine hochgradige Auswaschung von Kalium und anderen Bestandtheilen fest.

Der Einwurf, daß die durch viel Wasser hervorgebrachten Veränderungen in der Zusammensetzung der Streu andere, als die unter

---

*) Dandelmann, in Zeitschrift für Forst- und Jagdwesen 1887, S. 577.
**) Literatur:
Schröder, Forstchemie und pflanzenphysiologische Untersuchungen.
Ramann, Zeitschrift für Forst- und Jagdwesen 1888, S. 1.
Die Angaben über das Verhalten der Fichtennadeln im Regenmesser nach noch unveröffentlichten Untersuchungen des Verfassers.

natürlichen Verhältnissen erfolgende seien, wurde durch die Untersuchungen des Verfassers entkräftet, der Eichenlaubstreu und später Fichtennadeln in einem Regenmesser der Einwirkung der Atmosphärilien aussetzte und die Aehnlichkeit der Zersetzung mit der durch einfaches Auslaugen bewirkten nachwies.

Im folgenden sind die hauptsächlichsten Zahlen für je 1000 Theile Trockensubstanz zusammengestellt:

	Eichenlaubstreu (unberegnet)			Fichtennadelstreu (fast unberegnet)		
	Eichenlaub (ur= sprüng- lich)	nach zwei Jahren	1000 Theile Trockensubstanz verloren im ersten Jahre (Analyse der Abflußwässer)	Fichtennadeln (ur= sprüng- lich)	nach 1³ Jahren	In dem ersten halben Jahre durch Wasser aus= gelaugt (Analyse der Abflußwässer)
Kali .	4,87	1,33	2,05	1,73	1,35	0,825
Kalk .	23,03	32,41	0,44	13,74	22,29	0,469
Magnesia . .	5,44	1,80	0,35	0,71	1,64	0,175
Phosphorsäure .	21,89	22,00	0,63	2,03	2,92	0,067
Kieselsäure	15,07	54,76	0,17	25,73	45,57	0,215
Reinasche . .	75,01	112,10	3,92	47,65	85,20	—

Innerhalb Jahresfrist war bei der Eiche über 40 °/₀ des vorhandenen Kalis, in noch kürzerer Zeit nahezu 50 °/₀ desselben Stoffes bei den Fichtennadeln ausgelaugt, und alle anderen Stoffe hatten ebenfalls stärkeren oder schwächeren Verlust erlitten. Wahrscheinlich verläuft der Vorgang in der Weise, daß die ersten Wassermengen, welche auf die Streu einwirken, eine rasche Lösung und Wegfuhr der Hauptmasse der angreifbaren Salze herbeiführen. (Aus Buchenlaub wurde durch Auslaugen mit der dreifachen Wassermenge des lufttrockenen Laubes in 24 Stunden bereits 49,5 °/₀, in den nächsten zwei Tagen noch 22,1 °/₀ der gesammten vorhandenen Kalimenge gelöst. Fernere Auszüge geben nur noch sehr geringe Mengen gelöster Stoffe.)

Im Walde führt die Verwesung zur Zerstörung der organischen Substanz und schreitet so rasch voran, daß die Auswaschung der Salze überholt wird und eine Anreicherung der verwitternden Streu an Mineralstoffen eintritt. Reste von Blättern früherer Jahre, sowie die humosen Stoffe des Bodens sind daher in der Regel reicher an Mineralstoffen als die ursprüngliche Streu, wie dies Analysen dargethan haben,[*) und es die directen eben besprochenen Versuche bestätigen.

Durch die leichte Auslaugbarkeit vieler Mineralstoffe werden den obersten Bodenschichten nach dem Streuabfall in kurzer Zeit erhebliche

*) Ebermayer, Lehre der Waldstreu.

Mengen von leicht löslichen Salzen zugeführt und dadurch der wichtigste Faktor für die Erhaltung der Krümelstruktur des Bodens geliefert.

Es ist jedoch hervorzuheben, daß die bisher vorliegenden Versuche sich nur mit der Verwesung der Streu beschäftigen; in welcher Weise die Vorgänge verlaufen, wenn sauer reagirende Humusstoffe gebildet werden, ist noch unbekannt. Wahrscheinlich wird die Auslaugung erheblich gesteigert und werden auch die alkalischen Erden, Kalk und Magnesia, weggeführt, während die Zersetzung der organischen Stoffe in hohem Grade verzögert wird.

d) Die Streu als Quelle des Humus.

Im Boden des Waldes, in dem eine künstliche Zufuhr organischer Stoffe nicht wie im Ackerboden bei der Düngung erfolgt, sind die Streuabfälle die einzige Quelle des Humus. Aus ihrer Zersetzung entstehen die dem Boden beigemischten organischen Reste.

Die Bedeutung des Humus als Bodenbestandtheil ist bereits zum Theil behandelt worden und findet im § 89 eine zusammenfassende Darstellung. Besonders stark werden durch einen höheren oder geringeren Gehalt an Humus die Sandböden, sowie die sehr schweren, zähen Bodenarten beeinflußt. Namentlich bei diesen letzteren kann man die Wichtigkeit einer ausreichenden Humusbeimischung kaum überschätzen. Die oft gemachte Erfahrung, daß Kalkböden, welche sich in vielen ihrer Eigenschaften den Thonböden anschließen, jedoch eine viel raschere Zersetzung der organischen Stoffe verursachen (thätig sind), sich als empfindlich gegen übertriebene Streunutzung gezeigt haben, ist wohl zum Theil auf den Mangel an neu gebildetem Humus zurückzuführen.

Auch in Sandböden macht sich Mangel an humosen Stoffen fühlbar, wenn auch nicht in gleichem Maße wie bei den genannten Böden.

Es ist auch hier, wie bereits in so vielen Fällen, auf den tiefgehenden Unterschied zwischen den Humusarten hinzuweisen. Für stark humose, zumal in feuchten Lagen befindliche Böden, wird eine fernere Anreicherung an Humusstoffen ohne Bedeutung sein; mit Rohhumus bedeckte Flächen werden durch Ablagerung neuer derartiger Bildungen mehr ungünstig als günstig beeinflußt. Der Werth der Waldstreu für die Humusbildung kann daher ein sehr großer, kann aber ebenso gut gleichgültig oder sogar negativ sein. Es kommt ganz auf die lokalen Bedingungen, die Zusammensetzung und auf das Verhalten der Bodenarten an.

e) Zusammensetzung streuberechter Böden.

Ueber die Einwirkung der Streuentnahme auf Sandböden sind mehrere Untersuchungen veröffentlicht. Alle zeigen übereinstimmend eine hochgradige Verarmung der Böden an für die Pflanzenernährung wichtigen Mineralstoffen.*)

Die Arbeiten beziehen sich auf Diluvial- und Alluvialsande, sowie Verwitterungsböden von buntem Sandstein und von Quadersandstein.

Der Verlust hatte sich auf alle Bodenbestandtheile (natürlich ausschließlich Kieselsäure) erstreckt, wenn auch die leicht löslichen am stärksten ausgeführt waren.**)

Die Untersuchungen des Verfassers, die umfassendsten, welche vorliegen, und die zugleich auch die Zusammensetzung des in Säuren unlöslichen Rückstandes des Bodens berücksichtigen, sind auf Kiefernboden V. Klasse ausgeführt, der seit 16 Jahren regelmäßig berecht wurde.

Zu Analysen wurden die verschiedenen Schichten je dreier Einschläge benutzt; es war so möglich, den mittleren Gehalt des Bodens sicher zu bestimmen und zumal die Abweichungen in der Zusammensetzung kennen zu lernen.

Der Uebersichtlichkeit halber sollen hier nur die Mengen, welche ein Hektar Boden im berechten und unberechten Zustande von den verschiedenen Mineralstoffen enthält, mitgetheilt werden.

Es enthält ein Hektar bis zu 1,5 m Tiefe an löslichen und unlöslichen Mineralstoffen (in kg):

	lösliche Stoffe unberechter Boden	berechter Boden	Gesammtgehalt berechter Boden	unberechter Boden	Verhältniß des berechten Bodens z. unberechten
Kali . .	1622	589	16380	23040	−6660
Natron .	1919	418	8325	10125	−1800
Kalk . .	853	551	4117	4747	− 630
Magnesia .	992	778	1372	1462	− 90
Eisenoxyd .	7299	5017	5130	13275	−8145
Thonerde . .	11131	9967	66307	73372	−7065
Mangan . .	558	402	765	2025	−1260
Phosphorsäure	850	898	1102	2340	−1238
Schwefelsäure . .	180	49	180	49	− 131
lösliche Kieselsäure	14830	12647	—	—	−2185
Gesammtmenge d. löslichen Stoffe	40234	31316	—	—	—
Stickstoff .	—	—	472	540	− 68

*) Literatur:

Stöckhardt, Landwirthschaftliche Versuchs-Stationen VII, S. 235 (1865).

Weber, Untersuchungen über die agronom. Statik der Waldbäume. Inaugural-Dissertation. München 1877.

Hannamann, Vereinsschrift des böhmischen Forstvereins 1881, S. 48.

Ramann, Zeitschrift für Forst- und Jagdwesen 1883, S. 577 und 633.

**) Ausführliches hierüber in des Verfassers „Waldstreu", S. 54—63.

Stellt man den Entzug an Mineralstoffen durch die Streunutzung (1850 kg Ertrag für Jahr und Hektar) mit dem Verlust des Bodens zusammen, so ergeben sich folgende Verhältnisse (in kg):

	Verlust des Bodens	Gehalt der geworbenen Streu	In der Streu ist mehr oder weniger enthalten
Kali	6660	21	— 6639
Kalk .	630	107	— 523
Magnesia. .	90	16	-- 74
Phosphorsäure .	1238	44	-- 1194
Schwefelsäure . .	131	4	— 127
lösliche Kieselsäure.	2183	168	— 2015
Stickstoff .	68	287	+ 219

Der Gesammtverlust ist daher ein sehr vielmal größerer, als dem Entzug durch die Streu entspricht. Es giebt für diese Thatsache, und alle anderen Untersuchungen führen zu demselben Resultate, nur eine Erklärung: die Mineralstoffe sind ausgewaschen und durch die Sickerwässer weggeführt worden. Der Rückgang der Böden ist daher überwiegend der auswaschenden Wirkung der atmosphärischen Gewässer zuzuschreiben. Die thatsächlich vielfach zu beobachtende schädliche Wirkung der Streunutzung auf armen Böden, die vollständige Stockung im Wuchse, läßt sich überhaupt nur durch dieses Verhalten der Sandböden erklären.

Zugleich ist auch die Verwitterung in den berechten Böden rasch voran geschritten, nicht wie zumeist angenommen wird, verlangsamt worden. Es kann auch kaum einem Zweifel unterliegen, daß die Verwitterung in streufreien Böden, die viel stärkerem Temperaturwechsel und zumeist auch der Einwirkung viel reichlicherer Wassermengen ausgesetzt sind, eine stärkere ist als auf streubedeckten.

Die geringe Auswaschung streubedeckter Sandböden erklärt sich zum großen Theil daraus, daß die atmosphärischen Niederschläge sich in der Streudecke mit löslichen Salzen beladen und den Boden nicht als reines Wasser, sondern bereits als eine schwache Salzlösung treffen. Die lösende und auswaschende Wirkung kann daher durch eine Streudecke in viel höherem Grade abgeschwächt werden, als dem Minderbetrag des zugeführten Wassers entspricht. Vergegenwärtigt man sich, daß die lösende Kraft des Wassers immer im Verhältniß zu den im Boden vorhandenen lösbaren und den bereits gelösten Salzen steht, so erklärt sich hieraus die ursprünglich fremdartig erscheinende, hochgradige Verarmung des Bodens (vergleiche Seite 141).

Reichere Bodenarten, auf denen regelmäßig Streu genutzt worden ist, sind von Councler*) und dem Verfasser untersucht.**) Die Analysen Stöckhardt's***) beziehen sich auf Blößen, welche verschieden lange aufgeforstet waren. Die Zahlen derselben sind daher für die Streufrage nicht direkt verwendbar; sie sind jedoch in voller Uebereinstimmung mit den Ergebnissen Councler's und des Verfassers.†)

Es läßt sich nach den vorliegenden Untersuchungen ein Unterschied in dem Mineralstoffgehalt geschonter und längere Zeit berechter Böden nicht nachweisen. Die Menge der Nährstoffe, welche bei der Streunutzung entzogen wird, ist zu gering, um bei dem hohen Gehalte reicherer Bodenarten durch Unterschiede in der Analyse hervortreten zu können.

Die Wasserbewegung ist zudem in Lehmböden eine ganz andere (vergleiche Seite 140) als in Sandböden, die abfließenden Sickerwässer sind erheblich geringer, und die lösende Kraft des Wassers tritt zurück.

Durch alle diese Bedingungen ist die Hauptursache der Verarmung der Sandböden, die Auswaschung, fast ohne Bedeutung für Lehmböden.††)

§ 73. 3. Einfluß der Streudecke auf die physikalischen Eigenschaften des Bodens.

Die Einwirkung der Streudecke auf die physikalischen Eigenschaften der Waldböden ist eine indirekte. Es kommt für diese die Zufuhr löslicher Salze als eine der wichtigsten Bedingungen für die Erhaltung der Krümelung des Bodens (vergl. Seite 56), sowie die abschwächende

---

*) Zeitschrift für Forst= und Jagdwesen 1885, Bd. 15, S. 121.

**) „Waldstreu" und Zeitschrift für Forst= und Jagdwesen 1890, S. 526.

***) Tharander Jahrbuch 1864, Bd. 9, S. 280.

†) Der wesentliche Inhalt der Stöckhardt'schen Arbeit ergiebt einen nahezu gleichen Gehalt des Bodens einer Blöße und einer seit 40 Jahren angeschonten Fläche, während der einer seit 30 Jahren bestandenen wesentlich höhere Werthe zeigt. Die letztere ist demnach als ursprünglich reicher und somit nicht vergleichbar auszuschließen; würde eine Veränderung des Bodens eingetreten sein, so hätte sie sich natürlich in den bereits länger bestandenen im gleichen oder erhöhtem Maße zeigen müssen. Bei Untersuchungen über die Einwirkung der Streuentnahme sind daher die Stöckhardt'schen Arbeiten nur soweit zum Vergleiche heranzuziehen, als sie anderen zur Stütze dienen können, selbstständig können sie nur beweisen, daß durch Aufforstung eines Lehmbodens in etwa 40 Jahren merkbare Veränderungen in der chemischen Zusammensetzung des Bodens nicht eingetreten sind.

††) Hierauf, sowie auf das Verhalten des Bestandes und nicht „fast ausschließlich auf die Bodenanalyse", wie Professor Ebermayer (Allgemeine Forst= und Jagdzeitung 1890, S. 168) meint, habe ich die Anschauung gegründet, daß reichere Bodenarten, zumal Lehmböden, eine mäßige Streuentnahme ertragen können. Die Analyse der Böden hat nur die Richtigkeit jener Angaben erwiesen, wie sie einen Anhalt bietet, die Erschöpfbarkeit der Böden durch Streunutzung zu beurtheilen.

Wirkung auf die Faktoren, welche ſie zerſtören, in Frage. Wie Wollny nachgewieſen hat (Seite 261), vermag eine Bodenbedeckung die Locker-heit des Bodens nicht hervorzurufen, wohl aber ſie in hohem Grade zu erhalten: dasſelbe gilt für die Waldſtreu.

Unterſuchungen des Verfaſſers*) zeigten, daß auf armen Sand-böden mit der Streuentnahme eine nachweisbare Verdichtung des Bodens verbunden iſt. Das Porenvolumen war oft um mehrere Procent ge-ringer geworden: ſchon äußerlich machte ſich dies durch größere Feſtig-keit des Bodens bemerkbar. Auf den beſſeren Sandböden trat dieſe Erſcheinung weniger hervor.

Beſonders empfindlich ſind ſehr zähe, feſte Thon- und Lehmböden, die, einmal ausgetrocknet, zu feſten, ſchwer zertrennbaren Stücken zu-ſammenbacken. Dieſe feſte Lagerung des Bodens, das „tennenartige Feſtwerden der Oberfläche" iſt eine der am leichteſten bemerkbaren Eigenſchaften übertrieben berechter Waldflächen und wird mit Recht als die ungünſtigſte Beeinfluſſung reicherer Böden empfunden. Zumal wird hierdurch die Durchlüftung des Bodens und das Eindringen des Waſſers erſchwert, außerdem die Verdunſtung durch die dichte Lage-rung erhöht.

Die Bodenverdichtung iſt in erſter Linie auf die mechaniſche Wir-kung des fallenden Regens zurück zu führen.**) Hierdurch wird auch in Böden, deren Reichthum an Mineralſtoffen die Streuentnahme zu-laſſen würde, die phyſikaliſche Beſchaffenheit unter Umſtänden ſo un-günſtig beeinflußt, daß hierin ein weſentlicher Schaden begründet iſt.

Eine fernere phyſikaliſche Wirkung der Streudecke liegt in dem mechaniſchen Widerſtande, welchen ſie dem Abfluß des Waſſers entgegen-ſtellt. Zumal an Gehängen macht ſich dies geltend. Am vortheil-hafteſten wirkt hierfür eine lebende Bodendecke; Gras oder Mooſe ſind im Stande, die Geſchwindigkeit des Waſſerabfluſſes ſtark zu ermäßigen; weniger gilt dies für Laub- oder Nadeldecken, aber auch dieſe bieten immerhin noch zahlreiche Haltepunkte für das abrinnende Waſſer. (Vergleiche Seite 148: „Wildbäche".)

§ 74. 4. Baumarten.

Der Unterſchied zwiſchen Laub- und Nadelhölzern macht ſich auch in Bezug auf die Wichtigkeit der Streudecke geltend.

Die Laubhölzer ſind während eines großen Theiles des Jahres ohne Blätter, Regen vermag dann direkt den Boden zu treffen. Die phyſikaliſchen Veränderungen des Bodens, ſoweit ſie eine mechaniſche Wirkung des fallenden Regens ſind, müſſen ſich daher bei Laubhölzern

---

*) „Waldſtreu", S. 63.
**) Ebermayer, Die Lehre der Waldſtreu, S. 191: Wollny, an vielen Orten.

sehr viel früher und stärker bemerkbar machen, als bei den winter=
grünen Nadelhölzern. Hierauf beruht es wohl zum Theil, daß Buchen=
bestände gegen Streuentnahme viel empfindlicher sind, als Nadelhölzer.

§ 75. 5. Die Wirkung der Streuentnahme.

Die Wirkung der Streunutzung gestaltet sich äußerst verschieden, je
nach den Verhältnissen des Bodens und dessen Lage, dem Bestande
und der Häufigkeit der Entnahme der Bodendecke.

Jede fortgesetzte und jährlich wiederkehrende Streu=
nutzung muß früher oder später zu einer Erschöpfung des
Bodens an mineralischen Nährstoffen und zu einer ungünstigen
physikalischen Veränderung des Bodens führen.

Auf armen Böden tritt dies am schnellsten ein, da zumal in Sand=
böden die Bedingungen der ungünstigen Beeinflussung im gesteigerten
Maße vorhanden sind. Auf reicheren Bodenarten kann Streuentnahme
längere Zeit ohne bemerkbare Veränderung des Bodens stattfinden,
und bei selten wiederkehrender Streunutzung kann diese überhaupt un=
bemerkbar bleiben.

Jedenfalls haben die bisherigen Arbeiten übereinstimmend nach=
gewiesen, daß eine richtig geführte Bodenuntersuchung ein sicheres Mittel
ist, eine etwaige Bodenverschlechterung durch Streuentnahme festzustellen.
Von besonderer Wichtigkeit ist dabei, daß Bodenveränderungen sich
früher bemerkbar machen, als Zuwachsrückgänge im Bestand auftreten.
Zeigt sich der Boden im gleichen Zustande mit den unberechten Flächen,
so wird man auch im Bestande vergeblich nach ungünstigen Aende=
rungen suchen; wohl aber brauchen die letzteren noch nicht hervor zu
treten, während beim Boden schon die ersten Andeutungen des Rück=
ganges sich zeigen. Die Bodenuntersuchung ist daher ein Maßstab für
die Einwirkung der Streuentnahme.

Bei der Entscheidung über Zulässigkeit oder Unzulässigkeit der
Streuentnahme sind daher folgende Punkte zu beachten:

1. Aermere Bodenarten sind thunlichst auszuschließen.
2. An Hängen soll die Wegnahme der Streu, wenn irgend mög=
   lich, nur in horizontalen Streifen geschehen.
3. Bei Laubhölzern wirkt die Streuentnahme durch den viel
   höheren Bedarf der Holzarten an Nährstoffen und die mecha=
   nische Veränderung des nackten Bodens viel stärker ein, als
   bei Nadelhölzern. Die Streuentnahme ist daher thunlichst auf
   die Zeit vor dem Blattabfall zu beschränken.
4. Die im Bestand vorhandene Humusform ist zu berücksichtigen.
   Rohhumusansammlungen (vergleiche Seite 234 und folgende)
   sind schädlich für den Boden und Bestand; die Entfernung der=
   selben, zumal kurz vor dem Abtriebe, ist vortheilhaft.

5. Die lokalen Verhältnisse und das Verhalten des Bodens ist zu berücksichtigen. Kleine Versuchsflächen geben hierüber Auskunft. Die Streuentnahme kann auf einer Bodenart ohne Bedenken erfolgen, während sie auf einer anderen schädlich ist.

6. Exponirte Lagen, Waldränder, West- und Südhänge sind thunlichst von der Streuentnahme auszuschließen.

7. Die Streuentnahme ist auf Bestände zu beschränken, welche das mittlere Lebensalter überschritten haben, also nicht mehr das Maximum des Bedarfs an Mineralstoffen aufweisen.

8. Sehr flachgründige und andererseits sehr schwere, zähe Bodenarten sind von der Streunutzung auszuschließen.

Die Wirkung der Streuentnahme auf den Holzbestand ist vielfach ein Gegenstand der Untersuchung gewesen.*) Es kann hier nicht der Ort sein, auf diese Verhältnisse einzugehen; für mittlere bis bessere Bestände ist aber wohl die schädigende Einwirkung sehr überschätzt worden.

Ueber diese Verhältnisse werden erst die Aufnahmen der zahlreich angelegten Streuversuchsflächen sichere Auskunft geben. Erst wenn diese für alle oder thunlichst alle vorliegen, wird ein Urtheil möglich sein.**)

---

*) Literatur in: Danckelmann, Ablösung der Waldgrundgerechtigkeiten III. Tabelle 24.

**) Die in der letzten Zusammenstellung gegebenen Anschauungen sind der wesentliche Inhalt der „Waldstreu u. s. w." des Verfassers, wo zugleich eine eingehendere Begründung gegeben ist, als es hier möglich war. Im Laufe der letzten Jahre sind für den Verfasser als neuer Erwerb hinzugekommen die Erkenntniß der größeren Empfindlichkeit der Laubhölzer und die Bedeutung lokaler, generell nicht vorher zu bestimmender Einflüsse.

Es mag mir erlaubt sein, hier noch einiges hinzuzufügen, was der Veröffentlichung meiner Schrift über Waldstreu vorausgegangen ist.

Ich habe, genau wie die Meisten, die Anschauung über die absolute Schädlichkeit der Streuentnahme getheilt, und wenn ich einen Wagen voll Streu sah, gedacht: „da geht die Kraft des Waldes hin". Wenn ich dann schrittweise zu der Ueberzeugung gekommen bin, daß die Schäden der Streunutzung in vielen Fällen weit übertrieben worden sind, so ist dies ein Produkt fortschreitender wissenschaftlicher Arbeit gewesen. Nachdem ich dies erkannt hatte, habe ich keinen Augenblick gezögert, damit hervorzutreten. Ich wußte genau, daß ich mir damit ein Heer von Gegnern zuziehen und voraussichtlich mir selbst wenigstens nicht nutzen würde. Wenn Jemand mit dem vollen Bewußtsein der Folgen in solcher Weise handelt, einfach weil er glaubt, der Gesammtheit damit einen Dienst zu leisten, so sollten ihm wenigstens persönliche Verunglimpfungen erspart bleiben.

Ich habe mich fortdauernd bemüht, hinzuzulernen, habe aber bisher keine Ursache gefunden, die Meinung, daß eine maßvoll geübte Streuentnahme in vielen Fällen ohne Bedenken erfolgen kann, zu ändern.

XI. Die Lage des Bodens.

———

§ 76. Exposition und Inklination.

Die Lage einer Fläche in ihrer Beziehung zur Himmelsrichtung bezeichnet man als die Exposition derselben.

Man unterscheidet demnach östliche, südliche, westliche Exposition oder Exposition gegen Osten, Süden u. s. w.

Unter Inklination versteht man die Neigung einer Fläche gegen die Erdoberfläche und mißt sie nach dem Winkel, welchen sie mit dieser bildet.

Die Exposition und Inklination sind für den forstlichen Betrieb von höherer Bedeutung, als für den landwirthschaftlichen, da Waldbau noch bei Neigungen des Geländes getrieben werden kann, welche einen lohnenden Landbau nicht mehr zulassen.

Von der Lage einer Fläche ist die Bestrahlung durch die Sonne wesentlich abhängig. Die Stärke derselben und damit der Einfluß auf Erwärmung und Verdunstung findet man am besten, indem man die Zeitdauer der Bestrahlung mit der Intensität der Bestrahlung multiplicirt. Erst hierdurch treten die großen Unterschiede in den Jahreszeiten und auch in den Ortslagen hervor.

In der folgenden Tabelle sind die Verhältnisse für die Polhöhe von München für ebene Flächen, sowie für Gehänge mit einer Neigung von 10°, 20° und 30° angegeben, für welche die umständliche Berechnung bereits ausgeführt ist.*)

———

*) Eser, Forschungen der Agrikulturphysik Bd. 7, S. 100.

Als Einheit ist die Wirkung einer einstündigen senkrechten Bestrahlung angenommen.

Monat	Datum	Ebene	Exposition								
			gegen Süd			gegen Ost u. West			gegen Nord		
			Neigung			Neigung			Neigung		
			10°	20°	30°	10°	20°	30°	10°	20°	30°
Januar	1.	1,73	2,88	3,94	4,88	1,77	1,86	1,95	0,63	0,00	0,00
Februar	10.	2,92	4,08	5,11	5,98	2,96	3,03	3,11	1,71	0,57	0,00
März	1.	3,92	5,00	5,92	6,67	3,95	4,00	4,05	2,74	1,50	0,33
April	10.	6,34	7,01	7,47	7,71	6,33	6,30	6,24	5,49	4,47	3,31
Mai	10.	7,87	8,15	8,22	8,08	7,83	7,73	7,57	7,38	6,68	5,77
„	20.	8,24	8,41	8,38	8,15	8,19	8,08	7,89	7,87	7,26	6,42
„	30.	8,53	8,60	8,50	8,18	8,47	8,34	8,13	8,24	7,71	6,94
Juni	10.	8,72	8,74	8,57	8,21	8,67	8,52	8,29	8,50	8,03	7,31
„	20.	8,79	8,79	8,59	8,21	8,72	8,58	8,36	8,59	8,14	7,44
„	30.	8,75	8,76	8,58	8,21	8,69	8,55	8,32	8,54	8,07	7,36
Juli	10.	8,60	8,65	8,53	8,19	8,55	8,41	8,20	8,35	7,84	7,08
„	20.	8,36	8,49	8,43	8,16	8,31	8,18	7,99	8,02	7,44	6,63
„	30.	8,02	8,25	8,29	8,11	7,98	7,87	7,70	7,58	6,91	6,03
August	10.	7,55	7,92	8,08	8,03	7,53	7,44	7,30	6,99	6,21	5,24
„	20.	7,56	7,56	7,85	7,92	7,04	6,98	6,88	6,37	5,48	4,43
„	30.	7,06	7,15	7,57	7,77	6,50	6,87	6,40	5,71	4,72	3,58
September	10.	6,52	6,64	7,21	7,56	5,88	5,87	5,83	4,94	3,85	2,64
„	20.	5,88	6,16	6,85	7,33	5,28	5,29	5,23	4,24	3,07	1,81
Oktober	10.	4,08	5,15	6,04	6,76	4,09	4,15	4,19	2,90	1,66	0,45
November	10.	2,53	3,70	4,75	5,66	2,56	2,63	2,73	1,34	0,29	0,00
December	10.	1,74	2,89	3,96	4,89	1,78	1,87	1,97	0,64	0,00	0,00
„	20.	1,68	2,82	3,88	4,82	1,72	1,80	1,89	0,59	0,00	0,00

Die Stärke der Bestrahlung ist also eine wechselnde. Im Winterhalbjahr ist sie für die südlichen Neigungen am höchsten (daher die oft beobachtete Thatsache, daß an Südhängen der Schnee bereits bei sonnigen, aber sonst noch kalten Tagen abschmilzt), hierauf folgen die Ost- und Westhänge, die Ebene und zuletzt die Nordseiten.

Im Sommerhalbjahr erhalten die Südhänge, die über 10° geneigt sind, weniger Besonnung, als eine eben gelegene Fläche, ähnliches gilt für die Ost- und Westseiten.

Ost- und Westseiten erhalten im Winterhalbjahr um so mehr Bestrahlung, je stärker ihre Neigung ist, für die Südhänge gilt dies noch zum großen Theil für das Sommerhalbjahr.

Die Verhältnisse für Temperatur und Feuchtigkeitsgehalt, beziehentlich Verdunstung, sind von der Sonnenbestrahlung und von den herrschenden Winden abhängig.*)

Der Wassergehalt im Boden ist bei gleicher Neigung des Geländes in Bezug auf die Himmelsrichtung (nach den Untersuchungen
Wollny's) auf der Südseite am geringsten, es folgen dann die Ostseite
und die Westseite, während die Nordseite am feuchtesten ist.

Die Unterschiede sind in bedeckten Böden, zumal bei Grasbedeckung,
größer, als in brachen Böden, wenn auch die Vertheilung des Wassers
eine gleichsinnige ist.

Bei verschiedener Neigung der Gehänge ist der Wassergehalt um
so höher, je geringer der Neigungswinkel ist. Hierbei ist die Menge
des oberflächlich abfließenden Wassers maßgebend, da die direkte Verdunstung bei stärkerer Neigung der Gehänge vermindert wird.

Die Bodentemperatur ist von der Bestrahlung und dem Wassergehalt des Bodens abhängig. Trockener Boden erwärmt sich rascher
als feuchter, dessen Verdunstung zugleich Wärme bindet; die Abkühlung
erfolgt jedoch im entgegengesetzten Verhältniß.

Die mittlere Temperatur bei verschiedener Exposition ordnet sich
(nach Kerner) von der wärmsten (SW.) zur kältesten (N.) in folgender Reihe:

SW., S., SO., W., O., NO., NW., N.

Südost und Südwest unterscheiden sich also nicht unerheblich von
einander. Als Grund für die höhere Temperatur der letzteren Lagen
nimmt man die am Nachmittage geringere relative Feuchtigkeit (und
die dadurch verminderte Absorption der Sonnenstrahlen) oder wahr-
scheinlicher an, daß die Westseite bereits bis zu einem gewissen Grade
vorgewärmt ist, wenn sie von der Sonne getroffen wird, und anderseits
durch Verdunstung von Thauniederschlägen auf der Ostseite Wärme gebunden wird.

Wollny faßt seine Beobachtungen in folgenden Sätzen zusammen:

Die südlichen Hänge sind am wärmsten, dann folgt die Ostseite,
die Westseite und zuletzt die Nordseite.

Die Südhänge sind um so wärmer, die Nordseiten um so kälter,
je größer die Neigung derselben ist. Ost- und Westseiten stehen zwischen
beiden.

---

*) Literatur:

Kerner, Zeitschrift der österreichischen Gesellschaft für Meteorologie, Bd. 6, Heft 5,
    S. 65. 1871.
Eser, Forschungen der Agrikulturphysik, Bd. 7, S. 100.
Wollny, Forschungen der Agrikulturphysik, I, S. 263; VI, S. 377; IX, S. 1;
    X, S. 1.

Von verschiedenen Beobachtern ist im Laufe des Jahres eine Wanderung der Maximaltemperatur von einem Gehänge zum anderen beobachtet worden. Die aufgestellten Regeln gelten daher nicht unter allen Umständen. Im Gebiete von Innsbruck war das Maximum der Temperatur vom November bis April auf der Südwestseite, vom Mai bis August auf der Südostseite, September und Oktober auf der Südseite. Es scheint dies von den herrschenden Winden abzuhängen.

Alle diese Beobachtungen sind auf einem kleinen Hügel oder von Wollny auf Versuchshügeln von wenigen Kubikmetern Inhalt gemacht worden. Die Arbeiten des letzteren galten überwiegend dem Studium der Kulturmaßregeln (Rabatten u. s. w. siehe § 105).

Wie sich die Verhältnisse an ganzen Berglehnen gestalten und wie stark die Unterschiede bei solchen hervortreten, darüber liegen Unter= suchungen nicht vor.

Es ist wahrscheinlich, daß die bisher besprochenen Verhältnisse auch dort sich geltend machen, aber in einem der großen Ausdehnung der einzelnen Flächen entsprechend höherem Grade.

Unterschiede im Wassergehalte des Bodens (Diluvialsand) bei mäßiger Neigung (durchschnittlich 5—6°) konnte Verfasser bei einem Nordwesthang während der Vegetationszeit nicht auffinden,*) wohl aber traten sie bei einzelnen vorspringenden Kuppen oder schmalen Hügel= streifen deutlich hervor, die oft erheblich geringere Feuchtigkeit, und zwar bis in größere Tiefe, zeigten.

Im forstlichen Betriebe macht sich der Unterschied zwischen der verschiedenen Exposition und der Neigung des Geländes stark bemerkbar. Jedoch wirkt hierbei die herrschende Windrichtung im hohen Grade ein.

Im württembergischen Schwarzwalde z. B. herrscht nach Graf von Uexküll**) die Tanne in den ebenen Lagen und auf den West= und Nordseiten, fehlt jedoch, sobald die Neigung mehr als 3° beträgt, im Süden, Südwesten und Westen, wo dann die Kiefer auftritt. Auf dem Buntsandstein wechselt die Bonität oft so erheblich, daß die Süd= und Südostseiten sich zu den Nordseiten verhalten wie IV : II. Auf diesen finden sich Schattenhölzer mit Himbeeren, Farren und Pulverholz als Bodenbestand; in jenen Kiefer mit einer Bodendecke von Heide und Heidelbeere.***)

Als Regeln, die um so mehr Geltung gewinnen, je ärmer die Bodenverhältnisse an sich sind, können für das Verhalten der verschiedenen Hänge in unseren Gebieten die folgenden aufgestellt werden:

---

*) Forschungen der Agrikulturphysik Bd. 11, S. 320.
**) von Uexküll=Gyllenband, Monatsschrift für Forst= und Jagdwesen 1877, S. 15.
***) Dr. Walther, Allgemeine Forst= und Jagdzeitung 1891, S. 412.

Die Ostseiten sind, zumal in etwas geschützter Lage, die günstigsten für den Holzwuchs.

Die Südseiten sind wärmer und trockener. Im Hügellande sind sie dadurch wesentlich geringwerthiger, in Hochlagen oft günstiger für den Holzwuchs, aber durch das frühe Erwachen der Vegetation Spätfrösten stark ausgesetzt.

Die Südwestseiten erwärmen sich sehr stark und sind dem Winde ausgesetzt. Sie bilden die ungünstigsten Lagen.

Die Westseiten sind dem Winde stark ausgesetzt, aber meist besser als die Südwestseiten, da die Erwärmung eine geringere ist.

Die Nordseiten gehören meist zu den besseren Lagen, leiden aber im Hochgebirge und in schmal eingeschnittenen Thälern unter mangelnder Erwärmung.

Die normale Humusbildung (beziehungsweise die Verwesung der Pflanzenreste) erfolgt am besten auf genügend erwärmtem und mittelfeuchtem Gelände. Die stark austrocknenden Süd- und Westseiten neigen durch den Mangel an Feuchtigkeit zur Bildung von Rohhumus und der ihr folgenden Vegetation von Heide und Beerkräutern; die Nordseiten neigen in geschlossenen Lagen durch den Mangel an Wärme ebenfalls zur Rohhumusbildung, die hier leicht zu einer Versumpfung des Bodens und Bedeckung mit Torfmoosen und ihren Verwandten führen kann.

Die Stärke der Neigung einer Fläche giebt man genau durch ihren Neigungswinkel an. In der Praxis begnügt man sich mit folgenden Bezeichnungen:

eben oder fast eben . . . bis zu 5⁰ Neigung
sanft oder schwach geneigt . 5—10⁰ „
lehn . . . . 10—20⁰ „
steiler Abhang . 20—30⁰ „

Bei Neigungen über 30⁰ ist ein regelmäßiger Waldbau nur unter besonders günstigen Verhältnissen möglich; man unterscheidet:

sehr steilen oder schroffen
Abhang . . . . 30—45⁰ Neigung
Felsabsturz über 45⁰ „

Einfluß des Windes.

Die Einwirkung der Winde richtet sich nach Stärke und Dauer der Luftbewegung.

Nach den Angaben von Köppen*) sind im Laufe der Jahre von 1876—1887 Stürme (Windstärke von 8—12 der Beaufort'schen Skala) aus folgenden Windrichtungen in Mitteldeutschland aufgetreten:

*) Meteorologische Zeitschrift VI, S. 114 (1889).

	N	NO	O	SO	S	SW	W	NW
Winter .	6	5	4	2	17	54	78	33
Frühling	9	6	10	6	13	26	44	45
Sommer	1	0	1	1	7	17	25	16
Herbst .	2	0	5	3	15	28	45	7
Jahr	18	11	20	11	51	124	191	90

Die Stürme vertheilen sich procentisch nach den einzelnen Richtungen:

	N	NO	O	SO	S	SW	W	NW
Winter .	1,2	0,9	0,8	0,4	3,3	10,5	15,0	6,4
Frühling .	1,7	1,2	1,8	1,2	2,5	5,0	8,5	6,7
Sommer .	0,2	0,0	0,2	0,1	1,3	3,2	4,9	3,0
Herbst .	0,4	0,0	1,0	0,5	2,8	5,2	8,7	1,3
Jahr .	3,5	2,1	3,8	2,2	9,9	24,0	37,1	17,4

Eine viel allgemeinere Wirkung übt der durchschnittlich herr=
schende Wind auf die ihm ausgesetzten Waldungen aus und macht
sich namentlich an den Bestandsrändern geltend.

Westwinde sind in unseren Gebieten vorherrschend; am schärfsten
zeigen sie ihre Wirkung in der Nähe der See, wo sie am häufigsten
und heftigsten auftreten.

Auf der cimbrischen Halbinsel sind besonders ausgezeichnete Bei=
spiele der Windwirkung zu beobachten. Oft ist der Westrand des Be=
standes von Krüppelwüchsen und Stockausschlägen bereits abgestorbener
Bäume umgeben. Die ersten noch vorhandenen Stämme sind in der
Richtung des Westwindes geschoben, hervorragende Aeste abgestorben
und erst allmählich, mehr oder weniger weit vom Bestandesrande ent=
fernt, erreicht der Wald die normale Ausformung und Höhe. Vom
Süden oder Norden gesehen, bieten die Randbestände das Bild eines
allmählichen Ansteigens der Baumhöhe von Westen nach Osten.

Aehnliche Erscheinungen machen sich überall, wenn auch nicht in
so ausgesprochenem Maße, in der Richtung des vorherrschenden Windes
an den Waldgrenzen bemerkbar. Fehlt eine schützende Umgebung, so
wird das fallende Laub vielfach verweht und sammelt sich in Ver=
tiefungen oder Stellen an, welche der Windbewegung Widerstand ent=
gegensetzen. Noch wichtiger ist die gesteigerte Zersetzung aller orga=
nischen Abfallstoffe, welche unter dem Einfluß des weniger dichten
Bestandsschlusses und der dadurch bewirkten stärkeren Durchlüftung und
höheren Erwärmung des Bodens eintritt. Zumal in Laubwaldungen
macht sich dies geltend.

Der Boden wird bloß gelegt und ähnlich und in oft viel höherem
Grade wie bei übertriebener Streunutzung (vergleiche § 72) wird die
Krümelstruktur der Bodentheile zerstört, und alle damit in Verbindung
stehenden Mißstände der Aushagerung machen sich geltend.

Ramann. 19

In Bezug auf die Windrichtung ist die Dauer und die Stärke der Winde von Wichtigkeit, sowie in welche Jahreszeit die hauptsächlich vorherrschende Windrichtung fällt.

Im Durchschnitt hat der Winter und Frühling für den größten Theil unseres Gebietes reichliche und zum Theil sogar überwiegende Luftbewegung aus der östlichen Hälfte der Windrose, während im Sommer und Herbst die Westwinde vorherrschen. Gleichzeitig sind die letzteren durchschnittlich von höherer Intensität.

Um die Windwirkung zu messen, thut man gut, die bewegte Luft in Meter pro Sekunde anzugeben, d. h. in der Luftgeschwindigkeit, welche im Durchschnitt für jede Sekunde geherrscht hat. Es ergiebt sich dann oft, daß die über eine Fläche wegströmende Luftschicht auch bei weniger lang andauernden Winden höherer Stärke eine beträchtlichere ist. Da die austrocknende Wirkung nun bei gleicher Luftfeuchtigkeit zunächst von der überströmenden Luftmasse abhängig ist, so wird hieraus (zumal bei der höheren Temperatur, welche sie mit sich bringen) die schädigende Wirkung der Westwinde verständlich.

Zusammenstellungen aus dem Binnenlande fehlen noch. Für die Seeküste geben die Untersuchungen van Bebber's*) Gelegenheit, ein Bild der Verhältnisse zu erlangen. Als Beispiel sind die Windverhältnisse, wie sie aus dreimaligen täglichen Beobachtungen sich in Borkum, Hamburg und Neufahrwasser ergeben, herangezogen.

In den Jahren von 1878 bis 1883 sind folgende Windrichtungen und Stärken beobachtet. Die Angaben sind absolute fünfjährige Zahlen; als östliche Winde sind alle von N. bis SSO. als westliche alle von S. bis NNW. wehenden zusammengefaßt.

Borkum:

		Anzahl der Tage	Windstärke in Meter pro Sekunde
Im Winter .	östliche Windrichtung .	305	5,7
	westliche „	319	6,1
Im Frühling .	östliche Windrichtung .	368	6,27
	westliche „ .	273	5,7
Im Sommer .	östliche Windrichtung .	178	4,56
	westliche „ .	363	5,51
Im Herbst .	östliche Windrichtung .	181	5,51
	westliche „	327	5,89

Die über eine Fläche streichende Luftmenge verhält sich demnach in Bezug auf östliche und westliche Richtung:

*) Archiv der deutschen Seewarte 1891. Nach den dortigen Angaben vom Verfasser umgerechnet.

	Ost : West	Ost : West
Im Winter	wie 1739 : 1946	1 : 1,12
Im Frühling .	„ 2307 : 1556	1 : 0,68
Im Sommer .	„ 812 : 2000 =	1 : 2,46
Im Herbst	„ 997 : 1926 =	1 : 1,93
Im Winter und Frühling .	„ 4046 : 3502	1 : 0,87
Im Sommer und Herbst .	„ 1809 : 3906 -	1 : 2,17
Im Jahre	„ 5855 : 7428 =	1 : 1,27

Hamburg:

			Anzahl der Tage	Windstärke in Meter pro Sekunde
Im Winter .	{	östliche Windrichtung .	229	5,95
		westliche „ .	358	6,16
Im Frühling .	{	östliche Windrichtung .	278	5,31
		westliche „	264	6,05
Im Sommer .	{	östliche Windrichtung .	170	4,50
		westliche „ .	308	6,90
Im Herbst .	{	östliche Windrichtung .	218	4,68
		westliche „	308	6,19

Die über eine Fläche streichende Luftmenge verhält sich demnach in Bezug auf östliche und westliche Richtung:

	Ost : West	Ost : West
Im Winter .	wie 1363 : 2205 =	1 : 1,62
Im Frühling .	„ 1476 : 1597 =	1 : 1,08
Im Sommer . .	„ 765 : 2125 =	1 : 2,78
Im Herbst	„ 1020 : 1907 =	1 : 1,87
Im Winter und Frühling .	„ 2839 : 3802 - -	1 : 1,34
Im Sommer und Herbst .	„ 1785 : 4032 =	1 : 2,26
Im Jahre .	„ 4624 : 7834 =	1 : 1,70

Neufahrwasser:

			Anzahl der Tage	Windstärke in Meter pro Sekunde
Im Winter .	{	östliche Windrichtung .	152	4,79
		westliche „	358	5,43
Im Frühling .	{	östliche Windrichtung .	274	4,07
		westliche „ .	244	5,51
Im Sommer .	{	östliche Windrichtung .	227	3,44
		westliche „	295	4,59
Im Herbst .	{	östliche Windrichtung .	198	4,59
		westliche „	323	5,09

19*

Die über eine Fläche streichende Luftmenge verhält sich demnach
in Bezug auf östliche und westliche Richtung:

		Ost : West	Ost : West
Im Winter .	wie	708 : 1944	= 1 : 2,74
Im Frühling .	„	1115 : 1344	= 1 : 1,20
Im Sommer .	„	781 : 1354	= 1 : 1,73
Im Herbst	„	909 : 1644	= 1 : 1,81
Im Winter und Frühling .	„	1823 : 3288	= 1 : 1,80
Im Sommer und Herbst .	„	1690 : 2998	= 1 : 1,77
Im Jahre	„	3513 : 6286	= 1 : 1,80

In den gewählten Beispielen verhalten sich demnach die Anzahl
Tage mit östlichen und westlichen Winden während eines Jahres:

		Ost : West
In Borkum .	wie	1 : 1,50
In Hamburg .	„	1 : 1.38
In Neujahrwasser .	„	1 : 1,44

Die Windstärken:

		Ost : West
In Borkum .	wie	1 : 1,27
In Hamburg .	„	1 : 1,70
In Neujahrwasser .	„	1 : 1,80

Es tritt also ein Ueberwiegen der westlichen Winde in den östlichen Gebietstheilen, wenigstens in Bezug auf Stärke, hervor. Wenn
in diesen trotzdem die Einwirkung der Westwinde auf die Waldbestände
ein mäßiger ist, ja sogar eine stärkere Einwirkung der Ostwinde sich
geltend macht, so kann die Ursache nur in der Jahreszeit, in
welcher verschiedene Windrichtungen vorherrschen, zu suchen sein. Aus
den umstehenden Zahlen ergiebt sich nun ohne weiteres, daß im Westen
die Winde westlicher Richtung im Sommer und Herbst ganz entschieden
vorherrschen, während dies in den östlichen Gebietstheilen lange nicht
in dem gleichen Maße der Fall ist. Die Windwirkung ist daher
in hervorragendem Maße von den Winden abhängig, welche
in der wärmeren Jahreszeit herrschend sind.

Einzelne Ortslagen.

Im forstlichen Betrieb unterscheidet man noch folgende Lagen:
Ueberragende Hochlage. Einzelne Berge überragen die benachbarten Gebiete. Solche Höhen sind natürlich den Angriffen des
Windes überall ausgesetzt. In den Senkungen bilden sich oft Rohhumusablagerungen.

Geschützte Hochlage. Gebirgslagen, welche durch benachbartes höheres Gelände geschützt und zumal den Winden weniger zugänglich sind. Verschlossene Tieflage. Die tiefliegenden Theile schmaler, zumal gegen Norden geöffneter Thäler, und allseitig oder nahezu geschlossener Einsenkungen. Die niedere herrschende Temperatur verzögert die Zersetzung der Abfallreste und führt leicht zu Versumpfungen. Ist die Luftbewegung gehemmt und können zumal die durch Ausstrahlung erkalteten unteren Luftschichten nicht abfließen, so sind diese Gebiete den Spätfrösten stark ausgesetzt und werden dann zu ausgesprochenen Frostlagen. An solchen Stellen, die, wenn sie nur geringen Umfang besitzen, als Frostlöcher bezeichnet werden, kann die Temperatur oft erheblich unter die der umgebenden Gebiete sinken. So beobachtete Krutsch*) Unterschiede von 3—4° gegenüber nur 5—6 in höheren benachbarten Gebieten.

XII. Pflanzenernährung und Pflanzengifte.

Die Entwickelung der Pflanzen ist von einer Reihe äußerer Bedingungen abhängig. Je nach Art und Individuum sind die Forderungen, welche die Pflanze stellt, verschieden und schwanken innerhalb ziemlich weiter Grenzen; alle aber stellen gewisse Forderungen, ohne deren Befriedigung die Lebensprocesse überhaupt nicht oder nur in unzureichendem Maße stattfinden können. Diese Bedingungen sind theils physikalische, theils chemische. Zu den ersteren gehören eine ausreichend hohe Temperatur und genügende Lichtwirkung, zu den letzteren die Gegenwart von allen Nährstoffen, welche die Pflanze bedarf. Die Temperatur und ihre Vertheilung im Laufe des Jahres, sowie die Luftfeuchtigkeit (Nebelbildung u. s. w. sind davon abhängig) sind die Hauptfaktoren des Klimas einer Gegend. Diejenigen Gebiete, welche diese Faktoren für die Entwickelung einer Pflanzenart in vollkommenster Weise besitzen, bilden das Optimum der Verbreitung der betreffenden Art.**) Die in der Natur vorhandene Vertheilung der Pflanzenarten beruht hierauf in hervorragender Weise, wenngleich die Beschaffenheit des Bodens wie individuelle Eigenschaften der Pflanzenarten gleichzeitig und gleichwerthig einwirken.***)

---

*) Tharander Jahrbücher. Jubelband 1866. S. 106.
**) Mayr, Die Wälder Nordamerikas.
***) Aus dieser gleichzeitigen und je nach den lokalen Umständen abweichenden Bedeutung der einzelnen Bedingungen erklären sich auch die weit aus einander gehenden Meinungen der einzelnen Forscher über den Werth und den Einfluß jeder

Die folgende Zusammenstellung der wichtigsten Bedingungen der Pflanzenentwickelung berücksichtigt nur die Chlorophyllpflanzen und eingehend die nord- und mitteleuropäischen Waldbäume. Die in vielen Beziehungen abweichenden Verhältnisse der chlorophyllfreien Pflanzen bedürfen hier keiner Besprechung.

§ 77. I. Die physikalischen Bedingungen des Pflanzenwuchses.

Die physikalischen Bedingungen der Pflanzenentwickelung sind eine bestimmte Höhe der Temperatur und genügender Lichteinfall.

1. Die Temperatur.

Jede Pflanze beginnt ihre Lebensthätigkeit, sowohl in Bezug auf Wurzelthätigkeit wie auch auf Zelltheilung und Assimilation, bei einer bestimmten, für die einzelnen Arten und Gattungen verschiedenen Temperatur. Man bezeichnet den entsprechenden Wärmegrad als das Temperaturminimum der Pflanze. Für viele Arten unserer Gebiete liegt dies bei Temperaturen von einigen Graden über Null, wenngleich einzelne Processe schon bei Null Grad und, sofern der Zellsaft nicht gefriert, selbst noch unterhalb dieser Temperatur verlaufen können. Eine merkbare Lebensthätigkeit unserer meisten Waldbäume beginnt im Frühlinge bei etwa 6—8°; für viele den wärmeren Klimaten angehörige Pflanzen erst bei viel höheren Temperaturen.

Mit der Temperaturzunahme steigert sich die Kraft der Lebensprocesse, bis sie den höchsten Stand beim Temperaturoptimum der betreffenden Pflanze erreicht, um darüber hinaus entweder durch Ertödtung der Pflanze oder durch Ueberwiegen der Zersetzungsvorgänge im Pflanzenkörper (Athmung und dergleichen) rasch abzunehmen.

Für die Bäume unserer Klimate wird das Optimum der Temperatur wahrscheinlich auf wärmeren Standorten für einzelne Arten (Fichte, Tanne) überschritten; für andere (Eiche) auf kühleren nicht erreicht.

der wechselnden äußeren Einwirkungen, soweit diese nicht, wie z. B. der Wassergehalt des Bodens, Temperaturzonen und dergleichen, unmittelbar bemerkbar sind. Es würde keine unlohnende Aufgabe sein, einmal die mannigfaltigen Anschauungen, welche in Bezug auf chemische Zusammensetzung und physikalische Beschaffenheit des Bodens, Fähigkeit der Pflanzen Beschattung und Bestrahlung, Dürre, niedere Temperaturen zu ertragen, Luftfeuchtigkeit u. s. w. geäußert sind, neben einander zu stellen, und versuchen zu lernen, wie fast jeder dieser Forscher zu seinen Anschauungen gelangt ist. Es würde dies zugleich ein Beispiel sein, wie sehr man sich im Urtheil über ein Resultat so zahlreicher Wirkungen, wie es die heutige Vertheilung der Pflanzenwelt ist, vor Einseitigkeit zu hüten hat.

Der forstliche Betrieb vermag keinen Einfluß auf die Lufttemperatur auszuüben, wohl aber kann durch lichtere oder dichtere Stellung der Bäume
eine nicht unerhebliche Einwirkung auf die Bodentemperatur hervorgebracht werden (vergleiche § 69).

2. Das Licht.

Das Sonnenlicht liefert die nothwendige Kraft, um unter Mitwirkung des Assimilationsapparates und insbesondere des Chlorophylls
der Pflanze, die Zerlegung von Kohlensäure und Wasser und den Aufbau der organischen Pflanzenstoffe zu ermöglichen.*)

Die Stoffbildung im Pflanzenkörper ist daher von einer ausreichenden Luftzufuhr abhängig. Neben der Assimilation der Pflanzen
verlaufen gleichzeitig auch Zersetzungsvorgänge, die als Athmung der
Pflanze in die äußere Erscheinung treten.

Zugleich übt das Licht noch mechanische Wirkungen auf den Pflanzenkörper aus, mäßigt namentlich die Streckung neu gebildeter Organe
und führt eine Verdickung der äußeren Pflanzenschichten, sowie eine
verstärkte Ablagerung von inkrustirender Substanz in den einzelnen
Zellen herbei.

Die Einwirkung des Lichtes ist von der Intensität desselben abhängig. Da es kein so einfaches Hülfsmittel giebt, diese zu messen,
wie es beispielsweise das Thermometer für Temperaturen ist, außerdem
im Laufe des Tages die Lichtstärke oft erheblich schwankt, so sind die
Bedingungen der Lichtwirkung lange nicht so genau erforscht, wie die
der Wärme.

Man hat Ursache anzunehmen, daß in ähnlicher Weise, wie es für
die Temperatur gilt, ein Minimum der Lichtwirkung vorhanden sein
muß, um die Assimilation zu ermöglichen, und daß dies ebenfalls für
die verschiedenen Pflanzenarten ein verschiedenes ist; daß es ferner ein
Optimum der Lichtwirkung giebt, und wenn dies überschritten ist, Zersetzungsvorgänge die Assimilation überwiegen. In unseren Gebieten
wird das Optimum der Lichtzufuhr wohl nur selten überschritten, in
der Regel nicht erreicht; im Ganzen scheint jedoch eine mittlere Lichtstärke auch für unsere Waldbäume am günstigsten zu sein.**)

*) Kohlensäure und Wasser sind beides sehr stabile Verbindungen. Ihre Zerlegung
bedarf einer bedeutenden äußeren Kraftzufuhr, diese liefert das Licht. Viele der im
Pflanzenkörper enthaltenen organischen Stoffe, so die ganze Zahl der Kohlehydrate,
besitzen eine sogenannte „negative Energiemenge", d. h. bei ihrer Verbrennung
werden mehr Wärmeeinheiten frei, als bei der Verbrennung von gleichviel Kohle
und Wasserstoff zu Kohlensäure und Wasser. Die chlorophyllhaltige Zelle verbraucht
daher nicht nur die im Licht vorhandene Energie zur Zerlegung von Kohlensäure
und Wasser, sondern sie speichert im Pflanzenkörper auch noch einen Ueberschuß von
Kraft auf, welche für den Lebensproceß verwerthbar wird.
**) Müller, Botanische Untersuchungen. Heidelberg 1876, S. 373.

Die Fähigkeit, die Kraft des zugeführten Lichtes auszunützen, ist für die verschiedenen Pflanzenarten erheblich verschieden und wechselt außerdem für dieselbe Pflanzenart nach den äußeren Verhältnissen, Alter und dergleichen erheblich. Jüngere Organe sind im Allgemeinen den älteren in der Energie der Assimilation überlegen.

Für die Baumarten ist die Fähigkeit zu assimiliren nach den Versuchen Müller's eine sehr verschiedene.*) Er beobachtete z. B. folgende Größen.

Der in einer Minute von 1 qcm Blattoberfläche reducirte Kohlenstoff entsprach der Kraft von Wärmeeinheiten:

Fichte	0,0064 7
Kiefer	0,0079
Buche	0,0119
Desgl. . .	0,0276
Hainbuche .	0,04248
Erle . . .	0,0546

Die vom Sonnenlicht zugeführte Kraft entsprach für dieselbe Zeiteinheit und Oberfläche 0,68675 Wärmeeinheiten. Es hatten also die Nadelhölzer nur etwa 1 %, die Laubhölzer 2—7 % der zugeführten Kraft auszunutzen vermocht. Es entspricht dies auch den thatsächlichen Verhältnissen, da z. B. ein Kiefernbestand fast um die Hälfte an Produktion organischer Substanz gegen einen Buchenbestand zurückbleibt.**)

Der Einfluß der stärkeren oder schwächeren Lichtwirkung auf die Ausbildung der Blattorgane ist ein bedeutender und tritt sowohl bei Laub- wie Nadelbäumen hervor.***) Die Blattorgane passen sich dem Lichtgenuß an. Buchenblätter, welche im vollen Lichte erwachsen, sind von kleiner bis mittlerer Größe, jedoch dick, kräftiger, derber entwickelt; die im Halbschatten erwachsenen Blätter sind wesentlich größer, aber weniger dick; die im Schatten erwachsenen klein und sehr

---

*) A. a. O.

**) Wenn der Zuwachs des Stammkörpers im Nadelwalde in der Regel größer ist, als der des Laubwaldes, so wird dies nur dadurch bedingt, daß bei dem ersteren unverhältnißmäßig weniger zur Bildung von Blattorganen verbraucht wird. Auch der von Ebermayer bereits aus den Ergebnissen der bayrischen Streuversuchsflächen abgeleitete Satz, daß die jährlich producirte Menge von organischer Substanz für die verschiedenen Bestandsarten eine annähernd gleiche sei, beruht darauf, daß im Nadelholzwalde ein ungleich höherer Procentsatz der Streu von der Bodenvegetation erzeugt wird, als im (überwiegend zum Vergleich herangezogenen) Buchenwald.

***) Literatur:
E. Stahl, Einfluß des sonnigen und schattigen Standorts auf die Ausbildung der Laubblätter. 1883.
Kienitz, Bericht über die 16. Versammlung deutscher Forstmänner in Aachen 1887, S. 128.

dünn. Die letzteren erreichen oft noch nicht ein Drittheil der Dicke der Lichtblätter. Diese Unterschiede lassen sich an den Blättern desselben Baumes feststellen, die je nach der Beschattung verschieden entwickelt sind. Die Fähigkeit, sich den verschiedenen Belichtungsgraden anzupassen, ist für verschiedene Pflanzenarten eine sehr wechselnde; ausgesprochene Schattenpflanzen (Oxalis acetosella, Epimedium alpinum) besitzen sie nicht; von den einheimischen Arten wohl am meisten Buche und Heidelbeere.

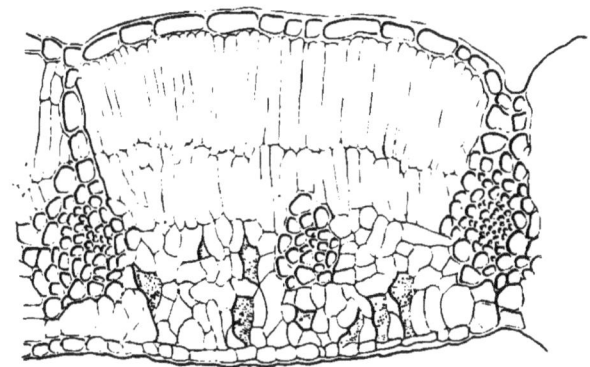

Abb. 23. Theil des Durchschnittes eines im Licht erwachsenen Buchenblattes mit normalen Pallisadenparenchym (nach Stahl).

Abb. 24. Theil des Durchschnittes eines im Schatten erwachsenen Buchenblattes (nach Stahl). Die Parenchymschicht des Blattes ist flaschenförmig ausgebildet. (Form fast aller ausgesprochenen Schattenpflanzen.)

In ähnlicher Weise treten die Unterschiede für die Nadelhölzer hervor. Eine Fichte, welche Kienitz untersuchte, zeigte bei gleichem Alter die im Licht erwachsenen Nadeln wesentlich stärker entwickelt, das chlorophyllführende Parenchym war reichlicher ausgebildet, die äußeren Theile wesentlich derber. Die Zahl der Spaltöffnungen ist im Lichtblatt eine erheblich größere. (Abb. 25 und 26.)

In ähnlicher Weise sind auch die übrigen im Schatten erwachsenen Baumtheile zwar von reichlicher Länge aber schwächlich ausgebildet, und insbesondere erreichen die Knospen oft nur einen Bruchtheil der Größe von solchen, welche im Licht erwachsen sind.

Plötzliche Freistellung wirkt daher zunächst ungünstig auf die im Schatten angelegten Blattorgane, die Laubhölzer vermögen sich jedoch

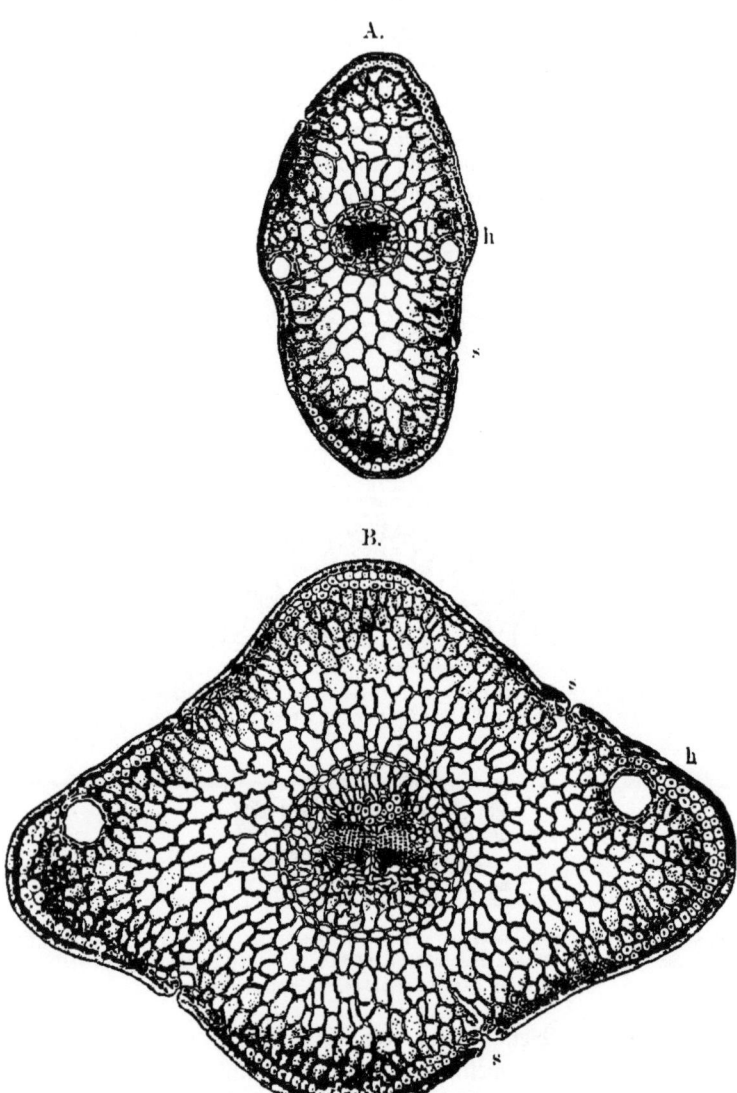

Abb. 25. Querschnitt der Nadeln der Fichte (nach Hempel und Wilhelm) $\frac{50}{1}$.
A. Schattenform,
B. Lichtform.
Bei s Spaltöffnungen, bei h Harzgänge. In der Mitte Leitbündel. Zwischen diesen und der dick
wandigen Oberhaut liegen die chlorophyllführenden Parenchymzellen.
(Chlorophyll in der Zeichnung nicht angegeben.)

innerhalb mäßiger Zeit, in der Regel in zwei bis drei Jahren, den veränderten Verhältnissen anzupassen und Lichtblätter zu entwickeln.

Die Nadelhölzer dagegen, welche auf langjährige Dienste ihrer
Blattorgane angewiesen sind, leiden durch plötzliche Freistellung ungleich)

mehr. Die Schattenblätter sterben ab, und es kommt auf die gegebenen
Verhältnisse an, ob der Baum überhaupt lebensfähig bleibt.

Hier liegt eine direkte und bedeutsame Einwirkung der
Belichtung vor, welche ausschließlich vom Maße des Lichteinfalls abhängig ist: sie tritt aber nur dann unzweifelhaft hervor,
wenn eine plötzliche Aenderung der durchschnittlichen Lichtstärke herbeigeführt wird. Einen ausschließlich maßgebenden Einfluß auf die
Entwickelung der Vegetation bei bleibender oder sich langsam ver-
ändernder Beschirmung darf hieraus nicht gefolgert werden. Gegen
eine solche sprechen vielfache Gründe.

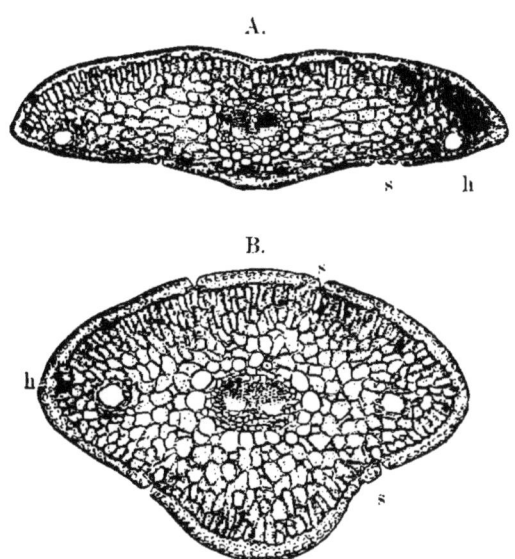

A.

B.

Abb. 26. Querschnitt der Nadeln der Tanne (nach Hempel und Wilhelm) $\frac{30}{1}$.
A. Schattenform,
B. Lichtform.

B ist im obersten Theile der Nadel (ohne Mittelfurche) durchschnitten, ein Schnitt durch den mittleren
Theil der Nadel würde erheblich größer sein, als der hier mitgetheilten Zeichnung entspricht. Bei
s Spaltöffnungen, bei h Harzgänge.

Die Beobachtung, daß einzelne Baumarten im frühen Lebensalter
reichliche und lange andauernde Beschattung zu ertragen vermögen,
sowie, daß sich bestimmte Baumarten im höheren Alter licht stellen,
während andere dicht geschlossene Bestände bilden, hat schon lange die
Unterscheidung in Licht- und in Schattenhölzer herbeigeführt, und
die Annahme veranlaßt, daß die Belichtung entscheidend für die Entwickelung der Bäume sei.

Dem gegenüber ist nun festzuhalten, daß alle Baumarten sich auf
besseren Böden geschlossener halten, als auf geringeren. Das Maß des
Lichteinfalles ist in unseren Gebieten ein sehr einheitliches und nur von

der Neigung und Richtung der Flächen abhängig. Würde die Belichtung maßgebend sein, so müßten sich die Lichtholzarten auch auf den
verschiedenen Bodenarten gleichmäßig licht stellen. Es geschieht dies
aber nicht. Schon hieraus ist ohne weiteres zu schließen, daß andere
Einwirkungen, sowohl individuelle Veranlagung, wie auch namentlich
die Deckung des Bedarfes an Wasser und Mineralstoffen von größerer
Bedeutung sind, als die des Lichteinfalles.*)

In neuerer Zeit ist diese Auffassung namentlich von Borggreve**)
und dem Verfasser vertreten worden.

Borggreve stützt sich namentlich auf die Versuche, welche bereits
von G. Heyer in Hann.-Münden begonnen waren und aus denen sich
ergiebt, daß die sogenannten Lichtholzarten eine mäßige bis starke,
künstlich herbeigeführte Beschattung ohne Schaden ertragen haben und
in normaler Entwickelung stehen. Ferner wird das Gleiche für die in
Löchern erwachsenden Pflanzen, sowie für solche nachgewiesen, welche
vom direkten Sonnenlicht nicht getroffen werden können (z. B. in den
Gräben des Heidelberger Schlosses). Aus diesem Verhalten schließt
Borggreve das Zurücktreten der Lichteinwirkung.

Der Verfasser ist auf anderem Wege zu gleichen Schlußfolgerungen
gekommen. Er untersuchte je drei Kiefern im 20. und 30. Jahre,
von denen je eine vorherrschend, mitherrschend und beherrscht erwachsen
war. Das Gewicht der Nadelmengen und der durchschnittlich erzeugten
organischen Substanz stand für alle drei Bäume in einem sehr ähnlichen
Verhältniß und blieb für die beherrschten Stämme nur unerheblich
zurück. Es war schon hierdurch wenig wahrscheinlich geworden, daß
die Lichtwirkung die Entwickelung der Kiefer überwiegend beeinflußt,
und die Untersuchung der im letzten Jahrzehnt aufgenommenen Nährstoffe zeigte, daß die ganze Ernährung der Bäume eine völlig ungleiche
gewesen war.***)

In der Belichtung hat man daher einen der zahlreichen auf die
Lebensverhältnisse der Pflanzen wirkenden Faktoren zu sehen, der aber
nur in seltenen Fällen entscheidend wird. Es würde aber unrichtig
sein, nicht anzuerkennen, daß er es vielfach und am ausgiebigsten bei
Aenderung der Beleuchtungsverhältnisse werden kann und sicher beim
Absterben vieler unterdrückter Stämme mitwirkt.

*) Man vergl. Ramann in Zeitschrift für Forst- und Jagdwesen 1883, S. 12.
**) Holzzucht. 2. Aufl. S. 120.
***) Zeitschrift für Forst- und Jagdwesen 1892, S. 135.

§ 78. II. Die chemischen Faktoren des Pflanzenwuchses.

Die zur Produktion von organischer Substanz für die Pflanzen nothwendigen Stoffe kann man in drei, beziehentlich vier Gruppen vereinigen. Es sind dies:

1. Kohlensäure und organische Stoffe.

Die Kohlensäure wird von den chlorophyllführenden Pflanzen unter Mithülfe des Lichtes zerlegt und in Kohlenstoffverbindungen, welche für die Lebensthätigkeit brauchbar sind, umgebildet. Diesen Vorgang bezeichnet man mit Assimilation.

Die hauptsächlichste und in den meisten Fällen alleinige Quelle des Kohlenstoffes in den Pflanzen ist die atmosphärische Kohlensäure. Nach den früheren Darlegungen (Seite 5) ist ein Mangel an diesem unentbehrlichen Nährstoff nicht zu befürchten. Methoden, welche eine Anreicherung der Luft an Kohlensäure herbeiführen könnten, sind in Folge der Gasdiffusion ausgeschlossen, welche auf einzelnen Flächen gebildete Kohlensäure schnell in die Masse der Atmosphäre überleitet.

Die Pflanzen sind ferner befähigt, bestimmte organische Stoffe aufzunehmen und umzubilden.*) Die vorliegenden Versuche sind überwiegend mit löslichen Kohlehydraten (Zuckerarten, Inulin) ausgeführt worden. Es ist somit die Möglichkeit der Aufnahme organischer Stoffe und ihre Umbildung in der Pflanze bewiesen.

Fernere Gründe, welche für eine derartige Auffassung sprechen, sind das Vorkommen von dialysirbaren organischen Stoffen im Boden.**) Ist die Durchlässigkeit der verschiedenen Membranen für dialysirbare Körper auch eine verschiedene, so liegt doch kein Grund vor, der Wurzel der höheren Pflanzen eine Fähigkeit abzusprechen, welche den chlorophyllfreien Pilzen, deren Ernährung ja auf Zerlegung fertig gebildeter organischer Stoffe beruht, in so hohem Maße zukommt. Die Aufnahme von organischen Stoffen durch die Wurzel ist daher wahrscheinlich. Einen nennenswerthen Einfluß auf die Entwickelung der Pflanzen kann man diesem Vorgange jedoch nicht zuschreiben. Die zahlreichen Kulturen der verschiedensten Pflanzen in völlig humusfreiem Boden beweisen dies hinreichend. Die Waldbäume finden ihre üppigste Entwickelung in oft recht humusarmen Böden, alles dieses zeigt übereinstimmend, daß eine direkte Aufnahme von Kohlenstoffverbindungen durch die Wurzel in der Natur für die Pflanzenernährung keine Rolle spielt.

---

*) Man vergleiche A. Meyer, Botanische Zeitung 1886, S. 81.
**) Petermann, Jahresbericht der Agrikulturchemie 1883, S. 1.

In eine völlig neue Phase schien diese Frage durch die Entdeckung der „Pilzwurzel, Mykorhiza" durch Frank zu treten. Der Nachweis, daß die Wurzelspitzen sehr vieler unserer Waldbäume von einem Pilzgewebe umzogen sind, führte zur Annahme, daß hierdurch ein Zusammenleben, eine Symbiose*) zwischen Baum und Pilz stattfindet, durch welche der Pilz die Aufnahme organischer Stoffe aus den Humusbestandtheilen des Bodens vermittelt und vom Baume dafür andere Vortheile empfängt. An sich ist es nun schwer einzusehen, warum das Pilzmycel sich die Arbeit machen soll, humose Stoffe zu zersetzen, anstatt von den leicht zugänglichen, fertig gebildeten organischen Stoffen des Baumes seinen Bedarf zu decken; verläuft doch in der Natur jeder Vorgang nach Richtung des geringsten Widerstandes, also auch des geringsten Kraftaufwandes. Trotzdem ist die Auffassung der Mykorhizabildung als vortheilhaft für den Baum heute die herrschende.

Für diese sprechen folgende Gründe:**)

a) Die allgemeine Verbreitung der Mykorhiza, welche eine Anpassung der Pflanze an die Pilzthätigkeit erwarten läßt.

b) Das Vorkommen der Mykorhiza ist abhängig vom Humusgehalt des Bodens; in humusfreien Böden fehlt sie. Verpilzte Wurzeln werden in völlig humusfreier Erde allmählich pilzfrei.

c) Der lückenlose Pilzüberzug auf vielen Wurzeln, so daß der Baum in seiner Wurzelthätigkeit auf die Aufnahme durch den Pilz angewiesen ist.

d) Kulturversuche, welche mit Eichen und Buchen gemacht wurden, zeigten die mit Mykorhiza versehenen, nach Frank, im Vortheil.

Was dagegen spricht, ist das Folgende:

a) Der Baum bedarf der Mykorhiza nicht zu seiner vollen Entwickelung. In allen guten Waldböden und bei vorzüglichster

---

*) Symbiosen sind vielfach nachgewiesen worden. Was nach Meinung des Verfassers aber dabei zumeist übersehen worden ist, scheint die Thatsache zu sein, daß ein Organismus immer der aktive Theil ist und den anderen mehr oder weniger ausnutzt. Wenn Pilz und Alge zur Flechte zusammenwachsen, so kommt der Pilz zur Fortpflanzung, niemals die Alge. Wenn diese auch weiter leben kann und vielleicht durch den vom Pilz geübten mechanischen Reiz größere Zellen bildet als im freien Zustande, so ist doch der Pilz durchaus der bevorzugte Theil und lebt viel mehr als Schmarotzer auf, als in Symbiose mit der Alge. Aehnliche Verhältnisse ergeben sich in allen Fällen der Symbiose. Natürlich soll damit nicht geleugnet werden, daß auch der angegriffene Theil bestimmten Nutzen erfahren kann, zumal wenn er sich erst den betreffenden Lebensverhältnissen angepaßt hat; der Nutzen wird aber wohl immer hinter dem Schaden, den der Organismus erleidet, zurückbleiben.

**) Frank, Bericht der deutschen botanischen Gesellschaft, VI, S. 248—269.

Ausbildung der Bäume ist die Zahl der mit Pilzfäden um=
sponnenen Wurzeln eine geringe.

b) Die Mykorhiza steht in ihrer Ausbildung hinter den pilzfreien
Wurzeln zurück, erscheint deformirt und mehr oder weniger
verkrüppelt. Man vergleiche z. B. nur einmal an einer Kiefer
die nicht angegriffenen Wurzeln mit den pilzbesetzten!

c) Mykorhizabildung an allen Wurzeln findet sich z. B. bei der
Buche nur bei ungünstiger Bodenbeschaffenheit, insbesondere
bei Rohhumusbedeckung. Bringt diese an sich ein Zurückgehen
des Baumes hervor, so wird dies durch die Mykorhiza wahr=
scheinlich eher gesteigert, als gemildert.*)

Ist die Frage der Bedeutung der Mykorhiza auch zur Zeit noch
nicht gelöst und kann sie vielleicht für verschiedene Baumarten auch
eine verschiedene sein, so kann Verfasser sich doch nach allem, was er
im Walde hiervon gesehen hat, nicht des Eindrucks verschließen, daß
z. B. an Kiefern, die Erscheinung der Mykorhiza einen krankhaften
Charakter trägt, und viel eher zu einem vom Baum ertragbaren
Parasitismus des Pilzes als zu einer vortheilhaften Symbiose paßt.
Jedenfalls ist es verfrüht, weitgehende Folgerungen aus dem Vorkommen
der Mykorhiza ziehen, oder gar den Waldbäumen den Charakter als
„Humuspflanzen" zusprechen zu wollen.

2. Sauerstoff.

Zur Athmung der Pflanzen ist die Gegenwart freien Sauerstoffes
nothwendig. Für die oberirdischen Organe der Pflanze wird ein Mangel
hieran nie auftreten, wohl aber kann dies für die Wurzeln stattfinden.

Die vielfach nachgewiesene günstige Einwirkung der Durchlüftung
der Böden läßt sich wahrscheinlich auf die Thätigkeit des Sauerstoffes
zurückführen. Wirkt hierbei wohl überwiegend die Steigerung der
Verwesungsvorgänge und Verhinderung der Fäulniß, so hat man doch
manche Ursache, einen höheren Sauerstoffgehalt der Bodenluft als vor=
theilhaft für die Pflanze zu betrachten.

In guten Böden findet eine genügende Zufuhr statt. In Moor=
und Torfböden zeigt die Ausscheidung von leicht zersetzlichen Oxydul=
salzen des Eisens, daß überhaupt merkbare Mengen von atmosphärischem
Sauerstoff fehlen. Ganz allgemein wird bei Eintritt von Fäulniß=

---

*) Henschel, Oesterreichische Monatsschrift für Forstwesen 1887, S. 113 zeigt
z. B., daß in einem Pflanzkamp alle erkrankten und in der Entwickelung zurück=
gebliebenen jungen Fichtenpflanzen an ihren Wurzeln die Mykorhizabildung hatten,
die gesund gebliebenen dagegen nicht.
Vergleiche Hartig, Bericht der deutschen botan. Gesellschaft VI, S. 258 (1888).

proceſſen und der Bildung ſaurer Humusſtoffe ein Mangel an Sauerſtoff vorliegen, wenn derſelbe auch noch nicht ſo groß iſt, daß die
Athmung der Pflanzenwurzel aufhört. Auf Sauerſtoffmangel ſind
ferner wohl viele ungünſtige Erſcheinungen zurück zu führen, welche bei
länger anhaltenden Ueberſtauungen mit ſtehendem Waſſer eintreten.
In der erſten Zeit wird der von den Bodentheilen abſorbirte Sauerſtoff (Seite 104) aushelfen, iſt dieſer verbraucht, ſo hört die Athmung
der Wurzeln auf, und die Pflanzen ſterben ab. Natürlich iſt die Wider-
ſtandsfähigkeit der einzelnen Pflanzenarten verſchieden.

3. Stickſtoff.

Die Eiweißarten ſind ſämmtlich ſtickſtoffhaltige Verbindungen.
Stickſtoff gehört daher zu den wichtigſten und unentbehrlichen Nährſtoffen der Pflanzen. An Stickſtoffquellen ſtehen dieſen zu Gebote:

a) Die Zufuhr durch Abſorption aus der Atmoſphäre und aus
den atmoſphäriſchen Niederſchlägen.

Um die Maximalmenge, welche möglicherweiſe abſorbirt werden
kann, kennen zu lernen, hat man Schwefelſäure oder Salzſäure der
Luft ausgeſetzt. Es wurden gefunden in vier Monaten ca. 4 kg für
das Hektar (Al. Müller, Jahresbericht der Agrikulturchemie 1866,
S. 63); 30,6 kg für das Hektar (Heinrich, Jahresbericht 1881,
S. 69); 13,1 kg für das Hektar (Keller und andere, Jahresbericht
1886, S. 19). Es ſind dies immerhin bemerkenswerthe Mengen, welche
den Bedarf des Waldes voll decken würden. Zu berückſichtigen iſt
jedoch, daß in alkaliſch reagirenden Böden kleine Mengen von Ammoniak-
karbonat abdunſten, alſo eher ein Verluſt als eine Zufuhr an Stickſtoff
ſtattfinden wird.

Ueber den Gehalt der Regen- und Schneewäſſer an Ammoniak
und Salpeterſäure liegen zahlreiche Beobachtungen vor.*)

Die Geſammtmenge des hierdurch (für Jahr und Hektar) zugeführten gebundenen Stickſtoffs ſchwankt zwiſchen 2,5—24 kg und beträgt im Mittel etwa 10 kg.

Der Gehalt der Niederſchläge an Salpeterſäure-Stickſtoff iſt
immer nur ein Bruchtheil ($^1/_5$—$^1/_2$) des Ammoniak-Stickſtoffs.

Schwächere Regen enthalten relativ mehr, lang andauernde Land-
regen weniger Stickſtoffverbindungen, obgleich im letzteren Falle ab-
ſolut mehr davon dem Boden zugeführt werden. Die größte Menge
fällt im Sommer, während das Minimum theils im Herbſt, theils im
Winter liegt.

---

*) Die ausgedehnten Verſuche auf den preußiſchen agrikulturchemiſchen Stationen
in Annalen der Landwirthſchaft, Bd. 48, S. 97 und Bd. 50, S. 249.

Die zahlreichen Bestimmungen in anderen Ländern entsprechen im Ganzen diesen Angaben.

b) Stickstoffverbindungen aus der Zersetzung organischer Stoffe (vergleiche Seite 222).

c) Der freie Stickstoff der Atmosphäre. Lange Zeit waren über die Aufnahme von freiem Stickstoff zur Pflanzennahrung die Meinungen weit aus einander gehend. Während die Agrikulturchemiker, gestützt auf Versuche von Boussingault und anderen diese bestritten, unterschied der Landwirth bereits einzelne Pflanzen als „boden-bereichernde" und rechnete zu diesen namentlich die Leguminosen (Esparsette, Klee, Lupinen).

Bereits Mitte der achtziger Jahre wurde von einzelnen Seiten darauf aufmerksam gemacht, daß der Boden noch andere Stickstoff-quellen haben müßte*) als die bisher bekannten.

Klarheit kam in diese Fragen erst durch die technischen Resultate, welche Schultz-Lupitz auf seinem Gute erzielte, und anderseits wurde durch die bahnbrechende Arbeit von Hellriegel und Wilfarth**) un-zweifelhaft der Nachweis geführt, daß von Pflanzen freier atmosphärischer Stickstoff aufgenommen werden kann.

Seit jener Zeit ist die Zahl der Arbeiten über diesen Gegenstand eine außergewöhnlich große gewesen, und noch jetzt erscheinen monatlich neue Untersuchungen, so daß zu einem abschließenden Urtheil noch nicht zu kommen ist. Am vortheilhaftesten scheint es, den gegenwärtigen Stand der Frage nach den Arbeiten von Frank zu geben, und nur ein paar Bemerkungen zur Orientirung voraus zu schicken.

Hellriegel und Wilfarth wiesen nach, daß eine reichlichere Auf-nahme von Stickstoff bei Papilionaceen nur dann erfolgt, wenn diese an ihren Wurzeln sogenannte „Wurzelknöllchen" ausbilden, daß die Pflanzen jedoch alle Zeichen des Stickstoffhungers aufweisen, wenn diese fehlen. Da die Wurzelknöllchen bald nachher als Ansammlungen von Bakterien erkannt wurden, so kam man zu dem Schlusse, daß diese die Stickstoffbindung vermittelten. Reinkulturen derselben ergaben jedoch negative Resultate.

---

*) Einer der ersten ist der Verfasser gewesen, der auf Grund zahlreicher Ana-lysen und seiner Untersuchungen streubenchtiger Böden (Zeitschrift für Forst- und Jagdwesen 1883, S. 577 und 633) darauf aufmerksam machte, daß sich der Stickstoff-entzug nicht aus dem Gehalte der atmosphärischen Gewässer an Stickstoffverbindungen erklären lasse, und „daß der Boden im Stande zu sein scheint, direkt gebundenen Stickstoff aus der Atmosphäre zu absorbiren".

Die betreffende Arbeit ist in landwirthschaftlichen Kreisen kaum bekannt ge-worden, obgleich sie für die behandelte Frage nicht unerhebliches Material liefern konnte.

**) Zeitschrift des Vereins für Rübenzuckerindustrie 1888, Beilageheft.

Fortschreitende Untersuchungen machen es nun wahrscheinlich, daß die Stickstoffbindung eine allgemeine Eigenschaft der Pflanzen ist und nur sehr verschieden stark hervortritt.*) Grüne Blätter enthalten z. B. reichlich Asparagin, und zwar am Abend mehr als am Morgen; dasselbe verhält sich also den Kohlehydraten ähnlich.**)

In besonders hohem Grade zeigen die Leguminosen die Fähigkeit, Stickstoff zu binden. Diese tritt aber nur dann hervor, wenn die Pflanzen auf stickstoffarmem Boden wachsen und wenn sie durch Einwanderung von Bakterien einen äußeren Reiz hierzu erhalten. In stickstoffreichen Böden nehmen die Leguminosen ebenso den gebundenen im Boden enthaltenen Stickstoff auf, wie andere Pflanzenarten, sind also durchaus nicht in ihrer Ernährung auf den atmosphärischen Stickstoff angewiesen.

Der Leguminosenpilz (Rhizobium leguminosarum) nach Frank (Frank nimmt nur eine Pilzform an, andere unterscheiden verschiedene Arten; vielfach ist für den Pilz auch der Name Bacillus radicicola im Gebrauch) gehört zu den kleinsten bekannten Wesen und findet sich wahrscheinlich im Erdboden vor. Die Wurzeln der Leguminosen besitzen die Fähigkeit, durch eigenthümliche Ausscheidungen die Schwärmer des Pilzes anzulocken und sie an der Oberfläche der Wurzeln zu einer gewissen Vermehrung zu veranlassen. Auf eigenthümlichen, von dem Protoplasma der Wurzelenden gebildeten leitenden Strängen, dringen die Pilze tiefer in den Pflanzenkörper ein und verbreiten sich in dem größten Theile der Pflanze. Die Leguminosen besitzen also völlige Fangapparate für den Pilz und stellen sich so als den aktiven Theil bei der Symbiose dar.

An den Wurzeln, wo der Pilz zunächst eingetreten ist, entwickelt die Pflanze Neubildungen in Form von Knöllchen. In diesen entsteht ein Gewebe von sehr eiweißreichen Zellen, in denen der Pilz zu außerordentlicher Vermehrung gelangt. Zu Ende der Vegetationszeit wird

---

*) Frank, Bericht der deutschen botanischen Gesellschaft, Bd. 8, S. 331—342, das übrige nach Frank, Landwirthschaftliche Jahrbücher 1890, Bd. 19, S. 523—640.

**) Diese Anschauung wird durch eine neue umfangreiche Arbeit bestätigt (Landwirthschaftliche Jahrbücher 1892, S. 1). Frank weist hierbei nach, daß von einer ganzen Anzahl Pflanzen Stickstoff aus der Luft aufgenommen und gebunden wird, und zwar gilt dies für Kryptogamen wie Phanerogamen. Immerhin scheint jedoch die stickstoffbindende Thätigkeit der Pflanzen erst im Laufe des Pflanzenlebens einzutreten und eine vollere Entwickelung der Organe zur Voraussetzung zu haben. Fehlt während der ersten Jugendperiode die Ernährung mit aufnehmbaren Stickstoffverbindungen, so bleiben die Pflanzen zurück, die zuerst gebildeten Blätter sterben ab, und die neu entstehenden Blätter bleiben klein, die ganze Pflanze ist sehr schwächlich und krankhaft. Es sind dies die Hauptsymptome des „Stickstoffhungers", aus dessen Auftreten man die Unfähigkeit der Pflanze, den atmosphärischen Stickstoff aufzunehmen, folgerte.

das Eiweiß der Pflanzenzellen resorbirt, während die Bakterien beim
Verwesen der Wurzelknöllchen in den Erdboden gelangen.

Durch die Einwirkung des Pilzes werden die Leguminosen zur
energischen Stickstoffassimilation angeregt, und zeigen zugleich nicht
inficirten Pflanzen gegenüber eine in hohem Grade gesteigerte Wachs-
thumsenergie.

Auf der Zufuhr von Leguminosenbakterien beruht eine eigenartige
Kulturmethode, das Impfen der Böden. Flächen, welche lange Zeit
keine Papilionaceen getragen haben, kann der Pilz, der sonst im Boden
verbreitet ist, fehlen. Führt man eine geringe Menge von Ackererde
zu, welche Pilze enthält, so kann die Entwickelung der Hülsenfrüchte
gefördert werden. Es genügen schon Mengen von etwa 10 kg pro Ar,
um diese Wirkung zu erzielen. Besonders auffallende Erfolge hat man
durch Impfung von Moorböden herbeigeführt, wo der Ertrag zuweilen
verdoppelt wurde.*)

Unter den Waldbäumen ist die Stickstoffaufnahme für die wilde
Akazie nachgewiesen.**) Wahrscheinlich ist sie es ferner noch für die Erlen-
arten, die ebenfalls sich durch Pilzverwachsungen der Wurzel auszeichnen.
Wenigstens läßt der ganz ungewöhnlich hohe Stickstoffgehalt dieser
Baumarten hierauf schließen.

Die zur Pflanzenernährung geeignetste Form der Stickstoffverbindungen ist die Salpetersäure. Sie wird im Boden
unter Mitwirkung eines niederen Pilzes aus Ammoniak und wahrscheinlich auch aus anderen Stickstoffverbindungen gebildet. Zahlreiche
Versuche, das Salpetersäureferment zu isoliren, mißglückten, bis es
Winogradski***) gelang, es in Lösungen, die keine oder nur Spuren
organischer Stoffe enthielten, rein zu züchten.

Winogradski schreibt dem Salpetersäurepilz die Eigenschaft zu, und
seine Versuche gestatten kaum eine andere Deutung, aus kohlensauren
Salzen, zumal Calcium- oder Magnesiumkarbonat, und Ammoniaksalzen
direkt organische Substanz aufzubauen. Neben der Assimilation der
Chlorophyllpflanzen würde demnach hier ein zweiter Weg der Bildung
von organischen Stoffen gefunden sein.†)

*) Salfeld, Centralblatt für Agrikulturchemie 1889, Bd. 18, S. 239.
**) Frank, Bericht der deutschen botanischen Gesellschaft 1891, Bd. 8, S. 292.
***) Forschungen der Agrikulturphysik.
†) Berechnet man die Zersetzungswärme der Ammoniaksalze und Erdalkalien,
so bleiben z. B. bei Ueberführung von kohlensaurem Kalk und schwefelsaurem
Ammon in organische Substanz (Formaldehyd) nahezu tausend große Kalorien un-
gedeckt. Da die Salpetersäurebildung auch bei Abschluß von Licht statt findet, so
bleibt es räthselhaft, woher die Kraft zur Zerlegung jener Verbindungen kommen
soll. Geht man von Magnesiumkarbonat aus, so sind die Zahlen etwas geringer,
aber auch unter den günstigsten Annahmen muß immer noch eine äußere Kraft-
quelle hinzukommen, um die Bildung organischer Stoffe zu ermöglichen.

Da die Waldböden keine oder nur geringe Mengen von Salpetersäure (Seite 223) enthalten, so müssen die Bäume ihre Stickstoffnahrung
anderen organischen Stoffen entnehmen. Versuche haben bewiesen, daß
auch Ammoniak und einige andere stickstoffhaltige organische Verbindungen aufgenommen werden können. In welcher Weise die Stickstoff-
ernährung der Waldbäume erfolgt, ist noch nicht genügend festgestellt.

§ 79. 4. Das Wasser.

Zu den unentbehrlichen Grundbedingungen einer gedeihlichen Entwickelung der Pflanzen gehört eine genügende Menge von tropfbar-
flüssigem Wasser. Die Pflanze nimmt ihren Bedarf aus dem Boden
mit Hülfe der Wurzeln auf.

Die Bedeutung des Wassers für das Pflanzenleben ist eine doppelte.
Es ist ein direktes Nährmittel der Pflanze; die hierbei ver-
brauchten Wassermengen treten aber völlig zurück gegen jene, welche
als Lösungsmittel der anorganischen Stoffe, sowie zur Erzeugung der
Gewebespannungen im Pflanzenkörper aufgenommen und meist wieder durch
die Spaltöffnungen der Blattorgane ausgeschieden und verdunstet werden.

Zur Bildung der organischen Substanz verbraucht die Pflanze nicht
unerhebliche Wassermengen. Der in jener enthaltene Wasserstoff ent-
stammt wohl ausschließlich dem aufgenommenen Wasser. Bei der
Assimilation werden die organischen Stoffe aus Kohlensäure und Wasser
unter Austritt von Sauerstoff gebildet. Die gebräuchliche Zersetzungs-
gleichung, beziehentlich Bildungsgleichung der Kohlehydrate bringt dies
zur Anschauung:

$$n\,CO_2 + n\,H_2O = n\,CH_2O + n\,O_2.$$

Der Wasserbedarf der Pflanzen ist ein sehr verschiedener und
sowohl für die einzelnen Arten wie auch für die Individuen nach
Temperatur, Entwickelungszustand und dem vorhandenen Wasservorrath
ein wechselnder. Bei feuchter Luft und bei reichlichem Wassergehalt
der Pflanze sind die Spaltöffnungen der Blattorgane geöffnet, es wird
sogar Wasser in flüssiger Form ausgeschieden, bei trockener Luft schließen
sich dagegen die Spaltöffnungen und setzen so die Verdunstung erheblich herab.

Man hat daher für die Pflanzen ein Minimum des Wasser-
bedarfs, welches zur Erhaltung und Fortführung der Lebensfunktionen
hinreicht und ein Maximum des Wasserverbrauches zu unterscheiden, welches dann vorliegt, wenn der Pflanze zu allen Zeiten ein
reichliches Quantum von Wasser zur Verfügung steht.

Die Größe des Wasserverbrauches der Pflanzen ist wiederholt
untersucht worden. Natürlich beziehen sich alle diese Zahlen nur auf
relative Verhältnisse und können niemals als absolute Werthe dienen.

So fand Wollny*) für die wichtigsten landwirthschaftlichen Kulturpflanzen bei normaler Bestockung für ein Hektar:

			Verdunstetes Wasser	Gefallene Regenmenge
20. April bis 27. August	Erbsen	. .	4 496 750 kg	4 655 500 kg
20. „ „ 1. Oktober	Rothklee	.	4 390 750 „	5 904 000 „
20. „ „ 22. August	Gerste	. .	3 890 500 „	4 084 000 „
20. „ „ 3. „	Winterroggen	.	3 704 500 „	3 429 500 „
20. „ „ 14. „	Sommerroggen		4 330 500 „	5 711 250 „
20. „ „ 14. „	Hafer	. .	4 962 500 „	5 711 250 „
20. „ „ 10. Sept.	Bohnen	.	4 489 750 „	6 478 750 „

Es sind dies hohe Zahlen, wie sie wohl überwiegend für Gebiete mit so reichlichen Niederschlägen, wie sie die oberbayrische Ebene hat, vorkommen werden; sie entsprechen voraussichtlich einem Maximum.

Dem entsprechend fand Haberlandt für Getreidearten viel geringere Werthe für 1 Hektar während der Vegetationszeit:

	Verdunstete Wassermenge	Verdunstete Gewichtsmenge
Roggen .	83,5 mm	835 000 kg
Weizen .	118,0 „	1 180 000 „
Gerste .	123,7 „	1 237 000 „
Hafer	227,8 „	2 278 000 „

Die Wasserverdunstung der Waldbäume ist durch von Hönel untersucht worden. Seine Beobachtungen zeigen, daß der Wasserverbrauch stark verdunstender Baumarten hinter den sömmerlichen Niederschlägen zurückbleibt. Es ist dies namentlich wichtig für Sandböden; wenn für schwerere Bodenarten die Winterfeuchtigkeit eine so große Rolle spielt (Seite 22), so liegt dies an dem gleichzeitigen Wasserverlust des Bodens durch direkte Verdunstung.

von Hönel berechnete die verdunstete Wassermenge auf je 1 g Trockengewicht der vorhandenen Blattsubstanz;**) er führte seine Beobachtungen in den Jahren 1879—1881 aus. Die Angaben gelten für einen Boden von mittlerem Wassergehalt. Eine Uebereinstimmung der einzelnen Angaben ist natürlich nicht zu verlangen, da die Sommermonate jener Jahre unter sich in Bezug auf Temperatur, Niederschlagshöhe und dergleichen erhebliche Unterschiede aufwiesen, trotzdem sind gewisse gemeinsame Züge unverkennbar.

---

*) Literatur in Sachße, Agrikulturchemie, S. 429.
**) Mittheilungen aus dem forstlichen Versuchswesen Oesterreichs, Bd. II, Heft I und III; Forschungen der Agrikulturphysik, Bd. 2, S. 398 und Bd. 4, S. 435.

Die folgende Tabelle giebt nach von Höhnel die durchschnittliche Wasserverdunstung für 100 g Blatttrockensubstanz während der Vegetationszeit in Kilogramm Wasser:

1878.

Birke	. . .	67,987	Eiche .	28,345
Esche	. . .	56,689	Zerreiche .	25,333
Hainbuche	. .	56,251	Fichte . .	5,847
Buche	. . .	47,246	Weißföhre .	5,802
Spitzahorn	. .	46,287	Tanne . . .	4,402
Bergahorn	.	43,577	Schwarzföhre .	3,207
Ulme	. .	40,731		

1879.

Esche	98,305	Zerreiche .	61,422
Buche .	85,950	Spitzahorn .	51,722
Birke .	84,513	Fichte .	20,636
Hainbuche .	75,901	Weißföhre . .	10,372
Feldulme .	75,500	Schwarzföhre .	9,992
Eiche . .	66,221	Tanne . .	7,754
Bergahorn . .	61,830	Lärche . . .	114,868

Gesammtmittel 64,930
Mittel für Laubhölzer . 78,900
Mittel für Nadelhölzer . 13,488

1880.

Esche	. 101,850	Fichte . .	14,020
Birke .	91,800	Weißföhre .	12,105
Buche .	91,380	Tanne . . .	9,380
Hainbuche .	87,170	Schwarzföhre .	7,005
Ulme . .	82,280	Elzbeere . .	126,200
Bergahorn .	70,380	Espe .	95,970
Eiche . .	69,150	Erle .	93,300
Spitzahorn . .	61,180	Linde	88,340
Zerreiche . .	49,220	Lärche . . .	125,600

Gesammtmittel . . . 69,800
Mittel für Laubhölzer 82,520
Mittel für Nadelhölzer . 11,307

Besonders scharf tritt der gewaltige Unterschied zwischen Nadel- und Laubhölzern hervor (nur die Lärche macht eine Ausnahme); man kann annehmen, daß diese während derselben Zeit fast die zehnfache Menge Wasser verdunsten wie jene.

Eigenartig iſt das Verhalten der Baumarten im Licht und Schatten. Während die Nadelhölzer bei Sonnenbeſtrahlung ſehr viel mehr Waſſer verdunſten, verlieren die Laubhölzer im Schatten größere Mengen. Möglich, daß die verſchiedene Reaktionsfähigkeit der Spaltöffnungen die Urſache iſt. Es verdunſteten für je 100 g Trockengewicht der Blatt-organe in Kilogramm:

	in der Sonne	im Schatten
Buche .	76,180	107,800
Hainbuche	81,300	98,900
Bergahorn .	61,690	76,190
Tanne . .	13,910	4,850
Weißföhre .	19,150	5,020
Schwarzföhre .	8,760	5,250

von Hönel ſchließt aus ſeinen Verſuchen: „Es kann nunmehr keinem Zweifel unterliegen, daß Eiche und Birke, auf das Laubtrockengewicht bezogen, am ſtärkſten transpiriren,' ſich an dieſe Buche und Haine ſchließen, hierauf die Ulmen und endlich Ahorn und Eichen kommen. Was die Koniferen anlangt, ſo gilt für ſie die Ordnung: Fichte, Weiß-föhre, Tanne, Schwarzföhre zweifellos". Für die übrigen Baumarten fehlt noch eine ſichere Einordnung in die Reihe.

Von beſonderem Intereſſe iſt der Verſuch, die Verdunſtungsergebniſſe auf die Verhältniſſe des Waldes zu übertragen und durch Rechnung annähernd die Größe des Waſſerverbrauches feſtzuſtellen. Ergeben ſich hierdurch auch Zahlen, welche zwar nur in weiten Grenzen richtig ſind, und nicht mehr als grobe Schätzungen darſtellen können, ſo haben der-artige Berechnungen doch inſofern Werth, als es nur auf dieſem Wege möglich iſt, ein Bild der in der Natur vorhandenen Verhältniſſe zu erlangen. von Hönel hat dies für die Buche durchgeführt und be-rechnet den Waſſerverbrauch während der Vegetationszeit:

Eine 115jährige Buche verbraucht etwa 50 kg für den Tag
„ 50—60 „ „ „ „ 10 „ „ „ „
„ 35 „ „ „ „ 1 „ „ „ „

Da auf einem Hektar durchſchnittlich vorhanden ſind:

so iſt deren Waſſerverbrauch
400—600 Stämme 115jähriger Buchen = 3 500 000 — 5 400 000 kg
1300 „ 50—60 „ „ = 2 300 000 „
4000 „ 35 „ „ = 700 000 „

Es geht hieraus hervor, daß der Waſſerbedarf eines Buchenwaldes bei einer Niederſchlagshöhe von 30 cm gedeckt werden würde.

Sinkt die Transpiration durch hohe Luftfeuchtigkeit beträchtlich, ſo tritt dadurch eine merkbare Abnahme der Aſſimilation nicht ein, wohl aber wird die Aufnahme an löslichen Salzen wesentlich geringer.*) Hierauf beruht wohl auch eine eigenartige Erscheinung, die zuerst von Weber nachgewiesen,**) auch anderweitig bestätigt worden ist und hier angeführt werden mag. Der Aschengehalt des Baumkörpers nimmt mit der Höhenlage des Wuchsgebietes ab. Da zugleich mit der Erhebung über den Meeresspiegel die durchschnittliche Luftfeuchtigkeit steigt, so sinkt natürlich dem entsprechend die Transpiration der Blattorgane. Hieraus würde sich jenes Verhalten einfach erklären, zugleich aber auch der Schluß ergeben, der übrigens bereits von mehreren Seiten gezogen worden ist, daß eine sehr gesteigerte Transpiration jedenfalls nicht nützlich, vielleicht sogar schädlich für die Pflanze ist.

Die Fähigkeit der Pflanzenwurzel, ihren Wasserbedarf aus dem Boden zu decken, ist natürlich von den klimatischen Verhältnissen und namentlich auch von der Bodenart abhängig. Es ist ohne weiteres verständlich, überdies auch noch durch Versuche nachgewiesen, daß eine Pflanze bei derselben Bodenfeuchtigkeit und niederer Temperatur, beziehentlich hoher Luftfeuchtigkeit noch völlig turgescent bleibt, während sie bei höherer Temperatur und trockener Luft bereits zu welken beginnt.

Was den Boden betrifft, so vermag die Pflanzenwurzel um so mehr Wasser demselben zu entziehen, je grobkörniger er ist. Je feinkörniger und humusreicher, um so größer ist die Wassermenge, welche der Boden zurückhält. Pflanzen welken z. B. auf Moorboden bei einem Feuchtigkeitsgehalt, der Sandböden noch naß erscheinen lassen würde. Die Menge des so für die Vegetation unzugänglichen Wassers ist für jede Bodenart verschieden.

Leiden Baumpflanzen während der Vegetationszeit an Wassermangel, so welken die Blätter und fallen endlich ab, sie werden „sommerdürr". Der Wald erleidet hierdurch einen doppelten Verlust, einmal durch Verkürzung der Vegetationsperiode und anderseits, weil eine Rückwanderung der in den Blättern vorhandenen Mineralstoffe in den Baumkörper nicht, oder doch nur für Kalium stattfindet***) (vergleiche Seite 318).

§ 80.　5. Die Mineralstoffe des Pflanzenkörpers.

Jede chlorophyllführende Pflanze bedarf zu ihrer Entwickelung einer Anzahl von Mineralstoffen, die daher den Charakter als unentbehrliche Nährstoffe tragen. Als solche sind sicher erkannt: Kalium, Calcium, Magnesium, Eisen, Schwefel und Phosphor; zweifelhaft ist die Wirkung des Chlores. In größeren Mengen finden sich

---

*) Schlösing, Compt. rend. 69, S. 367.
**) Allgemeine Forst- und Jagdzeitung 1873, S. 353.
***) von Schröder, Forstchemische und pflanzenphysiologische Untersuchungen.

ferner Kieselsäure und Natrium, in geringerer Mangan (in manchen Waldbäumen stark angehäuft), selten Thonerde und andere Elemente, die zufällig im Boden vorkommen (Baryum, Rubidium, Lithium, Kupfer, sämmtlich nur in Spuren in den Pflanzenaschen enthalten).

Die Erkenntniß, daß die Pflanzen zu ihrer Entwickelung der Mineralstoffe bedürfen, ist, trotzdem einzelne hierher gehörige Beobachtungen schon früher gemacht und richtige Schlußfolgerungen aus denselben gezogen worden sind (Saussure), das unsterbliche Verdienst Liebig's, der damit die ganze Lehre der Pflanzenernährung in ein neues Licht rückte und dem wichtigsten menschlichen Gewerbe, dem Ackerbau, neue Bahnen eröffnete.

Die Entbehrlichkeit oder Unentbehrlichkeit der einzelnen Mineralstoffe hat man durch Kulturversuche erwiesen. Am meisten hat hierfür die Methode der Wasserkultur geleistet, durch die es gelang, die verschiedensten Pflanzen ihren ganzen Lebensgang, von der Keimung bis zur Fruchtbildung, in Lösungen genau bekannter Stoffe vollenden zu lassen. In neuerer Zeit wendet man mit Vorliebe die „Sandkultur" an, indem man die Pflanzen in nahezu reinem Quarzsande wachsen läßt, dem die Nährstoffe als Lösung zugefügt werden. Es sind praktische Vorzüge, welche diese Methode vor der der Wasserkultur voraus hat.

Die Funktionen der einzelnen Mineralstoffe im Pflanzenkörper sind vielfach noch nicht festgestellt. Wenn einige Beobachtungen auch auf eine Wirkung nach einer oder der anderen Richtung deuten, so fehlt doch der direkte Beweis dafür. Die folgenden hierauf bezüglichen Angaben sind, wenigstens soweit sie Kalium, Magnesium und Calcium betreffen, daher nur mit Vorbehalt und nur als wahrscheinlich zutreffende aufzufassen.

Kalium wird in Form verschiedener Salze in reichlicher Menge von der Pflanze aufgenommen. Ein Ersatz durch andere verwandte Elemente kann nicht eintreten. Natrium vermag es nicht zu ersetzen. Cäsium und Lithium wirken als Pflanzengifte. Bei Gegenwart von Rubidium bildet sich in den Blattorganen Zucker, aber kein Stärkemehl. Dies deutet darauf hin, daß die Einwirkung des Kaliums bei der Bildung der Stärke, beziehentlich bei der Wanderung der Kohlehydrate erfolgt.

Kalium findet sich am reichlichsten in den Pflanzentheilen, welche energische Lebensthätigkeit und Assimilation zeigen. Dem entsprechend häuft es sich in den Blättern und jüngeren Pflanzentheilen an.

Natrium findet sich zumal in Pflanzen die am Seestrand und in der Nähe von Soolquellen wachsen und macht hier einen erheblichen Theil der Asche aus. Es findet sich in den Organen dieser Pflanzen nicht in irgend einer gesetzmäßigen Verbreitung, was schon darauf hindeutet, daß es kein nothwendiger Nährstoff ist.*) Durch Versuche ist erwiesen, daß die „Salzpflanzen" auch ohne Natrium gedeihen können und wahrscheinlich nur besser im Stande sind, einen großen Gehalt dieses Stoffes zu ertragen, als andere Pflanzengattungen.

Calcium gehört zu den reichlich und namentlich von den Holz= pflanzen zumeist in größter Menge aufgenommenen Mineralbestandtheilen. Seine Thätigkeit im Pflanzenkörper ist noch nicht sicher erkannt; viele Versuche machen es wahrscheinlich, daß es bei der Wanderung der Kohlehydrate betheiligt ist, andere, daß es bei der Bildung der Zell= wände mitwirkt. Die größte Menge des Calciums findet sich im Pflanzenkörper und zumal im Baumkörper in Form unlöslicher Salze, namentlich als oxalsaures Calcium, selten als Karbonat abgeschieden.

Die geringere oder reichlichere Gegenwart des Kalkes macht sich, wie kein anderer Bestandtheil des Bodens, für den Holzwuchs und die ganze Flora bemerkbar. Eine ganze Reihe von Pflanzen werden mit Recht als „Kalkpflanzen" bezeichnet, da ihr zahlreiches Vorkommen zweifellos auf Kalkreichthum des Bodens hinweist. Anderseits scheint der Kalk auch der einzige in größerer Menge im Boden vorkommende Stoff zu sein, der auf einzelne Pflanzenarten eine geradezu schädigende Wirkung ausübt. Unter den Bäumen sind dies die edle Kastanie und die Seestrandskiefer, die schon nicht mehr auf einem Boden gedeihen, der einige Procent kohlensauren Kalk enthält.**) Auf Torfmoose (Sphag= neen) wirkt hartes, kalkhaltiges Wasser fast wie ein Gift und bringt sie zum Absterben.

Magnesium wird nur in mäßiger Menge aufgenommen und macht selbst auf Dolomitböden nur einen geringen Procentsatz der Pflanzenasche aus.

Die Rolle des Magnesiums bei der Pflanzenentwickelung ist noch weniger klar, als die des Kalkes. Bei der Fruchtbildung sammelt es sich in den Körnern an. Auch bei der Buche fand Weber***) nach einem Samenjahre das Holz nicht nur an Eiweißstoffen, sondern auch sehr stark an Magnesia erschöpft. Es scheint dies dafür zu sprechen, daß Magnesium bei der Eiweißbildung betheiligt ist, eine Annahme, für die auch noch andere Gründe vorhanden sind.

Eisen bedürfen die Pflanzen nur in geringer Menge, seine Gegen= wart ist zur Bildung des grünen Chlorophyllfarbstoffes nothwendig. Pflanzen, die ohne Eisen erzogen sind, haben gelblich gefärbte, soge= nannte „bleichsüchtige" oder „chlorotische" Blätter. Zufuhr von Eisen läßt sie in kurzer Zeit ergrünen.

*) Conneler, Botanisches Centralblatt VIII, 1881.
**) Diese anderweitig nicht unbedingt anerkannten Daten nach Fliche in Gramleau, Annales de la Station agronomique de l'Est. 1.
***) Hartig und Weber, Holz der Rothbuche. Berlin 1889.

Eisenoxydsalze werden von der Pflanze leicht aufgenommen; Oxydulsalze, in geringen Mengen ertragen, wirken in größeren als Pflanzengifte.

Mangan findet sich, zumal in den Baumaschen, fast immer, nur einmal fand Verfasser in einer Eiche keine Spur dieses Stoffes,[*] obgleich benachbarte Buchen und Erlen einen für die betreffende Gegend normalen Gehalt zeigten.

Bemerkenswerth ist das Mangan durch seine Fähigkeit, sich in manchen Pflanzenaschen, zumal von Bäumen, in großen Massen anzuhäufen. Von Schröder untersuchte eine Tanne, in der es $\frac{1}{3}$ der Reinasche bildete.

Thonerde gehört, trotz ihrer Verbreitung im Boden, zu den seltenen Aschenbestandtheilen, wenn sie in Spuren auch wohl viel verbreiteter ist, als angenommen wird. Bei der Analyse übersieht man sie leicht, wenn man nicht besonders darauf achtet.

In größeren Mengen findet sich die Thonerde regelmäßig in den Lycopodiaceen. In anderen Pflanzen ist sie bisher nur in der wilden Akazie[**] vom Verfasser in größerer Menge aufgefunden worden.

Phosphor, in Form von Phosphorsäure wirksam, ist einer der wichtigsten Nährstoffe der Pflanzen. Die Phosphorsäure begleitet die Eiweißstoffe, und scheint bei der Bildung derselben eine Hauptrolle zu spielen.

Schwefel wird als Schwefelsäure von den Pflanzen aufgenommen und ist ein elementarer Bestandtheil der Eiweißstoffe. Die Schwefelsäure wird also im Pflanzenkörper reducirt.

Chlor findet sich neben Natrium in den Salzpflanzen in reichlicher Menge, fehlt aber auch sonst in keiner Pflanze völlig. Einzelne Beobachtungen weisen darauf hin, daß es bei dem Transport der Kohlehydrate im Pflanzenkörper eine begünstigende Wirkung übt. Als unentbehrlicher Nährstoff ist es jedoch kaum, oder wenigstens nicht für alle Pflanzen zu betrachten.

Kieselsäure gehört nicht zu den nothwendigen Nährstoffen, hat also keine physiologischen Wirkungen im Pflanzenkörper auszuüben. Trotzdem findet sich Kieselsäure in allen Pflanzen und kommt zumal in den Epidermalschichten zur Ablagerung, die sie oft förmlich mit einem Panzer überzieht (z. B. bei der Buche); sie kann so durch mechanische Festigung der Pflanze günstig wirken und dieselbe widerstandsfähiger gegen äußere Angriffe machen. (Auf das Lagern des Getreides übt übrigens der Kieselsäuregehalt keinen Einfluß aus.)

---

[*] Selbst nicht qualitativ nachweisbar. Zeitschrift für Forst= und Jagdwesen XV, S. 90.

[**] Zeitschrift für Forst= und Jagdwesen XIV, S. 497.

In vielen Bäumen sammelt sich die Kieselsäure reichlich in den Blättern, zumal den älteren Blättern an. Von Schröder sprach die Vermuthung aus, daß der Baumkörper sich auf diesem Wege der überflüssigen Kieselsäure entledige. Es hat dies viel für sich, da oft ganz enorme Mengen beim herbstlichen Blattfall abgestoßen werden. Die Blätter einer Weißbuche, die noch nicht $3^0{}_{,0}$ des ganzen Baumes ausmachten, enthielten z. B. über 60% der gesammten aufgenommenen Kieselsäure.*)

Eine Vertretbarkeit der einzelnen Pflanzennährstoffe in der Weise, daß der eine die Funktionen des anderen übernehmen könnte, findet nicht statt. Wohl aber hat die Erfahrung gelehrt, daß die Pflanzen einen bestimmten Gehalt an Mineralstoffen haben müssen, wenn sie überhaupt gedeihen sollen. Natürlich ist dieser für die verschiedenen Pflanzenarten ein verschiedener; ist er aber einmal vorhanden, so kann unter Umständen der Gehalt an einem einzelnen Stoffe auf das für die pflanzenphysiologischen Vorgänge unbedingt nothwendige Maß herab gedrückt werden. Man hat so z. B. festgestellt, daß durch reichliche Magnesiazufuhr der Pflanzenkörper mit weniger Kalk auszukommen vermag, als ohne eine solche. In diesem Sinne ist eine relative Vertretbarkeit der Mineralstoffe vorhanden.

Die Menge der aufgenommenen Mineralstoffe ist von dem Reichthum des Bodens, dessen Wassergehalt und vielen äußeren Umständen abhängig, so daß der Aschengehalt in ziemlich weiten Grenzen schwanken kann, selbst bei Pflanzen, die auf demselben Boden erwachsen sind. Es unterliegt nun keinem Zweifel, daß eine reichlichere Zufuhr von Mineralstoffen die Produktion steigert, aber doch nur bis zu einem gewissen Grade; ist dieser erreicht, so lagern sich die Mineralstoffe im Pflanzenkörper ab, ohne für physiologische Zwecke Verwendung zu finden: die Pflanze treibt dann Luxuskonsum. Die enorme Anhäufung von Mineralstoffen in Pflanzen, die in Wasserkultur erzogen sind, beweist diese Thatsache hinlänglich. Andererseits bietet es große Schwierigkeiten, und ist es erst für einzelne Getreidearten annähernd erreicht, die geringste zur Entwickelung unbedingt nothwendige Menge eines Nährstoffes festzustellen.

Die Pflanzen nehmen nun nicht die Mineralstoffe aus Lösungen in der Menge auf, wie sie in diesen enthalten sind, sondern je nach ihrem Bedarf mehr oder weniger. Im ersteren Falle wird die Flüssigkeit an dem Stoffe ärmer werden, im zweiten relativ reicher bleiben. Es ist dies verständlich, wenn man bedenkt, daß die Aufnahme nach den Gesetzen der Diffusion erfolgt. Je mehr von einem Stoff im Pflanzenkörper verbraucht und durch die physiologischen Vorgänge in andere chemische Verbindungen übergeführt wird, um so stärker wird die Aufnahme sein;

---

*) Ramann und Will, Zeitschrift für Forst= und Jagdwesen XV, S. 244.

je weniger dies eintritt, um so rascher wird sich ein Gleichgewichts-zustand zwischen Pflanzenwurzel und Flüssigkeit bilden und der fernere Eintritt des Salzes herabgesetzt oder nahezu aufgehoben werden.

Die verschiedenen Pflanzenarten verbrauchen nun für ihre physio-logischen Zwecke mehr oder weniger von einzelnen Stoffen und ver-mögen diese dann entsprechend reichlicher aufzunehmen. Diese Erscheinung hat man als das quantitative Wahlvermögen der Pflanzen be-zeichnet. Von den Waldbäumen sind einzelne reich an Kalksalzen, andere an Kali oder Magnesia, je nach den Unterschieden, die sich für Gattung oder Individuum herausgebildet haben.*)

Nur in diesem Sinne kann man daher von einem quantitativen Wahlvermögen sprechen, nicht aber von einem Wahlvermögen, welches die Pflanze befähigte, nur diejenigen Stoffe aufzunehmen, welche für ihre Entwickelung nothwendig oder vortheilhaft sind.

Reinasche. Die Menge der aufgenommenen Mineraltheile erfährt man, indem man die Pflanzensubstanz unter bestimmten Vorsichts-maßregeln einäschert und die Asche analysirt. Die vorhandenen orga-nischen Säuren werden dabei zerstört und in Kohlensäure übergeführt. Einzelne Kohletheilchen, zufällig hinzugekommene Sandkörner verun-reinigen die Asche, und die Zusammensetzung derselben giebt daher kein oder ein ungenügendes Bild von der Vertheilung der Mineralstoffe. Um dieses zu erlangen, berechnet man die Zusammensetzung der Reinasche, d. h. denjenigen Procentgehalt an einzelnen Stoffen, welchen die Asche besitzen würde, wenn sie frei von Kohlensäure und allen zu-fälligen Beimischungen sein würde.

Die Kenntniß der Zusammensetzung der Reinasche ist nothwendig, um einen Einblick in die relative Vertheilung der einzelnen Stoffe zu erhalten. Um ferner den absoluten Gehalt der Pflanzentheile zu erfahren, berechnet man, wieviel von jedem einzelnen Stoffe in demselben enthalten ist. Bei der Armuth mancher Pflanzentheile (z. B. Holz) an Mineralstoffen ist es gebräuchlich, diese Rechnung für je tausend Theile Trockensubstanz des ursprünglichen Pflanzenkörpers durchzuführen.

Gesetz des Minimums. Die bisher aufgezählten Faktoren, welche das Pflanzenleben beeinflussen, treten in der Natur in den mannig-fachsten Kombinationen auf. Bald fehlt es mehr an dem einen, bald an dem anderen, um die höchste mögliche Höhe der Produktion her-vor zu bringen. Fehlt eine der Bedingungen oder ist sie in unge-nügender Stärke vertreten, so wird die Entwickelung der Pflanze er-heblich gehemmt oder völlig verhindert, mögen alle anderen Bedingungen

---

*) Vergleiche Conucler, Zeitschrift für Forst- und Jagdwesen 1886, S. 417: behandelt auf demselben Boden erwachsene Tannen, Fichten und Lärchen.

noch so günstig sein. Die gesammte Entwickelung der Pflanze hängt also von derjenigen Vegetationsbedingung ab, die in der geringsten Menge oder Größe, im Minimum, vorhanden ist. In der Agrikultur-chemie bezeichnet man dies als Gesetz des Minimums und spricht letzteres in der Regel so aus: Der im Minimum vorhandene Faktor der Pflanzenernährung ist maßgebend für die ge-sammte Größe der Produktion.

§ 81. 6. Waldbäume und Mineralstoffe.

Für die Vertheilung der Mineralstoffe im Baumkörper gelten folgende Sätze:

1. Der Aschengehalt ist in jugendlichen Organen größer als in älteren. Er steigt daher in der Regel mit Abnahme des Durch-messers.

2. Die Rinde ist stets aschenreicher als das zugehörige Holz.

3. Die Blattorgane sind (wenige Ausnahmen abgerechnet) die an Mineralstoffen reichsten Theile des Baumkörpers.

4. Beim allmählichen Absterben einzelner Theile des Baumes findet eine Rückwanderung der wichtigsten Nährstoffe in den Baumkörper statt. Es findet dieses beim Laubabfall im hohen Grade statt, ist aber auch für andere Organe, wie absterbende Aeste und bei der Borkenbildung nachweisbar. Es wandern zurück: Kali, Phosphorsäure, Magnesia und Stickstoff. An Kieselsäure und Kalk reichern sich dagegen die Blätter bis zuletzt an, so daß der Gesammtaschengehalt unmittelbar vor dem Blattfall am höchsten ist. Die Rückwanderung beruht wohl darauf, daß Eiweißstoffe und lösliche Kohlehydrate beim Erlöschen der vegetativen Thätigkeit in die noch lebensthätigen Pflanzenorgane übertreten und dabei von den Mineraltheilen begleitet werden, die an diesem Proceß Antheil haben.

Der Mineralstoffgehalt des Holzes ist ein geringer und er-reicht für unsere Baumarten nur selten ein halbes Procent der Trocken-substanz (so bei der Akazie), bleibt aber ebenfalls nur selten unter 0,3 % zurück, z. B. bei der Kiefer mit 0,22—0,24 $^0/_0$, bei der Birke 0,32—0,42 %, Weymouthskiefer 0,19 $^0/_0$; weitaus die meisten Holz-arten haben einen Gehalt von 0,3—0,4 %. Das Kernholz enthält geringere Aschenmengen als das Splint-holz, ebenso verhält sich das sogenannte „reife Holz" der keinen durch abweichende Färbung kenntlichen Kern bildenden Holzarten.*)

*) Literatur:
Daube, Forstliche Blätter 1883, S. 177.
Hartig und Weber, Holz der Rothbuche, S. 158.

Insbesondere ist die Phosphorsäure, die Begleiterin der Eiweißstoffe, im Splintholz reichlicher enthalten. Das Kali scheint bei Fichte und Buche im älteren Holze zu verbleiben, sich unter Umständen sogar darin anzuhäufen. Im Kalkgehalt finden sich wenig Unterschiede. Es scheint demnach (Weber a. a. O.), daß aus dem Innern des Baumes bei dem Funktionsloswerden der Holztheile in ähnlicher Weise eine Auswanderung der wichtigsten Nährstoffe erfolgt, wie beim Absterben anderer Baumtheile.

Man hat dem geringeren Gehalt des Kernholzes an Mineralbestandtheilen eine Bedeutung beilegen wollen, indem bei überwiegender Erziehung von Altholz, das Nährstoffkapital des Waldes bei den forstlichen Nutzungen mehr geschont würde.*) An sich ist dies ja richtig, aber bei dem unbedeutenden Gehalte des Holzes an Mineralstoffen fällt die Ausfuhr wenig ins Gewicht. Es ist nicht wahrscheinlich, daß durch Holznutzung, auch nicht durch Holz jüngeren Alters, jemals eine ernsthafte Beeinflussung der mineralischen Bodenkraft vorkommt.

Der Aschengehalt der Rinde ist außerordentlich schwankend und vom Lebensalter des Baumes abhängig.

Ein tiefgreifender Unterschied macht sich in Bezug auf glatt-schalige und borkenbildende Bäume bemerkbar. Die ersteren lagern in der Rinde mit fortschreitendem Lebensalter immer neue Mineralstoffe, insbesondere Kalksalze und Kieselsäure ab, die Rinde wird also aschenreicher. Für die Buche ergiebt sich dies z. B. aus Weber's Analysen.

Die Rinde enthielt:

10jährig	2,15 %	Reinasche
20—40 „	. 3,1 „	„
50 „	. 3,47 „	„
220 „	. . 4,88 „	„

Bei der Borkebildung sterben lebensfähige Theile der Rindenschicht allmählich ab und durch diesen Vorgang wandert ein Theil der Mineralstoffe in den Baumkörper zurück. Hieraus ergiebt sich schon, daß in den meisten Fällen die Borke aschenärmer sein wird, als die lebensthätige Rinde.

Da die Borkenbildung mit höherem Alter steigt, so fällt damit zugleich der Gehalt an Mineralstoffen im Rindenkörper.

Je nach den in den Rinden abgelagerten Mineralstoffen oder dem Fehlen derselben kann man die Baumarten in drei Gruppen bringen:

a) in solche, deren Rinde überwiegend aus Korkschichten, bezw. abgestorbenen Theilen der Cambialschicht gebildet wird, mit geringem Gehalt an Aschenbestandtheilen;

*) Borggreve, Holzzucht.

b) in solche, die Kalksalze, namentlich oxalsaures Calcium ablagern;

c) in solche, die reichlich Kieselsäure ablagern.

Natürlich giebt es zwischen diesen Gruppen die mannigfaltigsten Uebergänge, so daß vielfach nur die extremen Fälle die Unterschiede mit voller Schärfe hervortreten lassen.

Zur ersten Abtheilung gehören namentlich die Baumarten, welche als anspruchslos gelten. Kiefer (in der Borke 0,85 %, in der Spiegelrinde 2,12 % Reinasche) und Birke (0,76—0,84 % Reinasche) sind gute Beispiele.

Für die zweite Gruppe sind gute Beispiele Hainbuche mit 7,7 % (bei 8,8 % Reinasche) und Eiche mit 3,3 % Kalkerde (bei 4,1 % Reinasche).

Weitaus die meisten Baumarten lassen sich dieser Abtheilung zuzählen, so Eiche, Erle, Akazie, Hasel, Elsbeere und andere

Für die dritte Gruppe kann namentlich die Buche angeführt werden, die 0,4 bis 0,7 % Kieselsäure in der Asche enthält; ebenfalls reich an diesem Stoffe sind noch Rüster und Fichte.

Noch mannigfaltigere Verhältnisse ergeben sich für den Mineralstoffgehalt der Blattorgane. Die Untersuchung derselben bietet besondere Schwierigkeit, da die Zusammensetzung der Blätter während der Vegetationszeit wechselt, und erst im Herbst vor dem Laubfall sich stabilere Verhältnisse herausstellen.

Der Gehalt an Reinasche ist bei den Nadelhölzern geringer, als bei den Laubbäumen. Von den ersteren folgen sich: Weymouthskiefer (1,3 %), Kiefer (1,9—2,5 %), Fichte und Tanne (2,5—3,5 %). Von den letzteren sind Birke, Erle, Hainbuche (3—4,5 %) die aschenärmsten, Eiche und Akazie die aschenreichsten (7—9 %); die übrigen Holzarten stehen zwischen beiden.*)

Die Menge der von den verschiedenen Baumarten jährlich aufgenommenen Mineralstoffe ist nicht nur aus dem Aschengehalt des Holzes, der Rinde und Blätter zu ermitteln, sondern richtet sich in fast ebenso hohem, vielfach höherem Grade nach dem Antheil, den diese einzelnen Theile am Aufbau des Baumes nehmen. Also nach dem Rindenprocent (bei alten Buchen 3—4 %, alten Eichen und Kiefern 8 bis 10 %; etwa 6 % bei 40jährigen Buchen und Hainbuchen, 15—18 %

*) Die Literatur über die Aschengehalte der Forstpflanzen und Produkte ist zusammengestellt in: Wolff, Aschenanalysen. Berlin 1871 und 1880. In den letzten zehn Jahren sind namentlich thätig gewesen: Conucler (Zeitschrift für Forst- und Jagdwesen), von Schröder (Tharander Jahrbücher), Weber (Allgemeine Forst- und Jagdzeitung), Will und der Verfasser (Zeitschrift für Forst- und Jagdwesen). Die Darstellung gründet sich namentlich auf die Arbeit des Verfassers: Untersuchungen über die Mineralstoffaufnahme der Waldbäume u. s. w., Zeitschrift für Forst- und Jagdwesen 1883, S. 3 ff.

bei 30jährigen Akazien, bei 40jährigen Aspen etwa 27 % des Stammes und dem Blätterprocent.

Leider fehlen für Blattmengen noch die Angaben recht sehr; nur für die Nadelhölzer besitzen wir eine Anzahl Wägungen, welche wenigstens einigen Einblick gestatten. Für die Laubhölzer fehlen Bestimmungen, mit Ausnahme einiger wenigen, noch gänzlich. Es ist auch nicht möglich, die Erträge der Streuflächen heranzuziehen, da der Streu zumeist noch andere, nicht von den Bäumen abstammende Stoffe beigemischt sind*) und ferner die Streu selbst erhebliche Veränderungen erleidet, wenn sie nicht unmittelbar nach dem Laubfall gerecht worden ist.

Das vorliegende Material ermöglicht aber doch schon, den gewaltigen Unterschied zwischen Nadelhölzern und Laubbäumen hervortreten zu lassen. Ein Beispiel mag dies darlegen.

In einer 30jährigen Kiefer (Mittelstamm) waren enthalten:**)

	Reinasche	Kali	Kalk	Phosphorsäure
Im Stamm (18,2 kg)	99,36	21,13	54,09	8,48 g
In den Nadeln (0,79 kg)	14,96	5,14	3,16	3,42 „

Die im Stamm enthaltenen Mineralstoffe sind aber das Produkt einer dreißigjährigen Thätigkeit: will man die im einzelnen Jahre aufgenommene Menge kennen lernen, so wird man sie annähernd erfahren, wenn die betreffenden Zahlen durch das Lebensalter getheilt werden.

Desgleichen enthalten die Kiefernnadeln die Bestandtheile, welche in den letzten 2 1⁄2 Jahren aufgenommen worden sind (der vorvorjährige Trieb war nur noch mäßig, schätzungsweise zur Hälfte benadelt).

Man erhält dann folgende Zahlen.

Die untersuchte Kiefer hat in den letzten Jahren aufgenommen:

	Reinasche	Kali	Kalk	Phosphorsäure
Im Stammkörper . .	3,31	0,70	1,80	0,283 g
In den Nadeln	5,99	2,05	1,26	1,368 „

Es verhalten sich also die im Stamm abgelagerten Stoffe (= 1) zu denen der Blattorgane . . wie 1 : 1,81 1 : 2,93 1 : 0,70 1 : 4,83

Führt man dieselbe Rechnung für eine 30jährige Eiche durch, die vom Verfasser***) analysirt worden ist, so ergiebt sich ein Verhältniß der durchschnittlich im Stamm abgelagerten Stoffe zu den Mineraltheilen der Blätter von (Stamm = 1):

---

*) Man vergleiche die Untersuchungen des Verfassers über die Zusammensetzung der Kiefernstreu. Zeitschrift für Forst- und Jagdwesen 20, S. 98.

**) Zeitschrift für Forst- und Jagdwesen 1892, S. 147.

***) Zeitschrift für Forst- und Jagdwesen 1883, S. 1.

Reinasche	Kali	Kalk	Phosphorsäure
1 : 50,67	1 : 22,4	1 : 40,6	1 : 26,7

Während also die Kiefer etwa $\frac{2}{13}$ der Reinasche, $\frac{3}{4}$ des Kalis und $\frac{5}{6}$ der Phosphorsäure für ihre Blattorgane verbraucht und diese 2—3 Jahre der Assimilation dienen, verbrauchte die Esche $\frac{49}{50}$ der Reinasche, $\frac{21}{22}$ des Kalis, $\frac{26}{27}$ der Phosphorsäure zu dem gleichen Zwecke für die Blattentwickelung eines Jahres.

Werden auch die Blätter abgeworfen und kommen die darin ent-haltenen Nährstoffe dem Boden wieder zu Gute, so geht doch die Arbeitsleistung, welche nothwendig war die Mineraltheile aufzusaugen, dem Baume verloren.

Die Esche würde nach diesem Beispiele jährlich ungefähr das 30 fache an Reinasche, das 8 fache an Kali, das 60 fache an Kalk und das 5 fache an Phosphorsäure für die Ausbildung und Thätigkeit der Blattorgane verbrauchen, wie die Kiefer. Die anderen Baumarten stehen zwischen diesen beiden Extremen.

Aus dem Beispiel wird aber der Satz verständlich, daß die von Waldbäumen jährlich aufgenommenen Mineralstoffmengen im wesentlichen auf die Menge und den Aschengehalt der Blätter zurückzuführen sind.

7. Anspruch, Bedarf, Entzug.

Die Fähigkeit der Baumarten, die mineralischen Nährstoffe dem Boden zu entziehen, ist, wie das auch für andere Pflanzen gilt, wesentlich verschieden. Stärke der Bewurzelung und individuelle Ver-anlagung spielen hier eine große Rolle. Die Akazie z. B., einer der aschenreichsten Bäume, kann auf recht armem Boden gedeihen, ähnlich wie unter den Feldfrüchten die Lupine. (So wächst z. B. Hafer noch in einem Boden, der mit zweiprocentiger Salzsäure ausgezogen ist, die Gerste vermag diesem nicht mehr die zu ihrem Gedeihen nothwendigen Nährstoffe zu entziehen.)

Dieses Verlangen der Baumarten nach geringerer oder höherer Güte des Bodens kann man als Anspruch bezeichnen. Genügsam kann man Baumarten nennen, welche wenig Mineralstoffe bedürfen und diese einem armen Boden zu entziehen wissen (Kiefer).

Der Anspruch bezieht sich demnach auf das Verhältniß der Pflanze zum Boden beziehentlich zur Bodengüte.

Als Bedarf kann man die Menge der Mineralstoffe bezeichnen, welche ein Baum oder eine Mehrheit von Bäumen (z. B. der Bestand eines Hektars) zur normalen Entwickelung von Stamm- und Blattkörper verlangt.

Ueber die Größe des Bedarfs sind wir nur spärlich in Bezug auf die Nadelhölzer unterrichtet. Für Laubhölzer fehlen noch alle Grundlagen. Die Zahlen, welche vielfach als Bedarf der Bäume, zumeist auf Jahr und Hettar berechnet, gegeben werden, beziehen sich auf den Entzug von Aschenbestandtheilen bei der Holznutzung. Wie groß die jährlich zur Entwickelung nothwendige Menge an Nährstoffen ist, wurde bisher nur bei den Nadelhölzern bestimmt (sie werden in der Regel mit den Blattorganen genutzt, sind daher mit diesen untersucht worden und sind so die nothwendigsten Grundlagen zur Berechnung gegeben). Natürlich können alle bisher gewonnenen Zahlen nur als Näherungswerthe gelten, welche jede neue Untersuchung in engere Grenzen einzuschränken berufen ist.

Der Begriff des Bedarfs bezieht sich daher auf die für einen Baum, beziehentlich einen Bestand nothwendige Nährstoffmenge unabhängig von Boden und den Eingriffen der Menschen.

Die Größe des Bedarfs ist für die einzelnen Baumarten in ihrem verschiedenen Lebensalter sehr wechselnd, und zwar fällt das Maximum für einzelne Nährstoffe nicht immer mit dem größten Gehalt an Reinasche zusammen. Da die Mineralstoffe überwiegend im Reisholz und den Blattorganen enthalten sind, so darf als Regel gelten: **Das Maximum des Bedarfes fällt mit dem Maximum des Gehaltes an Reisholz zusammen.**

Dem entsprechend liegt dasselbe bei Kiefer sehr früh, etwa im 20. Jahre, bei der Fichte im 30. Jahre, bei der Buche im 40. Jahre. Auf Böden niederer Bonität tritt es später (im Durchschnitt 10 bis 20 Jahre) ein, als auf besseren Bodenarten. In dem betreffenden Zeitpunkt stellt der Bestand die höchsten Anforderungen an Boden wie Wurzelthätigkeit. Hieraus erklärt sich das Zurückbleiben der Baumarten im mittleren Alter bei wenig günstigen Bodenverhältnissen ungezwungen, es ist das kritische Alter des Baumes.

Der Entzug an Mineralstoffen ist vom Eingriff des Menschen abhängig und bezeichnet die Menge derselben, welche aus dem Walde entnommen wird. Führt man nur Holz aus, so wird der Entzug gering sein, wird außerdem noch Streu, Gras u. s. w. geworben, so wird er natürlich bedeutend erhöht. Fast alle forstlich-chemischen Arbeiten behandeln die Frage des Entzugs für die Waldböden, und sind im Nachfolgenden die wichtigsten bisher erhaltenen Werthe mitgetheilt.

Ehe jedoch auf diese Zahlen, deren Kenntniß für jede statische Berechnung nothwendig ist, eingegangen werden kann, soll noch an ein paar Beispielen der Zweck der schärfer getrennten Begriffe von Bedarf, Anspruch und Entzug dargelegt werden. Es ist auffällig,

daß keines der neueren Bücher über Waldbau diese Unterschiede berücksichtigt.

Die Kiefer ist anspruchslos und hat sehr geringen Bedarf; der
Entzug bei der Holznutzung ist ein geringer.

Die Weymouthskiefer hat nach vielen Richtungen höheren Anspruch als die Kiefer, namentlich was Frische des Bodens betrifft,
trotzdem bleibt sie in Bezug auf Bedarf gleichaltrigen Kiefern gegenüber nicht unerheblich zurück. Die Weymouthskiefer scheint von
allen bisher untersuchten Baumarten überhaupt den geringsten Bedarf
zu haben.

Die Akazie entzieht bei der Holznutzung dem Boden von allen
unseren Holzarten die höchsten Aschenmengen; ihr Bedarf ist trotzdem,
in Folge des niederen Blätterprocentes, nur ein mittlerer, und die
Akazie ist endlich anspruchslos, da sie ihren Bedarf auf geringem
Boden zu decken vermag.

Die Esche hat wohl von allen Baumarten unserer Wälder den
höchsten Bedarf, sie ist anspruchsvoll und hat doch nur einen mittleren
Entzug (bei der Holznutzung), da weitaus der größte Theil der Mineralstoffe in den Blattkörper wandert.

Wie daher in der Akazie ein Baum bekannt ist, der hohen Entzug mit Anspruchslosigkeit verbindet, ist es möglich, daß noch Bäume
kennen gelernt werden, die hohe Ansprüche mit geringem Entzug vereinigen. In der Regel wird natürlich hoher Bedarf auf besseren
Bodenarten leichter befriedigt werden können, als auf geringeren und
werden schon durch natürliche Anpassung die anspruchsvolleren Baumarten auch größere Aschenmengen in sich ansammeln, trotzdem muß
festgehalten werden: daß die Bodenklasse, auf welcher ein Baum
wächst, weder für Bedarf noch Entzug ohne weiteres als
Maßstab dienen kann, und ferner: daß die Mineralstoffmenge,
welche bei der Holznutzung dem Walde entzogen wird, kein
Maßstab für den Bedarf der Baumarten ist.

§ 82. 8. Einzelne Holzarten und Betriebsformen.

a) Nadelhölzer.

Wie schon bemerkt, gelten die nachfolgenden Zahlen (mit Ausnahme
für Lärche) für die Holzarten mit den Nadeln; Bedarf und Entzug
fallen daher zusammen, und sind die Angaben mit denen der Laubhölzer nur in Hinsicht auf Entzug, nicht auf Bedarf, vergleichbar.

1. Kiefer.*)

Die Kiefer gehört zu den aschenärmsten Baumarten und macht auch an keinen der drei wichtigsten Bodenbestandtheile, Kali, Kalk und Phosphorsäure, erhebliche Ansprüche. Das Maximum des Bedarfes liegt bei der Kiefer sehr früh, auf den besseren Bodenklassen schon vor dem 20. Jahre.

Im Folgenden sind durchschnittliche Zahlen auf Grund der vorliegenden Analysen und der Massenaufnahmen (einschließlich Vorerträgen) der forstlichen Versuchsstationen mitgetheilt.

I. Ertragsklasse

entzieht für Jahr und Hektar in Kilogramm:

Alter	Reinasche	Kali (K₂O)	Kalk (CaO)	Magnesia (MgO)	Phosphorsäure (P₂O₅)	Stickstoff (N)
20jährig	31,800	6,060	15,020	3,060	3,000	18,570
30 „	28,500	5,350	13,120	2,830	2,640	16,500
40 „	23,100	4,020	11,200	2,290	1,850	12,800
50 „	20,950	3,490	10,440	2,070	1,580	11,350
60 „	19,800	3,220	9,960	1,950	1,460	10,600
70 „	18,900	3,130	10,100	1,940	1,410	10,450
80 „	18,000	2,800	9,240	1,750	1,260	9,400
90 „	16,800	2,600	8,700	1,640	1,160	8,700
100 „	16,400	2,500	8,460	1,600	1,130	8,500
110 „	15,500	2,380	8,000	1,500	1,060	8,000
120 „	15,000	2,300	7,700	1,450	1,040	7,750

III. Ertragsklasse.

20jährig	27,900	4,230	9,400	2,050	2,170	12,900
40 „	27,000	3,130	7,700	1,680	1,540	9,700
60 „	14,400	2,500	6,800	1,400	1,160	7,950
80 „	12,200	2,020	6,050	1,200	0,950	6,600
100 „	11,000	1,750	5,500	1,060	0,800	5,800
120 „	10,000	1,600	5,000	0,970	0,730	5,300

V. Ertragsklasse.

20jährig	14,100	2,740	6,080	1,330	1,400	8,400
30 „	14,200	2,700	6,230	1,350	1,370	8,300
40 „	12,900	2,450	5,800	1,250	1,200	7,500

*) Literatur:

Heyer und Vonhausen, Annalen der Chemie und Pharmacie 82, S. 180.

Schütze, Zeitschrift für Forst- und Jagdwesen, Bd. 8, S. 371.

Ramann, Zeitschrift für Forst- und Jagdwesen, Bd. 13, S. 417; Bd. 24, S. 135; Bd. 19, S. 614.

Will, Zeitschrift für Forst- und Jagdwesen, Bd. 14, S. 209 und 265.

Alter	Reinasche	Kali	Kalk	Magnesia	Phosphor=säure	Stickstoff
50jährig	12,200	2,300	5,600	1,200	1,100	7,100
60 „	11,900	2,200	5,600	1,080	1,030	6,800
70 „	10,700	1,950	5,000	1,060	0,920	6,100
80 „	9,800	1,750	4,600	0,970	0,820	6,050
90 „	9,100	1,650	4,350	0,900	0,770	5,200

2. Fichte.*)

Die Fichte steht in ihrem Bedarf der Kiefer sehr nahe, wenigstens gilt dies für das höhere Baumalter, sie übertrifft diese aber in Bezug auf Kalium und Calcium, während erhebliche Unterschiede im Bedarf an Phosphorsäure nicht hervortreten.

Das Maximum des Bedarfs liegt auf besseren Böden im 40. Jahre, auf geringeren im 50. Jahre.

Im Folgenden sind die Zahlen für die Durchschnittsmengen des Mineralstoffbedarfes aufgeführt (in Kilogramm):

I. Ertragsklasse.

Alter	Reinasche	Kali	Kalk	Magnesia	Phosphor=säure	Stickstoff
20jährig	44,000	6,700	11,750	3,500	3,180	15,150
30 „	57,900	8,770	16,320	4,520	4,060	19,970
40 „	55,200	8,400	17,900	4,260	3,700	19,700
50 „	51,150	7,750	18,900	3,900	3,300	18,950
60 „	48,700	7,360	19,430	3,670	3,060	18,450
70 „	48,000	7,220	19,650	3,600	2,990	18,350
80 „	45,000	6,780	19,050	3,360	2,760	17,400
90 „	42,450	6,380	18,420	3,150	2,580	16,500
100 „	39,800	6,000	17,580	2,950	2,400	15,600
110 „	36,500	5,470	16,670	2,700	2,150	14,400
120 „	34,600	5,220	15,910	2,550	2,040	13,700

III. Ertragsklasse.

Alter	Reinasche	Kali	Kalk	Magnesia	Phosphor=säure	Stickstoff
20jährig	22,600	3,280	4,900	1,780	1,750	7,400
40 „	37,800	5,640	9,550	2,960	2,750	12,750
60 „	38,800	5,880	11,900	3,000	2,650	13,650
80 „	36,200	5,440	12,500	2,760	2,400	13,150
100 „	31,900	4,800	12,000	2,420	2,050	11,875
120 „	28,800	4,330	11,260	2,170	1,800	10,850

*) Literatur:
von Schröder, Forstchemische und pflanzenphysiologische Untersuchungen.
Weber, Allgemeine Forst= und Jagdzeitung 1881, S. 1.
Conneler, Zeitschrift für Forst= und Jagdwesen, Bd. 18, S. 353, 417.
Ramann, Zeitschrift für Forst und Jagdwesen, Bd. 19, S. 615.

3. Tanne.*)

Die Tanne übertrifft die Kiefer und Fichte in ihrem Bedarf an Kalium erheblich, an Phosphorsäure in geringerem Grade, bleibt aber in Bezug auf Kalk hinter diesen Baumarten zurück. Das natürliche Vorkommen der Tanne und ihre Ansprüche an den Boden stimmen also annähernd mit den höheren Anforderungen an Nährstoffgehalt überein. (Entzug für Jahr und Hektar bei 90jährigem Umtrieb nach von Schröder):

Reinasche	Kali	Kalk	Magnesia	Phosphorsäure	Stickstoff
38,79	9,50	11,92	3,00	2,98	12,3 kg

4. Lärche.**)

Die Lärche enthält nur einen mäßigen Gehalt an Mineralstoffen, bleibt sogar hinter Fichte und Tanne zurück; wenngleich der jährliche Bedarf in Folge des Blattabwurfes wahrscheinlich nicht geringer als der jener Koniferen sein wird. Charakteristisch für die Lärche ist der ungewöhnlich hohe Gehalt an Magnesia in allen Baumtheilen.

5. Weymouthskiefer.***)

Die Weymouthskiefer enthält von allen untersuchten Baumarten die geringsten Aschenmengen. Da der Zuwachs jedoch ein sehr großer ist, so wird der jährliche Bedarf wahrscheinlich nicht erheblich hinter dem der Kiefer zurückbleiben.

b) Laubhölzer.

6. Buche.†)

Ueber den Entzug an Mineralstoffen sind wir durch die ausgedehnten Arbeiten Weber's besser unterrichtet, als über irgend eine andere Holzart. Den Bedarf kennen wir jedoch noch nicht. Allerdings lassen sich auch für die Buche die Streuuntersuchungen heranziehen, da in keinem anderen Bestande die Bodendecke so ausschließlich von Abfällen des Baumes gebildet wird, wie bei der Buche; immerhin

---

*) Literatur:

von Schröder, Forstchemie und pflanzenphysiologische Untersuchungen.
Weber, Allgemeine Forst- und Jagdzeitung 1881, S. 1.
Councler, Zeitschrift für Forst- und Jagdwesen, Bd. 18, S. 353 und 417.

**) Literatur:

Councler, Zeitschrift für Forst- und Jagdwesen Bd. 18, S. 353.
Weber, Allgemeine Forst- und Jagdzeitung 1873, S. 367.

***) Ramann und Will, Zeitschrift für Forst- und Jagdwesen.

†) Literatur:

Heyer und Vonhausen, Annalen der Chemie und Pharmacie, Bd. 82, S. 180.
Weber, Allgemeine Forst- und Jagdzeitung 1876, S. 257.
Hartig und Weber, Das Holz der Rothbuche. Berlin 1888.
Ramann, Zeitschrift für Forst- und Jagdwesen, Bd. 19, S. 614.

bleibt es aber wahrscheinlich, daß sehr erhebliche Abweichungen gefunden werden, wenn erst einmal wirklich vergleichbare Zahlen vorliegen.
Hiernach würde der jährliche Bedarf für die Blattproduktion
sein:*)

Buchen der I.—III. Ertragsklasse.

	Stickstoff	Kali	Kalk	Phosphor-säure	Reinasche
21— 40 Jahre	46,9	10,4	86,2	11,0	265,2 kg
40— 61 „	53,3	12,5	103,4	13,2	318,2 „
61— 80 „	61,6	13,5	112,8	14,3	345,5 „
81—100 „	67,0	14,9	123,1	15,7	378,8 „
über 100 „	60,3	13,4	110,8	14,1	340,9 „

Der IV. und V. Ertragsklasse.

	Stickstoff	Kali	Kalk	Phosphor-säure	Reinasche
41— 60 Jahre	46,9	10,4	86,2	11,0	265,2 kg
61— 80 „	52,3	11,8	96,0	12,3	295,5 „
80—100 „	53,3	12,5	103,4	13,2	318,2 „

Es sind dies ganz bedeutende Werthe und zeigen, welche Massen
löslicher Nährstoffe die Wurzeln alljährlich aufnehmen müssen.

Der Entzug durch Holznutzung, beziehungsweise der Bedarf des
Stammkörpers beläuft sich in den verschiedenen Jahren nach Weber
für Jahr und Hektar berechnet:**)

Oberbayrische Hochebene:

	Reinasche	Kali	Kalk	Phosphorsäure
30 Jahre	14,5	3,2	6,2	1,8 kg
60 „	17,7	3,3	8,4	1,7 „
80 „	25,2	5,3	12,5	2,8 „
90 „	25,4	5,4	12,4	2,9 „
110 „	18,9	3,0	10,9	1,4 „
130 „	20,0	3,1	11,6	1,1 „

Spessart:

	Reinasche	Kali	Kalk	Phosphorsäure
20 Jahre	26,6	6,0	12,2	3,3 kg
50 „	23,5	4,9	11,6	1,6 „
90 „	24,9	6,9	9,5	1,5 „
110 „	21,3	4,7	9,9	1,8 „
140 „	21,0	4,4	10,6	1,0 „

*) Dandelmann, Ablösung der Waldgrundgerechtigkeiten III, Tf. 22, S. 39.
**) Nach der Tabelle V, in „Holz der Rothbuche" berechnet.

Außerdem mögen noch die Zahlen folgen, wie sie vom Verfasser aus dem vorliegenden Material berechnet sind (in Kilogramm):

I. Ertragsklasse.

Alter	Reinasche	Kali	Kalk	Magnesia	Phosphorsäure	Stickstoff
20jährig	35,650	8,020	14,430	3,630	4,510	9,880
30 „	48,070	11,510	20,820	5,120	7,000	22,960
40 „	54,660	11,580	23,040	6,120	6,100	14,240
50 „	52,250	11,330	23,160	6,150	5,420	13,550
60 „	51,670	10,910	22,710	6,000	4,790	12,740
70 „	49,850	10,700	22,060	5,810	4,430	12,230
80 „	49,500	10,660	21,980	-5,690	4,310	11,640
90 „	49,020	10,600	21,780	5,610	4,250	11,530
100 „	48,120	10,440	21,430	5,500	4,110	11,730
110 „	45,480	9,980	20,310	5,160	3,810	11,080
120 „	44,670	9,800	19,990	5,080	3,700	10,850

II. Ertragsklasse.

Alter	Reinasche	Kali	Kalk	Magnesia	Phosphorsäure	Stickstoff
20jährig	28,170	6,550	11,170	2,710	3,780	8,050
40 „	40,500	9,180	18,300	4,890	4,100	11,340
60 „	44,520	9,440	19,360	5,100	4,350	11,150
80 „	40,980	8,950	18,080	4,610	3,600	10,140
100 „	39,580	8,710	17,580	4,450	3,400	9,720
120 „	37,970	8,340	16,950	4,300	3,200	9,260

III. Ertragsklasse.

Alter	Reinasche	Kali	Kalk	Magnesia	Phosphorsäure	Stickstoff
20jährig	20,130	4,680	7,980	1,940	2,700	5,750
40 „	33,130	7,100	15,820	3,640	3,840	8,770
60 „	42,900	7,330	15,480	3,200	3,550	8,880
80 „	33,870	7,160	14,940	3,940	3,090	9,320
100 „	32,560	7,000	14,450	3,740	2,850	7,960
120 „	31,270	6,760	13,920	3,590	2,690	7,620

V. Ertragsklasse.

Alter	Reinasche	Kali	Kalk	Magnesia	Phosphorsäure	Stickstoff
20jährig	8,850	2,060	3,510	0,850	1,190	2,530
30 „	12,880	2,300	5,100	1,240	1,730	3,680
40 „	15,580	3,520	6,300	1,570	1,990	4,340
50 „	17,300	2,800	7,130	1,850	2,090	4,670
60 „	19,030	4,060	7,960	2,110	2,180	5,010
70 „	20,750	4,330	8,800	2,370	2,280	5,350
80 „	20,080	4,180	8,600	2,320	2,100	5,100
90 „	18,680	3,930	8,220	2,160	1,840	4,880
100 „	18,660	3,910	8,170	2,180	1,780	4,850

7. Eiche.*)

Die Eiche unterscheidet sich in ihrem Bedarf zur Holzerzeugung von der Buche durch geringere Aufnahme von Kali und Phosphorsäure und Mehraufnahme von Kalt. Für Jahr und Hektar ergiebt sich nach Weber (bei Traubeneichen):

	Holzmasse	Reinasche	Kali	Kalt	Magnesia	Phosphor-säure
im 10. Jahre	13 fm	10,9	2,3	6,3	0,96	0,73 kg
„ 20. „	47 „	19,2	3,02	12,4	1,3	1,4 „
„ 50. „	156 „	27,5	3,06	20,8	1,0	1,1 „
„ 370. „	740 „	8,8	1,7	5,6	0,37	0,39 „

Ueber den Bedarf der Eiche zur Blattbildung liegen noch keine Untersuchungen vor.

8. Birke.**)

Die Birke ist unter allen untersuchten Laubhölzern das aschenärmste. Vergleicht man die Ausfuhr von Nährstoffen bei 50jährigem Birken=umtrieb, so ist sie für Kali und Phosphorsäure etwas höher, für Kalt dem Entzug bei Fichte (mit Nadeln) etwa gleich. Da Angaben über den Bedarf zur Blattbildung fehlen, dieser aber jedenfalls das Mehr=fache des zur Holzerzeugung Nothwendigen ist, so nimmt die Birke jedenfalls sehr viel mehr aus dem Boden auf, als dies die Nadelhölzer vermögen. Das Vorkommen der Birke auf ärmeren Böden beweist, daß ihre Wurzelthätigkeit und ihre Fähigkeit, Nährstoffe aufzunehmen, jedenfalls erhebliche sind.

Die Mineralstoffausfuhr bei 50jährigem Birkenumtriebe (4,1 fm Hauptertrag, 1,2 fm Vorertrag und 0,6 fm Stockholz) ist nach den vorliegenden Analysen für Jahr und Hektar:

Reinasche	Kali	Kalt	Magnesia	Phosphorsäure	Stickstoff
12,3	2,3	3,9	1,7	1,3	7,2 kg

9. Weißbuche.

Die Weißbuche steht in ihren Ansprüchen an den Boden der Buche nahe und scheint (wenigstens in der Mark) noch etwas hinter dieser zurück zu bleiben.

Ueber den Bedarf derselben sind wir wenig unterrichtet. Legt man die bei einer 40jährigen Weißbuche gefundene Blattmenge einer Berechnung zu Grunde,***) so würde für die Ausbildung der Blätter an Reinasche die 4—5fache, an Kali die 5—6fache, an Kalt die 4fache, an Phosphorsäure die 10fache Menge der für die Holzproduktion noth=wendigen beansprucht werden.

---

*) Weber, Forstliche Blätter 1876, S. 257 und Aschenanalysen von Eichen= und Buchenmusterstämmen. Inaugural=Dissertation. München 1877.
**) von Schröder, Forstchemische Untersuchungen 1878, S. 51.
***) Ramann und Will, Zeitschrift für Forst= und Jagdwesen 1882, S. 500.

Bei 4,5 tm Gesammtertrag (einschließlich Vornutzung) würde sich der Entzug für Jahr und Hektar bei 40jähriger Weißbuchenzucht stellen auf:

Reinasche	Kali	Kalk	Phosphorsäure
29,8	3,7	20,0	2,2 kg

10. Erle.*)

Untersuchungen liegen nur über die Schwarzerle vor. Je nach der Blattentwickelung wird der Bedarf derselben wahrscheinlich stark schwanken. Der Entzug bei Holznutzung ist ein relativ geringer und bleibt hinter den meisten anderen Baumarten zurück. Bei 60jährigem Umtriebe und einem jährlichen Gesammtertrag von 4,5 tm würde sich derselbe für Jahr und Hektar stellen auf:

Reinasche	Kali	Kalk	Phosphorsäure
18,0	2,0	3,9	1,5 kg

11. Verschiedene Holzarten.

Von Henry**) sind eine ganze Anzahl Holzarten, die auf Kalkboden in der Umgegend von Nancy erwachsen waren, analysirt worden. Nach der aufgenommenen Menge an Kali und Phosphorsäure ordnet Henry die betreffenden Baumarten in folgender Weise:

1. Bäume, die auf 100 Theile Trockensubstanz 0,134— 0,195 Theile der genannten Stoffe enthalten: Vogelkirsche, Buche, Weißbuche.

2. Bäume, die 0,210—0,234 Theile enthalten: Elzbeere, Rüster (U. campestr.), Eiche, Feldahorn.

3. Bäume, die 0,293—0,331 Theile enthalten: Aspe, wilder Apfelbaum, Hasel.

4. Bäume, die 0,400 Theile enthalten: Esche.

Es zeigt sich, daß verschiedene Baumarten demselben Boden recht wechselnde Mineralstoffmengen zu entziehen vermögen.

12. Akazie***) (Robinia Pseudacacia L.).

Die Akazie nimmt sehr hohe Mineralstoffmengen auf. Bei der Holznutzung ist der Entzug mit am höchsten von allen Baumarten. Der Bedarf ist, zumal für Kalk, ein hoher, und würde für die Entwickelung der Blattorgane, an Reinasche die 4—5fache, an Kali die $1^1/_2$fache, an Kalk die 5—6fache, an Phosphorsäure die $2^1/_2$fache Menge der für den Stamm nothwendigen Nährstoffe erforderlich sein. Es wird daher im Vergleich mit anderen Holzarten relativ wenig Kali und Phosphorsäure in den Blättern festgehalten. Die Anspruchslosigkeit der Akazie ist schon angeführt worden, natürlich wird sie aber arme Böden entsprechend früher erschöpfen, als andere Baumarten.

---

*) Ramann und Will, Zeitschrift für Forst= und Jagdwesen 1882, S. 60
**) Annales de la Station agronomique de l'Est. I, S. 143.
***) Ramann, Zeitschrift für Forst= und Jagdwesen 1883.

13. **Esche*)** (Fraxinus excelsior *L.*).

Die Esche ist schon Seite 322 als Beispiel für außergewöhnlich hohen Bedarf an Mineralstoffen bei der Blattbildung herangezogen worden. Die größte Menge Aschenbestandtheile lagert sich in den Blättern ab, so daß diese den höchsten Gehalt unter allen bisher unter= suchten Blattorganen der Bäume besitzen. Im Stammkörper bleibt dagegen der Aschengehalt hinter einer ganzen Anzahl anderer Laub= bäume zurück.

c) **Besondere Betriebsformen.**

1. **Weidenheger.**)**

Die Menge der Mineralstoffe, welche von jungen Weidenpflanzen beansprucht und zumal bei jährlichem Schnitt dem Boden entzogen werden, ist eine sehr hohe und steigt natürlich mit dem Ertrag.

Nach Counleer ist der Entzug beim jährlichen Schnitt und fol= genden Erträgen an Korbweiden:

	Ertrag	Kali	Kalk	Magnesia	Phosphor= säure
Salix viminalis					
auf thonigem Lehmboden	796 Ctr.	61,9	105,8	10,2	26,0 kg
auf Torfboden . . .	347 „	22,1	50,7	9,2	7,7 „
Salix amygdalina					
auf thonigem Lehmboden	693 „	61,3	60,2	19,7	22,6 „
auf Torfboden	651 „	55,0	56,9	20,8	26,6 „
Salix purpurea viminalis					
auf thonigem Lehmboden	571 „	28,2	69,8	13,7	16,2 „
auf Torfboden	309 „	17,6	42,9	6,4	10,4 „
Salix caspica (acuminata)					
auf thonigem Lehmboden	138 „	8,8	13,6	3,2	2,7 „
auf Torfboden .	170 „	10,1	13,6	2,2	6,8 „
Salix purpurea					
auf thonigem Lehmboden	397 „	19,6	58,7	7,0	18,3 „
auf Torfboden . .	373 „	20,0	54,0	6,9	11,3 „

Es sind dies Größen, welche dem durch die meisten landwirth= schaftlichen Pflanzen veranlaßten Entzug gleichkommen und bei höherem Ertrag ihn übertreffen. Bedenkt man ferner, daß für die Blätter wahrscheinlich größere Mengen, jedenfalls aber noch gleich große zur Entwickelung gefordert werden, so wird verständlich, daß die Erträge, wenn nicht ganz außergewöhnlich günstige Umstände vorliegen, bald zurückgehen. Decken die Weiden auch ohne Zweifel einen Theil ihres Bedarfs aus dem meist erreichbaren Grundwasser, so muß der Boden jedenfalls noch so viel liefern, daß auch reiche Bodenarten in kurzer

---

*) Ramann und Will, Zeitschrift für Forst= und Jagdwesen 1883.

**) Counleer, Zeitschrift für Forst= und Jagdwesen, Bd. 18, S. 154.

Zeit erschöpft werden. Ohne rationelle Düngung ist daher eine dauernde Erhaltung einjähriger Weidenheger nicht oder doch nur selten möglich.

2. Eichenschälwald.[*)

Der Entzug an Mineralstoffen bei 20jährigem Eigenschälwald ist von Weber untersucht und berechnet worden. Hiernach würde bei einer Jahresproduktion von 3300 kg Trockensubstanz (ca. 6000 kg Rinde beim Abtrieb) entzogen werden für Jahr und Hektar:

Reinasche	Kali	Kalk	Magnesia	Phosphorsäure
56,7	9,4	31,9	5,9	6,3 kg

Zu erheblich niedrigeren Zahlen kommt von Schröder (Tharandter Jahrbücher 1890, S. 203). Nach diesem Forscher stellt sich der durch-schnittliche Entzug für Jahr und Hektar im Eichenschälwalde (einschließ-lich Vornutzung): **)

	Reinasche	Kali	Kalk	Magnesia	Phosphor-säure	Stickstoff
sehr hoher Ertrag	38,6	9,5	21,9	4,3	3,8	18,6 kg
Mittelertrag . .	23,6	5,9	13,6	2,7	2,4	11,5 „
geringer Ertrag .	12,4	3,1	7,3	1,4	1,3	6,2 „

3. Hackwaldbetrieb, Waldfeldbau, siehe später (§ 112).

d) Durchschnittlicher Gehalt der forstlichen Sortimente an den wichtigsten Mineralbestandtheilen.

Die nachfolgende Tabelle soll hauptsächlich Grundlagen für statische Berechnungen geben.

Ein Festmeter enthält Gramm:

Scheitholz.***)	Reinasche	Kali (K₂O)	Kalk (CaO)	Magnesia (MgO)	Phosphor-säure (P₂O₅)
Kiefer .	1464	200	805	144	82
Fichte .	1835	286	1134	131	89
Tanne .	2042	566	892	181	109
Lärche . . .	1597	283	908	124	115
Weymouthskiefer .	1123	295	437	106	86
Buche (Derbholz)†)	3676	794	1809	406	223
Eiche (Derbholz) .	3759	633	2578	108	122
Birke . .	1792	318	591	254	141
Schwarzerle	3191	310	2088	147	264
Esche . .	2713	887	954	365	254
Robinie .	11283	1327	7917	222	385

*) Weber, Forstliche Blätter 1876, S. 257.
**) Die Angaben Weber's sind (in Folge des von ihm ermittelten sehr hohen Reisigertrages) wohl für die durchschnittlichen Verhältnisse weniger zutreffend, als die von Schröder's.
***) Scheitholz, über 13 cm Durchmesser.
†) Derbholz, über 7 cm Durchmesser.

Knüppelholz.*)	Reinasche	Kali	Kalk	Magnesia	Phosphorsäure
Kiefer . .	1714	298	899	189	133
Fichte	2494	438	1196	196	127
Tanne	2192	589	735	148	170
Lärche . . .	1967	342	1117	174	114
Weymouthskiefer .	1521	416	552	186	154
Birke .	1898	366	608	272	192
Hainbuche .	5880	710	4024	273	386
Schwarzerle	4679	537	3148	271	388
Eiche . .	4883	1819	1583	265	403
Robinie . .	12301	1900	8375	233	493
Reisholz.**)					
Kiefer	4423	857	1905	415	441
Fichte	9148	1412	2260	835	769
Tanne	8895	1697	2546	944	854
Lärche . . .	6636	1238	3503	480	570
Weymouthskiefer .	3686	708	1611	395	478
Buche .	8514	1962	3539	712	1019
Eiche . .	11347	1683	7826	570	647
Birke . .	3795	798	1075	498	603
Hainbuche	9047	1128	5502	312	740
Schwarzerle	9778	1565	7024	503	949
Eiche .	7713	2570	2875	526	1080
Robinie	15009	2464	8336	392	1284
20j. Eichenschälwald:					
1 fm Schälholz	3154	1310	744	395	380
1 „ Reisig .	12245	2374	5906	1303	1221

§ 83. III. Pflanzengifte.

Unter dem Begriff des Pflanzengiftes ist hier jeder Stoff verstanden, dessen reichlicheres oder sparsameres Vorkommen die normale
Entwickelung der Pflanzen herabsetzt und der bei hohem Gehalte oder
langer Einwirkung dieselbe gänzlich verhindert.

Die Pflanzengifte können der Vegetation entweder durch den Boden
oder durch die Luft zugeführt werden.

*) Knüppelholz, 7—13 cm Durchmesser.
**) Reisholz, unter 7 cm Durchmesser. Das Reisholz der Nadelhölzer ist
mit, das der Laubhölzer ohne Blattorgane berechnet.

Unter die hier gewählte Begriffsbestimmung fallen auch Stoffe, die in großer Verdünnung für die Pflanze unschädlich, ja sogar nützlich sind, in stärkerer Koncentration schädlich einwirken und dann zum Pflanzengift werden können. Es gilt dies für alle löslichen Salze, die in großer Menge in den Boden gebracht, die Pflanzen tödten können. Das „Verbrennen" der Kulturpflanzen, was nach reichlicher Düngung, zumal auf ärmeren Böden mit geringer Absorptionswirkung, eintritt, ist auf eine derartige Giftwirkung der koncentrirten Bodenlösung zurück zu führen.*)

Schädlichen Einfluß in unseren Gebieten üben von den in der Natur vorkommenden Stoffen Kochsalz, beziehungsweise Meerwasser und freie Schwefelsäure.

In der Nähe von Salzquellen wie am Seestrande stellt sich eine Vegetation ein, welche sich dem Salzgehalt angepaßt hat und als „Salzflora" bezeichnet wird. Auf Waldbäume kann oft ein schon recht geringer Salzgehalt schädigend einwirken. So beobachtete der Verfasser in der Nähe von Treep (an der Mündung der Rega, Oberförsterei Grünhaus in Pommern) das Absterben von Fichten in der Nähe eines Baches, der das Abflußwasser einer neu erbohrten schwachen Sool= quelle führte.

Am schädlichsten wirkt Seewasser bei Ueberschwemmungen ein. Schütze**) untersuchte die Verhältnisse des Darß nach der Sturmfluth von 1875. Die schädigende Wirkung des Salzwassers trat an den Hängen weniger, dagegen sehr stark in den Senken hervor. Die ersteren bestehen aus Sandböden, sie enthielten Chlor:

	unbeschädigt	beschädigt
Oberfläche . .	0,0176 %	0,0175 %
0,31 m Tiefe .	0,0042 „	0,0279 „
0,63 „ „	0,0036 „	0,0218 „
1,1 „ „	0,0032 „	0,0207 „

Der Moorboden der Senken zeigte dagegen:

an der Oberfläche = 0,1613 % Chlor
in 0,68 m Tiefe . = 0,2895 „ „

Die Baumarten zeigten eine sehr verschiedene Widerstandsfähigkeit. Am stärksten litten die Fichten, weniger die Kiefern; Laubbäume hielten sich besser.

Hier mag zugleich die Einwirkung der salzhaltigen Seewinde betrachtet werden. Böhm***) fand in Istrien und Dalmatien nach

---

*) Wollny führt es dagegen hauptsächlich auf zu dichten Pflanzenstand zurück (Landwirthschaftliche Mittheilungen aus Bayern 1876, II. Bericht, S. 57).

**) Schütze, Zeitschrift für Forst= und Jagdwesen Bd. 8, S. 380.

***) Centralblatt für das gesammte Forstwesen, Bd. 15, S. 416.

heftigen vom Meer (Adria) herkommenden Winden die Pflanzen der Küste oft mit millimeterdicken Salzkrusten überzogen, und zwar ebenso- wohl Getreidearten wie Weinreben, Oliven, Seestrandskiefer. Die Bäume und Sträucher sahen meist sehr kümmerlich aus.

Eingehend hat Storp*) die Einwirkung des Salzgehaltes des Seewindes auf die Waldvegetation in Schleswig untersucht. Er fand im Abstand von 2—5 Meilen von der See den Chlorgehalt der Buchenblätter am Westrand der Bestände erheblich höher als am Ostrande.

Im Herbst enthielten die Buchenblätter am Waldrande:

(Gehege Immenstedt, zwei Meilen vom Wattenmeere.

Nordseite	Nordwestseite	Westseite	Südwestseite	Südostseite
$0,3482\ ^0/_{00}$	$0,3511\ ^0/_{00}$	$0,4674$ bis	$0,2479\ ^0/_{00}$	$0,2479$ bis
		$0,4645\ ^0/_{00}$		$0,2267\ ^0/_{00}$ Chlor.

Gehege Schwennholz, fünf Meilen von der See.

Nordwestseite	Ostseite
$0,7035\ ^0/_{00}$	$0,2357\ ^0/_{00}$ Chlor.)

Wenn es auch fraglich bleibt, ob die ungünstige Entwickelung des Bestandsrandes im Westen nicht ganz überwiegend der Einwirkung der starken Westwinde zuzuschreiben ist (Borggreve, Forstliche Blätter 1890, S. 42, kritisirte die Arbeit bereits ein Jahr vor dem Erscheinen), so kann die Zufuhr von Salzen doch auch ihr Theil mit dazu beitragen.

Schwefelsäure wirkt wie alle freien Säuren ungünstig auf die Vegetation ein und bringt schon bei mäßigem Gehalt der Böden die Pflanzen zum Absterben. Die Schwefelsäure entsteht im Boden durch Oxydation von Eisenkies (Seite 174) und findet sich in vielen Mooren und deren Untergrund sowie in den Abflußwässern von Kohlengruben, Erzzechen und dergleichen.

Durch Dünger können dem Boden ferner giftige Rhodan-Ver- bindungen zugeführt werden (Rhodan = Schwefelcyan), die, wenn auch selten, in den Abwaschwässern der Gasanstalten und dem daraus hergestellten Rohammoniak des Handels enthalten sind.

Ausflußwässer von Bergwerken, ferner Abwässer der Messingwerke und ähnlicher Kupfer und Zink verarbeitender Industrien wirken durch den Zink- und Kupfergehalt direkt giftig auf die Pflanzen ein und können durch reichliche Anhäufung der Metalle im Boden diesen dauernd unfruchtbar machen, auch wohl das Absterben auf solchen Flächen weidender Thiere herbeiführen (natürlich auch der Fische in Gewässern, in welche solche Abwässer münden).

---

*) Forstliche Blätter 1891, S. 270.

Zink und Kupfer werden vom Boden stark absorbirt und häufen sich hierdurch in leicht angreifbarer Form in der Bodenoberfläche an; zugleich werden andere Mineralstoffe (zumal Kalk und Kali) löslich gemacht und gehen dem Boden durch Auswaschung verloren. (Näheres über zinkhaltige Wässer in Landwirthschaftliche Jahrbücher 1883, S. 827; über kupferhaltige ebenda 1892, S. 263.)

Von viel größerer Bedeutung für die Vegetation sind die Giftwirkungen saurer Gase, insbesondere von schwefliger Säure und Salzsäure.*)

Abb. 27. Eichenblatt nach Einwirkung von schwefliger Säure.
Die dunkler gehaltenen Stellen sind abgestorben.

Abb. 28. Kiefernzweig nach Einwirkung von schwefliger Säure.
Die Nadeln sind völlig oder es ist deren obere Hälfte abgestorben.

Die schweflige Säure wird bei einer großen Anzahl technischer Betriebe erzeugt, bildet sich aber auch bei der Verbrennung von Mineralkohlen, welche Eisenkies enthalten (Eisenkies, FeS_2, verbrennt an der Luft bei hoher Temperatur zu schwefliger Säure und Eisenoxyd).

Die Giftwirkung der schwefligen Säure auf die Pflanzen ist eine sehr starke und macht sich selbst bei sehr geringem Gehalt der Luft schon bemerkbar.

---

*) von Schröder und Reuß, Beschädigung der Vegetation durch saure Gase. Berlin 1883.

Bei Blattpflanzen und Laubbäumen erscheinen die Blätter nach erfolgter Vergiftung zunächst entlang der Nervatur etwa wie verbrüht, es bilden sich durchscheinende Stellen, die allmählich gelbfleckig werden und endlich ein Absterben des Blattes herbeiführen (Abb. 27). Nadelhölzer zeigen zumeist ein Absterben zur Hälfte. Der obere todte Theil, gelb gefärbt, ist von dem unteren noch lebensfähigen durch eine scharfe Linie getrennt. Bei stärkerer Verletzung sterben die Nadeln völlig ab (Abb. 28).

Aehnliche Erkrankungen können aber auch aus anderen Ursachen entstehen, und ist es daher immer erst sicher zu stellen, ob wirklich eine Giftwirkung vorliegt. Hierzu hilft die chemische Analyse.

Die schweflige Säure wird aus der Luft durch die Spaltöffnungen der Blattorgane aufgenommen und zerstört das Chlorophyll, oxydirt sich aber bald zu Schwefelsäure. Der Schwefelsäuregehalt der Blätter ist daher ein sicheres Mittel, eine Beschädigung der Pflanzen zu erkennen. Jede Pflanze enthält nun bereits Schwefelverbindungen, welche bei der Untersuchung in Schwefelsäure übergeführt werden, in wechselnder Menge. Dieselbe Baumart kann in verschiedenen Gebieten auch einen sehr ver- schiedenen Gehalt an jenem Stoff zeigen.

Um nun einen „Rauchschaden" festzustellen, ist es nothwendig, nachzuweisen, daß

1. der Gehalt an Schwefelsäure ein höherer ist, als der- selben Pflanzenart unter gleichen lokalen Verhält- nissen entspricht und
2. daß der Gehalt an Schwefelsäure mit der Nähe des Ortes steigt, von dem die schweflige Säure ausgeht.*)

Beide Bedingungen müssen erfüllt sein, wenn der Nachweis einer Rauchbeschädigung erbracht sein soll. Hierbei ist es aber nothwendig mit äußerster Vorsicht zu verfahren.

1. Die Bäume müssen, soweit irgend thunlich, aus gleicher Höhen- lage entnommen sein.
2. Der Entwickelungsgrad der Blattorgane muß der gleiche sein. Bei Nadelhölzern müssen daher die Nadeln gleichalterig sein.
3. Bei Waldbeschädigungen müssen immer Bäume gleicher Aus- bildung, am besten vorherrschende ausgewählt werden.
4. Es sollte nicht versäumt werden, nachzuweisen, daß in dem Erdboden, auf dem die verschiedenen Probestämme erwachsen sind, er- hebliche Abweichungen im Schwefelsäuregehalt nicht vorkommen. (Auf

*) Das beigefügte Kärtchen (Abb. 29) ist ein Theil einer unveröffentlichten Untersuchung des Verfassers. Die Rauchquelle wirkte von der rechten Seite der Darstellung aus. Das staffelförmige Ansteigen im Schwefelsäuregehalt der Kiefern- nadeln ist unverkennbar.

diluvialen Sanden ist das bei der Gleichheit ihrer Zusammensetzung übrigens selten nothwendig.)

5. Müssen Probestämme aus rauchfreien Gebieten zum Vergleich herangezogen werden und muß deren gleichbleibender Gehalt an Schwefelsäure nachgewiesen sein.

Werden diese Bedingungen erfüllt, so kann eine Einwirkung der schwefligen Säure (und alles dies gilt ebenso für den Chlorgehalt der Bäume bei Beschädigungen durch Salzsäure) auf die Vegetation mit absoluter Sicherheit festgestellt werden.

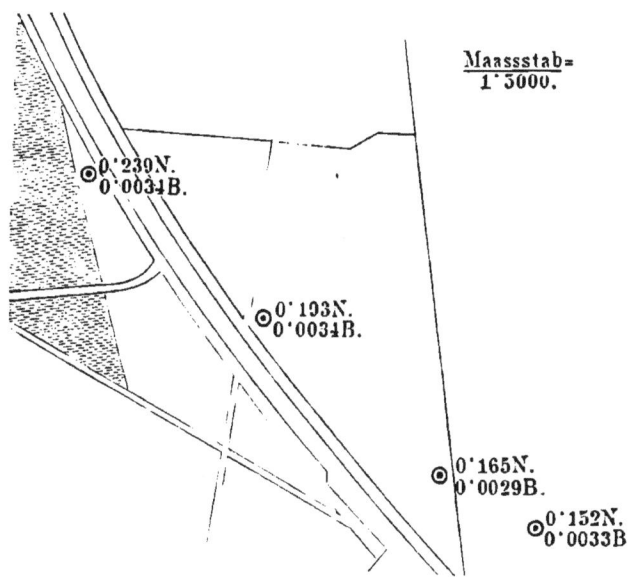

Maassstab=
1·5000.

⊙ 0·239N.
0·0034B.

⊙ 0·193N.
0·0034B.

⊙ 0·165N.
0·0029B.

⊙ 0·152N.
0·0033B.

Abb. 29. Staffelförmiges Steigen des Schwefelsäuregehaltes in Kiefernnadeln nach dauernder Raucheinwirkung.
Die mit N. bezeichneten Zahlen geben den Gehalt an Schwefelsäure in 1000 Theilen Trockensubstanz, die mit B. bezeichneten den Procentgehalt des Bodens an.

Liegen Waldbeschädigungen vor, so ist neben der chemischen Analyse noch das Zurückgehen des Zuwachses entsprechend der höheren oder geringeren Einwirkung der Säure nachzuweisen.

Es macht offenbar einen sehr bedeutenden Unterschied in der Gift-wirkung aus, ob auf einmal größere Massen saurer Dämpfe ent-weichen, oder dauernd kleine Mengen den Bäumen zugeführt werden. Im ersteren Falle kann eine in ihrer Gesammtheit geringe Säureentwickelung erheblichen Schaden verursachen, im zweiten kann eine merkbare Steigerung im Schwefelsäure-gehalte der Blattorgane ohne Einwirkung auf den Zuwachs bleiben.

22*

Aus allem diesen ist ersichtlich, daß es bei Feststellung von Rauch-
schäden genauer Kenntniß aller einschlägigen Verhältnisse bedarf, um
ein zuverlässiges Urtheil zu erlangen.

Schweflige Säure wird hauptsächlich entwickelt:

1. Beim Rösten der Erze. Die ausgedehnten Rauchbeschädigungen
im Oberharz und im Erzgebirge sind der Ausgangspunkt der genauen
Kenntniß dieser Dinge geworden.

2. Bei chemischen Industrien, insbesondere bei Fabriken zur Herstellung von Schwefelsäure, Soda, Chlorkalk, künstlichem Dünger und
dergleichen.

3. Beim Verbrennen von Mineralkohlen. Diese Wirkung macht
sich schon in Stuben, in denen mit Steinkohlen geheizt oder Stein-
kohlengas gebrannt wird, geltend. Empfindlichere Pflanzen lassen sich
in solchen Räumen nicht, oder nur schwierig erhalten.

Die Rauchmassen und Verbrennungsgase, welche in großen Städten
dauernd in die Atmosphäre eintreten, üben eine merkbare Einwirkung
auf die Vegetation. Zumal Koniferen erliegen derselben bald. Nach
Hartig*) starben in München in neu bebauten Stadttheilen innerhalb
3—5 Jahren bereits 50jährige Nadelhölzer ab.**) Im Schnee der
Umgebung großer Städte läßt sich freie Schwefelsäure nachweisen.

Als Rauchquellen, die unter Umständen nicht unerhebliche Waldbeschädigungen verursachen, sind endlich ausgedehnte Bahnhöfe zu nennen.
Von dem Steinkohlenrauch der Lokomotiven geht eine dauernde aber
geringe Entwickelung von schwefliger Säure aus, der sichere Nachweis
einer schädlichen Einwirkung ist daher zumeist von Zuwachsuntersuchungen
abhängig zu machen, wenn natürlich auch die chemische Analyse nicht
fehlen darf, sondern als unentbehrliche Kontrolle zu dienen hat.

Eine schädigende Rauchwirkung wird abgeschwächt oder aufgehoben:

1. durch Ueberführen der säurehaltigen Luft in höhere Luftregionen
   (hohe Schornsteine), so daß eine starke Verdünnung der Gase
   eintritt, ehe sie mit Pflanzen in Berührung kommen;
2. durch den Schutz eines vorliegenden Bestandes. Die Pflanzen
   nehmen die Säuren mit großer Energie auf, und wirkt ein
   Bestandesstreifen, natürlich nur so lange, bis er dem Angriffe
   selbst erlegen ist, schützend für die hinterliegenden Bäume.

---

*) Botanisches Centralblatt, Bd. 42, S. 204.
**) Verfasser erhielt z. B. durch Herrn Dr. von Tubeuf ausgezeichnete Samm-
lungspräparate zur Demonstration der Schwefligsäurewirkung aus dem Universitätsgarten in München.
Eine üppig erwachsene Douglasfichte im Garten der Forstakademie Eberswalde
ist durch die Rauchwirkung aus dem Schornstein der benachbarten neu erbauten
Gewächshäuser in den ganzen getroffenen Theilen zum Absterben gebracht. Zahlreiche andere Beispiele lassen sich leicht finden.

Die Empfindlichkeit der Baumarten ist eine sehr verschiedene. Am meisten leiden Nadelhölzer und zwar um so mehr, je längere Zeit sie normalerweise ihre Nadeln behalten (Tanne am meisten, dann Fichte, Kiefer). Laubhölzer sind um so unempfindlicher, je mehr sie Mineral= stoffe in ihren Blättern enthalten. Besonders widerstandsfähig ist die Eiche, aber auch andere Laubbäume entwickeln sich noch ungestört.

Läßt sich daher die Quelle des Rauchschadens, wie dies bei Bahn= höfen der Fall ist, nicht verstopfen, so ist das einfachste Schutzmittel die Erhaltung eines Waldmantels von Laubhölzern; auf armen Böden empfiehlt sich Birke und Weißerle, auf feuchteren Stellen Schwarzerle oder Pappel am meisten. Je nach Mächtigkeit der Rauchentwickelung muß dieser Streifen, der nach Art eines Schutzwaldes zu bewirthschaften ist, verschieden breit sein. Im Allgemeinen werden Streifen von 50—100 m Breite völlig aus= reichen, um die hinterliegenden Bestände vor Beschädigung zu bewahren.

Die Salzsäure wirkt der schwefligen Säure durchaus ähnlich, wie es aber scheint (wohl in Folge der reducirenden Eigenschaften der letzteren) etwas weniger schädlich auf die Vegetation ein. Die beschädigten Nadelhölzer verhalten sich ganz gleich, wie die durch schweflige Säure angegriffenen, die Blätter der Laubhölzer unterscheiden sich da= gegen dadurch, daß der Angriff in der Regel vom Blattrande aus beginnt und ein scharf umschriebener, abgestorbener Rand die noch grüne innere Blattfläche umgiebt (Abb. 30).

Als Nachweis der Beschädigung dient das Ansteigen des Chlorgehaltes in den Blattorganen. Die Proben sind unter genau denselben Vorsichts= maßregeln zu entnehmen, welche Seite 338 an= gegeben wurden.

Abb. 30. Eichenblatt, der Einwirkung von Salz= säure ausgesetzt. Die dunkel gehaltenen Ränder des Blattes sind abgestorben.

Salzsäurebeschädigungen treten seltener auf, als solche durch schwef= lige Säure, es sind insbesondere Soda= und Chlorkalkfabriken, ferner Töpfereien (beim Glasiren der Thongeschirre wird Kochsalz zugesetzt und beim Brennen werden Salzsäuredämpfe entwickelt. Töpfereien können oft dem Fruchtansatz der Obstbäume, Gärtnereien und dergleichen sehr gefährlich werden), welche Salzsäurebeschädigungen verursachen.

Beschädigungen durch Flußsäure sind bisher nicht beschrieben worden, sie können in der Nähe von Fabriken, in denen fluorhaltige Phosphate aufgeschlossen werden, entstehen.

—

XIII. Die wichtigsten Eigenschaften der Böden.

§ 84. 1. Bodenprofile.

Alle fruchtbaren Bodenarten lassen, mehr oder minder ausgeprägt, drei Schichten erkennen, aus denen sie sich zusammensetzen.

Zu oberst lagert eine vielfach, wenn auch lange nicht immer mit Recht als „Nahrungsschicht" bezeichnete Bodenschicht. Meist unterscheidet sie sich, mehr oder weniger scharf von dem unterliegenden Boden getrennt, durch abweichende Färbung, durch beigemischten Humus und bei guten Waldböden durch ihre krümelige Struktur.

Chemisch charakterisirt sich diese Bodenlage dadurch, daß die Verwitterungsvorgänge in derselben überwiegend beendet, und daß die leichter angreifbaren Mineralbestandtheile bereits zersetzt sind.

Einen nachhaltigen Zuschuß von Pflanzennährstoffen kann diese Bodenschicht also nicht mehr durch fortschreitende Verwitterung, sondern nur von außen erhalten, sei es durch Düngung in der Landwirthschaft, oder durch die Auslaugung und Verwesung der Streu im Walde. In Bezug auf die chemische Zersetzung ist die oberste Bodenschicht häufig ärmer an löslichen und immer ärmer an unlöslichen Mineralstoffen als der unterlagernde Boden. Wenn trotzdem die Keimung und die Entwickelung der jungen Pflanzen in der „humosen Bodenschicht" am besten vor sich geht, die Wurzeln der Bäume sie nach allen Richtungen durchziehen, so liegt dies wohl überwiegend in der Lockerheit und guten Durchlüftung, sowie in der durch die Humusbeimischung bedingten höheren Frische des Bodens.

Die zweite Bodenschicht, welche von dem humosen Boden überlagert und von dem Rohboden unterlagert wird, zeichnet sich meist durch braune oder rothe Farben aus, sie ist bei normalen Verhältnissen dichter gelagert, als die überliegende Schicht, zeigt aber zumeist noch eine für das Eindringen der Wurzeln hinreichende Lockerheit. In ihr oder auf ihr, findet die hauptsächlichste Verbreitung der Baumwurzeln statt.

Chemisch ist die zweite Bodenschicht als die eigentliche Verwitterungszone des Bodens zu betrachten. In ihr findet das Aufschließen und die Zersetzung der unlöslichen Mineralien statt; dem entsprechend ist diese Lage in der Regel die reichste an löslichen und von mittlerem Gehalte an unzersetzten Mineralstoffen. Die braune oder rothe Färbung wird durch bei der Verwitterung stattfindende Ausscheidung von Eisenoxyd und dessen Hydrat veranlaßt.

Die dritte Bodenschicht stellt den Rohboden dar. Es ist erst schwach von der Verwitterung angegriffenes Gestein; bei anstehenden Felsmassen sind diese bereits mehr oder weniger zerfallen aber noch wenig zersetzt. Diese Bodenschicht ist daher an löslichen Salzen arm, aber dafür reich an aufschließbaren Bestandtheilen.

In der Praxis bezeichnet man vielfach die zweite Bodenschicht als „Rohboden", die dritte bereits als Untergrund.

Die dreifache Schichtung des Bodens läßt sich fast überall verfolgen. Gelegentlich kann einmal eine Schicht schwach ausgebildet sein, wohl auch fast völlig fehlen; es sind dies aber immerhin Ausnahmen. Die oberste Bodenschicht ist mehr oder weniger scharf von der unterlagernden unterscheidbar, während die zweite zumeist allmählich in den Untergrund übergeht.

Von besonderer Wichtigkeit ist, ob der Boden bis in größere Tiefe einheitlich zusammengesetzt ist oder ob er aus verschiedenen Gesteinen beziehentlich Schichten besteht. Als ein Theil des Untergrundes ist auch anstehendes Grundwasser zu betrachten.

Je nachdem nun der tiefere Boden das Wasser leicht abfließen läßt oder nicht, oder dieses dauernd als Grundwasser ansteht, erhält man drei große Gruppen von Böden:

a) mit durchlässigem Untergrund,
b) mit Wasser anhaltendem Untergrund,
c) mit Grundwasser.

§ 85. 2. Mächtigkeit des Bodens.

Die Mächtigkeit des Bodens, d. h. die von den Wurzeln durchdringbare Bodenschicht wird als Gründigkeit bezeichnet, und unterscheidet man

sehr flachgründig, unter und bis zu 15 cm (= $\frac{1}{2}$ Fuß),
flachgründig, 15—30 cm (= $\frac{1}{2}$ bis 1 Fuß),
mittelgründig (mitteltief), 30—60 cm (= 1—2 Fuß),
tiefgründig, 60—100 cm (2—4 Fuß),
sehr tiefgründig, über 1 m.

Die Mächtigkeit des Bodens ist für die verschiedensten Bedingungen des Pflanzenlebens von Wichtigkeit. Es ist ohne weiteres verständlich, daß eine Pflanze aus einer Bodenschicht von 100 cm Boden leichter ihren Bedarf an Nährstoffen decken kann, als aus 20—30 cm. Von besonderer Bedeutung wird die Gründigkeit für den Wasserbedarf der Bäume während trockener Perioden. Verdunstet auch der tiefgründige Boden im Laufe der Zeit mehr Wasser, als der flachgründige, so ist doch die in demselben vorhandene Gesammtmenge eine viel größere, und sind daher die Pflanzen günstiger gestellt, als auf jenem. In der Regel fällt daher Flachgründigkeit mit Trockenheit, Tiefgründigkeit mit genügender Frische des Bodens zusammen.

§ 86. 3. Wassergehalt.

Der Wassergehalt eines Bodens ist zunächst von den physikalischen Eigenschaften desselben abhängig. Als Regel kann gelten, daß für die Pflanzenwelt ein mittlerer, etwa der kleinsten Wasserkapacität der Böden entsprechender Gehalt am günstigsten ist. Austrocknen der Böden (z. B. Moorboden im Sommer) sowie dauernder Ueberschuß an Wasser schädigen die Vegetation.

Nach der Menge der durchschnittlichen Feuchtigkeit unterscheidet man die Böden als:

naß: der Boden ist mit Wasser erfüllt, so daß es beim Herausheben von Abstichen des Bodens abfließt. Nasse Böden haben Grundwasser in geringer Tiefe anstehend und sind in der für den Boden wasserreichsten Zeit des Jahres (Frühling) meist mit Wasser bedeckt;

feucht; der Boden giebt beim Zusammendrücken noch Wasser in Tropfen ab;

frisch: mit mäßigem Wassergehalt, aber ohne daß beim Zusammendrücken Wasser hervortritt, wohl aber zeigen die Bodentheile noch in Folge der vorhandenen Feuchtigkeit mäßigen Zusammenhalt (z. B. frischer Sand, gegenüber trockenem Sande):

trocken; überwiegend für Sandböden gebraucht, bezeichnet solche Böden, deren einzelne Körner kaum mehr einen Wassergehalt erkennen lassen;

dürr; ohne merkbares flüssiges Wasser.

Die Bestimmung des Feuchtigkeitsgrades eines Bodens setzt immer eine längere Kenntniß desselben, oder doch Berücksichtigung des Bestandes, der Bodenflora und dergleichen voraus. Nach Regen können z. B. trockene Sande frisch, frische Böden feucht erscheinen, nach langdauernder Trockenheit kann ein umgekehrtes Verhalten statthaben. Es gilt eben, die durchschnittlichen Verhältnisse richtig anzusprechen.

Die Möglichkeit, auf die Bodenfeuchtigkeit einzuwirken, liegt einmal in Entwässerungen, beziehentlich Bewässerung, ferner in Kulturmaßregeln (horizontale Sickerwassergräben im Gebirge, Bodenbearbeitung) und in der Bestandespflege. Je dichter, zumal bei Laubholz, der Bestand ist, um so mehr Wasser verlangt er und entzieht er dem Boden: in gleicher Weise wirken alle tiefwurzelnden Bodenbedeckungen, insbesondere die Gräser. In Bezug auf Erhaltung der Bodenfeuchtigkeit sind die Gräser die schlimmsten Feinde der jungen Kulturen. Die

Streudecke (siehe Seite 270) steigert nur dann den durchschnittlichen Wassergehalt, wenn sie aus lose aufliegenden Pflanzenresten besteht und nicht von humosen Schichten unterlagert wird.

Ein mittlerer Wassergehalt ist eine der ersten und wichtigsten Bedingungen eines normalen Waldbestandes, aber auch nur eine derselben; da man von allen wechselnden Bodeneigenschaften den Wassergehalt am leichtesten erkennen kann, da ferner selbst ärmere Bodenarten, wenn sie Grundwasser in mäßiger Tiefe anstehend haben, häufig noch recht guten Waldbestand tragen, ist man in forstlichen Kreisen öfter zu der Meinung gekommen, daß der Wassergehalt der allein entscheidende Faktor der Bodengüte sei.*) Selbst in einzelnen neueren Werken über Waldbau ist diese Anschauung noch jetzt nicht überwunden.**)

Man hat in Bezug auf das den Pflanzen zugängliche Wasser, zwischen der Bodenfeuchtigkeit, also den Flüssigkeitsmengen, welche dauernd vom Boden festgehalten werden und in weitaus den meisten Fällen den Bedarf der Pflanzen zu decken haben, und dem Grundwasser, soweit es für die Wurzeln erreichbar ist, zu unterscheiden.

Im ersten Falle vermittelt das Wasser die Mineralstoffaufnahme und wirkt bei reichlicher Zufuhr zugleich für die Assimilation günstig ein. Welche Bedingungen hierbei die maßgebenden sind, ist schwer festzustellen, aber jedenfalls kann es als Regel gelten, daß in feuchten Jahren der Zuwachs stärker ist als in trockenen.

Bäume, welche mit ihren Wurzeln das Grundwasser zu erreichen vermögen, finden in diesem zugleich reichliche Mengen von Mineralstoffen gelöst. Es macht einen bedeutenden Unterschied, ob das Grundwasser mehr oder weniger stagnirt oder ob es in merkbar fließender Bewegung ist; ferner ob es im wesentlichen die gleiche Höhe im Laufe des Jahres behält oder starken Schwankungen unterliegt.

Stagnirendes Wasser ist fast immer, und wenn es lange ansteht, stets schädlich für die Vegetation. Es ist dies wahrscheinlich auf Mangel an Sauerstoff, sowie darauf zurückzuführen, daß die Wurzeln im fließenden Wasser, wenn dies selbst auch nur wenige aufnehmbare Stoffe enthält, doch jeden Augenblick mit neuen Wassermengen in Berührung kommen, ihre Nachbarschaft daher nicht an einzelnen Stoffen erschöpfen können.

Mangel an Sauerstoff unterbricht die Athmung und veranlaßt so das Absterben der Wurzeln. Zugleich werden Bakterien, die zum Theil ohne oder mit Spuren von Sauerstoff auskommen können, sich entwickeln und Fäulnißvorgänge veranlassen können.

---

*) Am extremsten bei Heyer, Bodenkunde. Erlangen 1856.
**) Vergleiche Wagner, Waldbau. Stuttgart 1884.

Zeitweise Ueberstauungen mit Wasser, wenn sie nicht allzu lange anhalten, vermögen fast alle Baumarten zu ertragen. Die durch Absorption von den Bodentheilen festgehaltenen Gase vermitteln dann schon die nothwendige Sauerstoffzufuhr, und erst nach längerer Zeit machen sich schädigende Einwirkungen geltend.

Aus dem chemischen Unterschiede zwischen stagnirendem und fließendem Grundwasser lassen sich z. B. auch die oft ganz erheblichen Unterschiede erklären, die für Erlenbestände hervortreten. Man sollte auch bei diesen die Wirkung sich ansammelnder humoser Stoffe nicht unterschätzen, welche bei ihrer Fäulniß viel Sauerstoff verbrauchen und reducirend wirken.

In Senken ist öfter Grundwasser in erreichbarer Tiefe und dann öfter stagnirend vorhanden, von dem die benachbarten höheren Lagen frei sind. Solche Stellen leiden, namentlich in feuchten Jahren, durch Uebermaß von Feuchtigkeit, sowie durch langsames Erwärmen und damit verspätetes Erwachen der Vegetation. Man bezeichnet sie als Naßgallen.

Die Bedeutung der Bodenfeuchtigkeit ist eine große, sie kann zum entscheidenden Bedingung der Fruchtbarkeit eines Bodens werden bei flachgründigen Bodenarten, sowie bei Sandböden mit für die Pflanzenwurzel erreichbarem Grundwasserspiegel; in vielen anderen Fällen tritt sie gegenüber anderen Eigenschaften des Bodens zurück.

§ 87. 4. Die Durchlüftung des Bodens.

Zu den Eigenschaften eines Bodens, welche schwierig einer experimentellen Prüfung zu unterziehen sind, die aber große Wichtigkeit für die Entwickelung der Bäume haben, gehört die genügende Durchlüftbarkeit. Nach Meinung des Verfassers wird dieser noch nicht annähernd die Bedeutung beigelegt, welche sie für die Vegetation hat.

Es liegen einige experimentelle Untersuchungen vor, so von Vonhausen,[*] der Trainröhren strahlenförmig in den Boden legte und fand, daß die in der Nähe der inneren Oeffnung der Röhren erwachsenen Pflanzen weitaus am besten entwickelt waren.

Es ist jedoch bei dem Versuch nicht hinreichend erwiesen, ob nicht andere Einflüsse (Temperatur, Feuchtigkeit und dergleichen) mitgewirkt haben.

Ein großer Theil der landwirthschaftlichen Kulturarbeiten befördert die Durchlüftung des Bodens im hohen Grade. Die Bedeutung der Krümelstruktur der Böden für die Pflanzenentwickelung läßt sich überhaupt gar nicht verstehen, wenn man die Durchlüftung des Bodens

---

[*] Forstliche Blätter. Neue Folge VI, 1877, S. 361.

nicht mit in erste Reihe stellt. Auch für den Waldboden und die Ent=
wickelung der Waldbäume ist sie von größter Wichtigkeit.

Worin die Wirkung der Durchlüftung besteht, läßt sich schwer sagen.
Die bisher vorliegenden Untersuchungen der Bodenluft haben keinen
so großen Mindergehalt an Sauerstoff ergeben, daß anzunehmen ist,
daß der Mangel an diesem schädigend wirken muß. Wohl aber läßt
sich aus den Ebermayer'schen Beobachtungen die Thatsache ableiten,
daß ein Buchenbestand, also diejenige Holzart, welche nach langen Er=
fahrungen als die am meisten „bodenverbessernde" gilt, eine hochgradige
Steigerung der Durchlüftung herbeiführt (vergleiche Seite 265). Es
ist anzunehmen, daß alle stark bewurzelten Bäume in ähnlicher Weise
einwirken. Die oft beobachtete Thatsache, daß ein Waldbestand schwere
Bodenarten lockert, findet damit zum Theil ihre Erklärung.

§ 88. 5. Mineralstoffgehalt der Böden.

Die Bedeutung der Mineralstoffe im Boden ist je nach der Boden=
art eine verschiedene.

Die zahlreichen Untersuchungen der Moorböden haben über=
einstimmend erwiesen, daß ihre Fruchtbarkeit oder Unfruchtbarkeit
überwiegend von ihrem Gehalt an Pflanzennährstoffen abhängig ist.
Für solche Böden ist der Mineralstoffgehalt in der Regel das bestimmende
Moment für die Bodenfruchtbarkeit. Natürlich machen sich auch andere
Bedingungen geltend, treten aber immerhin zurück.

Für Sandböden gilt ähnliches, wenn auch nicht in so ausge=
sprochenem Maße. Für pflanzenphysiologische Versuche verdrängt die
Sandkultur, d. h. die Erziehung der Pflanzen in einem aufnehm=
baren Stoffen fast freiem Quarzsande und unter Zusatz von Nährstoffen,
die früher allein gebräuchliche Wasserkultur immer mehr. Die oft in
großer Mächtigkeit, sehr gleicher Korngröße und über weite Strecken
verbreiteten Sande (im Diluvium, Tertiär) sind mit großen „Sand=
kulturen" zu vergleichen, welche die Natur selbst geschaffen hat.

Für die Diluvialsande geben die Untersuchungen von Schütze[*]
guten Anhalt. Schütze kam damals zur Ueberzeugung, daß der Gehalt
an Phosphorsäure ein Maßstab für die Fruchtbarkeit der Sandböden sei.
Zweifellos spielt dieser wichtige und nur sparsam vorhandene Nährstoff
eine Hauptrolle. Anderseits scheint beispielsweise das Auftreten der
Buche an einen ausreichenden Kalkgehalt des Boden gebunden zu sein.
Die Arbeiten über diesen Gegenstand sind noch nicht weit genug ge=
fördert, sie müssen sich naturgemäß auf sehr zahlreiche Analysen stützen,
um endgültige Schlüsse zu ermöglichen, außer Zweifel scheint aber zu

---

[*] Zeitschrift für Forst= und Jagdwesen I, S. 500 und III, S. 367.

stehen, daß für die diluvialen Sandböden der Mineralstoffgehalt der zumeist bestimmende Faktor der Fruchtbarkeit ist.*)

Im Folgenden sind die durchschnittlichen Gehalte der Diluvialsande (Umgegend von Eberswalde) nach Schütze zusammengestellt; die
römischen Ziffern bedeuten die Ertragsklasse für Kiefer nach Weise.
Die Zahlen sind aus je drei bis vier Einzelbestimmungen ermittelt
und beziehen sich auf die in kochender Salzsäure löslichen Mengen von
Kalk, Magnesia und Kali, sowie auf den Gesammtgehalt an Phosphorsäure und humosen Stoffen.

Ertrags-klasse	Löslich in kochender Salzsäure			Phosphor-säure	Humus
	Kalk °/₀	Magnesia " "	Kali " "	" "	" "
I	1,8876	0,0484	0,0457	0,0501	0,892
II	0,1622	0,0716	0,0632	0,0569	0,555
II III	0,1224	0,0981	0,1235	0,0464	1,401
III	0,0963	0,0800	0,0392	0,0388	1,825
IV	0,0270	0,0505	0,0241	0,0299	1,524
V	0,0453	0,0438	0,0215	0,0236	1,429

Unverkennbar tritt der Zusammenhang zwischen Ertragsfähigkeit
und Mineralstoffgehalt hervor.

Für die meisten Verwitterungsböden fehlen noch genügende Untersuchungen und zumal solche, welche zugleich das forstliche Verhalten
berücksichtigen. Für eine ganze Anzahl wird der Mineralstoffgehalt
eine bestimmende Rolle spielen, für andere gegenüber den
sonstigen Bedingungen der Pflanzenproduktion stark zurücktreten.

Es gilt das letztere so ziemlich für alle Lehmbodenarten, wenn
unter diesen natürlich auch einmal einer vorkommen kann, in dem ein
Pflanzennährstoff in verschwindenden Mengen vorhanden ist und dadurch besondere Bedeutung erlangt. Für die Diluvialmergel und ihre
Verwitterungsprodukte, die diluvialen Lehmböden, ist das Zurücktreten
der Bedeutung der mineralischen Nährstoffe vom Verfasser nachgewiesen,**)
für ähnliche Verwitterungsböden läßt es sich nach den vorliegenden
Analysen erwarten.

Man darf dabei nicht vergessen, daß die Waldbäume ihre Wurzeln
in einem viel weiteren Bodenraume verbreiten, als es die Feldfrüchte
vermögen und daß ihre lange Umtriebszeit ihnen allmählich Nährstoffe
zugänglich macht, welche einjährigen Gewächsen unerreichbar bleiben.

Man hat vielfach nachschaffende und nicht nachschaffende
Böden unterschieden, und unter den ersteren solche verstanden, die

*) Man vergleiche über Bodenanalyse und ihre Bedeutung § 56.

**) Waldstreu, S. 83 und Zeitschrift für Forst- und Jagdwesen 1891, S. 526.

durch Verwitterung noch dauernd Zufuhr an Nährstoffen erhalten, also vorwiegend die Verwitterungsböden anstehender Gesteine darunter be griffen. Thatsächlich ist jeder Boden mehr oder weniger nachschaffend: dieselben Gesetze, nach welchen z. B. die Verwitterung eines Quadersandsteins erfolgt, beherrschen auch die losen Sande.*) Immerhin ist es wichtig und nothwendig, sich über den größeren oder geringeren Reichthum eines Bodens an noch unverwitterten Silikaten zu unterrichten. Geben sie doch ein Bild davon, was dauernd von solchen Böden zu erwarten ist (z. B. die aus fast reinem Milchquarz bestehenden Tertiärsande im Vergleich mit den feldspathreichen Diluvialsanden).

§ 89. 6. Der Humus.

Die Bedeutung der humosen Stoffe im Boden ist je nach Bodenart und noch mehr nach der Art der Humusvertheilung eine verschiedene. Die Wirkung des Humus ist eine überwiegend physikalische, erst in zweiter Reihe kommt der Gehalt desselben an Pflanzennährstoffen und die Bildung von Kohlensäure bei der Verwesung in Frage.

Feste Bodenarten werden durch Humusbeimischung gelockert, lose (Sandböden) durch sie bindiger gemacht, in beiden Fällen wird die Krümelung gefördert. Diese Wirkung tritt aber nur dann hervor, wenn der Mineralboden mit den humosen Theilen gemischt ist, nicht wenn ihn eine humose Schicht überlagert. Eine solche kann nur, wie jede Bodendecke, abschwächend auf die Extreme der Temperatur wirken und dem unterliegenden Boden einen Schutz gegen mechanische Veränderungen (Verdichtung durch fallenden Regen) bieten, endlich durch die bei ihrer Verwesung zugänglich werdenden Mineralstoffe Bedeutung erlangen. Alle diese Bedingungen machen sich jedoch nur bis zu einer bestimmten Mächtigkeit der Humusdecke günstig bemerkbar, darüber hinaus und überhaupt bei dichter Lagerung der Humustheile überwiegen die ungünstigen Einflüsse.

Mit dem Mineralboden gemischter, locker vertheilter Humus ist daher für jeden Boden vortheilhaft. Dickere auflagernde Humusschichten sind unnütz oder direkt schädlich für den Boden.

Da die Schnelligkeit der Zersetzung des Humus (Seite 219 u. folg.) von den Bedingungen, welche die Verwesung beschleunigen oder zurück halten, abhängig ist, und diese ihre höchste Leistung in genügend gegeschlossenen Beständen und in lockeren, gut durchlüfteten Böden

---

*) Man vergleiche Ramann, Die Verwitterung diluvialer Sande, im Jahrbuch der geologischen Landesanstalt Preußens 1884.

entfalten können, so ergiebt sich hieraus, daß die besten Waldböden in der Regel arm an humosen Stoffen sind. Selbst in Buchen=beständen findet sich bei vollkommenster Entwickelung eine lose Laub=decke, der Abfall des letzten und theilweise des vorletzten Jahres, auf einem humusarmen Boden. Hierauf beruht z. B. auch die Angabe Grebe's,*) daß „die Güte des vorhandenen Humus meist im umge=kehrten Verhältniß zu dessen Menge steht".

Die oben angeführten Analysen Schütze's beweisen dasselbe für die Kiefernböden der Umgegend von Eberswalde.

Böden der   I. Ertragsklasse enthalten   0,892 %   Humus

    "   "   II.   "   "   0,555   "   "

    "   " II III.   "   "   1,401   "   "

    "   "   III.   "   "   1,825   "   "

    "   "   IV.   "   "   1,524   "   "

    "   "   V.   "   "   1,429   "   "

Natürlich kann auch auf vorzüglichen Böden eine Anreicherung an humosen Stoffen auftreten, und können diese sich in lockerem, krüm=ligem Zustande oft in erheblicher Menge ansammeln ohne die Boden=güte herabzudrücken. Es kann dies z. B. in der Nähe von fließendem Wasser, sodann im Hochgebirge stattfinden; im Allgemeinen kann man aber einen hohen Gehalt an Humus nicht als ein Zeichen der Boden=güte betrachten; auflagernde dichte Humusschichten sind immer als ein Zeichen des Bodenrückganges anzusehen. Alle Angaben über die Vortheile des Humus für den Boden beziehen sich daher auf die Mischung desselben mit den mineralischen Bestandtheilen des Bodens.

Humusbeimischungen beeinflussen außer der Krümelung noch be=sonders den Wassergehalt des Bodens. Vergleichende Untersuchungen des Verfassers**) ergaben in Waldböden einen höheren Wassergehalt der humosen Schicht, wenn auch eine direkte Abhängigkeit vom Humus=gehalt nicht nachzuweisen war. Durch die Anreicherung an Feuchtigkeit in den obersten Bodenschichten wirkt der Humus zugleich auf die Boden=temperatur ein, die Erwärmung erfolgt langsamer als in humusfreien Schichten, dem entsprechend ist aber auch die Ausstrahlung geringer und die Temperatur eine gleichmäßigere.

Die humosen Stoffe liefern bei ihrer Zersetzung Kohlensäure und bilden die Hauptquelle derselben für den Boden. Es wird hierdurch die Verwitterung gefördert; daß jedoch bei streufreien Böden andere

---

*) Bodenkunde, III. Aufl., S. 176. Man vergleiche auch die treffenden, klaren Ausführungen Grebe's gegenüber der jetzt vielfach herrschenden kritiklosen Humus=schwärmerei.

**) Forschungen der Agrikulturphysik, Bd. XI, S. 299.

Bedingungen, wie gesteigerte Wasserzufuhr, stärkere Erwärmung und dergleichen überwiegen, haben die Untersuchungen des Verfassers dargethan.*) Kann auch durch lange fortgesetzte Streuentnahme der Humusgehalt des Bodens sinken, so ist doch unter normalen Verhältnissen, d. h. einer nicht übermäßig gesteigerten Streunutzung, im Boden ein Mangel an Kohlensäure nicht zu erwarten. Ebermayer, welcher auf diesen Punkt großes Gewicht legt,**) zeigt selbst, daß z. B. die Bodenluft in einem Buchenbestande kaum halb so viel Kohlensäure enthält, wie in einem Fichtenbestand. Will man den Gehalt an diesem Stoffe als Maßstab der „Bodenkraft" benutzen, wie es Ebermayer vorschlägt, so müßte folgerichtig derselbe Boden unter Buchen um die Hälfte schlechter geworden sein als unter Fichten. Das ganze Verhalten der Kohlensäure im Boden, die Abhängigkeit ihrer Menge von der Temperatur und Bodenbedeckung, sowie von der Dichtigkeit und Lagerung des Bodens läßt es von vorn herein sehr zweifelhaft erscheinen, einen Maßstab der Bodenkraft darauf zu gründen; auch die Beschränkung auf nackte Böden (nach Ebermayer, vergleiche Seite 14) kann hieran nichts ändern. Bei gleichen Böden kann allenfalls das mehr oder weniger an Kohlensäure ein Maß für die Durchlüftung, aber auch dies nur in beschränkter Weise sein; es würde dann aber genau das Umgekehrte anzunehmen sein, was Ebermayer will, ein hoher Gehalt wäre als ungünstig anzusprechen.

Die Menge der humosen Stoffe im Boden ist eine sehr wechselnde und tritt z. B. in Lehmböden lange nicht so bemerkbar hervor wie in Sandböden. Man unterscheidet nach dem äußeren Eindruck schwach, mäßig, stark humos und humusreich. Eine auf genaue Bestimmungen gestützte Eintheilung hat Knop gegeben.***) Er unterscheidet:

bis 3 %	humusarm
3 — 5 „	humushaltig
5 — 10 „	humos
10 — 15 „ .	humusreich
über 15 „ . .	humusüberreich.

Diese Zahlen beziehen sich jedoch nur auf schwerere Bodenarten. Ein Sandboden mit 10 % Humus trägt schon überwiegend den Charakter eines Humusbodens. Fast alle Waldböden die zumeist etwa 1—3 % Humus enthalten, würden hiernach zu den „humusarmen" Böden gehören.

Boden, welcher freigestellt ist, verliert durch die stärkere Erwärmung und die dadurch beschleunigte Verwesung an Humus, er hagert

---

*) Zeitschrift für Forst= und Jagdwesen 1883, Decemberheft.
**) Allgemeine Forst= und Jagdzeitung 1890, S. 168.
***) Kreislauf des Stoffes. Leipzig 1868.

aus. Zugleich aber treten dichteres Zusammenlagern der Bodenkörner, Austrocknen der obersten Bodenschicht und dergleichen ungünstige Einwirkungen mehr ein, welche den Bestand und die Produktionsfähigkeit des Bodens schädigen. Die Aushagerung und ihre ungünstigen Folgen sind daher nicht ausschließlich auf den Humusverlust zurück zu führen, wenngleich dieser als die augenfälligste Thatsache zumeist verantwortlich gemacht wird.

Ueberblickt man die Bedeutung des Humus für den Boden, zumal den Waldboden, so ist die günstige Wirkung desselben nach den verschiedensten Richtungen unverkennbar. Maßgebend für die Fruchtbarkeit wird er wohl aber nur selten.*) Mit vollem Recht legt der Forstmann einem entsprechenden Humusgehalt des Bodens großen Werth bei, und bevorzugt alle Maßnahmen, denselben zu befördern, als eine der wenigen Einwirkungen, welche im forstlichen Betriebe möglich sind: zu Unrecht aber erfolgt das Gleichstellen aller humosen Bodendecken und das Verkennen, daß ein ganz gewaltiger Unterschied darin besteht, ob die Mineraltheile des Bodens mit den humosen Stoffen gemischt sind, oder diese als Decke auflagern.

§ 90. 7. Physikalische Eigenschaften.

Die verschiedenen physikalischen Eigenschaften der Böden beeinflussen die Vegetation im hohen Grade. Das ganze Verhalten gegen Wasser und Temperatur ist davon überwiegend abhängig, ebenso die Durchlüftbarkeit und das leichtere oder schwerere Eindringen der Wurzeln. Für viele Bodenarten werden die physikalischen Eigenschaften zu den maßgebenden für die Bodengüte.

Am einschneidensten und für alle Bodenarten gleichmäßig gültig ist der Unterschied zwischen der Lagerung in Krümel- und Einzelkornstruktur.

Die Krümelstruktur erleichtert das Eindringen des Wassers, bewahrt die feinkörnigen und sehr humosen Bodenarten vor Uebermaß an Wasser und setzt die Verdunstung erheblich herab. Die Menge des Wassers wird daher für die Vegetation günstig beeinflußt. In ähnlicher Weise wird die Durchlüftung gesteigert. (Vergleiche hierüber die physikalischen Eigenschaften des Bodens Seite 52—113.)

In der Krümelung des Bodens und ihrer Einwirkung auf die verschiedenen Bedingungen der Pflanzenentwickelung hat man daher die wichtigste physikalische Eigenschaft guter Bodenarten zu sehen.

Von Bedeutung ist, daß die Wurzelverbreitung, oder wenigstens die Hauptmasse der Wurzeln immer mit der Tiefe der gekrümelten

---

*) Vergleiche auch S. 277.

Schicht parallel geht. Schon bei Bodeneinschlägen ist dies zu beobachten. Ganz überraschend scharf tritt es aber hervor, wenn durch
Wegbauten und dergleichen der Wurzelbodenraum eines Baumes durchschnitten ist und Wind und Wasser allmählich die Wurzeln bloßlegen.

Die Mächtigkeit des gekrümelten Bodens ist sehr verschieden und
kann in weiten Grenzen schwanken. In der Regel ist sie auf tief-
gründigem Boden auch eine stärkere, als auf flachgründigem.

Mit der Krümelung in naher Beziehung steht die Bindigkeit
der Bodenarten. Je mehr diese eine mittlere Stärke hat, um so
leichter erhält sich die Krümelstruktur. Sehr lose (Sand) sowie sehr
zähe Bodenarten (Thon) erlangen sie am schwierigsten und verlieren
sie bei ungünstigen Einwirkungen am leichtesten. Deshalb sind schwere
Thonböden (die meisten Verwitterungsböden der Kalkgesteine gehören
ebenfalls hierher) und lose Sandböden am empfindlichsten gegen Freistellung. Die Wirkung der Aushagerung besteht, wie erwähnt, überwiegend in einer Zerstörung der Krümelstruktur.

Die landwirthschaftliche Bodenbearbeitung befördert durch mechanische Umlagerung die Krümelung; dem Forstwirth stehen die gleichen
Mittel nicht oder nur in ganz beschränktem Maße zur Verfügung, er
hat demnach alles zu unterstützen, was die Krümelbildung fördern und
alles thunlichst zu verhindern, was sie stören kann. Hierzu gehört
ein gleichmäßiger Schluß der Waldungen und Erhaltung der Bodendecke,
endlich Vorsorge gegen die Bildung, beziehungsweise Entfernung bereits
vorhandener Rohhumusschichten.

Die Bindigkeit der Bodenarten, soweit sie nicht durch Krümelbildung verändert ist, kann oft die Kulturfähigkeit eines Bodens stark
beeinflussen. Extreme sind hierin die zähen, fast ertraglosen Thone
(z. B. Tertiärthone) und die flüchtigen Sande, wie sie in den Dünen
am ausgesprochensten vorliegen.

Die Praxis unterscheidet die Bodenarten nach ihren Kohäsions-
verhältnissen als:

fest (z. B. zäher Thon oder Letten); der Boden bekommt beim
Austrocknen tiefe Risse und bildet dann feste, steinharte Stücke, die
nur schwer zu zerkleinern sind;

streng (auch schwer); reißt beim Austrocknen und bildet dichte
Stücke, die mit der Hand nur schwer zu zerkrümeln sind (z. B. thonreiche Lehmböden, Kalkmergelböden);

mürbe (mild); beim Austrocknen bilden sich nur wenig Risse, die
Stücke sind mit der Hand leicht zu zerkrümeln (z. B. Lehm und
sandige Lehmböden);

locker; der Boden läßt sich in feuchtem Zustande noch ballen, zerfällt getrocknet aber schon bei mäßigem Druck (lehmiger Sand, humose
Sandböden);

lose; Böden sehr geringer Bindigkeit, die selbst angefeuchtet keinen innigeren Zusammenhang haben und getrocknet zerfallen (Sandböden); flüchtig; Böden ohne merklichen Zusammenhang: der Bodendecke beraubt, treiben sie vor dem Winde.

Zwischen diesen verschiedenen Kohärescenzgraden, welche die Praxis unterscheidet und deren Angabe sofort viele Eigenschaften des Bodens erkennen läßt, finden sich zahlreiche Uebergänge. Es kann z. B. ein Flugsand durch Bindung zum losen Sandboden werden oder ein solcher durch Beimischung reichlicher humoser Stoffe in einen lockeren Boden übergehen.

Steine im Boden.

Die Beimischung von Steinen ist, zumal auf flachgründigeren Ver= witterungsböden, oft sehr erheblich und beeinflußt die Eigenschaften des Bodens im günstigen oder ungünstigen Sinne.

Je nach Größe und Form der Steine unterscheidet man:

Steinblöcke, über 25 cm Durchmesser;

Steinbrocken, etwa 5—25 cm Durchmesser, zumeist nur für Bruchstücke anstehender Felsarten gebraucht, sonst auch schlecht= hin als Steine bezeichnet;

Gruß, die eckigen, leichter zersetzbaren Bruchstücke des Grund= gesteines (z. B. Granitgruß);

Grand, abgerundete Steinstücke; in etwas feinkörnigerem Zu= stande als Kies bezeichnet.

Die Einwirkung der Steine auf die Bodeneigenschaften ist ferner noch von deren Form abhängig. Gerundete oder ganz unregel= mäßig eckige Bruchstücke können sich nicht so dicht zusammenlagern, wie würfelige (die z. B. bei manchen Felsitporphyren vorkommen) oder die flachen, schieferigen der Schiefergesteine; das Eindringen der Wurzeln wird durch die letzteren oft sehr erschwert.

Die Steine erwärmen sich leichter als der feinkörnige Erd= boden und setzen dem Eindringen des Wassers einen mäßigen, der Verdunstung einen erheblichen Widerstand entgegen.

Je nach den Eigenschaften des Bodens und nach der Lage werden daher die Steine, wenn sie nicht in zu großer Menge vorkommen, günstig oder ungünstig einwirken.

Im Gebirge wird durch Steine, zumal größere Bruchstücke, die Abschwemmung erschwert, in kühlen Lagen erwärmt sich der Boden leichter, sehr feste Böden werden durch Steine, wohl in Folge der ver= schiedenen Ausdehnung bei Temperaturwechsel, etwas gelockert.

Alle leicht erwärmbaren Bodenarten, zumal Sand, sowie flach= gründige Kalkböden, verschlechtern sich jedoch durch Steinbeimischung

erheblich). Hier iſt die verſtärkte Wärmeleitung von ungünſtigem Einfluß, und ſcheint die Verdunſtung hierdurch mehr erhöht zu werden,
als der Verminderung der Waſſerleitung im Boden entſpricht.

Je nach der Steinbeimiſchung unterſcheidet man: etwas, ziemlich, ſehr ſteinig. Beſteht der Boden überwiegend aus Steinen mit
wenig beigemiſchter Erde, ſo wird er zum Grand- oder Grußboden.
Im Allgemeinen überſchätzt man bei oberflächlicher Betrachtung die
Menge der beigemiſchten Steine, zumal in tiefgründigen Böden.

Die Verwitterungsböden anſtehender Felsarten ſind meiſt von
Bruchſtücken des Grundgeſteines, der erſten Verwitterungsſtufe derſelben,
unterlagert, welche wie eine Drainage des Bodens wirken. Erdarme,
flachgründige Stellen leiden dann leicht an Trockniß, thonreiche Böden
werden aber entſprechend entwäſſert und in ihrer Fruchtbarkeit gefördert.

Steine können daher, je nach den Umſtänden, den Bodenwerth
erheblich herabſetzen oder ihn erhöhen. Im Allgemeinen kann man
annehmen, daß das erſtere faſt immer im Flachlande, das letztere ſehr
oft im Gebirge eintritt.

Die Korngröße der Bodentheile.

Die Korngröße der Bodentheile beeinflußt das Verhalten gegen
Waſſer ganz überwiegend (vergleiche Seite 65—69), und wirkt ferner
auf Temperatur und namentlich auf die Durchlüftung ein. Dieſe Verhältniſſe ſind eingehend in dem Abſchnitt über Bodenphyſik behandelt.

§ 91. 8. Bodenzuſtände.

Außer den bisher behandelten Bodeneigenſchaften treten noch ſolche
hinzu, welche durch die Pflanzendecke im günſtigen oder ungünſtigen
Sinne bewirkt werden. Zu den erſteren gehört der normale Zuſtand
gut beſtockter Waldböden, ſowie das Verhalten, was man als Em-
pfänglichkeit des Bodens bezeichnet, zu den letzteren, welche man auch
als abnorme Zuſtände bezeichnet, ſtarke Durchwurzelung des Bodens,
ſowie Bedeckung mit einer nicht zum Walde gehörenden Unkrautdecke
(Verangerung, Verheidung, Verwilderung und dergleichen). Hier ſollen
nur die letzteren kurz berührt werden.

Bodenaushagerung iſt kurz zu bezeichnen als Zerſtörung der
Krümelſtruktur. Die Bodenaushagerung tritt ein, wenn die Bodendecke dauernd einer raſchen Zerſetzung unterliegt und der offene Boden
durch die mechaniſche Kraft des Regens dicht zuſammengelagert wird.
Derartige Verhältniſſe finden ſich zumal an den Weſträndern der Be-
ſtände und in geringerem oder höherem Grade überall, wo die Sonne
und der Wind freien Eintritt haben.

Verangerung. Der Boden bedeckt ſich mit ſogenannten Anger-
gräſern, kenntlich durch ihre ſchmalen, oft faſt haarförmigen Blätter

und durch eine außerordentlich reiche, dicht ineinander greifende Verwurzelung ausgezeichnet.   Am zahlreichsten treten folgende Gräser auf: Aira flexuosa.
Weingaertneria canescens, Festuca ovina und duriuscula. Agrosti-
vulgaris und stolonifera, Nardus stricta.

Der dichte Wurzelfilz dieser Grasarten trocknet den Boden tief
aus und verhindert das Eindringen des Regens erheblich. Selbst nach
lang dauernden Niederschlägen findet man den unterliegenden Boden
oft noch staubtrocken. Die Verangerung findet sich zumeist auf ärmeren,
namentlich trockenen Bodenarten.

Vergrasung ist der Verangerung ganz ähnlich, nur daß es breit-
blätterigere, anspruchsvollere Gräser sind, welche auf kräftigerem, zumal
feuchterem Boden sich ansiedeln und bald herrschend werden.
Unter diesen sind besonders hervorzuheben: Aira caespitosa, Poa
nemoralis, Brachypodium silvaticum, Anthoxantum odoratum,
Holcus lanatus, Milium effusum, Melica uniflora; ferner Luzula albida und Carexarten (digitata, caespitosa und andere). Also sämmtlich
Arten, welche auch sonst im Walde vorkommen und als Haingräser
bezeichnet werden.

Die Vergrasung hindert ebenfalls die Entwickelung der jungen
Baumpflanzen in hohem Grade, ist aber, da sie die besseren Lagen und
Bodenarten trifft, weniger verderblich, wie die Verangerung.

Beerkrautdecke, Heide. Beerkräuter und Heide sind, so lange
sie im Mineralboden wurzeln und keinen Rohhumus gebildet haben,
ohne großen Schaden für die Waldbäume. Sowie die Ablagerung des
Rohhumus beginnt, gehören sie zu dem schädlichsten und lästigsten Unterwuchs des Waldes. Besonders die dichte Verwurzelung, welche sich
fast nur in den humosen Massen und auf der Oberfläche des Mineralbodens ausbreitet, ist für die Entwickelung der Baumpflanzen ungünstig
und der saure Rohhumus wirkt schädlich auf die Struktur und Zusammensetzung des Bodens ein. Preißelbeere gilt für schädlicher als
die Heidelbeere, da letztere bessere Böden bevorzugt und ihre Rohhumusablagerungen meist noch eine gewisse Lockerheit besitzen und dadurch nicht so schädlich wirken, wie die dichten, torfartigen Bildungen
der Preißelbeere oder der Heide.

Bodenverwurzelung. Die Bodenverwurzelung wird von den
Wurzeln des noch vorhandenen oder erst abgetriebenen Waldbestandes
gebildet. Am meisten schaden Baumarten mit oberflächlichem Wurzelsystem wie die Fichte. Je nach Bodenart, Gründigkeit und Bodenbedeckung ist die Verwurzelung des Bodens verschieden stark, oder macht
sie sich wenigstens an der Oberfläche des Bodens mehr oder weniger
bemerkbar. Böden mit Rohhumusbedeckung erzeugen am meisten oberflächlich streichende Wurzeln.

§ 92.   9. Bodenkraft.

Als Bodenkraft kann man die Summe aller chemischen und physikalischen Eigenschaften des Bodens und ihre Be=ziehung zur Entwickelung der Pflanzen bezeichnen. Bodenkraft und Fruchtbarkeit sind daher zwei einander sehr nahe stehende Begriffe. Aus der Zusammenstellung der wichtigsten Bodeneigenschaften er=giebt sich, daß es einen allgemeinen, schlechthin gültigen Maß=stab für die Bodenkraft nicht giebt und überhaupt nicht geben kann. Die einzelnen Faktoren, welche auf das Ertragsvermögen der Böden einwirken, sind ungleich vertheilt, bald überwiegt der eine, bald der andere, und es ist Sache der Erfahrung, den Boden richtig anzu=sprechen.

Die Thatsache, daß ein bequemer Maßstab für die Fruchtbarkeit, oder vielleicht besser für das Ertragsvermögen fehlt, hat oft genug zu ganz unberechtigten und abfälligen Urtheilen über die Grundlagen der Bodenkunde geführt. Wer aus der Zusammenstellung von Boden=beschreibungen, wie sie im forstlichen Betriebe üblich sind, deren Werth=losigkeit ableitet, anstatt zu verlangen, daß jene Bearbeitungen so aus=geführt sein sollten, daß wirklich ein Einblick möglich ist, beweist damit nur, daß er ein Urtheil über diesen Gegenstand nicht besitzt.*)

Als Hauptfaktoren der Bodenkraft sind anzusprechen: Gehalt an hinreichenden Mineralstoffen, günstige physikalische Verhält=nisse, insbesondere Krümelung und Gründigkeit des Bodens, Feuchtigkeit und Gehalt an humosen Stoffen.

Diese Bedingungen können sich bis zu einem gewissen Grade gegen=seitig ausgleichen. Ein reicher Basalt kann z. B. bei sehr flachgründigem Boden und geringem Humusgehalt noch immer vorzüglichen Wald=bestand tragen.

Einen äußeren und leicht erkennbaren Maßstab der Bodenkraft giebt der Wald und die Bodenflora, wenn sie auch einem kundigen Beobachter nicht mehr, in der Regel aber viel weniger zeigen, als ihm ein Boden=einschlag mit Berücksichtigung der Lage und der klimatischen Verhält=nisse lehrt.

Der Zustand des Waldes giebt immer ein Bild der gegenwärtigen Verhältnisse; erst die Berücksichtigung des Bodens läßt aber erkennen, was für die Zukunft zu erwarten ist und welche Schwierigkeiten z. B. bei der Verjüngung entgegen stehen werden. Je länger ein Boden bereits mit Wald bestanden gewesen ist und je mehr sich der Bestand

---

*) Man vergleiche hierüber Forstwissenschaftliches Centralblatt III, S. 273, wo die verschiedenen Bodeneigenschaften schematisch zusammengestellt sind, was selbst=verständlich zu keinem brauchbaren Vergleiche führen kann.

normal entwickelt hat, um so mehr wird er der „Bodenkraft" ent=
sprechen, d. h. sich in der Entwickelung und dem Grad der Vollkommen=
heit befinden, wie sie den lokalen Verhältnissen entsprechen. Naturgemäß
wird dies in dem von Menschenhand unberührten Walde, im Urwalde,
am meisten der Fall sein.

Die Schilderungen des Urwaldes, wie sie uns vorliegen, geben
im Ganzen ein forstlich wenig erfreuliches Bild. Einzelne außergewöhn=
lich starke Stämme, umgeben von einer großen Anzahl minderwerthigem
Material. Nur auf Bodenarten, welche in alten Kulturländern bereits
längst dem Ackerbau zugefallen sind, erhebt sich die „Pracht des Urwaldes", die großartige Entwickelung der Baumriesen. Auf solchen
Böden sind aber unsere Bestände auch nicht schlechter, man läßt sie nur
nicht mehr so alt werden als früher. Auf ärmeren Bodenarten hat
der Urwald wohl ungleichmäßiger aber nicht besser ausgesehen als die
heutigen Bestände. Es ist sehr bedauerlich, daß nicht in der Tuchler
Heide oder an einem ähnlichen Orte ein „Stück Urwald" erhalten ge=
blieben ist, die Begeisterung für diese Bestandsform, die jetzt vielfach
herrscht, würde dadurch wohl ein bischen abgekühlt werden. Thatsäch=
lich sind auf der skandinavischen Halbinsel, in Finnland, in Rußland
noch Waldungen vorhanden, welche überwiegend den Charakter des
Urwaldes tragen, ebenso in Nordamerika und überall tritt dieselbe
Erscheinung auf wie bei uns, die Abhängigkeit des Bestandes vom
Bodenwerth. Geringe Böden tragen auch im Urwald schlechte Bestände.
Nur zu sehr wird eben vergessen, daß die Schilderungen, welche uns
zukommen, naturgemäß die günstigen, nicht die ungünstigen Verhältnisse
betreffen.*)

Zweifellos vermag ein Waldbestand auch einen armen Boden zu
„verbessern", d. h. durch Abfall der Streu die obere Bodenschicht an
Mineralstoffen anzureichern und durch den Schutz der Streudecke die
mechanische Krümelung des Bodens zu erhalten. Es wird dies aber
immer nur bis zu einem gewissen Grade möglich sein, die auswaschende
Wirkung der Niederschläge wirkt dem entgegen, und es bildet sich allmählich ein Gleichgewichtszustand heraus.

Eine Aenderung tritt aber sofort ein, wenn Rohhumusbildung
stattfindet. Sind doch die Moore der Hochgebirge wie des Flachlandes
sowie große Heidegebiete ohne Zuthun des Menschen entstanden und
bedecken Flächen, die dereinst mit Wald bestanden waren. Noch jetzt
läßt sich das Weiterschreiten des Vorganges in allen Uebergangszuständen
verfolgen. Ein Rückgang unserer Wälder, der vielfach angenommen

*) Ludloff (citirt nach Mayr, Waldungen von Nordamerika, S. 134) sagt
nach einer Beschreibung des auf günstigem Boden stockenden Urwalds: „Auf
magerem ist das anders, und in solchen Gegenden existirt kein wesentlicher Unterschied zwischen den amerikanischen und den deutschen Wäldern."

wird, kann daher dort statthaben, wo übermäßige Streu-, Gras- und ähnliche Nebennutzungen stattfinden oder wo die Bodendecke sich un= günstig verändert. Wie weit dies wirklich der Fall ist, läßt sich schwer und nur lokal entscheiden; im Allgemeinen sind wohl dahin gehende Behauptungen übertrieben.

Nach einem der Hauptfaktoren der Fruchtbarkeit, dem Gehalt an Pflanzennährstoffen, spricht man von mineralisch kräftigen oder reichen und unkräftigen oder mageren, armen Bodenarten.

Die wichtigsten vorkommenden Böden kann man nach ihrem durch= schnittlichen Verhalten in folgende Reihe bringen:*)

1. Sehr kräftige Böden bilden:
   Die basischen Eruptivgesteine: Basalt, Diabas, Me=
   laphyr und ihre Tuffe;
   leicht zersetzbare Felsitporphyre;
   Kalkgesteine mit reichlichem Thongehalt;
   leicht zersetzbare Thonschiefer;
   Auc- und Marschböden.

2. Kräftige Böden bilden:
   Die leicht verwitternden Abänderungen von
   Granit, Gneiß und Felsitporphyr, Syenit;
   bindemittelreiche nicht quarzitische Sandsteine:
   Grauwacke, Lias- und Keupersand, manche Buntsand=
   steine;
   Lettenschichten der Trias;
   Diluvialmergel und der daraus hervorgehende Lehm.

3. Mäßig kräftige Bodenarten bilden:
   Schwerer verwitternde Granite und Gneiße;
   Magnesiaglimmerschiefer;
   bindemittelärmere nicht quarzitische Sande: die
   meisten Sandsteine, Grauwacken;
   schwerer verwitternde Thonschiefer.

4. Schwache Bodenarten bilden:
   Sämmtliche schwer verwitternde Silikatgesteine:
   manche Granite, Gneiße, Felsitporphyre;
   Kaliglimmerschiefer;
   Sandsteine mit quarzigem Bindemittel;
   Sande: Diluvialsand;
   viele Konglomerate: Rothliegendes, Grauwacke.

5. Magere (arme) Bodenarten bilden:
   Sehr schwer verwitternde Gesteine, z. B. manche
   Quarzporphyre, Grauwacken, Rothliegendes;

*) Wesentlich nach Grebe, Gebirgs= und Bodenkunde.

bindemittelarme oder stark quarzitische Sandsteine:
Abänderungen der Grauwacke, des Quadersandsteines.
Heide- und Flugsand, Dünensande; tertiärer Sand;
Geschiebe und Geröllablagerungen;
thonarme Kalkgesteine;
zähe Thone und Letten.

§ 93. 10. Bodenthätigkeit.

Die Bedingungen, welche die Zersetzung und Verwesung der organischen Abfallreste bestimmen, sind in verschiedenen Böden in wechselnder Weise vorhanden. In allen Bodenarten, welche sehr viel Wasser enthalten, oder arm an mineralischen löslichen Stoffen, zumal an Kalk sind, wird die Verwesung verlangsamt, in allen mit mittlerem Wassergehalt versehenen, kalkreichen und sich rasch erwärmenden Böden wird sie beschleunigt werden. Diesen Einfluß des Bodens auf die Verwesung der organischen Stoffe bezeichnet man als seine Thätigkeit.

Je nach dem Maße derselben unterscheidet man:

unthätige oder träge Böden, z. B. Thonböden;
thätige, z. B. Kalk-, Basalt-, viele Sandböden;
zehrende (auch wohl hitzige) Böden, z. B. manche Sand- und
Kalkböden.

Es ist klar, daß die Thätigkeit des Bodens von klimatischen Verhältnissen stark beeinflußt wird und daß z. B. ein Boden, der im Tieflande zu den mäßig thätigen gehört, im Hochgebirge zu den unthätigen gerechnet werden muß.

§ 94. 11. Bodenflora und bodenbestimmende Pflanzen.

Die Waldbäume in ihrem Vorkommen und ihrer Entwickelung geben einen Maßstab der Bodenfruchtbarkeit. Die Darlegung dieses Zusammenhanges ist Sache des Waldbaues.

Ein vorzügliches Hülfsmittel, sich über die Beschaffenheit des Bodens zu unterrichten, bietet die niedere Pflanzendecke. Muß man auch annehmen, daß die meisten Pflanzenarten auf den verschiedensten Böden zu gedeihen vermögen, wenn nur die Konkurrenz anderer Pflanzen fern gehalten wird, so ist diese Bedingung in der Natur doch nicht erfüllt, und wird sich die Bodenflora wesentlich aus den Arten zusammensetzen, für deren Entwickelung die gegebenen Bedingungen am vortheilhaftesten sind. Nicht das Vorkommen der einen oder anderen Art ist entscheidend, sondern der Gesammtcharakter der betreffenden Pflanzenformation.

Auf die Zusammensetzung der Flora wirken ein: Die chemische Zusammensetzung des Bodens, die physikalischen Eigenschaften desselben, insbesondere der Wassergehalt, vorhandener anderer Pflanzenbestand, insbesondere der Wald.

a) Bodenflora der Waldbestände.

Im Schatten und Schutze des Waldes entwickeln sich bestimmte Pflanzenarten ausschließlich oder doch vorwiegend. Die Beschattungs- und Wärmeverhältnisse des Bodens sind dabei vielfach entscheidend.

Im geschlossenen Buchenbestande findet sich eine Vegetation, die bereits im Frühjahr, vor dem vollen Austreiben der Buchenblätter ihre Entwickelung im Wesentlichen abgeschlossen hat. Es gehört dahin: Asperula odorata, Anemone ranunculoïdes und nemorosa, Oxalis acetosella, Dentaria bulbifera, der Buchenfarren (Phegopteris Dryopteris Fée), Asarum europaeum.

Findet eine Auslichtung statt, so stellt sich allmählich eine leichte „Begrünung" des Bodens ein, es finden sich namentlich Luzula pilosa und albida, Festuca gigantea. Melica uniflora, Milium effusum, Mercurialis perennis, sämmtlich Pflanzen, die auch im nicht zu dicht geschlossenen Walde vorkommen.

Bei stärkerer Auslichtung treten weiche, hochstämmige Kräuter hinzu, so Senecio vernalis und Epilobium angustifolium, Stachys sylvatica, Circaea lutetiana, Impatiens, Aspidium felix mas und femina, Urtica dioica, die Erdbeere, hierauf wird oft die Himbeere herrschend (zumal im Gebirge), um allmählich vom heranwachsenden Buchenaufschlag oder von Gräsern verdrängt zu werden, von denen sich zumal Aira caespitosa, Festuca gigantea, Luzulaarten, auch wohl auf trockenen Stellen Calamagrostis epigeios einfinden.

Auf Lichtschlägen findet sich auf frischeren Sandböden, außer den Senecio- und Epilobiumarten und die Erdbeere, namentlich noch ein Aira flexuosa (meidet Kalk), Agrostis stolonifera und vulgaris, Poa nemoralis, Holcus mollis und lanatus, ferner Gnaphaliumarten, Erigeron canadensis. Auf Kalkböden herrschen Brachypodium pinnatum, Dactylis glomerata, Koeleria cristata vor, erst später folgen meist Festuca rubra und duriuscula. Carex praecox und muricata. Auf feuchten Stellen findet man überwiegend Carexarten.[*]

Sparsamer, aber immer noch verbreitet, finden sich im Laubwalde Viola silvestris, Hypericum montanum, Epilobium montanum, Sanicula europaea, Galium silvaticum, Hieracium murorum, Phyteuma spicatum, Pulmonaria officinalis. Galeobdolon luteum *Huds.*, Neottia nidus avis, Polygonatum multiflorum, Convallaria majalis, Carex digitata

---

[*] Zusammenstellung nach Burckhardt, Aus dem Walde, V, S. 135 (Die Waldflora und ihre Wandlungen).

und silvatica. Milium effusum, Bromus asper, Lycopodium anno-
tinum, Aspidium Felix mas. Mercurialis perennis findet sich oft
noch nach Jahren auf Gebieten, die früher mit Buchenwald bedeckt
waren. Luzula pilosa findet sich namentlich in Mischbeständen von
Buche und Kiefer.

Auf abgetriebenen Fichtenflächen erfolgt zunächst ein allmähliches Absterben der Moose, dann finden sich Senecioarten, Epilobium
angustifolium, Digitalis purpurea, Rumex acetosella, Carexarten,
Galium saxatile, später verschiedene Gräser, oft auch Heidelbeere.

Nach dem Abtrieb von Kiefernbeständen siedeln sich Senecioarten, Aira flexuosa, Agrostisarten, oft aber auch Beerkräuter und
zumal auf ärmeren Böden die Heide an.

Nach Waldfeuern ist oft das ausgedehnte Vorkommen einzelner
Pflanzenarten auffällig, zumal Aspe, Birke, Spartium scoparium
(auch Bärentraube ist beobachtet) sind häufig.

Die genannten Pflanzenarten, welche auf Lichtschlägen oft die ganze
Fläche in kurzer Zeit bedecken, bezeichnet man als Schlagpflanzen,
fast alle finden sich schon vor dem Abtriebe in einzelnen Exemplaren
im Walde oder zeichnen sich durch kleinen, leicht beweglichen Samen aus.

b) Begrünung kahler Kalkberge.

Für den allmählichen Gang der Begrünung kahler Kalkberge
theilt Senft*) Beobachtungen mit. An den Hörselbergen bei Eisenach
traten die Pflanzen in folgender Reihe auf: Flechten, Moose (Hypnum sericeum und Barbula muralis), Festuca ovina, hierauf
Koeleria cristata, Brachypodium pinnatum, Briza media und Melica
ciliata. Diesen folgten Ononis spinosa und repens, Helianthemum
annuum, Origanum vulgare, Anthyllis vulneraria, Verbascum lych-
nitis, ferner Viburnum Lantana, Weißdorn und Wachholder.**) Ist
die Vegetationsdecke soweit gediehen, so wird die Flora mannigfaltiger,
allmählich finden sich reichlicher Sträucher (Cornus sanguinea, Rham-
nus, Cotoneaster vulgaris) ein, denen bald einige Baumarten (Sorbus
Aria und torminalis, selbst Buche) folgen.

c) Die Bedeutung des Gehaltes an Mineralstoffen im
Boden für die spontane Bodenflora ist vielfach ein Gegenstand des
Streites gewesen. Im Allgemeinen stehen die Floristen, d. h. Botaniker,
welche eine große Zahl verschiedener Standorte kennen und gesehen
haben, auf dem Standpunkt, der chemischen Zusammensetzung des Bodens
eine hervorragende Bedeutung beizumessen, während diejenigen, welche
durch Experiment nachweisen, daß die meisten Pflanzen auf den verschiedensten Böden zu wachsen vermögen, Gegner dieser Anschauung sind.

*) Der Erdboden u. s. w. Hannover 1888.
**) Unter den Pflanzen finden sich auffällig viele „Steppenpflanzen", so Festuca
ovina, Koeleria cristata, Melica, Ononis und andere.

Um zu einem richtigen Urtheil zu gelangen, muß man das Ge=
sammtbild der Flora betrachten; nicht das Vorkommen des
einen oder anderen Exemplares einer Pflanze, noch weniger
das seltener Arten, ist entscheidend, sondern die Zusammen=
setzung der herrschenden Pflanzendecke ist es. Berücksichtigt man
diese, so wird man sich bald von der Thatsache überzeugen können, wie
wichtig die Zusammensetzung des Bodens für die vorkommenden Pflanzen
arten ist. Natürlich wirken chemische Zusammensetzung und physikalische
Eigenschaften zusammen, wie sie sich ja auch vielfach gegenseitig bedingen.

Beispiele, welche die Einwirkung chemisch abweichender Bodenzusammensetzung darlegen, sind:

1. Absterben der Moose und Cyperaceen bei Düngung mit
Kalisalzen oder Kalksalzen. Eine Erscheinung, welche auf jeder
meliorirten oder nur gedüngten Wiese, namentlich Moorwiesen, überall
zu beobachten ist. Bei einer einigermaßen kräftigen Kainitdüngung stirbt
die ganze Moosvegetation in einem, beziehentlich einigen Jahren ab.

2. Das Verhalten einer Anzahl Pflanzen gegen Kalk=
gehalt der Böden. Es gilt dies unter den Bäumen namentlich von
der Kastanie (Castanea vesca) und der Seestrandskiefer (Pinus maritima). Nach den Untersuchungen von Fliche (Annales de la Station
agronomique de l'Est 1878, S. 3—39) genügt schon ein sehr geringer
Gehalt des Bodens an kohlensaurem Kalk, um das Gedeihen beider
Baumarten zu verhindern.*)

3. Düngeversuche auf Wiesen und die dadurch bewirkte
Veränderung der Flora. Namentlich in Rothamsted**) (England)
hat man langjährige Versuche nach dieser Richtung angestellt. Stick=
stoff=, zumal Salpetersäuredüngung, bewirkte das Ueberwiegen der
Gramineen bis zum vollständigen Verschwinden der Leguminosen.
Düngung mit Mineralsalzen, insbesondere Kali, eine allmähliche Zunahme der Leguminosen (bis zu einem Viertel der Gesammtmasse).

Die Bedeutung der mineralischen Zusammensetzung der Böden ist
daher nicht nur aus dem Verhalten in der Natur zu erschließen, sondern auch noch direkt durch Versuche bewiesen.

Nur in seltenen Fällen wird aber eine Pflanze durch Fehlen oder
Vorkommen von Bodenbestandtheilen so sehr beeinflußt, daß sie sich
nicht zu entwickeln vermag. Zahlreiche Versuche haben bewiesen, daß
weitaus die meisten Pflanzen in den verschiedenartigsten Böden zu
wachsen vermögen, wenn sie nur vor der Konkurrenz anderer
Pflanzen geschützt sind. In dieser Thatsache liegt wohl der Schwer=
punkt der ganzen Sache. Die Pflanzen, welche als „bodenstet" be-

---

*) Man vergleiche Hilgard, Forschungen der Agrikulturphysik X, S. 185.
**) Centralblatt für Agrikulturchemie 1881, S. 809.

zeichnet werden, entwickeln sich auf einer bestimmten Bodenart am günstigsten und verdrängen die anderen Arten. Kann man daher auch nicht aussprechen, daß die Salzpflanzen einen reichlichen Gehalt des Bodens an Kochsalz, die Kalkpflanzen an kohlensaurem Kalk u. s. w. zur Entwickelung bedürfen, so verdrängen sie doch auf solchen Böden die anderen für jene Verhältnisse weniger günstig ausgerüsteten Arten und erhalten sich auf solchen Böden als herrschende Flora. Da jedoch dieser Erfolg der einzelnen Arten von der chemischen Zusammensetzung des Bodens abhängig ist, so ist diese zuletzt das Entscheidende.

Baumgart, welcher sich vielfach mit diesen Verhältnissen beschäftigt hat,*) faßt dies Verhalten dahin zusammen:

1. daß eine Pflanze unter günstigen klimatischen Verhältnissen auch auf einem mineralisch (chemisch) nicht angemessenen Boden fort-kommen kann;
2. daß jede Pflanze nur auf dem für sie mineralisch geeigneten Boden am höchsten im Gebirge und nach Norden vorkommt.

Zu berücksichtigen ist ferner noch, daß die Zusammensetzung der Böden, insbesondere was den Kalkgehalt betrifft, sehr wechselt, und namentlich, daß auch Urgesteine bei der Verwitterung kohlensauren Kalk abzuscheiden vermögen und andererseits, daß aus dem Verwitterungs-boden eines Kalkgesteines fast jede Spur von Kalkkarbonat ausgelaugt sein kann. Das Auftreten einer Kalkflora im ersten, das Fehlen einer solchen im zweiten Falle, beweist dann nur erst recht die vielfach maß-gebende Bedeutung der Bodenzusammensetzung.

Man unterscheidet (nach Unger) die Pflanzen in Bezug auf Ab-hängigkeit des Vorkommens vom Boden in:

bodenstet, solche Arten, die nur auf einer bestimmten Bodenart vorkommen;

bodenhold: Arten, die eine bestimmte Bodenart bevorzugen, in ihrem Vorkommen aber nicht daran gebunden sind;

bodenvag: Arten, die sich auf den verschiedensten Bodenarten finden.

Die Pflanzenarten, welche bodenstet oder wenigstens bodenhold sind, kann man in folgende Gruppen eintheilen:

1. Kalkpflanzen;
2. Kalkmeidende Pflanzen;
3. Salzpflanzen:
4. Schuttpflanzen;
5. Humuspflanzen, mit Einschluß der Pflanzen der Heiden, Moore und Hochmoore.

*) Forstwissenschaftliches Centralblatt 1889, S. 345.

d. Die Bedeutung der physikalischen Eigenschaften der Böden tritt, abgesehen vom Wassergehalt, namentlich in Bezug auf Korngröße, Struktur und Durchlüftung des Bodens hervor.

Man kann die hierher gehörigen Pflanzenarten zusammenfassen in:

1. Sandpflanzen, die meist zugleich Kalk meiden:
2. Thonpflanzen, vielfach zugleich kalkhold;
3. Steppenpflanzen:
4. Pflanzen sehr fester Böden (Wege, zwischen Steinen, Triften).

Verzeichniß der wichtigsten bestimmenden Pflanzen.*)

1. Kalkpflanzen.

Die Flora eines Kalkbodens ist in ihrer Gesammtheit eine sehr charakteristische. Arten, welche entweder nur auf Kalk vorkommen oder doch Kalkböden bevorzugen, sind unter vielen anderen die folgenden:

Carex humilis *Leyss*.
Stipa capillata *L*.
Melica ciliata *L*.
Sesleria coerulea *Ard*.
Zahlreiche Orchideen, darunter:
Orchis fusca *Jacq*., Orchis militaris *L*.; Ophrysarten:
Cypripedium Calceolus *L*.
Eine Reihe Androsaccearten (zumal im Hochgebirge, darunter Androsace bryoides *D. C.*, Androsace villosa *L*.
Stachys germanica *L*.
Cirsium acaule *All*.
Carduus defloratus *L*.
Carlina acaulis *L*.
Aster Amellus *L*.
Bupleurum falcatum *L*. und Bupleurum rotundifolium *L*.
Anemone Pulsatilla *L*.
Alyssum= und Thlaspiarten.

Von Holzgewächsen sind es Sorbusarten (Sorbus Aria *Crtz*. und Sorbus torminalis *Crtz*.); Viburnum Lantana *L*., sodann einige an Kalkboden gebundene Pyrus= und Crataegusarten, Prunus Mahaleb *L*., Cotoneaster vulgaris *Lindl*., Rosenarten (im Flachlande ein selten trügendes Zeichen für Mergelschichten), die Buche.

_____

*) Es ist hier nur eine kleine Zahl der häufigsten und charakteristischsten Formen aufgezählt. Das Verzeichniß ist von Herrn C. Warnstorf in Neu=Ruppin durchgesehen und vielfach berichtigt worden.

Die niedere Flora zeichnet sich namentlich noch durch das zahlreiche Auftreten von Papilionazeen aus (Medicagoarten, Anthyllis
Vulneraria *L.*, Onobrychis sativa *Link* und andere).

2. Kalkmeidende Pflanzen.

Lupinus luteus *L.*
Draba verna *L.*
Medicago minima *Lmk.*
Heide, Calluna vulgaris *Salisb.*
Rumex acetosella *L.*
Aira flexuosa *L.*
Carlina vulgaris *L.*
Digitalis purpurea *L.*
Androsace alpina *Gaud.*

Ferner die ganze Zahl der für Hochmoor und für saure Humusschichten bezeichnenden Pflanzen.

3. Salzpflanzen.

Die Flora des Seestrandes und der im Innern des Landes vorkommenden salzhaltigen Stellen:

Cakile maritima *Scop.*
Sagina maritima *Don.*
Eryngium maritimum *L.*
Aster Tripolium *L.*
Artemisia maritima *L.*
Samolus Valerandi *L.*
Glaux maritima *L.*
Salsola Kali *L.* (auch auf Sand vorkommend).
Chenopodina maritima *Moq. Tand.*
Salicornia herbacea *L.*
Hippophaë rhamnoïdes *L.*
Scirpus parvulus *R. et Willd.*; Scirpus balticus *Willd.*;
Scirpus rufus *Schrad.*
Juncus Gerardi *Willd.* und balticus *Willd.*
Von den Moosen Pottia Heimii *Fürn.*

4. Schuttpflanzen.

Die Vegetation der in der Nähe von Häusern, Dorfschaften und
dergleichen abgelagerten, meist sehr salpetersäurereichen Schuttabfälle.
Die meisten dieser zur „Ruderalflora" gehörigen Pflanzen vermögen
große Mengen von Salzen, insbesondere Salpeter, in sich anzuspeichern.

Urtica dioica *L.*
Parietaria officinalis *L.*

Chenopodiumarten.
Datura Stramonium *L.*
Hyoscyamus niger *L.*
Solanum nigrum *L.*
Ballota vulgaris *Link.*
Galeopsis Tetrahit *L.*
Geranium Robertianum *L.*
Galinsogaea parviflora *Cav.*
Atriplex hastatum *L.*

5. **Humuspflanzen.**

Pflanzenarten, welche ihr bestes Gedeihen in humosen Ablagerungen finden oder doch auf denselben verbreitet vorkommen. Man kann unterscheiden:

a) **Pflanzen auf dem Rohhumus der Wälder.**

Trientalis europaea *L.* (im Gebirge und im Norden, z. B. Pommern, Skandinavien verbreitet).
Melampyrum pratense *L.*
Heidel- und Preißelbeere.
Heide (auch Sand- und Hochmoorpflanze, kalkmeidend).
Majanthemum bifolium *Schmidt.*
Aira flexuosa *L.* (auch Sandpflanze).
Rhododendron (im Hochgebirge).
Lycopodium complanatum *L.*
Zahlreiche Moose, darunter:
Polytrichum formosum *Hedw.*
Hypnum Schreberi *Willd.*; Hypnum purum *L.*
Hylocomium Triquetrum *Schpr.*
Sphagnum Girgensohnii *Russ.* (im Gebirge).
Leucobryum vulgare *Hmp.*

b) **Flora der Grünlandsmoore.**

Zahlreiche Carex- und Scirpusarten.
Juncusarten (auf versandeten und zumal mit Lehm über-deckten Stellen).
Equisetum palustre *L.* (im Torf sind die glänzenden, schwarzen Reste der Rhizome dieses Schachtelhalms vielfach das einzige sofort erkennbare pflanzliche Ueber-bleibsel).
Phragmites communis *Trin.*
Molinia coerulea *Mnch.*
Typha latifolia *L.*
Bidensarten.

Orchis palustris *Jacq.*
Parnassia palustris *L.*
Epilobium palustre *L.*
Lotus uliginosus *Schk.*
Menyanthes trifoliata *L.*
Pinguicula vulgaris *L.*
Galium palustre *L.* und Galium uliginosum *L.*
Taraxacum palustre *D. C.*
Senecio paludosus *L.*
Salixarten, besonders Salix repens *L.*
Von Moosarten:
Philonotis fontana *Brid.*
Hypnum intermedium *Lindb.*; Hypnum giganteum *Schpr.*
und Hypnum aduncum *Schpr.*

Auf trockneren Mooren findet sich, vorausgesetzt, daß sie genügend Nährstoffe enthalten oder gedüngt werden, die ganze Zahl der eigentlichen Wiesengräser ein.

Kalkreichere Moore tragen vielfach Papilionazeen, zumal Trifolium hybridum *L.*, sowie Cirsiumarten (Cirsium oleraceum, Cirsium palustre).

Auf vielen Mooren sind reichlich Moose verbreitet, zumal nehmen Hypnum scorpioides *L.*, Hypnum stellatum *Schreb.*, Hypnum intermedium *Lindl.*, Hypnum giganteum *Schpr.*, Bryum pseudotriquetrum *Hedwig*, Philonotis fontana *Brid.*, Paludella squarrosa *Ehrh.* an der Torfbildung theil.

Die Hauptmasse des Torfes wird in der Regel aus Resten von Carex- und Scirpusarten, Phragmites und sehr vielfach von Hypnumarten gebildet, zu denen sich noch Typha, Bidens und Salix repens gesellen, die übrigen Pflanzen treten nur ausnahmsweise so reichlich auf, daß sie wesentlich torfbildend werden.

Grünlandsmoore, welche im Uebergang zum Hochmoor sind, zeichnen sich außer durch Zurückgehen der ganzen Vegetation durch reichlicheres Auftreten von Eriophorumarten, vereinzeltes Vorkommen von Sphagnum (meist Sphagnum teres *Angstr.*, Sphagnum Warnstorfii *Russ.*, Sphagnum recurvum *P. B.*), ferner Pedicularis palustris *L.* aus.

c) **Flora der Hochmoore.**

Die Flora der Hochmoore ist eine artenarme und ungemein bezeichnende. Die wichtigsten Formen sind:

Sphagnum (namentlich Sphagnum cymbifolium, das Hauptmoos der Hochmoore, ferner Sphagnum teres *Angstr.*, Sphagnum medium *Limpr.*, Sphagnum recurvum *P. B.*, Sphagnum cuspidatum *Ehrh.*).

Polytrichum juniperinum *Hedw.*
Juncus squarrosus *L.*
Rhynchospora alba *Vahl.*
Scheuchzeria palustris *L.*
Scirpus caespitosus *L.*
Eriophorum vaginatum *L.*
Drosera rotundifolia *L.*, ebenso Drosera anglica *Huds.*
und Drosera intermedia *Hayne.*
Rubus chamaemorus *L.* (im Norden und im Hochgebirge).
Calluna vulgaris *Salisb.*
Erica tetralix *L.*
Ledum palustre *L.*
Andromeda polifolia *L.*
Vaccinium oxycoccus *L.*

Die gesperrt gedruckten Arten treten torfbildend auf und nehmen an dem Aufbau der Hochmoore wesentlichen Antheil.

Von Sträuchern und Bäumen finden sich außer Birke und Kiefer noch Weidenarten (Salix aurita *L.*, Salix repens und andere), im Norden und im Hochgebirge nordische Weiden und Zwergbirken.

d) **Pflanzen der Heidegebiete.**

Viele Heidegebiete charakterisiren sich als devastirte Waldböden, sind aber durch lange Heidebedeckung fast immer mit einer Schicht von Heidehumus überlagert. Eine ganze Anzahl von Pflanzen siedeln sich auf diesen Heideflächen mit Vorliebe an; dahin gehören außer vielen echten Hochmoorpflanzen, die allmählich zu einer Hochmoorbildung hinüber leiten (dem entsprechend finden sich häufig Sphagneen, insbesondere Sphagnum molluscum *Bruch.*, Sphagnum molle *Sullio*), namentlich:

Empetrum nigrum *L.*
Ulex europaeus *L.*
Genista anglica *L.* und Genista pilosa *L.*
Sarothamnus scoparius *Koch.*
Arctostaphylos Uva ursi *Spr.*
Vaccinium uliginosum *L.*
Myrica Gale *L.*
Scorzonera humilis *L.*, Arnica montana *L.*

---

1. Sandpflanzen.

Die ausgesprochensten Sandpflanzen sind die Bewohner der Dünen und Flugsandgebiete; zu ihnen gehören:

Ammophila arenaria *Lk.*
Elymus arenarius *L.*

Carex arenaria *L.* und Carex ligerica *Gag.*

Triticumarten:

Triticum junceum *L.*, strictum *Deth.*, acutum *D. C.*, pungens *Pers.*

Verbreitete Pflanzen auf Quarzsand sind ferner:

Setaria glauca *P. B.*

Calamagrostis epigaeos *Roth.*

Weingaertneria (Aira) canescens *Bernh.*

Plantago arenaria *W. K.*

Senecio viscosus *L.* (mehr im Walde verbreitet) und Senecio vernalis *W.* und *K.*

Gnaphalium arvense *Lnck.* und Gnaphalium montanum *Huds.*

Helichrysum arenarium *D. C.* (Das Vorkommen dieser Pflanze im Dolomitgebiet in Südtyrol ist vielfach als Beweis für die Gleichgültigkeit der [chemischen Zusammensetzung des Bodens angeführt worden. Spätere Untersuchungen haben nachgewiesen, daß Quarzit den Dolomit durchsetzt und auf diesem Helichrysum wächst.)

Scleranthus annuus *L.* und Scleranthus perennis *L.*

Herniaria glabra *L.* und hirsuta *L.*

Trifolium arvense *L.*

Nardus stricta *L.*

Equisetum arvense *L.*

Cladonia spc.

2. Thonpflanzen.

Auf festen, zähen Thon- und Lehmböden finden sich auf den trockneren Stellen namentlich Flechten (Baeomyces roseum am verbreitetsten) und einzelne Moose (Pottia cavifolia *Ehrh.*, Barbula fallax *Hedw.* und Barbula unguiculata *Hedw.*, Webera carnea *Scop.*, auf quelligen Stellen auch Sphagnumarten), von Phanerogamen die Heide. Auf feuchteren Stellen:

Tussilago farfara *L.*

Carduus crispus *L.*

Equisetum spc.

3. Steppenpflanzen.

Die Pflanzen der Steppengebiete vollenden entweder ihre Vegetation in kurzer Zeit, so daß sie ihren Wasserbedarf aus der Winterfeuchtigkeit der Böden decken können (so die meisten Steppengräser), oder sie haben sehr tiefgehende, starke Pfahlwurzeln. In der Regel finden sich die Steppenpflanzen gesellschaftlich und in großer Individuenzahl nebeneinander. Die Artzahl ist dagegen in der Regel nur eine geringe. Einzelne der bekanntesten Formen sind:

Steppengräser:
Stipa pennata *L.* und Stipa capillata *L.*
Festuca ovina *L.*, Koeleria cristata *Pers.*
Carex obtusata *Liybl.*

Sonstige Steppenpflanzen:
Umbelliferen. Papilionazeen.
Caraganaarten, Ononisarten;
Astragalusarten, Oxytropis pilosa;
Artemisiaarten, Hieracium echioides *Lumnitz*;
Centaurea solstitialis *L.*, Adonis vernalis *L.*

Viele dieser Arten finden sich in Mitteleuropa mit Vorliebe auf trockenen Kalkbergen, deren Feuchtigkeitsverhältnisse Aehnlichkeit mit denen der Steppen aufweisen.

4. Pflanzen sehr fester Böden.

Auf sehr fest getretenen Wegen, Triften, zwischen Steinen gepflasterter Straßen finden sich fast stets bestimmte Pflanzen ein, welche offenbar bei den für die meisten Arten ungünstigen Verhältnissen noch zu gedeihen vermögen. Es sind fast sämmtlich Species, welche auch sonst verbreitet vorkommen, aber immerhin eine besondere Aufführung verdienen.

Die häufigsten dieser Pflanzen sind:

Poa annua *L.*
Polygonum aviculare *L.*
Coronopus Ruellii *All.*
Plantago major *L.*

XIV. Hauptbodenarten, Bodenbeschreibung.

I. Hauptbodenarten.

So mannigfaltig sich auch die in der Natur vorkommenden Bodenarten verhalten, so lassen sie sich doch nach ihren hauptsächlichsten Eigenschaften in einige große Gruppen zusammenfassen, die durch zahlreiche Uebergänge unter einander verbunden, viele gemeinsame Eigenthümlichkeiten zeigen.

24*

Es sind dies:

1. Steinböden;
2. Sandböden;
3. Lehmböden;
4. Thonböden, denen sich in Zusammensetzung und Verhalten die meisten Kalkböden anschließen;
5. Humusböden.

§ 95. 1. Steinböden.

Es sind dies Bodenarten, die sich überwiegend aus wenig oder noch nicht zersetzten Gesteinsbruchstücken zusammensetzen. Es sind, soweit überhaupt Vegetation auf ihnen gedeihen kann, absolute Waldböden.

a) Großsteinige Waldböden.

Die Hauptmasse der obersten Erdschicht wird von Steinblöcken eingenommen. Die Bäume wachsen zwischen den Blöcken und folgen mit ihren Wurzeln den Spalten der Felsen oft in erhebliche Tiefe. Waldbestände sind nur dann möglich, wenn das Grundgestein sehr hohen Gehalt an mineralischen Nährstoffen hat, wie bei Basalten, oder in Gebieten mit niedriger Temperatur und hoher Luftfeuchtigkeit. Sind diese Bedingungen erfüllt, so überziehen sich die einzelnen Felsblöcke mit einer dichten Mooslage und ermöglichen so den Wurzeln, auf der Oberfläche des Steines hinzuwachsen, bis sie eine Spalte finden, in die sie einzubringen vermögen.

In unseren Gebieten finden sich großsteinige Waldböden auf Granit, einzelnen Basalten, Porphyren, Quarzit u. s. w. Außerordentliche Ausdehnung gewinnen sie jedoch im skandinavischen Norden, wo sie die Hauptmasse des Bodens ausmachen.

b) Gruß- und Grandböden (Gerölleböden).

Grußboden findet sich überwiegend im Gebirge, wo er aus der Verwitterung der anstehenden Gesteine entstanden ist, während Grandböden, die Ablagerungen fließenden Wassers, sich mehr auf die Thäler und flacheren Gelände beschränken.

Je nach den Felsarten und deren Verwitterbarkeit, sowie nach der Lage sind diese Bodenarten von verschiedenem Werthe. Grußboden, der aus leicht angreifbaren Gesteinen (Syenit, manche Granite, Gneiße und dergleichen) besteht, enthält immer feinerdige Bestandtheile beigemengt, in frischeren Lagen vermag er normale Waldbestände (meist Fichten) zu tragen. Viel ungünstiger und meist sehr trocken sind dagegen die Grußböden schwer verwitternder Gesteinsarten. In den Niederungen, wo in geringer, für die Wurzeln erreichbarer Tiefe Grundwasser vorhanden ist, finden sich auf Grandböden oft gute Bestände, in allen anderen Lagen ist der Holzwuchs gering, kurzschäftig und dürftig.

Die starke Erwärmbarkeit und Trockenheit der betreffenden Boden-arten bietet für Rohhumusbildungen günstige Verhältnisse. Im Gebirge findet man daher fast immer starke Rohhumusbedeckung mit Beerkräutern und an lichten Orten mit Heide, die bei immer mächtigerer Anhäufung der Humusstoffe endlich zur Moorbildung führen können.

§ 96. 2. Sandbodenarten.

Durch allmähliche Abnahme der Korngröße geht Grand in groben Sand und dieser in feinkörnigen über.

Sandböden bestehen überwiegend aus Sand, also Körnern von einer Größe, daß sie, in Wasser vertheilt, rasch zum Absetzen kommen. Durch Beimischung anderer Bodenbestandtheile werden die Sand-böden wesentlich verändert; durch Gehalt an thonigen Stoffen entstehen die „lehmigen Sande", durch Gehalt an Humus die „humosen Sande"; immer aber überwiegen die höheren Korngrößen und geben dadurch dem Boden die ihn charakterisirenden physikalischen Eigenschaften.

Chemisch bestehen die meisten Sandböden aus Quarzsand, je mehr dieser im Gesammtgehalte überwiegt, um so „ärmer" sind die Sande. Beimischungen von Mineralresten von Silikaten (Feldspath, Hornblende, verschiedenen Gesteinen), sowie namentlich auch von kohlensaurem Kalk erhöht den Bodenwerth bedeutend, der überhaupt überwiegend durch den Gehalt an mineralischen Nährstoffen bedingt wird, während die physikalischen Eigenschaften hiergegen zurück treten (vergleiche Seite 348).

Die Sandböden zeichnen sich durch Lockerheit der Lagerung und in der Regel durch ihre Tiefgründigkeit aus. Die mineralischen Be-standtheile des Bodens sind zur Krümelbildung wenig geeignet; diese tritt bei reinen Sandböden erst nach Beimischung eines genügenden Humusgehaltes hervor. Hierin beruht hauptsächlich der Werth der Humusbeimischung für Sandböden.

Der Wassergehalt ist entsprechend der hohen Korngröße ein geringer und nimmt natürlich mit Steigen derselben ab. Dagegen begünstigen die großen Poren das Eindringen des Wassers, so daß sich der Boden während der Vegetationszeit bei ausgiebigeren Niederschlägen immer wieder mit Wasser zu sättigen vermag. Eine nennenswerthe Ansammlung von Winterfeuchtigkeit findet jedoch nicht statt.

Der geringe Wassergehalt und starke Erwärmbarkeit begünstigt die Verdunstung des Wassers, die in ihren Folgen durch die Tief-gründigkeit des Bodens, wenigstens für ältere Pflanzen einigermaßen wieder ausgeglichen wird. Hingegen sind junge Pflanzen, namentlich bei Pflanzung nach nicht genügend tiefer Bodenlockerung dem Ver-trocknen leicht ausgesetzt.

Die Sandböden verlieren durch Auswaschung leicht erhebliche
Mengen von löslichen Mineralstoffen*) (vergleiche Seite 141 und 236);
keine andere Bodenart erleidet ähnlich hohe Verluste durch die die
ganze Bodenschicht gleichmäßig durchsickernden Wässer, als die Sandböden.

Die Erwärmung der Sandböden tritt rasch und leicht ein.
Die Wärmeleitung erfolgt in dem mit isolirenden Luftschichten wenig
durchsetzten Boden rasch und zugleich bewirkt der geringe Wassergehalt
und die dadurch erheblich geringere Wärmekapacität (Seite 90) eine
sehr viel leichtere Erwärmung bei gleicher Sonnenbestrahlung als dies
für andere Bodenarten gilt. Noch gesteigert wird dies durch Steinbeimischung, welche zugleich die geringe Wasserkapacität der Sandböden
noch weiter herabsetzt. Gehalt an Steinen ist daher für diese immer
als schädlich anzusprechen.

Die zur Entfaltung der vegetativen Thätigkeit der Bäume nothwendige Bodentemperatur wird früher erreicht als auf anderen
Böden. Die Folgen sind frühzeitiges Austreiben der Vegetation, raschere
Keimung, aber auch viel größere Gefährdung der jungen Pflanzen
durch Spätfröste.

Die Durchlüftung der Sandböden ist im Ganzen eine gute,
jedoch scheint die Steigerung, welche dieser wichtige und in seiner Bedeutung für das Pflanzenleben noch wenig untersuchte Vorgang durch
die Krümelung erfährt, auch auf Sandböden vortheilhaft einzuwirken.
Die Dichtigkeit der Zusammenlagerung der Bodentheile nimmt wenigstens
auffällig bei geringwerthigeren Böden zu und markirt jede ungünstige
Veränderung des Bodens in scharfer Weise.

Die Zersetzung der Pflanzenreste erfolgt auf den nährkräftigeren
Sandböden in Folge von reichlicher Wärme und Sauerstoffzufuhr und
bei dem meist ausreichenden Wassergehalt ziemlich rasch. Alle Bedingungen, welche die Zersetzung noch steigern, sind daher ungünstig für
die Sandböden und führen zur Aushagerung des Bodens und damit
zur Zerstörung der Krümelstruktur. Keine Bodenart, vielleicht flachgründige Kalkböden ausgenommen, ist daher so empfindlich für Freistellung und Streuentnahme wie die Sandböden, und gilt dies auch
für solche von mittlerem, oft auch höherem Ertragswerthe.

Arme Sandböden dagegen, welche meist dicht gelagert sind und
die zur raschen Umbildung der organischen Reste, beziehentlich für die
Lebensthätigkeit der Bakterien nothwendigen Nährstoffe nicht enthalten,
leiden im hohen Grade an Ansammlung unzersetzter Pflanzenreste und
dem entsprechend an Rohhumusbildung, der andererseits nirgends im

---

*) Mineralstoffe ist hier und in dem Folgenden immer im Gegensatz zum
Bodenskelett und zur Kieselsäure gebraucht.

gleichen Maße so verderblich wirkt, wie auf Sandböden, und zuletzt zu den weit verbreiteten Ortsteinbildungen führt.

In tieferen Lagen können die Rohhumusablagerungen allmählich zu einer völligen Versumpfung führen, wie z. B. die großen Moore Norddeutschlands fast ausnahmslos aus der Versumpfung ursprünglich von Wald bestandener Flächen hervorgegangen sind (Seite 248).

Alle diese Gründe lassen für den Sandboden Beimischung anderer Bodenbestandtheile, insbesondere des Humus, hochwichtig erscheinen, aber nur in der Mischung mit dem Sande machen sich dessen Vorzüge, welche namentlich in gesteigerter Krümelung, höherem Wassergehalt und verminderter Erwärmungsfähigkeit bestehen, geltend.

Einschläge in Sandböden ergeben fast stets drei Bodenschichten. Zu oberst befindet sich:

1. Humoser Sand, oft schwach humoser Sand, zumal der gesteigerten „Thätigkeit" entsprechend auf den besseren und besten Sandbodenarten. In dieser Schicht ist die Verwitterung der angreifbaren Silikate fast beendet. Die Schicht ist krümelig und auf allen in gutem Zustande befindlichen Bodenarten lockerer, als die unterlagernde. Der Gehalt an Mineralstoffen ist meist ein geringerer, als in der nächstfolgenden Bodenschicht. Die Vorzüge der humosen Bodenschicht für die Pflanzenentwickelung beruhen wesentlich auf der Lockerheit derselben. Soll nicht in Folge der starken Auswaschung durch die in den Boden eindringenden Gewässer allmählich eine Verarmung des Oberbodens und damit Zerstörung der Krümelstruktur eintreten (Seite 141), so muß eine Zufuhr von Mineralstoffen statt finden. Im Walde geschieht dies durch den Streuabfall. Die Erhaltung der Streu ist daher für Sandböden wichtig; man darf aber nicht vergessen, daß Bedeckung mit Rohhumus im gleichen Sinne (durch die in Folge der gebildeten Humussäuren gesteigerte Auswaschung) wie die Streuentnahme und vielfach noch weit schädlicher wirkt.

2. Gelber bis brauner Sand, die zweite Bodenschicht: sie ist die eigentliche Verwitterungszone des Bodens, am reichsten an löslichen und noch ziemlich reich an unlöslichen, noch verwitterbaren Mineralstoffen.*)

Der Sand verdankt seine Färbung dem Eisenoxyd und dessen Hydrat, welches bei der Verwitterung frei geworden ist. Diese Bodenschicht ist bei den besseren Böden ziemlich locker, bei bereits rückgängigen lockerer als der überliegende Boden.

---

*) Man hüte sich, wie dies in sehr vielen Fällen geschieht, diesen „Verwitterungssand" als „schwach lehmigen" oder „anlehmigen" Sand anzusprechen. Nur vielfaches genaues Beobachten der Vorkommnisse schärft den Blick für die Unterscheidung der Bodenarten. Vielleicht mehr als die Hälfte, zumal der besseren Sandböden im nordischen Flachland, sind in den forstlichen Bodenbeschreibungen irrthümlich als „schwach lehmige Sande" aufgeführt.

Auf den besseren Bodenarten (Mullböden) setzt sich diese zweite
Bodenschicht weniger scharf von dem überlagernden humosen Sande ab,
zumeist findet sich zwar eine erkennbare, aber in mannigfachen Ein-
buchtungen verlaufende Grenze, es bedarf aber erst eines genauen
Hinsehens, um diese festzustellen.

Sowie hingegen der Boden rückgängig wird (namentlich bei Rohhumusbedeckung tritt dies hervor), so sondern sich humose Oberschicht
und der unterliegende Verwitterungssand in scharfer Linie; die Färbung
des letzteren ist unmittelbar unter jener dunkler, eine Folge von Abscheidung vorher gelöster humoser Stoffe (Seite 236) und allmählich
bilden sich festere Lagen von Ortstein. Die schärfer oder schwächer
ausgebildete Trennung von Obergrund und Untergrund in Sandböden
giebt daher ein leicht erkennbares Mittel, um ein Bild von dem Boden-
zustande zu erlangen.

3. Der unterlagernde Sand. Die gelb oder braun gefärbte
mittlere Bodenschicht geht allmählich in den tiefer liegenden weißen
oder doch meist nur wenig gefärbten Sand über. Dieser stellt den
eigentlichen, von der Verwitterung noch wenig angegriffenen Rohboden
dar. Er ist am reichsten an unlöslichen, mäßig reich an löslichen
Mineralstoffen. Bei Böden, welche aus der Verwitterung fester Sandsteine entstehen, findet man das Grundgestein in geringerer oder
größerer Tiefe.

Von hoher Bedeutung ist für Sandböden das Anstehen des Grundwasserspiegels in mäßiger Tiefe. Selbst recht arme Sande vermögen
dann noch mäßige Bestände zu tragen, da die Pflanzen ihre Ernährung
zum Theil aus dem Grundwasser schöpfen können und jedenfalls nie
Mangel an Feuchtigkeit leiden. (Die Bestände auf den sehr armen
tertiären Sanden der Niederlausitz werden z. B. sofort besser, wenn
der Wasserspiegel in erreichbarer Tiefe ansteht.)

Enthält ein Boden überwiegend Sand und nur geringe Mengen
von thonigen Bestandtheilen, so bezeichnet man denselben, je nach dem
Gehalt an letzteren als schwach lehmigen oder anlehmigen Sand
und als lehmigen Sand.

Es ist schwierig, zahlenmäßig anzugeben, bei welchem Gehalte man
den einen oder anderen Ausdruck gebrauchen soll, im Allgemeinen genügt schon eine sehr geringe Menge von abschlämmbaren Stoffen, um
den Charakter der Sandböden zu beeinflussen. Man bezeichnet Böden,
welche keine oder nur verschwindende Mengen thoniger Bestandtheile
enthalten (fast alle alluvialen, diluvialen und viele Tertiärsande, Verwitterungsböden von manchen Quadersandsteinen u. s. w.) als reine
Sandböden; zeigt der Boden, ohne seine vorwiegenden Eigenschaften
als Sandboden zu verlieren, eine gewisse Bindigkeit im feuchten, ein
Stäuben und Zurückbleiben feinerdiger Bestandtheile beim Zerreiben

auf der Hand in mehr trockenem Zustande, so bezeichnet man ihn als schwach lehmigen oder anlehmigen Sand; ist der Gehalt an fein-erdigen Theilen unverkennbar, aber der Sandgehalt noch stark über-wiegend, so spricht man von lehmigem Sande.

Der Bodenwerth steigt mit dem Gehalt an thonigen Bestandtheilen; der Wassergehalt wird ein höherer, die rasche Erwärmbarkeit vermindert sich; es sind dies Umstände, welche günstig einwirken.

Humose Sande sind fast alle oberen Bodenschichten der Wälder auf Sandboden, obgleich der Gehalt an Humus in der Regel ein geringer ist; 1—2 Gew.$^0/_0$ vermögen den Charakter des Bodens schon merkbar zu beeinflussen, man bezeichnet sie als schwach humose Sand-böden. An frischeren, tiefer liegenden Stellen der Wälder steigt der Humusgehalt und spricht man bei einem Gehalt von 3—6 $^0/_0$ Humus von humosen Sanden. Nur in Tieflagen und zumal in der Nähe fließender oder stehender Gewässer steigert sich der Humusgehalt noch mehr und bereits bei 8—12 $^0/_0$ gewinnt derselbe so hohen Einfluß auf die Eigenschaften des Bodens, daß sich bereits eine Annäherung an die Humusbodenarten geltend macht (vergleiche diese); derartige stark humose Sande sind meist sparsamer verbreitet und gewinnen nur in den Gebieten der Flugsande größere Ausdehnung.

§ 97. 3. Lehmböden.

Die Lehmböden bestehen aus einer Mischung von Sand und thonigen Bestandtheilen, je nach der Menge derselben unterscheidet man sandigen Lehm, Lehm, auch wohl milden Lehmboden und festen beziehent-lich strengen Lehmboden. Natürlich ist die Zusammensetzung des beigemischten Sandes und dessen Fähigkeit, durch Verwitterung Mineral-stoffe zu liefern, nicht bedeutungslos, tritt jedoch zurück. Beimischungen von Kalk beeinflussen den Boden günstig, sie machen ihn lockerer (er-höhen die Krümelung) und begünstigen die Zersetzung der organischen Reste. Beimischung von Humus verändert bei gleicher Menge den Lehmboden nicht annähernd in ähnlicher Weise wie den Sand. Einen Gehalt von einigen Procenten kann man äußerlich oft kaum erkennen. Stark humose Lehmböden gehören zu den seltenen Waldböden.

In chemischer und mineralogischer Beziehung bestehen die thonigen, abschlämmbaren Bestandtheile aus feinst zerriebenen oder zerfallenen Mineraltheilen, Kaolin und anderen wasserhaltigen Silikaten. Namentlich sind die nach der Methode von Schlösing abgeschiedenen (Seite 50) feinsterdigen Theile für die Bodeneigenschaften von höchster Wichtigkeit, die übrigen etwa bis 0,1 mm großen abschlämmbaren Bestandtheile nähern sich in ihren Eigenschaften immer mehr dem Sande.

Für die Waldbäume, oder wenigstens für die meisten Arten derselben, tritt die Bedeutung des Gehaltes an mineralischen Nährstoffen
in den Lehmbodenarten hinter die der physikalischen Bodeneigenschaften
zurück.

Die Krümelbildung wirkt bei den Lehmböden in günstiger Weise
ein; sie tritt um so schwieriger ein, und der Boden ist um so leichter
einer Zerstörung derselben (zumal „Verschlämmung" durch die mechanische Kraft der Regentropfen) ausgesetzt, je höher der Gehalt an sehr
feinkörnigen Bestandtheilen ist. Strenge Lehmböden sind daher, zumal
sie meist Laubhölzer tragen, in fast noch höherem Maße gegen Streuentnahme und Freistellung empfindlich als Sandböden. In vielen
Fällen ist die stärkere oder schwächere Krümelung des Bodens für die
Produktion maßgebend und zumal für Waldböden um so wichtiger, da
dort künstliche Hülfsmittel (Behacken und dergleichen) nicht oder doch
nur in beschränkter Weise (z. B. bei Eichenkulturen) zur Anwendung
kommen können.

Der Wassergehalt der Lehmböden ist ein mittlerer bis hoher.
Je nach dem Gehalt an feinerdigen Bestandtheilen schwankt die Wasserkapacität in ziemlich weiten Grenzen. Im Laufe der trockenen Jahreszeit und zumal unter Mitwirkung der Baumvegetation erfolgt eine
starke und oft tiefgehende Austrocknung in allen an Niederschlägen
ärmeren Gebieten, ohne daß die Sommerregen in der Regel genügen,
den Verlust zu ersetzen. Die Bedeutung der Winterfeuchtigkeit
ist daher für die Lehmböden eine hohe. In Jahren mit wenig Niederschlägen im Winter, fehlender Schneedecke und trockenem Frühlinge
leiden daher die Pflanzen zuweilen auf Lehmböden in höherem Grade
als auf Sandböden, welche sich auch bei mäßigen Regenhöhen mit
Wasser zu sättigen vermögen.

Der Auswaschung und Auslaugung der Mineralstoffe ist der Lehmboden erheblich weniger ausgesetzt als die sandigen Bodenarten. Es
beruht dies auf den geringeren ablaufenden Sickerwassermengen und
der Struktur der tieferen Bodenschichten (Seite 141).

Die Erwärmbarkeit der Lehmböden ist eine mittlere und wird
um so geringer, je reicher der Boden an feinerdigen Bestandtheilen
und je höher diesen entsprechend der Wassergehalt ist. Im Allgemeinen ist das Verhalten ein für die Vegetation günstiges, ebenso
von einem vorzeitigen Erwachen wie von einer zu langsamen Entwickelung entfernt.

Die Durchlüftung der Lehmböden ist von der Vollkommenheit
der Krümelung und der Tiefe, bis zu welcher sich diese erstreckt, abhängig. Die festen Lehmschichten des Untergrundes sind sehr schwer
durchlüftbar, die Wurzelverbreitung der Bäume findet daher überwiegend
in dem gekrümelten Boden statt.

Die Zersetzung der Pflanzenreste ist auf den Lehmböden eine sehr verschiedene, im Ganzen aber günstige; es machen sich jedoch große Unterschiede hierbei geltend und ist z. B. das Verhalten eines aus Granit oder Gneiß hervorgegangenen Lehmbodens von dem aus einem Diluvialmergel gebildeten erheblich abweichend. Hierzu kommen noch die Wirkungen der Lage (ob Gebirge, Flachland, Exposition) und des Klimas. Allgemeine Regeln lassen sich daher für die Thätigkeit des Bodens nicht aufstellen, obgleich diese in weitaus den meisten Fällen eine vortheilhafte, mittlere Höhe zeigt.

Das Bodenprofil der Lehmböden ist lange kein so gleichmäßiges, wie das der Sande.

Im Diluvium finden sich je nach der Stärke der Verwitterung und der Tiefe, bis zu welcher die Auswaschung vorgeschritten ist, folgende Schichtenreihen in den Waldböden:

1. Zu oberst eine dünne, meist wenige Centimeter, selten mehr als 10 cm mächtige, humose, stark gekrümelte Schicht, die meist sehr wenig thonige Theile enthält; hierauf folgt

2. meist hell, gelblich gefärbter, ebenfalls stark ausgewaschener, aber an Thontheilen reicherer Boden von mäßig krümeliger Beschaffenheit (sandiger Lehm);

3. braun gefärbter Lehm in dichter Lagerung. Er lagert entweder auf diluvialen Sanden direkt auf oder wird von Diluvialmergel unterlagert, aus dessen Verwitterung die diluvialen Lehme hervorgegangen sind.

Die Mächtigkeit dieser Schichten ist eine sehr wechselnde, bei manchen Böden ist die zweite derselben oft kaum zur Ausbildung gekommen und lagert die dann nur sehr dünne humose Schicht unmittelbar auf Lehm auf. Je nach der Dichtigkeit und Festigkeit der Lagerung des Lehmes liegen dann bessere oder geringere Böden vor.

In anderen Fällen erstreckt sich die zweite Schicht bis in erhebliche Tiefen und wird oft nur von schwachen Schichten oft sehr steinreichen Lehmes unterlagert. *)

Die aus der Verwitterung fester Gesteine hervorgegangenen Lehmböden zeigen ähnliche Verhältnisse, in der Regel tritt jedoch die zweite in den Diluvialböden vorhandene Schicht mehr zurück. Die Mächtigkeit der Verwitterungsschichten, der Gehalt des Ursprungsgesteines an

---

*) Müller (Studien über die natürlichen Humusformen) weist auf Ablagerungen in Diluviallehmböden hin, welche er als „Thonortstein" bezeichnet. Es sind dies hell gefärbte, kalkfreie, dichte Schichten in mittlerer Tiefe, bei deren Bildung nach Müller die Regenwürmer betheiligt sein sollen. Verfasser hat in Norddeutschland nur ganz ausnahmsweise ähnliche Bildungen gesehen, in Dänemark scheinen sie dagegen verbreiteter zu sein.

Mineralbestandtheilen, die Durchläſſigkeit desselben für Waſſer, alles
dies wirkt zusammen, um den Bodenwerth zu beeinfluſſen.

Die Lehmbodenarten unterscheidet man in:

Sandigen Lehm (schließt ſich an die lehmigen Sande unmittelbar
an und iſt mit dieſen wie mit dem reinen Lehmboden durch zahlloſe
Uebergänge verbunden). Der Boden iſt feucht bindig; trocken ſtäubt
er ſtark. Der Gehalt an Sand iſt noch deutlich erkennbar, das Verhalten des Bodens nähert ſich jedoch mehr den eigentlichen Lehmböden.*)

Die ſandigen Lehmböden ſind gute, oft ausgezeichnete Waldböden
und bieten den verſchiedenſten Baumarten die Bedingungen der Entwickelung; in ihnen wie in Lehmböden machen ſich die Vortheile der
Miſchung fein- und grobkörniger Beſtandtheile im hohen Grade geltend
und bewirken ein mittleres, für die Entwickelung der Pflanzen günſtiges
Verhalten der verſchiedenen phyſikaliſchen Bodeneigenthümlichkeiten,
während zugleich faſt ſtets ein ausreichender Gehalt an Pflanzennähr-
ſtoffen vorhanden iſt.

Lehmböden (reine Lehmböden), ſind Bodenarten, welche den
Sandgehalt erſt beim Aufſchlämmen mit Waſſer oder beim Zerdrücken
erkennen laſſen, zugleich aber noch nicht ſo reichlich thonige Beſtandtheile enthalten, daß die ganze Maſſe plaſtiſch wird.

Der Werth der Lehmböden iſt von der Tiefe abhängig, bis zu
welcher die Krümelung reicht; nur wenn die Bodentheile genügend gelockert ſind (ſogenannte milde Lehmböden), machen ſich alle Vorzüge
derſelben (Reichthum an Nährſtoffen, mittlerer Waſſergehalt) geltend.
Viele Lehmböden, zumal im Diluvium, ſind ſehr dicht und feſt gelagert,
ohne jedoch ſtets eine ungewöhnlich hohe Menge abſchlämmbarer Stoffe zu
enthalten. Der Boden hat dann die Eigenſchaften der ſtrengen Lehmböden. Die Pflanzenwurzeln vermögen nur oberflächlich einzudringen,
der Waſſergehalt iſt zumeiſt ein niederer (eine Folge der dichten
Lagerung der Bodenbeſtandtheile) und der Bodenwerth ein geringer.
Zumal hervorragende Kuppen im Diluvium zeigen dieſe Eigenſchaften
und ſteht der Beſtand derſelben weit hinter dem der Hänge, ſelbſt
wenn dieſe aus Sand beſtehen, zurück.

Es würde vielleicht gerechtfertigt ſein, dieſe Böden als feſte
Lehmböden zu bezeichnen und den Ausdruck ſtrenge oder ſchwere
Lehmböden auf ſolche zu beſchränken, welche ſehr reich an abſchlämm-
baren Stoffen ſind, zumeiſt nur eine ſchwache Decke gekrümelten Bodens
aufzuweiſen haben und meiſt überreich an Feuchtigkeit ſind.

Für alle Böden der letzten Klaſſen, zum Theil auch für die reinen
Lehmböden, iſt die Bodendecke von großer Wichtigkeit. Zumal im

---

*) Die Unterſchiede dieſer Bodenarten muß man durch Sehen kennen lernen,
Beſchreibung kann dabei wenig nützen.

Laubwalde erfolgt durch Freilegung des Bodens während der Winter=
zeit, sowie durch die Wirkung der Traufe im belaubten Zustande, leicht
eine Verschlämmung und Verdichtung der obersten Bodenschicht.

§ 98. 4. Thonböden.

Die Thonböden zeichnen sich durch Ueberwiegen der abschlämmbaren
und durch Zurücktreten der grobkörnigeren Bestandtheile aus. Thon=
böden sind im feuchten Zustande plastisch, beim Zerdrücken zwischen den
Händen lassen sie Sandkörner nicht erkennen; trocken bilden die Thon=
böden mehr oder weniger feste, schwer zerbrechliche Stücke.

Die Krümelung der Thonböden ist für den Bodenwerth entscheidend.
Keine andere Bodenart ist in ihrem Verhalten so abhängig von der
physikalischen Vertheilung der Bodenelemente wie die Thonböden.
Dem entsprechend schwankt der Werth derselben zwischen fast völliger
Unfruchtbarkeit (z. B. die plastischen tertiären Thone) und vorzüglichster
Leistungsfähigkeit (z. B. die Aueböden).

Entsprechend der niederen Korngröße ist die Aufnahmefähigkeit für
Wasser eine sehr hohe, so daß bei verschiedenen Graden des Wasser=
gehaltes oft erhebliche Veränderungen des Bodenvolumens eintreten.
(Hierauf beruht das starke Reißen der Thonböden beim Austrocknen.)

Die Durchlässigkeit nicht gekrümelter Thonböden für Wasser ist
eine verschwindende; in ebenen Lagen geben sie daher vielfach Ver=
anlassung zur Versumpfung und zur Ansammlung stehender Gewässer.
Thonböden unterliegen einer Auswaschung der löslichen Salze nur in
sehr geringem Maße, um so leichter aber einer Verschlämmung.

Gegen Austrocknen sind die Thonböden empfindlich, und einmal
völlig trocken geworden, erfolgt die Wasseraufnahme nur sehr langsam.
Die dicht gelagerten Bodenpartikel lassen Wasser nur sehr allmählich
zwischen sich eindringen; daher verhalten sich tief ausgetrocknete Thon=
böden für die Entwickelung der Pflanzen ungünstig.

Die Erwärmbarkeit der Thonböden ist entsprechend dem hohen
Wassergehalt eine langsame, sie gehören daher zu den kältesten Bodenarten.

Die Durchlüftung der Thonböden ist vom Grade der Krümelung
abhängig. Bei dichter Lagerung ist der Luftaustausch ein äußerst lang=
samer und tritt in derartigen Böden leicht Mangel an Sauerstoff, und
dem entsprechend treten oft Fäulnißvorgänge bei der Zersetzung orga=
nischer Massen auf.

Die Zersetzung der Pflanzenreste erfolgt entsprechend der
niederen Temperatur langsam; den Verlauf beherrscht aber ebenfalls
die Bodenstruktur. Während in hinreichend gekrümelten Bodenarten
die Verwesung zwar nur allmählich fortschreitend aber normal verläuft,
sammeln sich auf den dicht gelagerten Thonböden Rohhumusmassen an,

welche einer fortschreitenden Krümelung des Bodens im hohen Grade nachtheilig sind. So sehr eine lose aufgelagerte Bodendecke die Struktur der Thonböden erhält und die Verhältnisse begünstigt, welche die Krümelung befördern, so wenig günstig verhalten sich Auflagerungen von Rohhumus, die früher oder später zur Versumpfung des Bodens führen.

Von großer Bedeutung für die Thonböden ist die Beschaffenheit des Untergrundes; am günstigsten verhalten sich unterlagernde, durch-lässige Bodenschichten oder Grundgestein, welches den Abfluß des Wassers ermöglicht. Das Gedeihen der Pflanzen wird hierdurch stark beeinflußt.

Die Thonbodenarten und diejenigen Böden, welche sich ihnen an-schließen, lassen sich in folgende Hauptgruppen bringen:

1. **Plastische Thone**; sehr dicht gelagerte, meist ziemlich mächtig entwickelte Thonschichten. Hierher gehören die weiß (auch bläulich) bis gelblich gefärbten tertiären Thone, oft fast unkultivirbar und der Ver-sauerung im hohen Grade ausgesetzt; am ungünstigsten verhalten sich Hoch- und Tieflagen, während solche mittlerer Erhebung etwas besser sind. Ferner gehören hierher die im Flachlande nicht seltenen Thon-ablagerungen alluvialer Bildung (Auethon, nicht zu verwechseln mit Aueboden, den Ablagerungen des Flußschlicks), welche stets tief liegen, der Vernässung im hohen Grade ausgesetzt sind und jeder Kultur große Schwierigkeiten bereiten.

2. **Die Böden der Schieferthone und Letten,***) des Roth-liegenden und der Trias. Diese Gesteine zerbröckeln leicht und bilden zunächst wenig oder nicht plastische Erdarten; allmählich gehen sie in tieferen Lagen in zähe Thonböden über. Baumann**) hat erst kürz-lich nachgewiesen, daß sie vielfach arm an Pflanzennährstoffen sind und bei Rohhumusbedeckung in ähnlicher Weise wie Sandböden eine tief-gehende Auswaschung erleiden können.

3. **Böden aus der Verwitterung anstehender Gesteine mit beigemischten Gesteinsresten.** Es sind dies Bodenarten, die viel thonige Bestandtheile enthalten, deren Charakter aber durch die Mischung mit unzersetztem Gesteinsmaterial wesentlich verändert wird. Hierher gehören die Verwitterungsböden von:

a) sehr bindemittelreichen Sandsteinen und Konglomeraten;
b) Thonschiefer;
c) feldspathreichen Graniten, Gneißen, Thonporphyr;
d) den basischen Gesteinen (Diabas, Melaphyr, Basalt).

---

*) Das Folgende im Wesentlichen nach Grebe, Bodenkunde.
**) Forstliche Naturwissenschaftliche Zeitung 1892.

§ 99. 5. Kalkböden.

Die Bodenarten, welche aus der Verwitterung kalkhaltiger Gesteine hervorgehen, sind äußerst verschieden. Selten sind solche, welche noch einen reichlichen Gehalt an kohlensaurem Kalk zeigen; zumeist ist dieser ausgelaugt und neigt der entstandene Boden, je nach den Beimischungen des Urgesteins, zum Sand-, Lehm- oder Thonboden, in weitaus den meisten Fällen schließt er sich dem letzteren an. Wenn daher hier die „Kalkböden", trotzdem der Kalkgehalt zumeist ein verschwindender ist, getrennt behandelt werden, so beruht dies einmal auf der Berücksichtigung des Grundgesteines und andererseits darauf, daß die unterlagernden kalkhaltigen Schichten auf Vegetation wie auf das Verhalten des Bodens weitgehenden Einfluß üben.

Die aus der Verwitterung der Kalkgesteine hervorgehenden Bodenarten kann man eintheilen in:

1. Reine Kalkböden. Boden mit reichlichem Gehalt an kohlensaurem Kalk; hell, weißlich bis bräunlich gefärbt, locker, sehr dem Austrocknen ausgesetzt. Die Böden der Kreide und sehr reiner Kalkgesteine gehören hierher. Der Bodenwerth ist ein geringer und zumal Neubewaldungen (z. B. auf steilen Muschelkalkhängen) haben große Schwierigkeit.

2. Lehmböden auf Kalk, sparsam vorkommend, das Verwitterungsprodukt von sandigen Mergeln und sandhaltigen Kalksteinen (streng genommen würden die diluvialen Lehmböden, soweit noch unveränderter Diluvialmergel in der Tiefe besteht, hierher gehören).

3. Thonböden auf Kalk. Hierher gehören die Verwitterungsböden der Kalkgesteine, welche reichlich thonige Beimischungen enthalten. Als Typus derselben kann man den Boden des Wellenkalkes anführen. Alle diese zum Theil ausgezeichnet fruchtbaren Bodenarten tragen den Charakter eines schweren Thonbodens, aber wesentlich beeinflußt durch das Unterlagern eines durchlässigen Gesteines.

Die Plasticität des Bodens ist meist eine nicht sehr hohe, der Grad der Krümelung günstig, der Gehalt an Nährstoffen ein hoher; die Menge des kohlensauren Kalkes ist in den oberen Bodenschichten oft eine sehr geringe und beschränkt sich zumeist auf beigemischte Gesteinsbrocken.*)

Im gekrümelten Zustande nehmen diese Böden Wasser leicht auf und bilden nach dem Austrocknen kleine bröckelige Stückchen.

Wie bei allen Thonböden ist der Bodenwerth zumeist durch den Grad der Krümelung beeinflußt, einmal völlig ausgetrocknet, wird

---

*) Analysen von derartigen „Kalkböden" bei Wolff, Landwirthschaftliche Versuchs-Stationen 7, S. 272. Conncler, Zeitschrift für Forst- und Jagdwesen 15, S. 121.

Wasser nur schwierig wieder aufgenommen und der Boden behält ein sehr ungünstiges Verhalten. Die Hasselerde der thüringer Kaltberge, sowie die Terra rossa der Karstgebiete sind solche stark ausgetrockneten und physikalisch ungünstig beeinflußten Thonbodenarten auf Kalt.

Die in diese Gruppe gehörigen Bodenarten sind im hohen Grade gegen Freistellung und Aushagerung empfindlich. Es beruht dies außer auf der Strukturveränderung durch Austrocknen namentlich noch auf der raschen Zersetzung der dem Boden beigemischten pflanzlichen Reste. Der Kalkboden gehört zu den „zehrenden" Bodenarten. Die günstigen Verhältnisse in Bezug auf Feuchtigkeit und Wärme, die hohe Durchlüftung des Bodens und der reichliche Gehalt an mineralischen Nährstoffen wirken zusammen, um die Verwesung zu steigern.

Unvorsichtige Freistellung bringt daher diesen Bodenarten große Nachtheile. Entwaldung kann, wie das Beispiel so vieler Kalkgebirge beweist, zur völligen Vernichtung der Bodendecke und Wegspülung der feinerdigen Bestandtheile führen, während andererseits eine genügende Bedeckung des Bodens die Produktion im hohen Grade zu steigern vermag.

§ 100. 6. Humusböden.

Die Humusböden verdanken ihre Eigenschaften dem reichlichen Gehalt an humosen Stoffen; schon eine procentisch nicht allzu große Menge vermag dem Boden den Charakter eines Humusbodens aufzuprägen.

In Bezug auf die chemische Zusammensetzung sind zwei beziehentlich drei Gruppen zu unterscheiden:

1. Stark humoser Sand, mit etwa 8—10% humoser Stoffe. Der Nährstoffgehalt wird zumeist durch den des Sandbodens bestimmt und ist in der Regel ein genügender.

2. Moorböden, mit über 20% humoser Stoffe, arm an Kali, zumeist arm an Phosphorsäure, dagegen reichlich kalkhaltend.

3. Torfböden, die der Grünlandstorfe in ihrer Zusammensetzung mit den Moorböden übereinstimmend, die der Hochmoore arm an allen mineralischen Pflanzennährstoffen. Der Gehalt an diesen bewirkt in erster Reihe die Verschiedenartigkeit der Vegetation und den Bodenwerth.

Nach Fleischer enthielten (Mittel vieler Analysen):

		Kalt	Kali	Phosphorsäure	Stickstoff	Mineralische Bestandtheile
Hochmoor	{ Schollerde .	0,35	0,05	0,10	1,2	3,0
	{ Moostorf	0,25	0,03	0,05	0,8	2,0
Grünlandsmoor	.	4,00	0,10	0,25	2,5	10,0

Außerdem werden die Eigenschaften und der Werth der Moore noch im hohen Grade durch die mehr oder weniger saure Reaktion der tiefer liegenden Humusschichten beeinflußt. Es scheint dies letztere der wesentliche Grund zu sein, daß wenig Aussicht ist, auf Hochmoorflächen Hochwald (wohl aber Niederwald) zu erziehen.

Der Zusammenhalt des Moorbodens ist bei ungestörter Lagerung ein genügender; bei starkem Eingriff des Menschen, Entfernung der Bodendecke und fortgesetzter Viehweide, zumal wenn täglich mit Heerden übertrieben, wird der Boden flüchtig, und es entstehen die mit Recht gefürchteten Mullwehen, deren Bindung oft große Schwierigkeiten mit sich bringt.

Burckhardt sagt hierüber (Aus dem Walde, Band 9, S. 159): „Unter Mullwehen versteht man Moorflächen, die durch übertriebene Benutzung oder fehlerhafte Behandlung ihre natürliche vegetabilische Bodendecke verloren haben, wo der rohe Moorboden zu Tage tritt, der dann bei trockener Witterung staubig und flüchtig, bei nasser Witterung schlammig und treibend wird. Dieselben unterscheiden sich von den flüchtigen Sandflächen, sogenannten Sandwehen, dadurch, daß sie auch bei feuchter Witterung beweglich sind, sich weiter ausdehnen und nur zur Ruhe kommen, wenn sich eine neue Bodendecke bildet."

In guter Kultur befindliche Moorböden zeigen ausgebildete Krümelstruktur. Die Durchlüftung ist im unveränderten Moore äußerst gering; Entwässerung bewirkt eine Steigerung derselben und damit zugleich eine Erhöhung des Bodenwerthes.

Der Wassergehalt ist ein sehr hoher, im gesättigten Zustande der Böden beträgt er oft das Mehrfache des Gewichtes der festen Bodenbestandtheile. Trotzdem trocknen die oberen Schichten der Moore in der trockenen Jahreszeit vielfach stark aus.

Die Erwärmbarkeit der Moore ist eine geringe, sehr langsam fortschreitende (entsprechend dem hohen Wassergehalt), und nirgends macht sich die Verzögerung der Temperaturschwankungen in den tieferen Bodenschichten so stark bemerkbar wie in Moorböden. Die zur Entwickelung der Pflanzen nothwendige Temperatur wird auch in mäßiger Tiefe (0,25—0,50 m) erst Ende Mai zum Theil erst im Juni erreicht, so daß sich hieraus das späte Erwachen der Vegetation auf den Mooren erklärt. In Moorschichten unter 1 m Tiefe wird die höchste Temperatur erst im Spätherbst, in 2—3 m Tiefe im Winter erreicht.

Die Kenntniß der Temperaturverhältnisse der Moore ist wenig verbreitet und scheint es daher erwünscht, die von Krutsch veröffentlichten Zahlen über die eines Moores des Erzgebirges hier zum Abdruck zu bringen. *)

---

*) Tharandter Jahrbücher. 29, S. 76.

Das Moor bestand bis 1,5 m Tiefe aus Moos und Grastorf, die tieferen Schichten wurden aus Baumresten (Kiefer und Fichte) gebildet, die oft in ganzen Stockwerken über einander lagen. Bis 4 m Tiefe wurde die Mächtigkeit des Moores nachgewiesen.*)

Jahresdurchschnitt 1874—1877 (4 Jahre).

Die Temperatur betrug in der Tiefe von:

	0,1	0,25	0,50	0,75	1,0	1,5	2	3 m
Januar .	−0,39	1,47	2,65	3,82	4,83	6,30	7,36	7,40
Februar .	−0,10	1,14	2,29	3,27	4,18	5,68	6,84	7,21
März	0,63	1,66	2,40	3,08	3,83	5,20	6,31	6,95
April	4,31	4,50	4,13	4,02	4,20	4,95	5,97	6,67
Mai .	. 7,72	7,07	6,32	5,70	5,39	5,35	5,97	6,44
Juni .	. 14,17	12,02	9,96	8,30	7,21	6,32	6,31	6,36
Juli .	. 15,24	13,83	12,27	10,68	9,44	7,74	7,12	6,40
August .	. 14,67	13,62	12,53	11,34	10,39	8,73	8,01	6,70
September .	9,74	10,56	10,93	10,85	10,80	9,41	8,59	7,12
Oktober .	6,63	7,94	8,95	9,45	9,62	9,31	8,81	7,25
November .	2,75	4,06	5,72	6,96	7,68	8,47	8,55	7,44
December .	2,38	2,38	3,84	5,15	6,12	7,38	8,04	7,47
Mittel des								
Jahres	6,34	6,69	6,83	6,88	6,97	7,07	7,32	6,95
Absolutes								
Maximum	18,40	16,00	14,00	12,40	11,20	10,00	9,20	8,60
Absolutes								
Minimum	−4,00	0,60	2,00	2,60	3,20	4,60	5,00	6,20

Bei Beurtheilung der Moorböden ist Werth auf das Bodenprofil zu legen. Je gleichmäßiger, in den oberen Schichten erdartig, in den tieferen fast speckig der Boden erscheint, um so mehr ist bei genügender Düngung und richtiger Regulirung des Wasserstandes ein guter Erfolg einer Melioration anzunehmen. Wenig humificirte, faserige Zwischenlagen sind ungünstig.

Für waldbauliche Verhältnisse ist besonders auf das Vorkommen von Schichten von Wiesenkalk im Moor in mäßiger Tiefe Rücksicht zu nehmen. Findet sich dieser, so ist eine Aufforstung fast aussichtslos, da die Bäume mit ihren Wurzeln die Bodenschicht nicht durchdringen und die Kosten einer Durchbrechung in keinem Verhältniß zum Ertrag stehen. Solche Flächen sind absoluter Wiesenboden.

*) Der Abdruck der Zahlen ist auch deshalb erfolgt, um die Unhaltbarkeit der Braun'schen Anschauungen (Braun, Die Humussäure, Darmstadt 1884 und viele Artikel in forstlichen Zeitschriften nachzuweisen, welche eine wesentliche Einwirkung des Frostes auf die Moorbildung annehmen.

Die wichtigsten Eigenschaften der hauptsächlichsten Humusböden sind die folgenden:

1. **Stark humoser Sand.** Obgleich der Sand weit dem Ge=
wichte nach vorherrscht, so werden die Eigenschaften des Bodens doch
überwiegend durch die Humusbeimischungen bedingt. Hauptsächlich sind
es die alluvialen Flußsande (Seite 200), welche hierher gehören und
durch das in geringer Tiefe anstehende Grundwasser günstig beeinflußt
werden. Unter genügender Deckung gehören diese Böden meist zu den
günstigen, oft guten Waldböden, sind aber gegen Freistellung empfindlich.
Es beruht dies einmal in dem starken Auffrieren des Bodens, sowie
andererseits im Austrocknen während der warmen Jahreszeit. Kulturen
haben dann oft die größten Schwierigkeiten, während sie im Schutze
der älteren Bäume leicht und sicher fortkommen.

2. **Boden der Grünlandsmoore.** Man kann für diese zwischen
Moorboden und Torfboden unterscheiden; in vielen Fällen über=
lagert der erstere den letzteren. Die Farbe dieser Bodenarten ist braun
bis schwarz; Pflanzenreste sind entweder nicht mehr erkennbar (Moor=
böden) oder stark humisicirt (Torfböden). Die Bodenmasse ist feucht
etwas plastisch, auf dem Abstich oft speckig glänzend; Mineralbestand=
theile treten nicht sichtbar hervor.

3. **Hochmoortorf.** Der Torf ist hell gefärbt, weißlich, gelblich
bis braun, sehr locker, faserig und läßt die Zusammensetzung aus
Moosen und Wollgras oft noch deutlich erkennen. Die Oberfläche
ausgedehnterer Hochmoore ist zumeist mit einer festeren, dunkleren,
mehr erdartigen Schicht überdeckt, die als Schollerde oder als Bunk=
erde bezeichnet wird. Die tieferen Schichten der Hochmoore tragen
fast stets, den Pflanzen, aus denen sie entstanden sind, entsprechend,
einen abweichenden, dem des Grünlandstorfes entsprechenden Charakter
(Seite 245).

4. **Bruchboden.** Den Humusbodenarten schließen sich die Bruch=
böden an. Zumeist gehört die oberste Bodenschicht, oft auch die tieferen
zu den Humusbodenarten. Immer ist Wasser in geringer Tiefe oder
auch anstehend vorhanden.

Der waldbauliche Werth dieser Brücher ist überwiegend von der
Gegenwart fließenden Wassers sowie von der Zusammensetzung des
Untergrundes abhängig.

Das den Boden durchfließende Wasser enthält schon durch die leb=
haftere Bewegung und das Berühren verschiedener Bodenschichten mehr
oder weniger Sauerstoff gelöst und wirkt so der Bildung saurer Humus=
stoffe entgegen. Das verschiedenartige Gedeihen der Erle, des Haupt=
baumes dieses Bereiches, ist zum großen Theil von der Gegenwart
fließenden Wassers abhängig.

Man kann die Bruchböden unterscheiden in solche:

a) mit Mooruntergrund (auch als Moorbruch bezeichnet); sie nähern sich dann in ihren Eigenschaften den Grünlandsmooren, fallen sogar vielfach mit diesen zusammen. Es sind dies Ländereien, welche normal als Wiesen zu benutzen sind. Holzzucht lohnt auf denselben überhaupt nicht oder nur in einzelnen selteneren Fällen;

b) mit Sanduntergrund (auch als Sandmoorbruch bezeichnet); Sand, mit Moorschichten mäßiger Stärke bedeckt und in feuchter bis nasser Lage, ist zumal im Flachlande weit verbreitet. Die Ränder zahlreicher Moore, aber auch ausgedehntere Flächen gehören hierher.

Von größter Wichtigkeit für den Bodenwerth ist die Beschaffenheit des Wassers, insbesondere ob es stagnirend oder fließend ist. Im ersteren Falle sind diese Brüche entweder forstlich ertraglos oder tragen doch nur sehr schlechtwüchsige Erlen, im zweiten finden sich Erlenbestände geringer bis mittlerer, selten höherer Güte;

c) mit Lehm und Mergeluntergrund (auch als Lehmmoor und Mergelmoorbruch bezeichnet); Moorschichten auf Lehm oder Mergel bieten die besten Standorte für Erle. Der an Mineralstoffen reiche Untergrund, insbesondere Gegenwart von Kalk in demselben beeinflussen die Zersetzung der organischen Reste erheblich. Erfahrungsmäßig tritt die Bildung von Humussäuren auf solchen Standorten nicht oder nur in beschränktem Maße auf, man hat daher schon früher diese Brüche als süße Moore, im Gegensatz zu den sauren Mooren (a und zum Theil b entsprechend), bezeichnet.

§ 101. II. **Standortsbeschreibung.**

Jeder forstlichen Betriebseinrichtung muß, wenigstens wenn sie den berechtigten Anforderungen eines fortgeschrittenen Waldbaues entsprechen soll, die genaue Untersuchung und Feststellung der Bodenverhältnisse vorangehen.

Die Bodenbeschreibung muß so abgefaßt sein, daß daraus ein klares Bild der Bodenverhältnisse hervorgeht. Als Hülfsmittel hierzu dient die Untersuchung zufällig vorhandener Bodeneinschnitte (Wegränder,

Steinbrüche und dergleichen), Bohrungen mit Bodenbohrern,*) Bodeneinschläge und die Benutzung geologischer Karten.

Die Bodenbeschreibung hat sich zu erstrecken auf die Beschaffenheit
der Bodendecke, der einzelnen Bodenschichten und des Untergrundes. (Die Einzelheiten sind besser bei der Standortsbeschreibung
zu berühren.)

Die Standortsbeschreibung umfaßt außer der Bodenbeschreibung
noch Angaben über die Lage der Flächen, sowohl in allgemeiner wie
auch lokaler Beziehung. Da diese Dinge dauernde, vom Einfluß der
Menschen unabhängige und in vieler Beziehung die wichtigsten sind, so
stellt man sie voran.**)

1. Lage.

a) Allgemeine Lage. (Geographische Länge und Breite.) Hierbei
ist noch anzugeben, ob das Gebiet angehört

1. dem Küstenlande bis 20 km Entfernung vom Meere;
2. größeren Flußniederungen;
3. dem Flachland oder der Tiefebene;
4. dem Gebirge.
   a) Hochebene,
   b) Hügelland,
   c) Mittelgebirge,
   d) Hochgebirge.

Die hierher gehörigen Angaben beziehen sich auf das gesammte
Gebiet, brauchen also nur einmal den örtlichen Bestandsbeschreibungen
vorausgestellt zu werden.

---

*) Die billigen und ungemein handlichen Bodenbohrer, wie diese bei den
Aufnahmen der geologischen Landesanstalt gebraucht werden, sind angelegentlichst zu
empfehlen; sie ermöglichen in wenigen Minuten, eine Bohrung von ein beziehentlich
zwei Meter Tiefe auszuführen und geben Material genug, um sich ein vorläufiges
Bild von der Bodenzusammensetzung zu machen. Ist man zweifelhaft, so muß man
zum Bodeneinschlag übergehen. Allerdings stellt die Benutzung des Bodenbohrers
die Anforderung, daß Jemand in der Lage ist, den Boden auch aus kleinen Proben
richtig anzusprechen; es ist dies eine Forderung, die man an jeden Forstmann
richten muß und deren Erfüllung man namentlich Studierenden nicht dringend
genug ans Herz legen kann. Derartige Bodenbohrer liefert beispielsweise die
Schlosserei der Gebrüder Tubbick in Eberswalde für einige Mark.

**) Die musterhafte von Grebe bearbeitete „Anleitung zur Standorts- und
Bestandsbeschreibung beim forstlichen Versuchswesen" ist hier mit zu Grunde gelegt.
Abänderungen sind nur in soweit vorgenommen, wie sie der heutige Stand der
Wissenschaft erfordert.

b) Oertliche Lage.

1. Absolute Höhe über dem Meeresspiegel;
2. nachbarliche Umgebung, und insbesondere, ob der Revier-theil frei, überragend, ungeschützt oder durch seine nachbar-liche Umgebung geschützt liegt, ob er geschlossenen (Nebel und Frost ausgesetzten) Lagen angehört, aushagernden Winden, Frost, Duft- und Schneeanhang erfahrungsmäßig ausgesetzt ist;
3. Exposition und Inklination. Die Exposition ist nach der Himmelsrichtung anzugeben, die Neigung der Flächen nach den Seite 284 aufgeführten Bezeichnungen.

2. Boden.

a) Angabe des Grundgesteines beziehentlich der geologischen Zugehörigkeit.

Bei festen Gesteinen ist der vorwiegende Gehalt der Mineral-bestandtheile anzugeben. Bei krystallinischen Silikatgesteinen also namentlich die relative Menge von Quarz, Feldspath, Augit, Hornblende, Glimmer; bei Sandsteinen die Natur und Menge des Bindemittels, sowie die Korngröße und mineralogische Zusammensetzung der Sand-körner; bei Kalksteinen der Gehalt an fremden Beimischungen, soweit er ohne Weiteres ersichtlich ist. Ferner ist die Struktur zu berück-sichtigen; also ob die Gesteine fein-, mittel-, grobkörnig sind, bei den geschieferten Gesteinen, ob sie fein oder grobschieferig sind u. s. w. Ferner ist Werth zu legen auf die Lage der Schichten (ob horizontal, geneigt, seiger) und auf das Maß der Zerklüftung des Gesteines.

Lockere Gesteinsmassen (Sande, Grand, Thon- und Lehmböden u. s. w.) sind schon durch die Angabe der geologischen Zugehörigkeit gut charak-terisirt (z. B. Dünensand, Thalsand, Flußsand, Diluvialmergel, Aue-boden und dergleichen). Bei den Geröllen ist die Größe und Gesteins-art der Bestandtheile anzugeben, bei den Sanden die Korngröße (fein-körnig bis 0,25 mm, mittelkörnig 0,25—0,4 mm, grobkörnig über 0,4 mm Durchmesser), sowie der Gehalt an der Verwitterung zugängigen Silikatbestandtheilen. Erwünscht ist noch Angabe über Gegenwart oder Fehlen von kohlensaurem Kalk (z. B. in den Diluvialsanden).

b) Zugehörigkeit des Bodens zu einer der Hauptbodenarten, beziehentlich der Zwischenformen (Sand, lehmiger Sand, Lehm, Mergel, Thon und dergleichen).

c) Steinbeimengung unter Angabe der Zusammensetzung, Größe und Menge der Steine (auch steinfrei ist anzugeben).

d) Gründigkeit des Bodens (nach Seite 343). Die Untersuchung hat sich bis zum Grundgestein oder zum Grundwasserspiegel, wo diese nicht erreicht werden können, bis zu ca. 2 m Tiefe zu erstrecken. Finden sich undurchlässige Schichten in sonst lockerem Boden (Streifen eisenschüssigen Sandes, Ortstein, Thonschichten), so ist dies anzugeben.

e) Bindigkeit (nach Seite 353).

f) Bodenfeuchtigkeit (nach Seite 344) und, wo feststellbar, die Tiefe des Grundwasserspiegels.

Das richtige Ansprechen des durchschnittlichen Feuchtigkeitsgrades des Bodens setzt oft längere Beobachtung voraus; insbesondere hat man sich vor unrichtigen Angaben bei langdauernder Trockenheit oder in Zeiten reichlicher Niederschläge zu hüten.

g) Farbe des Bodens (am besten die Farbe des trockenen Bodens).

3. Bodendecke und Humusbeimischung im Boden.

Der Boden und seine Beziehungen zur Bodendecke sind in folgender Weise darzustellen:

a) nackt oder offen, wenn der Mineralboden frei zu Tage liegt; die Oberfläche kann dann flüchtig, mild, verhärtet, verkrustet u. s. w. sein;

b) bedeckt; der Zustand der regelmäßig bewirthschafteten Wald-böden. Die Bodendecke besteht in Laubwäldern überwiegend aus dem Abfall der Bäume, in Nadelwäldern vielfach noch aus einer Moosdecke. Auf die genaue Angabe der Beschaffenheit der Bodendecke ist großes Gewicht zu legen. Es ist anzugeben:

1. ob die einzelnen Bestandtheile der Streu (in Laubwäldern) lose, unter einander nicht zusammenhängend, auf dem Mineral-boden aufliegen (der Zustand der besten Waldböden, Mull-böden [nach Müller]);

2. ob die einzelnen Blätter und Streutheile zusammenkleben, be-ziehentlich in geschlossener Decke abzuziehen sind, jedoch ohne merkbare unterliegende Humusschicht auf dem Mineralboden aufliegen (erstes Stadium der Rohhumusbildung und Boden-verschlechterung);

3. ob Rohhumus unterhalb der Streu lagert (Trockentorf [nach Müller]). Ist dies der Fall, so ist die Beschaffenheit und Mächtigkeit der Humusschicht genau anzugeben; insbesondere kommen hierbei in Betracht:

   a) der Humus ist stark zersetzt, locker, erdartig;

   b) der Humus ist faserig aber von lockereren Theilen durchsetzt, nicht dicht zusammengelagert;

   c) der Humus ist dicht zusammengelagert, faserig, wenig durchdringlich.

(Diese drei Fälle entsprechen verschiedenen Entwickelungsstufen der Rohhumusbildung; die genaue Angabe ist für den Betrieb von Wichtigkeit; während a) bei allmählicher Freistellung und Erwärmung der Bodens sich der Rohhumus in der Regel allmählich zersetzen wird, einer Verjüngung also keine Schwierigkeiten bereitet, ist es bei b) bereits zweifelhaft, bei c) bedarf es künstlicher Nachhülfe.)

4. Bei Moosbedeckung Angabe der Moose und zwar nach den drei für den Forstmann wichtigsten Gruppen: Astmoose (Hypnumarten und deren Verwandte); Haftmoose (Polytrichum-, Dicranum- und sämmtliche anderen Arten, deren Stengel in den Boden eindringt und am unteren Ende mit Wurzelhaaren besetzt ist); Torfmoose (Sphagnum auch Leucobryum ist hierher zu rechnen; alle diese Arten zeichnen sich durch ihre helle fast weiße Farbe aus).

Die Mächtigkeit und Beschaffenheit der unter den Moosen liegenden Humusschicht ist ebenfalls genau anzugeben.

c) benarbt (begrünter Boden). Der Boden ist mit einer leichten nicht geschlossenen Decke von Gräsern, Schlagpflanzen, auch wohl von Heide oder Heidelbeere versehen; überall befindet sich jedoch der Mineralboden zwischen oder unter den Pflanzen. Rohhumus-bildungen fehlen;

d) verwildert. Der Boden zeigt eine ihn völlig verschließende und die Oberfläche stark durchwurzelnde lebende Bodenbekleidung. Die Art derselben ist zu unterscheiden in:

1. Verangerung, schmalblätterige Gräser mit starker Wurzelentwickelung. Rohhumusbildungen fehlen in der Regel;

2. Vergrasung. Geschlossene Bedeckung mit breitblätterigen, saftigen Gräsern. Rohhumusbildungen fehlen;

3. Heidel- und Preißelbeere; meist mit mehr oder weniger stark durchwurzelter Rohhumusschicht. Bei Heidelbeere oft, bei Preißelbeere immer von ungünstiger, faseriger, dicht gelagerter Beschaffenheit;

4. Verheidung. Heide, in weitaus den meisten Fällen mit dichter, dunkel gefärbter und stark durchwurzelter Rohhumusschicht.

Lokal finden sich ferner noch Hungerflechten (Cladoniaarten, zumal Rennthierflechte), Farrenkräuter (zumal Adlerfarren), Himbeere, Brombeere, Wachholder, niedere Sträucher.

(Die drei Hauptformen der Bodenbedeckung, die der Mullböden, Böden mit Rohhumus, mit und ohne Pflanzendecke [Heide, Beerkräuter, Farren] und Graswuchs [Vergrasung, Verangerung] sind scharf zu trennen. Wenn natürlich auch Uebergänge zwischen denselben

vorhanden sind, so bietet die Einreihung in der Praxis doch nur aus=
nahmsweise Schwierigkeiten. Jede dieser Formen der Bodenbedeckung
bedingt eine andere wirthschaftliche Behandlung der Flächen.)

Der unter der Bodendecke liegende Mineralboden ist mehr oder
weniger mit Humus gemischt. Die Mächtigkeit dieser humosen Boden=
schicht ist anzugeben.

4. Bodenprofil.

Die Beschaffenheit des Bodens in seinen verschiedenen Schichten
ist in Form eines Bodenprofiles darzustellen.

Es ist hierbei durch Messungen die Mächtigkeit der einzelnen
Schichten zu ermitteln. Zu berücksichtigen sind alle Bodenlagen ab=
weichender Beschaffenheit; in der Regel werden folgende derselben sich
vorfinden:

a) Die mit Humus gemengte oberste Schicht. In den ver=
schiedenen Böden ist die Mächtigkeit eine sehr wechselnde.

Der Gehalt an humosen Stoffen ist durch schwach, etwas, stark
humos zu bezeichnen (Seite 351). Zugleich ist auch die Dichtig=
keit der Lagerung im Verhältniß zur nächst tieferen Schicht,
sowie auf die Beschaffenheit der beigemengten Mineraltheile Rücksicht
zu nehmen.

In allen Fällen, in denen die nächst tiefere Bodenschicht lockerer
gelagert ist, als der Oberboden, kann man annehmen, daß eine un=
günstige Veränderung des Bodens eingetreten ist.

Die Beschaffenheit und Farbe der mit dem Humus gemischten
Mineraltheile läßt schon einen Schluß auf Gegenwart oder Fehlen von
sauren Humusstoffen zu. Ueberall, wo die Mineraltheile entfärbt, die
Silikate stark angegriffen und verwittert sind, ist das Vorkommen
saurer Humusstoffe wahrscheinlich; überall, wo diese Bodentheile noch
durch Eisen gelblich oder bräunlich gefärbt sind, kann man die Ab=
wesenheit der Humussäuren annehmen.*)

Ferner ist, zumal bei Sandböden, darauf zu achten, ob die humose
Bodenschicht sich in scharfer Linie von dem unterlagernden Boden abhebt
(durch Rohhumusbedeckung, Aushagerung, Bloßliegen ungünstig ver=
änderte Böden), oder ohne sofort erkennbare Grenze scheinbar all=
mählich in den Untergrund übergeht (Zustand der guten Waldböden).

*) Die Schütze'sche Probe (vergleiche Seite 228), den humosen Boden mit
verdünnter Ammoniakflüssigkeit zu behandeln, ist ebenso einfach wie in den meisten
Fällen sicher, um sich über die Gegenwart von Humussäuren und damit zugleich
über Fäulnißvorgänge im Boden zu unterrichten.

Ebenso sollte man bei der Anfertigung von Bodenbeschreibungen ein Fläschchen
mit Salzsäure in Holzetui mit sich führen, um auf kohlensauren Kalk zu prüfen.

b) Die zweite Bodenschicht, oft als Rohboden bezeichnet. Diese Schicht ist bei den verschiedenen Bodenarten äußerst wechselnd ausgebildet. Es ist die Farbe derselben, der Lockerheitsgrad, Mächtigkeit, Feuchtigkeitsgrad anzugeben.

c) Das Grundgestein, beziehentlich die ersten Verwitterungsgrade desselben.

d) Ist die Verbreitung der Wurzeln in allen mit Wald bestandenen Böden anzugeben. Zu den meisten Fällen schneidet die reichliche Wurzelverbreitung an der Grenze des gekrümelten Bodens ab und gilt dies selbst für flachwurzelnde Holzarten bis zu einem gewissen Grade. Es ist daher deren Kenntniß zugleich ein Mittel, sich über die Tiefe des gelockerten Bodens klar zu werden. In sehr tiefgründigen und besonders günstigen Böden kann man unter Umständen eine schärfere Grenze der Wurzelverbreitung nicht auffinden.

Wird die Bodenbeschreibung in der hier vorgeschlagenen Weise durchgeführt, so wird es fast stets möglich sein, sich ein Bild von dem Bodenwerthe zu machen, und, was das Wichtigste dabei ist, der Revierverwalter erhält einen Anhalt, um Veränderungen des Bodens festzustellen und zu verfolgen. Treten diese auf den fruchtbareren Bodenarten auch nur ganz allmählich ein, so genügt doch für ärmere, zumal für Sandböden, oft schon die Zeit eines Umtriebes, um die Verhältnisse in hohem Grade zu verändern.

—

§ 102. III. Kartirung.

Die Bodenbeschreibung kann sich immer nur auf kleinere Flächen erstrecken; Ueberjsicht über ein größeres Gebiet giebt erst die Kartirung, das Eintragen der gewonnenen Thatsachen über die Bodenverhältnisse in eine Karte. Leider sind nach dieser Richtung erst die allererste Schritte gethan und eine Darstellungsmethode, welche den Anforderungen des Land- und Forstwirthes entspricht, ist, zumal für Gebirgsböden, immer noch ein unerreichtes Ziel. Allerdings ist man in der Lage, für kleinere Gebiete, z. B. einzelne Reviere, die nicht allzu mannigfaltige Verhältnisse aufzuweisen haben, alles Wesentliche in eine Karte zusammenfassen zu können, aber sowie dies auf größere Flächen übertragen werden soll, werden die Schwierigkeiten außerordentlich groß.*)

*) Einen sehr hübschen Beitrag hierzu liefert Dr. Baumann in der forstlichen Naturwissenschaftlichen Zeitschrift 1892 in der Kartirung des bayrischen Reviers Hauptsmoorwald (Forstamt Bamberg — Ost).

Am weitesten fortgeschritten ist man in der Aufnahme des nord=
deutschen Flachlandes. Die geologischen Karten fallen hier mit den
Bodenkarten zusammen und geben eine treffliche Uebersicht. Die Be=
nutzung der Karten bietet für Feld= und Waldbau große Vortheile und
jeder kann sich ohne nennenswerthe Schwierigkeiten in den Gebrauch
der betreffenden Karten einarbeiten.

In denselben sind zunächst die Hauptbodenarten (die hier mit
geologischen Unterschieden zusammenfallen) durch die Schraffur unter=
schieden, und zwar ist:

Sandboden durch Punktirung,
Lehm= und Mergelboden durch schräge Strichelung,
Thon durch senkrechte Strichelung,
Humusböden (Moor, Torf u. s. w.) durch wagerechte Striche=
lung bezeichnet.

Die Farben bezeichnen die geologische Zugehörigkeit (weiß für
Alluvium, grün auf weiß für Altalluvium), braun für oberes, grau
für unteres Diluvium; hierzu kommen noch hellgelb für Flugsand und
Dünen, blau für kalkhaltige Böden).

Der große Vorzug dieser Bezeichnungen ist, daß sie die Be=
schaffenheit des Untergrundes in der Karte zum Ausdruck bringen
können.

Diese geologischen Karten geben somit zugleich einen Ueberblick
über die geologischen wie über die Bodenverhältnisse.

Ungleich ungünstiger stellen sich dagegen die geologischen Karten
der Gebirgsgebiete. Auch diese sind für den Forstmann ein unentbehr=
liches Hülfsmittel, aber nur zu oft ist das geologisch Zusammengehörige
aber land= und forstwirthschaftlich Verschiedene in einheitlicher Weise
zusammengefaßt, und die Erwartung, einen Anhalt für die Boden=
verhältnisse zu erlangen, wird getäuscht.

Die geologische Kartirung, wie sie in Deutschland in Arbeit ist,
benutzt einen Maßstab von 1 : 25000, eine Größe, in der derartige
Arbeiten noch nie anderweitig durchgeführt worden sind und die für
geologische Zwecke wohl kaum überschritten werden kann. Für die
Forderungen der Land= und Forstwirthschaft ist, wenigstens in allen
etwas mannigfaltigeren Verhältnissen, der Maßstab immer noch zu klein;
will man von einer Bodenkarte wirklich Nutzen haben, so muß man
sich eine solche im Maßstab von 1 : 10000 oder mindestens in 1 : 12500
anfertigen.

Eine solche Karte muß Höhenkurven, sowie die Wasserläufe ent=
halten, der Maßstab ist groß genug, um jeden Bodeneinschlag eintragen
zu können. Würde man derartige Karten in jeder Revierverwaltung
anfertigen, so würde es möglich, die gewonnenen Erfahrungen dauernd

festzuhalten und allmählich zu einer Kenntniß der Bodenverhältnisse zu
gelangen, die jetzt nur nach vieljähriger Thätigkeit für Einzelne zu erreichen ist.*)

Für den forsttechnischen Betrieb würden solche Karten von hohem
Werthe sein und zumal bei der Wahl der Holzarten die größten Dienste
leisten und gar manchen Mißgriff verhindern können.

---

*) Für die Lehrforstreviere der Akademie Eberswalde ist bei Gelegenheit der
Taxationen bereits ein Anfang mit der Anfertigung derartiger Karten gemacht
worden. Mit Benutzung der bereits vorhandenen oder noch zu erwartenden geolo=
gischen Karten würden derartige Arbeiten zweckmäßig in allen Forstrevieren durch=
zuführen sein, erst dann kann sich die Betriebsregulirung auf dauernde Grundlagen
stützen. Zur Zeit wird in einer schwer zu rechtfertigenden Weise die wichtigste
Grundlage des forstlichen Betriebes, die Kenntniß des Bodens, vernachlässigt. Es
würde Staunen erregen, wenn einmal nachgewiesen würde, welche Summen dem
Staate alljährlich durch ungeeignete oder besser, nicht genügend zu rechtfertigende
Wahl der Holzarten verloren gehen.

XV. Theorie der Kulturmethoden.

Im folgenden Abschnitte soll versucht werden, die bisher vorliegenden wissenschaftlichen Untersuchungen über die Wirkung der
Kulturmethoden und über die auf Boden und Standort bezüglichen
Aenderungen, welche durch die Kultivirung hervorgerufen werden
können, kurz darzustellen. Mit einigen Ausnahmen ist die Methode
der Kultur und die Art und Weise ihrer Ausführung nicht berührt.
Dies gehört dem Waldbau an. Dagegen sind einzelne verwandte
Theile des Landbaues (Moorkultur, Bewässerung, Düngung) soweit
dargestellt wie es Raum und Zweck dieses Buches gestatten.

Die ganze Zusammenstellung soll also nicht auf die Frage Antwort
geben: „Wie führt man die Kultur aus?" sondern auf die: „Welche
Einwirkungen übt man durch die betreffende Kulturmethode aus?"
Es ist offenbar, daß erst dann eine richtige Anwendung der einzelnen
Kulturarten erfolgen kann, wenn man über die dadurch bewirkten
Veränderungen unterrichtet ist, nur dann kann das im gegebenen Falle
Beste erkannt werden, und bedarf es, wenn überhaupt, im minderen
Grade, mühseliger und zeitraubender Versuche, um das Passende
zu finden.

Allerdings muß wiederholt darauf hingewiesen werden, daß genügende Vorarbeiten für die Beurtheilung der meisten im Waldbau
üblichen Kulturmethoden nicht vorliegen. Was daher geboten werden
kann, ist als ein erster Versuch auf noch unbebautem Felde zu betrachten.

§ 103. I. Entwässerung und Bewässerung.

1. Entwässerung.

Bis zur Mitte dieses Jahrhunderts sind in Deutschland ausgedehnte Entwässerungen durchgeführt worden, vielfach ohne Rücksicht auf die örtlichen Verhältnisse. Beträchtliche Flächen sind hierdurch in ihrem Ertrage gesunken und zumal im Walde hat man nur zu oft schlimme Erfahrungen damit gemacht. Hierdurch steht man im Allgemeinen jetzt Entwässerungen sehr vorsichtig gegenüber. Es ist daher Zeit allmählich an Stelle bloßer Vermuthungen über die muthmaßliche Wirkung einer Entwässerung eine klarere Einsicht über diesen Gegenstand zu schaffen. Fehlen auch bisher noch Untersuchungen an einzelnen genau beobachteten Beispielen, so liegt doch genug Material vor, um die wichtigsten Daten induktiv abzuleiten.

Der Entwässerung hat eine genaue Bodenuntersuchung voranzugehen. Es ist zu unterscheiden zwischen durchlässigen (alle Sandböden) und undurchlässigen (die meisten Lehmböden, Thon- und Moorböden) Bodenarten. Es ist ferner festzustellen, ob der Ueberschuß an Wasser durch Zutagetreten des Grundwasserspiegels hervorgerufen wird, oder ob es sich um Vertiefungen im Boden mit undurchlässigem Untergrunde handelt, in denen sich die Tagewässer ansammeln (man vergleiche Seite 38—41).

Diese beiden Haupttypen lassen sich am einfachsten an einer kleinen Zeichnung erläutern (Abb. 31). Es ist eine undurchlässige Schicht dargestellt, welche zum Theil die Bodenoberfläche bildet, zum Theil von durchlässigem Boden mit Grundwasser überlagert wird.

Der See A ist in die undurchlässige Schicht eingesenkt, die Seen B und C sind Theile des zu Tage tretenden Grundwassers.

Eine Entwässerung des Sees A würde eine merkbare Einwirkung auf die Feuchtigkeitsverhältnisse des umgebenden Bodens nicht üben. Dagegen würde die Entwässerung von B und C den Grundwasserstand bis auf die Linie a b senken. Ziemlich gleichgültig würde es dabei sein, ob der große See B oder der kleine C sein Wasser verliert; die Einwirkung auf den Grundwasserstand würde nahezu dieselbe bleiben, und je nach der Korngröße und Durchlässigkeit des Bodens (also in höherem Maße bei grobkörnigem, in geringerem bei feinkörnigem) würden die benachbarten Flächen einen Theil ihrer Feuchtigkeit einbüßen.

Ausgedehntere Entwässerungen können daher weithin wirken und bei ungünstigen Verhältnissen kann schon die Entwässerung eines an sich unbedeutenden Gebietes großen Einfluß ausüben.

Zu den undurchlässigen, beziehentlich schwer durchlässigen Bodenarten gehören die Thon- und die meisten Lehmböden; außerdem noch die Humusböden. Während dies für die ersteren allgemein bekannt ist, gilt nicht das Gleiche für die Moor- und Torfbodenarten. Die Un-durchlässigkeit der letzteren ergiebt sich jedoch schon aus dem häufigen Vorkommen von kleineren Wasserbecken ohne Abfluß, die im Laufe des Jahres ihren Wasserstand nur sehr wenig ändern. Bei Moorkulturen ist es daher nothwendig, die Entwässerungsgräben nahe, bei Grün-landsmooren in etwa 25 m Abstand, bei Hochmooren oft sogar in 10 m Abstand anzulegen. Endlich hat Wollny noch die fast völlige Undurchlässigkeit der Moorsubstanz für Wasser experimentell nachgewiesen.

Vor Ausführung einer Entwässerung sind daher die Bodenverhält-nisse genau festzustellen. In entsprechenden Abständen sind im ganzen Umkreis der zu entwässernden Fläche Bodeneinschläge oder Bohrungen vorzunehmen, welche bis unter den Wasserspiegel der zu melio-rirenden Fläche geführt werden müssen.

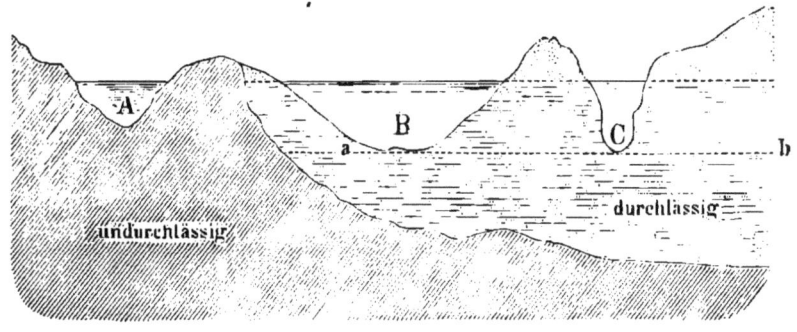

Abb. 31.

Auf Flächen mit undurchlässigem Untergrund, in deren Ver-tiefungen sich die Tagwasser angesammelt haben, genügt oft schon ein Abstand von 5—10 m Entfernung, um Grundwasser in der Höhe des freien Wasserspiegels nicht mehr anzutreffen (Seite 40). Es ist jedoch zu berücksichtigen, daß viele der hierher gehörigen Gewässer, zumal wenn es sich um Seen oder Flußläufe handelt, von einem schmäleren oder weiteren Saume später zugeführten Materials umgeben sind. Derartige Strecken kennzeichnen sich meist durch ihre ebene Ausbildung und bei genauerer Untersuchung erkennt man bald, daß es sich um Ausfüllung eines Theiles des alten Seebeckens oder um Anschwemmungen fließender Gewässer handelt.

Die Entwässerung von Gebieten mit undurchlässigem Untergrunde unterliegt keinen Bedenken, eine bemerkbare Einwirkung auf benachbarte Flächen wird nicht herbeigeführt.

Viel schwieriger gestaltet sich die Entscheidung bei einer vorzu-nehmenden Entwässerung in durchlässigen Böden. Durch Berück-sichtigung der Korngröße, der vertikalen Erhebung und des Gefälles des Grundwassers hat man die Möglichkeit, die Wirkung ungefähr zu beurtheilen.

Am sichersten leitet hierbei die Bestimmung des Gefälles des Grundwassers. In weitaus den meisten Fällen folgt die Richtung des Grundwasserstromes dem Bodenrelief, die Feststellung derselben bietet daher nur selten Schwierigkeiten. Bestimmt man nun die Grundwasserkoten in etwa drei bis vier Punkten und in einem Abstande von je etwa 50—100 m (bei größeren Flächen auch in weiterem Abstande), so gewinnt man ein Bild der muthmaßlichen Senkung des Wasserspiegels.

Entwässerung auf Moorböden wirkt in Folge der Undurchlässigkeit der Bodenart auf den Wasserstand der Umgebung überhaupt nicht ein, wenn die Gräben in humosem Boden verlaufen. Es ist daher zunächst die Mächtigkeit der Moorschicht festzustellen. Uebertrifft diese die Tiefe der anzulegenden Gräben, so ist eine Einwirkung von der Entwässerung auf benachbarte Flächen nicht zu erwarten. Schneiden die Gräben dagegen tief in den Untergrund ein, so gelten dieselben Sätze wie für jede andere Entwässerung. Es ist jedoch zu berücksichtigen, daß die Moorschichten selbst viel Wasser an den Untergrund abgeben, und mögliche schädliche Einwirkungen zum großen Theil wieder ausgleichen. Dem entsprechend sind bisher Mittheilungen über den Einfluß einer Entwässerung von Mooren auf den Wasserstand der Umgebung in der Literatur nicht bekannt geworden.

Die Entwässerung der Moore im Gebirge und ihre Einwirkung auf die Wasserführung der Quellen ist bisher noch sehr wenig durchgearbeitet. Auch hierbei wird zunächst die Mächtigkeit der Moorschicht zu berücksichtigen sein. Bleiben die Gräben völlig oder überwiegend im Bereich des Moores, so ist eine Einwirkung auf den Stand der Quellen nicht anzunehmen. Die Wässer, welche bisher aus dem Moor in den Untergrund absickerten, werden diesen nächsten und bequemsten Weg nach wie vor verfolgen und dies selbst noch in annähernd gleicher Größe, wenn auch die Gräben den Mineralboden anschneiden. Im Allgemeinen wird man daher keinen Grund haben, zumal in Gebirgen mit reichlichen sommerlichen Niederschlägen, mit der Entwässerung hochliegender versumpfter Flächen gar zu vorsichtig zu sein. Landläufig ist der Vergleich der hochgelegenen Moore mit Schwämmen, deren Feuchtigkeit in Zeiten der Trockniß die lechzende Umgebung tränkt. Es klingt dies sehr hübsch, aber ob es auch wahr ist, erscheint oft recht zweifelhaft. Oft genug werden die Moore der Gebirge durch ihre niedere Temperatur und ihre starke Wasserverdunstung in jenen kühlen Lagen für die benachbarten Gebiete eher schädlich als nützlich sein. Man sollte auch berücksichtigen, daß diese Moore fast ausnahmslos aus alten durch Versumpfung ertraglos gewordenen Waldgebieten entstanden sind.

2. Bewässerung.

Literatur.

Wichtige hierher gehörige Arbeiten sind:

Hervé Magnon, Expériences sur l'emploi des Eaux. Paris 1869.

König, Landwirthschaftliche Jahrbücher 1877, S. 287; 1879, S. 505; 1882, S. 158; 1885, S. 177.

Ullit, Oesterreichisches landwirthschaftliches Wochenblatt 1878.

Bardeleben, Kulturingenieur III, S. 34.

Die technische Ausführung in:

Perels, Landwirthschaftlicher Wasserbau, Berlin bei Parey.

Kaiser, Beiträge zur Pflege der Bodenwirthschaft, Berlin 1883.

Zur Bewässerung kann man alle jene Kulturmethoden rechnen, welche den oberflächlichen Abfluß des Wassers hemmen und verlangsamen (Sickerwassergräben und dergleichen). Eingehend sind die Wirkungen der Wasserzufuhr bei Wiesenmeliorationen untersucht.

Die Bewässerung vermittelt die Zufuhr des für die Vegetation nothwendigen Wassers, Zufuhr von gelösten oder suspendirten Nährstoffen und wirkt endlich durch die im Wasser gelösten Gase, sowie durch physikalische Wirkungen.

In wärmeren und namentlich trockneren Gebieten erhalten ganze Landstriche ihre Kulturfähigkeit durch eine geregelte Bewässerung. Schon in Südeuropa macht sich dies theilweise geltend, während in unseren Gebieten die düngende und namentlich die entsäuernde Wirkung des Wassers überwiegt. Es geht dies schon daraus hervor, daß in den südlicheren Gegenden in der Regel viel sparsamer bewässert wird, als in den nördlicheren. Aber auch hier sind die Eigenschaften und der Bestand der Wiesen an Gräsern von einer geregelten Wasserzufuhr abhängig. C. Weber*) zeigte z. B., daß das Vorkommen bestimmter Wiesengräser in Schleswig-Holstein überwiegend von dem Wassergehalte der Flächen abhängig ist, viel mehr als von der chemischen Zusammensetzung oder der physikalischen Beschaffenheit des Bodens.

Von besonderer Wichtigkeit ist die düngende Wirkung des zugeführten Wassers; auf sie sind wohl in erster Linie die günstigen Erfahrungen zurückzuführen, die man bei Anlage von Parks und dergl. auf ärmeren Böden durch Bewässerung erzielt hat. Das Verkennen der Zufuhr düngender Stoffe hat zu der generell ganz unhaltbaren Annahme geführt, daß jeder Boden hinreichend Nährstoffe zu einer üppigen Waldvegetation besitze, wenn nur genügend Wasser vorhanden sei.

Ein Beispiel für die Nährstoffmengen, welche bei geregelter Bewässerung dem Boden zugeführt werden, geben die Verhältnisse des Babelsberger Parkes, die von Lauser genauer untersucht wurden.**)

*) Schriften des naturw. Vereins für Schleswig-Holstein, IX, Heft 2, 1892.
**) Jahrbuch der geologischen Landesanstalt von Preußen 1880, S. 429.

Auf Jahr und Hektar berechnet enthält das zugeführte Wasser:

15,5 kg salpetersaures Ammon,
65 „ kohlensaures Ammon,
58 „ schwefelsaures Kali,
72 „ kohlensauren Kalk.

Es würden diese Stoffe zur ausreichenden Entwickelung fast jeder Vegetation genügen. Der Boden des Babelsberger Parkes ist zudem ein Diluvialsand von solcher Beschaffenheit, daß er noch befähigt ist, Laubholz zu tragen.

(Auch der Boden des Muskauer Parkes ist von günstiger Beschaffenheit, die Schöpfung des Fürsten Pückler ist daher durchaus nicht, wie man vielfach behaupten hört, auf sterilem Sande entstanden.)

Die Einwirkung der Bewässerung auf Wiesen kann in der kühleren Jahreszeit in einer Erhöhung der Bodentemperatur (so lange das Wasser wärmer ist als die tieferen Bodenschichten) bestehen. Meist überwiegt jedoch die Nährstoffzufuhr und die entsäuernde Wirkung durch das Wasser.

Die im Wasser gelösten Mineralbestandtheile werden von den Pflanzen aufgenommen oder können auch vom Boden absorbirt werden; andererseits kann auch das Wasser lösend auf die im Erdreich vorhandenen Stoffe einwirken. Immer stellt sich ein Gleichgewichtszustand zwischen der Wassermenge und den Bodenbestandtheilen heraus. In vielen Fällen hat das abfließende Wasser bestimmte Mineralstoffe verloren und dagegen andere aufgenommen. Je nach den lokalen Bedingungen werden sich fortgesetzt ändernde Verhältnisse ergeben.

Dagegen macht sich die entsäuernde Wirkung des Wassers immer mehr oder weniger stark geltend. Die humosen Stoffe verbrauchen den gelösten Sauerstoff zu ihrer Oxydation, und zumal die etwa vorhandenen Humussäuren werden zerstört. Der Gehalt des abfließenden Wassers an Sauerstoff ist daher immer ein geringerer, der an Kohlensäure ein höherer als im auffließenden Wasser.

Diese Oxydationswirkung, die man als entsäuernde bezeichnet, ist in vielen Fällen die wichtigste bei der Bewässerung. Aus ihr erklärt es sich, daß bereits genutztes, also sauerstoffärmeres Wasser, wesentlich geringwerthiger für weitere Bewässerungen wird, daß andererseits der Werth wieder steigt, wenn das Wasser längere Zeit mit der Luft in Berührung war und namentlich, wenn es durch rasche Bewegung Gelegenheit hat, wieder Sauerstoff aufzunehmen. Auf den Mangel an Sauerstoff ist zumeist auch die ungünstige Wirkung der Moorwässer zurückzuführen.

Die düngende wie die entsäuernde Wirkung mag an zwei von Hervé Magnon untersuchten Beispielen dargelegt werden.

Das eine bezieht sich auf Rieselwasser, welches bei St. Dié (Vogesen) benutzt wurde. Die Menge des abfließenden Wassers war nur wenig geringer als die des zugeführten. Beide enthielten:

	Gelöste Gase chem im Liter		Mineralstoffe mg im Liter				
	Sauerstoff (?)	Kohlen-säure	Kali und Natron	Kalk	Magnesia (?)	Schwefel-säure	Ge-bundener Stickstoff (?)
Gehalt des zufließenden Wassers...	8,50	1,57	9	4	1	5	1,307
Gehalt des abfließenden Wassers.	7,65	1,75	5	3	1	4	1,416
Gewinn oder Verlust der Wiesen	0,85	—0,18	4	1	—	1	—0,109
Aufgenommene Menge in % der einzelnen Stoffe...	10,0	—	44	25	—	20	—

Die düngende Wirkung des Wassers tritt hier scharf hervor, von fast allen Stoffen sind erhebliche Mengen aufgenommen worden.

Ein ganz anderes Bild gewährt dagegen die Untersuchung eines Rieselwassers von l'Isle (Vaucluse). Dieses enthielt:

	Gelöste Gase chem im Liter		Mineralstoffe mg im Liter				
	Sauerstoff	Kohlen-säure	Kali und Natron	Kalk	Magnesia (?)	Schwefel-säure	Ge-bundener Stickstoff (?)
Auffließendes Wasser	5,70	11,3	7	90	1	16	1,580
Abfließendes Wasser	1,70	13,6	10	123	1	33	1,363
Gewinn oder Verlust der Wiese	4,00	—2,3	—3	—33	—	—17	0,217

Hier ergab also das Rieselwasser nach der Benutzung fast durchweg einen höheren Gehalt an Nährstoffen, dagegen ist der gelöste Sauerstoff bis auf einen Rest verbraucht worden. Wie im ersten Beispiel die düngende, so tritt hier die entsäuernde Wirkung der Berieselung hervor. (Die Menge des abfließenden Wassers war eine erheblich geringere als die des zugeführten, da jedoch die Berieselung nur sechs Stunden gedauert hatte, muß man ein Versickern im Boden annehmen, die Verdunstung kann in so kurzer Zeit keine so große gewesen sein.)

Die erwärmende Wirkung der Berieselung kann in Ausnahme-fällen zum Theil auf physikalische Vorgänge zurückgeführt werden; im Allgemeinen wird das zur Benutzung kommende Wasser eine höhere Temperatur haben als die tieferen Bodenschichten. Da die Boden-temperatur bei starker Wasserzufuhr dem Wärmegrad des auffließenden

Wassers entspricht, so wird berieselter Boden früher die zur Entwickelung der Pflanzen nothwendige Temperatur erlangen, als unberieselter.
Zugleich wird die hohe Wärmekapacität des Wassers die Abkühlung
verzögern und so dem Boden eine mittlere, den Lebensvorgängen der
Pflanzen günstige Temperatur erhalten bleiben.

3. Ueberfluthungen.

Das Wasser der Flüsse enthält wechselnde Mengen von schwebenden
festen Bestandtheilen, die erst allmählich zum Absetzen kommen. Am
höchsten ist der Gehalt bei Hochwasser. Nach Breitenlohner führt
die Elbe jährlich 500 Millionen Kilogramm suspendirter Stoffe aus
Böhmen; nach Spring und Trost die Maas bei Lüttich 240 Millionen
Kilogramm.

Diese Bestandtheile sind fast sämmtlich den „thonigen Stoffen"
zuzurechnen. Sie enthalten zugleich aber höhere oder geringere
Mengen organischer Substanz, durch welche unter Mithülfe der gelösten
Salze des Flußwassers sich die Thontheilchen an Stellen ohne Gefälle
in Flocken zusammenballen und beim Absetzen gekrümelte, oder wenigstens
nicht dicht zusammengelagerte Thonböden bilden. Auf den Gehalt an
mineralischen Pflanzennährstoffen und der günstigen physikalischen Vertheilung beruht die hohe Fruchtbarkeit der Aueböden.

Die Zusammensetzung einiger Schlickablagerungen war die folgende:*)

	Rhein bei Bonn	Weichsel bei Culm	Donau bei Wien
Kieselsäure	50,14	49,67	45,02
Thonerde	4,77	11,98	7,83
Eisenoxyd	2,69	11,73	9,16
Magnesia	0,34	0,27	0,42
Kalk .	0,77	0,88	0,34
Kali	0,55	1,29	?
Kohlensaurer Kalk	30,76	—	24,08
Wasser und organische Stoffe	2,65	23,21	6,83

Die Abweichungen in der Zusammensetzung sind daher, je nach
den Felsarten der Ursprungsgebiete der Flüsse, sehr große.

Auf der Ablagerung derartiger Schlickmassen beruht hauptsächlich
die befruchtende Wirkung der Ueberschwemmungen der Flüsse; sie ermöglichen es, in Gebieten, die alljährlich überflutet werden, auch ohne
Düngung reichliche Ernten zu erzielen.

*) Roth, Chemische Geologie I, S. 617. Nur die wichtigsten Stoffe sind
hier mitgetheilt.

§ 104. II. Düngung.

Im forstlichen Betriebe kommt eine Düngung bisher nicht oder nur in seltenen Fällen zur Ausführung. Immerhin ist es erwähnenswerth, daß bereits Privatbesitzer Wäldern, aus denen Streu gewonnen wird, eine entsprechende Menge von Kainit zuführen, um der Bodenverarmung entgegen zu arbeiten.

Als Düngung ist jede Zufuhr von Stoffen zu bezeichnen, welche den Ertrag zu steigern vermögen. Die zur Verwendung gelangenden Körper, die meist reichliche Mengen von Pflanzennährstoffen enthalten, bezeichnet man als Dungstoffe oder schlechthin als Dünger.

Die Dungstoffe zerfallen in: Specialdünger, die nur einen Pflanzennährstoff enthalten; gemischte Dünger, die deren mehrere enthalten; thierische Dünger, die Auswurfsstoffe der Thiere und Menschen; Gründünger, Düngung durch Pflanzen. Die Dungstoffe, welche nicht unmittelbar thierischen oder pflanzlichen Ursprunges sind, bezeichnet man als Mineraldünger (auch wohl als „künstliche Düngemittel").

1. Mineraldünger.

Die Mineraldünger sind je nach ihrem Ursprunge hauptsächlich stickstoff-, phosphorsäure-, kali- oder kalkhaltige Stoffe: einzelne, wie Guano enthalten mehrere dieser Verbindungen.

a) Stickstoffhaltige Düngemittel.

Der für die Ernährung der Pflanzen nothwendige Stickstoff kann dem Boden als Ammoniak, Salpetersäure oder in Form organischer Verbindungen zugeführt werden.

Schwefelsaures Ammoniak. Ammoniak wird zu Düngezwecken als schwefelsaures Salz benutzt. Die Hauptmenge desselben wird aus den zum Reinigen des Leuchtgases benutzten Waschwässern (Gaswässer) gewonnen, die unter Zusatz von Schwefelsäure eingedampft werden. Das schwefelsaure Ammon des Handels ist meist sehr rein und hat einen Stickstoffgehalt von 20—21 %. Selten findet sich Rhodan- (Schwefelcyan-)Ammonium beigemischt. Derartige Düngesalze zeichnen sich meist durch ihre rothe Färbung aus und geben mit Eisenoxydsalzen eine blutrothe Lösung. Rhodansalze sind Pflanzengifte.

Ammoniak wird von den Pflanzen nur schwierig und in geringeren Mengen aufgenommen; es wird vom Boden stark absorbirt und eignet sich daher namentlich für flachwurzelnde Pflanzenarten.

Durch Oxydation entsteht im Boden aus dem Ammoniak allmählich Salpetersäure, zumal in gut durchlüfteten und namentlich kalkhaltigen

Bodenarten geht diese Umbildung rascher voran als in schweren Bodenarten, am ungünstigsten verhalten sich humose Böden.

Die Düngewirkung wird hauptsächlich durch die gebildete Salpetersäure bewirkt. Ammoniakdünger ist daher auf schweren Bodenarten
im Herbst, auf leichten im Frühjahre zu geben, auf humosen Böden
zu vermeiden.

Chilisalpeter. Salpetersaures Natron. In den regenlosen
Küstengebieten des westlichen Südamerika finden sich ausgedehnte Ablagerungen von salpetersaurem Natron in Mischung mit Kochsalz und
anderen Salzarten. Das Rohgestein (Caliche) enthält 20—65 % des
salpetersauren Salzes; durch Auslaugen mit Wasser und Umkrystallisiren
wird daraus der Chilisalpeter des Handels gewonnen, der 15—16 %
Stickstoff, entsprechend 94—97 % salpetersaurem Natron enthält.

Bei Düngung mit Chilisalpeter ist zu berücksichtigen, daß Salpetersäure im Boden nicht absorbirt wird. Die Düngung muß daher im
Frühlinge oder während der Vegetationszeit als Kopfdünger gegeben
werden. Die leichte Löslichkeit des Salzes und damit die rasche Verbreitung im Boden machen den Chilisalpeter zu einem für tiefwurzelnde
Pflanzen vortheilhaften Dünger, der sich namentlich bei Gramineen als
vortheilhaft bewiesen hat.

Organische Stickstoffdünger. Als vorwiegend stickstoffhaltige
Düngemittel kommen einige organische Abfallstoffe in den Handel:
hervorzuheben sind: Blutmehl, mit etwa 11—12 % Stickstoff, ein
sehr wirksames Düngemittel; Hornmehl, die gedämpften und gemahlenen Abfälle der Bearbeitung des Hornes mit wechselndem (7,5
bis 14 %) Stickstoffgehalte und 5—6 % Phosphorsäure, ein gut wirkendes Düngemittel; Ledermehl, mit höchstens 7—8 % Stickstoff;
Wollabfälle, mit 3—6 % Stickstoff. Die beiden letzten Stoffe sind
schwer zersetzbare und darum langsam wirkende, geringwerthige Düngemittel.

Unter den Feldpflanzen haben namentlich die Schmetterlings-
blüthler die Fähigkeit, reichliche Mengen atmosphärischen Stickstoffs zu
binden. Die Pflanzen selbst, wie auch deren Wurzelreste (von Lupinen,
Seradella, Klee) wirken beim Unterpflügen als reichliche Stickstoffdüngung.

Die Wirkung der Stickstoffdüngung. Zufuhr von Stickstoffverbindungen und insbesondere die von salpetersauren Salzen steigert
die vegetative Thätigkeit der Pflanzen, erhält die Pflanzen länger grün
und befördert namentlich die Ausbildung der Blatt- und Axenorgane.
Die Reife wird jedoch verzögert und die Körnerbildung im geringeren
Maße gefördert als die der Blätter. Sehr starke Stickstoffdüngung
kann daher, zumal in nassen Jahren, die Veranlassung zum Lagern des
Getreides werden.

b) Phosphorsäurehaltige Düngemittel.

Zu den phosphorsäurehaltigen Dungstoffen gehören die zahlreichen in der Natur vorkommenden Phosphate, die überwiegend aus phosphorsaurem Kalk mit wechselnden Beimischungen bestehen. Vor der Verwendung wird in der Regel durch chemische Processe die schwer angreifbare Phosphorsäure dieser Gesteine in eine leichter aufnehmbare. Form übergeführt. Derartige Phosphate sind:

Estremadura-Phosphat, den reichen spanischen Phosphoritlagern entstammend.

Lahn- oder Nassau-Phosphate. Phosphorite, die sich nesterweise in den Gesteinen des Lahnthales finden, meist graue bis braune Farben zeigen und von sehr wechselnder Zusammensetzung sind. Die Farbe giebt keinen Maßstab für den Gehalt an Kalkphosphat. Aehnliche Vorkommen finden sich in Belgien und in Frankreich.

Guano-Phosphate; Phosphate, die aus Guano hervorgegangen sind, dessen Phosphorsäure zumeist auf unterliegendes Kalkgestein eingewirkt und dieses in phosphorsauren Kalk übergeführt hat. Zu den Guano-Phosphaten gehören unter anderen die Curaçao-, Sombrero-, Baker-, Sidney-Phosphate (auch als Guano bezeichnet) mit im Durchschnitt 35 % Phosphorsäure.

Große Bedeutung hat ein bei der Entphosphorung des Roheisens gewonnenes Phosphat, das Thomasphosphat oder die Thomasschlacke, erlangt. Die schwarze, poröse Schlacke wird von eingeschlossenen Eisentheilchen gereinigt und im gepulverten Zustande in den Handel gebracht. Die düngende Wirkung wird stark durch den Feinheitsgrad des Pulvers beeinflußt.

Die Thomasschlacke enthält im Durchschnitt etwa 14—17 % Phosphorsäure in Verbindung mit Kalk in Form eines sonst nicht bekannten Salzes (Tetracalciumphosphat, $Ca_4 P_2 O_9$). Dieses Salz wird durch organische Säuren, so auch von den in den humosen Böden vorhandenen Humussäuren zersetzt. Thomasschlacke ist das billigste und für alle Moor- und Torfböden auch das beste phosphorsäurehaltige Düngemittel.

Superphosphat. Wird der gewöhnliche dreibasisch phosphorsaure Kalk mit einer entsprechenden Menge von Schwefelsäure behandelt („aufgeschlossen"), so bildet sich zweifach saurer, phosphorsaurer Kalk (Calciummonophosphat) und schwefelsaurer Kalk, der unter Wasseraufnahme in Gyps übergeht.

$$Ca_3(PO_4)_2 + 2 H_2 SO_4 = Ca H_4 (PO_4)_2 + 2 Ca SO_4$$

Das Gemisch beider Salze kommt als Superphosphat in den Handel. Das saure Kalkphosphat ist in Wasser löslich, verbreitet sich leicht im Boden, wird hier in seiner Vertheilung absorbirt und stellt so eine für die Pflanzen leicht zugängige und darum stark wirksame Phosphorsäuredüngung dar.

Durch längeres Lagern, insbesonders bei Gegenwart von Eisenoxyd und Thonerde bilden sich im Superphosphat im Wasser unlösliche Verbindungen, das Superphosphat „geht zurück", wie der technische Ausdruck lautet. Ein Theil der Phosphorsäure ist dann als saures phosphorsaures Calcium (Dicalciumphosphat $CaHPO_4$) vorhanden, eine Verbindung, die nicht in Wasser, wohl aber in Pflanzensäuren und deren Salzen löslich ist und hierdurch in der Düngewirkung nur wenig hinter dem wasserlöslichen Salze zurücksteht. Zur Bestimmung des Dicalciumphosphats benutzt man dessen Löslichkeit im citronensauren Ammoniak und bezeichnet die Menge der in Lösung gehenden Phosphorsäure als „citratlösliche Phosphorsäure".

Die Erfahrung, daß Dicalciumphosphat ein vorzügliches Düngemittel sei, hat zur fabrikmäßigen Herstellung dieses Salzes geführt. Es wird im Handel als „Präcipitat" oder „präcipitirte Phosphorsäure" bezeichnet und durch Lösen der Rohphosphate in Salzsäure und Ausfällen mit einer zur Sättigung nicht völlig hinreichenden Menge von Aetzkalk gewonnen.

Wirkung der Düngung mit Phosphorsäure. Eine Zufuhr von Phosphorsäure befördert namentlich eine gleichmäßige Entwickelung der Pflanzen und wirkt ebenso günstig auf Stroh- wie Körnerertrag. Uebertriebene einseitige Phosphatdüngung verkürzt die Vegetationszeit, insbesondere die Zeitdauer der Samenreife und kann ein vorzeitiges Absterben, ein „Ausbrennen" der Pflanzen veranlassen.

c) Kalihaltige Düngemittel.

Erst in den letzten Jahrzehnten hat die Düngung mit Kalisalzen größere Ausdehnung erlangt.

Zur Verwendung kommen die gemahlenen kalihaltigen Salze, welche in großer Menge in Staßfurt und seiner Umgebung gewonnen werden. Am wichtigsten sind:

Kainit, wasserhaltiges Doppelsalz von Chlorkalium und schwefelsaurem Magnesium $KCl + MgSO_4 + 3H_2O$) mit 12—13 % Kali im rohen Salze.

Carnallit, wasserhaltiges Doppelsalz von Chlorkalium und Chlormagnesium ($KCl + MgCl_2 + 6H_2O$) mit etwa 10—11 % Kali im rohen Salze.

Die Düngung mit Kalisalzen wirkt nicht immer gleichmäßig und versagt in der Regel bei den sehr kalireichen Hackfrüchten wie Kartoffel und Rübe. Es ist jedoch wahrscheinlich, daß diese Erscheinung auf die ungünstige Wirkung des reichlichen Chlorgehaltes, der eine Verminderung der Bildung von Kohlehydraten veranlaßt, zurück zu führen ist.

Es ist daher vortheilhaft, die direkte Kalidüngung auf die weniger empfindlichen Halmfrüchte zu beschränken.

Die Düngung mit Kalisalzen muß im Herbste oder wenigstens im zeitigen Frühjahre erfolgen. Von den meisten Bodenarten wird das Kalium absorbirt und das leicht auswaschbare Chlor von den atmosphärischen Niederschlägen gelöst und in die Tiefe geführt. Kainit ist in Folge seines niederen Chlorgehaltes, zumal auf nassen Bodenarten, in seiner Wirkung und bei Frühjahrsdüngung besser zu verwenden als Carnallit, den man immer am besten im Herbste giebt.

Zu bemerken ist noch, daß Moorböden immer arm an Kali sind und zur Entwickelung einer entsprechenden Vegetation daher einer Kalidüngung bedürfen.

d) Kalkhaltige Dünger.

Früher war überwiegend die Anschauung verbreitet, daß Kalk fast immer in ausreichender Menge für die Pflanzenernährung im Boden vorhanden sei und daß Kalkzufuhr hauptsächlich durch physikalische Wirkungen (Erhöhung der Krümelstruktur) und durch lösende Einwirkung auf die im Boden gebundenen Stoffe, also als „indirekter Dünger" wirksam sei. Allmählich hat man sich jedoch überzeugt, daß viele Bodenarten an Kalk Mangel leiden und einer Zufuhr dieses Stoffes bedürfen, um vollen Ertrag zu geben. Als kalkhaltige Düngemittel kommen namentlich in Frage:

Gyps; namentlich vortheilhaft für Leguminosen (die Ursache der oft ganz überraschenden Wirksamkeit ist noch nicht in genügender Weise klargestellt).

Kalkhydrat. Man benutzt gebrannten und meist durch Lagern an der Luft in Pulver zerfallenen Kalk. Die Verwendung von Kalkhydrat ist namentlich auf schweren (Thonböden) und humusüberreichen Bodenarten angezeigt. Um die vortheilhafte physikalische Einwirkung auszunützen, giebt man den Böden in nicht zu langen Zeitintervallen kleinere Mengen. In der landwirthschaftlichen Praxis versteht man unter Kalkdüngung oder Kalkung immer Zufuhr von Kalkhydrat und stellt sie in Gegensatz zur Mergelung, der Zufuhr größerer Mengen von kohlensaurem Kalk.

Mergel sind Gesteinsarten mit wechselndem Gehalte an kohlensaurem Kalk. Gelegentlich kommen auch Wiesenkalke, die oft fast reines Kalkfarbonat sind, zur Verwendung.

Die Mergelung und Kalkung bezwecken nicht ausschließlich die Zufuhr einer für die Pflanzenwelt nothwendigen Kalkmenge, sondern üben immer noch physikalische und chemische Wirkungen auf den Boden aus: zu den letzteren gehören die Neutralisation vorhandener Humussäuren und die Steigerung der Zersetzung organischer Stoffe. Mit Mergelung ist daher reichliche Stallmistdüngung zu verbinden, wenn nicht nach rascher Steigerung der Produktion ein späterer Abfall folgen soll.

e) **Gemischte Dünger.**

Die gemischten Dünger enthalten immer mehrere Pflanzennähr-stoffe, in der Regel Stickstoff und Phosphorsäure, wie dies z. B. beim Guano und Knochenmehl der Fall ist. Hierher gehören:

Die Guanoarten. Die ursprünglich ausschließlich als Guano bezeichneten Düngemittel bestehen aus dem Kothe von Seevögeln, der in regenarmen Gebieten sich auf Inseln oft in großer Menge anhäuft. Die Lager der gehaltreichsten Guanosorten sind zumeist bereits erschöpft, und die noch im Handel befindlichen Arten enthalten im Durchschnitt 7—9 % Stickstoff und 13—15 % Phosphorsäure.

In großer Menge werden in neuerer Zeit entsprechend zubereitete thierische Abfallreste in den Handel gebracht und ebenfalls als Guano bezeichnet. Dahin gehören der Fray-Bentos-Guano, aus Fleisch- und Knochenresten von Rindvieh bereitet. Fisch-Guano, Reste der Seefische und der Walfische (Walfisch-Guano). Diese Stoffe ent-halten etwa 8 % Stickstoff und 13—14 % Phosphorsäure.

Knochenmehl. Knochenmehl kommt entweder gedämpft und ge-mahlen oder vorher noch entfettet in den Handel. Durch Extraktion des Fettes soll die Knochensubstanz rascher zersetzbar werden. Knochen-mehl enthält in der Regel etwa 4 % Stickstoff und 20—21 % Phos-phorsäure; es sind langsam aber anhaltend wirkende Düngemittel.*)

2. Stalldünger.

Die thierischen Dünger setzen sich aus den festen und flüssigen Auswurfstoffen der Hausthiere und den zur Einstreu benutzten Sub-stanzen zusammen. Je nach Thierart, Fütterungsweise und der Einstreu ergeben sich natürlich im Gehalte an Dungstoffen große Unterschiede. (Am stärksten machen sich diese bei dem Schweinedünger bemerkbar.) Trotzdem ist es möglich, für die verschiedenen Thierdünger gewisse Eigenschaften festzuhalten. Als durchschnittliche Zusammensetzung der Auswurfstoffe (Koth und Harn gemischt) kann man annehmen:

	Pferd	Rind	Schaf	Menschliche Auswurf-stoffe
Wasser	76—79	86—89	67	92,9 %
Organische Substanz	19	10—12	27,5	5,7 „
Stickstoff	0,6	0,34—0,44	0,9	1,06 „
Kali . . .	0,5	0,8	1,0	0,22 „
Phosphorsäure .	0,3	0,1	0,5	0,23 „
Gesammtasche .	3,15	2,1—2,4	5,4	1,37 „

*) Neben den hier aufgeführten Düngemitteln finden sich noch viele zur Düngung geeignete Stoffe im Handel. Will man sich vor Schaden beim Ankauf

Die menschlichen Auswurfstoffe sind daher die wasserreichsten: hierauf folgen: Rind, Pferd, Schaf. Die Düngewirkung steigt in etwa derselben Reihenfolge, wenn auch manche Beobachtungen darauf hindeuten, daß Pferde- und Schafdünger sich rascher zersetzen, „hitziger" wirken als Rindviehdünger.

Die Zusammensetzung des Stallmistes hängt noch vielfach vom Gehalte und der Art der Einstreu ab. Während der Aufbewahrung des Düngers erleiden die organischen Stoffe eine rasch fortschreitende Zersetzung, zugleich werden Stickstoffverbindungen in kohlensaures Ammon übergeführt. Unter Umständen kann sich freier Stickstoff bilden und der Stallmist an diesem werthvollen und theuren Düngemittel große Verluste erleiden. Beimischung von Gyps, Kainit, Carnallit setzen die Processe, die zur Entstehung freien Stickstoffs führen, wesentlich herab: die Einstreu dieser Stoffe ist daher ein wichtiges Hülfsmittel des landwirthschaftlichen Betriebes und einer guten Düngerwirthschaft.

3. Gründüngung.

Schon in sehr alter Zeit kannte man die günstige Wirkung des Unterpflügens von Pflanzen, welche auf dem betreffenden Felde erwachsen waren: erst in den letzten Jahrzehnten hat jedoch diese als Gründüngung bezeichnete Methode weite Verbreitung gefunden. Zumal ärmere, sandige Bodenarten haben sich bei Benutzung von Pflanzen aus der Familie der Papilionaceen dankbar erwiesen. Lupinen und Seradella werden zur Zeit am meisten verwendet, beides sind stark Stickstoff assimilirende Pflanzen.

Die Wirkung der Gründüngung beruht in der Zufuhr von gebundenem Stickstoff, von organischen, leicht zersetzbaren Stoffen und nicht am wenigsten auf der Eigenschaft jener Pflanzen, sehr tiefgehende Wurzeln zu treiben und so der oberen Bodenschicht Nährstoffe des Untergrundes zuzuführen.

Zu berücksichtigen ist jedoch, daß bei der starken und tiefgehenden Bodenlockerung auf den Wegen, welche die verrottenden Wurzeln in die Tiefe bahnen, leicht die im Oberboden vorhandenen feinerdigen Bestandtheile verschlämmt werden können. Zumal auf den im Diluvium viel verbreiteten Bodenarten, die eine Schicht schwach lehmigen Sandes auf reinem Sand zeigen (oberer Diluvialsand auf unterem Diluvialsand), kann hierdurch eine merkbare Verschlechterung des Bodens herbeigeführt werden.

bewahren, so lasse man sich vom Händler immer einen bestimmten Gehalt an den düngenden Stoffen garantiren und vermeide gemischte Dünger ohne genaue Angabe ihrer Zusammensetzung zu erwerben.

4. Düngung im forstlichen Betriebe.

Literatur:

von Nachtrab, Anleitung zu dem neuen Kulturverfahren des Oberförsters
Biermans, Wiesbaden 1846.

Angaben über die Wirkung von Düngemitteln in Pflanzenkämpen bei:
Heß, Centralblatt für das gesammte Forstwesen 2, S. 644; 4, S. 174, 230
290; 5, S. 589.
Schütze, Zeitschrift für Forst= und Jagdwesen 3, S. 37; 10, S. 63.
Hempel, Centralblatt für das gesamte Forstwesen 5, S. 309.
Wolff, Aschenanalysen II, S. 73.
Schwappach, Zeitschrift für Forst= und Jagdwesen 23, S. 410. 1891.

Düngung findet zur Zeit im forstlichen Betriebe nur in der sehr
einfachen Form der Zufuhr von Rasenasche bei Pflanzung und in den
ständigen Pflanzkämpen statt.

a) Rasenasche.

Rasenasche wird durch langsames, schwelendes Verkohlen von
Rasenplaggen gewonnen (Art des Verfahrens bei Heß, a. a. O. 5,
S. 589). Der Rückstand besteht aus mehr oder weniger verbrannten
Pflanzenresten, deren Asche und aus den Mineraltheilen des Bodens,
welche durch die alkalischen Stoffe der Asche eine theilweise Aufschließung
erfahren. Hierin beruht es, daß Rasenplaggen von Sandböden geringe
Wirkung zeigen und vortheilhaft nur die von besseren, namentlich von
Lehmböden zu verwenden sind.

Eine Analyse von Rasenasche theilt Hempel mit; danach waren
vorhanden:

Schwefelsaurer Kalt   0,213 °/₀
Chlor(?)kalium .   0,350 „
Eisenoxyd .   0,012 „
Sand .   70,00 „

Die Zufuhr an Pflanzennährstoffen ist demnach bei Verwendung
von Rasenasche eine geringe, wenn auch die Billigkeit des Materiales
die Verwendung größerer Mengen zuläßt.

b) Düngung der Saat= und Pflanzkämpe.

Eine regelmäßige Düngung der Saatkämpe hat sich dort nothwendig erwiesen, wo ständige Kämpe unterhalten werden.

Im Allgemeinen haben sich Mineraldünger gut bewährt.

Heß faßt seine Erfahrungen dahin zusammen, daß für Buche der
Buchenmoder, für Eiche eine Mischung aus 10 Theilen Holzasche,
2 Theilen Guano und 1 Theil Knochenmehl am günstigsten gewirkt
hätten, daß Rasenasche für alle Baumpflanzen vortheilhaft sei (sie halte
auch die Unkrautvegetation zurück), mit Ausnahme der Lärche, welche
auf Zufuhr von Dünger direkt ungünstig reagire.

Jedenfalls läßt sich durch geeignete Düngung die Entwickelung der jungen Baumpflanzen sehr befördern. Ebzardi*) untersuchte Buchen= pflanzen im Hohenheimer Saatkamp. Das Gewicht von je 25 mittleren, vierjährigen Pflanzen betrug:

ungedüngt . . . 277 g

pro qm gedüngt mit:

80 g aufgeschlossenem Peruguano . . . . . 341 g
80 „ Kalisalz (Chlorkalium mit ca. $50^0{}_0$ K_2O) 275 „
80 „ Kalisalz und 80 g Guano . . . . . 262 „
80 „ Kalisalz und 50 g $(18^0{}_0)$ Superphosphat 324 „
50 „ Superphosphat . . . . 412 „

Kalizufuhr hatte daher fast gar nicht (vielleicht in Folge des hohen Chlorgehaltes oder lokaler Umstände), Phosphorsäure stark gewirkt.

Ausgedehnte Versuche über Düngung von Kiefernpflanzen sind von Schütze im Eberswalder Saatkamp durchgeführt worden.

Je nach der Düngung wogen 100 einjährige Kiefernpflanzen 16 bis 20 g (Trockengewicht). Am vortheilhaftesten zeigte sich Düngung mit Phosphorsäure und Kalisalzen; Zufuhr von Stickstoff (Chilisalpeter) war wirkungslos geblieben. Kalisalze mit reichlichem Chlorgehalt hatten weniger günstig, Knochenmehl besser als Superphosphat gewirkt.

Erfahrungsmäßig ist die Kiefernwurzel gegen concentrirtere Salz= lösungen sehr empfindlich: es ist daher vortheilhaft, die Düngung in einer Form zu geben, welche die Menge der löslichen Stoffe nicht zu sehr steigert und insbesondere nicht viel Chlor enthält.

Auch in Bezug auf Phosphorsäurezufuhr werden in humusarmen Sandböden Knochenmehl und präcipitirte Phosphorsäure, in humus= reichen wird Thomasschlacke vorzuziehen sein. Superphosphat ist auf thonreiche Böden zu beschränken.

Zufuhr von Stickstoff hat sich übereinstimmend in allen Versuchen als wirkungslos erwiesen, eine Erfahrung, die auch anderweitig gemacht worden ist. Es soll damit natürlich nicht gesagt sein, daß eine Stick= stoffdüngung unter allen Umständen im Saatkamp überflüssig ist, aber jedenfalls muß erst vor ihrer Verwendung durch besonderen Versuch die vortheilhafte Wirkung auf die Pflanzen nachgewiesen werden. Zu einem solchen Versuch verwendet man am besten Chilisalpeter, da nur dieser leicht aufnehmbar ist und nicht gleichzeitig andere Nährstoffe ent= hält, welche das Resultat beeinflußen können.

Hat sich eine Stickstoffdüngung als vortheilhaft erwiesen, so verwendet man am einfachsten und billigsten an geeigneten Stellen entnommene Waldstreu: sonst Blutmehl, schwefelsaures Ammoniak,

*) Wolff, Aschenanalysen II, S. 73. Die Arbeit ist in forstlichen Kreisen kaum bekannt, daher hier mitgetheilt.

Fischguano, Knochenmehl, oder was sonst an stickstoffhaltigen Düngern am billigsten zu haben ist. Chilisalpeter ist weniger empfehlenswerth, da die Auswaschung desselben, wenigstens in Sandböden, zu rasch erfolgt.

Ueberhaupt ist es unvortheilhaft, sich bei einer Düngung nach einem fertigen Recepte zu richten: man nehme diejenigen Stoffe, welche bei gleichem Gehalte am billigsten zu haben sind.

Die Art und Weise der Düngung muß nach den verschiedenen Verhältnissen wechseln, bei Benutzung von Mineraldüngern ist in Folge deren geringen Volumen ein Mischen mit anderen Stoffen (Erde, Torfmull, Sand) nothwendig, um eine gleichmäßige Vertheilung herbei-zuführen.

Die Verwendung der einzelnen Dungstoffe ist nach ihren Eigen-schaften verschieden. Es sind zu benutzen:

1. **Zur direkten Düngung kurz vor der Saat und ohne vorausgehende Kompostirung**
    a) alle aufgeschlossenen Phosphate (Superphosphat, auf-geschlossenes Knochenmehl, präcipitirte Phosphate u. s. w.;
    b) alle Guanosorten und Blutmehl;
    c) schwefelsaures Ammoniak und Chilisalpeter.

2. **Längere Zeit vor der Saat** (auf Sandböden spätestens im zeitigen Frühjahre, auf schweren Böden im Herbst)
    a) alle löslichen Kalisalze;
    b) Aetzkalk;
    c) Thomasschlacke.

3. **Zur Kompostbereitung** eignen sich die unter 2. genannten Stoffe und können dann ebenfalls kurz vor der Saat Ver-wendung finden.

Für die unter 1. aufgeführten Düngemittel ist eine Vorbereitung im Komposthaufen entweder überflüssig oder direkt schädlich. So würden lösliche Phosphate ihre Löslichkeit und leichte Vertheilbarkeit im Boden verlieren; in den stickstoffhaltigen Düngemitteln geht ein erheblicher Theil des Stickstoffes in Salpetersäure über und wird durch die atmo-sphärischen Niederschläge ausgewaschen.

Für die Kalisalze ist dagegen eine entsprechende Zeit nothwendig, um einen Theil des Chlores zur Auswaschung kommen zu lassen, während die Hauptmasse des Kalis vom Boden absorbirt wird.

Von Wichtigkeit ist ferner, daß man durch die Düngerver-theilung im Boden ein Hülfsmittel hat, die Wurzelausbildung der jungen Pflanzen zu beeinflussen. In den an Nährstoffen reichsten Bodenschichten erfolgt die Ausbildung zahlreicher Faserwurzeln. Je nach dem gewünschten Resultat ist daher der Dünger entweder thunlichst gleichmäßig mit der Erde durchzuarbeiten und unterzubringen, oder nur oberflächlich einzuhacken. Diese Bodenbearbeitung und gleich= mäßige Düngung der ganzen Schicht wirkt auf die Bildung tiefgehender Wurzeln, flachere Bodenbearbeitung und Düngung der obersten Boden= schichten auf Bildung zahlreicher Faserwurzeln in diesem Theile des Bodens.

In den Pflanzenkämpen handelt es sich in den meisten Fällen weniger um thunlichst hohe Steigerung der Produktion als vielmehr um den Ersatz der ausgeführten Nährstoffe. Die Düngung wird also ihren Zweck erfüllen, wenn für diesen Ersatz gesorgt ist. Allzu sparsam braucht man natürlich hierbei nicht zu sein, da es sich meist um kleinere Flächen handelt; es kommt aber auf die lokalen Verhältnisse an, welche Nährstoffe zuzuführen sind. In Frage kommen Stickstoff, Phosphor= säure, Kali und Kalk.

Zufuhr von Stickstoff ist in den meisten Pflanzgärten über= flüssig und ihre Wirksamkeit durch besonderen Versuch zu prüfen.

Für Zufuhr von Phosphorsäure sind fast alle Bodenarten dankbar. Auf schweren Böden benutzt man vortheilhaft leicht lösliche Phosphate, auf Sandböden solche mittlerer Löslichkeit (Präcipitate, Thomasschlacke), auf humusreichen Bodenarten ausschließlich die Thomasschlacke.

Zufuhr von Kali ist auf den meisten besseren Böden (Lehm= böden) kaum erforderlich; ihre Wirksamkeit ist daher durch Versuch zu prüfen. Auf Sandböden werden die Pflanzen in der Regel für Kalidüngung dankbar sein, auf humusreichen Bodenarten ist eine solche meist nothwendig.

Zufuhr von Kalk ist, für alle Bodenarten vortheilhaft, welche nicht kohlensauren Kalk enthalten.

c) Der Mineralstoffbedarf der jungen Holzpflanzen.

Der Mineralstoffbedarf der jungen Holzpflanzen ist von Dulk[*] und Schütze[**] untersucht worden.

Man darf die in Pflanzgärten von einjährigen Holzpflanzen be= anspruchte Menge für den Morgen annehmen zu (die sehr hohen Zahlen, welche Dulk für die vorhandenen Baumpflanzen angiebt, sind mit Aus= nahme für Buche [5 000 000] auf die Hälfte reducirt):

	Kiefer	Fichte	Buche
Kali .	23,5	9,2	30,5 kg
Kalk . .	19,5	21,8	52,2 „
Magnesia .	3,4	3,5	9,9 „
Phosphorsäure .	11,1	8,8	18,7 „
Reinasche .	110,0	63,2	150,9 „
Stickstoff .	24,0	?	?

[*] Monatsschrift für Forst= und Jagdwesen 1874, S. 289.
[**] Zeitschrift für Forst= und Jagdwesen X, S. 51; XIV, S. 361.

Für die übrigen Holzarten liegen Unterſuchungen nicht vor. Man darf daher annehmen, daß für Forſtgärten als hinreichende Düngung gelten kann, wenn zugeführt werden:

30 kg Kali   3 Doppelcentner Carnallit

oder $2^{1}/_{2}$ „   Kainit

20 kg Phosphorſäure = 1—1,5 Doppelctr. Thomasſchlacke.

Die übrigen Phosphate ſind nach ihrem garantirten Gehalte zu berechnen.)

Einer dauernden ausſchließlichen Düngung mit Mineralbünger ſtehen jedoch im forſtlichen Betriebe dieſelben Bedenken entgegen, wie im landwirthſchaftlichen. Die Verarmung des Bodens an Humus, die durch die reichliche Zufuhr von Nährſtoffen und Bodenbearbeitung noch gefördert wird und die damit verbundene ungünſtige Aenderung der phyſikaliſchen Bodeneigenſchaften macht eine Zufuhr von organiſchen Stoffen früher oder ſpäter nothwendig. Ankauf von Stalldünger, Anlage von Kompoſthaufen, in denen vorhandene Pflanzenabfälle aller Art zum Verrotten kommen, endlich Unterarbeiten von humoſen Stoffen aus Brüchern, Teichſchlamm, Waldſtreu ſind empfehlenswerth. Saure Humusſtoffe (Rohhumus, Torf) werden vortheilhaft mit zerfallenem Aetzkalt (der als Abfall in den Kaltbrennereien billig zu haben iſt) gemiſcht und erſt ein Jahr vor der Verwendung als Kompoſthaufen gelagert.

4. Gründüngung im Walde.

Literatur:

Auff'm Ordt, Die Lupinen-Kiefern-Kultur, Oppeln 1885.

Guſe, Zeitſchrift für Forſt- und Jagdweſen 17, S. 245.

Ramm, Anwendbarkeit von Düngung im forſtlichen Betriebe. Stuttgart 1892.

Wiederholt iſt die Benutzung der Gründüngung im Walde vorgeſchlagen worden: die Lupine hat in Forſtmeiſter Auff'm Ordt einen lebhaften Befürworter gefunden, während Ramm den Gewinn von Futtermitteln im Walde erſtrebt, alſo hauptſächlich einen landwirthſchaftlichen Zwiſchenbau durchführen will. Beide legen den Hauptwerth auf die düngende Wirkung der zu verwendenden Leguminoſen.

Es iſt dem entgegen zu halten, daß durch jene Pflanzen ausſchließlich eine Stickſtoffdüngung erfolgt, und daß ſich ſelbſt in langjährig benutzten Saatkämpen bisher noch kein Mangel an dieſem Stoffe gezeigt hat. Es erſcheint daher nach dieſer Richtung zweifelhaft, ob durch den Anbau von Lupinen oder anderen Leguminoſen irgend ein Gewinn für den Wald zu erwarten iſt. Die Angelegenheit iſt daher überwiegend vom Standpunkte des landwirthſchaftlichen Nutzens, beziehentlich von dem des Ertrages zu beurtheilen.

Gleiche Vortheile wie vom Waldfeldbau, mit seiner wiederholten Bearbeitung des Bodens und dem Fernhalten ungünstig wirkender Gewächse (Gräser und dergleichen), wird man vom Anbau der tief= wurzelnden Leguminosen mit ihrem hohen und langdauernden Wasser= verbrauch nicht erwarten dürfen, namentlich nicht von den mehrjährigen Arten. Ein Vortheil, den diese Pflanzen bieten können, ist in der Beschattung des Bodens und dem Schutz zu suchen, welche die Pflanzen= decke dem sonst nackten Boden gegen die Einwirkung des fallenden Regens gewährt.

§ 105. III. Bodenbearbeitung.*)

Die Methoden der Bodenbearbeitung können unterschieden werden in oberflächliche, tiefgehende und solche, welche eine Aenderung der Ausfornung der Bodenoberfläche bewirken (Rabatten, Hügel).

Die durch Bodenbearbeitung bezweckten hauptsächlichsten Einwir= kungen sind

1. Bei oberflächlicher Bodenbearbeitung:
   a) Die Zerstörung ungünstiger Bodendecken und Beseitigung der Konkurrenz anderer Pflanzen;
   b) Herstellung einer schwachen Bodenschicht abweichender Struktur und Beeinflussung der physikalischen Eigen= schaften des tiefer liegenden Bodens.
2. Bei Tiefkultur:
   a) Veränderung der physikalischen Eigenschaften des Bodens;
   b) Mischung der vorhandenen verschieden zusammengesetzten Bodenschichten.
3. Bei Veränderung der Form der Bodenoberfläche:
   a) Beseitigung ungünstiger Einwirkungen, insbesondere zu reichlicher Feuchtigkeit;
   b) Beeinflussung der physikalischen Eigenschaften des Bodens;
   c) Zufuhr nährender Bestandtheile für die Pflanzenwurzeln.
4. Durchbrechen ungünstiger, zumal undurchlässiger tieferer Bodenschichten.

---

*) Untersuchungen über die Wirkung der im forstlichen Betriebe üblichen Methoden der Bodenbearbeitung fehlen; die für landwirthschaftliche Verhältnisse ausgeführten Arbeiten sind vielfach nur bedingt übertragbar; es ist daher häufig nicht möglich, sich ein sicheres Bild davon zu machen, welche Einwirkungen auf Boden und Pflanze geübt werden können.

1. Die oberflächliche Bodenbearbeitung.

Oberflächliche Bodenbearbeitung kommt im forstlichen Betriebe überwiegend zur Beseitigung einer schädlichen Bodendecke in Anwendung. Diese kann entweder aus reinen Rohhumusablagerungen (z. B. in Buchenbeständen) oder aus solchen in Verbindung mit Beerkräutern und Heide, seltener mit Moos (Fichten- und Kiefernbeständen), sowie endlich aus Gras und Unkräutern aller Art bestehen.

Reine Rohhumusschichten. In licht gestellten oder der Einwirkung austrocknender Winde ausgesetzten Buchenbeständen lagern sich leicht Rohhumusschichten ab, welche bei stärkerer Auslichtung nicht oder nicht genügend zersetzt werden und eine natürliche Verjüngung verhindern. Eine oberflächliche Bodenbearbeitung zerstört den festen Zusammenhang der Humusschichten (es ist dies die bedeutsamste Einwirkung), führt zu einer besseren Durchlüftung und günstigerer Gestaltung der Feuchtigkeitsverhältnisse des Bodens und eröffnet den Keimpflanzen den Zugang zum Mineralboden.

Ziemlich die gleiche Wirkung wird durch Bodenverwundung in moosbedeckten Böden hervorgerufen. In weitaus den meisten Fällen ist das Moos von einer mehr oder weniger mächtigen Schicht von humosen Resten unterlagert, welche nicht nur das Eindringen der atmosphärischen Niederschläge erschwert, sondern auch der Wurzelentwickelung der jungen Baumpflanzen oft unüberwindbaren Widerstand entgegensetzt.

In noch höherem Grade gilt dies für Rohhumusbildungen, welche mit Heide oder Beerkraut bewachsen sind. Bei diesen ist die zu erstrebende Einwirkung die Beseitigung der Konkurrenz dieser Pflanzen und namentlich die Herbeiführung einer günstigeren Humuszersetzung.

Bodenbearbeitung auf mit Gras und Unkräutern bewachsenen Böden soll diese Pflanzen beseitigen oder in ihrer Entwickelung hemmen und dadurch alle die ungünstigen Wirkungen eines solchen Nebenbestandes zumal auf Wassergehalt des Bodens u. s. w. aufheben (Seite 263).

Mehr oder weniger wird durch alle diese Arbeiten eine physikalisch abweichende Bodenschicht gebildet. Bei vielen Arbeiten, zumal im landwirthschaftlichen, seltener im forstlichen Betriebe (Behacken und dergleichen) ist dies der Hauptzweck. Die Einwirkungen derartiger selbst sehr wenig mächtiger, auflagernder Schichten ist eine ganz überraschend starke.

Wollny*) führte hierüber eine Reihe von Untersuchungen aus, welche dies gut hervortreten lassen. Die gelockerte, oben aufliegende

---

*) Forschungen der Agrikulturphysik III, S. 325.

Schicht trocknet meist rasch aus und wirkt dann als schützende Hülle
für den unterliegenden Boden. Das Eindringen des Wassers wird
erleichtert, die Verdunstung herabgesetzt.

Am wenigsten bedeutsam ist noch die Beeinflussung der Temperatur.
Wollny fand z. B. (zweistündige Beobachtungen an einzelnen Tagen)
an der Oberfläche und in 10 cm Tiefe eines behackten und unbehackten
humosen Kalksandes folgende Tagesmittel. (Die eingeklammerten Zahlen
geben die Schwankungen, also die Unterschiede zwischen Maximal= und
Minimaltemperatur in Graden.)

	Behackt		Nicht behackt	
	Oberfläche	10 cm Tiefe	Oberfläche	10 cm Tiefe
19. August 1878	18,63°	18,93°	19,27°	19,86°
	(15,5°)	(5,8°)	(18,4°)	(7,0°)
20. August 1878	16,48°	17,53°	16,72°	17,97°
	(5,2°)	(1,8°)	(5,5°)	(2,0°)
12. September 1878	17,36°	17,37°	17,42°	17,49°
	(15,0°)	(4,9°)	(15,5°)	(5,6°)
13. September 1878	18,00°	17,77°	18,05°	17,85°
	(11,6°)	(4,2°)	(12,3°)	(4,6°)

Die Schwankungen der Temperatur sind daher durch
Lockerung der obersten Bodenschicht in der wärmeren Jahres=
zeit beträchtlich vermindert. Wenn sich dies natürlich auch bei
verschiedenen Verhältnissen (Bewölkung oder klarem Himmel) in wech=
selndem Grade geltend macht, so ist es doch bei allen vorliegenden Be=
obachtungen zu bemerken.

Ueber die Einwirkung der oberflächlichen Bodenlockerung auf den
Feuchtigkeitsgehalt ist man durch Wollny unterrichtet, dessen Unter=
suchungen über den Einfluß einer schwachen Sanddecke, die mit dem
einer gelockerten Bodenschicht übereinstimmt, ebenfalls herangezogen
werden können.

Die folgende Zusammenstellung giebt die hauptsächlichsten beob=
achteten Daten:

	Humoser Kalksand			Lehm	
		mit 5 cm Sand bedeckt	unbedeckt	mit 5 cm Sand bedeckt	mit 1 cm Sand bedeckt
400 qcm Oberfläche ver- bunsteten g Wasser .	unbedeckt 15231	9115	13432	9149	7811

	Reiner Kalksand		Humoser Kalksand	
	behackt	nicht behackt	behackt	nicht behackt
400 qcm Oberfläche verdunsteten g Wasser (vom 23. August bis 14. September) . .	1135	1345	1015	1236

27*

Dem entsprechend war der Wassergehalt der obersten 2 cm Boden (Oberfläche) und der nächsten 20 cm bei einer Untersuchung:

		behackt	nicht behackt
Humoser Kalksand	Oberfläche . .	6,31 %	9,33 %
	tiefere Schicht.	29,65 „	28,64 „
Reiner Kalksand .	Oberfläche . .	1,14 „	5,27 „
	tiefere Schicht.	13,60 „	10,69 „
Lehm .	Oberfläche . .	3,48 „	6,21 „
	tiefere Schicht.	17,25 „	17,28 „

Im Laufe des Jahres fanden sich z. B. im humosen Kalksand Unterschiede des behackten und nicht behackten Bodens bis zu 5 %. In weniger niederschlagsreichen Gegenden (die Untersuchungen sind in München ausgeführt) werden wahrscheinlich die Differenzen noch größere sein.

2. Tiefkultur.

Tiefkultur bewirkt auf bestandenem Boden das Unterbringen der Bodendecke, Mischung der Bodenschichten und Lockerung des Bodens beziehentlich Förderung der Krümelstruktur.

Im landwirthschaftlichen Betriebe, wo fast alljährlich der Boden umgebrochen wird, ist die Unterbringung der Bodendecke von geringer, dagegen im forstlichen Betriebe von größerer Bedeutung.

Durch die Mischung der aufgelagerten Pflanzenreste werden diese dem Boden nutzbar gemacht, und wenn sie sich allmählich zersetzen, erfolgt eine Anreicherung des Bodens an humosen Stoffen und eine Steigerung der Krümelstruktur. Es ist daher das Unterbringen der Bodendecke immer vortheilhaft. Bedenken hat es jedoch, eine starke Lage von Grasfilz oder Rohhumus horizontal in den Boden zu lagern (z. B. am Grunde von Rajolstreifen), da diese leicht eine für die Wurzeln in den ersten Jahren schwer durchdringbare Schicht bilden können. Es liegen zwar noch keine Untersuchungen hierüber, sowie in Bezug auf Zeitdauer der Zersetzung vor, jedenfalls ist es aber vorzuziehen, die Bodendecke entweder in vertikaler Richtung oder besser in zerkleinertem Zustande mit dem Mineralboden zu mischen.

Die Mischung verschiedener Bodenschichten hat ebenfalls für den forstlichen Betrieb größere Wichtigkeit als für den landwirthschaftlichen. Bei dem letzteren vermeidet man thunlichst die Grenzen des alljährlich gedüngten und dauernd gelockerten Bodens zu überschreiten. Die Einmischung des tiefer liegenden „rohen Bodens" ohne entsprechend verstärkte Düngung wird den Ertrag eher schmälern als steigern.

Im forstlichen Betriebe dagegen, welcher eine regelmäßige Düngung nicht kennt, wird durch eine tiefer greifende Bodenbearbeitung die an Mineralstoffen meist arme obere Bodenschicht mit den reicheren tieferen Bodenlagen gemischt und so auch die Ernährung der Baumpflanzen gebessert sowie der Auswaschung der löslichen Bestandtheile entgegen gewirkt.

Tiefgehende Bodenbearbeitung veranlaßt starke Veränderungen der physikalischen Eigenschaften des Bodens.

Der Wassergehalt gelockerter Böden ist ein anderer als der in dichter Lagerung. Die Wasserkapacität sowie die kapillare Leitung wird durch Krümelung und Lockerung erheblich herabgesetzt; in der feuchten Zeit des Jahres enthalten daher bearbeitete Böden in der Regel weniger Wasser als dicht gelagerte. Andererseits ist die Verdunstung lockerer Böden eine wesentlich geringere, und das Eindringen der Niederschläge ist sehr erleichtert, beide Faktoren bewirken in Zeiten anhaltender Trockenheit oder geringer Niederschläge höheren Wassergehalt im bearbeiteten als im unbearbeiteten Boden (vergleiche Seite 65—83).

Für Waldböden wirkt in vielen Fällen noch die Beseitigung der für Wasser schwer durchlässigen, humosen, auflagernden Schicht mit. Dies, sowie namentlich das leichtere Eindringen des Regenwassers, ermöglichen gelockerten Böden auch schwache Niederschläge in die Tiefe zu leiten (die dann nicht ohne Nutzen von der Oberfläche verdunstet werden). Es sind dies wohl die Hauptgründe, welche den Wassergehalt der bearbeiteten Böden in trocenen Zeiten so günstig beeinflussen. Zumal auf Sandböden ist es oft auffällig, welche Unterschiede sich zwischen dem Feuchtigkeitsgehalt unmittelbar benachbarter Flächen zeigen, die sich nur durch verschiedene Bodendecken und durch Bearbeitung veränderte Lagerung der kleinsten Theile unterscheiden.

Die Temperatur gelockerter Böden ist in Folge der verminderten Wärmeleitung durchschnittlich niedriger als die festgelagerter, dafür sind in den letzteren die Temperaturschwankungen größer. Jedenfalls tritt die Einwirkung der Temperatur für das Pflanzenleben zurück, da es sich in der Regel nur um mäßige Unterschiede handelt.

Die Durchlüftung des Bodens ist im gelockerten Boden eine sehr viel günstigere als im dicht gelagerten, und macht sich dies namentlich in feinkörnigen Böden bemerkbar.

Es giebt jedoch bestimmte Bedingungen, welche die Wirkung der Bodenbearbeitung ungünstig gestalten können. Ist der Boden sehr steinhaltig und sind namentlich die einzelnen Bruchstücke schieferig ausgebildet, so kann die Feinerde nach Lockerung in die tieferen Bodenschichten gespült werden, und die groben Gemengtheile häufen sich an der Oberfläche an. Fast ebenso ungünstig für die Vegetation ist es, wenn zwischen den gelockerten Steinen hohle Räume im Boden bleiben. Auf viele Verwitterungsböden von schieferigen Gesteinen, Porphyren und dergleichen wirkt daher Bearbeitung oft überwiegend ungünstig.

Ein anderer bei der Bearbeitung von Lehm- und Thonböden sehr zu beachtender Umstand ist die Mächtigkeit der gekrümelten Schicht. Ist diese nur gering und der unterliegende Boden reich an sehr feinerdigen Bestandtheilen (Thon), so kann durch eine tief greifende Bearbeitung die Krümelung fast völlig zerstört werden, nicht unähnlich, wie bei einer Verschlämmung durch fallenden Regen.

Bei schweren Bodenarten darf daher die Bearbeitung nicht wesentlich tiefer gehen als sich die gekrümelte Schicht erstreckt. Auf Außerachtlassen dieses Grundsatzes beruhen die oft recht ungünstigen Erfahrungen, die man im Waldbau mit Bodenbearbeitung auf schweren Kalk-, Thon- und Mergelböden gemacht hat. Bei Diluvialmergel, wird eine Bearbeitung vortheilhaft sein bis zum unterlagernden Lehm, nicht aber über diesen hinaus.

3. Kulturmethoden mit Aenderung der Bodenausformung.

Zu diesen Kulturmethoden gehören ebensowohl solche, welche im landwirthschaftlichen Betriebe geübt werden (Behäufeln, Beetkultur, Rabatten) als auch andere, die wesentlich dem Walde angehören, wie die Hügel- und Plaggenkultur.

Behäufeln und Dammkultur.*)

Die Einwirkung dieser Kulturarten erstreckt sich auf Temperatur und Feuchtigkeitsgehalt des Bodens. Bei der Dammkultur ergeben sich je nach der Richtung der Dämme von der Sonnenbestrahlung abhängige Unterschiede. Außerdem übt wahrscheinlich noch die herrschende Windrichtung nicht unerheblichen Einfluß.**)

Die Temperatur ist in den Dämmen im Durchschnitt höher, als auf ebenen Flächen, außerdem sind die Temperaturschwankungen in den Dämmen größere (nach Wollny) ergeben sich je nach Bodenart Unterschiede von 2,7—4,6° in 10 cm Tiefe und von 1,7—4,5° in 20 cm Tiefe). In der wärmeren Jahreszeit und zumal bei Sonnenbestrahlung während des Tages ist die Temperatur der Dämme beträchtlich höher als die der eben gelegenen Flächen.

Hierauf ist es wohl zurückzuführen, daß Pflanzenarten, welche für eine höhere Temperatur dankbar sind, günstig auf Behäufelung und

---

*) Als Dammkultur ist hier jede Bearbeitung des Bodens bezeichnet, durch welche einzelne Streifen dammartig über andere Theile des Bodens hervorragen.

**) Literatur:

Wollny, Forschungen der Agrikulturphysik, 3, S. 117 und 8, S. 17.

Marek, Mittheilungen des landwirthschaftlichen Instituts der Universität Königsberg 1882, S. 192.

Anbau auf Dämmen reagiren. Im forstlichen Betriebe gilt dies namentlich für die Eiche.

Der Wassergehalt ist in den Dämmen wesentlich geringer als in ebenen Flächen. Wollny fand Unterschiede von 1—5 Gew. $^0/_0$. Zumal die wasserärmeren Böden (Sand) waren am meisten beeinflußt, weniger die wasserreicheren.

Die Himmelsrichtung, nach welcher die Dämme verlaufen, macht sich in Bezug auf die Temperatur des Bodens wesentlich bemerkbar, und sind auch die Unterschiede in demselben Damm an der Nord- und Süd-, beziehentlich an der Ost- und Westseite nennenswerthe (die Nordseite ist nach Wollny im Durchschnitt der Tagestemperatur oft um 4^0, zur Mittagszeit um 10^0 kühler als die Südseite, während zwischen Ost- und Westseiten erhebliche Unterschiede nicht hervortreten).

Durch die verschiedene Sonnenbestrahlung sind Dämme von Nord nach Süd gleichmäßiger erwärmt; sie besitzen keine kalte Nord- und warme Südseite, wie die von Osten nach Westen verlaufenden Dämme, übertreffen diese auch in der Regel in Bezug auf die Durchschnittstemperatur.

Der Einfluß der herrschenden Windrichtung ist noch nicht untersucht worden; je nach der Lage kann er beträchtlich oder sehr gering sein. Auf allen mehr oder weniger exponirten Flächen wird man gut thun, die Dämme senkrecht zur Windrichtung anzulegen, da dann wenigstens eine Seite dem austrocknenden Winde nicht ausgesetzt ist.*)

Regeln für die Anwendung der Dammkultur im Forstbetrieb. Die vorliegenden Beobachtungen ermöglichen es, wenigstens einzelne Regeln für den forstlichen Betrieb abzuleiten.

Auf trockenen Bodenarten, zumal Sandböden, sind Anlagen von Dämmen zu vermeiden, zumal dann, wenn die Flächen den Winden ausgesetzt sind.

In feuchten Lagen wirken die Dämme vortheilhaft.

In warmen Lagen wähle man die Richtung der Dämme von Ost nach West, in kühlen von Nord nach Süd.

Rabattenkultur. Die Rabattenkultur unterscheidet sich von der Dammkultur dadurch, daß sie wohl stets die Ableitung eines Ueberschusses von Nässe bezweckt und zugleich eine größere oder geringere Menge von Erde aus den Gräben auf die benachbarten Dämme bringt. Liegen humose Bodenarten vor, so entspricht die Rabattenanlage in ihren Wirkungen zumeist dem Sanddeckverfahren bei Moorkulturen.

---

*) Daß thatsächlich eine Einwirkung geübt wird, zeigt z. B. die Beobachtung von Borgmann (De Hoogvenen van Nederland), daß die Vegetation von Moorgräben eine verschiedene, je nach der Himmelsrichtung, ist, in denen sie verlaufen; wenigstens wird das Wachsthum der Sphagneen wesentlich an Stellen, welche dem Westwind ausgesetzt sind, zurückgehalten.

Bei der Kostspieligkeit der Rabatten wird man im forstlichen Betriebe wohl immer nur dann zu ihnen greifen, wenn ein anderer Weg ausgeschlossen erscheint.

Hügelpflanzung.*) Die Hügelpflanzung gehört ausschließlich dem forstlichen Betriebe an. Sie besteht darin, aus dem umliegenden Boden, gelegentlich wohl auch aus den besseren Stellen der Fläche Boden zu gewinnen und ihn in kleinen Hügeln, die zumeist mit Rasenplaggen gedeckt werden, aufzuhäufen. Den Pflanzen wird in feuchten Geländen trockener Standort und in kühlen Lagen eine höhere Bodentemperatur verschafft, als bei Pflanzung in der ebenen Fläche.

Plaggenkultur. Besteht im Ausstechen von Plaggen auf sehr graswüchsigen und namentlich auf stark humosen Böden, die umgeklappt oder mit der Pflanzenseite nach unten gelagert werden.

Auf graswüchsigen Boden hat diese Kulturmethode wesentlich den Zweck, die Konkurrenz der Gräser einige Zeit fern zu halten. Auf moorigen und schwach moorigen Böden, zumal stark humosen Sanden, auf denen die Baumpflanzen außer unter den Gräsern noch unter Trockenheit im Sommer, Ueberfluß an Nässe im Winter und unter Auffrieren zu leiden haben, ist die Plaggenkultur vortheilhaft, wenn Boden des Untergrundes, in der Regel Sand, mit herausgehoben wird. Die Plaggen sind dann eine Art Sanddeckkultur im kleinsten Maßstabe und beeinflussen den Pflanzenwuchs im hohen Grade vortheilhaft, und üben wahrscheinlich (Untersuchungen liegen nicht vor) ähnliche Wirkungen aus, wie dies für die Sanddecke auf Moor gilt (Seite 442).

Die Pflanzenschicht und der oft sehr starke Filz der Graswurzeln muß jedoch durchstochen werden, wenn die Baumpflanzen auf Plaggen nicht in trockenen Zeiten unter Wassermangel leiden sollen.

4. Durchbrechung tieferer Bodenschichten.

Hier kommen im forstlichen Betriebe namentlich Ortstein und Raseneisenstein in Betracht; die Kultur solcher Böden ist im § 106 behandelt.

Häufig handelt es sich ferner um Durchbrechung von Thon- und Lettenschichten, sowie um die Senkung des Wasserspiegels. Die Beeinflussung des Bodens wird je nach den Verhältnissen eine verschiedene sein, im Allgemeinen wird die Bodentemperatur erhöht, die Durchlüftung gesteigert und damit zugleich die Zersetzung humoser Stoffe eine günstigere werden.

---

*) von Manteuffel, Die Hügelpflanzung der Laub- und Nadelhölzer. 3. Auflage 1865.

5. Bodenbearbeitung im forstlichen Interesse.

In der Regel wird im forstlichen Betriebe eine volle Boden=
bearbeitung am Kostenpunkt scheitern; streifenweise und löcherweise
Bodenbearbeitung bildet die Regel. Alle die Beeinflussungen des
Bodens, welche Seite 417—422 besprochen sind, werden sich auch hier
geltend machen, aber in um so abgeschwächterem Maße, je kleiner
die bearbeitete Fläche wird. Die Einwirkung auf Temperatur und
Feuchtigkeit wird naturgemäß in einem schmalen Streifen geringer sein,
als auf ganzen Flächen, und in einem Loche geringer als in einem
Streifen. Vergleichende Untersuchungen fehlen.

Bemerkenswerth ist, daß man bei der Kultur mit dem Waldpflug,
wie diese namentlich in Norddeutschland üblich ist, auf den Vortheil
einer Mischung der meist reichlich vorhandenen humosen Ablagerungen
mit dem Mineralboden verzichtet. Die Bodendecke wird hierdurch in
dicken Schichten vielfach schädlich und nach kaum einer Richtung für den
Wald nützlich, an beiden Seiten des gepflügten Streifens abgelagert.
Bei ungünstigeren Bodenverhältnissen erhalten sich diese Rohhumus=
anhäufungen oft Jahrzehnte und kann man ihre Reste selbst noch in
Stangenhölzern antreffen.

6. Verhalten der Hauptbodenarten bei der Bearbeitung.

a) Stein= und Geröllböden.

Bodenbearbeitung auf Steinböden, soweit sie überhaupt ausführbar
ist, wirkt überwiegend ungünstig. Die geringen Mengen feinerdiger
Bestandtheile werden weggeführt, der Boden so sehr gelockert, daß die
Wurzeln der jungen Pflanzen schwer Halt finden. Im forstlichen Kultur=
betrieb vermeidet man daher Bearbeitung oder führt sie in der Weise
aus, daß man Pflanzenlöcher oder Mulden herstellt, die mit fruchtbarer
Erde gefüllt und nach der Pflanzung oberflächlich mit kleinen Steinen
gedeckt werden.

b) Sandböden.

Die Bodenbearbeitung wirkt meist sicher und vortheilhaft, und
zwar je tiefer um so besser. Der Wassergehalt wird in trockenen
Zeiten günstig beeinflußt, eine Mengung der tiefer lagernden mineral=
stoffreicheren Bodenschichten mit dem fast stets mineralstoffarmen Ober=
boden findet statt.

c) Lehmböden.

Die Bodenbearbeitung soll nicht wesentlich tiefer gehen, als bereits
gekrümelter Boden vorhanden ist, oder wenigstens an abschlämmbaren
Stoffen ärmere Bodenschichten vorliegen. Erstreckt sich der Eingriff
in thonreichere Schichten, so kann die Krümelstruktur völlig zerstört
werden und die Bodenbearbeitung in hohem Grade ungünstig einwirken.

d) Thonböden.

Die Bodenbearbeitung darf die Tiefe der gekrümelten Schicht kaum überschreiten, vortheilhaft beschränkt sie sich nur auf eine oberflächliche Behackung; tiefer gehende Bodenbearbeitungen wirken fast stets schädlich.

e) Kalkböden.

Flachgründige Kalkböden sind meistens steinreich und erdarm; eine Bodenbearbeitung wirkt daher in der Regel wenig vortheilhaft. Tief- gründige Kalkböden schließen sich in ihrem Verhalten den Thonböden an, und gelten die dort gegebenen Regeln.

f) Humusböden.

Eine Bodenbearbeitung lockert die an sich losen Böden im hohen Grade; schon bei stark humosen Sanden wirkt sie in feuchter Lage ungünstig ein und steigert das Auffrieren des Bodens erheblich. Vor- theilhaft wird eine Bearbeitung derartiger Böden, wenn die reinen, nicht humosen Sandschichten des Untergrundes als Decke oben auf den Boden gebracht werden.

g) Böden abweichender Schichtung.

Bodenbearbeitung ist unbedingt nothwendig in allen Fällen, wo eine undurchlässige Schicht Obergrund und Untergrund des Bodens trennt. Eine ungenügende Ausführung ist z. B. auf Ortsteinböden schlimmer als gar keine Bearbeitung.

Allgemeine Regeln lassen sich jedoch für die Bearbeitung von Böden mit abweichender Schichtung nicht aufstellen; es sind die lokalen Verhältnisse zu berücksichtigen.

h) Böden mit Grundwasser.

Bodenbearbeitung ohne nennenswerthe Entwässerung wirkt auf Flächen, die in geringer Tiefe Grundwasser anstehen haben, sehr ver- schieden, in der Regel aber nicht günstig ein.

In der Nähe des Grundwassers macht sich die größte Wasser- kapacität (Seite 65) der Böden geltend. Durch Lockerung können unter diesen Umständen die Räume des Bodens, welche kapillar zu wirken vermögen, an Zahl sehr zunehmen und die Folge einer Boden- bearbeitung ist ein höheres Ansteigen des vorher schon überreichlichen Bodenwassers.

Erscheint eine Entwässerung derartiger Böden nicht angebracht, so ist es namentlich unvortheilhaft, feinkörnigere, tiefer lagernde Boden- schichten mit grobkörnigeren, auflagernden zu mischen. Am vortheil- haftesten ist es, eine auflagernde, möglichst grobkörnige Schicht des Bodens zu erhalten zu suchen, eventuell die Bodenbearbeitung nicht bis zur Grundwasserschicht zu führen.

Die angegebenen Schwierigkeiten machen sich nur dann geltend, wenn das Grundwasser sehr hoch steht: je tiefer sein Stand ist, um so günstiger wird, zumal bei Sandböden, eine Bodenbearbeitung wirken.

§ 106. IV. Kultur auf Ortstein und Raseneisenstein.

1. Ortstein.

Die ausgedehnte Literatur über Ortsteinkultur und die Methoden der Heide=
aufforstung findet sich namentlich in:

Burckhardt, Aus dem Walde.

Vereinsblatt des Heide=Kultur=Vereins für Schleswig=Holstein.

Zahlreiche Einzelarbeiten finden sich in den übrigen forstlichen Zeitschriften.
Grundlegende Arbeiten über den Gegenstand sind:

Emeis, Waldbauliche Forschungen und Betrachtungen, Berlin 1876.

Müller, Die natürlichen Humusformen, Berlin (mit sehr vollständigen Lite=
raturangaben).

Ramann, Bildung und Kultur des Ortsteins, Zeitschrift für Forst= und
Jagdwesen 1886, S. 1.

Reich an Untersuchungen über diesen Gegenstand ist die dänische Literatur,
zumal: Tidsskrift for Skovbrug und Hedeselskabs Tidsskrift.

Die Bildung und die Eigenschaften des Ortsteins sind bereits früher
(Seite 234) behandelt.

Die Entstehung des Ortsteins, sowie die Wirkung der Kultur=
methoden auf Ortsteinböden gehört zu den wenigen gut durchgearbeiteten
Kapiteln des Waldbaues, so daß es möglich ist, bestimmte Kulturmethoden
anzugeben und nachzuweisen, daß Abweichungen davon immer unvor=
theilhaft und oft schädlich sind.

Die Schichtenfolge der Ortsteinböden ist fast stets folgende:

1. stark humose, meist als Rohhumus oder Trockentorf
   ausgebildete Humusschicht;
2. Grau=(Blei=)Sand;
3. Ortstein;
4. Rohboden, meist Sand, zuweilen auch Lehm= oder Ge=
   steinsgruß.

Je nach der Ausbildung des Ortsteins in weicherer, durchdring=
barer Form (Branderde), oder in fester, aber wenig mächtiger
Schicht (gewöhnliches Vorkommen des Ortsteines), oder als sehr
tiefgehende, mächtige, dann meist heller braun gefärbte Schicht, sind
die Schwierigkeiten, welche der Bodenbearbeitung entgegenstehen, sehr
verschieden.

Nach dem Vorkommen kann man unterscheiden:

a) Ortstein in trockenen Lagen.

Hier finden sich meist wenig mächtige, als Branderde oder als
fester Ortstein ausgebildete Schichten in mäßiger Tiefe des Bodens.
In der Regel findet sich die hauptsächlichste Abscheidung des Ortsteines
an den Abhängen schwacher Bodenerhebungen, während die Senken

vielfach, die Kuppen in der Regel frei von Ortstein geblieben sind. Ein großer Theil der Ortsteinböden der Lüneburger Heide, des Schleswig'schen Landrückens zeigen den Ortstein in dieser Form.

b) Ortstein in feuchten Lagen.

Während die trockenen Lagen überwiegend die höher gelegenen Gebietstheile einnehmen, findet sich Ortstein in feuchten Lagen naturgemäß mehr in tiefer gelegenen Gelände oder in Gebieten mit reichlichen Niederschlägen und höherer Luftfeuchtigkeit. Die Heiden, welche das die Nordsee umgebende Tiefland zum großen Theil bedecken und meist Ortstein im Untergrunde führen, gehören hierher; ebenso viele Gebiete der cimbrischen Halbinsel, wo nasse Heiden nach Norden immer reichlicher werden.

Der Boden ist meist mit einer starken Schicht von blauschwarzem Heidetorf bedeckt, die Bleisandschichten sind in der Regel von beträchtlicher Mächtigkeit, und der Ortstein ist überwiegend von heller Farbe, geringem Gehalt an verkittenden organischen Stoffen und äußerst zäh und dicht gelagert. Die einzelnen Sandkörner sind oft fast filzig dicht zusammengelagert. Es sind dies für die Kultur die ungünstigsten Arten der Ortsteinböden, aber andererseits begünstigt der höhere Feuchtigkeitsgehalt die Entwickelung der Bäume.

c) Ortstein unter altem Waldbestand.

Das Vorkommen des Ortsteins unter altem Waldbestand ist ein weit verbreitetes; sowohl in trockenen wie feuchten Lagen kann er sich finden, ist aber im Allgemeinen für die Waldvegetation weniger ungünstig als auf Gebieten, die bereits von der Heide eingenommen wurden.

Veränderungen des Ortsteins. An die Luft gebracht und dem Froste ausgesetzt, zerfällt der Ortstein in ein hell- bis dunkelbraunes Pulver, welches allmählich durch Verwesung die organischen Stoffe verliert und als Rückstand den normalen Verwitterungsboden des Gebietes, in der Regel einen gelblich gefärbten Sand, zurückläßt. Je reicher der Ortstein an organischem Bindemittel ist, um so rascher, je ärmer, um so langsamer, erfolgt der Zerfall. Die hellbraun gefärbten, an humosen Stoffen armen Ortsteine widerstehen daher der Verwitterung viel länger als die dunklen Abarten.

Die Umbildung des Ortsteines bei ungestörter Lagerung macht sich namentlich in der Bildung von Töpfen bemerkbar. Der Ortstein wirkt als schwer durchlässige Schicht, Wasser sammelt sich auf ihm an und kann nur allmählich in die Tiefe absickern. Immer werden sich einzelne Stellen finden, an denen der Wasserabfluß leichter statt findet, und hier bilden sich allmählich Ausstülpungen des Ortsteins in dem unterliegenden Boden „die Töpfe". Man kann in Ortsteingebieten deren Entstehung in allen Uebergängen verfolgen: von den ersten noch

kaum durch dunklere Farbe und wenig dichteren Zusammenhang sich
unterscheidenden Bodenstellen bis zur vollen, von dem überliegenden
Ortstein nicht zu unterscheidenden Ausbildungsform (e in Abb. 32).

Erfolgt eine Durchbrechung des Ortsteines, sei es durch Absterben
von Wurzeln vorhandener Bäume, äußere Zufälligkeiten oder bei
Kulturarbeiten, so findet natürlich der Wasserabfluß dort den geringsten
Widerstand, und da alle Bedingungen zur raschen Auswaschung des
Bodens gegeben sind, so entsteht in und unter der Durchbrechung Blei-
sand. Ist erst dieser vorhanden, so kann sich an dessen Grenzen auch

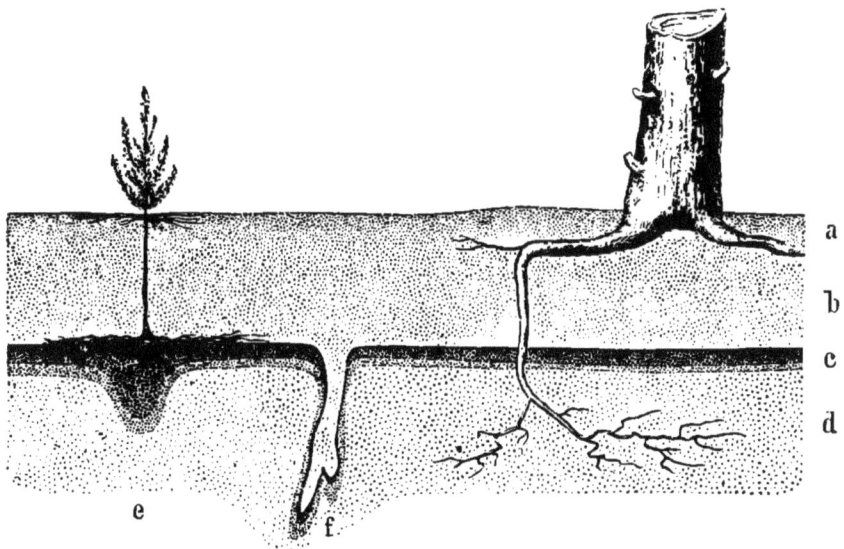

Abb. 32.
1. Topfbildung auf Ortsteinböden. e gewöhnliche Form, f nach Durchbrechung der
Ortsteinschicht.
2. Entwickelung der Pflanzen auf Ortsteinböden. Links Heidepflanze, rechts Kiefer.
Die Wurzelverbreitung erfolgt nur in der humosen Schicht (a), nicht im Bleisand (b) und auf der
Ortsteinschicht (c) bei der Heide; während eine Wurzel der Kiefer den Ortstein durchbrochen hat und
sich im Sande des Untergrundes (d) ausbreitet.

wieder Ortstein abscheiden, und der Vorgang wird sich so lange wiederholen, bis endlich in tieferen Schichten der Widerstand, den der dicht
gelagerte Boden dem Eindringen des Wassers entgegensetzt, so erheblich
wird, daß die Abscheidung von humosen Stoffen die Auswaschung des
Bodens überholt und eine allseitig geschlossene, mit Bleisand erfüllte
Ortsteinröhre, entsteht (f in Abb. 32).

Aus diesem Verhalten zeigt sich eine der für die Kultur wichtigsten
Eigenthümlichkeiten des Ortsteins. Während jedes andere Gestein,
einmal durchbrochen, weiter der Verwitterung unterliegt,
regenerirt sich der Ortstein wieder.

Verhalten der Pflanzen auf Ortsteinböden.

Das Verhalten der Pflanzen auf Ortsteinböden, zumal im Heide-gebiet, ist ein sehr charakteristisches. Die Verbreitung der Wurzeln wird hauptsächlich durch die Vertheilung der Nährstoffe im Boden bedingt (Abb. 32).

Die Heidepflanzen zeigen eine starke Wurzelverbreitung in der obersten Humusschicht, eine dünne Pfahlwurzel, welche ohne oder fast ohne Verzweigung den Bleisand durchsetzt und eine sehr starke Wurzel-entwickelung auf der Oberfläche des Ortsteines (Abb. 32).

Die Kiefer zeigt ebenfalls Wurzelentwickelung in der obersten Humusschicht, und wenn sie überhaupt auf die Dauer gedeiht, findet sich stets, daß eine der Wurzeln die Ortsteinschicht durchbrochen und die Funktion der Pfahlwurzel übernommen hat, indem sie sich in dem Mineralboden unterhalb des Ortsteines verbreitet. Es entsteht so die eigenthümliche Ausbildung, wie sie in Abb. 32 skizzirt ist, die man in allen Kiefernbeständen auf Ortsteinboden wiederfinden kann; auch bei der Kiefer fehlt jede Verzweigung der Wurzel in der Bleisandschicht.

Die Fichte bildet ihre flachstreichenden Wurzeln zumeist in der obersten Humusschicht aus, bleibt aber dann in der Entwickelung stark zurück; günstiger gestaltet sich das Verhalten, wenn die Wurzeln die Oberfläche der Ortsteinschicht erreichen und sich auf dieser hinziehen.

Kulturmethoden.

Jeder Kultur hat eine genaue Bodenuntersuchung voraus-zugehen. Es gilt dies sowohl für alte Waldbestände wie in noch höherem Maße für neu aufzuforstende, meist mit Heide bestandene Flächen.

Der Ortsteinboden leidet

1. unter der ungünstigen Beschaffenheit der Humusdecke,
2. unter der Armut des Bleisandes an mineralischen Nähr-stoffen,
3. unter dem Vorkommen einer undurchlässigen Schicht, dem Ortstein, im Boden.

Der Wassergehalt der Ortsteinböden ist bei schwacher Boden-decke ein sehr wechselnder. In der kalten Jahreszeit sind meist reich-liche Ansammlungen von Wasser vorhanden, in der wärmeren Jahres-zeit trocknet der Boden völlig aus. Unter mächtigen Humusschichten dagegen erhält sich der Boden auch während der wärmeren Jahreszeit frischer, als unbedeckter Boden. Wenn trotzdem die Kulturen im ersten Falle schlechter gedeihen, so liegt dies an der ungünstigen Einwirkung des Humus. Müller*) hat die Wasserverhältnisse der Ortsteinböden durch einige Beobachtungsreihen festgestellt. Er fand folgenden Wassergehalt:

	Unter Heidetorf von Heide bedeckt		Auf Sandblöße mit Heide, Thymian, Moos, meist kahl	
	in 20 cm Tiefe	in 50 cm Tiefe	in 20 cm Tiefe	in 50 cm Tiefe
1880/81	7,58	5,30	2,97	3,37 %

Die anwendbaren Kulturmethoden ergeben sich nun aus den Eigenschaften des Ortsteins und der Ortsteinböden ziemlich leicht.

Nothwendig ist eine Beseitigung der Rohhumusschichten, die am besten mit dem Mineralboden gemischt werden und eine Durchbrechung des Ortsteines, um den Bäumen den Zugang zu den reicheren, tieferen Bodenlagen zu ermöglichen.

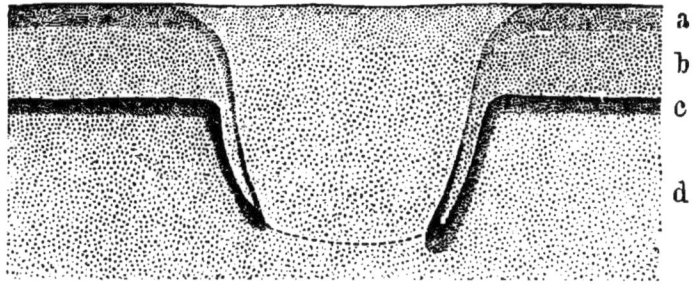

Abb. 33. Altes Stubbenloch im Ortsteinboden.

a humose Schicht, b Bleisand, c Ortstein, d Sand des Untergrundes. Der mittlere Theil der Fläche ist durch Roden eines Baumstubben rajolt, eine Neubildung von Ortstein ist nicht eingetreten, wohl aber haben sich an den Rändern des Stubbenloches tiefe mit Bleisand erfüllte Töpfe gebildet.

Erfolgt eine lokale Durchbrechung des Ortsteines, so wird sich diese in längerer oder kürzerer Zeit wieder schließen, wie es Seite 429 dargelegt ist. Auch über das Verhalten bei breiteren Durchbrechungen kann man in der Natur Auskunft erhalten.

In Abbildung 33 ist das Profil eines alten Stubbenloches in Ortsteinböden gezeichnet. Verfasser fand dasselbe in einem Reviertheil der Oberförsterei Hohenbrück, später hatte er Gelegenheit, ähnliche Vorkommen mehrfach zu beobachten. Der gemischte Boden in der Mitte des Stubbenloches hatte eine wesentliche Aenderung nicht erfahren, aber an den Rändern desselben hatten sich an dem Ortstein (c der Abb.) tiefe Einstülpungen theilweis mit Bleisand (b) erfüllter Töpfe gebildet.

---

*) Natürliche Humusformen, Seite 180.

Es gelten daher für die Kulturmethoden folgende Grundsätze:

a) Löcher oder schmale Streifen werden sich durch Neubildung
von Ortstein in nicht allzu langer Zeit wieder schließen,

b) breite Streifen werden dagegen auf sehr lange Zeit, bei guter
Kultur der Flächen vielleicht auf unabsehbare Zeiträume die
Neubildung des Ortsteins verhindern.

Will man daher die beiden Kulturmethoden mit einander ver-
gleichen, so sind bei Berechnung der Rentabilität die Kosten einer
Bearbeitung in schmalen Streifen oder in Löchern für einen
Umtrieb einzustellen; Durchbrechung des Ortsteines in breiten
Streifen ist dagegen als Melioration, das heißt dauernde
Erhöhung des Bodenwerthes zu erachten.

1. Löcherkultur. Die Wirkung einer lochweisen Durchbrechung
der Ortsteinböden ist besprochen. Nach Ende des Umtriebes wird jedoch eine wesentliche Schädigung des Bodens eingetreten sein. An
Stelle einer gleichmäßigen, wenig mächtigen Ortsteinschicht, wird der
Boden von einer großen Anzahl tiefgehender Ortsteintöpfe durchsetzt
sein, die einer Melioration enorme Schwierigkeiten entgegensetzen.
Der Schaden, den eine Löcherkultur verursacht, steht demnach in
keinem Verhältniß zu dem möglichen Gewinn während eines Umtriebes.
Selbst eine gelungene Lochkultur auf Ortsteinböden ist daher mit einer schweren Schädigung des Bodenwerthes verbunden. Zudem kommt noch, daß diese Kulturmethode an sich meist
sehr schlechte Resultate giebt und die auflaufenden Kosten für Nach-
besserung und Zuwachsverlust zuletzt viel höhere sind, als die einer
sofort richtig durchgeführten Melioration. Man kann, zumal auf
altem Heideland, derartige Kulturen sehen, welche mit ihren absterbenden flechtenbehangenen Krüppelwüchsen einen viel traurigeren
Eindruck hervorrufen, als die ursprüngliche Heide.

Die Löcherkultur ist daher auf Ortsteinböden eine grund-
sätzlich falsche und unter allen Umständen zu verwerfende
Maßregel.

2. Kultur in schmalen Streifen. Etwas günstiger, aber
immerhin noch unvortheilhaft, ist die Bodenbearbeitung in schmalen
Streifen. In vielen Fällen werden sich dieselben ebenfalls wieder
schließen und den Boden verschlechtert zurücklassen. Das Urtheil kann
daher kaum günstiger ausfallen als über die Löcherkultur.

3. Kultur in breiten Streifen. Auf allen Ortsteinböden in
trockener Lage und mit nicht zu mächtigen Ortsteinschichten ist die
Kultur in breiten Streifen die gegebene. Nach Ablauf längerer Zeit
werden die beiden Seiten zwar ebenso aussehen wie die Ränder des
Stubbenloches in Abb. 33; aber ein großer Theil des Bodens wird

der Waldkultur dauernd gewonnen sein, und auch auf den undurch=
brochenen Stellen ist es den Bäumen ermöglicht, ihre Wurzeln seitlich
in die Tiefe zu treiben.

Die Streifen selbst müssen eine genügende Breite, jedenfalls nicht
unter 1 m haben; die zu durchbrechende Erdschicht und der Abstand
der einzelnen Streifen muß sich natürlich nach den vorhandenen Mitteln
richten, es ist aber immer anzurathen, weniger Fläche gut als große
Gebiete ungenügend zu bearbeiten. Am vortheilhaftesten ist es, wenn
nicht eine volle Bodenbearbeitung möglich ist, so doch auf der Hälfte
und keinenfalls unter einem Drittel der Fläche den Ortstein zu durch=
brechen. Benutzbar hierfür sind Pflüge; es ist jedoch ein doppeltes
Pflügen nothwendig, einmal mit einem oberflächlich arbeitenden und
dann mit einem tiefgehenden Untergrundspflug. Vortheilhafter ist
Rajolen durch Handarbeit. Einmal wird hier die Mischung des Bodens
in viel vollkommnerer Weise bewirkt, zweitens ist es möglich, den Ortstein
auf den Boden zu bringen und man hat die Gewißheit, daß der Ortstein
auch wirklich zerfällt, andererseits wird die düngende Wirkung des
Ortsteins ausgenutzt, der durchschnittlich zehnmal mehr lösliche Mineral=
stoffe enthält, als der übrige Boden und so eine Anreicherung der
oberen Bodenschichten an löslichen Salzen mit allen Vortheilen der=
selben herbeiführt. Endlich kann man sich bei Handarbeit immer leicht
davon überzeugen, ob die Arbeit auch gut ausgeführt und der Ortstein
wirklich durchbrochen ist. Unterhalb des Ortsteins lagert gelb gefärbter
Sand, oberhalb der grauweiß gefärbte Bleisand. Ist daher der an
die Oberfläche gebrachte Sand gelblich oder bräunlich gefärbt, so muß
auch die Ortsteinschicht durchbrochen sein. Es ist dies ein einfaches
praktisches Hülfsmittel, welches wohl angeführt zu werden verdient.

4. Rabattenkulturen. Während in den trockneren Lagen die
Kultur in breiten Streifen das empfehlenswertheste ist, gilt das gleiche
für Rabattenkulturen in Ortsteinböden in nasser Lage. Fast
überall, wo auf Heiden Aufforstungen in nassen Lagen erfolgen sollen,
finden sich mächtige Schichten von Heidetorf, es sind meist Gebiete, die
sich im ersten Stadium der Hochmoorbildung befinden (z. B. Ilsoheide
in Holstein). Hier würde eine streifenweise Durchbrechung des Ort=
steins ohne gleichzeitige Regelung des Wasserstandes wenig Aussicht auf
Erfolg haben, dorthin gehört die Rabattenkultur mit breiten Gräben
und Ueberjandung der liegen bleibenden Nachbarstreifen. Zugleich ist
jedoch thunlichst eine zu tief gehende Entwässerung zu verhüten.
Mancherlei deutet darauf hin, daß die ungünstige Beschaffenheit des
tiefliegenden hell gefärbten Ortsteins durch Austrocknen im Boden
wesentlich gesteigert wird.

5. Kultur der Ortsteinböden mit altem Waldbestand.
Die Schwierigkeiten der Ortsteinkultur machen sich namentlich auf ent=

waldeten Gebieten geltend. Ortstein unter altem Waldbestand gefährdet in der Regel eine Kultur weniger als man annehmen sollte. Bei flachliegendem Ortstein ist auf trockenen Gebieten eine Durchbrechung in breiten Streifen immer rathsam, es ist eine Arbeit, welche dem Bestand dauernde Sicherung bietet. In feuchteren Lagen ist, zumal wenn der Wasserstand dauernd erhalten bleibt, häufig eine tiefgehende Kultur nicht nothwendig und genügt es, die humose Bodenschicht zu entfernen oder besser mit dem Mineralboden zu mischen, um eine Neukultur zu ermöglichen. Besonders empfindlich sind derartige Flächen gegen Austrocknung, alles, was daher den Boden schützen und decken kann, zumal Unterholz, ist daher thunlichst zu schonen.

Von Interesse ist auch das verschiedenartige Verhalten der Rohhumusschichten, welche je nach ihrer Abstammung, auch bei ziemlich gleichartigem Gehalt an mineralischen Nährstoffen oft recht wechselnde Einflüsse ausüben. Emeis (a. a. O.) beschreibt einzelne Theile des Segeberger Forstes, in denen trotz aller Pflege die Buchen in Folge der mächtig angesammelten Rohhumusschichten absterben und eine Neubegründung eines Buchenwaldes ausgeschlossen erscheint, wohl aber gedeiht die Fichte ganz vortrefflich.

In Dänemark sind derartige Beispiele nicht selten. Würde sich der Bestand selbst überlassen bleiben, so würde vielleicht die Fichte auf lange Zeit die herrschende Holzart werden, bis sie durch immer reichlichere Rohhumusablagerungen ebenfalls die Bedingungen ihres Gedeihens einbüßt, und wahrscheinlich würde dann die Heide von dem Gebiete Besitz ergreifen und als endliches Resultat sich eine Hochmoorbildung ergeben.

6. **Aussichten der Ortsteinkulturen.** Die Aussicht für die in großem Maßstabe unternommenen Aufforstungen der Heiden sind sehr verschiedene. Bei guter Kulturmethode sind sie auf fast allen trockenen Lagen günstige. Die Lüneburger Heide z. B. ist überwiegend ein devastirtes Waldland, vielfach mit Boden, der noch Laubholz zu tragen vermag. Hier bedarf es nur eines ersten Schrittes, um weite Flächen dauernd der Waldkultur wieder zu gewinnen. Allerdings ist eine gründliche Bodenbearbeitung die Voraussetzung des Erfolges. Viele der jetzigen Bestände, und die fiskalischen Forsten sind leider durchaus nicht hiervon auszunehmen, machen in Folge ungenügender Vorarbeiten oft einen recht traurigen Eindruck, und sie sind es zumeist, die als abschreckende Beispiele für die Aufforstungen angeführt worden sind.

In allen Lagen dagegen, wo sich tiefliegende, hell gefärbte Ortsteinschichten finden und es nicht möglich ist, den Wasserstand dauernd günstig zu erhalten, erscheint es vortheilhafter, Aufforstungen zu unterlassen oder sich mit der Zucht der Bergkiefer (Pinus montana var. uncinata) zu begnügen. Dieser Baum wächst noch auf solchen Flächen, bringt aber nur Knüppelholz.

Eine Durchbrechung des Ortfteines ift in folchen Lagen oft
völlig undurchführbar, und eine ungenügende Bearbeitung läßt erwarten,
daß in abfehbarer Zeit eine Neubildung des Ortfteines eintritt. In
Rajolftreifen auf derartigen Böden (Plantage Beftoft der Oberförfterei
Apenrade) fand Verfaffer bereits wieder Neubildungen von Bleifand.
Es ift zu fürchten, daß fpäter wieder Ortftein entfteht und die ganze
Kultur gefährdet.

2. Rafeneifenftein.

Rafeneifenftein bildet fich fortdauernd und unter der Mitwirkung
von niederen pflanzlichen Organismen an den Stellen, wo eifenhaltige
Wäffer zu Tage treten (Seite 130). Der Rafeneifenftein gehört alfo
wie der Ortftein zu den feltenen Bildungen, welche fich dauernd er-
neuern, wenn nicht die Urfachen feines Entftehens befeitigt werden
können, und dies ift bei Rafeneifenftein viel weniger ausführbar als
beim Ortftein. Schon hieraus ergiebt fich, daß die Kultur bei jenem
weniger Ausficht hat als bei diefem.

Der Rafeneifenftein findet fich entweder in kugeligen Konkretionen
zwifchen den übrigen Bodentheilen eingelagert oder in mächtigen ge-
fchloffenen Bänken in feuchten Gebieten.

Im erften Fall hat das Vorkommen keine weiteren fchädlichen
Einwirkungen auf die Pflanzenwelt, ein entfprechendes Durcharbeiten
des Bodens genügt in der Regel, die Kultur zu fichern. Viel un-
günftiger verhält fich der Rafeneifenftein in mächtigen Bänken. Diefe
lagern wohl faft immer im Bereich des Wafferfpiegels, und um hier
eine Kultur zu ermöglichen, ift eine Durchbrechung diefer Schichten
und eine dauernde Senkung des Waffers nothwendig. Ob hierdurch
nicht in den meiften Fällen größerer Schaden hervorgerufen wird, als
dem Gewinne der doch in der Regel geringwerthigen Fläche entfpricht,
muß lokal entfchieden werden.

Viel bedenklicher ift jedoch, daß man faft ftets mit der Neubildung
des Rafeneifenfteins zu rechnen hat. Die Bedingungen bleiben auch
nach Durchbrechung der vorhandenen Schichten und Senkung des Wafferfpiegels unverändert beftehen, nur wird fich der neu entftehende Rafeneifenftein in tieferer Lage abfetzen.

Will man daher eine Kultur von entfprechenden Flächen ausführen,
fo ift eine Senkung des Wafferfpiegels unter die untere Grenze des
vorhandenen Rafeneifenfteins, fowie eine ftreifenweife Durchbrechung
desfelben nothwendig. In der Regel wird aber eine derartige Arbeit
fo theuer werden, und ftehen vielfach fo zahlreiche Bedenken entgegen,
daß man wohl vortheilhafter davon abfieht.

§ 107. V. Die Kultur der Moore.

Die Kultivirung der ausgedehnten, vielfach ertraglosen Moore und ihre Ueberführung in ertragreichere Flächen ist eine der wichtigsten landwirthschaftlichen Meliorationen der Neuzeit geworden. Die Durcharbeitung der Kulturmethoden ist namentlich der Moorversuchsstation in Bremen zu verdanken.*)

1. Voruntersuchung.

Eine Moormelioration beansprucht zunächst eine gründliche Untersuchung des Bodens. Für größere Flächen thut man gut, die einzelnen Beobachtungspunkte, die Beschaffenheit des Moores und auch die durchschnittliche Mächtigkeit der Moorschicht in eine Karte einzutragen.

Schon hierbei stellt sich die mehr oder minder günstige Beschaffenheit des Moores für die Pflanzenproduktion heraus. Je gleichmäßiger humisicirt die organischen Reste und je einheitlicher, in den tieferen Lagen fast speckartig, in den oberen erdartig, der Boden ist, um so günstiger, je mehr faserige, wenig zersetzte Pflanzenstoffe vorhanden sind, um so geringwerthiger ist der Boden. In Grünlandsmooren gehören die wenig zersetzten Pflanzenreste dem Wollgras und sehr oft dem Schilf (Phragmites communis) an, dessen starke Wurzelknoten oft lange der Humificirung Widerstand leisten.

Das Vorkommen von Wiesenkalk als Schicht in der Mitte der Wiesenmoore sowie das von Alm am Grunde der Moorsubstanz und an der Grenze des unterlagernden Mineralbodens ist ebenfalls zu berücksichtigen. Desgleichen das Auftreten von Aucthon, der in Mooren, welche von langsam fließenden Bächen durchschnitten werden, nicht selten zur Ablagerung gekommen und dessen Gegenwart für den Erfolg der Melioration meist ungünstig ist.

Endlich ist die Beschaffenheit des Untergrundes, bei Sandunterlage auch die Korngröße festzustellen.

Besondere Berücksichtigung verdient der Feuchtigkeitsgehalt des Moores, der Unterschied des Wasserstandes in der warmen und kalten Jahreszeit, und zumal die Vorfluthverhältnisse und die Möglichkeit einer entsprechenden Senkung des Wasserspiegels sind zu beachten.

Gleichzeitig hat eine Untersuchung der lebenden Pflanzendecke des Moores stattzufinden. Die Anzahl der besseren Gräser, das Vor-

---

*) Die Berichte über die Arbeiten der Moorversuchsstation sind in den Landwirthschaftlichen Jahrbüchern 1883, Band 12; 1886, Band 15 und 1891, Band 20 enthalten.

kommen oft nur ganz kleiner und zurückgebliebener Pflanzen aus der Gruppe der Papilionaceen (Kleearten, Lotus uliginosus. Latyrus pratensis) geben gute Aussichten für die Melioration, selbst wenn viel Moos und saure Gräser vorhanden sind; dagegen deutet zahlreiches Auftreten von Wollgras (Eriophorum vaginatum), vom Sumpfläuse= kraut (Pedicularis palustris) und namentlich das von Torfmoosen (Sphagnumarten) auf ungünstigere Verhältnisse.

2. Chemische Untersuchung.

Sind diese Vorarbeiten beendet, so ist noch eine chemische Unter= suchung der Moorsubstanz nothwendig. Als Regel darf gelten, daß alle faserigen Torfarten arm, alle homogeneren relativ reich an Mineralstoffen sind.

Die zahlreichen Analysen der Moorversuchsstation haben gezeigt, daß der Unterschied im Gehalte an Pflanzennährstoffen zwischen Hoch= moor und Grünlandsmoor immer wiederkehrt. Fleischer giebt folgende Durchschnittszahlen.

Es enthält:

	Kali	Kalk	Phosphor= säure	Anorganische Stoffe	Stickstoff
Hochmoortorf . .	0,03	0,25	0,05	2,0	0,8
Grünlandsmoortorf	0,10	4,00	0,25	10,0	2,5

Alle Moorböden sind daher arm an Kali; die Hochmoore sind arm an allen Mineralstoffen, die Grünlandsmoore in der Regel arm an Phosphorsäure, reich an Kalk.

Manche Grünlandsmoore enthalten jedoch ziemlich viel Phosphor= säure, und ist in solchen Fällen eine Düngung an diesem Stoffe nicht nothwendig. Bemerkbare Zeichen eines höheren Phosphorsäuregehaltes sind das Auftreten von Blaueisenerde (ein Eisenphosphat, ursprünglich weiß, an der Luft sich bald blau färbend), sowie ein reichlicher Eisen= gehalt, der sich durch Vorkommen von rothen Pünktchen von Eisenoxyd in der Asche des Moorbodens kennzeichnet.

Stickstoff enthalten alle Moore in reichlicher Menge, im Hoch= moore jedoch in so fest gebundenem Zustande, daß trotzdem eine Stick= stoffdüngung nothwendig ist, die auf Grünlandsmooren fast stets weg= fallen kann.

Bei Melioration ausgedehnterer Flächen sollte man nie versäumen, eine chemische Analyse in einer der landwirthschaftlichen Versuchsstationen oder der Moorversuchsstation anfertigen zu lassen. Die Probenahme muß an möglichst viel Stellen des Bodens in entsprechendem Abstande erfolgen. Obergrund und Untergrund sind getrennt zu entnehmen und zu analysiren.

3. Regelung der Wasserverhältnisse.

Eine Regelung der Wasserverhältnisse ist die zuerst vorzunehmende und zu berücksichtigende Arbeit bei der Moorkultur. Die Senkung des Wasserspiegels auf eine mittlere Höhe ist nicht nur eine der wichtigsten Arbeiten der Melioration, sondern von deren Möglichkeit hängt in erster Linie die zu benutzende Methode ab. Vortheilhaft ist es, den Wasserspiegel thunlichst auf gleicher Höhe zu halten (40—50 cm unter der Oberfläche, bei Sanddeckkultur kann die Senkung unbedenklich bis zu 1 m erfolgen), in den Gräben anzubringende einfache Stauanlagen ermöglichen dies.

Moorboden zeichnet sich nun nicht nur durch seine hohe Wasserkapacität, sondern auch durch seine Undurchlässigkeit für Wasser aus. Die Abzugskanäle sind daher in nicht zu weitem Abstande anzulegen. Röhrendrainage ist in der Regel nicht zu empfehlen; eine solche muß entweder in dem Mineralboden unterhalb der Moorschicht angelegt werden oder auf feste Unterlagen (Rasenplaggen, Bretter) gelegt werden. Nach der Melioration sinkt die Moorschicht, schon in Folge des Wasserentzuges, zusammen, das Moor sackt sich, und ohne festes Widerlager werden die Drainröhren leicht aus ihrer Lage gebracht. Besonders unangenehm macht sich dies in Mooren von sehr wechselnder Mächtigkeit geltend. Die Ausmündung der Drainröhren muß unter Wasser erfolgen. Viele Moorgewässer enthalten Eisen gelöst, welches sich bei Luftzutritt oxydirt und dessen Abscheidungen die Oeffnung der Drainröhren verstopft; es ist aus diesem Grunde auch nothwendig, die Röhren ziemlich weit zu wählen.

In der Regel wird man sich zur Entwässerung offener Gräben bedienen. Der Zusammenhang der Fläche wird zwar unterbrochen und viel Land der Kultur entzogen, aber die Billigkeit der Anlage, sowie die Sicherheit, den Wasserstand leicht übersehen und kontrolliren zu können, sind bedeutende Vorzüge.

Die Fähigkeit, Wasser festzuhalten, ist eine um so größere, je weniger zersetzt die Moorsubstanz ist. Gräben sind daher um so enger und in um so geringerem Abstande anzulegen, je faseriger der Torf ist. Auf Grünlandsmooren hat sich eine Entfernung von 20—30 m am günstigsten erwiesen, auf Hochmooren darf man nicht über 20 m hinausgehen, vortheilhafter ist ein Abstand von 10—15 m.

4. Düngung der Moore.

Zur Düngung der Moore benutzt man am besten Mineraldünger; thierischer Dünger ist (wenigstens für Grünlandsmoore) weniger angebracht, da der werthvollste Bestandtheil desselben, der Stickstoff, bereits in genügender Menge im Boden vorhanden ist. Unbedingt nothwendig ist Zufuhr von Kali; vortheilhaft wird Kainit oder Carnallit gegeben. Die Kalidüngung ist alljährlich zu wiederholen, da der Moorboden für diesen Stoff keine oder nur geringe Absorption besitzt und die Hauptmenge des nicht von den Pflanzen verwendeten Kalis durch Auswaschung verloren geht. (In Abflußwässern gedüngter Moorwiesen hat man viel Kali gefunden; aus dem Torf des Hochmoores läßt sich die vorhandene Kalimenge fast vollständig durch Wasser ausziehen).

Phosphorsäuredüngung erfolgt am besten durch Thomasschlacke. Unter Einwirkung der humosen Stoffe wird das Kalkphosphat der Thomasschlacke zersetzt, und dieses billigste Phosphat wirkt ebenso günstig, oft sogar (auf allen Hochmooren) besser als Zufuhr der theureren anderen Phosphorsäuredünger.

Für Grünlandsmoore ist daher eine regelmäßige Kali- und Phosphorsäurezufuhr nothwendig, genügt jedoch in der Regel auch völlig, um eine volle Vegetation zu erzielen.

Die Wirkung einer Phosphatdüngung kann man auch durch einen Feldversuch kontrolliren, ein solcher ist immer nothwendig, wenn der Moorboden als phosphorsäurehaltig bezeichnet ist.

Nach Fleischer hat sich für Grünlandmoore als vortheilhafteste jährliche Düngerzufuhr (für den Morgen) ergeben:

$$3—5 \text{ Centner Kainit,}$$
$$1^1{}_{,2}—2 \text{ „ Thomasmehl } (20\,^0/_0).$$

Nach einigen Jahren kann man auf einen Centner Thomasschlacke zurückgehen.

Hochmoore, die in Kultur zu nehmen sind, beanspruchen reichliche Düngung mit allen Mineralstoffen. Auch Stickstoff muß zugeführt werden, sei es als Stalldünger oder in einer anderen Form. Hierdurch wird die Düngung eine theuere.

Starke Kalkdüngung (mit 60—80 Centner Aetzkalk für das Hektar) hat zunächst guten Erfolg, vielfach sind aber die Erträge in den nächsten Jahren stark zurückgegangen. Wahrscheinlich bilden sich für die Pflanzen schädliche, noch nicht genauer untersuchte Stoffe durch die Einwirkung des Kalkes auf die Torfsubstanz. Mergelung mit kalkreichen Mergeln hat günstiger gewirkt, als Düngung mit Aetzkalk. Es scheint empfehlenswerther zu sein, den Kalk in kleineren Mengen und wiederholt zu geben, als auf einmal eine starke Kalkung auszuführen.

Zur Erzielung normaler Ernten hat man folgende Mengen von Mineraldünger benutzt (für das Hektar):

	Kainit	Thomasschlacke	Chilisalpeter
für Kartoffel . .	24—28	12—14	6—8 Centner
„ Roggen, Hafer	12—16	12—16	1—3 „

	Kainit	Thomasschlacke	Chilisalpeter
für Erbsen, Bohnen .	16—18	16—18	2—3 Centner
„ Buchweizen	8—10	8	1 „
„ Klee (als Kopfdüngung gegeben)	12	12	— „

Es sind dies sehr starke Düngungen, und ihre Nothwendigkeit erklärt sich einmal aus der Armut des Bodens, anderseits aus dem starken Verlust durch Auswaschung.

5. Melioration der Grünlandmoore.

a) Melioration durch Regulirung des Wasserstandes und regelmäßige Düngung.

Moorflächen mit hohem und namentlich nicht wesentlich veränderlichem Wasserstand lassen sich vielfach direkt durch Düngung in gute Wiesen umwandeln. Besser ist es jedoch, in allen Fällen, in denen eine Regelung des Wasserstandes möglich ist, diese vorzunehmen, und den Pflanzen einen genügenden, nicht dauernd überstauten Wurzelbodenraum zu verschaffen. Läßt sich der Wasserspiegel nicht entsprechend senken, so ist von einer Uebersandung abzurathen und nur durch regelmäßige Düngung eine Besserung des Bestandes herbeizuführen.

Nicht selten finden sich dagegen Moore, welche im Winter naß sind, während der wärmeren Jahreszeit stark austrocknen, so daß ihr Boden in Zeiten längerer Trockenheit oft staubartig trocken wird. Zumal wenn Schichten von Wiesenkalk den Moorboden durchsetzen, trocknet die überlagernde Schicht fast völlig aus.

Auf solchen Mooren leiden die Pflanzen unter dem Fehlen des nothwendigen Wurzelraumes. Die im Sommer in relativ trockenem Boden gebildeten Wurzeln sterben während der Ueberstauung im Winter ab und die Vegetation bleibt dauernd schwächlich und unentwickelt. Wird ein solches Moor mit Gräben durchschnitten, so findet das Wasser während der kühlen Jahreszeit den nothwendigen Abfluß und die Wurzeln der Pflanzen bleiben erhalten. Kommt eine entsprechende Düngung hinzu, so können die Erträge die einer guten Wiese werden, ohne jede weitere kostspielige Bodenbearbeitung. Geeignet zu dieser Methode der Kultur sind jedoch nur die besseren, im Obergrund mehr erdartigen Moorböden, die relativ reich an mineralischen Bodentheilen sind. Für solche kann man auch in vielen Fällen von einer Uebersandung absehen.

Zu bemerken ist übrigens, daß die Düngung mit Kainit vielfach in den ersten Jahren einen Rückgang des Wiesenertrages herbeiführt. Die Wirkung ist fast stets eine ganz auffällige: die vorhandenen, oft einen großen Theil des Bodens deckenden Moose sterben ab; die sauren Gräser (Carexarten und andere Cyperaceen) bleiben in ihrer Entwickelung stark zurück, und eine bessere Wiesenflora ist noch nicht vorhanden. Scharfes Durcheggen sowie Ansaat von guten Gräsern kürzt diese Uebergangszeit oft wesentlich ab.

In Bezug auf Ansaat hat man sich ebenfalls nach den Verhältnissen der betreffenden Fläche zu richten. Sind Klee und gute Grasarten genügend vorhanden, aber nur in ihrer Entwickelung zurück geblieben, so kann man von einer Ansaat entweder völlig Abstand nehmen oder diese doch sehr beschränken.*)

Als Regel muß gelten, nur Leguminosen und gute Wiesengräser anzusäen; Gräser mittlerer oder geringer Qualität finden sich später ganz allein ein, und ist eine oft recht theure Ansaat derselben völlig überflüssig, dahin gehören z. B. Briza media, Anthoxantum odoratum, Holcus lanatus, Bromus mollis, Cynosurus cristatus, Festuca ovina, Agrostis vulgaris, Aira caespitosa und andere, ebenso finden sich Poa pratensis und Poa trivialis leicht von selbst ein.

Gute, anzusäende Pflanzen sind etwa die folgenden:

Phleum pratense (Thimotheegras), gedeiht auf allen Mooren, verlangt aber reichliche Düngung, wenn es guten Ertrag geben soll.

Lolium italicum (italienisches Reygras), verhält sich dem vorigen ähnlich (gedeiht auch auf Feldern).

Alopecurus pratensis (Wiesenfuchsschwanz), ist auf nassen Wiesen sehr günstig, verlangt aber gute Bodenzustände.

Dactylis glomerata, für trocknere Stellen günstig.

Festuca pratensis (Wiesenschwingel), eine gute Grasart, die lange aushält.

Avena elatior, ein ganz vorzügliches Gras, welches man auf einzelnen Stellen besseren Bodens, auf Maulwurfshügeln und dergleichen stets ansäen sollte.

Trifolium hybridum (schwedischer Klee), hält einige Jahre aus und gedeiht bei guter Düngung selbst noch im Sumpfe.

Trifolium repens (Weißklee).

Lotus uliginosus (Sumpfschotenklee).

Latyrus pratensis (Sumpfwicke), giebt große Erträge eines vorzüglichen Futters, ist aber etwas wählerisch in Bezug auf den Boden.

Dieselben Pflanzen sind auch auf übersandeten, dauernd für die Wiesenkultur bestimmten Flächen anzusäen.

---

*) Die Angaben über die Gräser verdanke ich freundlichen Mittheilungen des Herrn Forstmeisters Dr. Kienitz.

Fleischer giebt folgende Mengen einer Mischung verschiedener Samen für das Hektar als Ansaat an:

24 kg Thimothee,
4 „ italienisches Raygras,
2 „ Wiesenschwingel,
10 „ schwedischer Klee,
8 „ Weißklee,
2 „ Sumpfschotenklee.

Hierzu würden je nach den Bodenverhältnissen noch entsprechende Mengen von Knaulgras und Sumpfwicke zu geben sein.

Die Erfolge der Düngung von Moorwiesen sind oft ganz erstaunliche. Fleischer theilt Beispiele mit, in denen der Ertrag innerhalb sechs Jahren auf das vierfache gestiegen und an Stelle geringwerthiger Gräser gutes Heu geerntet wurde.

b) Sanddeckkultur (Rimpau'sche Moorkultur).

Diese Methode, welche im Wesentlichen in einer Ueberdeckung des Moores mit einer mehr oder weniger mächtigen Schicht Sand besteht, wurde zuerst von Rimpau auf Cunrau ausgeführt; die dortigen Arbeiten haben einen mächtigen Anstoß zur Entwickelung der Moor-meliorationen gegeben.

Die Entwässerung, beziehentlich Regulirung des Wasserstandes, erfolgt in der Seite 438 angegebenen Weise. Ist die aufgebrachte mineralische Bodendecke eine mächtigere (zehn und mehr Centimeter), so braucht man in Bezug auf Erhaltung des Wasserstandes nicht allzu ängstlich zu sein; wenngleich es sich empfiehlt, denselben nicht unter $\frac{1}{2}$ m von der Bodenoberfläche zu halten.

Zum Decken benutzt man am besten einen mittel- bis grobkörnigen Sand, kann aber im Nothfalle auch feinkörnigere Sande, Wiesenkalk aus dem Mooruntergrund und selbst lehmigen Sand verwenden, obgleich die Erfolge dann weniger günstige sind. Soll Sand aus dem Untergrunde des Moores verwendet werden, so ist derselbe vorher auf das Vorkommen von Schwefelkies zu untersuchen (Seite 446).

Die Sanddecke hat dreierlei verschiedene Funktionen zu erfüllen,

1. sie soll den Pflanzen einen festen, zur Anwurzelung geeigneten Stand geben;
2. sie soll die Feuchtigkeits- und
3. die Wärmeverhältnisse des Bodens günstig beeinflussen.

Daß eine Sandschicht auf dem lockeren Moorboden die erste Bedingung erfüllt, ist leicht ersichtlich: zudem wirkt sie namentlich noch günstig gegen das Auffrieren des Bodens. Die Schwere der Sand-schicht, sowie die Thatsache, daß zwischen Luft und Moor eine stärkere

Erdlage vorhanden ist, die nur allmählich erkaltet, schützt den Moorboden vor häufigem Wechsel der Temperatur und verhindert so mehr
oder weniger das Auffrieren. Hierin liegt eine bedeutsame Wirkung
der stärkeren Sandauftragungen.

Die Einwirkung einer Sanddecke auf den Wassergehalt des unterlagernden Bodens ist zuerst von Wollny*) untersucht, die Verhältnisse
des Moorbodens behandelte namentlich Seyfert.**)

Wollny weist nach, daß schon eine Sanddecke geringer Mächtigkeit ausreicht, um einen erheblichen Einfluß auszuüben, der in der
Hauptsache in einer starken Herabsetzung der Wasserverdunstung
besteht. Die Vegetation der Moore wird durch die Erhaltung genügender Feuchtigkeit während der warmen Jahreszeit im hohen Grade
beeinflußt. Nach Wollny verdunsteten 400 qcm Fläche eines humosen
Kalksandes:

	Unbedeckt	Mit 1 cm Quarzsand bedeckt
23. August bis 14. September 1879	1236	885 g Wasser
25.—28. Mai 1880	510	142 „ „
9.—18. Juni 1880	360	150 „ „
30. Juni bis 8. Juli 1880 .	380	120 „ „
15.—18. Juli 1880 . . .	372	127 „ „

Nach Fleischer***) verdunsten von den gefallenen Niederschlägen:

a) Im Jahre,

b) In der wärmeren Jahreszeit (April bis September)

	Moor	Moor mit Sand gemischt	Moor mit 10 cm Sand gedeckt
a)	30 %/0	24,5 %/0	11 %/0
b)	40 „	30 „	12 „

Nach Seyfert verdunstete 1 qm von Ende Juni bis Oktober:

	Unbesandeter Moorboden	Mit Sand an der Ober- fläche gemischter Moorboden	Besandeter (10 cm Sand) Moorboden
letzte Woche des Juni	22,8	6,8	2,2 kg Wasser
Juli	83,6	36,3	20,9 „ „
August	64,6	14,6	7,7 „ „
September	37,2	18,9	10,1 „ „
erste Woche Oktober .	3,0	2,2	1,8 „ „
In Summa . . .	209,2	78,7	42,7 kg Wasser
Verhältniß wie	100	38	20

---

*) Forschungen der Agrikulturphysik 3, S. 336.
**) Forschungen der Agrikulturphysik 13, S. 63.
***) Centralblatt der Agrikulturchemie 1885, S. 295.

Entsprechend der Aenderung der Verdunstung verhalten sich auch die Sickerwassermengen, sie sind in dem sandbedeckten Boden höhere. Die Abschwächung der Temperaturextreme macht sich namentlich bei hellen, klaren Tagen und starker Sonnenbestrahlung geltend. Wollny fand beispielsweise in 10 cm Tiefe bei zweistündlichen Beobachtungen folgende tägliche Schwankungen (die Maxima lagen bei etwa 4 Uhr Nachmittags, die Minima bei 6 Uhr Morgens):

Für humosen Kalksand mit und ohne einer Bedeckung von 1 cm Quarzsand (im Juli):

	Unbedeckt	Mit Sand bedeckt
klare Witterung	11,5°	8,2°
desgl.	11,6°	8,4°
bewölkte Witterung .	6,3°	5,0°

Diese Einwirkung ist namentlich auf die abweichende Struktur der obersten Bodenschicht, auf den geringen Wassergehalt und die hierdurch gesteigerte Erwärmbarkeit des Quarzsandes zurückzuführen. Viel deutlicher tritt dies bei den Untersuchungen Seyfert's und König's hervor.

König fand im sandbedeckten Moore im Juli in 11 cm Tiefe (also nur 1 cm unter der Decksandschicht) folgende Durchschnittstemperatur:

Luft	Unbesandeter Moorboden	Oberfläche mit Sand gemischt	Mit Sand gedeckt
17,1°	16,5°	17,3°	18,1°

Nach Fleischer stellten sich die Temperaturen wie folgt:

		Luft- temperatur	Unbesandeter Moorboden	Oberfläche mit Sand gemischt	Mit Sand gedeckt
März	in 2 cm Tiefe	2,93°	1,26°	2,04°	3,02°
April		7,76°	7,43°	8,32°	9,08°
Mai		11,24°	10,64°	12,17°	14,29°
Juni	in 11 cm Tiefe	17,4°	15,4°	15,9°	17,1°
Juli		16,4°	16,5°	17,5°	18,2°

Bei der Sanddeckkultur vorkommende Schäden.[*]

Ursachen, welche die Sanddeckkultur ungünstig beeinflussen und einen Erfolg unter Umständen vereiteln können, sind die folgenden:

1. Ungünstige Beschaffenheit der Moorsubstanz. Auf sehr faserig ausgebildetem Moor mit wenig veränderter Pflanzensubstanz hat

---

[*] Fleischer u. s. w., Landwirthschaftliche Jahrbücher 1886, S. 47 und Centralblatt für Agrikulturchemie 1889, S. 1.

sich das Sanddeckverfahren nicht bewährt. Die Ursache liegt wahrscheinlich in dem sehr hohen Wassergehalt derartigen Moores und in
der durch die Sanddecke noch verlangsamten Zersetzung derselben.
Es sind einmal die Hochmoore, sodann viele Mischmoore und endlich
auch recht häufig einzelne Stellen in sonst günstigen Grünlandsmooren,
welche dies ungünstige Verhalten zeigen. Am besten ist es, solche
Theile eines Moores erst einige Jahre lang unbesandet in Kultur zu
nehmen, bis sich die Oberfläche soweit verändert hat, daß die Pflanzenreste völlig humificirt sind und erst dann mit der Besandung vorzugehen.

2. Kultivirung mit Bäumen bestandener Moorflächen.
Die Herausnahme der Stöcke bedingt ein tiefes Aufwühlen des Moores.
Uebersandet sacken solche Stellen verschieden stark und bilden Vertiefungen und Erhöhungen. Man thut daher in solchen Fällen gut,
zu warten, bis sich das Moor wieder gesetzt hat und die Uebersandung
erst später vorzunehmen.

3. Uebernasse Stellen. Nicht selten finden sich übernasse
Stellen, zumal in den Vertiefungen, die oft mit mehr Decksand über-
fahren werden, als der übrige Theil der Fläche. Namentlich macht
sich dies geltend bei Benutzung sehr feinkörniger Sande oder lehmigen
Materials. Derartige Stellen sind oft fast vegetationslos und allmählich siedeln sich Moose und Schachtelhalm an, nach einigen Jahren
finden sich mit Vorliebe Bülten von Binsen ein. Hier kann nur noch ein
starkes Senken des Wasserspiegels, beziehentlich Umackern der Stellen
und theilweises Mischen der Decke mit dem unterliegenden Moore
helfen.*)

Vortheilhaft ist es von vornherein, die tiefliegenden Stellen
schwächer (oder sehr stark, 20—30 cm, so daß eine genügend trockene
Sandschicht vorhanden ist) zu übersanden, als die höher liegenden.
Es ist dies eine Regel, die viel zu wenig beachtet wird.

4. Bildung einer undurchlässigen Schicht zwischen Sanddecke und Moorboden. Nach Fleischer handelt es sich hierbei um
Eisenabscheidungen, welche an den Stellen stattfinden, wo die atmosphärische Luft auf die Moorgewässer wirkt, also an der Grenze
zwischen Sand und Moor. Oft kann auch die Feinkörnigkeit des
Sandes und mechanisches Abschlämmen der feinsterdigen Bestandtheile
bis auf die Moorschicht die wirkende Ursache sein. In diesem Falle
bessert sich der Bestand mit Zunahme der organischen Reste in der
Deckschicht, empfehlenswerther und im ersten Falle unbedingt nothwendig ist es, durch den Pflug die undurchlässige Schicht zu durch-

---

*) Derartige Stellen scheinen in der warmen Jahreszeit, da die oberste
Sandschicht abtrocknet, oft unter Trocknïß zu leiden, während thatsächlich das Uebermaß an Wasser die Entwickelung der Vegetation verhindert.

brechen, selbst wenn dadurch eine etwas stärkere Mischung des Sandes mit Moorsubstanz herbeigeführt wird.

5. **Das Vorkommen von Schwefelkies.** Manche Moore enthalten in ihren tieferen Lagen Schwefelkies, häufiger findet sich dieser im unterlagernden Sande. An die Luft gebracht, oxydirt sich der Schwefelkies zu schwefelsaurem Eisenoxydul und freier Schwefelsäure und das erstere noch weiter zu basischem Eisenoxydsulfat. Die Stellen im Moore, wo Schwefelkies verwittert, sind völlig ohne Vegetation (bei geringem Gehalte findet sich noch am ersten Schachtelhalm ein), und sie zeichnen sich vielfach durch die gelbbraune Eisenfarbe der ablaufenden Gewässer aus. Nicht selten sind es scharf umschriebene Fehlstellen in der sonst gut gelungenen Kultur. Sind solche einmal vorhanden, so ist das einzig mögliche Gegenmittel eine starke Kalkung. Es wird Eisenoxyd und schwefelsaurer Kalk (Gyps) gebildet, aber auch dann bleiben solche Flächen meist noch längere Jahre im Ertrage zurück.

Es ist daher nothwendig, in allen Fällen, wo Untergrundssand des Moores zum Decken verwendet werden soll, denselben vorher untersuchen zu lassen. In sehr vielen Fällen ist das Vorkommen des Eisenkieses ein nesterweises (daher auch das Auftreten einzelner, scharf getrennter Fehlstellen), und selbst eine recht sorgfältige Untersuchung des Sandes schützt nicht sicher vor Schaden. Es ist daher nothwendig, die Sandproben an thunlichst viel Stellen zu entnehmen. Die einfachste und von jedem selbst leicht anstellbare Probe auf Schwefelkies besteht darin, daß man in dem Sande in Blumentöpfen rasch wachsende Pflanzen (Hafer) anpflanzt und sieht, ob diese gedeihen oder gelbfleckige Blätter haben, beziehentlich eingehen; ist das letztere der Fall, so darf der Sand nicht verwendet werden, wie es überhaupt immer sicherer ist, den Decksand von benachbarten, nicht mit Moor bedeckten Flächen zu nehmen. Aeußerlich ist ein Gehalt an Schwefelkies in Moor oder Sand nicht zu erkennen, es kann daher nur der Versuch entscheiden, wenn man auch annehmen darf, daß in Mooren, die Lagen von Wiesenkalk führen, in der Regel kein Schwefelkies vorhanden sein wird.*)

6. Melioration der Hochmoore.

Die Oberfläche der Hochmoore besteht in unverändertem ("jungfräulichem") Moore aus einer mehr oder weniger mächtigen Schicht von Heidetorf, welche auf Sphagnum und Wollgrasresten aufruht.

---

*) Das Vorkommen giftiger Erde (in Ostfriesland als Weibolt, Gifterde bezeichnet) ist schon lange bekannt, wenn auch der Nachweis, daß es sich um Wirkungen des Schwefeleisens handelt, erst später geführt ist.

Der Heidetorf (Schollerde, Bunk- oder Bunkererde) ist fester, erdartiger und reicher an Mineralbestandtheilen, als der lockere, mehr faserige Moostorf. Die durchschnittliche procentische Zusammensetzung derselben beträgt:

	Stick-stoff	Aschenbestand-theile	Kali	Kalk	Magnesia	Phosphor-säure
Heideerde	1,43	15,56	0,08	0,36	0,18	0,11
Moostorf	0,92	2,52	0,04	0,31	0,34	0,04

Bei der Kultivirung sind hauptsächlich folgende verschiedene Zu-stände des Moores zu unterscheiden:

1. Das „jungfräuliche" Moor, mit hohen Heidebülten, zwischen denen Wollgras und Torfmoos wächst;
2. das früher in Brennkultur befindlich gewesene und wieder mit Heide bewachsene Moor;
3. das in Brennkultur befindliche Moor;
4. das abgemullte Moor: zur Gewinnung von Torfstreu be-nutzt, besteht diese Moorschicht aus einem Gemisch von Woll-grastorf und Moostorf;
5. das aufgetorfte Moor, aus einem Gemenge von durch-einander gemischten Bruchstücken von (überwiegend) Moostorf und Heideerde bestehend.

Zur landschaftlichen Nutzung stehen drei Wege offen, die Brand-kultur, die Sandmischkultur und die Kultivirung durch Zufuhr von Mineraldünger, in Verbindung mit theilweiser Brandkultur.

1. Die Brandkultur. Diese Kulturmethode besteht in einem Ueberbrennen des Moores, wobei fast nur die Heidetorfschicht verzehrt wird und der Moostorf übrig bleibt. Das gebrannte Moor bleibt dann lange Zeit liegen, bis sich allmählich eine neue Schicht von Heide-torf gebildet hat, welche wieder eine Brandkultur lohnt.

Durch das Brennen wird ein Theil der Moorsubstanz zerstört, zugleich aber werden die vorhandenen Mineralstoffe aufgeschlossen und, wie es scheint, ein Theil des Stickstoffes in Ammoniak übergeführt und für die Pflanzenwelt leichter aufnehmbar gemacht. Wahrscheinlich ist auch die durch das Brennen beseitigte saure Reaktion des Bodens (die Humussäuren werden zerstört oder in unlösliche Form übergeführt) eine der Hauptursachen der günstigen Erträge der Brandkultur. Das Brennen wird vier bis sechs Jahre fortgesetzt und bewirkt zugleich in Verbindung mit der, wenn auch geringfügigen Bodenbearbeitung, eine wesentlich günstigere Gestaltung der physikalischen Bodeneigenschaften und mehr erdartige, krümelige Ausbildung der obersten Bodenschicht. Die Möglichkeit der Brandkultur hört mit Zerstörung des Heidetorfes

und mit der wohl sehr rasch fortschreitenden Auswaschung der vor=
handenen aufnehmbaren Mineralbestandtheile auf. In welchem Maße
dies der Fall ist, ergiebt sich daraus, daß in den obersten 15 cm der
Bodenschicht auf ein Hektar vorhanden sind:

in ungebranntem Moore .	23000 kg	Mineralstoffe
	3210 „	Stickstoff;
auf in Brandkultur befindlichem	18300 „	Mineralstoffe
	1980 „	Stickstoff.

Zugleich scheint die Menge der löslichen Stoffe auch relativ zurück=
zugehen und namentlich Phosphorsäure und Kali überwiegend in (auch
für Salzsäure) unlöslicher Form übrig zu bleiben.

Die Brandkultur der Moore ist mit weit reichenden Unbequemlich=
keiten (Höhenrauch) für die benachbarten Gebiete verbunden, sie ist
auch eine ausgesprochene Raubwirthschaft und muß daher, wenn die
Moorflächen dauernd in Kultur genommen werden sollen, allmählich
verschwinden.

2. Die Sandmischkultur, Veenkultur. Diese Form der Hoch=
moorkultur ist zuerst in Holland geübt worden und beruht auf der
Mischung der obersten Bodenschicht mit Sand und andererseits auf der
Zufuhr von thierischem, namentlich städtischem Dünger. Die Veenkultur
konnte sich in Holland günstig entwickeln, da dem Absatz von Brenn=
torf und den Feldprodukten die fast kostenlose Zufuhr von städti=
schem Dünger als Rückfracht auf den zahlreichen Wasserstraßen gegen=
überstand.

Die Torfgewinnung erstreckt sich überwiegend auf die tieferen
die Grundlage fast aller Hochmoore bildenden Schichten von Heide=
und Wollgrastorf. Die überlagernde Moostorf= und Heideerdeschicht
wird in den Torfstich zurückgeworfen und bildet den Boden der
Veenkultur.

Die Kultur erfolgt meist unter Benutzung des Sandes von höheren
Stellen des Mooruntergrundes oder von aus dem Moor hervorragenden
Sandhügeln. Der Sand wird auf das eingeebnete Moor in 6—14 cm
mächtiger Schicht gebreitet und durch Pflügen und Eggen mit der
obersten Moorschicht vermischt. Solche Flächen geben bei regelmäßiger,
reichlicher Zufuhr von thierischem Dünger hohe Erträge. Der Torf
zersetzt sich unter dem Einfluß der Bearbeitung und der Düngerzufuhr
und nimmt eine mehr erdartige Beschaffenheit an; hierdurch wird
namentlich auch die sehr hohe Wasserkapacität des unveränderten Torfes
herabgesetzt und ein für die Pflanzen günstigerer Standort geschaffen.
Der hohe Feuchtigkeitsgehalt und die durch Sandbedeckung stark ver=
minderte Zersetzung des Moostorfes sind Ursache, daß Versuche mit
dem Sanddeckverfahren auf Hochmoor völlig mißglückt sind.

Was die einzelnen Düngemittel und ihre Wirkung betrifft, so ist das Folgende zu beachten (vergleiche auch Seite 439):

1. **Kalk.** Starke Kalkdüngung befördert die Zersetzung des Torfes und Ueberführung desselben in mehr erdartige Massen im hohen Grade. Mergel hat sich günstiger in seiner Wirkung erwiesen als Aetzkalk. Die Erträge im ersten Jahre werden durch Kalkzufuhr sehr gesteigert. Leguminosen bilden nur Wurzellnöllchen, wenn die Säuren des Moores durch Kalk abgestumpft sind. Um so ungünstiger ist die Nachwirkung. Bei gleicher übriger Düngung blieben die Felder mit Kalkzufuhr in ihrem Ertrage weit hinter ungekalkten zurück. Nach Fleischer ist dies eine Folge der ausschließenden Wirkung des Kalkes auf die im Boden vorhandenen sonstigen Pflanzennährmittel und der durch die rasche Zersetzung des Torfes bewirkten Verdichtung des Bodens und Verminderung des für die Pflanzen zugängigen Wurzelbodenraumes. Außerdem können für die Pflanzen schädliche Verbindungen im Moorboden entstehen.

2. **Phosphorsäure.** Die Zufuhr von Phosphorsäure erwies sich als günstig (Ausnahmen machten Kartoffeln auf Feldern in alter Kultur); die schwerer löslichen Phosphate werden durch die Säuren der Moorsubstanz aufgeschlossen, sie zeigten gleiche, oft sogar bessere Wirkung als leicht lösliche Phosphate. Insbesondere Superphosphat übte eine oft geradezu schädliche Wirkung. Die besten Erträge ergaben sich bei Zufuhr von etwa 100 kg Phosphorsäure für Jahr und Hektar.

3. **Stickstoff.** Der Stickstoff des Hochmoortorfes ist in fest gebundenem und für die Pflanzen schwer angreifbarem Zustande vorhanden. Eine Düngung mit stickstoffhaltigen Stoffen ist daher nothwendig; am vortheilhaftesten hat sich Chilisalpeter erwiesen. Maximalerträge wurden erzielt bei einer Düngung mit 60 kg Stickstoff für Jahr und Hektar.

4. **Kali.** Das Kali wird von der Moorsubstanz kaum gebunden; alle Torfböden zeichnen sich daher durch Kaliarmuth aus. Düngung mit diesem Stoff am besten als Kainit steigert die Erträge in hohem Maße. Gaben von 200 kg Kali gaben die höchsten Erträge.

Ueberblickt man die bisher bei der Kultivirung der Hochmoore gewonnenen Resultate, so liegt in der Armuth der Böden, der hierdurch nothwendigen dauernden Zufuhr hoher Düngergaben, von denen ein großer Theil weder der Pflanze noch dem Boden zu gute kommt, sondern zwecklos in die Tiefe gewaschen wird, ein schweres Bedenken, ob eine solche Kultur auch volkswirthschaftlich zu rechtfertigen ist. Jedenfalls ist aber der Weg gewiesen, auf dem die Gewinnung dieser weiten Landstriche für den Ackerbau möglich ist und steht zu hoffen, daß bei reichlicher Zufuhr von thierischem Dünger die Verhältnisse sich allmählich günstiger gestalten werden.

Literatur:

D.(eckert), Mündener Forstliche Hefte 1892, S. 130.

Mullwehen (Seite 385) bilden sich namentlich in Folge dauernder Heideplaggennutzung und gleichzeitiger übertriebener Schafweide. Der Moorboden verliert seinen Zusammenhang und wird allmählich flüchtig. Je nach dem Untergrund, beziehungsweise nach der Mächtigkeit der Moorschicht, können Flugsandflächen oder Mullwehen entstehen: oft wechseln beide mit einander. Während der Flugsand unregelmäßig geformte Hügel und tiefe Auswehungen zeigt, lagert sich das specifisch leichte und sehr feinkörnige, vom Winde bewegte Moor in gleichförmigen, ebenen Schichten ab, die fast ohne Vegetation sind, und gleichmäßig braun gefärbt erscheinen.

Diese Mullwehen leiden nicht nur an Leichtbeweglichkeit, sondern sie saugen während der feuchten Jahreszeit sehr viel Wasser auf und die auf ihnen vorhandenen Pflanzen leiden unter dem Auffrieren (Volumänderungen bis zu 40 cm Höhe werden angegeben) im hohen Grade.

Zur Bindung der Mullwehen ist zunächst völlige Beseitigung des Weideganges nothwendig. Günstigere Stellen beruhigen sich schon hierdurch und überziehen sich allmählich wieder mit Heide. Auf ungünstigen hat sich zunächst Anpflanzung von Birke bewährt. Die Kultur erfolgt in zwei bis drei Pflanzreihen hinter Wällen, die durch Auswurf von Gräben (in 50—100 m Abstand) gewonnen werden. Die Richtung der Gräben muß senkrecht zur herrschenden Windrichtung sein. Die Birke entwickelt sich normal und trägt schon in zehn Jahren keimfähigen Samen.

Innerhalb der Birkenstreifen wird auf den geringwerthigeren, stagnirender Nässe ausgesetzten Flächen Wollgras (Eriophorum vaginatum) in Ballen (bei 2 m Quadratverband) angepflanzt. Auf besseren Stellen säet man Molinia coerulea (in Hannover Schwabgras genannt), welche ein geringwerthiges Heu liefert, an. Unter dem Schutze dieser Pflanzen beruhigt sich das Moor, die humosen Stoffe lagern sich dichter zusammen, und allmählich findet sich die Heide wieder ein, deren Ansiedelung man durch Anpflanzung samentragender Stöcke befördern kann.

8. Waldkultur auf Moorböden.

Die Melioration der Grünlandsmoore ist bisher so gut wie ausschließlich im landwirthschaftlichen Interesse, zumal zur Gewinnung von Wiesen erfolgt. Es würde auch in der Regel wenig rationell sein, auf Flächen, die gute Wiesen geben, Wald ziehen zu wollen. Trotzdem können Verhältnisse vorkommen, welche es erwünscht erscheinen lassen, einzelne solche Gebiete mit Wald zu bepflanzen.

Die günstige Beeinflussung der Kulturen auf sehr humusreichem Boden lassen es nun durchaus wahrscheinlich erscheinen, daß auf entsprechend entwässerten und mit Sand bedeckten Mooren einzelne Baumarten, vor allem die Erle, einen durchaus angemessenen Standort finden werden.

Viel ungünstiger gestalten sich die Verhältnisse auf Hochmooren. Die Versuche Brünnings,*) auf ausgebrannten Moorflächen Wälder anzubauen, hatten durch den fröhlichen Wuchs der Kulturen in der Jugendzeit große Hoffnungen erregt. Die Weiterentwickelung der Bäume hat dieselben nicht erfüllt. Wahrscheinlich wirken (genauere Untersuchungen liegen nicht vor) die sauerstoffarmen, sauer reagirenden Schichten des Untergrundes ungünstig auf die Entwickelung der Baumwurzeln ein; daneben scheint auch die Armuth an mineralischen Nährstoffen zu groß zu sein, um den Bäumen ihre Ernährung zu ermöglichen. In der Nähe der menschlichen Wohnungen, wo immer Zufuhr von Pflanzennährstoffen erfolgt, können sich Bäume entwickeln. Wollte man daher eine regelmäßige Düngung mit Mineraldünger einführen, so würde es möglich sein, wenigstens Niederwald zu erzielen. Versuche mit Eichenschälwald, die besonders in Holland gemacht wurden, sind viel günstiger verlaufen, als man nach der ganzen Beschaffenheit des Moores erwarten sollte. Zur Zeit ist aber wohl keine Hoffnung, die Hochmoore in Wald verwandeln zu können, ob eine spätere Zukunft den Nachweis der Möglichkeit liefern wird, ist zweifelhaft. Wahrscheinlich ist es aber nicht, da man immer mit den ungünstigen tieferen Bodenschichten rechnen muß und, man nicht vergessen soll, daß auf fast allen Flächen, die jetzt mit Hochmoor bedeckt sind, einst Wald gestanden hat, der durch die Moorbildung vernichtet worden ist.

*) Der forstliche Anbau der Hochmoore. Berlin 1881.

§ 109. VI. Rohhumusbildungen.

Die schädlichen Einwirkungen einer Decke von dicht gelagertem Rohhumus, welche noch mehr bei Besiedelung mit Beerkräutern und Heide hervortreten, sind schon lange erkannt. Zumal das Auftreten der genannten Pflanzen wurde immer als ein Zeichen des Bodenrückganges betrachtet und hat sich namentlich bei der Neubegründung von Beständen als schädlich erwiesen.*)

Die chemischen wie physikalischen Veränderungen, welche der Boden unter Rohhumusbedeckung erfährt, sind Seite 234—240 eingehend

*) Von der umfangreichen forstlichen Literatur über diesen Gegenstand seien nur angeführt:

Friedr. Müller, Forst- und Jagdzeitung 1883, S. 465, betrifft Mooswirkung.

Forst- und Jagdzeitung 1847 und 1848.

Weinschenk, Verhandlungen des schlesischen Forstvereins 1857.

von Manteuffel, Tharandter Jahrbücher 1857.

Raßeburg, Forstliche Blätter 2, S. 56. 1861. (Seite 58 Mittheilung vom Forstinspektor Beck, daß auf allen Stellen, wo die Heide abgeplaggt, die Fichten gute Bestände bilden, wo die Heide vorhanden, dagegen nicht. Heide vertrage sich mit Kiefer, nicht aber mit Fichte.)

Forstwissenschaftliches Centralblatt III, Seite 23 spricht sich ein ungenannter Verfasser gegen das Abplaggen der Heide aus und erhält sofort ablehnende Antwort von

Th. Ebermayer, a. a. O. III. S. 213 und einem ungenannten Verfasser III, S. 216.

G. Rettstadt, Monatsschrift für Forst- und Jagdwesen 1868, S. 241, weist auf die torfartige Struktur der das Moos unterlagernden Rohhumusschicht sowie auf das tennenartige Festwerden des Bodens hin. Eine Antwort hierauf erfolgte von Pflaum, a. a. O. 1869, S. 100, der auf die Entwickelung der Bäume und Felsen verweist. Rettstadt, S. 413, zeigt jedoch, daß die Wurzelentwickelung in den Felsspalten statt hat. Mühl, S. 173, bezeichnet die Frage mit Rücksicht auf die Waldstreu als eine „delikate", stimmt aber völlig mit Rettstadt überein und Rey, S. 428, bringt die gegen die Streunutzung einzuwendenden Thatsachen vor.

Fürst, Allgemeine Forst- und Jagdzeitung 1875, S. 157, spricht über das Mißlingen der Fichten- und Tannenverjüngung ohne Beseitigung der Bodendecke.

Tiersch, Forstliche Blätter 5, S. 82 (Schädliche Einwirkung der Beerkräuter und Heide).

E. Reiß, Allgemeine Forst- und Jagdzeitung 1885, S. 260 (Die Wirkung dichter Moosschichten in Kiefernbeständen).

Eingehende Behandlung hat der Gegenstand gefunden in:

Müller, Studien über die natürlichen Humusformen.

Ramann, Waldstreu.

Entgegengesetzte Ansichten sind bisher nur ganz vereinzelt und dann wesentlich aus Abneigung gegen die Waldstreuabgabe geäußert worden, nur Borggreve ist ein Gegner der sonst allgemein getheilten Anschauung.

besprochen. Sie lassen sich dahin zusammenfassen, daß die für Wasser schwer durchlässigen, in der kalten Jahreszeit an Feuchtigkeit überreichen, in der warmen oft völlig austrocknenden humosen Schichten die Durch= lüftung des Bodens herabsetzen und die entstehenden Humussäuren die Lösung und Auswaschung der Mineralstoffe in hohem Grade fördern.

Die Maßnahmen der forstlichen Praxis, soweit sie die Bodenpflege betreffen, lassen sich auf Erhaltung der Krümel= struktur des Bodens und Verhinderung der Rohhumus= bildungen zurückführen. Maßnahmen gegen die Rohhumusbildung sind daher so alt, wie die Forstkultur überhaupt; die neueste Zeit hat nur die theoretische Begründung und schärferes Erkennen der Ein= wirkungen gebracht; und nur die Schwierigkeit, welche in der richtigen Auffassung der doppelten Rolle der humosen Stoffe liegt, die auf den Boden ebensowohl vortheilhaft wie schädlich einzuwirken vermögen, läßt für viele die Sache fremdartig erscheinen.

1. Zeitdauer der Rohhumusbildung.

In normal geschlossenen Beständen findet Rohhumusbildung entweder nicht statt oder die entstandenen Ablagerungen tragen über= wiegend ein lockeres, wenig ungünstiges Verhalten; nur selten finden sich humose Schichten, welche ohne Nachhülfe einer weiteren Zersetzung nicht mehr fähig sind. Bei dauerndem Schluß und ganz allmählicher Auslichtung der Bestände tritt in der Regel Verwesung des Rohhumus ein, und dem Boden wird ein bemerkbarer Schaden nicht zugefügt: offenbar, weil eine dicht lagernde, die Luft abschließende Decke nicht vorhanden ist und die Bildung von Humussäuren sich in engen Grenzen gehalten hat. Sobald sich jedoch ein Bestand licht stellt oder durch menschliche Eingriffe eine Lichtung erfolgt, kann die Bildung von dicht gelagertem Rohhumus erfolgen, und das um so leichter, je weniger thätig ein Boden ist.

Daher haben arme Bodenarten, sowie der Sonne und dem Wind ausgesetzte Hänge und Bestandsränder am meisten unter Rohhumus= bildungen zu leiden. Wie rasch die Umwandlung einer noch zersetzbaren in eine ungünstige Form des Humus erfolgen kann, lehrt jeder zu stark gelichtete Buchensamenschlag. Wenige Jahre, oft sogar ein einziges, reichen hin, um bereits vorhandene Abfallreste durch Störung der Verwesung (zumeist in Folge Austrocknens während der warmen Jahreszeit) in geschlossene Rohhumuslagen umzuwandeln.

Auch Eingriffe in den jüngeren Bestand, zu starke Durchforstungen, können zur Bildung von Rohhumus führen, die, einmal vorhanden, auch während der späteren Bestandesentwickelung sich noch immer weiter vermehren. Aus solchen Gründen bildet nicht selten eine

Abtheilungsgrenze zugleich auch die Grenze zwischen Rohhumusbildungen und normaler Bodendecke. Wie rasch die Ablagerung unter Umständen erfolgt, zeigt z. B. eine Mittheilung von Obelitz,*) welcher nachweist, daß in einem jüngeren Buchenbestande in kaum mehr als zehn Jahren eine Ablagerung von acht Zoll Buchenrohhumus stattgefunden hat. Uebergangsbildungen kann man wohl in jedem Forstreviere sehen. Würde etwa im Taxationsnotizenbuch, bei jeder Taxationsrevision genau der Zustand der Bodendecke verzeichnet, so würde nur zu oft klar werden, welchen Veränderungen der Waldboden ausgesetzt ist, und in wie kurzer Zeit diese eintreten können.

2. Weiterentwickelung des Rohhumus.

Sind einmal mächtigere Rohhumusbildungen entstanden, so ist das Schicksal derselben je nach der Mächtigkeit und den herrschenden Bedingungen verschieden.

Auf armen Böden und in klimatisch ungünstigen Gebieten siedelt sich zumeist die Heide an und vermehrt durch ihre Abfälle die Menge der humosen Stoffe beträchtlich; Heide kann entweder durch bestimmte Holzarten, vor allen durch die Kiefer verdrängt werden, deren Abfallstoffe erfahrungsmäßig schon in Folge ihrer sperrigen Beschaffenheit nur wenig zur Rohhumusbildung neigen; unter Herrschaft der Kiefer kann allmählich eine Zersetzung der humosen Stoffe erfolgen und hierdurch auch anspruchsvolleren Baumarten wiederum die Möglichkeit des Gedeihens geboten werden. Unter ungünstigen Verhältnissen wird die Menge der humosen Stoffe immer größer, und es bildet sich ein Heidemoor, welches endlich zur Hochmoorbildung führt.**)

Auf reicheren Bodenarten und unter günstigeren klimatischen Bedingungen erfolgt die Veränderung der Rohhumusablage-

---

*) Tidsskrift for Skovväsen 1892, S. 109.
Es ist bemerkenswerth, daß im dänischen forstlichen Betrieb, der allerdings in Bezug auf Rohhumusbildungen mit außergewöhnlich ungünstigen Verhältnissen zu kämpfen hat, die hier behandelten Anschauungen bereits völlig zur Herrschaft gekommen sind.

**) Der nahe liegende Einwurf, warum in Folge der Einwirkung der Rohhumusbildungen auf den Boden nicht längst alle Waldbestände vernichtet seien, läßt sich durch zwei Gründe widerlegen:

1. Sind durch die Eingriffe der Menschen die Bedingungen, welche im Walde zur Rohhumusbildung führen, sehr viel häufiger geworden.
2. Liegen die Endresultate der Rohhumusbildung in den Hochmooren der Gebirge und des Nordens, durch alle Uebergänge mit den heutigen Verhältnissen verbunden, offenkundig vor.

Man darf nicht vergessen, daß in der Natur die mannigfachsten Bedingungen sich gegenseitig beeinflussen und vielfach in langen Zeiträumen ausgleichen, so daß eine Entwickelung nach nur einer Richtung zu den Ausnahmen gehört.

rungen in anderer Weise. Soweit die Beobachtungen des Verfassers reichen, sind es namentlich Grasarten, vor allen Aira flexuosa, welche sich ansiedeln und mit ihrem dichten Wurzelfilz den Rohhumus durch= wachsen und so allmählich dessen Zersetzung einleiten. Ist die Schicht mehr oder weniger zerstört, so finden sich wieder Baumarten (nament= lich die Kiefer) ein, und unter deren Schirm gewinnt der Wald sein ursprüngliches Gebiet zurück.

3. Hülfsmittel gegen die Rohhumusbildung.

Als Hülfsmittel gegen Rohhumusbildungen im Walde sind zu be= zeichnen:

Erhaltung des normalen Schlusses der Bestände;
Begünstigung des Thierlebens;
Bodenbearbeitung;
Düngung und richtige Auswahl der Holzarten.

a) Schluß der Bestände.

Die ungünstigsten Formen des Rohhumus bilden sich, wenn die zur Zersetzung nothwendige Feuchtigkeit mangelt. In allen exponirten Lagen, sowie bei lichter Stellung der Bäume, ist daher die Gefahr besonders nahe gerückt, daß normale Verwesungsvorgänge nicht statt= finden. Alles, was daher den Boden schützt und vor oberflächlicher Austrocknung bewahrt, ist zugleich für Rohhumusbildung ungünstig; Ausnahmen machen nur der Besonnung wenig ausgesetzte Flächen der verschlossenen Tieflage. Daher ist Deckung des Bodens durch Unter= wuchs, unter Umständen durch Reisig, sind Waldmäntel und dergleichen auch wichtige Hülfsmittel gegen Rohhumusbildungen.*)

b) Begünstigung des Thierlebens.

Einer der mächtigsten Faktoren für eine günstige Zersetzung der organischen Abfallreste ist die in und auf dem Boden lebende Thierwelt. Von der ersteren sind namentlich die Regenwürmer bemerkenswerth, welche zu ihrer Nahrung erhebliche Mengen von organischen, abge= storbenen Stoffen verbrauchen und durch ihre wühlende Thätigkeit, wie durch ihre Exkremente zur Krümelung des Bodens beitragen. Alle Bedingungen, welche den Boden vor oberflächlicher Austrocknung be= wahren, sind auch den Lebensbedingungen dieser Thiere günstig.

---

*) Die Parallelstellung einer Beerkraut= und Heidedecke mit dem Unterbau (Borggreve, Holzzucht und an vielen anderen Orten) würde eine Berechtigung haben, wenn diese Halbsträucher dauernd im Mineralboden wüchsen; der Schaden, den sie jedoch anrichten, besteht in der Menge und der ungünstigen Be= schaffenheit ihrer humosen Ablagerungen; hierdurch, nicht durch ihre sonstigen Eigenschaften, sind sie mit die schlimmsten Feinde der jungen Waldbäume.

Von noch größerer Bedeutung und nebenbei eine der wenigen Einwirkungen, welche im normalen Forstbetrieb möglich sind, ist die Thätigkeit der größeren huftragenden Thiere, insbesondere der Schweine. Die wühlende und brechende Arbeit dieser Thiere, ist ein hochwichtiges Kulturmittel für die Entwickelung des Waldes, und der Nutzen übertrifft unter normalen Verhältnissen weitaus den Schaden, der durch Wurzelverletzung und dergleichen geübt werden kann.*) Auch die Bodenverwundung durch die Huse der Wiederkäuer ist nicht gering anzuschlagen. Die Waldweide nutzt hierdurch im großen Durchschnitt im Walde mehr, als die Thiere durch Verbeißen und Wurzelverletzungen, die beiden einzigen wirklich geübten direkten, ungünstigen Einwirkungen (die vielfach besprochene Mineralstoffausfuhr durch den bei der Weide stattfindenden Entzug von Futterkräutern ist auf reicheren Böden ohne Bedeutung, auf ärmeren vertheilt er sich durch das sparsame Vorkommen der Futterpflanzen auf weite Gebiete; endlich bleibt der größte Theil der Auswurfsstoffe im Walde, diese erhalten also nur eine andere Vertheilung im Boden) zu schaden vermögen (vergleiche Seite 214).

c) Bodenbearbeitung.

Ein vorzügliches Mittel, beginnende Rohhumusablagerungen zur normalen Zersetzung zu bringen, besteht in Bodenbearbeitung und Mischung der organischen Stoffe mit dem Mineralboden. Leider kann der forstliche Betrieb hiervon nur in geringer Ausdehnung Gebrauch machen.

Am meisten geschieht dies noch bei der Verjüngung. Beerkraut und Heide werden streifenweise abgezogen und so ein Boden geschaffen, auf dem überhaupt die jungen Baumpflanzen wieder zu wurzeln vermögen. Rationell würde es sein, daß die ganze Fläche gleichmäßig abzuplaggen und den noch auflagernden Humus mit dem Mineralboden zu mischen.**)

---

*) Es ist schwer verständlich, daß man beispielsweise in jedem Forstschutz lesen kann, „die Schweine schadeten durch Umbrechen der Moosdecke". Was würde wohl ein Gärtner sagen, der gewohnt ist, jeden Fruchtbaum, von dem er Ertrag haben will, regelmäßig zu behacken, wenn man ihm versichern wollte, eine Störung der Bodenlagerung sei schädlich oder eine Pflanzendecke sei nützlich für den Baum? Derartige Anschauungen kann man aber jeden Tag für den Wald lesen oder hören.

**) Hier beginnt wieder die Frage der Zulässigkeit der Streunutzung. Der Werbungsaufwand für einen Raummeter der bezeichneten Bodendecke wird sicher eine Mark nicht übersteigen, der Werth der Mineralstoffe (Kali und Phosphorsäure) übersteigt schwerlich zwanzig Pfennige, überall, wo daher der Preis für den Raummeter derartiger Streu den Preis von einundhalb Mark erreicht, kann man durch Düngung mit Kainit und Thomasschlacke dem Walde nicht nur die entzogenen Düngstoffe zurückgeben, sondern noch wesentlich mehr zuführen. In vielen Fällen wird sogar die Beseitigung des Rohhumus den Schaden reichlich aufwiegen, den die Entnahme der Mineralstoffe dem Boden zufügt.

Die Wegnahme einer Rohhumusschicht während des Bestandes=
wachsthums kann je nach den Verhältnissen günstig oder ungünstig
wirken. Am einfachsten entscheiden dies kleine Versuchsflächen. In
allen Fällen, in denen der zurückbleibende und ohne die Decke der
Bodenvegetation leicht austrocknende Humus sich dicht zusammenlagert,
darf man eine ungünstige Wirkung voraussetzen,*) um so weniger
sollte man sich jedoch scheuen, bei der Verjüngung oder besser einige
Jahre vor derselben einzugreifen.

Düngung. Versuche mit Kalkdüngung gegen Rohhumusbildungen
sind wiederholt mit gutem Erfolge gemacht,**) als regelmäßige Kultur=
methode wird sie in einigen dänischen Revieren geübt.***)

d) Wahl der Holzarten.

Die Neigung der Holzarten, aus ihren Abfallstoffen Rohhumus zu
bilden, ist sehr verschieden (vergleiche Seite 232). Am ungünstigsten
verhalten sich Buche und Fichte, am günstigsten die Kiefer. An exponirten Stellen und auf ärmeren Bodenarten erscheint es daher vortheilhaft, die Buche, wenn überhaupt, nicht im reinen Bestande zu
erziehen, sondern thunlichst durch Einsprengen von Lichtholzarten, besonders von Kiefer für günstigere Gestaltung der Bodenpflege zu sorgen.
Auf geringeren aber noch laubholzfähigen Böden, zumal Sandböden,
wird ein reiner Buchenbestand an den trockneren Stellen fast immer
zur Rohhumusbildung führen.†)

4. Einwirkung der Humusbildungen auf die Holzarten.

Die Entwickelung der Baumwurzeln wird durch Rohhumusablage
rungen ungünstig beeinflußt. Sind die humosen Schichten stark, so
treiben Buche und Fichte überhaupt keine tiefer gehenden Wurzeln,
sondern ernähren sich ausschließlich aus dem Humus. Die Buchen=
wurzeln sind dann deformirt, braun, mit kurzen Saugwurzeln; die
Faserwurzeln bilden ein dichtes Geflecht zwischen den Abfallresten.
(Näheres bei Müller, Humusformen, Seite 32). Müller fand z. B.
in einem tiefen Einschlag unter einer Buche außer einer abgestorbenen
stärkeren Wurzel überhaupt keine Wurzeln im Mineralboden). Die
Fichte treibt oft weithin streichende, ausschließlich oberflächlich ver=

---

*) Es war dies beispielsweise der Fall auf der Helmerser Streufläche (Allge=
meine Forst= und Jagdzeitung 1890, S. 308), vergleiche S. 271.
**) von Fürstenberg, Aus dem Walde 4, S. 136.
***) Ulrich, Tidsskrift for Skovbrug III, S. 175.
†) Die Erziehung der Buche auf wenig geeigneten Standorten, zumal Sand=
böden, läßt sich überhaupt wohl nur schwer rechtfertigen. Kraft giebt, Zeitschrift
für Forst= und Jagdwesen 1893, S. 1, an, nach seiner Meinung würden hierbei
Hunderttausende weggeworfen; er meint dabei wohl nur die Kulturkosten.

laufende Wurzeln. Auch die Kiefer bildet unter Rohhumuslagen weit=
streichende, sogenannte Tauwurzeln, neben der in die Tiefe gehenden
Pfahlwurzel aus. Im Allgemeinen kann man annehmen, daß die
Wurzelverbreitung eine um so ungünstigere und oberflächlichere ist, je
stärker die Rohhumusschicht ist. Es ist ohne weiteres verständlich, daß
einerseits hierdurch die Ernährung der Bäume geschädigt wird und
anderseits ebenfalls, daß ein Eingriff während des Bestandeslebens,
insbesondere Entnahme der Bodendecke unter Umständen eine starke
Schädigung der Bäume infolge Absterbens der oberflächlich streichenden
Wurzeln herbeiführen kann.

Der Anflug unter Fichtenbeständen vegetirt oft ausschließlich in
der Humuslage, man kann sich durch Ausreißen größerer Pflanzen
leicht davon überzeugen. Freigestellt trocknet die oberste Bodenschicht
ab und der Unterwuchs geht ein.

Die natürliche Verjüngung mit ihrer langsam vorgehenden Aus=
lichtung der Bestände bezweckt, die allmähliche Zersetzung der ange=
sammelten Humusmassen herbeizuführen. Ist dies gelungen, so befindet
sich der Waldboden im Zustand der „Gahre". Diese besteht also
wesentlich zu der Zeit, in welcher die Humusstoffe zersetzt sind und der
Boden sich in Krümelstruktur befindet. Die jungen Pflanzen finden
hierbei die günstigsten Bedingungen ihres Gedeihens, der Boden ist
für die Besamung empfänglich. Er ist es aber nicht nur für den
Samen der Waldbäume, sondern auch für den niederer Kräuter, daher
kann die Begrünung des Bodens als Merkmal für die eintretende
Bodengahre benutzt werden.

Die Krümelstruktur bleibt auf mineralstoffreichen Böden länger
erhalten (daher z. B. die leichte Verjüngung auf Basaltböden), auf
ärmeren Bodenarten wird die nicht mehr durch eine Abfalldecke ge=
schützte Oberfläche des Bodens (zumal durch die Wirkung des fallenden
Regens) bald verdichtet. Die ganze Buchenwirthschaft mit ihrer
langsam fortschreitenden Auslichtung bezweckt daher nur die
Verhinderung der Bildung von Rohhumus und die Erhaltung
der Krümelstruktur des Bodens.

Für Fichte und Tanne sind die Verhältnisse ähnliche. Im Kiefern=
wald verhindert die Ansammlung einer oft gar nicht sehr mächtigen
Rohhumusschicht unter der Moosdecke die natürliche Verjüngung voll=
ständig. Die Ursache, daß die Bestandesränder oft reichlich Anflug
zeigen, beruht ebenfalls auf der unter der stärkeren Erwärmung des
Bodens rascher fortschreitenden Verwesung der Humusstoffe.

Man kann an geeigneten Stellen schrittweise verfolgen, wie die
Rohhumusablagerungen vom Rande des Bestandes aus zunehmen.

§ 110. VII. Konkurrenz der Pflanzen.

Befinden sich eine größere Anzahl Pflanzen derselben Art oder verschiedener Arten auf einer Fläche, so wird zwischen denselben früher oder später ein Konkurrenzkampf geführt werden, welcher die Entwickelung jedes einzelnen Individuums beeinflußt und als Endresultat eine herrschende Flora erzeugt, welche die anderen Arten mehr oder weniger unterdrückt. Unter unseren klimatischen Verhältnissen sind es für weitaus die meisten Gebiete Baumarten, welche am günstigsten veranlagt sind und der bekannte Ausspruch), daß, sich selbst überlassen und von Menschen nicht beeinflußt, unser Land in einem oder einigen Jahrhunderten mit Wald, Wiese, Moor (und Heide) bedeckt sein würde, hat volle Berechtigung.

Die einzelnen Pflanzen üben die Konkurrenz aus durch:*)

1. Aufnahme der im Boden zur Verfügung stehenden Nährstoffe;
2. Aufnahme von Wasser;
3. rasches Wachsthum (verdämmende Wirkung) und sehr starke Wurzelentwickelung;
4. ungünstige Beeinflussung der physikalischen Bodeneigenschaften;
5. Bildung ungünstiger Abfallstoffe (Rohhumus).

Alle diese Wirkungen können neben einander verlaufen, und thatsächlich treten immer mehrere derselben in Thätigkeit, so daß es außerordentlich schwer und oft unausführbar erscheint, die einzelnen Einwirkungen auseinander zu halten, zumal eingehende Beobachtungen recht sehr und für die Verhältnisse des Waldbaues noch fast völlig fehlen. Ein großer Theil der geübten Einflüsse ist bereits (Seite 260 bis 266) im Kapitel über Bodenbedeckung besprochen worden.

Die Thatsache, daß an Mineralstoffen ärmere Böden schwächer entwickelte Pflanzen tragen als reiche Bodenarten, tritt uns in der Natur überall entgegen. Die ganze Düngung im landwirthschaftlichen Betriebe beruht auf der Erkenntniß dieser Verhältnisse und giebt Gelegenheit, zu beobachten, daß auf gut gedüngten Böden nicht nur die Pflanzenwelt besser gedeiht, sondern auch, daß sie eine längere Vegetationszeit hat und ungünstigen Einwirkungen, wie sie z. B. eine Dürrperiode bringt, besser zu widerstehen vermag. Ob der letztere Fall eine Folge besserer und tiefer gehender Wurzelentwickelung ist,

---

*) Es ist hier nur eine ganz kurze Darstellung der wichtigsten auf den Boden bezüglichen Bedingungen des Kampfes ums Dasein in der Pflanzenwelt gegeben. Die zahlreichen klimatischen und andererseits in den individuellen Eigenthümlichkeiten der Arten begründeten Einwirkungen sind nicht berücksichtigt.

oder ob die Pflanzen durch reichliche Ernährung widerstandsfähiger sind, läßt sich zur Zeit noch nicht entscheiden.

Auch im Walde lassen sich überall Verhältnisse beobachten, welche Gleichartiges beweisen. Die Entwickelung der Bäume bleibt auf mineralisch armen Bodenarten zurück. Unterwuchs und Bodenflora fehlen oft fast völlig. Hieraus hat man den Schluß gezogen (Vorggreve, Holzzucht), daß die konkurrenzfähigeren älteren Stämme das gesammte verfügbare Nährstoffkapital für sich beanspruchten und hierdurch alle schwächeren Pflanzen verdrängten. Es ist dies für manche Verhältnisse durchaus wahrscheinlich, lange aber nicht für alle. Aehnliche Wirkungen lassen sich auch auf trockenen Böden gegenüber sonst gleichartigen aber feuchtigkeitsreicheren beobachten. Dann wirkt der Mindergehalt an Wasser in derselben Weise wie Armuth an mineralischen Nährstoffen in den vorbesprochenen Fällen.

Endlich findet sich die geringere Entwickelung der Bäume auch auf völlig gleichen Bodenarten aber bei ungünstiger Exposition und Lage. Hier zeichnet sich der Boden weniger durch Mindergehalt an Nährstoffen und Wasser als vielmehr durch veränderte physikalische Struktur, zumal Mangel der Krümelung aus.

Die verschiedensten Ursachen können daher im Baumleben zu demselben Endresultat führen.

Es gilt dies aber nicht nur für die Bäume, sondern auch für die verschiedensten anderen Pflanzen. Unterholz und eine Decke grüner Kräuter findet sich im geschlossenen Bestande nicht nur auf den mineralisch reichsten Böden, wie auf Aueböden oder Basalten, sondern sie siedelt sich überall, auch auf oft recht armen Bodenarten in der feuchten Luft der Küstengebiete an; sie finden sich auf Osthängen, wo sie auf dem Südwesthange fehlen.

Die Konkurrenz der Pflanzen unter einander und die höhere oder geringere Entwickelungsfähigkeit wird daher durch alle diese verschiedenen Bedingungen (und es könnte mit Recht noch eine ganze Anzahl Anpassung, Lichtbedürfniß, Erziehung u. s. w. hinzugefügt werden), beeinflußt, deren Endresultat der gegenwärtige Waldbestand ist. Eine Erscheinung läßt sich aber überall erkennen, jede Pflanze würde sich allein, frei von der Konkurrenz anderer, am günstigsten entwickeln, sofern nur anderweitige schädliche Einflüsse fern gehalten werden. Es ist dies der Grund, daß bei Versuchen die als bodenstet geltenden Pflanzen sich in den verschiedensten Bodenarten normal zu entwickeln vermögen, während sie im Kampfe mit anderen für die lokalen Verhältnisse besser ausgerüsteten Arten, bis zur völligen Verdrängung unterliegen.

Anpassung an besondere Verhältnisse und Fernhalten schädlicher Einflüsse spielt wahrscheinlich in der Natur eine wichtige Rolle und

bedingt vielfach die Vergesellschaftung der Pflanzenarten. Auffällige
derartige Beispiele sind die Begleitpflanzen der Buche, die sich fast
ausschließlich aus Pflanzenarten zusammensetzen, deren Entwickelung
bereits überwiegend vor dem vollen Austrieb des Buchenlaubes abgeschlossen ist (Anemonen, Mercurialis perennis, Waldmeister und dergl.)
oder deren Organisation sich starker Beschattung angepaßt hat (Oxalis
acetosella, Phegopteris Dryopteris: Impatiens).

Auffällige Beispiele der begünstigenden Wirkung einzelner Pflanzenarten auf andere kann man auf fast jeder Schlagfläche beobachten,
zumal auf weniger günstigen Bodenarten machen sie sich geltend. Junge
Nadelholzpflanzen im Schirme von jungen Laubhölzern sind ihren un-
beschirmten Nachbarn oft weit voraus. Es ist dies aber sicher nicht
darin begründet, daß beide Holzarten zusammen auf gleicher Fläche
günstiger wachsen als es eine vermöchte, sondern die Laubhölzer halten
durch ihre starke Beschattung und ihren Laubabfall die Entwickelung
der Gräser, der schlimmsten Feinde der jungen Baumpflanzen, fern.
Auch das entgegengesetzte kann man beobachten. Unter dem Schirme
alter Bäume kümmert die ganze Vegetation: starke Bäume im Felde
oder auf Wegrändern lassen oft weithin ihre Einwirkung auf die Entwickelung des Getreides erkennen. Am Bestandsrande steht die junge
Kultur immer am ungünstigsten, Waldwiesen zeigen am Waldrande
immer den schlechtesten Wuchs (zumal in der Nachbarschaft von Bäumen
mit oberflächlichem Wurzelsystem, wie die Fichte), auch wenn eine gleichmäßige Bearbeitung und Düngung der Fläche erfolgt. Man hat
wunderliche Theorien von der Reflexwirkung der von den Baumstämmen
zurückgeworfenen Sonnenstrahlen (Wärme und Licht) aufgestellt, um
dieses Verhalten zu erklären.*) Viel näher liegt es, die Ursache der
Erscheinung auf die Wurzelkonkurrenz der älteren Bäume und insbesondere deren höherer Wasserbedarf zurückzuführen.

Daneben macht sich allerdings auch die durch den von den Zweigen
in großen Tropfen fallenden Regen bewirkte Bodenverdichtung und vielfach die Aushagerung des Bodens geltend. Daß in vielen Fällen jedoch
die Wurzelkonkurrenz der älteren Bäume die überwiegende Wirkung
hervorbringt, davon kann man sich an jeder Stelle überzeugen (am
besten auf Wiesen) wo durch Anlegung eines ganz schmalen Grabens
die Wurzeln durchschnitten und so die schwächeren Pflanzen geschützt
sind. Wer jemals die Wirkung eines vielleicht nur 10 cm breiten

*) Eingehend sind diese Verhältnisse in Vorggreve, Holzzucht, besprochen,
der den Nachweis führt, daß eine Reflexion der Strahlen gar nicht in der ange-
nommenen Weise erfolgen kann. Die Thatsache, daß in Löcherkulturen die der direkten
Bestrahlung ausgesetzten Seiten sich ungünstiger entwickeln als die im Schatten
liegenden, sind auf ähnliche Ursachen zurückzuführen, wie jene, welche die Süd- und
Westhänge, gegenüber den Ost- und Nordhängen, beeinflussen.

Einschnittes im Boden und die Schärfe, in welcher sich die Vegetation an beiden Seiten desselben unterscheidet, gesehen hat, kann nicht mehr zweifelhaft sein.

Der Feldbau beseitigt durch regelmäßige Bearbeitung thunlichst jede Konkurrenz der wild wachsenden Flora, der Unkräuter. In welch hohem Grade diese einwirken können, darüber liegen eine ganze Anzahl Beobachtungen vor. Wollny*) zeigte den großen Einfluß einer Un-krautvegetation auf Temperatur, Wassergehalt und Ertrag der Böden. Es ergaben sich folgende Verhältnisse:

	Rüben		Bohnen		Mais		Kartoffeln	
	mit	ohne	mit	ohne	mit	ohne	mit	ohne
Bodentemperatur:	Unkraut		Unkraut		Unkraut		Unkraut	
Juni und Juli	17,47	21,46	18,75	20,09	18,42	20,77	17,90	20,58°
Wassergehalt des Bodens: Juni bis September .	20,61	23,07	18,14	20,23	20,62	22,23	19,58	22,44"..
Ertrag für je 4 qm: Körner, bezw. Knollen . .	388	9090	470	910	324	2973	6570	14290 g
Stroh, beziehentlich Blätter .	329	2333	850	1390	2730	10240 g		

Die Unkrautdecke hatte die Temperatur und den Wassergehalt stark herabgesetzt und den Ertrag außerordentlich geschmälert.

Ganz ähnlich müssen die Wirkungen der Unkräuter im Walde auf die Entwickelung der jungen Baumpflanzen sein; wenn trotzdem der Forstmann die sogenannten Waldkräuter gern sieht und unter ihrem Schirm die jungen Pflanzen gedeihen, so geschieht dies nur, weil diese Vegetation die Verdichtung und Verkrustung der Bodenoberfläche ver-mindert und noch gefährlichere Konkurrenten fern hält. Würde man im Walde die Böden regelmäßig behacken können wie es im landwirth-schaftlichen Betriebe jetzt bereits auch für die Getreidearten im weiten Umfange geschieht, die Entwickelung würde eine ungleich bessere und raschere vorangehende sein.

Man kann daher die Unkrautdecken des Waldes in solche eintheilen, deren Konkurrenz für die Waldbäume ohne merkbaren Schaden ertragbar ist (hierhin gehören auch die sogenannten „edleren Kräuter") und in direkt schädliche. In größerer Ausdehnung finden sich von den letzteren: Gräser, Heide, Heidel- und Preißelbeere, Besen-pfrieme, Farrenkräuter, Torfmoose. Die Reihenfolge bildet zu-gleich annähernd eine Stufenleiter für die Schädlichkeit dieser Pflanzen, wenn auch lokal einzelne derselben (Besenpfrieme, Brombeere, Torf-moose) am wichtigsten werden können.

---

*) Forschungen der Agrikulturphysik VII, S. 342.

Gräser. Verschiedene Gräser betheiligen sich an der Zusammen=
setzung der Bodendecke. Die Arten mit breiten Blättern finden sich
auf besseren und frischeren Bodenarten und wirken weniger verderblich
als die schmalblätterigen Angergräser, deren Wurzeln ein dichtes, den
Durchtritt von Wasser abschließendes Gewebe in der oberen Boden=
schicht bilden.

Die Gräser zeichnen sich durch tiefgehende Wurzeln und hohen
Wasserverbrauch aus, sie trocknen den Boden wie keine andere Vege=
tation aus und dies in so hohem Maße, daß beispielsweise auf Sand=
böden unter Grasdecke keine Regenwürmer zu leben vermögen.

Welche schädigende Wirkung die Gräser auf die Entwickelung der
jungen Holzpflanzen ausüben, ist bekannt; oft vergehen Jahre, ehe sich
diese auch nur aus dem Grasfilz herauszuarbeiten vermögen, und eine
große Anzahl der Baumpflanzen erliegt, zumal in Zeiten der Dürre,
der Konkurrenz der Gräser. Alles, was daher geeignet ist, diese zu
beseitigen, wirkt vortheilhaft; wenn man gelegentlich angegeben sieht,
das Grasrupfen im Walde müsse so betrieben werden, daß der Gras=
stock „zum Schutze der Baumpflanzen" erhalten bliebe, so ist dies eine
durchaus falsche Auffassung; je vollständiger die Gräser entfernt werden,
um so besser.

Heide und Beerkräuter. Heide und Beerkräuter wirken, so=
lange sie im Mineralboden vegetiren, nicht wesentlich schädigend auf
die Entwickelung der Baumpflanzen ein; ihre verderbliche Wirkung be=
ginnt erst durch Bildung von Rohhumus ungünstiger Beschaffenheit
(siehe diesen). Erst wenn dieser gebildet ist, findet sich in ihm jene
oberflächliche Wurzelvertheilung und die schädliche Einwirkung auf
Boden wie Bestand.

Die Beseitigung derartiger Bodendecken ist daher eine waldbauliche
Nothwendigkeit und nicht schädlich, sondern nützlich für den Boden.

Besenpfrieme (Spartium scoparium) ist in Gegenden, wo sie
sich in großer Masse entwickelt, unstreitig ein sehr schädliches, oft das
schädlichste Waldunkraut. Genauere Untersuchungen über die Einwirkung
der Besenpfrieme auf den Boden fehlen noch, die massige dichte Vege=
tation verdämmt und erstickt jedoch die jungen Waldbäume oder bringt
sie doch in der Entwickelung weit zurück.

Farrenkräuter. Von den Farrenkräutern kommen namentlich
der Adlerfarren (Pteris aquilina) und Aspidiumarten in so großer Aus=
dehnung und massenhafter Entwickelung vor, daß sie verdämmend auf
die Holzpflanzen einwirken. Untersuchungen über anderweitige Beein=
flussung von Pflanze und Boden liegen nicht vor, obgleich Adlerfarren
zur Ablagerung eines nicht gerade sehr ungünstigen, aber jedenfalls
unerwünschten Rohhumus führt. Die Beseitigung eines schädlichen
Farrenkrautwuchses durch Köpfen der noch nicht voll entwickelten

Triebe gelingt leicht. (Ney, Forstwissenschaftliches Centralblatt 1880, Seite 616.)

Torfmoose. Das Auftreten der Torfmoose im Walde zeigt, wenn man von den im Gebirge verbreiteten weniger schädlichen Arten der Gruppe des Sphagnum acutifolium absieht, immer einen in seinen Eigenschaften und im Ertrage schwer geschädigten Boden an. Die Sphagneen gedeihen am besten im vollen Licht, es müssen daher schon sehr gelichtete Bestände sein, auf denen sie sich einfinden, und außerdem entwickeln sie sich nur auf von löslichen Mineralstoffen fast freien Böden oder auf Rohhumusschichten. Jedenfalls zeigen Torfmoose unter normalen Verhältnissen einen bedenklichen Rückgang des Bodens an. Entwässerung, Beseitigung der Rohhumusschichten und thunlichst Bodenbearbeitung, um die in den tieferen Lagen vorhandenen Nährstoffe wieder der Pflanzenwelt zugänglich zu machen, sind die wichtigsten Hülfsmittel.

§ 111. VIII. Unterbau.*)

Eine der in neuerer Zeit vielfach zur Anwendung gekommene und in ihren Wirkungen noch umstrittene Kulturmethode ist der Unterbau von Lichtholzarten mit Schattenhölzern.

Ueber den Gegenstand liegen einige Untersuchungen vor,**) welche die Wirkung des Unterbaues auf den Boden berücksichtigen und ist somit wenigstens ein Anfang gemacht, um die Ursachen einer etwaigen Einwirkung auf den Bestand kennen zu lernen.

Die möglichen günstigen Wirkungen des Unterbaues auf den Boden können sein:***)

a) Erhaltung der Krümelstruktur des Bodens durch Schutz vor fallendem Regen und durch günstige Beeinflussung der Zersetzung der Pflanzenabfälle (Verhinderung der Bodenaushagerung und Rohhumusbildung);

b) Schutz vor ungünstiger Bodenvegetation;

---

*) R. Kast, Centralblatt für das gesammte Forstwesen 15, S. 51. Enthält sehr vollständige Angaben der Literatur über Unterbau.
**) Ramann, Forschungen der Agrikulturphysik, Bd. IX, S. 300 und Zeitschrift für Forst= und Jagdwesen 1888. L. Schmidt, Allgemeine Forst= und Jagdzeitung 1890.
***) Die rein waldbauliche Seite der Einwirkung auf den Hauptbestand ist hier nicht berührt.

c) Zufuhr von Pflanzennährstoffen durch Streuabfall für die oberen Bodenschichten und hierdurch zugleich Erhaltung günstiger Bodenstruktur.

Die ungünstigen Wirkungen der unterbauten Baumarten können sein:

a) Konkurrenz bei Aufnahme der verfügbaren Nährstoffe:
b) gesteigerter Verbrauch des Bodenwassers:
c) ungünstige Beeinflussung der obersten Bodenschicht durch zu dicht gelagerte Abfallreste.

Prüft man hierauf die vorliegenden Arbeiten, so ergiebt sich das Folgende:

1. Die Untersuchung des Wassergehaltes eines Diluvial= sandbodens der Umgebung von Eberswalde. (Ramann).

Der Boden der beiden Flächen war gleichartig, sowohl in Bezug auf Gehalt an Mineralbestandtheilen, als auch in Bezug auf die für den Wassergehalt besonders bestimmende Korngröße.

Die eine Fläche war mit Kiefernaltholz (120—140 Jahre) be= standen. Die Bodendecke wurde von Gras (und Moos) gebildet. Die Vergleichsfläche war mit gleichalten Kiefern bestanden und mit jüngeren (etwa 40jährigen) Buchen unterstellt. Die Bodendecke be= stand fast nur aus den Abfallresten von Buche und Kiefer in lockerer Lagerung; niedere Kräuter fehlten fast völlig.

Die Wasserbestimmungen ergaben einen Durchschnittsgehalt:

Mai—Juli:

	unterbaut	nicht unterbaut
Oberfläche . .	13,37	8,48
25—30 cm Tiefe .	6,91	4,93
50—55 „ „ .	4,49	4,23
75—80 „ „	4,49	5,02

August—September:

	unterbaut	nicht unterbaut
Oberfläche . . .	8,13	6,85
25—30 cm Tiefe .	3,33	3,82
50—55 „ „	2,69	3,69
75—80 „ „	2,30	3,63

Der Wassergehalt des Bodens war daher an der Oberfläche der unterbauten Fläche dauernd ein höherer, in den mittleren Schichten bis zum Juli ein höherer, zum Herbst ein geringerer, in größeren Tiefen dauernd ein geringerer als im Boden der reinen Kiefernbestände.

Diese Thatsachen erklären sich einfach aus dem Verhalten der verschiedenen Vegetation. So lange das Gras des reinen Bestandes

Ramann. 30

sich entwickelte, waren die von ihm durchzogenen Bodenschichten wasser=
ärmer, nach Absterben des Grases wasserreicher. Der Bedarf der
Buchen hielt sich offenbar dauernd auf mittlerer Höhe und erschöpfte
die tieferen Bodenschichten mehr an Wasser.

2. Untersuchungen im Meiningenschen Berglande.
(Schmidt.)

a) Versuchsfläche Helbra auf Wellenkalk (Kiefernboden einer
besseren III. Ertragsklasse nach Weise).

b) Versuchsfläche Frauenbreitungen auf Buntsandstein (Kiefernboden IV./V. Ertragsklasse nach Weise).

Die Flächen waren bei a) mit 50jährigen, bei b) mit 65jährigen
Kiefern bestanden und mit Fichten unterstellt.

c) Versuchsfläche Helmersen auf Buntsandstein (Kiefern mit
Buchen unterstellt).

Die Wasserbestimmungen ergaben in 0,1—0,2 m Tiefe:

a) Helbraer Forst
(Mittel aus je 17 Untersuchungen).

	Wintermonate 16. Oktober bis 15. Mai	Sommermonate 16. Mai bis 15. Oktober
Mit Schutzholz	22,2	13,5 °/₀
Ohne Schutzholz .	21,5	14,8 „

b) Frauenbreitunger Forst
(Mittel aus je 14 Untersuchungen).

	Wintermonate 16. Oktober bis 15. Mai	Sommermonate 16. Mai bis 15. Oktober
Mit Schutzholz	11,5	6,0 °/₀
Ohne Schutzholz .	13,8	8,1 „

c) Helmerser Forst
(Mittel aus je 10 Untersuchungen).

	Wintermonate 16. Oktober bis 15. Mai	Sommermonate 16. Mai bis 15. Oktober
Mit Schutzholz	20,5	15,9 °/₀
Ohne Schutzholz .	23,9	16,7 „

Die Beschaffenheit der Bodendecke der ersten beiden Flächen ist nicht angegeben,*) die der dritten bestand auf den unterwuchsfreien Flächen aus Moos, sonst überwiegend aus Laub.

So wenig umfassend bisher diese Untersuchungen sind und obgleich sie sich nur auf den Feuchtigkeitsgehalt des Bodens beziehen, so ermöglichen sie doch schon einen gewissen Einblick in die Wirkungen des Unterbaues auf den Boden.

Dieser wird sich demnach für den Hauptbestand günstig gestalten in allen Fällen, wo

1. der Boden sehr reich an mineralischen Nährstoffen ist, so daß eine Konkurrenz der unterständigen Bäume nicht ins Gewicht fällt;

2. auf nassen, feuchten Böden und in solchen Lagen, wo Grundwasser flach ansteht, so daß die Bäume aus demselben ihren Bedarf decken können.

3. In allen Beständen, in denen der Boden mit Gras bedeckt sein würde (graswüchsiger Boden): der Wasserbedarf der unterbauten Bäume wird ein geringerer sein als der des Grases.

4. In allen exponirten, der Aushagerung ausgesetzten Lagen.

In den Fällen 1 und 2 wird sich Bodenholz allein einfinden, man braucht es nur zu schonen; unter 3 und 4 muß es erhalten beziehentlich künstlich angebaut werden.

In den meisten anderen Fällen wird die austrocknende Wirkung des Bodenschutzholzes wahrscheinlich die Entwickelung des Hauptbestandes mehr hemmen als die günstigere Erhaltung der Struktur des Oberbodens nützt. Der Unterbau erscheint daher eine je nach den Verhältnissen vortheilhafte oder nachtheilige Bestandsform.

---

*) Nach dem, was Verfasser dort gesehen hat, bestand sie aus Moos mit Beerkräutern.

§ 112. IX. Waldfeldbau.

1. Waldfeldbau als Forstkulturmethode.

Literatur:

Reuß, Centralblatt für das gesammte Forstwesen 15, S. 354.
Runnebaum, Zeitschrift für Forst= und Jagdwesen 1890, S. 630.

Auf graswüchsigen, mit festen Decken aller Art überzogenen oder der Entwickelung einzelner Pflanzenarten (Besenpfrieme, Aspe) sehr günstigen Bodenarten wird der Waldfeldbau als Hülfsmittel zur Be= seitigung der Konkurrenzpflanzen benutzt. Eine Methode, die so viel= fache Vorzüge besitzt, daß sie eine viel ausgedehntere Verwendung verdiente als sie bisher gefunden hat.

Man hat zu unterscheiden zwischen:

Landwirthschaftlichem Zwischenbau, bei dem die Feldfrüchte zwischen den jungen Pflanzen der Waldbäume gezogen werden und

Vorfruchtbau; bei dem vor der forstlichen Kultur ein oder einige Jahre Feldbau getrieben wird.

Vom Standpunkte der Forstkultur aus ist der Zwischenbau weit vorzuziehen, ihm kommen alle die Vorzüge zu, welche das Gedeihen der Baumpflanzen in den ersten Jahren in so hohem Grade begünstigen. Besonderer Werth ist auf den Anbau von Hackfrüchten zu legen.

Die Vortheile, welche hierdurch gewonnen werden, sind folgende:

1. Gleichmäßige Bodenbearbeitung der ganzen Fläche vor der Anschonung und Bearbeitung während der ersten Jahre des Baumlebens;
2. Mischung der Bodenschichten und namentlich der humosen Bodendecken mit dem Mineralboden;
3. Fernhalten der Konkurrenz der Gräser und aller anderen Un= kräuter.*)

Man hat gegen den Waldfeldbau den Entzug von Mineralstoffen sowie die ungünstigen Erfahrungen bei Aufforstung alten Ackerlandes eingewendet. Der letztere Einwurf hat nur Berechtigung bei sehr lange fortgesetzter Ackernutzung.

Ueber die Erschöpfbarkeit der Waldfeldböden liegen zwei Unter= suchungen vor.**) Beide kommen zu übereinstimmenden Schlußfolge= rungen.

---

*) Auf die Gewinnung von Nahrungsmitteln, sowie das Fernhalten von Insektenschäden kann hier nur hingewiesen werden.
**) Hanamann, Vereinsschrift für Forst=, Jagd= und Naturkunde 1881, Heft 2, S. 56.
Ramann, Zeitschrift für Forst= und Jagdwesen 1890, S. 655.

Hanamann untersuchte Plänersandsteinböden. Seine Analysen geben die folgenden Zahlen für 1000 Theile des Bodens:

	In Essigsäure löslich			In Salzsäure löslich		
Ursprünglicher Wald-boden	Kali	Kalk	Phosphor-säure	Kali	Kalk	Phosphor-säure
	0,097	0,220	0,010	1,403	0,890	0,099
Nach 1 jähr. Fruchtbau	0,184	0,840	0,030	1,416	0,900	0,282
„ 2 „ „	0,171	0,730	0,020	1,329	0,980	0,481
„ 3 „ „	0,127	0,980	0,016	1,183	1,050	0,174
„ 4 „ „	0,114	0,580	0,019	1,486	0,887	0,190

Hanamann kommt zu dem Schlusse, daß derartige reichere Böden einen nicht zu lange fortgesetzten Feldbau ertragen können.

Der Verfasser untersuchte einen fein- bis mittelkörnigen Diluvialsandboden. Derselbe enthielt folgende Bestandtheile:

	Boden des unveränderten Bestandes				Boden der 2jähr. landwirth-schaftlich genutzten Fläche			
	0—15 cm tief		15—30 cm tief		0—15 cm tief		15—30 cm tief	
	In Salzsäure löslich	Un-löslicher Rückstand	In Salzsäure löslich	Un-löslicher Rückstand	In Salzsäure löslich	Un-löslicher Rückstand	In Salzsäure löslich	Un-löslicher Rückstand
	%	%	%	%	%	%	%	%
Kali ..	0,0165	0,62	0,0121	0,69	0,0270	0,68	0,0240	0,66
Kalk ..	0,0750	0,49	0,0875	0,60	0,0750	0,49	0,0850	0,51
Magnesia	0,0585	0,11	0,0585	0,16	0,0666	0,10	0,0702	0,08
Phosphor-säure .	0,0213	0,055	0,0160	0,047	0,016	0,067	0,0134	0,053
Porenvolumen	46,4 %		47,7 %		53,1 %		47,7 %	

Die Zusammensetzung des Bodens war also eine, wie in Diluvialsanden übrigens häufig, ungemein gleichartige. Der Waldfeldbau hatte nach den Analysen eine starke Aufschließung auf die meisten Mineralbestandtheile ausgeübt, mit Ausnahme der Phosphorsäure, welche zum Theil unlöslich geworden war. Es erklärt dies den raschen Rückgang derartiger Böden im landwirthschaftlichen Ertrage und beruht wohl in der Ueberführung der im Rohhumus vorhandenen Humussäuren in unlösliche Form.

Eine Erschöpfung reicherer Böden ist daher bei nicht zu lange andauerndem Waldfeldbau kaum zu befürchten; überdies kann man ohne Schwierigkeit und mit gutem Ertrage eine mäßige Düngung mit Mineraldünger im zweiten Jahre geben. Ganz auffällig ist die Steigerung des Porenvolumens und damit der Durchlüftung der Böden. (Die dort angepflanzten Eichen haben übrigens die auf ganz gleichartigen Böden ohne Waldfeldbau erzogenen beträchtlich überholt.)

Der Zwischenfruchtbau ist daher auf allen besseren Waldböden ein gutes und unbedenklich verwendbares Kulturmittel.

Weniger günstig gestalten sich die Verhältnisse des Vorfrucht-baues; abgesehen davon, daß für die Waldbäume einige Jahre verloren gehen, werden nur Mineralstoffe entnommen, ohne eine entsprechende Begünstigung der jungen Baumpflanzen zu liefern. Der Zwischen-fruchtbau ist daher überwiegend als eine waldbauliche Kulturmaßregel zu betrachten, der Vorfruchtbau dagegen vom nationalökonomischen Standpunkte aus.

·2. Waldfeldbau in Verbindung mit Brandkultur.

In vielen, zumal Gebirgsgegenden mit wenig fruchtbarem Acker-boden, wird Waldfeldbau in Verbindung mit Brandkultur betrieben. Namentlich die Eichenschälwälder werden in dieser Weise genutzt. Hauptsächlich in Betracht kommen:

Schiffeln oder Hainen des Bodens (in der Eifel).

Der Bodenfilz wird in quadratischen oder rechteckigen Stücken (von 0,2—0,6 m Seitenlänge der Plaggen) mit scharfen Hacke abgeschält. Die Stücke werden halbkreisförmig auf die schmale Kante zum Trocknen aufgestellt und in kleinen Meilern (0,9 m Höhe, 1,3 m Geviertfläche) mit Reisig gemischt und langsam verkohlt, hervorschlagende Flammen werden durch Rasenplaggen gedämpft. Die so gewonnenen Haufen werden dann ausgestreut und etwa 10 cm tief untergepflügt. Es werden 0,3—0,5 m breite Rabatten gebildet, die geschiffeltes Land gut kennzeichnen. Der landwirthschaftliche Anbau wird meist bis zur völligen Erschöpfung betrieben, so daß der Boden oft nach einigen Jahren mit Cladonien bedeckt ist.

Das Schiffeln ist meist als landwirthschaftliche Kulturmethode be-trieben worden, als Vorbereitung für den Waldanbau ist es auf den meist kräftigen Böden der Eifel ohne Bedenken, wenn die landwirth-schaftliche Nutzung nicht bis zur völligen Erschöpfung des Bodens ge-trieben wird.

Man hat die Methode meistens aufgegeben, obgleich wohl nur der Mißbrauch derselben verwerflich ist.

Von der Haubergswirthschaft unterscheidet sich das Hainen da-durch, daß der Boden vor der Bearbeitung von Abfallresten und Kräutern gereinigt wird.

Röderwaldbetrieb und

Hackwald- (Odenwald) oder Reutbergwirthschaft (Schwarz-wald).

Der Röderwaldbetrieb entspricht einem Waldfeldbau mit vorher=
gehendem Hainen des Bodens. Die Haubergs= oder Reutbergswirthschaft
bezieht sich auf landwirthschaftliche Zwischennutzung im Niederwalde; sie
besteht darin, daß die Abfälle der Eichenschälwälder nach Nutzung der
Eichenrinde und des Schälholzes, untermischt mit der vorhandenen
Bodendecke, gebrannt werden. Man läßt entweder das Feuer, welches
zumal an den Reisigresten Nahrung findet, über den Boden hinlaufen
(Ueberlandbrennen, Sengen) oder errichtet aus denselben kleine
Meiler, brennt nach Art der Hainkultur (schmoden). Hierauf folgt
ein zwei= oder mehrjähriger Feldbau; zumeist Buchweizen, Roggen
oder Kartoffeln.

Im Röderwalde tritt nach Abschluß des Feldbaues die forstliche
Kultur, zumeist Durchpflanzung ein. Der Boden ist gut durchgearbeitet
und im ersten Jahre frei von Unkraut. Im zweiten Jahre finden
sich jedoch bereits reichlich Schlagpflanzen, im dritten Jahre kommen
Gräser und entwickeln sich zum Theil reichlicher als zwischen den
übrigen Kulturen.

Die Baumpflanzen haben also wenigstens zwei Jahre Zeit zur
Entwickelung, ohne unter der Konkurrenz der übrigen Pflanzen zu
leiden. Die Entwickelung der Baumpflanzen ist eine gute und leiden
sie namentlich nicht unter Dürre, wenigstens nicht während der ersten
Jahre. Nach vier bis fünf Jahren allerdings ist von Einwirkung des
Waldfeldbaues nichts mehr zu spüren, aber die Pflanzen haben dann
bereits die gefährdetste Zeit hinter sich. Ungünstige Einwirkung hat
sich nur in Bezug auf Ausfrieren bei Barfrost gezeigt, der gelockerte
Boden der Waldfeldbauflächen ist demselben ungleich mehr ausgesetzt
wie der unveränderte Waldboden.

Ueber die Ansprüche, welche der Hackwaldbetrieb an das mine=
ralische Bodenkapital stellt, sind wir durch Weber*) unterrichtet. Er
berechnet den Entzug bei 16jährigem Umtrieb des Schälwaldes (und
einer Buchweizen= und einer Roggenernte) für Jahr und Hektar zu:

a) ohne Streuentnahme,
b) bei gleichzeitiger Streuentnahme (sowohl Besenpfrieme wie
    Eichenlaub)

	Rein=asche	Kali	Kalt	Magnesia	Phosphor=säure
a) ohne Streunutzung	26,87	6,75	11,22	2,27	2,50 kg
b) mit Streunutzung .	37,48	8,06	15,09	3,72	3,05 „

---

*) Untersuchungen über die Agronomische Statik des Waldbaues. Inaugural=
Dissertation. München 1877.

Man sieht hieraus, daß der Hackwald im Vergleich mit anderen
waldbaulichen Betrieben keine großen Ansprüche an die Nährstoffe des
Bodens stellt; er fällt bei Mitbenutzung der Streu etwa mit dem
Entzug des Buchenhochwaldes zusammen und bleibt ohne Streuentnahme
hinter demselben zurück. Hieraus erklärt es sich, daß diese Nutzungs-
weise sich durch Jahrhunderte halten konnte, obgleich die häufige Bodenentblößung sicher nicht vortheilhaft wirkt; bis zu einem gewissen Grade
gleicht die Bearbeitung bei der landwirthschaftlichen Nutzung dies allerdings wieder aus.

Sachregister.